Norbert Finzsch
Der Widerspenstigen Verstümmelung

Gender, Diversity and Culture in History and Politics | Band 1

Für mmh

Norbert Finzsch (Prof. em. Dr.), geb. 1951, lehrte bis 2016 Nordamerikanische Geschichte. Er forscht zur Geschichte der Körper und Sexualitäten sowie zur Geschichte der USA und Australiens.

Norbert Finzsch
Der Widerspenstigen Verstümmelung
Eine Geschichte der Kliteridektomie im »Westen«, 1500-2000

[transcript]

Bibliografische Information der Deutschen Nationalbibliothek
Die Deutsche Nationalbibliothek verzeichnet diese Publikation in der Deutschen Nationalbibliografie; detaillierte bibliografische Daten sind im Internet über http://dnb.d-nb.de abrufbar.

© 2021 transcript Verlag, Bielefeld

Alle Rechte vorbehalten. Die Verwertung der Texte und Bilder ist ohne Zustimmung des Verlages urheberrechtswidrig und strafbar. Das gilt auch für Vervielfältigungen, Übersetzungen, Mikroverfilmungen und für die Verarbeitung mit elektronischen Systemen.

Umschlaggestaltung: Maria Arndt, Bielefeld
Umschlagabbildung: nach Regnier de Graafs »De Mulierum Organis Genarationi Inservientibus«, 1672
Druck: Majuskel Medienproduktion GmbH, Wetzlar
Print-ISBN 978-3-8376-5717-3
PDF-ISBN 978-3-8394-5717-7
https://doi.org/10.14361/9783839457177

Gedruckt auf alterungsbeständigem Papier mit chlorfrei gebleichtem Zellstoff.
Besuchen Sie uns im Internet: *https://www.transcript-verlag.de*
Unsere aktuelle Vorschau finden Sie unter *www.transcript-verlag.de/vorschau-download*

Inhalt

0. Vorwort 7

1. Einleitung
   Torture Is Culture 13

2. Figuration|Formation A
   Die Hermaphroditin (1575-1911) 93

3. Diskursive Brücke
   Die Virago (1543-1908) 117

4. Figuration|Formation B
   Die Tribade (1502-1902) 125

5. Diskursive Brücke
   Die übermäßig vergrößerte Klitoris (1605-1899) 145

6. Figuration|Formation C
   Die Masturbatorin (1492-1951) 167

7. Exkurs: Der amerikanische Sonderweg der *Orifical Surgery* (1887-1926) 249

8. Diskursive Brücke
   Die Nymphomanin (1603-1921) 269

9. Exkurs: Ovariektomie und Hysterektomie (1902-1940) 289

10. Figuration|Formation D
    Die Hysterikerin (1529-1931) 309

11. Die »frigide« Neurotikerin und die Psychoanalyse (1787-1947) 347

12. »Perfektionierte weibliche Körper«
    James C. Burt (1954-1997) 385

13. Ein Schluss ohne Ende 397

Literaturverzeichnis 403

Index 518

0. Vorwort

Zwei Bücher haben mich mehr geprägt als andere. 1963 – ich war zwölf Jahre alt – fiel mir in der Bibliothek meines katholischen Internats in der Nähe von Siegburg ein dickes Buch in die Hand. Es hieß »Das andere Geschlecht« und war von Simone de Beauvoir geschrieben worden. Wer das war, wusste ich damals nicht, aber ich habe das Buch von Anfang bis Ende wie im Fieber durchgelesen und war fasziniert, ja elektrisiert. Ein Satz hat sich schon damals eingeprägt: »Man kommt nicht als Frau zur Welt, man wird es.«[1] Als halbwüchsiger Junge, der in den roten Lederstiefeln seiner Mutter durch die Korridore des weitläufigen Klostergebäudes lief, machte dieser Satz in seiner Eindeutigkeit großen Eindruck auf mich. Die Politisierung der Siebziger Jahre, die Radikalität der Studierendenbewegung und die feministische Kritik an den Verhältnissen an der Universität zeigten mir die Wahrheit dieses Satzes der Beauvoir. 1973 schlug ich meinem von mir hochverehrten Doktorvater – ein Wort, das ich mit Bedacht wähle – eine Dissertation zur Geschichte der britischen Suffrage-Bewegung vor. Er sah mich kurz über seine randlose Brille an und fragte mich, ob ich Witze mache. Das sei kein Thema für einen Historiker, der ernst genommen werden wolle. (Der selbe Historiker verlor 1990 vollkommen die Contenance, als ich die Einleitung meiner Habilitationsschrift mit einem Zitat aus Michel Foucaults »Überwachen und Strafen« eröffnete.) Ich hätte nicht auf ihn hören sollen, denn eine intensivere Auseinandersetzung mit Foucault hätte mich unweigerlich zu seinen Vorlesungen am Collège de France gebracht, die er 1974/75 gehalten hatte. Dort stand zu lesen: »[...] »Kauterisation und Klitorisentfernung bei den Mädchen. Es war Antoine Dubois [...], der die Klitoris einer Patientin entfernte, die man vergeblich versucht hatte zu heilen, [...] Wir entfernten ihre Klitoris ›mit einem

---

1   De Beauvoir, Simone. Das andere Geschlecht: Sitte und Sexus der Frau. Hamburg: Rowohlt; 1951, S. 265.

einzigen Skalpellhieb‹ – sagt Antoine Dubois.«² 1977 las ich nicht Foucault, sondern gehörte zu den regelmäßigen Besucher*innen der feministischen Buchhandlung *Rhiannon* in der Moltkestraße in Köln. Eine Freundin arbeitete dort und ich wurde nicht schräg angesehen, wenn ich, trotz des Schildes am Eingang, das Männern den Eintritt verwehrte, als weißer Cis-Mann in den Auslagen herumstöberte. Hier stieß ich auf den zweiten Text, der mich nachhaltig beeindrucken sollte, ein vergleichsweise schmales und nach heutigem Empfinden vielleicht etwas kitschiges Büchlein: »Häutungen«.³ Die Autorin, die 2017 verstorbene Verena Stefan, schildert darin aus der Perspektive der Erfahrung den alltäglichen Sexismus in der Gesellschaft der Bundesrepublik. Das Buch eröffnete mir Einsichten, die mir mangels eigener Erfahrung fremd blieben. Erfahrung war in den Siebziger und Achtziger Jahren eine wesentliche feministische Kategorie. »Man« konnte sie nicht selbst machen, sie gehörte denen, die bisher ausgegrenzt und diskriminiert worden waren. Erfahrung ist allerdings heute im Zusammenhang der poststrukturalistischen Kritik beinahe zu einem Schimpfwort geworden. Kritisiert wurde seinerzeit am Erfahrungsbegriff vor allem die fehlende Historisierung, der Mangel an Kontext.⁴ Joan Wallach Scott gehörte wohl zu den ersten und wichtigsten poststrukturalistischen Kritikerinnen eines ahistorischen Erfahrungskonzepts:

> »It is precisely this kind of appeal to experience as uncontestable evidence—as a foundation on which analysis is based—that weakens the critical thrust of historians of difference. By remaining within the epistemological frame of orthodox history, these studies lose the possibility of examining those assumptions and practices that excluded considerations of difference in the first place. [...] Questions about the constructed nature of experience, about how subjects are constituted as different in the first place,

---

2   »[...] cautérisation et ablation du clitoris pour les filles. C'est Antoine Dubois [...] qui a retranché le clitoris à une malade que l'on avait essayé de guérir en vain, [...] On lui a ôté le clitoris ›d'un seul coup de bistouri‹ – dit Antoine Dubois.« Foucault, Michel. Les Anormaux : Cours au Collège de France, 1974-1975. Paris : Gallimard, Le Seuil ; 1999, S. 237 [Übersetzung N. F.]. Das Zitat stammte nicht von Dubois, sondern von Deslandes, Léopold. De l'onanisme et des autres abus vénériens considérés dans leur rapports. Paris: A. Lelarge; 1835, S. 422.

3   Stefan, Verena. Häutungen: Autobiographische Aufzeichnungen: Gedichte, Träume, Analysen. München: Frauenoffensive; 1975.

4   Unterthurner, Gerhard. Foucaults Archäologie und Kritik der Erfahrung: Wahnsinn – Literatur – Phänomenologie. Wien: Turia & Kant; 2007, S. 104-106.

about how one's vision is structured-about language (or discourse) and history-are left aside. The evidence of experience then becomes evidence for the fact of difference, rather than a way of exploring how difference is established, how it operates, how and in what ways it constitutes subjects who see and act in the world.«[5]

Erfahrung – so Scott – sei selbst ein historisches Konstrukt, das in sich die ideologischen Rückstände des diskursiven Kontexts einschlösse, aus dem es entstanden sei. Forscher*innen, die die Erfahrung privilegierten, seien nicht weniger naiv als die arglosen Positivisten mit ihrer Faktenhuberei.[6] Der Ausweg – so Scott – aus der selbstverschuldeten Naivität der Historiker*innen liege in Weigerung, Erfahrung als ein selbst-evidentes Fundament historischer Aussagen zu betrachten und statt dessen eine Analyse der Wissensproduktion selbst vorzunehmen.[7] Diese Anregung Joan Scotts war meine Leitlinie bei der Verfertigung des vorliegenden Buches.

Als ich 2008 auf die ersten Texte stieß, die die Praxis der Genitalverstümmelung in europäischen Ländern zum Thema hatten, nahm ich an, dies könne ein ergiebiges Thema für eine Dissertation oder eine Habilitationsschrift abgeben und ermunterte einige meiner Schülerinnen, sich dieses Themas anzunehmen. Ich stieß auf höfliche, aber deutliche Ablehnung. Die Gründe leuchteten mir irgendwann ein. Ähnlich wie mein Doktorvater in den Siebziger Jahren hätte ich mich fragen sollen, wer ihre Karriere mit einem Buch zu diesem Thema ruinieren wolle. Wir alle wissen, wie wichtig die Thematik von Qualifizierungsarbeiten für das Fortkommen in der Forschung ist. Junge Kolleginnen wollen nicht auf »Frauenthemen« festgelegt werden, standen diese doch im Verdacht, die Chancen auf eine Berufung auf einen Lehrstuhl zu vermindern. Das Thema lag damit auf Halde und setzte Staub an. Ich sammelte zwar Quellen in einschlägigen Archiven, doch schien eine Bearbeitung des Themas noch nicht an der Zeit. Nach meiner Emeritierung 2016 entschloss ich mich trotz der Risiken, die mit der Bearbeitung dieses Themas durch einen Mann verbunden waren, dieses schwer zugängliche Kapitel selbst anzufassen. Mansplaining ist ja eine *déformation professorale*. Kolleginnen und Freundinnen, mit denen ich sprach, machten mir Mut. Allen voran stärkte

---

5   Scott, Joan Wallach. The Evidence of Experience. Critical Inquiry. 1991; 17(4):773-797, S. 777.
6   Jay, Martin. Songs of Experience: Modern American and European Versions of a Universal Theme. Berkeley, CA: University of California Press; 2005, S. 250f.
7   Scott, The Evidence, S. 797.

mir M. Michaela Hampf den Rücken. Sie hat sich jeden Tag meine emotionalen und von Empörung geprägten Ausführungen über die Gewalt der Quellentexte anhören müssen und hat nicht aufgehört, meine Jeremiaden zu ertragen und kritisch zu kommentieren. Medizinhistoriker*innen, die keinen *Doctor Medicinae* nachweisen können und »nur« Geisteswissenschaftler*innen sind, tun sich immer noch schwer in Deutschland. Mediziner*innen, die die Geschichte ihres Fachs schreiben, gelten sie als halbseiden. Man könnte von einer Diskriminierung der Historiker*innen durch die medizinisch ausgebildeten Medizinhistoriker*innen sprechen, die die Historiker*innen aufgrund ihrer mangelnden speziellen Fachkenntnis nicht ernst nehmen. Dabei haben die geisteswissenschaftlich ausgebildeten Historiker*innen den Vorteil, medizinische Fachkenntnisse nicht mit dem historischen Diskurs verwechseln. Es gibt eben eine »intellectual history« der Medizin, die ausgebildeten Mediziner*innen ebenso unzugänglich ist, wie eine in die Tiefe gehende Diskussion der Virologie für die meisten Geisteswissenschaftler*innen.[8] Gerade weil die Geschichte der Medizin so eng mit anderen Aspekten der Geistes- und Kulturgeschichte verwoben sind, braucht es das Wissen der Geisteswissenschaftlerinnen, um Medizingeschichte schreiben zu können.[9] Dennoch ist der wissenschaftliche Kontakt zu Mediziner*innen auch für diese Untersuchung von großer Bedeutung gewesen. Zahlreiche Gespräche führte ich mit der Medizinhistorikerin Dr. med. Marion Hulverscheidt, der Infektiologin Dr. med. Christiane Cordes und der Ärztin und Psychotherapeutin Dr. med. Angelika Hambach. Zahlreiche Gespräche mit den Historikerinnen und Kulturwissenschaftlerinnen Madita Oehming, Margit Szoelloesi-Janze, Maren Möhring und Kerstin Stakemeier halfen mir, verschiedene Perspektiven zu verstehen und einzunehmen. Die Historikerinnen, Kultur- und Gesellschaftswis-

---

[8] Beccalossi, Chiara und Cryle, Peter. Recent Developments in the Intellectual History of Medicine: A Special Issue of the »Journal of the History of Medicine«. Journal of the History of Medicine and Allied Sciences. 2012; 67(1):1-6. Von den in diesem Sonderband versammelten Autor*innen sind Chiara Beccalossi, Peter Cryle, Ivan Crozier, Tracey Loughran, Hans Pols und Heather Wolffram alles Historiker*innen mit einem PhD in Geschichte. Kein/e einzige/r Beiträger*in hat Medizin studiert. Der Herausgeber dieser renommierten Zeitschrift, Christopher Crenner, hat zunächst einen PhD in Geschichte von der Harvard University erworben, bevor er dort noch ein Medizinstudium mit einem MD abschloss. Sein Mitherausgeber Ryan Fagan ist studierter Historiker, genauso wie die andere Mitherausgeberin Judith A. Houk.

[9] Cook, Harold J. The History of Medicine and the Scientific Revolution. Isis. 2011; 102(1):102-108.

senschaftlerinnen Katharina Loeber, Christiane König, Johanna Meyer-Lenz, Mara Kuhl, Ayla Güler und Doro Wiese lasen das Manuskript oder große Teile davon und hielten mit Kritik und Rat nicht hinter dem Berg. Eine erste Publikation im *Gender Forum* 2018 ermöglichte mir die Kontaktaufnahme zu weiteren Kolleginnen.[10] Das von Monica H. Green geleitete Internet-Forum MEDMED-L zur frühneuzeitlichen und mittelalterlichen Medizingeschichte erlaubte den Austausch mit Historiker*innen in der ganzen Welt. Der emeritierte Direktor des Stuttgarter Institut für Medizingeschichte Robert Jütte half mit Rat und Vorschlägen. Seine mahnenden Worte sind nicht ungehört verhallt. Unsere Söhne Jakob und Jonathan Hampf mussten einen oft in Gedanken verlorenen Vater immer wieder erden, was ihnen hervorragend gelungen ist. Wie immer lebt auch hier ein Historiker vom Netzwerk, von der Liebe und der Solidarität der Familienmitglieder und Freund*innen. Die Fehler, die ich machte, sind indessen alle meine. Ich danke von Herzen für die Gelegenheit, diesen Text abzuschließen.

Berlin, November 2020

---

10 Finzsch, Norbert. »We know the lesbian habits of kleitoriaxein [...] which justify the resection of the clitoris«: Cliteridectomy in the West, 1600 to 1988. Gender Forum. 2018; 67:9-28.

1. Einleitung
Torture Is Culture

> »The female clitoris itself has had to navigate many rough seas in its long and embattled history to escape and elude the many hostile pirates and male bounty hunters on its path, including both those who would seize and destroy it, as well as those who would continually rediscover, reinvent, and degrade it.«[1]

1991 hatte ich das Glück, in Princeton zusammen mit einem älteren Mann an einer der berühmten »Teestunden« in der Fuld Hall des Institute for Advanced Study teilzunehmen. Er stellte sich als »Cliff« vor und ich, der ich zwar seine Arbeiten gelesen, aber keine Ahnung davon hatte, wie er aussah, verwickelte ihn in ein Gespräch über kulturelle Unterschiede der USA und Europas. Wir kamen schnell auf Sport zu sprechen und ich gestand ihm, dass ich Baseball langweilig und kompliziert fand. Er hob zu einem längeren, aber faszinierenden Vortrag über Baseball an, der meine engen Vorstellungen über den amerikanischen Nationalsport pulverisierte, weil es ihm gelang, die Beobachtungen, die ich bei Baseballübertragungen im Fernsehen gemacht hatte, mit der Alltagskultur der Vereinigten Staaten in Verbindung zu bringen. Hinterher wurde ich von einem Freund gefragt, ob ich mich gut mit Clifford Geertz amüsiert habe. Das Gefühl, zwei Stunden mit dem berühmtesten lebenden amerikanischen Ethnologen verbracht und dabei nur über Sport gesprochen zu haben, entbehrte nicht einer großen Peinlichkeit. Ich hätte ihm gerne viele

---

[1] Scheper-Hughes, Nancy. Virgin Territory: The Male Discovery of the Clitoris. Medical Anthropology Quarterly. 1991; 5(1):25-28, S. 26.

Fragen gestellt bezüglich seines Kulturbegriffs, mehr noch zu seiner Technik der dichten Beschreibung – hätte ich gewusst, mit wem ich es zu tun hatte. Clifford Geertz hat mit seinen Arbeiten zur symbolischen Anthropologie und seinen Ansätzen zur Interpretation von Kultur als »[...] a system of inherited conceptions expressed in symbolic forms by means of which men communicate, perpetuate, and develop their knowledge about and attitudes toward life [...]« den Grundstock zu einem erweiterten Verständnis auch historischer Prozesse gelegt.[2] Er hat die Ethnografie definiert als »[...] Versuch, ein Manuskript zu lesen (im Sinne von ›eine Lesart entwickeln‹), das fremdartig, verblaßt, unvollständig, voll von Widersprüchen, fragwürdigen Verbesserungen und tendenziösen Kommentaren ist.«[3] In gewisser Weise ist er damit zu einem Mentor der vorliegenden historischen Studie geworden, denn auch hier müssen Texte gelesen werden, die unvollständig, voll von Widersprüchen, fragwürdigen Verbesserungen und tendenziösen Kommentaren sind.

Die vorliegende Studie hat ihre eigene Geschichte – frei nach Terentianus Maurus[4]: Bei den Arbeiten zu einem Aufsatz zur Geschichte der Homosexualität in Frankreich während der Dritten Republik stieß ich in der Pariser *Bibliothèque Nationale* 2009 auf medizinische Texte, die von der Annahme ausgingen, männliche Genitalien verformten sich durch die homosexuelle Praktiken des Analverkehrs und der Masturbation. Im Nebensatz wurde auf die Parallelität dieser »Anpassung« bei weiblichen Genitalien hingewiesen, wobei allerdings auf die Möglichkeit der chirurgischen »Korrektur« sprich der Kliteridektomie erwähnt wurde.[5] Ich fand bei meiner weiteren Recherche einen kurzen Aufsatz eines US-amerikanischen Arztes, der nachwies, dass

---

2   Geertz, Clifford. The Interpretation of Cultures: Selected Essays. New York: Basic Books; 1973, S. 89.
3   Geertz, Clifford. Dichte Beschreibung: Beiträge zum Verstehen kultureller Systeme. Frankfurt a.M.: Suhrkamp, 1987, S. 15.
4   »Pro captu lectoris habent sua fata libelli«, frei übersetzt als »Je nach der Interpretation des Lesers werden Bücher verschieden aufgenommen.« Terentianus Maurus. De Litteris, Syllabis, Pedibus, et Metris : Item, Eiusden Argumenti, Marii Victorini, Grammatici et Rhetoris, de Orthographia, et Ratione Carminum Libri IIII. Genf : Officina Sanctandreana; 1584, S. 50.
5   Garnier, Pierre. Onanisme, seul et à deux, sous toutes ses formes et leurs conséquences. Paris: Garnier Frères; 1883, S. 334. Garnier hat in seinem umfangreichen Buch ein Kapitel der weiblichen Masturbation und ein Kapitel dem Problem »Clitorisme et Tribadie« gewidmet (S. 425-440).

diese Operation in England im 19. Jahrhundert praktiziert worden war.[6] Es war dies das erste Mal, dass ich von der Kliteridektomie an Frauen außerhalb der von Europäern kolonisierten Gebiete der Erde hörte.[7] Der Begriff war für mich besetzt mit dem Islam, Afrika und rituellen Praktiken von Völkern in West- und Ostafrika. Als Historiker der USA war ich vertraut mit Alice Walkers feministischem Roman »Possessing the Secret of Joy« (1992), in dem sie der komplizierten Interaktion von Geschlechtskonstruktion und Kultur nachging. Ihr oftmals kritisierter Satz »torture is not culture« hing mir nach, als ich mehr über die Praxis der Genitalverstümmelung in Europa herausfinden wollte.[8] Inzwischen weiß ich, dass man diesen Satz auch umkehren kann: »Torture is Culture«.

»Women's bodies have been (and continue to be) a site of struggle for definition and control.«[9] Diesem Verdikt kann ich nach Abschluss meiner Recherchen zum vorliegenden Projekt voll zustimmen. Die Kulturgeschichte der gynäkologischen Theorie und Praxis ist voll von Methoden, bei denen Frauen und Mädchen gewaltsamen, schmerzhaften und entwürdigenden Prozeduren unterzogen wurden – oft, ohne gefragt zu werden. Es war mir bekannt, dass es eine reiche Literatur zur Geschichte der FGM/C in Europa innerhalb

---

6   Duffy, John. Masturbation and Cliteridectomy. The Journal of the American Medical Association. 1963; 186:246-248.

7   Ornella Moscucci konnte noch 1996 behaupten, Kliteridektomien seien in den 1850er Jahren gelegentlich »vorgeschlagen« worden. Den ersten Fall will sie 1851 identifiziert haben. Der hier zitierte Alessandro Riberi hatte über diesen Fall allerdings schon 1837 in einer französischen Publikation dargestellt. Riberi, Alessandro. Cas d'onanisme grave, guéri a l'aide de l'excision du clitoris et des petites lèvres, par M. Riberi, professeur de médecine opératoire a Turin. Gazette Médicale De Paris : Journal de Médecine et des Sciences Accessoires. 1837; 2(5):744. Dies zeigt nachdrücklich, dass die Forschung zu diesem Thema international und als Transfergeschichte angelegt werden muss. Moscucci, Ornella. Cliteridectomy, Circumcision, and the Politics of Sexual Pleasure in Mid-Victorian Britain. In: Miller, Andrew H. und Adams, James Eli, (Hg.). Sexualities in Victorian Britain. Bloomington: Indiana University Press; 1996, S. 60-78, S. 61.

8   Lauret, Maria. Alice Walker. Houndsmill, Basingstoke: Palgrave; 2011, S. 216.

9   Braun, Virginia and Wilkinson, Sue. Socio-Cultural Representations of the Vagina. Journal of Reproductive and Infant Psychology. 2001; 19(1):17-32, S. 17. Siehe auch Braun, Virginia und Kitzinger, Celia. »Snatch,« »Hole,« or »Honey-Pot«? Semantic Categories and the Problem of Nonspecificity in Female Genital Slang: The Journal of Sex Research 2001; 38(2):158-146.

der ethnischen Communities gab, die durch die Kulturen ihrer Herkunftsländer geprägt waren, doch schien niemand etwas über die Genitalverstümmelung von »weißen« Frauen in Europa zu wissen.[10] Dann stieß ich auf die Dissertation von Marion Hulverscheidt.[11] Nach der Lektüre dieser medizinhistorischen Arbeit aus der Hand einer Ärztin und weiteren Recherchen in Frankreich, Großbritannien und Deutschland wurde mir klar, dass die Praxis der Kliteridektomie ein in Europa weit verbreitetes Mittel war, die Sexualität von Frauen zu kontrollieren, sie dem patriarchalen Konzept einer auf biologische und kulturelle Reproduktion durch heterosexuelle Penetration innerhalb der Ehe zu unterwerfen und »Abweichlerinnen« von diesem Postulat zu bestrafen. Diese Strafe konnte durch moralischen Druck erzeugt werden, beruhte aber letztlich auf der Androhung der Verstümmelung. Die in Europa gebräuchlichen Methoden der Verstümmelung waren im Vergleich zu den im globalen Süden verwendeten begrenzt: Die Infibulation wurde so gut wie nicht verwendet. Mir sind nur zwei Fälle bekannt, die im Folgenden auch erwähnt werden. Ab Mitte des 19. Jahrhunderts kamen neben der Kliteridektomie auch die Entfernung der Ovarien (Ovariektomie) und der Gebärmutter (Hysterektomie) in Gebrauch und zwar nicht ausschließlich aus notwendigen therapeutischen Gründen, etwa zur Bekämpfung eines Tumors, sondern auch zum Zwecke der Kontrolle weiblicher Sexualität, wenn auch durch diese Operationen die Möglichkeit der biologischen Reproduktion nicht mehr gegeben war. Dieser Ansatz konnte mit den gegen Ende des Jahrhunderts entstehenden Bemühungen um eugenische Reproduktion kombiniert werden, so dass »geisteskranke« Frauen diesen Eingriffen unterzogen wurden. Zu Beginn des 19. Jahrhunderts wurden Frauen auch Röntgenbestrahlungen mit hohen Dosen unterzogen, die die Ovarien so schwer schädigten, dass Ärzte von einer »Kastration« sprechen konnten. Die Kulturwissenschaftlerin Kerstin Stake-

---

10   Nyangweso, Mary. Female Genital Cutting in Industrialized Countries: Mutilation or Cultural Tradition? Santa Barbara, CA : ABC Clio; 2014. Bader, Dina. Nationalisme Sexuel : Le Cas de l'excision et de la chirurgie esthétique génitale dans les discours d'experts en Suisse. Swiss Journal of Sociology. 2016; 42(3):573-591.Ich verwende den anachronistischen Begriff FGM/C, weil der ältere Begriff FGM (ohne/C) die Gefahr in sich birgt, stigmatisierend zu wirken.

11   Hulverscheidt, Marion. Weibliche Genitalverstümmelung: Diskussion und Praxis in der Medizin während des 19. Jahrhunderts im deutschsprachigen Raum. Frankfurt a.M.: Mabuse; 2002.

meier hat in einem anderen Zusammenhang von der »Formung der individuellen Körper anhand ihrer reproduktiven Funktion« gesprochen.[12]
Ich konzentriere mich im vorliegenden Buch auf die Kliteridektomie als einem häufig diskutierten und massenhaft angewendeten Mittel der Kontrolle weiblicher Sexualität in Deutschland, Frankreich, Großbritannien und den USA, wobei angrenzende Nationalstaaten wie die Schweiz, Österreich, Die Niederlande, Belgien, Spanien und Italien ebenfalls berücksichtigt werden sollen, ohne dass sie im Zentrum der Untersuchung stehen. Ich nenne diese Länder summarisch »Westen«, in Anlehnung an Edward Saids Buch Orientalism.[13] Ich meine damit die Regionen, Nationen und Staaten, die In Europa liegen oder aus der Kolonisierung europäischer Staaten hervorgegangen sind, also Nordamerika und Australien/Neuseeland. Diese Staaten und Regionen verstehen sich als kulturell und technologisch avanciert und als Erben der Aufklärung und des Christentums. Seit der Publikation von Saids Buch im Jahre 1978 gilt die Unterteilung der Welt in den »Westen« und den »Rest« als herablassend und essentialisierend. Letztlich diene die Dichotomie »West« und »East« den Interessen imperialer westlicher Staaten. Implizit wird bei dieser Charakterisierung, dass der »Westen« rational, entwickelt, flexibel, dynamisch, fortschrittlich und human sei. Dies ist nicht das Bild, das ich in der Analyse der Genitalverstümmelung in den europäischen Staaten und den USA gewinnen konnte. Im Gegenteil kamen mir doch viele Texte und die in ihnen beschriebenen Maßnahmen als irrational, traditionell, reaktionär und menschenverachtend vor. Wenn ich also vom »Westen« rede, dann meine ich dies durch und durch ironisch. Der Westen betrieb ja nicht nur eine koloniale Politik, er kolonisierte auch »im Innern« des »Mutterlands« durch die Performanz einer Geschlechterordnung, die Frauen unterwarf, indem er Frauen auf die Hemisphäre der biologischen und materiellen Reproduktion festlegte.
Ich lege dabei die anachronistische Definition der Female Genital Mutilation (FGM/C) zugrunde, die die Weltgesundheitsorganisation WHO 1996 vorgelegt hat. Sie unterscheidet vier Typen der Beschneidung:

»Typ I: Excision des Präputiums, mit oder ohne Excision von Teilen oder der gesamten Klitoris.

---

12 Stakemeier, Kerstin. Entgrenzter Formalismus: Verfahren einer antimodernen Ästhetik. Berlin: b_books; 2017, S. 29.
13 Said, Edward W. Orientalism. New York: Pantheon Books; 1978.

Typ II: Excision der Klitoris mit partieller oder gesamter Excision der kleinen Labien.

Typ III: Excision von Teilen oder des gesamten äußeren Genitale und Raffen des Introitus (Infundibulation) [sic; Der WHO-Bericht schreibt »Infibulation«, N. F.].

Typ IV: Nicht klassifiziert: dazu zählt [...] Kauterisieren oder Verbrennen der Klitoris und des umgebenden Gewebes; Abschaben von Gewebe [...] oder Einschneiden der Vagina [...] und alle anderen Prozeduren, die nicht unter oben genannte Definition passen.«[14]

Es geht also in diesem Buch um alle Typen der FGM/C, auch wenn die Infibulation selten vorkam. Ovariektomien und Hysterektomien sowie Strahlentherapie zur Zerstörung weiblicher Genitalien werden im Zusammenhang mit dem Kapitel über die Hysterikerin in einem Exkurs erörtert, nehmen aber keinen zentralen Platz in dieser Untersuchung ein.[15] Auch wenn die kulturellen und historischen Unterschiede der heutigen FGM/C und der Kliteridektomie im frühneuzeitlichen Europa nicht unterschätzt werden sollten, kann man als Historiker*in doch davon ausgehen, dass die Konsequenzen einer solchen

---

14   Stosius, Peter. Diagnose und Therapie erworbener Vaginalstenosen: Eine systematische Übersichtsarbeit. München: Dissertation Ludwig-Maximilians-Universität; 2002, S. 103. World Health Organization. Female Genital Mutilation: Report of a WHO Technical Working Group. Genf: WHO, 1996, S. 6. Zur Kritik an der Politik der WHO siehe Earp, Brian D. und Johnsdotter, Sara. Current Critiques of the WHO Policy on Female Genital Mutilation. International Journal of Impotence Research (in Press). 2020, [Web page] URL: https://www.academia.edu/42281793, gesehen 27.8.2020.

15   Die Zwangssterilisationen in der Zeit des Nationalsozialismus gründeten sich nicht in erster Linie auf dem Versuch, weibliche selbstbestimmte Sexualität zu kontrollieren, sondern waren Teil eines eugenischen und rassistischen Dispositivs, bei dem der Nachwuchs von als »rassisch minderwertiger« definierten Menschen verhindert werden sollte. Auf der Grundlage des Gesetzes zur »Verhütung erbkranken Nachwuchses« aus dem Jahr 1933 konnten Menschen gegen ihren Willen unfruchtbar gemacht werden. Die eugenische Ausrichtung des Gesetzes drückte sich u.a. in der Tatsache aus, dass auch Männer zwangssterilisiert wurden. Siehe Bock, Gisela. Zwangssterilisation im Nationalsozialismus: Studien zur Rassenpolitik und Geschlechterpolitik. Münster: MV Wissenschaft; 2010. Westermann, Stefanie. Verschwiegenes Leid: Der Umgang mit den NS-Zwangssterilisationen in der Bundesrepublik Deutschland. Köln, Weimar: Böhlau Verlag; 2010. Endres, Sonja. Zwangssterilisation in Köln 1934-1945. Köln: Emons; 2010. Ley, Astrid. Zwangssterilisation und Ärzteschaft: Hintergründe und Ziele ärztlichen Handelns 1934-1945. Frankfurt a.M.: Campus; 2004.

Behandlung sehr ähnlich waren.[16] Die WHO führt unter den kurzfristigen physischen Konsequenzen den erlittenen Schmerz, Verletzungen des benachbarten Gewebes einschließlich der Harnröhre mit der Folge der Inkontinenz, die Verletzung der Klitorisarterie, Verletzung der Bartholin-Drüsen und Infektionen des Harntrakts. Langfristig kann es zur Narbenbildung am Meatus, Entzündungen des Beckenbereichs, schwer zu therapierender Koloidbildung an der Operationsnarbe, Abszessen und Zysten, Menstruationsbeschwerden, Dyspareunie (Schmerzen beim Geschlechtsverkehr), Schwierigkeiten bei der gynäkologischen Versorgung als Folge der Vernarbung und Problemen bei Schwangerschaft und Geburt kommen. Die psychischen Folgen sind ebenso schwerwiegend. Essstörungen sind ebenso häufig wie Beeinträchtigungen der Kognition. Depressionen und Phobien können das Resultat der FGM/C sein.[17]

Vertreter*Innen einer empirisch argumentierenden Sozialgeschichte werden an dieser Stelle einhaken und fragen, wo denn der Beweis für die massenhafte Anwendung der Kliteridektomie in Europa liege. In der Tat ist der Diskurs über die Kliteridektomie dichter als die empirische Nachweisbarkeit des Einsatzes dieser abscheulichen Praxis. Dies liegt zum großen Teil an der Entwicklung empirischer Verfahren in der medizinischen Forschung selbst, die erst relativ spät dazu überging, Verfahren zu standardisieren und Fallprotokolle anzulegen, um Vergleichbarkeiten und Ähnlichkeiten zu dokumentieren.

Dabei muss das Problem der Kliteridektomie im Sinne Roy Porters und seiner Medizingeschichte »von unten« gleichzeitig von zwei Seiten aus angegangen werden.[18] Da ist zum einen die Perspektive der »Täter«, d.h. der fast ausschließlich männlichen Autoren, die über die Kliteridektomie schrieben und sie praktizierten. Diese Männer verstanden sich mehrheitlich als »Wissenschaftler«, die einen objektiven Tatbestand beschrieben und ein Problem

---

16 Kölling, Anna. Weibliche Genitalverstümmelung im Diskurs: Exemplarische Analysen zu Erscheinungsformen, Begründungsmustern und Bekämpfungsstrategien. Münster: LIT; 2008. Koso-Thomas, Olayinka. Circumcision of Women: A Strategy for Eradication. London, Atlantic Highlands, NJ: Zed Books; 1987.

17 World Health Organization, Female Genital Mutilation, S. 5-10. Mulongo, P.; Hollins Martin, C., and McAndrews, S. Psychological Impact of Female Genital Mutilation/Cutting (FGM/C) on Girls/Women's Mental Health: A Narrative Literature Review. Journal of Reproductive and Infant Psychology. 2014; 32(5):469-485.

18 Porter, Roy. The Patient's View: Doing Medical History from Below. Theory and Society. 1985; 14(2):175-198.

beheben wollten. Sie waren eingebunden in eine Vielzahl von Strukturen gesellschaftlicher, kultureller und professioneller Art. Die Mehrzahl von ihnen waren Ärzte, auch wenn es einige Gesellschaftswissenschaftler und Moraltheologen unter ihnen gab.

Die zweite Perspektive ist die der »Opfer«, d.h. der Frauen, die eine Kliteridektomie erlitten und über die wir wenig wissen. Ich werde den Opferbegriff in der Folge noch problematisieren. Sicher ist indessen eins: So gut wie nie verfassten Patientinnen »Ego-Dokumente«, in denen sie ihre Erfahrungen mit der Genitalverstümmelung schilderten. Das liegt zum einen sicherlich auch an der Frage der Schriftlichkeit von Frauen im 17. und 18. Jahrhundert. Thomas Laqueur hat darauf hingewiesen, dass 1754 lediglich 40 Prozent aller englischen Frauen ihren Namen schreiben konnten.[19] Neuere Forschungen zu England betonen die geografische Varianz der Literarizität und verwiesen auf die geringe Schriftlichkeit in der weiblichen Arbeiterklasse des 19. Jahrhunderts. Dabei hat die Schriftlichkeit von Frauen in Regionen wie Leicestershire im 19. Jahrhundert eher ab- als zugenommen.[20] Im Falle Englands hat der Umstand, dass es sich hier um eine mehrheitlich protestantische Kultur handelte, sicherlich zu Verbreitung der Schriftlichkeit unter Frauen beigetragen. In Deutschland gab es eine hohe Alphabetisierung unter bürgerlichen Frauen des 19. Jahrhunderts, aber auch hier variierte die Alphabetisierung mit geographischen und Klassenfaktoren.[21] Wichtig ist auch die Unterscheidung zwischen einer Alphabetisierung und der Literalisierung, d.h. der Fähigkeit, Schriftlichkeit in konkreten kulturellen Kontexten anzuwenden. So war es etwas anderes, als Herrnhuter Schwester im 18. Jahrhundert einen pietistischen Lebenslauf zu verfassen als einen Text zu schreiben, in dem im 19. Jahrhundert die Erfahrung einer von einem Arzt vorgenommenen Genital-

---

19 Laqueur, Thomas. The Cultural Origins of Popular Literacy in England 1500-1850. Oxford Review of Education. 1976; 2(3):255-275, S. 255.

20 Hoyler, Michael. Small Town Development and Urban Illiteracy: Comparative Evidence from Leicestershire Marriage Registers 1754-1890. Historical Social Research/Historische Sozialforschung. 1998; 23(1/2):202-230. Brown, Elaine. Gender, Occupation, Illiteracy and the Urban Economic Environment: Leicester, 1760-1890. Urban History. 2004; 31(2):191-209, S. 208.

21 Busch-Geertsema, Bettina. »Elender als auf dem elendsten Dorfe«? Elementarbildung and Alphabetisierung in Bremen am Beginn des 19. Jahrhunderts. In: Bödeker, Hans Erich and Hinrichs, Ernst, (Hg.). Alphabetisierung und Literalisierung in Deutschland in der Frühen Neuzeit. Tübingen: Niemeyer; 1999, S. 181-202.

verstümmelung zu thematisieren.[22] Das Beherrschen des Alphabets macht ja niemanden zum Schriftsteller oder zur Autorin. Zwar sind auch aus dem 18. Jahrhundert Ego-Dokumente von Frauen überliefert, aber hier handelt es sich vorwiegend um Suppliken, eine Quellengattung, die primär die Verbesserung der eigenen materiellen Lage zum Beispiel von Soldatenfrauen zum Ziel hatte.[23] Tagebuchaufzeichnungen und anonyme Berichte sind bei »heiklen« Themen wie Intersexualität oder Kliteridektomie ausgesprochen selten, wie Marion Hulverscheidt feststellt.[24] Im frühen 20. Jahrhundert mehren sich die überlieferten Selbstzeugnisse auch aus psychiatrischen Anstalten.[25] Dennoch sind im Rahmen der Recherche für diese Untersuchung keine Egodokumente von Frauen aufgetaucht, die einer Kliteridektomie unterzogen worden sind.

Selbstverständlich gab es im 17. und 18. Jahrhundert medizinische Gutachten, auch wenn diese bisher nur unzureichend bibliographisch und archivalisch erschlossen sind.[26] Diese lagen meist in gedruckten Sammlungen vor, die auf Manuskripten beruhten, die akademische Praktiker angelegt hatten. Die meisten Sammlungen medizinischer Gutachten in Deutschland stammen aus dem 18. Jahrhundert und räumlich aus den Regionen im ostmitteldeutschen Raum.[27] Die unveröffentlichten *curationes* oder die aus ihnen hervorgegangenen *observationes* enthielten oft persönliche Daten der Patient*innen. Bei der Drucklegung wurden diese in der Regel weggelassen. Schon bei diesen frühen Sammlungen fällt auf, dass Namen und persönliche Daten der Patient*innen eher ausgespart blieben. Das hat u.a. auch damit zu tun, dass Kriterien für die Auswahl von Fallgeschichten der therapeutische Erfolg und

---

22 Modrow, Irina. Religiöse Erweckung und Selbstreflexion: Überlegungen zu den Lebensläufen Herrnhuter Schwestern als einem Beispiel pietistischer Selbstdarstellungen. In: Schulze, Winfried, (Hg.). Ego-Dokumente: Annäherung an den Menschen in der Geschichte. Berlin: Akademie Verlag; 1996, S. 121-130.
23 Engelen, Beate. Soldatenfrauen: Eine Strukturanalyse der Garnisonsgesellschaft im späten 17. und im 18. Jahrhundert. Münster: LIT., 2005, S. 32.
24 Hulverscheidt, Marion. »N. O. Body – Aus eines Mannes Mädchenjahren« – von einer Medizinhistorikerin neu gelesen I: Hinführung und Fragestellung. URL: https://intersex.hypotheses.org/4931, gesehen 30.10.2019.
25 Ankele, Monika. Alltag und Aneignung in Psychiatrien um 1900: Selbstzeugnisse von Frauen aus der Sammlung Prinzhorn. Wien, Köln, Weimar: Böhlau; 2009.
26 Lindner, Bettina. Medizinische Gutachten des 17. und des 18. Jahrhunderts: Sprachhistorische Untersuchungen zu einer Textsortenklasse. Berlin, Boston, MA: De Gruyter; 2018, S. 22.
27 Lindner, Medizinische Gutachten, S. 22.

die wissenschaftliche Legitimation des jeweiligen Arztes gewesen sein dürften. Vor allem »positiv« verlaufene Krankheitsgeschichten fanden Aufnahme in den *veröffentlichten* Textkorpus der Gutachtensammlungen.[28] Eine systematische Führung von Patientinnenakten gab es erst im 19. Jahrhundert. Die Entwicklung dieses literarischen Genres hing eng mit der klinischen Medikalisierung des Körpers zusammen. In »Naissance de la Clinique« hatte Foucault dargelegt, wie der medizinische Blick Krankheit zu einer statistischen Form des Wissens umformatierte, wie aus der individuellen Behandlung eine kollektive Struktur des medizinischen Wissens|Macht entstand, deren materieller Ursprung die Patientenakte war.[29] Zwar hatten in New York, Paris und Berlin Ärzte schon während des 18. Jahrhunderts begonnen, Patientinnenakten zu führen, doch waren diese wenig systematisch angelegt und dienten in erster Linie der Lehre in den medizinischen Fakultäten.[30] Erst gegen Ende des 19. Jahrhunderts wurden diese unsystematischen und postquem-angelegten Vorformen der Dokumentation überführt in eine zeitgleich mit der Untersuchung/Behandlung stattfindende formalisierte und standardisierte Aufzeichnung von Daten, an deren Ende im 21. Jahrhundert die digitalisierte Krankengeschichte steht.[31]

---

28   Lindner, Medizinische Gutachten, S. 47. Pomata, Giana. Fälle mitteilen: Die *Observationes* in der Medizin der Frühen Neuzeit. In: Wübben, Yvonne und Zelle, Carsten, (Hg.). Krankheit schreiben: Aufzeichnungsverfahren in Medizin und Literatur. Göttingen: Wallstein; 2013, S. 20-63, S. 38f.

29   »It is the carving up of the infinite domain of events by the intersection of the gaze and mutual questions. At the Edinburgh clinic, observation consisted of four series of questions: the first concerned the patient's age, sex, temperament, and occupation; the second, his symptoms; the third, the origin and development of the disease; and the fourth, more distant causes and earlier accidents. Another method — one used at Montpellier — consisted of a general examination of all the visible modifications of the organism: ›first, the alterations of the body in general; second, those in the matter excreted; third, those denoted by the exercise of the functions‹.« Foucault, Michel. The Birth of the Clinic: An Archeology of Medical Perception. Abingdon-on-Thames : Routledge, 2003, S. 111.

30   Hess, Volker. Formalisierte Beobachtung. Die Genese der modernen Krankenakte am Beispiel der Berliner und Pariser Medizin (1725-1830). In: Medizinhistorisches Journal. 2010; 45 (293-340).

31   Siegler, E. L. The Evolving Medical Record. Annals of Internal Medicine. 2010; 153(10): 671-677. Haas, Peter. Medizinische Informationssysteme und Elektronische Krankenakten. Berlin, Heidelberg, New York: Springer Verlag; 2005.

Mit anderen Worten: Solange ärztliche Praxis auf die Heilung einzelner Leiden gerichtet war, wurden keine seriellen Patientinnenakten angelegt, die Aufschluss über die soziale Zusammensetzung der Patientinnen, ihr Alter, ihre Herkunft, ihre Klassenlage, ihre »Ethnie« und ihre Beschäftigung geben konnten. Es bleibt der weitgehend selektive ärztliche Blick auf eine »Problematik«, weniger auf eine individuelle Frau, der Eingang findet in die Verschriftlichung einer medizinischen »Erfolgsgeschichte«, da die meisten Ärzte des 17. und 18. Jahrhunderts nicht über die Misserfolge bei der Heilung von Frauen berichteten. Frauen blieben während des gesamten hier abgedeckten Geschichtszeitraums in den von mir verwendeten Quellen »Fälle«, »Chiffren« im Sinne des arabischen Wortes aṣ-ṣifr (»Null, Nichts«), Personen ohne Gesichter, meistens ohne Namen und ohne Geschichte. Der medikalisierte Blick blendete die Subjektivität der betroffenen Frauen aus, reduzierte sie zu Objekten und ließ ihre Widerständigkeit, ihren Eigensinn und ihre *Noncompliance* nahezu unsichtbar werden.[32] Das ist auch der Grund, dass ich hier nicht ungeprüft die Kategorie »Opfer« anwenden möchte. Es besteht kein Zweifel daran, dass etliche Frauen im Unklaren darüber waren, was diese Operation für sie bedeutete, dass sie von Vätern, Müttern, Ehemännern oder anderen Familienmitgliedern gedrängt, ja gezwungen wurden, sich der Prozedur zu unterziehen und dass sie in diesem Sinne als »Opfer« zu bezeichnen sind. Andererseits war der Auslöser einer Diskussion um den Einsatz dieses drastischen Mittels eine unerwartete, ja störende Obstinanz. Die *Agency* dieser Frauen bestand in ihrer Form des Begehrens, des Sexes. Die Dichotomie zwischen Opfer

---

32 Zum Begriff des Eigensinns siehe Oskar Negt und Alexander Kluge. Geschichte und Eigensinn, 2 Bände, Frankfurt a.M.: suhrkamp, 1993. Pavsek, Christopher. History and Obstinacy: Negt and Kluge's Redemption of Labor. New German Critique. 1996; 68:137-163. In Anlehnung an Kluge und Negt hat Alf Lüdtke den Eigensinn vor allem auch als Form der Aneignung definiert. Alf Lüdtke, Eigen-Sinn: Fabrikalltag, Arbeitererfahrung und Politik vom Kaiserreich bis in den Faschismus, Hamburg: Ergebnisse, 1993, S. 120-160. Gemeint ist hier das nicht widerständige Aufbegehren eines Individuums gegen ein System, sondern Formen der Aneignung (nach Certeau) als einer »Kriegswirtschaft der Schwachen«, bestehend »[…] in der alltäglichen und flüchtigen Praxis der Umkehrungen, Basteleien und Bedeutungs-zuschreibungen derjenigen, die nicht über einen eigenen Raum verfügen, sondern denen bloß die Möglichkeit bleibt, sich innerhalb einer vorgegebenen Struktur einzunisten.« Fussel, Marian. Die Rückkehr des ›Subjekts‹ in der Kulturgeschichte: Beobachtungen aus praxeologischer Perspektive. In: Deines, Stefan; Jaeger, Stephan und Nünning, Ansgar, (Hg.) Historisierte Subjekte – Subjektivierte Historie: Zur Verfügbarkeit und Unverfügbarkeit von Geschichte. Berlin, New York: Walter de Gruyter; 2003, S. 141-160. S. 157.

und Agency ist in meinen Augen also falsch.[33] Die »Hermaphroditin« benutzte ihre »vergrößerte« Klitoris für potentiell deviant sexuelle Handlungen. Die »Virago« und die »Tribade« entzogen sich dem Anspruch, Sex innerhalb der Ehe mit einem Mann zu praktizieren. Die Masturbatorin entsagte dem Ziel, sexuelle Erfüllung in einer heterosexuellen Diade zu suchen. Die »Nymphomanin« und die »Hysterikerin« wählten eine Form der Sexualität, die ihnen den Verdacht einbrachte, psychopathisch zu sein. Alle diese Formen widersetzten sich dem seit Beginn der Frühen Neuzeit sich verstärkenden Tendenz, weibliche Sexualität zu kanalisieren und zu kontrollieren. Das eigensinnige Verhalten der betroffenen Frauen und Mädchen ist oftmals nur zu erahnen.[34] Dennoch ist die pure Existenz von Frauen, die normativen Vorstellungen ihres Körpers widersprachen, Frauen liebten, masturbierten oder sich »hysterisch« bzw. »neurotisch« verhielten, Beweis einer gesellschaftlichen Notlage (*urgence*), die von den hegemonialen Kräften einer Gesellschaft abgestellt werden sollte. Körper waren und sind historisch nicht nur ein Schlachtfeld, auf dem Machtkämpfe stattfanden, Körper sind als Orte des Begehrens, des »Behagens« und der Lüste dazu geeignet, die Kräfte der Hegemonie abzulenken, abzustumpfen, umzukehren und damit partiell unwirksam zu machen.[35] Der Körper kann so zu einem Ort des Widerstands werden, da die hegemonialen Kräfte zwar strategisch vorgehen, aber in ihrer Vielstimmigkeit auch unvorhergesehene Ereignisse hervorrufen können.[36] Sexualität als Apparat oder als Dispositiv funktioniert letztendlich, indem Individuen Identitäten auf der Basis der Logik von Sex|Begehren zugewiesen werden. Die Kultivierung der Erfahrung von »Lust« und Körper hat das Potential die reibungslosen Opera-

---

33 Genz, Stéphanie und Brabon, Benjamin A. Postfeminism: Cultural Texts and Theories. Edinburgh: Edinburgh University Press; 2009, S. 105-118. Stringer, Rebecca. Vulnerability after Wounding: Feminism, Rape Law, and the Differend. SubStance. 2013; 42(3):148-168. Mardorossian, Carine M. Framing the Rape Victim: Gender and Agency Reconsidered. New Brunswick, NJ: Rutgers University Press; 2014, S. 41-67.

34 Zur feministischen Aneignung der Hysterie nach 1980 siehe Devereux, Cecily. Hysteria, Feminism, and Gender Revisited: The Case of the Second Wave. English Studies in Canada. 2014; 40(1):19-45.

35 Trumbull, Robert. Freud beyond Foucault: Thinking Pleasure as a Site of Resistance. The Journal of Speculative Philosophy. 2018; 32(3):522-532.

36 Oksala, Johanna. Anarchic Bodies: Foucault and the Feminist Question of Experience. Hypatia. 2004; 19(4):99-121.

tionen der normalisierenden Kräfte zu stören und Alternativen zur »kargen Alleinherrschaft des Sexes« zu entwickeln.[37]

Bei einer erwachsenen Frau, die versteht, welchen Prozessen der Unterwerfung sie ausgesetzt ist, bestand immer die Möglichkeit, Symptome (oder das, was Ärzte dafür hielten) zu unterdrücken oder zu verschweigen, um schmerzhaften und erniedrigenden Behandlungspraktiken zu entgehen. Der behandelnde Arzt verbuchte seine Therapie als Erfolg; die Frau wurde nicht weiter behelligt. Für minderjährige Mädchen, bei denen der Arzt *in loco parentis* handelte oder deren Eltern gar eine »Behandlung« angeordnet hatten, war die Möglichkeit, Widerstand zu leisten nicht in gleichem Maße gegeben. Um die epistemologische Blindheit der verwendeten Quellen auszugleichen, wurden die Frauen, die von Kliteridektomie in den Jahren zwischen ca. 1550 und ca. 1980 betroffen waren, in verschiedene Figurationen unterteilt. Diese Figurationen unterliegen nicht einer chronologischen Abfolge, denn sie überlappen sich zeitlich. Daraus folgt, dass sie auch nicht absolut trennscharf sind. Gleichwohl gibt es Verdichtungen im Diskurs, die es erlauben, eine relative zeitliche Abfolge zu konstruieren. Insofern sind die angegeben Zeiträume in den Kapitelüberschriften lediglich als Umriss des im Kapitel behandelten Geschichtszeitraums zu sehen.

Ich will dies an einem Beispiel aus dem späten 19. Jahrhundert erläutern. Léon Henri Thoinot (1858 – 1915), berühmt-berüchtigter Medizinprofessor an der Pariser Universität allgemein bekannter Gerichtsmediziner, verfasste 1898 ein Standardwerk zur »Perversion des Genitalempfindens«.[38] Der Titel ist alarmierend, denn es geht um »Attentate auf die Sitte«. Thoinot entfaltet ein breites Tableau der Bedrohung der Sittlichkeit und er orientiert sich dabei sehr stark an dem französischen Rechtsmediziner Ambroise Tardieu (1818-1879) und seiner in mehreren Auflagen erschienenen Schrift über die Angriffe

---

37 McWhorter, Ladelle. Bodies and Pleasures: Foucault and the Politics of Sexual Normalization. Bloomington, IN: Indiana University Press, 1999, S. 180-186. Foucault, Michel. Der Wille zum Wissen: Sexualität und Wahrheit 1. Frankfurt a.M.: Suhrkamp, 1983, S. 151, 153.

38 Zu Thoinots zweifelhafter Diagnose im Fall der Serienmörderin Jeanne Weber siehe Doyen, Eugène Louis und Fernand Hauser. L'affaire Jeanne Weber : L'ogresse et les experts. Paris : Librairie Universelle, 1908. Thoinot, Léon H. Attentats aux Moeurs et Perversions du Sens Génital. Paris : Octave Doin, 1898. Siehe auch die zweibändige Ausgabe Thoinot, Léon H. Précis de médicine légale, deux tomes. Paris: Octave Doin et Fils, 1913, aus der ich im Folgenden zitiere.

auf die Moral.³⁹ Der Ausgangspunkt für Thoinot wie für Tardieu waren die legalen Aspekte der Perversion. Durch die Abolition der juristischen Verfolgung von Homosexualität nach der Französischen Revolution wurde der Schutz der Sittlichkeit zum Fokus der staatlichen Maßnahmen zur Kontrolle der Sexualität.⁴⁰ In diesem Tableau tauchten verschiedene Figurationen auf: Der Tribadismus⁴¹, die Masturbation⁴², die Nymphomanie⁴³ und die Hysterie.⁴⁴ Der gute Doktor schlug auch dann in Übereinstimmung mit seinem österreichischen Kollegen Gustav Braun die Kliteridektomie im Falle von Masturbation vor.⁴⁵

Allen Figurationen ist jedoch gemeinsam, dass sie die Möglichkeit des Eigensinns der Therapierten voraussetzen und dass sie eine größere Gruppe von Frauen umfassen, die sich einer ausschließlich heterosexuellen, monogamen und auf biologische Reproduktion gerichteten Sexualität widersetzten oder von Ärzten einer solchen Gruppe zugerechnet wurden. Mit Eigensinn ist hier in Anlehnung an Georg Friedrich Wilhelm Hegel und Alf Lüdtke eine Freiheit gemeint, »welche noch innerhalb der Knechtschaft stehen bleibt.«⁴⁶ »Die Machtverhältnisse werden nicht angetastet, es wird aber auch nicht bedingungslos gehorcht.«⁴⁷ Dies gilt vor allem für Frauen (nicht so sehr für die von Hegel angeführten männlichen Knechte), da dieser Eigensinn direkt mit dem Begriff der Arbeit verbunden ist und Frauen in ihrer doppelten Belastung als

---

39   Tardieu, Ambroise. Étude médico-légale sur les attentats aux mœurs. 6. éd. Accompagnée de 4 planches gravées. Paris : Librairie J.-B. Baillière, 1873.
40   Finzsch, Norbert. »Aunts, Pederasts, Sodomists, Criminals, Inverts: Homosexuality, Masculinity and the French Nation in the Third Republic.« Queer | Gender | Historiographie: Aktuelle Tendenzen und Projekte. (Hg.) Norbert Finzsch and Marcus Velke. Münster, Berlin: LIT, 2016, S. 93-117.
41   Thoinot, Léon H. Précis de médicine légale, 2 Bände, Band 1. Paris : Octave Doin et Fils, 1913, Band 2, S. 73.
42   Thoinot, Précis de médicine, Band 2, S. 73.
43   Thoinot, Précis de médicine, Band 2, S. 85.
44   Thoinot, Précis de médicine, Band 1, S. 429.
45   »BRAUN a cité des cas de masturbation nymphomaniaque ayant nécessité l'amputation du clitoris.« Thoinot, Précis de médicine, Band 1, S. 32.
46   Hegel, Georg Friedrich Wilhelm. Phänomenologie des Geistes. Hamburg, 1952, S. 150.
47   Betker, Frank. »Einsicht in die Notwendigkeit«: Kommunale Stadtplanung in der DDR und nach der Wende (1945-1990). Stuttgart: Franz Steiner, 2005, S. 53. Über Alf Lüdtkes Definitionen des Begriffs Eigensinn siehe Eichhorn, Jaana. Geschichtswissenschaft zwischen Tradition und Innovation: Diskurse, Institutionen und Machtstrukturen der bundesdeutschen Frühneuzeitforschung. Göttingen: V&R unipress, 2006, S. 230-246.

Arbeitende Eigensinn besonders prononciert entwickeln konnten.[48] In dieser Hinsicht ähnelt das Verhalten der Frauen dem eigensinnigen Verhalten von Sklavinnen und Sklaven in den USA, die auch keine Ego-Dokumente hinterließen, aber tagtäglichen Widerstand übten.[49]

1.1 Theorie: Diskurse vs. Praktiken?

Nun hat die Dominanz medizinischer oder sexualpädagogischer Quellen für diese Untersuchung zur Folge, dass wir uns weitgehend auf dem Feld interventionistischer bzw. präskriptiver Texte bewegen. Die benutzten Texte versuchen zu normalisieren, Abweichungen als sündig, deviant, krank oder pervers zu markieren und Vorschläge zu machen, um einen »Normalzustand« weiblicher Körper und angeblich inhärent weiblichen Begehrens herzustellen. Die aktuellen Praktiken der weiblichen Sexualverstümmelung tauchen nur schemenhaft aus diesen Diskursen auf. Oft bleibt es bei Andeutungen und Vorschlägen. Eine genaue Aufstellung der Frauen, die nachweislich verstümmelt worden sind, ist insbesondere für das 17. und 18. Jahrhundert nicht möglich. Erst im Laufe des späten 18. Jahrhunderts sprechen Ärzte mit Präzision darüber, welche Operationen sie an weiblichen »Patientinnen« durchgeführt haben, anstatt nur theoretische Vorschläge zu machen. Deshalb ist neben den verschiedenen Figurationen weiblichen Begehrens der Begriff der *diskursiven Formation* von Bedeutung für diese Untersuchung. Diskursformationen bzw. diskursive Formationen umfassen nämlich einen »abgrenzbaren Zusammenhang von Diskurs(en), Akteuren, Praktiken und Dispositiven«, wobei unter Praktiken sprachliche und nicht-sprachliche Handlungsmuster verstanden werden, die in »[...] einem Diskurs zurechenbar sind [...], sich davon

---

48 Fach, Wolfgang. Not der Tugend – Tugend der Not: Frauenalltag und feministische Theorie. Opladen: Leske + Budrich, 1994, S. 10.; S. 17-34.
49 Finzsch, Norbert; Horton, James Oliver und Horton, Lois E. Von Benin nach Baltimore: Die Geschichte der African Americans. Hamburg: Hamburger Edition; 1999, S. 193-227. Dodge, M. A. The Search for Resistance: A Layperson's Reflections on the Historiography of Slavery in the African Atlantic. The History Teacher. 2013; 47(1):77-90. Snyder, Terri L. Suicide, Slavery, and Memory in North America. The Journal of American History. 2010; 97(1):39-62. Wood, Betty. Some Aspects of Female Resistance to Chattel Slavery in Low Country Georgia, 1763-1815. The Historical Journal. 1987; 30(3):603-622.

aber auch mehr oder weniger unabhängig und eigendynamisch in Praxisfeldern entwickeln können«.[50]

Zum einen ist (diskursive) Formation im hier benutzten Sinne ein strategischer Begriff, allerdings im Sinne einer »Strategie ohne Strategen«.[51]

> »In dem Fall, wo man in einer bestimmten Zahl von Aussagen ein ähnliches System der Streuung beschreiben könnte, in dem Fall, in dem man bei den Objekten, den Typen der Äußerungen, den Begriffen, den thematischen Entscheidungen eine Regelmäßigkeit (eine Ordnung, Korrelation, Positionen und Abläufe, Transformationen) definieren könnte, wird man übereinstimmend sagen, daß man es mit einer diskursiven Formation zu tun hat [...]«[52]

Eine diskursive Formation ist demnach eine größere Einheit, in der sich Aussagen und Diskurse zusammenfassen lassen, zum Beispiel wissenschaftliche Disziplinen oder ein bestimmtes Thema, wie etwa das der Sexualität.[53] Foucault unterscheidet vier Kategorien, hinsichtlich denen diskursive Formationen untersucht werden können: Objekte, Subjekte oder Äußerungstypen, Begriffe sowie diskursive Strategien, welche die thematischen Entscheidungen strukturieren.[54]

---

50   Keller, Reiner. Wissenssoziologische Diskursanalyse: Grundlegung eines Forschungsprogramms. Wiesbaden: VS Verlag für Sozialwissenschaften, 2005, S. 230.
51   Foucault, Michel. Dispositive der Macht: Über Sexualität, Wissen und Wahrheit. Berlin: Merve Verlag; 2008, S. 132-143. Gwozdz, Patricia A. Monströse Mutterschaft. Theoretische Überlegungen zur Figuration eines Konzepts. Zeitschrift für Kultur-wissenschaften: Monster und Kapitalismus. 2017; 2:37-57.
52   Foucault, Michel. Archäologie des Wissens. Frankfurt a.M.: Suhrkamp; 1973, S. 58.
53   Bührmann, Andrea D. und Schneider, Werner. Mehr als nur diskursive Praxis? Konzeptionelle Grundlagen und methodische Aspekte der Dispositivanalyse. Historical Social Research. 2008; 33(1):108-141.
54   »Die Rekonstruktion eines Diskurses ist nach Foucault organisiert durch ein analytisches Wechselverhältnis zwischen der Ebene der Aussagen und der Ebene der diskursiven Formation. Diese beiden Ebenen verhalten sich korrelational-konstitutiv zueinander. Mit anderen Worten: Beide Rekonstruktionsrichtungen sind ausdrücklich legitimiert und bedingen sich gegenseitig. Über die Ebene der Aussagen gelangt man zur Annahme einer diskursiven Formation, und die Beschreibung der Aussagen führt zu einer ›Individualisierung der diskursiven Formation‹.« Häcker, Phöbe Annabel. Geistliche Gestalten – gestaltete Geistliche: zur literarischen Funktionalisierung einer religiösen Sprecherposition im Kontext der Neologie. Würzburg: Königshausen und Neumann; 2009, S. 47.

»Was nun aber unter dem Namen diskursive Formation beschrieben wurde, sind im strengen Sinne Aussagegruppen. Das heißt Mengen von sprachlichen Performanzen, die miteinander nicht auf der Ebene der Sätze [...], [...], sondern die auf der Ebene der Aussagen verbunden sind.«[55]
Wir haben es im Falle der weiblichen Genitalverstümmelung im Westen einerseits mit Figurationen zu tun, langfristig wirksamen Topoi, die auftauchen und wieder verschwinden, andererseits mit einer konkreten diskursiven Formation, die abhängig von Zeit und Raum bestimmte Aspekte der Figurationen betont, andere zurückhält oder unterschlägt.[56] Die Figuration ist weitgehend statisch, die diskursive Formation gestaltet sie aber aus und passt sie dem jeweiligen Macht|Wissen, den historischen *Urgences* und Zeitläuften an.[57] Es gibt demnach ein dialektisches Verhältnis von Figuration und Formation. Diese Einheit ist das Dispositiv, das ein Nebeneinander von Diskurs und Wirklichkeit bzw. »Gegenständen« erlaubt. Das Dispositiv ist eine Art

---

55   Foucault, Archäologie des Wissens, S. 167f. »Die Formierung eines Dispositivs hat zudem [nach Foucault ...] mit der Herstellung einer Figuration zu tun, die Handlungs-, Wissens- und Subjektoptionen auf der Grundlage von Machtinteressen präformiert. Der Etablierung eines Dispositivs wird hierbei dezidiert eine strategische Funktion zugesprochen. Es geht also letztlich um Machtgewinn, deren Stabilisierung bzw. den permanenten Kampf um Machtverteilung.« Sven Grampp. Triple Trinity oder das Prinzip der dreifachen Dreifaltigkeit: Eine Methodologische Handreichung zur Analyse von Dispositiven am Beispiel des Quality Teen TV, In: Ivo Ritzer und Peter W. Schulze. Mediale Dispositive, Springer 2018, S. 89-118, S. 91. Für Zygmunt Bauman, der sich an Foucault orientiert, »erträumt« sich der Diskurs eine Formation: »Areas of intellectual practice that we objectivize as disciplines and contemplate as entities with a certain degree of inner unity which we then (misguidedly) seek to found on things external to the discipline itself (most commonly on the property of non-discursive reality, their ostensible ›object‹), have nothing but the discourse to uphold them. There are, indeed, discursive formations. Their apparent unity is the constant activity of interwoven communicative practices. They are discursive formations in so far as ›one can show how any particular object of discourse finds in it its place and law of emergence [...]‹« Bauman, Zygmunt. Intimations of Post-Modernity. New York, London: Routledge; 1992, S. 70.
56   Zum Toposbegriff siehe Finzsch, Norbert. »[...] der kupferfarbige Mensch [verträgt] die Verbreitung europäischer Civilisation nicht in seiner Nähe«: Der Topos der Dying Race in den USA, Australien und Deutschland. In: Bruns, Claudia and Hampf, M. Michaela, (Hg.). Wissen – Transfer – Differenz: Transnationale und interdiskursive Verflechtungen von Rassismen ab 1700. Göttingen: Wallstein; 2018, S. 67-90.
57   Foucault, Michel. Dispositive der Macht: Michel Foucault über Sexualität, Wissen und Wahrheit. Berlin: Merve 1978. S. 120-123.

»[...] Formation, deren Hauptfunktion zu einem gegebenen historischen Zeitpunkt darin bestanden hat, auf einen Notstand (urgence) zu antworten.«[58]

Damit hat das Dispositiv, jenes Netz von Beziehungen zwischen Akteuren unterschiedlicher Provenienz, »eine vorwiegend strategische Funktion.«[59]

»Foucault sieht das Zustandekommen von (neuen) Dispositiven offenbar so: Es tritt ein Notstand oder eine Zwangslage, ein Druck auf. Aufgrund dessen entsteht Handlungsbedarf, und [...] die hegemonialen Kräfte, die damit konfrontiert sind, sammeln die Elemente zusammen, die sie bekommen können, um diesem Notstand zu begegnen, also Reden, Menschen, Messer, Kanonen, Institutionen etc., um die entstandenen Lecks – den Notstand – wieder abzudichten. Was diese Elemente verknüpft ist nichts anderes, als daß sie einem gemeinsamen Zweck dienen, den momentanen oder permanenten Notstand abzuwehren.«[60]

Dabei ist es mir wichtig, die historische Plastizität von Sexualität hervorzuheben. Sexualität als ein Dispositiv, das erst im Reden und Schreiben über materielle Körper erzeugt wird, das eigene Praktiken und Institutionen hervorbringt, ist historisch vielfältig und widerspruchsvoll. So ist der Raum, der von diesem Dispositiv beansprucht werden kann, sehr unterschiedlich strukturiert. In der Frühen Neuzeit ist Sexualität vor allem von Staat und Kirche reguliert. Dennoch fand offensichtlich eine intensive Diskussion auch unter Frauen über ihre Sexualität statt, wie vor einiger Zeit Lisa Vollendorf in einem Aufsatz über das frühneuzeitliche Spanien hat zeigen können, wobei die Diskursräume weiblicher Sexualität sich mit der so genannten Gegenreformation verengten.[61] Die Herausbildung von Nationalstaaten in der Frühen Neuzeit, trug Wesentliches dazu bei, Sexualität zu definieren und einzuhegen, wurde doch weibliche Sexualität wurde zunehmend in den Registern der biologischen Reproduktion von Untertanen bzw. Bürgern gesehen, die ihrem Territorium/Staat gegenüber eine Verpflichtung zu erfüllen hatten. Dadurch erhielt die Ehe eine geänderte Bedeutung, denn einerseits verlieh sie Frauen

---

58 Foucault, Dispositive der Macht, S. 120.
59 Foucault, Dispositive der Macht, S. 120.
60 Jäger, Siegfried. Dispositiv. In: Kleiner, Marcus S. (Hg.). Michel Foucault: Eine Einführung in sein Denken. Frankfurt a.M., New York: Campus, 2001, S. 72-89, S. 76.
61 Vollendorf, Lisa. Good Sex, Bad Sex: Women and Intimacy in Early Modern Spain. Hispania. 2004; 87(1):1-12.

ein gewisses Maß an Autonomie, andererseits unterstellte sie den Körper der Frau der normativen Kontrolle des Ehemanns.[62]

Die Leistungen des Sexualitätsdispositivs im Hinblick auf die gesellschaftliche »Anforderung« (urgence) bestand nach Foucault in folgenden Elementen:

1) Der *Hysterisierung des weiblichen Körpers*, diesem dreifachen Prozess, bei dem der Körper von Frauen qualifiziert und disqualifiziert wird als ein Körper, der durch und durch sexualisiert ist, durch den weibliche Körper in das Feld der medizinischen Praxis integriert wird und durch den weibliche Körper mit dem sozialen Körper verbunden werden, dessen »Fruchtbarkeit« sie garantieren sollen, mit dem familiären Raum, in dem sie ein substantielles Element darstellen und dem Leben der Kinder, deren Existenz weibliche Körper ermöglichen und für deren Erziehung sie weitgehend verantwortlich gemacht werden. Das negative Abziehbild der Mutter ist die »nervöse Frau«.

2) Der *Pädagogisierung des kindlichen Sexes*. Der Sex der Kinder ist gleichzeitig »natürlich« und »gefährlich« und muss deshalb gesellschaftlich kontrolliert werden. Kindliche Masturbation wurde wie eine Epidemie behandelt. Überwachungsapparate, Kontrolltechniken, endlose Moralpredigten und Schuldzuweisungen, medizinische Behandlungen – all das wurde mobilisiert, um die Masturbation zu besiegen, ein von vorneherein zum Scheitern verurteilter Versuch, wenn damit wirklich die Masturbation beseitigt werden sollte. Wenn diese Methoden aber als Machttechniken verstanden werden, dann war dieser Ansatz mehr als erfolgreich. Sexualität. Besonders »anormale« Sexualität war eine konstruierte Einheit, die die Regulation der menschlichen Produktions- und Reproduktionskräfte zum Ziele hatte.

3) Der *Sozialisation der biologischen Reproduktion* durch Familien- und Steuerpolitik, öffentliche Hygiene, Sozialmedizin und Eugenik. Die Bezugsgröße war hier das heterosexuelle Ehepaar, das die Verantwortung trug für die Körperpolitik der Familie. Sie mussten Fortpflanzung unter Respektierung von Regeln durchführen, um die Entstehung von Perversionen und biologischen Mutanten (»Monster«) zu verhindern.

---

62 Gowing, Laura. Common Bodies: Women, Touch, and Power in Seventeenth-Century England. New Haven, London: Yale University Press, 2003, S. 207.

4) Der *Psychiatrisierung der perversen Lust*: Gegen Ende des 19. Jahrhunderts wurde Sexualität als »Trieb« identifiziert. Der Trieb operierte sowohl auf der biologischen wie der psychischen Ebene. Dieser Trieb konnte pervertiert, verzerrt, invertiert und verschoben werden. Er konnte auch »gesund« oder »normal« funktionieren. In jedem Fall waren Subjektivität und Trieb eng miteinander verbunden. Die Medizin und die Psychiatrie konstruierten ein riesiges Feld der Anomalien, Perversionen, Deformationen. Für den Psychiater durchdrang Sexualität jeden Aspekt der perversen Biographie, deshalb musste jeder Aspekt erkundet werden. Wo der Sodomit einer zeitweiligen Verirrung unterlegen war, entstand der Homosexuelle als sozialer Typ, als Spezies. Was einst eine Liste von verbotenen Praktiken gewesen war, entpuppte sich jetzt als Symptome, die auf Störungen verwiesen. Jedes Verhalten konnte nun auf einer Skala der Normalität und Pathologie klassifiziert werden. Technologien zur Korrektur wurden entwickelt und angewandt. Wissenschaft, der Körper und regulative Techniken wurden verschmolzen im omnipräsenten Dispositiv der Sexualität.[63]

Foucault gibt im Anschluss an dieses Tableau den entscheidenden Hinweis:

> »In der Besorgnis um den Sex, die im Laufe des 19. Jahrhunderts immer weiter um sich gegriffen hat, zeichneten sich vier FIGUREN [meine Hervorhebung, N. F.] ab, die privilegierte Wissensgegenstände sowie Zielscheiben und Verankerungspunkte für die Machtunternehmungen sind: die hysterische Frau, das masturbierende Kind, das familienplanende Paar und der perverse Erwachsene. Jede dieser Figuren entspricht einer jener Strategien, die den Sex der Kinder, der Frauen und Männer je auf ihre Art durchkreuzt und eingesetzt haben.«[64]

Foucault schlägt also selbst den Topos der Figur vor, um zu erläutern, wie Wissen, Macht und Körper im Sexualitätsdispositiv miteinander verschränkt sind. Foucaults Analyse greift allerdings zu kurz, da sie sich in meinen Augen zu stark auf das 19. Jahrhundert konzentriert und die Veränderungen des 16. bis 19. Jahrhunderts außer Acht lässt. Die Figur der *Hysterikerin* war ja nur eine späte Variante weiblichen Eigensinns in Verbindung mit der Sexualität und die Psychiatrisierung der Perversion eine relativ harmlose Technologie

---

63 Foucault, Michel. Der Wille zum Wissen: Sexualität und Wahrheit 1. Frankfurt a.M.: Suhrkamp; 1983. S. 103f.
64 Foucault, Der Wille zum Wissen 1, S. 104f.

im Vergleich zu den vielfältigen gewaltsamen Eingriffen in weibliche Körper. Die Figur(ation) meint – durchaus im Sinne des obigen Zitat Foucaults – eine menschenähnliche Gestalt. Diese Gestalt ist die Frau, die sich dem Postulat der monogamen, heterosexuellen und auf biologische und materielle Reproduktionstätigkeit reduzierten Rollen und dem Sexualitätsdispositiv nicht vollständig unterwirft.[65]

Figuration|Formation bilden dabei als Diade einen Teil des Diskurses, der wiederum in das Dispositiv der Sexualität eingebunden ist und damit einen triadischen Charakter erhält.[66]

Ein Vorteil der Triade »Figuration|Formation|Dispositiv« ist die Vereinbarkeit von kulturellen und materiellen Aspekten bzw. die Vermeidung der Trennung beider Bereiche. Diskurse und Dispositive sind immanent, sie verweisen auf keine »Tiefenstruktur«.[67] Vielmehr entfaltet sich die Macht auf

---

65 Daniel Müller Nielaba, Yves Schumacher, Christoph Steier. Figura/a/tion: Möglichkeiten einer Figurologie im Zeichen E.T.A. Hoffmanns, in: Daniel Müller Nielaba, Yves Schumacher, Christoph Steier (Hg.). Figur, Figura, Figuration: E.T.A. Hoffmann. Würzburg: Königshausen & Neumann, 2011, S. 7-14, S. 8. »Es ist also das Sexualitätsdispositiv, das in seinen verschiedenen Strategien diese Idee des ›Sexes‹ installiert; in der Hysterie, in der Onanie, im Fetischismus und im coitus interruptus konstituiert die Sexualität den Sex als ein Spiel zwischen dem Ganzen und dem Teil, dem Grund und dem Mangel, der Abwesenheit und der Anwesenheit, der Ausschreitung und der Schwäche, der Funktion und dem Trieb, der Finalität und dem Sinn, der Realität und der Lust.« Foucault, Michel. Der Wille zum Wissen: Sexualität und Wahrheit 1. Frankfurt a.M.: Suhrkamp, 1983, S. 148.

66 Triaden sind bei Foucault ein häufig auftretendes Denkmuster. Man denke nur an die Triade von Wissen, Macht und Subjektivierung. Das reale Subjekt ist bei Foucault die Inkarnation aus Diskurspraktiken, Machtprachtiken und Selbstpraktiken. Bühl, Achim. Die Habermas-Fopucault-Debatte neu gelesen: Missverständnis, Diffamierung oder Abgrenzung gegen Rechts? In: Prokla. Zeitschrift für kritische Sozialwissenschaft. 2003; 33(130):159-182, S. 174.

67 Bührmann, und Schneider, Mehr als nur diskursive Praxis? An dieser Stelle ist Rainer Diaz-Bone zu widersprechen, der behauptet hat, Foucault habe eine Tiefenstruktur des Diskurses angenommen, die er Episteme genannt hat. Episteme sind laut Foucault etwas anderes als eine strukturalistische Tiefenstruktur. Er meinte damit das historische a priori, das dem Diskurs zugrunde liegt. Durch eine Episteme wird die die Bedingung der Möglichkeit von Wissen innerhalb eines bestimmten Zusammenhangs konstituiert. »Die fundamentalen Codes einer Kultur, die ihre Sprache, ihre Wahrnehmungsschemata, ihren Austausch, ihre Techniken, ihre Werte, die Hierarchien ihrer Praktiken beherrschen, fixieren gleich zu Anfang für jeden Menschen die empirischen Ordnungen, mit denen er zu tun haben und in denen er sich wiederfinden wird.« Foucault, Michel. Die Ordnung der Dinge: Eine Archäologie der Humanwissenschaften.

der »Oberfläche« sprachlicher und materieller Verhältnisse.⁶⁸ Das Symbolische, Kulturelle, Sprachliche findet sich in der (diskursiven) Formation, während das Materielle und Praktische (einschließlich des Eigensinns) in der Figuration des Diskurses angesiedelt ist. Beide sind aber als Netzwerk von Beziehungen (Dispositiv) untrennbar miteinander verbunden.⁶⁹ Die diskursive Formation hat materielle Effekte. Sie unterwirft konkrete weibliche Körper einer materiellen Änderung und normiert sie im Sinne der patriarchalen Reproduktionsästhetik. Die materiellen Praktiken schreiben sich ihrerseits in die diskursiven Formationen ein, etwa wenn Kliteridektomien die angeblichen Perversionen der Operierten heilen. Zwar gibt es zu jeder Zeit dominante diskursive Formationen, doch entwickeln sich dazu auch oppositionelle Alternativen, denn da, wo Macht ist, ist auch Widerstand.⁷⁰

> »Wo es Macht gibt, gibt es Widerstand. Und doch oder vielmehr gerade deswegen liegt der Widerstand niemals außerhalb der Macht. Soll man nun sagen, daß man notwendig ›innerhalb‹ der Macht ist, daß man ihr nicht ›ent-

---

Frankfurt a.M.: Suhrkamp; 1974, S. 22. »[Ich könnte] die Episteme [...] als strategisches Dispositiv definieren, das es erlaubt, unter allen möglichen Aussagen diejenigen herauszufiltern, die innerhalb, ich sage nicht: einer wissenschaftlichen Theorie, aber eines Feldes von Wissenschaftlichkeit akzeptabel sein können und von denen man wird sagen können: diese hier ist wahr oder falsch. Die Episteme ist das Dispositiv, das es erlaubt, nicht schon das Wahre vom Falschen, sondern das wissenschaftlich Qualifizierbare vom Nicht-Qualifizierbaren zu scheiden.« Foucault, Michel. Dispositive der Macht: Über Sexualität, Wissen und Wahrheit. Berlin: Merve; 1978, S. 124. Diaz-Bone, Rainer. Zur Methodologisierung der Foucaultschen Diskursanalyse. Forum Qualitative Sozialforschung. 2006; 7(1). [Web page] URL: https://www.ssoar.info/ssoar/handle/document/8761, gesehen 26. November 2019. Vergl. die näher an Foucault orientierten Ausführungen Busses. Busse, Dietrich. Historische Semantik. Stuttgart: Klett-Cotta; 1987, S. 214-217.

68 Allolio-Näcke, Lars. Diskursanalyse – Bestandsaufnahme und interessierte Anfragen aus einer dichten Foucault-Lektüre. Forum: Qualitative Sozialforschung. 2010 Sep; 11(3). [Web page] URL: www.qualitative-research.net/index.php/fqs/article/view/1555, gesehen 26.11.2019.

69 Singh, Mish. What's the Matter with Representation? Feminism, Materialism, and Online Spaces. In: Outskirts 36 (2017), 1-18, S. 6., Theresa Man Ling. »Feminism, Postmodernism, and the Politics of Representation.« Women & Politics 22.3 (2001): 35-57. Schaffer, Kay. »The Contested Zone: Cybernetics, Feminism and Representation.« Journal of Australian Studies 20.50-51 (1996): 157-64.

70 Catherine Belsey, Shakespeare and the Loss of Eden. London: Macmillan, 1999, S. 6. Alan Sinfield, Faultlines: Cultural Materialism and the Politics of Dissident Reading. Oxford: Clarendon, 1992, S. 9.

rinnt‹, daß es kein absoluter Außen zu ihr gibt, weil man dem Gesetz unvermeidlich unterworfen ist? Oder muß man sagen, daß die Macht die immer obsiegend List der Geschichte ist – so wie die Geschichte die List der Vernunft ist? Das hieße, den strikt relationalen Charakter der Machtverhältnisse zu verkennen. Diese können nur kraft einer Vielfalt von Widerstandspunkten existieren, die in den Machtbeziehungen die Rolle von Gegnern, Zielscheiben, Stützpunkten, Einfallstoren spielen. Diese Widerstandspunkte sind überall im Machtnetz präsent. Darum gibt es im Verhältnis zur Macht nicht den einen Ort der großen Weigerung [... sondern] es gibt einzelne Widerstände: mögliche, notwendige, unwahrscheinliche, spontane, wilde, einsame, abgestimmte, kriecherische, gewalttätige, unversöhnliche, kompromißbereite, interessierte oder opferbereite Widerstände, die nur im strategischen Feld der Machtbeziehungen existieren können.«[71]

Über Foucaults Definition von Macht|Wissen und sein Konzept des Dispositivs ist viel geschrieben worden.[72] Macht|Wissen entfaltet sich im Diskurs ebenso wie in der Materialität des Dispositivs. Ich will dies an vier Beispielen erläutern, die allesamt Figurationen darstellen, aber eben auch diskursive Formationen.

Dabei ist es wichtig zu betonen, dass diese Figurationen|Formationen nicht trennscharf sind. Sie überlappen einander semantisch, aber auch chronologisch. Zwischen ihnen liegen »Diskursbrücken«, ein begriffliches Konstrukt, das ich von der amerikanischen feministischen Philosophin Nancy Fraser entlehnt habe. Es bezeichnet die Verbindung zwischen zwei diskursiven Formationen, wobei der »Diskursverkehr« in beide Richtungen erfolgen kann. Fraser fragt dabei danach, was bei diesem Prozess des Übergangs von

---

71 Foucault, Michel. Der Wille zum Wissen: Sexualität und Wahrheit 1. Frankfurt a.M. : Suhrkamp, 1983, S. 96.
72 Olivier, Lawrence. La Question du pouvoir chez Foucault : Espace, stratégie et dispositif. Canadian Journal of Political Science/Revue Canadienne de Science Politique. 1988; 21(1):83-98. Peltonen, Matti. From Discourse to ›Dispositif‹: Michel Foucault's Two Histories. Historical Reflections/Réflexions Historiques. 2004 ; 30(2):205-219. Mazabraud, Bertrand. Foucault, le droit et les dispositifs de pouvoir. Cités. 2010 ; 42 : 127-189. Laforest, Guy. Gouverne et liberté : Foucault et la question du pouvoir.« Canadian Journal of Political Science/Revue Canadienne de Science Politique. 1989 ; 22(3): 547-562. Oksala, Johanna. Anarchic Bodies: Foucault and the Feminist Question of Experience. Hypatia. 2004; 19(4): 99-121.

einer Diskursformation zur nächsten verändert wird und was verloren geht.[73] Fraser ist aber keine Historikerin. Sie entwickelt eine Diskursethik, die emanzipatorische und solidarische Praktiken ermöglichen soll. Sie glaubt an die Möglichkeit einer politischen Steuerung von Diskursen, gerade wo es um die Osmose von Expertendiskurse in politische Diskurse und vice versa geht. Diskursbrücken bei Fraser werden von »Ingenieur*innen« planvoll gebaut. Dieses Modell lässt sich auf historische Gegebenheiten nur schwer anwenden. Das hier zugrunde liegende Problem liegt ja in der Analyse eines bereits abgeschlossenen historischen Dispositivs und nicht die Entwicklung einer Diskursethik. Wir müssen zum Beispiel verstehen, wie aus dem Diskurs um die *Hermaphroditin* der Diskurs der *Masturbatorin* werden konnte. Was verbindet die beiden und was geht vom Übergang von der *Hermaphroditin* zur *Masturbatorin* verloren bzw. was verändert sich. Ich muss Nancy Fraser also hier »historisieren«, indem ich den Diskurs als Forschungsobjekt definiere und nicht als politische Praxis. Dennoch ist Frasers Idee extrem wichtig, weil sie auf die Überlappungen von diskursiven Formationen hinweist. Noch ein methodischer Hinweis sei an dieser Stelle gestattet. Brücken (*bridges*) tauchen auch in der Netzwerktechnologie auf. Sie verbinden in einem Computernetzwerk zwei Segmente des Netzwerks auf der Ebene der »physischen« Sicherungsschicht. Derartige Brücken haben drei Aufgaben: Sie isolieren Netzwerke in Abhängigkeit von Adressen; sie organisieren den Datenaustausch, indem sie ihn filtern; sie übersetzen von einem Kommunikationsprotokoll zum nächsten. Genauso muss man sich eine diskursive Brücke vorstellen. Sie isoliert Information für den Austausch zwischen diskursiven Formationen; sie filtert Informationen, indem sie »Wichtiges« von »Unwichtigem« unterscheidet; sie übersetzt von einem Kommunikationsprotokoll wie zum Beispiel »Medizin« in ein anderes wie zum Beispiel »Moraltheologie« oder von einem Expertendiskurs in einen populären Diskurs.

Die Überlappungen zwischen den verschiedenen Dispositiven haben mehrere Gründe. Da ist zum einen die »Ungenauigkeit« der zeitgenössischen Definitionen. Sie ist das Ergebnis von »Übersetzungen« im weitesten Sinne, Übersetzungen aus verschiedenen Sprachen, teilweise in Übersetzungsketten (Griechisch, Arabisch, Latein, jeweilige Nationalsprachen) und von Übersetzungen aus unterschiedlichen Epistemen, wie Galenische Me-

---

73 Fraser, Nancy. Unruly Practices: Power, Discourse, and Gender in Contemporary Social Theory. Minneapolis, MN: University of Minnesota Press; 1989, S. 11f., 174.

1. Einleitung 37

Abbildung 1: Eine Brücke verbindet zwei LAN-Segmente

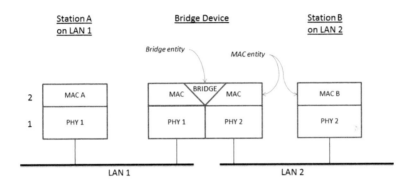

Aus: Wikipedia Stichwort »Bridging (networking)« [Web page] URL: https://en.wiki
pedia.org/wiki/Bridging_(networking). Gesehen am 22.4.2020. Abdruck erlaubt laut
Creative Commons BY-SA 3.0.

dizin und Hippokratische Medizin.[74] Diese Übersetzungsketten sind selbst Teil der Machttechnologien, da sie mit der Existenz unterschiedlicher politisch-kultureller Räume und ihrer jeweiligen zeitlich begrenzten Dominanz verknüpft sind.[75] Zum anderen verändern sich die diskursiven *Urgences*, die politischen, sozialen, ökonomischen und kulturellen Anforderungen, die im Dispositiv bearbeitet werden sollen.

74   Speer, Andreas and Wegener, Lydia. Wissen über Grenzen: Arabisches Wissen und lateinisches Mittelalter. Berlin: Walter de Gruyter; 2008. Zuccato, Marco. Gerbert of Aurillac and a Tenth-Century Jewish Channel for the Transmission of Arabic Science to the West. Speculum. 2005; 80(3):742-763.
75   Dölemeyer, Anne and Rodatz, Mathias. Diskurse und die Welt der Ameisen: Foucault mit Latour lesen (und umgekehrt). Feustel, Robert und Schochow, Maximilian, (Hg.). Zwischen Sprachspiel und Methode: Perspektiven der Diskursanalyse. Bielefeld: transcript; 2010, S. 197-220, S. 206. Bachmann-Medick, Doris. Menschenrechte als Übersetzungsproblem. Geschichte und Gesellschaft. 2012; 38(2):331-359, S. 343, 359.

Es ging im Sinne einer »Urgence« konkret darum, das Sündhafte, Abweichende, Anormale, Deviante, ja Kriminelle im Verhalten von Frauen aufzuzeigen, die sich einer Logik der biologischen heterosexuellen Reproduktion und der damit in Verbindung stehenden sexuellen Praktiken zu entziehen schienen. Dabei wurde die Norm der verheirateten heterosexuellen Frau zugrunde gelegt, deren Aufgaben in der Verwaltung des Hauses und der Geburt und Aufzucht der Kinder lagen. Die Figurationen|Formationen, die hier diskutiert werden, stellten allesamt Abweichungen von diesem Idealtypus dar. Die Bemessung des Grades der Abweichung änderte sich über Zeit und so konnten verschiedene Formationen nebeneinander existieren und sich gegenseitig verstärken.

1.2 Methode: Die vier Figurationen|Formationen

Aus der Ungleichzeitigkeit und Überlappung der Diskurse ergibt sich für mich weiterhin klar, dass eine einfache Diskurs- bzw. Dispositivanalyse der Kliteridektomie im Westen scheitern muss. Vielmehr muss das gesamte Reservoir an Topoi bzw. Figurationen weiblichen Eigensinns in die Analyse miteinbezogen werden, damit die zahlreichen Querbezüge, aber auch die Unterschiede in der Beurteilung nicht heterosexueller oder nicht reproduktiver sexuellen Praktiken von Mädchen und Frauen gewürdigt werden können. Es gibt, so lautet die Hypothese dieser Untersuchung, vier Haupttypen des Diskurses um die Kliteridektomie, die ich als Figurationen|Formationen bezeichnen möchte. Diese bedienen sich für ihre Aussage bei den lang wirksamen Topoi, die seit der Antike immer wieder in unterschiedlichen und zum Teil sich logisch ausschließenden Formen existieren. Neben diesen Haupttypen und diese historisch und rhetorisch verbindend existieren diskursive Brücken. Diese sind nicht so stabil, haben lediglich eine konjunktive »kulturelle« Funktion und gehen in der historischen Abfolge in den Elementen, die sie verbinden auf. Es gilt hier die Definition von Clifford Geertz zu beherzigen, der Kultur als »[...] a system of inherited conceptions expressed in symbolic forms by means of which men [sic!] communicate, perpetuate, and develop their knowledge about and attitudes toward life [...]« beschrieben hatte.[76] Weibliche Genitalverstümmelung in Westeuropa fand im Wesentlichen hinter den verschlossenen Türen von Arztpraxen und Hospitälern statt,

---

76   Geertz, Clifford (1973). The Interpretation of Cultures. Basic Books, S. 89.

während die im globalen Süden praktizierte Form der FGM/C in vielen Fällen eine soziale Praxis war, die nach außen kommuniziert wurde. Dies erklärt auch, warum FGM/C im »Westen« als etwas galt, dass erst im 20. Jahrhundert durch afrikanische Migrant*innen nach Westeuropa gelangt ist.[77] Weibliche Genitalverstümmelung stellt in jeder Gesellschaft den Ausdruck tiefsitzender Geschlechterungleichheit dar. Im »Westen« jedoch wurde diese Ungleichheit mit dem Aufkommen der heterosexuellen Kernfamilie medikalisiert und privatisiert, während die FGM/C in anderen Regionen Ausdruck der Zugehörigkeit zu einer Ethnie oder Kultur darstellen kann. Ich sage dies nicht, weil ich ein kultureller Relativist bin, der bereit wäre, diese menschenverachtende Praxis zu tolerieren, sondern weil mir die psychosexuellen Gründe in Westeuropa zu überwiegen scheinen, während es im globalen Süden eher die sozialen und kulturellen Rechtfertigungen zu sein scheinen, die als Begründung für FGM/C herangezogen werden.[78] Schließlich gewärtigen Familien, die sich dem Postulat der FGM/C nicht unterwerfen, Verurteilung, Belästigung und Ostrazismus. Ohne Unterstützung fällt es diesen Familien deshalb schwer, die Praxis aufzugeben, was bedeutet, dass in diesen Fällen ein gewisser Grad von Öffentlichkeit gegeben sein muss. In anderen Worten: Die hier behandelten Fälle von Kliteridektomie haben den ausschließlichen Hintergrund des Kontrollversuchs weiblicher Sexualität. Im globalen Süden hingegen treten neben diesen Aspekt die Gesichtspunkte der »weiblichen Initiation« junger Mädchen als Teil einer ererbten kulturellen Gemeinschaft hinzu. »Unbeschnittenen« Frauen wird mitunter die Ehe verweigert und in Gesellschaften, in denen Frauen ökonomisch ganz oder teilweise vom Ehemann abhängen, ist dies ein relativ starkes Argument für die Akzeptanz der FGM/C.

Wenn ich im Folgenden von Kliteridektomie spreche, so meine ich damit vier Praktiken:

---

77 Gele, Abdi A.; Johansen, Elise B. und Sundby, Johanne. When Female Circumcision Comes to the West: Attitudes toward the Practice among Somali Immigrants in Oslo [Web page]. 2012. Available at: https://www.ncbi.nlm.nih.gov/pmc/articles/PMC3519553/, benutzt 8.7.2020.

78 Zur Frage des kulturellen Relativismus siehe Kaplan y Laura Nuno Gomez, Adriana; Thilly y Nora Salas Seoane, Magaly, et al. Multisectoral Academic Training Guide on Female Genital Mutilation/Cutting. Madrid: Dykinson S. L.; 2020, S. 37f.

1) Die Ablösung oder teilweise Beschneidung des Präputiums der Klitoris.
2) Die operative Entfernung oder Kauterisierung der gesamten Klitoris, d.h. des mit dem bloßen Auge sichtbaren Teils.
3) Die Resektion der inneren und äußeren Labia.
4) Die Entfernung des Uterus und/oder die Entfernung der Ovarien durch Operation oder ihre Verbrennung durch Röntgenstrahlen fasse ich ebenfalls unter dem Rubrum der Genitalverstümmelung, bezeichne sie aber nicht als Kliteridektomie. Gleichwohl werde ich sie im Folgenden berücksichtigen.

Von zentraler Bedeutung für den vorliegenden Text ist das Konzept der »Figuration«, ein Begriff, der eine wechselhafte Geschichte hat und der deshalb vorsichtig eingeführt werden soll. Er ist in unserem Zusammenhang eher aus der Philosophie und der Soziologie entlehnt. Michel Foucault, Norbert Elias, Zygmunt Baumann, Rosi Braidotti und Donna Haraway, sowie das Netzwerk »Körper in den Kulturwissenschaften« haben ihn verwendet, zum Teil mit unterschiedlichen Bedeutungen.[79] Norbert Elias hat ihn im Rahmen seiner Prozesssoziologie mehrfach verwendet, um die Eingebundenheit von Individuen und gesellschaftlichen Prozessen zu betonen.[80] Ich meine damit im Sinne der *Figura* einerseits die Verkörperung einer menschenähnlichen Gestalt, einer diskursiv-erzeugten Allegorie, andererseits das Ergebnis einer diskursiven Formation, an deren Ende ein Dispositiv im Sinne Foucaults stehen kann.[81] Der Begriff der Figuration hat zunächst einmal den Vorteil, eine gewisse Resistenz gegen die Gefahr der Repräsentation zu haben. Aus diesem Grund hat ihn Donna Haraway in die Diskussion eingeführt.[82]

---

79 Donna Jeane Haraway. Ecce Homo, Ain't (Ar'n't) I a Woman, and Inappropriate/d Others: The Human in a Post-Humanist Landscape. In: Dies. The Haraway Reader. Psychology Press 2004, S. 47-62, S. 47.

80 Elias, Norbert. Über die Begriffe der Figuration und ser sozialen Prozesse: Einführende Bemerkungen zu einem Colloquium über den historischen Charakter der Gesellschaft und die soziologische Theorie am 12. Mai 1987 in der Technischen Universität Berlin, veranstaltet vom Institut für Soziologie. Technische Universität Berlin, Institut für Soziologie, 1987.

81 Daniel Müller Nielaba, Yves Schumacher, Christoph Steier. Figura/a/tion: Möglichkeiten einer Figurologie im Zeichen E.T.A. Hoffmanns, in: Daniel Müller Nielaba, Yves Schumacher, Christoph Steier (Hg.). Figur, Figura, Figuration: E.T.A. Hoffmann. Königshausen & Neumann, 2011, S. 7-14, S. 8.

82 Matthias Junge, Thomas Kron. Zygmunt Bauman: Soziologie zwischen Postmoderne, Ethik und Gegenwartsdiagnose, Wiesbaden, Springer: 2014, S. 80, 439. Netzwerk Kör-

Für die Zwecke der Untersuchung der Kliteridektomie im Westen wird zusätzlich der Begriff der Formation benutzt, im Sinne einer (diskursiven) »Strategie ohne Strategen«.[83] Der aus der Geologie stammende Begriff der Formation korreliert mit der Tatsache, dass Diskurse und Dispositive, darin Gesteinsschichten ähnlich, sich in historischen Schichten an- und überlagern und gegenseitig durchdringen. Zuletzt kann man sich eine gesellschaftliche Formation wie eine Pflanzengemeinschaft denken, in der die Einführung einer »fremden« Art oder Spezies auf die sozioökologische Resilienz des gesamten Bioms trifft. Ich meine mit der begrifflichen Doppelkonstruktion Figuration|Formation im Sinne der *Figura* einerseits die Verkörperung einer menschenähnlichen allegorischen Gestalt, andererseits das Ergebnis einer diskursiven Formation, an deren Ende ein Dispositiv im Sinne Foucaults stehen kann.[84]

Zum Verständnis der Diskurse führte Foucault zur Kennzeichnung eines größeren und zusammenhängenden diskursiven Blocks aus Aussagen den Begriff der diskursiven Formation ein.

»In dem Fall, wo man in einer bestimmten Zahl von Aussagen ein ähnliches System der Streuung beschreiben könnte, in dem Fall, in dem man bei den Objekten, den Typen der Äußerungen, den Begriffen, den thematischen Entscheidungen eine Regelmäßigkeit (eine Ordnung, Korrelation, Positionen und Abläufe, Transformationen) definieren könnte, wird man übereinstimmend sagen, daß man es mit einer diskursiven Formation zu tun hat [...]«.[85]

Eine diskursive Formation ist demnach eine größere Einheit, in der sich Aussagen und Diskurse zusammenfassen lassen, zum Beispiel wissenschaftliche Disziplinen oder ein bestimmtes Thema, wie etwa das der Sexualität.[86]

---

per in den Kulturwissenschaften (Hg.). What Can a Body Do? Praktiken und Figurationen des Körpers in den Kulturwissenschaften. Frankfurt: Campus, 2012.
83 Foucault, Michel. Dispositive der Macht: Über Sexualität, Wissen und Wahrheit. Berlin: Merve Verlag; 2008, S. 132-143.
84 Daniel Müller Nielaba, Yves Schumacher, Christoph Steier. Figura/a/tion: Möglichkeiten einer Figurologie im Zeichen E.T.A. Hoffmanns, in: Daniel Müller Nielaba, Yves Schumacher, Christoph Steier (Hg.). Figur, Figura, Figuration: E.T.A. Hoffmann. Königshausen & Neumann, 2011, S. 7-14, S. 8.
85 Foucault, Michel. Archäologie des Wissens. Frankfurt a.M.: Suhrkamp; 1973, S. 58.
86 Foucault unterscheidet dabei vier Kategorien, hinsichtlich denen diskursive Formationen untersucht werden können: Objekte, Subjekte oder Äußerungstypen, Begriffe sowie diskursive Strategien, welche die thematischen Entscheidungen strukturieren

»Die Formierung eines Dispositivs hat zudem [nach Foucault ...] mit der Herstellung einer Figuration zu tun, die Handlungs-, Wissens- und Subjektoptionen auf der Grundlage von Machtinteressen präformiert. Der Etablierung eines Dispositivs wird hierbei dezidiert eine strategische Funktion zugesprochen. Es geht also letztlich um Machtgewinn, deren Stabilisierung bzw. den permanenten Kampf um Machtverteilung.«[87]

Diese Figurationen|Formationen lassen sich im Falle dieser Untersuchung in keine klare historische Abfolge bringen. Es ist nicht so, dass zu Beginn des Untersuchungszeitraums klar ein (einziges) Thema den Diskurs um die Kliteridektomie beherrscht habe. Hier ist von Anfang an ein nahezu synchrones Murmeln der verschiedenen Diskurse gegeben. Gewisse historische Cluster lassen sich dennoch herausfiltern, wobei zwei Methoden angewandt wurden. Zum einen ist da die Verdichtung bestimmter Begriffe im historischen Raum, also das Verfahren der klassischen Diskursanalyse. Die zweite Methode ist die im engen Sinne empirische Ngram-Analyse, auf die ich weiter unten noch eingehen werde. Ich will dies exemplarisch erläutern: Auf der Basis der verwendeten Quellen lässt sich festhalten, dass die erste Verdichtung der Diskurse um die Figuration Hermaphroditin herum erfolgte. Hier lag das Schwergewicht der Quellen auf dem 17. und 18. Jahrhundert. Gegen Ende des 18. Jahrhunderts hat sich im populären wie medizinischen Diskurs die Ansicht durchgesetzt, dass es »wahre« oder »wirkliche« Hermaphroditinnen

---

»Was nun aber unter dem Namen diskursive Formation beschrieben wurde, sind im strengen Sinne Aussagegruppen. Das heißt Mengen von sprachlichen Performanzen, die miteinander nicht auf der Ebene der Sätze [...], [...] sondern die auf der Ebene der Aussagen verbunden sind Foucault, Archäologie des Wissens, S. 167f.«»Die Rekonstruktion eines Diskurses ist nach Foucault organisiert durch ein analytisches Wechselverhältnis zwischen der Ebene der Aussagen und der Ebene der diskursiven Formation. Diese beiden Ebenen verhalten sich korrelational-konstitutiv zueinander. Mit anderen Worten: Beide Rekonstruktionsrichtungen sind ausdrücklich legitimiert und bedingen sich gegenseitig. Über die Ebene der Aussagen gelangt man zur Annahme einer diskursiven Formation, und die Beschreibung der Aussagen führt zu einer ›Individualisierung‹ der diskursiven Formation‹.« Häcker, Phöbe Annabel. Geistliche Gestalten – gestaltete Geistliche: zur literarischen Funktionalisierung einer religiösen Sprecherposition im Kontext der Neologie. Würzburg: Königshausen und Neumann; 2009, S. 47.

87 Sven Grampp. Triple Trinity oder das Prinzip der dreifachen Dreifaltigkeit: Eine methodologische Handreichung zur Analyse von Dispositiven am Beispiel des Quality Teen TV, In: Ivo Ritzer und Peter W. Schulze. Mediale Dispositive, Springer 2018, S. 89-118, S. 91.

nicht gibt. Eng verwandt, wenn auch nicht synonym mit dieser Figuration war die *Virago*, die weniger häufig benutzt wurde, sich aber als »diskursive Brücke« zwischen der Figuration der Hermaphroditin und der Figuration der Tribade einsetzen ließ. *Virago* enthielt Elemente der Hermaphroditin (u.a. die angeblich vergrößerte, penisartige Klitoris) und der Tribade, die ihre vergrößerte Klitoris zum Sex mit anderen Frauen einsetzen konnte. Wenn auch die Tribade schon im ersten Jahrhundert erwähnt wurde, so hatte sie ihren diskursiven Zenit im späten 18. und frühen 19. Jahrhundert. Dies lag nicht unwesentlich daran, dass Tribaden (und andere Formen sexueller »Devianz«) in der revolutionären und postrevolutionären Epoche zwischen 1770 und 1790 als Topoi der antiroyalistischen protopornographischen Propaganda herhalten mussten.[88]

Zwar lebte der Begriff »tribade« im französischen Sprachraum erst nach 1900 seine größte Verbreitung, doch muss man dabei in Betracht ziehen, dass sich die Zahl der verlegten Bücher nach der Entwicklung neuer Druck- und Verlagstechnologien deutlich gesteigert hat. Das gilt im Übrigen für alle Ngramme, denn die Zahl der neu aufgelegten deutschen Bücher zum Beispiel betrug im 18. Jahrhundert 600.000 und im 19. Jahrhundert 1.500.000.[89]

Da wäre zuerst die Tribade, eine Form der Abweichung vom Ideal, bei der Frauen sexuelle Handlungen miteinander ausführten. Es gab dafür auch andere Begriffe wie Fricatrix, Rubster, *Virago*, Fubigatrix[90] oder ab dem 19. Jahrhundert auch den Begriff der Lesbe|Lesbierin|lesbienne|lesbian.[91] So schrieb

---

88 Siehe auch Arnaud, Sabine. On Hysteria: The Invention of a Medical Category between 1670 and 1820. Chicago, IL: University of Chicago Press; 2015, S. 35-37.

89 Bötte, Gerd-J. Das deutsche Schrifttum des achtzehnten Jahrhunderts und seine bibliographische Verzeichnung – Perspektiven für ein VD18. [Web page] URL: www.opus-bayern.de/bib-info/volltexte/2006/141/pdf/Boette-VD18_B-Tag2005-opusMS_pdf.pdf, gesehen 26.9.2020.

90 Grapaldi, Francesco Mario. De Partibus Aedium. Alexander de Bindonis; 1517, S. 101.

91 John Dryden gebrauchte den Begriff Rubster in seinen Gedichten. Dryden, John. Poetry. Oxford: Oxford University Press; 1987, S. 52. Zur Virago siehe weiter [Anonymus]. Miscellanea Curiosa sive Ephemeridum Medico-Physicarum Germanicarum Acadeniae Decuriae II Annus Qvintus, anni M.DC.LXXXVI [...]. Nürnberg: Wolfgang Mauritius Endteri; 1678, S. 62f. Marracci, Ippolito. Polyanthea Mariana, In Qua Libris Octodecim Deiparae Mariae Virginis Sanctissima nomina, celeberrima & innumera laudum encomia, altissimarum gratiarum, virtutum, & sanctitatis excellentiae, & coelestes denique praerogativae & dignitates, Ex. S. Scripturae, SS. Apostolorum omnium, SS. Patrum, & Ecclesiae Doctorum, aliorumque sacrorum Scriptorum, veterum praesertim monumentis studiose collecta, iuxta alphabeti seriem, & temporis, quo vixerunt, ordinem,

ein medizinisches Wörterbuch im Jahre 1815: »On connait les habitudes lesbiennes de κλειτοριαξειν, [...] ce qui justifie la résection du clitoris.«[92]
Der Begriff *Virago* ist ein interessantes diskursives Phänomen. Ursprünglich bezeichnete er nur eine »Jungfrau«, die männliche Tugenden an den Tag legte. Mit ihm wurden Heldinnen wie Pallas Athene benannt. Daneben gab es den Begriff in der Vulgata (Genesis 2:23), wenn auch die so bezeichnete Eva nicht unbedingt als christliches Vorbild gelten darf.[93] Über weite Perioden der Frühen Neuzeit war der Begriff eher neutral oder sogar positiv besetzt.[94] »VIRAGO, a woman of extraordinary stature and courage; and who, with the female sex, has the mien and air of a man, and performs the actions and exercises of men«, schrieb die Encyclopaedia Britannica im Jahre 1771.[95] Dann setzte allmählich ein Bedeutungswandel ein. Das Oxford English Dictionary markierte diesen in den verschiedenen synchron existierenden Definitionen: »Virago [...] 2. A man-like, rigorous, and heroic woman; a female warrior; an amazone. Now rare. [...] 3. A bold, impudent (+ or wicked) woman; a termagant, a scold.«[96] Seit dem späten 17. Jahrhundert meinte der Begriff aber zunehmend auch eine sexuelle Abweichung von der Norm.[97] Wegen dieses

---

utiliter disposita, Lectorem oculis exhibentur. Köln: Franciscus Metternich; 1710. Carey, Henry. Margery, or, A Worse Plague than the Dragon: A Burlesque Opera. London: Shuckburgh; 1738, S. 5. Brandt, A. Eine Virago. Archiv für pathologische Anatomie und Physiologie und für klinische Medicin. 1896; 146(3):532-540.

92   Adelon et al. Dictionnaire des sciences médicales, Band 14. Paris : C. L. Panckoucke, 1815, S. 516.

93   Zur Verwendung des Begriffs im religiösen Kontext siehe Dedinger, Johannes. Feyrtägliche Predigten des gantzen Jahrs Denen eyffrigen Seelen=Sorgern/und Predigern zur handsamben Beyhülff. München: Johann Jäcklin; 1678, S. 421-430. Marracci, Polyanthea Mariana.

94   Marracchi, Polyanthea Mariana, S. 767. Estienne, Robert. Dictionarium, seu Latinae linguae Thesaurus: non singulas modo dictiones continens, sed integras quoque Latine & loquendi, & scribendi formulas ex optimis quibusque authoribus, [...] Q – Z, Band 3. Paris: Roberti Stephani; 1543, S. 1509.

95   [Society of Gentlemen]. Encyclopaedia Britannica; or, A Dictionary of Arts and Sciences, Compiled upon a New Plan. Vol. III, Edinburgh: Bell and MacFarquhar, 1771, S. 925.

96   Burchfield, R. W. The Compact Edition of the Oxford English Dictionary, Vol. 2. Oxford, New York, Toronto: Oxford University Press; 1987, S. 228. Siehe auch Bysshe, Edward. The Art of English Poetry, Vol. 2. London: Hitch et al.; 1762, S. 163, 222, 223, 246.

97   [Anonymus]. Miscellanea Curiosa sive Ephemeridum Medico-Physicarum Germanicarum Acadeniae Decuriae II Annus Qvintus, anni M.DC.LXXXVI [...]. Nürnberg: Wolfgang Mauritius Endteri; 1678, S. 62f. Carey, Henry. Margery, or, A Worse Plague than the Dragon: A Burlesque Opera. London: Shuckburgh; 1738, S. 5. Brandt, A. Eine Virago.

umfassenden Bedeutungswandels stellt die *Virago* auch keine Figuration im obigen Sinne dar, sondern nimmt eine diskursive Brückenfunktion ein, die die Figurationen »Hermaphroditin« und »Tribade« miteinander verbindet.[98] Es sollte an dieser Stelle bemerkt werden, dass *Virago* im 18. Jahrhundert vor allem ein im Theater verwendeter Begriff war, wenn es um antike Themen oder Vergleiche mit antiken Heroinen ging.[99]

Wichtig ist, dass die Tribadie nicht einfach nur eine sexuelle Praxis beschreibt, sondern dass sie einen sozialen Typus der Abweichung darstellt.[100] Sie ist im Sinne des Wortes *Figura* eine Figuration. Sie hat eine menschliche Gestalt. In einem auf Latein verfassten englischen Text des 17. Jahrhunderts wird schon eine virtuelle Gleichsetzung von Hermaphroditen und Tribaden schon erkennbar, im *Tractatus de Hermaphrodites* des Giles Jacob von 1718 ist die Gleichsetzung beider Begriffe bereits *fait accompli*.

»Theodora and Amaryllis liv'd together some Time, and at last by the constant perusal of airy Books, and a few entertaining Companions, they had in

---

Archiv für pathologische Anatomie und Physiologie und für klinische Medicin. 1896; 146(3):532-540.

98 Der Begriff der »diskursiven Brücke« ist, außer bei Nancy Fraser, theoretisch nicht umfassend abgesichert, wird aber dennoch häufig verwendet. Ritzer, Ivo. Wie das Fernsehen den Krieg gewann: Zur Medienästhetik des Krieges in der TV-Serie. Berlin: Springer, 2014, S. 63. Florack, Ruth. Nation als Stereotyp: Fremdwahr-nehmung und Identität in deutscher und französischer Literatur. De Gruyter, 2013, S. 324. Lobenstein-Reichmann, Anja. Houston Stewart Chamberlain – Zur textlichen Konstruktion einer Weltan-schauung: Eine sprach-, diskurs- und ideologiegeschichtliche Analyse. De Gruyter, 2008, S. 443.

99 Das Wort *termagant* wurde im England des 18. Jahrhunderts nahezu synonym zu *virago* bzw. *scold* benutzt. Die Datenbank »Eighteenth Century Collection Online« listet 69 Texte, die zwischen 1700 und 1800 erschienen sind und in denen *termagant* mindestens einmal verwendet wurde. URL: https://quod.lib.umich.edu/e/ecco?type=simple&rgn=full+text&q1=termagant&cite1=&cite1restrict=author&cite2=&cite2restrict=author&firstpubl1=1700&firstpubl2=1800&Submit=Search, gesehen 21.3.2020.

100 »Daß weniger die gleichgeschlechtliche Orientierung an sich diffamiert wurde, als vielmehr eine mit ihr assoziierte Unordnung der Geschlechter, zeigt sich z.B., wenn W. Bernhardi erklärte, daß die aktiv vorgehende Tribade ›eine Missgeburt männlichen Geschlechts [sei], der gegenüber die passive Tribade ein so vollkommendes Weib ist, wie der aktive Pädicator [Homosexuelle, N. F.] ein vollkommener Mann.‹« Schmersahl, Katrin: Medizin und Geschlecht: Zur Konstruktion der Kategorie Geschlecht im medizinischen Diskurs des 19. Jahrhunderts. Leske & Budrich: Opladen 1998, S. 128. Schmersahl zitiert hier Wolfgang Bernhardi. Der Uranismus: Lösung eines mehrtausendjährigen Räthsels, Berlin: Verlag der Volksbuchhandlung 1882.

some, measure forgot their unfortunate Lovers, but they resolv'd never for the future to fix their Affections upon any Man living; and living in Luxury, in the prime of their Years, in a hot inciting Climate, they at length were naturally inclin'd to the most abominable Pollution: They provided artificial Penis's of the largest Dimensions, and with Ribbons they fasten'd the Root of the Instrument, in the same Situation as Nature has plac'd the Substance in Man; they frequently embrac'd one another by turns, as Man and woman in the amorous Adventure; and when their Vigour was so much abated, that they were no longer able to struggle, the Female uppermost withdrew, and taking another Instrument in her Hand, she us'd it on her Companion with an Injection of Moisture, which, with the rubbing, occasion'd such a tickling, as to force a discharge of Matter and facilitate the Pleasure.«[101]

1.3 Die NGram-Analyse

Angaben über die Verteilung von Begriffen und Aussagen in Raum und Zeit sind möglich durch Anwendung maschinengestützter Verfahren wie der Ngram-Analyse, die die Diskursanalyse nicht ersetzen, sie aber ergänzen können. Dabei werden sehr große Bestände von gedruckten maschinenlesbaren Texten nach festgelegten Suchbegriffen durchkämmt und ihre Häufigkeit und der Zeitpunkt ihres Auftretens in einem Graph eingetragen, der auch Aussagen über relative Häufigkeiten enthält.[102] Die Verwendung von Ngrammen ist in der Textlinguistik und in der Kriminalistik durchaus geläufig, in der Geschichtswissenschaft hingegen bisher eher die Ausnahme. Die verfügbare neuere Literatur ist recht umfangreich, in den meisten

---

101 »Neque enim hunc quem jam descripto eo, Hermaphroditum, aut spurcissimis illis feminis, quae apud Graecos τριβαδεσ audiunt, apud Agyptios vero frequentissime reperiebantur [...]«Allen, Thomas. »An Exact Narrative of an [sic!] Hermaphrodite now in London.« Philosophical Transaction of the Royal Society.2 (1666-1667): 624-25, 624. Jacob, Giles. Tractatus de Hermaphrodites, or, A Treatise of Hermaphrodites. London: E. Curll; 1718, keine Seitenangabe.

102 Michel, Jean-Baptiste; Shen, Yuan Kui; Aiden, Aviva Presser et al. Quantitative Analysis of Culture Using Millions of Digitized Books. Science. 2011; 331(6014):176-182. Kallmeyer, Laura. Machine Learning for Natural Language Processing: N-Grams and Language Models. Unveröffentlichtes Manuskript. Heinrich-Heine-Universität Düsseldorf. 2016.

Fällen aber für Historiker*innen ohne linguistische Vorkenntnisse nahezu unzugänglich.[103]

Dier hier gezeigten drei Ngramme des Begriffs *Hermaphrodit* im Englischen, Deutschen und Französischen zeigen die unterschiedliche Häufigkeit der Verwendung und Ungleichzeitigkeit der Verwendung. Als zusätzliche Information werden der Grad der statistischen Glättung, genannt »Smoothing«, und die relativen Prozentzahlen der Häufigkeit im jeweiligen Korpus angegeben, wobei hier die jeweiligen Skalenmaxima ausschlaggebend waren.[104]

---

103 Die beste Einführung für Historiker*innen ist Gratien, Chris und Daniel Pontillo. »Google Ngram: An Intro for Historians.« [Web page] http://hazine.info/google-ngram-for-historians/, January 2014, gesehen 21.8.2020. Eher unzugänglich sind Abdul-Mageed, Muhammad, Mona T. Diab und Mohammed Korayem. Subjectivity and Sentiment: Analysis of Modern Standard Arabic. Proceedings of the 49th Meeting of the Association for Computational Linguistics: Short Papers (2011): 587-591. Agarwal, Apoorv, Fadi Biadsy und Kathleen R. Mckeown. Contextural Phrase-Level Polarity Analysis Using Lexical Affect Scoring and Syntactic N-Grams. Proceedings of the 12th Conference of the European Chapter of the ACL (2009): 24-32. Bellegarda, Jerome R. A Latent Semantic Analysis Framework for Large-Span Language Modelling. ISCA Archive (1997). Bubenhofer, Noah, Marek Konopka und Roman Schneider. Korpuslinguistik und interdisziplinäre Perspektive auf Sprache. Tübingen: Narr, 2014. Cavnar, William B. und John M. Trenkle. N-Gram-Based Text Categorization. Unveröffentlichtes Manuskript. Ducatel, Jerry; Thompson, Simon G. und Thint, Marcus [Inventors]. Semantic Textual Analysis: United States Patent Application Publication. US 2012/0303358 A1. 2012 Nov 29. Ghiassi, M., J. Skinner und D. Zimbra. Twitter Brand Sentiment Analysis: A Hybrid System Using N-Gram Analysis and Dynamic Artificial Neural Network. Expert Systems with Applications (2013): 6266-82. Jiampojarnarn, Sittichai. Automatic Biological Term Annotation Using N-Gram and Classification Models. Saarbrücken: VDM Verlag Dr. Müller, 2009. Jurafsky, Daniel und James H. Martin. Speech and Language Processing: An Introduction to Natural Language Processing, Computational Linguistics, and Speech Recognition. Upper Saddle River, NJ: Pearson Prentice Hall, 2019. Kelemen, Arpad, Ajith Abraham und Yulan Liang. Computational Intelligence in Medical Informatics. Berlin, Heidelberg: Springer, 2008. Kumar, Prachi. An Introduction to N-Grams: What Are They and Why Do We Need Them? Crossroads: The ACM Magazine for Students (2017). Murrell, Mary. The Datafied Book and the Entanglements of Digitization. Anthropology Today (2014): 3-6. Pauls, Adam und Dan Klein. Faster and Smaller N-Gram Language Models. Unpublished Manuscript (2011). Ziegelmeyer, Dominique. Character N-Gram-Based Sentiment Analysis. München: Dr. Hut, 2015.

104 Zu den mathematischen Grundlagen des Smoothing siehe Yandell, Brian S. Smoothing Splines – A Tutorial. Journal of the Royal Statistical Society. Series D (The Statistician). 1992; 42(3):317-319.

Abbildung 2: Ngram »hermaphrodite« im Englischen, Geschichtszeitraum 1500 bis 2000, Smoothing of 0, case-insensitive, Häufigkeit 0,0016 %, Erhebung vom 28.4. 2020.

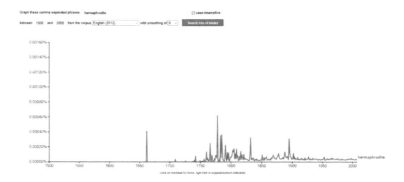

Abbildung 3: Ngram »Hermaphrodit« im Deutschen, Geschichtszeitraum 1500 bis 2000, Smoothing of 0, case-insensitive, Häufigkeit 0,00024 %, Erhebung vom 28.4. 2020.

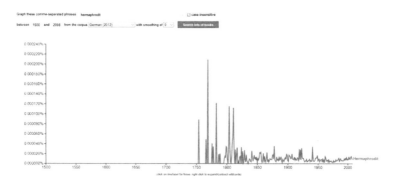

Im englischen Sprachraum ist ein spätes, doch rasch ansteigendes Interesse an Hermaphroditen zu erkennen. Dies mag nicht unwesentlich mit den öffentlichen Zurschaustellungen von Personen mit uneindeutigen primären und sekundären Geschlechtsmerkmalen zu tun gehabt haben. Dies entspricht auch etwa dem Verlauf der Diskussion in Deutschland, wenn auch hier weniger oft der gesuchte Begriff verwendet wurde. Immerhin stand im Deutschen

Abbildung 4: Ngram »hermaphrodite« im Französischen, Geschichtszeitraum 1500 bis 2000, Smoothing of 0, case-insensitive, Häufigkeit 0,0012 %, Erhebung vom 28.4. 2020.

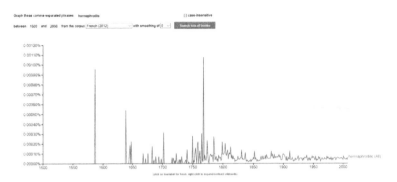

auch der Begriff »Zwitter« zur Verfügung. Eine Suche nach *Zwitter* ergab eine ähnliche Verlaufskurve, allerdings mit einer Häufigkeit von 0.0014 %. Diese bloße statistische Angabe wird der Problematik der Ngram-Analyse jedoch nicht gerecht, da Zwitter im Deutschen mindestens drei Bedeutungen hatte, nämlich als Synonym zum menschlichen Hermaphrodit, als Synonym für pflanzliche Arten mit doppeltgeschlechtlichen Individuen, die sowohl männliche als auch weibliche Keimzellen bilden, und in der Geologie für die Bezeichnung eines Minerals. Der Begriff ist also nicht einfach mit *Hermaphroditin* gleichzusetzen, da er im 17. Jahrhundert vor allem in der Bergwerkswesen auftaucht als eine Form des Zinnerzes (Zinnstein).[105] In Hans Jakob Christoffel von Grimmelshausens *Simplicissimus* (1669) wurde der Begriff für Dragoner

---

105 Ercker, Lazarus. Aula Subterranea Domina Dominantium Subdita Subditorum: Das ist: Untererdische Hofhaltung Ohne welche weder die Herren regieren, noch die Unterthanen gehorchen können. Oder Gründliche Beschreibung derjenigen Sachen, so in der Tieffe der Erden wachsen, als aller Ertzen der Königlichen und gemeinen Metallen, auch fürnehmster Mineralien, durch welche, nechst Gott [sic!], alle Künste, Übungen und Stände der Welt gehandhabet und erhalten werden, da dann fürnehmlich hierin gelehret wird, wie sothanige Ertz- und Bergwercks-Arten, jede insonderheit ihrer Natur und Eigenschafft gemäß, auf alle Metalla probirt, und im kleinen Feuer versucht werden, nebst Erklärung einiger fürnehmer nützlichen Schmeltzwercke im grossen Feuer, Item, Ertz scheiden, puchen, waschen und rösten, auch Scheidung Goldes, Silbers, und anderer Metallen, ingleichem Kupffer saigern, Meßing brennen, Distillati-

verwendet, die zu Pferd marschieren, aber zu Fuß kämpfen.[106] Ab dem frühen 19. Jahrhundert überwog jedoch die Bedeutung von Zwitter als Hermaphrodit.[107]

Man kann jedoch festhalten, dass bei allen Überschneidungen und Mehrfachbedeutungen der verwendeten Begrifflichkeit der Begriff *Hermaphrodit* älter ist als der Begriff *Tribade*:

Abbildung 5: Ngram »tribade« im Englischen, Geschichtszeitraum 1500 bis 2000, Smoothing of 0, case-insensitive, Häufigkeit 0,002 %, Erhebung vom 13.11.2019.

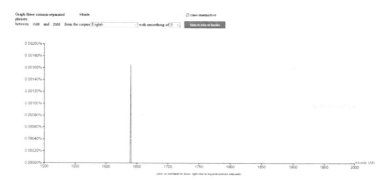

on der Scheidwasser und ihrem Brauch, auch zu Nutzmachung anderer mineralischen Berg- und Saltz-Arten. Frankfurt a.M.: Johann David Jung; 1736, S. 168-171.

106 Goedeke, Karl und Tittmann, Julius. Deutsche Dichter des siebzehnten Jahrhunderts, 7. Band: Der abenteuerliche Simplicissimus von H. J. C. von Grimmelshausen, Erster Theil. Leipzig: Brockhaus; 1874, S. 223.

107 Büttner, Christoph Gottlieb. D. Christoph Gottlieb Büttners vollständige Anweisung wie durch anzustellende Besichtigungen aein verübter Kindermord auszumitteln sey, mit beigefügten eigenen Obductions=Zeugnissen. Königsberg: Gübbels und Unzer; 1804, S. 18-20. Jakob F. Ackermann (1765-1815) verwendete 1805 schon den Begriff *androgyn*. Ackermann, Jakob Fidelis. Infantis Androgyni Historia et Ichnographia Accedunt de Sexu et Generatione Disquisitiones Physiologicae et Tabulae V Aeri Incisae. Jena: Maukian; 1805. Ackermanns Buch fällt durch seine relative Sachlichkeit aus dem diskursiven Rahmen der Zeit.

Abbildung 6: Ngram »Tribade« im Deutschen, Geschichtszeitraum 1500 bis 2000, Smoothing of 0, case-insensitive, Häufigkeit 0,000022 %, Erhebung vom 15.8.2019.

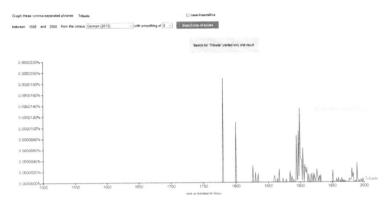

Abbildung 7: Ngram »tribade« im Französischen, Geschichtszeitraum 1500 bis 2000, Smoothing of 0, case-insensitive, Häufigkeit 0,000035 %, Erhebung vom 15.8.2019.

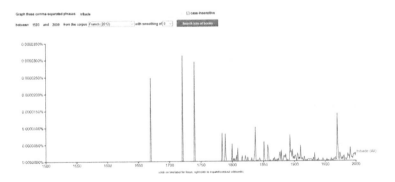

Eine Ngram-Analyse für den Begriff »lesbian« war im Englischen nicht sinnvoll, da der Begriff im 17. Jahrhundert im Rückgriff auf Aristoteles' Nikomachische Ethik auf ein Instrument zur Vermessung runder Oberflächen

(»regula Lesbia«) verwendet wurde und damit die Analyse verfälschte.[108] An seiner Stelle konnte der Begriff *Virago* wegen seiner geringen historischen Persistenz und seiner Doppeldeutigkeit nicht über den gesamten Geschichtszeitraum von 1500 bis 2000 eingesetzt werden, denn erst ab dem 19. Jahrhundert galt *Virago* als Synonym für »lesbian« bzw. »hermaphrodite«. Selbst 1809 wurde das Wort noch im herkömmlichen Sinne von »Kämpferin« eingesetzt, wenn auch hier schon negative Untertöne mitschwingen.[109] In der vorliegenden Untersuchung definiere ich *Virago* daher als diskursive Brücke zwischen den Formationen *Hermaphroditin* und *Tribade*, während die »übergroße Klitoris«, ein Topos, der in der gesamten Literatur des 18. Jahrhunderts verbreitet war, als Brückendiskurs zwischen *Tribade* und *Masturbatorin* verstanden werden soll.[110]

Kommen wir zur dritten Konfiguration, der *Masturbatorin*. Spätestens seit Thomas Laqueurs Arbeiten sind wir mit der Geschichte der Masturbation im »Westen« vertraut. Laqueur behauptete, vor 1712 sei die Masturbation kein

---

108 Blank, Paula. Shakespeare and the Mismeasure of Renaissance Man. Ithaka, NY, London: Cornell University Press, 2006, S. 153.

109 »To those women who have any real elevation of thought, nothing can be more disgusting than the character of a Thalestris. They hate, as much as we do, the vigorous females who appear to constitute the link between the sexes; and will not condescend to write the history of a virago, who is the exact duplicate of her stupid lovers, fights and drubs every one of them whose offers displease her, and bestows her hand only on him who is found to have a stronger and harder one of his own. Their heroine is in a different style.« Bronson, E. Select Reviews, and Spirit of the Foreign Magazines. Philadelphia, PA: Lorenzo Press; 1809, S. 298. In Abel Boyers »Nouveau Dictionnaire Français-Anglais« von 1834 wird *virago* ebenfalls, und zwar ausschließlich, als *termagant*, also als Furie oder Zankteufel übersetzt. Boyer, Abel. Nouveau Dictionnaire Français-Anglais et Anglais-Français. Paris : Charles, Hingray ; 1834, S. 372.

110 »C'est cette erreur lascive qui justifie la résection du clitoris dans les pays méridionaux, où les femmes, par le prolongement quelquefois prodigieux de cette portion externe des nymphes, ont propagé cette nouvelle manière d'aimer de Sap[p]pho.« Mirabeau, Honoré-Gabriel de Riquetti. Erotika biblion. Bruxelles: Chez Tous les Libraires; 1867, S. 175. »Il clitoris è qualche volta d'una grandezza sì smisurata in certe femmine, ch' ec cede le labbra delle parti naturali, e le ec cita fortemente al piacer venereo per l'ere zion che vi cagiona lo stropiccio delli abiti. Quindi ne tagliavano gli Egiziani una parte, prima che giunto fosse a una grandezza così eccessiva, alle donzelle ch'era no prossime a maritarsi.« James, Robert. Dizionario Universale di Medicina, Tomo Quinto. Venedig: Giambatista Pasquali; 1753, S. 488. Es folgte eine ausführliche Anleitung zur Exzision der Klitoris.

Problem gewesen.[111] Wir werden sehen, dass diese Aussage in weiten Teilen relativiert werden muss. Auch hier soll ein Zitat aus einem medizinischen Text des 19. Jahrhunderts mit dem sprechenden Titel »Cliteridectomie als Mittel gegen Hysterie, Epilepsie, Phrenopathien, in wieferne Folgen von Masturbation« belegen, um was es geht:

> »Dr. Helps erklärt weiter, [Isaac] Baker Brown habe ihm mitgetheilt, dass im Royal Bethlehem Hospital 3/5 weiblichen Geschlechtes und 4/5 männlichen durch Masturbation Geistesstörung erlitten, — auch habe er eine schlagende Mittheilung von einem Vorsteher eines Provinzial-Irrenhauses, dass mit Ausnahme der durch Erblichkeit oder Trunksucht an mentalen Alienationen Leidenden so ziemlich der ganze übrige Rest ihre Geistesstörung auf Rechnung von habituellen Onanismus zu setzen habe.«[112]

Dem entsprechend wurde ab der Mitte des 18. Jahrhunderts auch zur Entfernung der Klitoris geraten, wenn auch nicht als erste Maßnahme und auch nicht ohne Widerspruch in der *medical community*.[113] Der große Terror der Masturbation, wie ihn Jean Stengers und Anne van Neck bezeichnet haben,

---

111 Laqueur, Thomas Walter. Solitary Sex: A Cultural History of Masturbation. New York: Zone Books, 2003, 16, 83, 174. Siehe auch Stengers, Jean und Anne van Neck. Masturbation: The History of a Great Terror. New York: Palgrave: 2001.

112 Ullersperger, Johann Baptist. Cliteridectomie als Mittel gegen Hysterie, Epilepsie, Phrenopathien, in wieferne Folgen von Masturbation. Koblenz: H. Hildenbrandt, 1867, S. 78.

113 Fleming, James. A Treatise upon the Formation of the Human Species: The Disorders Incident to Procreation in Men and Women [...] London: Printed [sic!] M. Thrush, 1767. »Conobbi una signora di 53 anni, il cui piŭ giovine figlio era oltre i venti anni, la quale aveva sofferto di ragade all'ano, per il che subğ la solita operazione di dividere la membrana mucosa dell'ulcera. Il chirurgo che fece questo, senza dire una parola alla signora o a suo marito, le esporto la clitoride. Il moncone della clitoride amputata divenne sede di dolore tale quale talvolta tiene dietro all'amputazione di un membro, e per mesi la paziente fu in uno stato di quasi continua angoscia, che dopo trascorsi due o tre anni scemo, ne cesso finora tutt'affatto. In risposta alle sue inchieste perchè fosse stata eseguita altra operazione oltre quella che essa sapeva abbiso gnarle, dopo qualche risposta evasiva, seppe alla fine ciṇ che era stato fatto, ed ebbe inoltre l'umiliazione di scoprire che la giustifieazione dell'oltraggio consisteva nell'esser stata dal chirurgo creduta dedita ad un vizio di cui ignorava perfino il nome e la indole.« West, Carlo. Lezioni sulle Malattie delle Donne. Milano: Francesco Vallardi, 1864, S. 677f. West erwähnte an dieser Stelle nicht, dass der Chirurg, der die Exzision der Klitoris ohne Wissen und Genehmigung seiner Patientin vorgenommen hat, Isaac Baker Brown war.

setzt zwar in allen drei Ländern etwa um 1750 ein, ist aber in England quantitativ am ausgeprägtesten.

Im konkreten Fall soll das Ngram Masturbation die Verteilung in Zeit und Raum erläutern:

Abbildung 8: Ngram »masturbation« im Englischen, Geschichtszeitraum 1500 bis 2000, Smoothing of 0, case-insensitive, Häufigkeit 0,00065 %, Erhebung vom 15.8.2019.

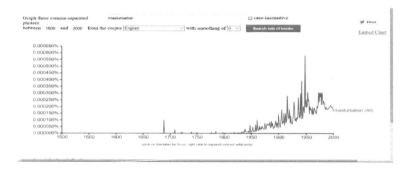

Abbildung 9: Ngram »Masturbation« im Deutschen, Geschichtszeitraum 1500 bis 2000, Smoothing of 0, case-insensitive, Häufigkeit 0,00035 %, Erhebung vom 15.8.2019.

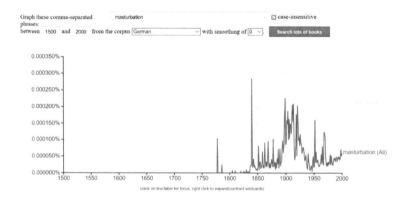

Abbildung 10: Ngram »masturbation« im Französischen, Geschichtszeitraum 1500 bis 2000, Smoothing of 0, case-insensitive, Häufigkeit 0,00011 %, Erhebung vom 15.8.2019.

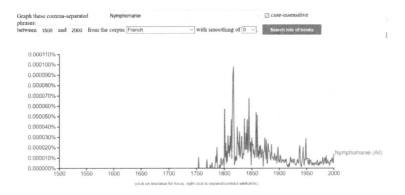

Die ähnliche Figuration ist die *Nymphomanin* oder Klitoromanin. Im Gegensatz zur Tribade bzw. Lesbe und zur *Masturbatorin* ist der Begriff der *Nymphomanin* auch heute noch pejorativ als Perversion geführt, auch wenn der präferierte Ausdruck heute »Hypersexualität« ist.[114] Nymphomanie war zu Beginn des 20. Jahrhunderts eine medizinische Problematik, die mit Mitteln der Medizin gelöst werden musste. Seit dem 17. Jahrhundert beschrieben Ärzte in Dissertationen dieses Phänomen und rieten zur radikalen Entfernung der Klitoris.[115] Seit dem 19. Jahrhundert war die präferierte Methode der Behandlung die Exzision der Klitoris, wie eine 1834 in Berlin entstandene medizinische Dissertation belegt.[116]

---

114 »A Nymphomaniac is someone who wants more sex than you.« — Dr. Alfred Kinsey. Groneman, Carol. Nymphomania: A History. New York: W.W. Norton, 2000.
115 Bartholin, Thomas. Anatomia, Ex Caspari Bartholini Parentis Institutionibus, Omniumque Recentiorum & Propriis Observationibus Tertium Ad Sanguinis Circulationem Reformata. Cum Iconibus Novis Accuratissimis. Accessit Huic Postremae Editioni Th. Bartholini Appendix De Lacteis Thoracicis & [De] Vasis Lymphaticis. Hagae-Comitis : Ex typographia Adriani Vlacq, 1660, 186f.
116 »[...] eadem instituatur si nimia clitoridis magnitudo ac sensibilitas causam nymphomaniae exhibuit; et enim hoc in casu clitoridis amputatione perfecta inducitur sanatio [...], quam operationem breviter describere non supervacuum mihi videtur.« Nagrod-

Die Ngram-Analyse zeigt eine sehr stark synchron verlaufende Publikationsgeschichte, allerdings Unterschiede in der Häufigkeit des Auftretens, die u.a. dadurch erklärt werden kann, dass außer Nymphomanie noch andere Begriffe wie »Mutterwut« (auch ein Synonym für Hysterie) oder »Mannstollheit« zirkulierten.[117]

Abbildung 11: Ngram »nymphomania« im Englischen, Geschichtszeitraum 1500 bis 2000, Smoothing of 0, case-insensitive, Häufigkeit 0.000035 %, Erhebung vom 15.8.2019.

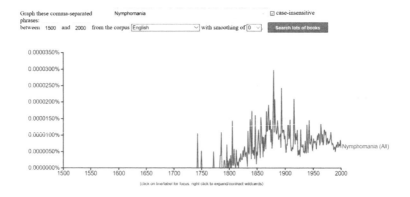

---

zki, Eduardus. De Nymphomania Eiusque Curatione Dissertatio Inauguralis Medica. Berlin: Nietackianis, 1834, S. 30.

117 Sondinger, Heinrich. Die Mutterwuth – Nymphomania. Bamberg: Reindl; 1838 (Dissertation an der Universität Erlangen 1835).

Abbildung 12: Ngram »Nymphomanie« im Deutschen, Geschichtszeitraum 1500 bis 2000, Smoothing of 0, case-insensitive, Häufigkeit 0.00022 %, Erhebung vom 15.8.2019.

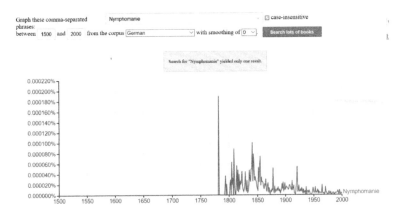

Abbildung 13: Ngram »nymphomanie« im Französischen, Geschichtszeitraum 1500 bis 2000, Smoothing of 0, case-insensitive, Häufigkeit 0,00011 %, Erhebung vom 15.8.2019.

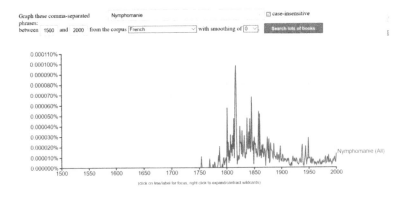

Wegen ihrer großen Schnittmenge mit der historisch älteren Formation der *Masturbatorin* und der späteren Formation der *Hysterikerin* definiere ich die *Nymphomanin* als Brückendiskurs, der von einer Formation zur anderen überleitet.

Die vierte Figuration schließlich die *Hysterikerin*. Hysterie, deutsch Muttersucht oder Mutterwut, lateinisch *Furor Uterinus*[118], war zunächst eine physiologisch bedingte Krankheit, die angeblich durch den auf der Suche nach männlichem Samen ziellos im Körper umherwandernden Uterus ausgelöst wurde. Im 18. Jahrhundert waren Nymphomanie und Hysterie daher nahezu identisch.

> »In the treatment of this affection, we must be guided by the attendant symptoms. If the growth is insensible, and relief is sought from its mechanical annoyance, or if it put on an unhealthy ulceration, the best way is to excise it; [...] Excision also is required when the growth is attended with undue sensibility.«[119]

Erst später, vor allem durch die Arbeiten Jean-Martin Charcots (1825-1893) an der Salpêtrière in Paris, wurde der Hysterikerin ein seelisches Leiden bescheinigt, zumal Charcot davon überzeugt war, dass auch Männer hysterisch werden konnten.[120]

Die Ngram-Analyse zeigt einen großen zeitlichen Abstand zwischen England einerseits und Frankreich und Deutschland andererseits. Das Ergebnis fällt noch dramatischer aus, wenn man nach den zugeordneten Adjektiven *hysterisch, hysterical* oder *hystérique* sucht. Der zeitliche Abstand beträgt hier fast 200 Jahre. Allerdings muss man auch konstatieren, dass für die Begriffe Tribade, *Masturbatorin* und *Nymphomanin* eine große zeitliche Übereinstimmung für alle drei untersuchten Sprachen festgestellt werden konnte. Dies sind jedoch nur sehr allgemeine Aussagen, die im Folgenden in den spezifischen Kontext der Genitalverstümmelung eingeordnet werden müssen.

---

118 Buchholz, Theodor Gottlieb. Dissertatio Inauguralis Medica Sistens Furorem Uterinum Pathologico-Therapeutice [sic!] Consideratum. Halle: Kittler; 1747.

119 Ashwell, Samuel. A Practical Treatise of the Diseases Peculiar to Women. Philadelphia, PA: Lea and Blanchard, 1845, S. 500.

120 Micale, Mark S. Hysterical Men: The Hidden History of Male Nervous Illness. Cambridge, MA, London: Harvard University Press; 2008, S. 117-161.

Abbildung 14: Ngram »hysteria« im Englischen, Geschichtszeitraum 1500 bis 2000, Smoothing of 0, case-insensitive, Häufigkeit 0,003 %, Erhebung vom 15.8.2019.

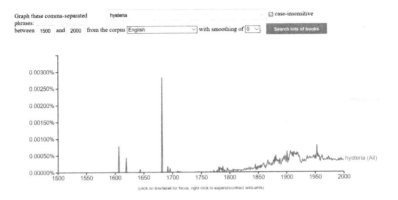

Abbildung 15: Ngram »Hysterie« im Deutschen, Geschichtszeitraum 1500 bis 2000, Smoothing of 0, case-insensitive, Häufigkeit 0,004 %, Erhebung vom 15.8.2019.

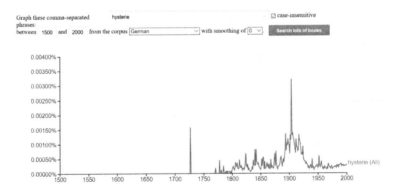

Man kann sich das Verhältnis der vier diskursiven Formationen auch wie ein Kontinuum vorstellen, das ein Spektrum abdeckt. Eine Spektralanalyse dieser Formationen würde bestimmte Verdichtungen zeigen, aber auch große Überlappungen und thematische Wiederholungen. So hat die Figuration der Hermaphroditin einen deutlichen Schwerpunkt im 18. Jahrhundert, die

Abbildung 16: Ngram »hystérie« im Französischen, Geschichtszeitraum 1500 bis 2000, Smoothing of 0, case-insensitive, Häufigkeit 0,00004 %, Erhebung vom 15.8.2019.

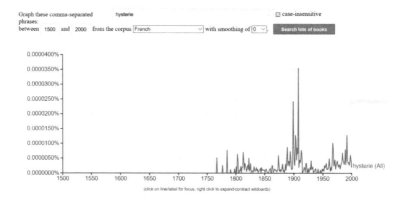

Abbildung 17: Die vier diskursiven Formationen/Figurationen und ihre diskursiven Brücken

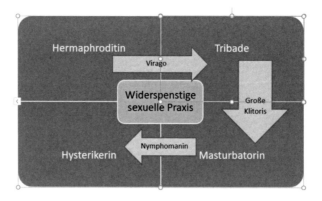

Figuration der Tribade deckt das 18., aber mehr noch das 19. Jahrhundert ab, die Masturbatorin ist auf das 19. Jahrhundert konzentriert, während die Hysterikerin gleichermaßen vom 18. bis zum 20. Jahrhundert erwähnt wird.

1.4 Die *Urgence* der Kliteridektomie: Biopolitik

Da die einschlägigen Texte in ganz Europa nahezu gleichzeitig kursierten, muss das Auftauchen bestimmter diskursiver Formationen aus dem Vorrat der Figurationen aus den unterschiedlichen gesellschaftlichen Notlagen und den unterschiedlichen kulturellen Entwicklungen abgeleitet werden. Dies ist nicht der Ort, intensiv über die »Ursachen« dieser Entwicklungen nachzudenken, da dies einen ganz anderen Text hervorbringen würde. Vielleicht genügen einige oberflächliche Andeutungen: Diese Notlagen oder Anforderungen ergaben sich u.a. aus den demographischen Krisen Europas in der Frühen Neuzeit und aus der Entwicklung einer frühneuzeitlichen Biopolitik. Michel Foucault hat in seiner Geschichte der Sexualität gezeigt, dass die »[...] Kategorien des Sexus im Dienste eines regulierenden Systems der reproduktiven Sexualität hervorgebracht wurden.«[121]

Der von Michel Foucault geprägte Begriff der Biopolitik situiert sich im Forschungsfeld der Gouvernementalität, das Foucault in der zweiten Hälfte des 1970er Jahre entwickelt hat als dem »Spannungsfeld zwischen den verschiedenen Formen der Selbstführung und der politischen Regierung«.[122]

> »Um den Körper als Maschine haben sich seit dem 17. Jahrhundert jene Disziplinen zentriert, die seine Fähigkeiten steigern, seine Kräfte ausnützen und ihn in wirksame und ökonomische Kontrollsysteme integrieren wollten: ›politische Anatomie des menschlichen Körpers.‹«[123]

Foucault fährt in »Wille zum Wissen« dann fort:

> »Der zweite Pol, der sich etwas später – um die Mitte des 18. Jahrhunderts – gebildet hat, hat sich um den Gattungskörper zentriert, der von der Mechanik des Lebens durchkreuzt wird und den biologischen Prozessen zugrunde liegt. Die Fortpflanzung, die Geburten- und die Sterblichkeitsrate, das Gesundheitsniveau, die Lebensdauer, die Langlebigkeit mit all ihren Variationsbedingungen wurden zum Gegenstand eingreifender Maßnahmen und

---

121 Butler, Judith. Das Unbehagen der Geschlechter. Frankfurt a.M.: Suhrkamp; 1991, S. 164.
122 Stingelin, Martin. Einleitung: Biopolitik und Rassismus. Was leben soll und was sterben muß. In: Stingelin, Martin, (Hg.). Biopolitik und Rassismus. Frankfurt a.M.: Suhrkamp; 2003; S. 7-26, S. 12.
123 Stingelin, Einleitung, S, 12. Stingelin zitiert hier Foucault, Michel. Der Wille zum Wissen: Sexualität und Wahrheit 1. Frankfurt a.M.: Suhrkamp; 1983. Die Seitenangabe bei Stingelin ist aber inkorrekt. In der hier zitierten Ausgabe findet sich das Zitat auf S. 135.

regulierender Kontrollen: Bio-Politik der Bevölkerung [Hervorhebung im Original].«[124]

Foucault setzt an bei den Auseinandersetzungen zwischen königlichen und feudalen Machtstrukturen. Diese Kämpfe wurden oft auch auf dem juridischen Feld ausgetragen.

> »Einerseits entwickelte sich die monarchische Macht im Westen, indem sie sich weitgehend auf gerichtliche Institutionen stützte und diese Institutionen weiterentwickelte; [...] in ähnlicher Weise war das römische Recht, das im 13. und 14. Jahrhundert im Westen wieder auftauchte, ein schlagkräftiges Instrument in den Händen der Monarchie, um die Formen und Mechanismen ihrer eigenen Macht zu definieren.«[125]

Foucault hebt hier die juridische Macht hervor, was vor allem für Frankreich Gültigkeit hatte. In Deutschland sah die Sache wegen der vergleichsweisen schwach entwickelten Zentralgewalt des Reichs und in England wegen der Entwicklung des *Common Law* etwas anders aus. Nach der Erläuterung verschiedener Formen der Macht außer dem Recht, kommt Foucault auf den Punkt zu sprechen, der hier wichtig ist: Die Macht des Königtums ist relativ schwach, was Foucault an der Existenz großer Schmugglerbanden festmacht, die die Macht des Königs unterlaufen.[126] Diese Banden waren, wie die Piraten des 17. und 18. Jahrhunderts, ökonomisch sinnvoll.[127] Diese illegalen Wirtschaftsbeziehungen waren funktional, aber außerhalb der königlichen Macht. Der zweite Aspekt der königlichen Macht war, dass sie sehr aufwendig war, weil sie die konstante Überwachung und Kontrolle der Sub-

---

124 Foucault, Michel. Der Wille zum Wissen, S. 135.

125 »D'un côté le pouvoir monarchique s'est développé en Occident en s'appuyant en grande partie sur les institutions judiciaires et en développant ces institutions; [...] De la même manière, le droit romain, qui est réapparu en Occident aux XIIIe et XIVe siècles, a été un instrument formidable dans les mains de la monarchie pour arriver à définir les formes et les mécanismes de son propre pouvoir [...]« Foucault, Michel. Les mailles du pouvoir. In: Michel Foucault. Dits et ecrits: 1954-1988, Band 4: 1980-1988. Paris: Gallimard; 1994, S. 182-201, S. 185 [Übersetzung N. F.].

126 Foucault, Les Mailles, S. 190.

127 Siehe Finzsch, Norbert. Räuber und Gendarme im Rheinland: Das Bandenwesen in den vier rheinischen Départements vor und während der Zeit der französischen Verwaltung (1794-1814). Francia: Forschungen Zur Westeuropäischen Geschichte. 1987; 15:453-471.

jekte erheischte.¹²⁸ Die große Erfindung des Westens – so Foucault – neben der Dampfmaschine seien im 17. und 18. Jahrhundert die politischen Technologien der Disziplin und der Erziehung gewesen. Eine dritte Technologie der Macht habe sich später entwickelt und habe nicht Individuen im Blick gehabt, sondern Bevölkerungen, ihre Verfasstheit als Gruppe, als biologische sterbliche Wesen mit Krankheiten.¹²⁹ Mit der Entdeckung der Bevölkerung habe sich die öffentliche Hygiene, die Sorge um die Lebensumstände in den Städten, die Geburtenrate, die Demographie, die Einwanderungspolitik und die Statistik entwickelt.¹³⁰ Das Leben als solches wurde im 18. Jahrhundert ein Objekt der Macht und mit dem Leben auch die Sexualität. »Der moderne Lebensbegriff ist unmittelbar an [die] sexuelle Funktion der Teilung und Vermehrung geknüpft.«¹³¹ Die Sexualität als Dispositiv versuche die Körper zu disziplinieren.¹³²

Man kann Foucault den modellhaften Charakter seiner Ausführungen und seinen Frankozentrismus vorwerfen. Man kann auch Zweifel an der Ordnung der historischen Sequenzen der vorgestellten Machtmodelle hegen. Aus feministischer Perspektive wurde Foucault kritisiert, weil er weibliche Genitalien in der Darstellung der Biopolitik »übersehen« habe.¹³³ Wichtig scheint mir die Überlegung, dass sich in einem bestimmten Zeitraum die Diskurse um »Normalität« und »Angemessenheit« sexueller Praktiken änderten und dass die geänderte Beurteilung dieser Praktiken zur Einhegung von Individuen in sozialen Rollen führte, die sich in den hier diskutierten Formationen|Figurationen auskristallisierte.

Foucaults Chronologie kann weiter in die Vergangenheit zurückverlagert werden. Er hatte in allererste Linie das französische Beispiel vor Augen, wie auch die Analyse des ersten Bandes seiner Geschichte der Gouvernementalität zeigt und für andere Territorien kommen andere Zeitfenster in Betracht. Aber selbst in Frankreich galt im Ancien Régime schon das Postulat des Populationismus. Die Bevölkerungszahl war unter den Bourbonen eines der wich-

---

128 Foucault, Les Mailles, S. 190.
129 Foucault, Les Mailles, S. 193.
130 »[...] le problème de savoir comment nous pouvons amener les gens à faire plus d'enfants [...]« Foucault, Les mailles, S. 193.
131 Laufenberg, Mike. Sexualität und Biomacht: Vom Sicherheits-dispositiv zur Politik der Sorge. Bielefeld: transcript, 2014, S. 79.
132 Foucault, Les Mailles, S. 194.
133 Rodrigues, Sara. From Vaginal Exception to Exceptional Vagina: The Biopolitics of Female Genital Cosmetic Surgery. Sexualities. 2012; 15(7):778-794, S. 780f.

tigsten Reichtümer des Staates und Symbol der militärischen Macht. Französische Theoretiker des Merkantilismus wie Jean Bodin (1530-1596), Bertélemy de Laffemas (1545-1612) und Antoine de Montchréstien (1575-1621) unterstützten daher Maßnahmen zur Stärkung der Eheschließungen, Geburten und Zuwanderung.[134]

Seit Jean-Baptiste Colberts (1619-1683) Amtsantritt als Erster Minister des Königs wurden Umfragen durchgeführt, um den Bevölkerungsrückgang im Königreich zu erfassen. Sébastien Le Prestre de Vauban (1633-1707) entwickelte 1686 eine Methode zur Bevölkerungszählung. In England entwickelte William Petty (1623-1687) etwa zur gleichen Zeit die arithmetischen Grundlagen der Demographie. Petty beschäftigte sich vor allem mit der Demographie Irlands, John Graunt (1620-1674) mit der Bevölkerungszahl Londons.[135]

Hinzu kommen zwei Elemente in der politischen Theorie des 17. Jahrhunderts: Die vom französischen Modell abweichenden Stadtverfassungen Deutschlands und England (um nur zwei Beispiele zu nennen) oder die regulativen Regierungsversuche der spanischen Krone und die besondere Rolle des Patriarchats, das von einer nahezu ungehinderten Ausübung väterlicher Autorität innerhalb der Familie ausging und der sich in der Person des Souveräns spiegelte. In Kastilien kann man den Beginn einer königlichen Gesundheitspolitik auf das 13. Jahrhundert verlegen. Hier wurden Erlasse herausgegeben, die den ärztlichen Beruf regulierten. In seinem *fuero real* wies Alfonso X die *alcaldes* an, die Oberaufsicht über die Chirurgen ihrer Stadt zu übernehmen. 1422 wurde unter König Juan II (1406-1454) eine Art Approbationsprüfung eingeführt. Unüberprüften Praktikern des Heilberufs wurde das

---

134 López, Martina Lizarazo. Frankreichs politische Antwort auf die demographische Entwicklung: Tradition und Neuausrichtung in den 1970er und 1980er Jahren. Wiesbaden: Springer; 2018, S. 46f. Charbit, Yves. The Classical Foundations of Population Thought: From Plato to Quesnay. Dordrecht, Heidelberg, London, New York: Springer; 2010, S. 43-110.

135 Beauvalet, Scarlett. Les structure démographiques. In: Antoine, Annie und Michon, Cédric, (Hg.). Les sociétés au 17e siècle ; Angleterre, Espagne, France. Rennes : Presses Universitaires de Rennes; 2006, S. 221-224. Zu Petty siehe Reungoat, Sabine. William Petty : Observateur des Iles Britanniques. Paris : Institut National d'Etudes Démographiques; 2004. Zu John Graunts Mathematik siehe Hauser, Walter. Die Wurzeln der Wahrschein-lichkeitsrechnung: Die Verbindung von Glücksspieltheorie und statistischer Praxis vor Laplace. Stuttgart: Franz Steiner; 1997, S. 45-70.

Handwerk gelegt.[136] Diesen (royalen) Patriarchats finden wir bei Jean Bodin und Francis Bacon genauso wie bei Thomas Hobbes.[137]
Das Alte Reich hatte im Dreißigjährigen Krieg erhebliche Opferzahlen zu beklagen. Man geht davon aus, dass über ein Drittel der Bevölkerung dem Krieg zum Opfer gefallen ist (16,5 Millionen im Jahr 1618 auf 10,5 Millionen im Jahr 1648). Im englischen Bürgerkrieg hatte die Bevölkerung lediglich um 2,5 % abgenommen. Allerdings sorgten die *Enclosures* des 17. Jahrhunderts für Sorgen um den Bestand der Bevölkerung bei Gleichzeitigkeit eines »Überbevölkerungsdiskurses«.[138] England war mit seiner frühen industriellen Revolution auch der Schauplatz raschen Bevölkerungszuwachses nach 1800, während in den deutschen Territorien ein solcher Zuwachs erst nach 1840 einsetzte.[139] Hieraus können sich unterschiedliche Strategien zur Auffüllung bzw. zur Kontrolle des demographischen Reproduktion im Sinne der Biopolitik ergeben.[140]

---

136 Clouse, Michele L. Medicine, Government and Public Health in Philip II's Spain: Shared Interests, Competing Authorities. London, New York: Routledge, 2011, S. 17.

137 Chapman, Richard Allen. Leviathan Writ Small: Thomas Hobbes on the Family. The American Political Science Review. 1975; 69(1):76-90. Cuttica, Cesare. The English Regicide and Patriarchalism: Representing Commonwealth Ideology and Practice in the Early 1650s. Renaissance and Reformation 36, no. 2 (2013): 131-64. Koganzon, Rita. The Hostile Family and the Purpose of the Natural Kingdom in Hobbes's Political Thought. The Review of Politics 77, no. 3 (2015): 377-98. Nyquist, Mary. Hobbes, Slavery, and Despotical Rule. Representations 106, no. 1 (2009): 1-33. Pateman, Carole. ›God Hath Ordained to Man a Helper‹: Hobbes, Patriarchy and Conjugal Right. British Journal of Political Science 19, no. 4 (1989): 445-63. Schochet, Gordon J. Thomas Hobbes on the Family and the State of Nature. Political Science Quarterly 82, no. 3 (1967): 427-45. Zarka, Yves Charles. Hobbes and Filmer: Regnum Patrimoniale and Regnum Institutivum. In: Hobbes and Modern Political Thought. Yves Charles Zarka, 233-19. Edinburgh University Press, 2016.

138 Nipperdey, Justus. Die Erfindung der Bevölkerungspolitik: Staat, politische Theorie und Population in der Frühen Neuzeit. Göttingen: Vandenhoeck & Ruprecht; 2012, S. 105f.

139 Pfister, Ulrich und Fertig, Georg. The Population History of Germany: Research Strategy and Preliminary Results: MPIDR Working Paper 2010-035. Rostock: Max-Planck-Institut für demografische Forschung; 2010.

140 Abrate, Mario, und Ilja Mieck. Handbuch der Europäischen Wirtschafts- und Sozialgeschichte. Bd. 4, Bd. 4. Stuttgart: Klett-Cotta, 1993, S. 54. Russell, Josiah Cox, Roger Mols, André Armengaud, Carlo M. Cipolla, Knut Borchardt und Anjuta Dünnwald. Bevölkerungsgeschichte Europas: Mittelalter bis Neuzeit. München: R. Piper, 1971, S. 81. Dupâquier, Jacques. Histoire de la Population Française. Band 2. Paris: Quadrige/Pres-

Die Geschlechterordnungen der Frühen Neuzeit befanden sich zudem in einem permanenten Umgestaltungsprozess, der durch Kontinuitäten (wie der Lehrmeinung der Katholischen Kirche) und Brüchen (Betonung der Ehe und ihrer Funktion nach der protestantischen Reformation) gekennzeichnet war. Unterschiedliche Verläufe der Reformation in europäischen Ländern hatten damit auch Einfluss auf die Geschlechterbeziehungen der jeweiligen Territorien. Zwar kann man nicht so weit gehen und die Frühe Neuzeit als Periode sehen, in der Frauen umfassende Rechte gehabt hätten oder etwa Gleichbehandlung erfahren hätte. Heide Wunder und Gerhard Dilcher haben zu Recht betont, dass die rechtliche Ungleichheit von Männern und Frauen in der frühneuzeitlichen Ständegesellschaft sich nicht abstrakt auf »Frauen« bezogen habe, sondern dass Frauen abhängig von ihrem Stand (adlig, bürgerlich, unverheiratet, verheiratet, verwitwet) verschiedene Positionen einnehmen konnten.[141] Seit dem 15. und verstärkt seit dem 16. Jahrhundert war in Deutschland die Rezeption des römischen Rechts im Gange. Der Erlass der *Constitutio Criminalis Carolina* (CCC) von 1532 war bei dieser Übernahme römischen Rechts nur einer von mehreren Meilensteinen, weil die CCC versuchte, das Recht im Reich zu vereinheitlichen.[142] Gleichzeitig setzte eine Professionalisierung des Rechtssystems ein, bei der studierte Juristen die Laien aus Positionen verdrängten. Sie übten als *Syndici* vor allem auf das Rechtssystem der Städte und Territorien großen Einfluss aus, lehrten als Professoren an

---

ses Universitaires de France, 1995, S. 68. Pfister, Christian. Bevölkerungsgeschichte und historische Demographie 1500-1800. München : Oldenbourg, 1994, S. 10. Reinhard, Marcel R., André Armengaud und Jacques Dupâquier. Histoire Générale de la Population Mondiale. Paris: Montchrestien, 1968, S. 109. Wrigley, Edward Anthony und R. S. Schofield. The Population History of England, 1541-1871: A Reconstruction. Cambridge, MA: Harvard University Press, 1981, S. 528f.

141 Wunder, Heide. Herrschaft und öffentliches Handeln von Frauen in der Gesellschaft der Frühen Neuzeit. In: Gerhard, Ute, (Hg.). Frauen in der Geschichte des Rechts: Von der Frühen Neuzeit bis zur Gegenwart. München: H. C. Beck; 1997; S. 27-54, S. 30. Dilcher, Gerhard. Die Ordnung der Ungleichheit: Haus, Stand und Geschlecht. In: Gerhard, Frauen in der Geschichte, S. 55-71, S. 73f. Ingendahl, Gesa. Witwen in der Frühen Neuzeit: Eine kulturhistorische Studie. Frankfurt a.M.: Campus; 2006.

142 Die CCC sah in Artikel 116 bei gleichgeschlechtlicher »Sodomie« auch von Frauen die Todesstrafe vor. Siehe Lobethan, Friedrich Georg August. Erste Grundlinien des gemeinen in Teutschland geltenden Privatrechts, zum Gebrauche bey dem akademischen Unterrichte, und für das Bedürfnis unserer Zeit. Dresden und Leipzig: Richter; 1793, S. 305f.

Universitäten und fungierten als Richter und Advokaten.[143] Vereinheitlichendes römisches Recht wirkte daher in allen Poren der Gesellschaft. Dies war ein Prozess, der sich auch in anderen europäischen Gebieten beobachten ließ. Hinzu kamen vor allem in den protestantischen Territorien die Regelungen des Eherechts. Zwar hatte auch die katholische Kirche seit dem 12. Jahrhundert das Eherecht an sich gezogen, doch nahm diese Rechtsform in den reformatorischen theologischen Auseinandersetzungen eine Schlüsselrolle ein, nicht zuletzt auch, weil in den evangelischen Kirchen das Scheidungsrecht verankert war, das im Katholizismus fehlte. Grundlage der rechtlichen Regelung war in beiden Konfessionen allerdings die Überzeugung, dass die Frau dem Manne untertan sei. Sie hatte im Rahmen der Hauswirtschaft lediglich die Schlüsselgewalt inne. Die Reformation nun führte zu einer Aufwertung der Ehe, weil zu einem gottgefälligen Leben weder Zölibat noch Klosterleben notwendig waren. Gleichzeitig wurde die theologische Stellung von Frauen mediatisiert, weil sie Frauen unter das Kuratel des Mannes stellte.[144] Hier gab es also im weltlichen, wie im Kirchenrecht starke Tendenzen die Ehe als Normalfall der Beziehungen zwischen Männern und Frauen anzusehen. Aus all dem ergibt sich die Existenz einer frühneuzeitlichen Biopolitik *avant la lettre*. Ich meine hier durchaus Biopolitik im Sinne Michel Foucaults, also als Machttechnik, die nicht auf den Einzelnen, sondern auf die körperliche Existenz der gesamten Bevölkerung zielen. Foucaults Analyse der Machtformen mündet in eben dieser Biopolitik.

Meine Kritik an Foucault rührt aus der Einsicht, dass die Sorge um das Leben auch auf der politischen Ebene viel früher einsetzte, als Foucault dies beschrieben hat. Der Ansatz, der sich auf die Konflikte zwischen Krone und Adel konzentriert, greift viel zu kurz, weil beispielsweise in Deutschland auch Städte Gesundheitspolitik betrieben. Städtische Hebammen sind in Frankreich bereits aus dem 14. Jahrhundert bekannt.[145]

Justus Nipperdey hat gezeigt, dass die Bevölkerungspolitik ihren Anfang im Italien des 16. Jahrhunderts genommen hat. Von Italien aus kam sie nach

---

143 Koch, Elisabeth. Die Frau im Recht der Frühen Neuzeit: Juristische Lehren und Begründungen. In: Gerhard, Frauen in der Geschichte, S. 73-93.
144 Schorn-Schütte, Luise. Wirkungen der Reformation auf die Rechtsstellung der Frau im Protestantismus. In: Gerhard, Frauen in der Geschichte, S. 94-104, S. 95.
145 Kruse, Britta-Juliane. »Die Arznei ist Goldes wert«: Mittelalterliche Frauenrezepte. Berlin: Walter de Gruyter, 1999, S. 117.

Deutschland und in der zweiten Hälfte des 17. Jahrhunderts nach England.[146] Nipperdey konstatiert eine »theoretische Vernachlässigung« der Bevölkerungspolitik, beschreibt aber ausführlich die biopolitischen Ansätze der Fürsten und Städte im Alten Reich. Eine intensive Bestandsaufnahme von Territorien und Bevölkerung war dabei sozusagen das erste Stadium. Eine aktive Gestaltung der Bevölkerungspolitik entwickelte sich in der zweiten Hälfte des 16. Jahrhunderts mit den protestantischen Exulanten, die teilweise in eigens gegründeten Gemeinden angesiedelt wurden – Stichwort »Peuplierung«.[147] Diese Bevölkerungspolitik diente nicht nur der wirtschaftlichen Entwicklung, sondern zielte durchaus auf die Erhöhung der Wehrfähigkeit durch die Geburt gesunder Nachkommenschaft ab.

Nach diesen ersten Überlegungen entwickelte sich – so Nipperdey – die Bevölkerungspolitik in drei Phasen, der Phase der gelehrten Bevölkerungstheorie (1600-1670), der Phase der ökonomischen Bevölkerungstheorie (1670-1740) und der Phase der Bevölkerungspolicey (1740-1800).[148] Die Eheförderung (»De Connubiorum Utilitate«) wurde dabei schon in der ersten Phase intensiv diskutiert, unter anderem von Hippolyt von Colli (1561-1612).[149] Einer der ersten Vertreter der deutschen Peuplierungspolitik war Hermann Conring (1606-1681), der Begründer der deutschen Universitätsstatistik und selbst auch Mediziner.

> »[Conring] sprach er sich für eine aktive Familienpolitik aus, da es ab einer bestimmten Anzahl von Kindern, wobei hier nur die männlichen Nachkommen gezählt wurden, eine Steuerentlastung und -befreiung für die Familien geben sollte. Auch die Abschaffung von Bordellen sah er als einen Faktor für die Erhöhung der Nachkommenschaft an, um dadurch die Fertilität im Lande zu erhöhen.«[150]

---

146 Nipperdey, Die Erfindung, S. 28f.
147 Nipperdey, Die Erfindung, S. 197.
148 Nipperdey, Die Erfindung, S. 201.
149 Nipperdey, Die Erfindung, S. 207f., 375.
150 Zbroschyk, Markus. Die preußische Peuplierungspolitik in den rheinischen Territorien Kleve, Geldern und Moers im Spannungsfeld von Theorie und räumlicher Umsetzung im 17. – 18. Jahrhundert. Bonn: Dissertation an der Rheinischen Friedrich-Wilhelms-Universität zu Bonn; 2014., S. 68.

1. Einleitung

Veit Ludwig von Seckendorff (1626-1692) beschäftigte sich vor allem mit den Auswirkungen des Dreißigjährigen Krieges auf die Population.[151]

»Diese frühkameralistische Schrift [Seckendorffs »Teutscher Fürstenstaat«] belegt, dass bevölkerungspolitische Aufforderungen keineswegs eine innovative Errungenschaft des 18. Jahrhunderts im Deutschen Reich darstellten, sondern schon im 17. Jahrhundert anzusetzen sind.«[152]

Der Universalgelehrte Gottfried Wilhelm von Leibniz (1646-1716) beschäftigte sich im Zuge der Bevölkerungslehre auch mit gesundheitspolitischen Fragen. Er legte fest, dass die Gesundheit zur Pflicht eines jeden Menschen als auch des Staates werden müsse. Die Medizin war Leibniz dabei der Eckpfeiler aller Wissenschaften, um Zufriedenheit des Geistes und Gesundheit des Körpers herbeizuführen.[153] Generell kann man über die Peuplierungsansätze des 17. Jahrhunderts sagen, dass

»[sie] Optionen eröffne[n], um die Bevölkerungsvermehrung durch entsprechende politische Maßnahmen grundsätzlich in zukunftstauglicher Weise zu beeinflussen [versuchen] [...] Geburten stellten in der frühneuzeitlichen Bevölkerungstheorie ein biologisches Ereignis dar, das die Untertanenzahl zum Wohle des Staates erhöht, und sind nicht primär ein Ergebnis anthropogener rationaler Entscheidungen. Aber auch die staatliche Regulierung der Sexualität stand im Fokus peuplierungspolitischer Maßnahmen, da im maßgeblich christlich geprägten Europa starke Normen auf eine Beschränkung der Sexualität innerhalb der Ehe und auf die Fruchtbarkeit der Ehe wirkten. Mittels peuplierungspolitischer Policeygesetze [sollte] es möglich sein, das subjektive Zeitfenster für die Entscheidung zum Kinderkriegen den biologischen Möglichkeiten anzugleichen, um das anthropogene Gebärpotenzial

---

151 Seckendorff, Veit Ludwig von. Teutscher Fürsten Stat/Oder: Gründliche vnd kurtze Beschreibung/Welcher gestalt Fürstenthümer/Graff- vnd Herrschafften im H. Römischen Reich Teutscher Nation [...] bestellt zu werden pflegen: Zu beliebigem Gebrauch und Nutz hoher Standspersonen [...] nach Anleytung der Reichssatzungen und Gewonheiten/auch würcklicher Observantz abgefasset/Durch Veit Ludwig von Seckendorff. Frankfurt a.M.: Götze, 1656.
152 Zbroschzyk, Markus. Die preußische Peuplierungspolitik, S. 69.
153 Schipperges, Heinrich. Krankheit und Kranksein im Spiegel der Geschichte. Berlin, Heidelberg, New York: Springer; 1999, S. 108.

und die damit steigende menschliche Verfügbarkeit von Energie voll auszuschöpfen.«[154]

Martin Fuhrmann geht sogar so weit, dass er die Peuplierungspolitik als das »zentrale Leitmotiv« der meisten staatspolitischen theoretischen Überlegungen des 18. Jahrhunderts bezeichnet.[155] Es habe eine »Verpolizeylichung der Sexualität« im Sinne einer Reduktion auf populationsfördernde Maßnahmen gegeben. »Jeden nicht zur Nachkommenschaft führenden Geschlechtsverkehr ahndete man als Sittenlosigkeit und ernstzunehmende Gefahr für die Reproduktionsmoral.«[156] Waisenanstalten und die Verfolgung der Prostitution wurden gleichfalls eingesetzt, um eine positive Bevölkerungsentwicklung zu fördern.

Peuplierung war dabei nur ein »staatliches« Mittel, die menschliche Sexualität im Sinne des Bevölkerungswachstums zu beeinflussen. Territorien und Städte begannen früh, die biologische Reproduktion zu regulieren. Zum Beispiel hat die Stadt Regensburg die erste deutsche Hebammenordnung schon 1452 erlassen. Diese enthielt schon die Verfügung, dass das Begräbnis totgeborener Kinder ohne Inspektion und Zeuginnen zur Verurteilung der Hebamme führen sollte. Dies war wohl gedacht, um die Abtreibung durch Hebammen zu unterbinden.[157] Ulm und Straßburg folgten bald. Diese Hebammenordnungen waren stark durch den Einfluss akademisch gebildeter männlicher Ärzte gelenkt und unterstellten die Hebammen der Kontrolle von Ärzten. 1499 wurde die Tötung eines neugeborenen Kindes zum ersten Male unter weltliche Strafe gestellt.[158] Etwa zur gleichen Zeit setzte sich in Kontinentaleuropa unter dem *ius commune* auch das Abtreibungsverbot durch.[159] Der drakonische *Act to Prevent the Destroying and Murthering of*

---

154 Zbroschzyk, Markus. Die preußische Peuplierungspolitik, S. 244f.
155 Fuhrmann, Martin. Volksvermehrung als Staatsaufgabe? Bevölkerungs- und Ehepolitik in der deutschen politischen und ökonomischen Theorie des 18. und 19. Jahrhunderts. Paderborn, München, Wien, Zürich: Schöningh; 2002, S. 23.
156 Fuhrmann, Volksvermehrung, S. 89f.
157 Kruse, Britta-Juliane. Verborgene Heilkünste: Geschichte der Frauenmedizin im Spätmittelalter. Berlin: Walter de Gruyter, 1996, S. 135f.
158 Flügge, Sybilla. Die gute Ordnung der Geburtshilfe: Recht und Realität am Beispiel des Hebammenrechts der Frühneuzeit. In: Gerhard, Frauen in der Geschichte, S. 140-150, S. 148.
159 Müller, Wolfgang P. Die Abtreibung: Anfänge der Kriminalisierung, 1140-1650. Köln, Weimar, Wien: Böhlau, 2000. Frankreich ist ein Sonderfall, weil hier erst unter Napoleon das Abtreibungsverbot staatlich durchgesetzt wurde. Cahen, Fabrice. Gouverner

Bastard Children (21 Jac. I c. 27) stellte 1624 in England Kindstötung unter die Todesstrafe.[160] Anders als bei anderen drakonischen Gesetzen wurden Kindsmörderinnen im 17. Jahrhundert nicht nur betraft, sondern der König zögerte auch bei der Begnadigung verurteilter Täterinnen.[161] Die absolutistische »Medicinalpolizey« sorgte ab 1764 für eine staatliche Durchdringung des Gesundheitswesens und für eine staatliche Regulierung und Optimierung der Bevölkerung.[162] In diesen Zusammenhang muss dann auch die sich ab 1550 verbreitende Diskussion um die Kliteridektomie gesehen werden. Sie ist in letzter Instanz Bestandteil eines biopolitischen Programms zur Einhegung nicht-reproduktiver sexueller Praktiken. Soweit die Andeutungen für die Dringlichkeit (*Urgence*) der Kliteridektomie.

1.5 Die »Entdeckung« der Klitoris

Das medizinische Wissen über die Klitoris war nie stabil und linear. Es änderte sich über Zeit wegen sprachlicher Veränderungen wie unterschiedliche Bezeichnungspraktiken und unterschiedlicher Provenienzen aus verschiedenen Sprachen, aber auch weil unterschiedliche Gruppen medizinisches Wissen erwarben, speicherten und weitervermittelten. Die Tatsache, dass Quellen nicht die medizinisch »korrekte« Bezeichnung Klitoris verwendeten, sollte nicht zu der Annahme verleiten, die (fast ausschließlich) männlichen Autoren hätten nicht gewusst, um welches Organ es sich handelte. Es bedurfte allerdings der Fähigkeit, auch nicht offensichtliche Referenzen auf die Klitoris und Masturbation zu erkennen, wie in dem Blues von George Hannah »The Boy in the Boat« von 1924.

---

les moeurs : La lutte contre l'avortement en France, 1890-1950. Paris: Edition de l'Ined, 2016, S. 12. Ein Edikt aus dem Jahre 1556 definierte den Kindsmord (Verbergen der Schwangerschaft) als Kapitalverbrechen. Ibidem, S. 48.
160   D'Cruze, Shani und Jackson, Louise A. Women, Crime and Justice in England since 1660. Houndmills, Basingstoke, New York: Palgrave, 2009, S. 79.
161   Beattie, John Maurice. Crime and the Courts in England, 1660-1800. Oxford: Clarendon Press; 1986, S. 113-124. Im 18. Jahrhundert nahmen Verurteilungen wegen Kindsmord ab.
162   Möller, Caren. Medizinalpolizei. Frankfurt a.M.: Vittorio Klostermann, 2005.

»Now, did you ever hear the story 'bout that boy in the boat
Don't wear no shoes or no overcoat
Broad told me that it happened like this
He love to dive and also to fish
He went roaming in that shallow boat
With his head hardly rising and his eyes hard to cope
Face is all wrinkled and his breath smells like soap
Talking about that boy in the boat

When you see two women walking hand in hand
Just look 'em over and try to understand
They'll go to these parties have their lights down low
Only those parties where women can go
You think I'm lying, just ask Tack Anne
Took many a broad from many a man
Face is still wrinkled and his breath smells like soap
Still talking about that boy in a boat

Ever since the year tooty-two
Lot of these dames girls have nothing to do
Uncle Sam started giving a fighting chance
Packed up all the men sent them off to France
Sent them over there those Germans to hunt
The women at home can try all that new stunts
The face is still wrinkled and his breath smells like soap
I'm talking about that boy in the boat«[163]

Im mittelalterlichen Europa wurden Frauen vor allem von Frauen behandelt und selten nur kam ein männlicher Arzt in Kontakt mit Patientinnen, wenn es um gynäkologische Probleme ging. Hebammen spielten eine entscheidende Rolle in der Heilung von Frauen im Mittelalter und auch noch in der Frühen Neuzeit.[164] Ihr Wissen und ihr Beitrag wurde in der Forschung systematisch unterschätzt, weil sie selten schriftliche Aufzeichnungen hinterlassen

---

163   Hannah, George, Composer. The Boy in the Boat. In: Piano Blues Vol. 3: 1924-1940. Withorn, DG8 8PE: Document Records.
164   Die Debatte um die Rolle der Hebammen in der frühneuzeitlichen Gynäkologie wurde konzis zusammengefasst von Monica H. Green. Green, Monica H. Gendering the History of Women's Healthcare. Gender & History. 2008; 20(3):487-518.

haben.¹⁶⁵ Verschriftlicht war das Werk der Trota von Salerno, das als Standardwerk der Frauenheilkunde im Mittelalter gelten konnte. Die sogenannte »Trotula«, eine Sammlung von Texten zur Gynäkologie, galt in Deutschland und England vom 12. bis ins 16. Jahrhundert als maßgeblicher Text.¹⁶⁶ Hinzu kommt, dass Frauen, die in der Pflege und der Heilung anderer Frauen tätig waren, in der Regel in einem häuslichen Umfeld, also in der Sphäre der Privatheit, arbeiteten. Dennoch hatte die Entwicklung eines »Marktes« für professionelle männliche Ärzte mit einer universitären Ausbildung tiefgreifende Auswirkungen auf Hebammen und Frauen in Heilberufen. Man kann von einer regelrechten Verdrängung der Hebammen aus den Heilberufen sprechen, ja von einer »Maskulinisierung« eines Frauenberufs.¹⁶⁷ Auch wenn in der Frühen Neuzeit akademisch ausgebildete Ärzte vor allem in den Familien der oberen Stände zunehmend als Geburtshelfer und Frauenärzte praktizierten, so bedeutete dies keineswegs eine gradlinige »Verwissenschaftlichung« des Feldes der Gynäkologie. Die praktische Medizin blieb bei aller Bemühung um Wissenschaftlichkeit eingebunden in die Episteme ihrer Zeit.¹⁶⁸ Mit der Professionalisierung der akademischen Medizin wurden auch neue Benennungspraktiken eingeführt. »Naming Is Power« – in der Benennung liegt Macht.

---

165 Die Engländerin Jane Sharp war eine der wenigen Frauen, die ein Handbuch für Hebammen geschrieben hat. Die Originalausgabe von 1671 liegt in einer modernen Edition vor. Sharp, Jane. The Midwives Book: Or the Whole Art of Midwifry [sic!] Discovered. Oxford, New York: Oxford University Press; 1999. Sharp kannte die Klitoris und war wie viele Zeitgenoss*innen der Auffassung, der weibliche Orgasmus sei Voraussetzung für die Empfängnis. Sie berichtete auch ausführlich über weibliche Masturbation von großen Klitorides und brachte sie mit den Hermaphroditen in Verbindung. Ibidem, S. 39-41.

166 Benton, John F. Trotula, Women's Problems, and the Professionalization of Medicine in the Middle Ages. Bulletin of the History of Medicine. 1985; 59(1):30-53. Campbell Hurd-Mead, Kate. Trotula. Isis. 1930; 14(1):349-367. Green, Monica Helen. The Trotula: An English Translation of the Medieval Compendium of Women's Medicine. Philadelphia, PA: University of Pennsylvania Press; 2002.

167 Fissel, Mary E. Introduction: Women, Health, and Healing in Early Modern Europe. In: Bulletin of the History of Medicine. 2008; 82(1):1-17. Benedek, Thomas G. The Changing Relationship between Midwives and Physicians during the Renaissance. Bulletin of History of Medicine. 1977; 51(4):550-564. Green, Monica Helen. Making Women's Medicine Masculine: The Rise of Male Authority in Pre-Modern Gynaecology. Oxford, New York: Oxford University Press; 2008.

168 Alford, John A. Medicine in the Middle Ages: The Theory of a Profession. In: The Centennial Review. 1979; 23(4):377-396, S. 377-378.

Diesen Grundsatz haben auch universitär ausgebildete Ärzte verstanden und sie haben nach dem 16. Jahrhundert eine mediko-anatomische Sprache entwickelt, die Laien aus der Diskussion weitgehend ausschloss, vor allem, weil das Latein unter ihnen als *lingua franca* gehandhabt wurde.[169]
Dies gilt auch und besonders für die »Entdeckung« der Klitoris. Die Bezeichnung dieses Organs wechselte häufig und führte zu Missverständnissen. Griechische Texte kannten die Klitoris, auch wenn sie sie Μψρτον nannten. Schon im ersten Jahrhundert hatte Marcus Valerius Martialis (38-102) ein Epigramm geschrieben über eine Frau, die ihre Klitoris zum Sex mit anderen Frauen benutzte – wobei Martial allerdings das Wort »cunnus« benutzte, wörtlich »Schnecke«, übertragen »weibliches Geschlechtsteil«.[170] Der römische Dichter und Philosoph Lucius Annaeus Seneca verdammte die Praktiken der Tribaden als unnatürlich.[171] Das Wissen um die Klitoris und ihre Funktion in den römischen und griechischen Kulturen war Gemeingut. Dieses allgemeine Wissen verschwand mit dem Niedergang des römischen Reiches, dem langsamen Abstieg der Bibliothek von Alexandria zwischen 48 v. Chr. und dem Jahr 275 und dem Verlust des Griechischen (außerhalb des Oströmischen Reichs) als der Sprache der Gebildeten und Latein als einer Sprache des Volkes.[172] Das Lateinische wurde seinerseits zu einem Soziolekt der Gebildeten in Kirche und Verwaltung. Griechische medizinische Texte wurden von arabischen und persischen Ärzten übersetzt. Arabische Texte wurden ab dem zehnten Jahrhundert in Katalonien rezipiert und ab dem zwölften Jahrhundert ins Lateinische übertragen.[173] Der byzantinische Arzt Aetios von Amida verfasste im 6. Jahrhundert eine aus 16 Büchern bestehende Kompilation Biblia Iatrika Ekkaideka (βιβλία ἰατρικὰ ἑκκαίδεκα). Sie wird gemeinhin als Tetrabiblon, d.h. als vier Bücher, die ihrerseits wieder vier Bücher enthielten,

---

169 Rodriguez, Sarah B. und Schonfeld, Toby L. The Organ-That-Must-Not-Be-Named: Female Genitals and Generalized References: The Hastings Center Report. 2012; 42(3):19-21.
170 Martialis, Marcus Valerius. M. Valerii Martialis Epigrammaton Liber I. Epigram I. 90.
171 »Libidine vero ne maribus quidem cedunt: pati natae (di illas deaeque male perdant!) adeo perversum commentae genus inpudicitiae viros ineunt.« Seneca, epist. 95, 21)
172 Heller-Roazan, Daniel. Tradition's Destruction: On the Library of Alexandria. October. 2002; 100:133-153. Murray, Alexander. Politics and Language in Early Renaissance Italy. Revue de l'histoire des religions. 2014; 231(2):253-274.
173 König, Daniel G. The Unkempt Heritage: On the Role of Latin in the Arabic-Islamic Sphere. Arabica. 2016; 63(5):419-493, S. 421f. König, Daniel. Latin and Arabic: Entangled Histories. Heidelberg: Heidelberg University Publishing; 2019.

zitiert. Er kannte nicht nur die Klitoris, sondern stellte im 23. und 24. Kapitel auch die Kliteridektomie vor:

> Die sogen. Nymphe ist ein gleichsam muskulöses oder häutiges Organ, das an der vorderen Commissur der Schamlippen liegt, da wo sich die Harnröhren(mündung) befindet. Bei manchen Frauen vergrössert es sich übermässig und wächst so sehr, dass es nicht nur Hässlichkeit und Schande bewirkt, sondern auch durch die dauernde Reibung an den Kleidern gereizt wird und den Trieb zum Beischlaf weckt. Deshalb schien es (schon) den Aegyptern gut, es zu entfernen, bevor es wüchse, zumal dann, wenn die Mädchen sich verheiraten wollen. Die Operation wird folgendermassen ausgeführt: [...]«[174]

Die Tatsache, dass er hier den Begriff Nympha verwendet und die Klitoris klar von den Schamlippen unterscheidet, verweist noch einmal auf die verwickelte Benennungspraxis in vormodernen Texten.

Die islamische Medizin baute auf der Tradition der Medizin des antiken Roms, Byzanz' und Griechenlands auf. Für islamische Wissenschaftler waren Galenos und Hippokrates eminente Vorbilder, aber auch die hellenistischen Autoren aus Alexandria. Islamische Wissenschaftler übersetzten die Schriften Galenos' und Hippokrates' ins Arabische und erarbeiteten sich unter Bezug diesen Wissenstand weitere Kenntnisse. Islamische Mediziner ordneten das antike Wissen und machten es in Kompendien und Nachschlagewerken zugänglicher. Die Kenntnisse islamischer Ärzte beeinflussten die mittelalterliche Medizin Europas. Erst über den »Umweg« der arabischen Übersetzungen hatten europäische Ärzte Kenntnis von den antiken Texten gewonnen. Eine wichtige Rolle spielte dabei der Mathematiker Gerbert von Aurillac (950-1003), der spätere Papst Sylvester II, der aus einfachsten Verhältnissen stammte. Er lebte eine Zeitlang in Ripoll, einem Benediktinerkloster in Katalonien, nahe der heutigen französischen Grenze. Ripoll war zu dieser Zeit der Mittelpunkt des europäischen Geisteslebens und besaß eine der wichtigsten Bibliotheken der lateinischen Christenheit.[175] Kastilien war durch die Nähe zum Kalifat von

---

174 Wegscheider, Max. Geburtshilfe und Gynäkologie bei Aetios von Amida. Berlin, Heidelberg: Springer Berlin Heidelberg; 1901, S. 130f. Neuburger, Max. Geschichte der Medizin, 2 Bände, Band 2. Stuttgart: Ferdinand Enke; 1911, S. 108.

175 Jaspert, Nikolaus. Karolingische Tradition und Karlsverehrung in Katalonien. In: Herbers, Klaus (Hg.). Jakobus und Karl der Große: Von Einhards Karlsvita zum Pseudo-Turpin. Tübingen: Narr, 2003, S. 121-160, S. 124. Schärlig, Alain. Un portrait de Gerbert d'Aurillac : Inventeur d'un abaque, utilisateur précoce des chiffres arabes, et pape de l'an mil. Paris: Presses Polytechniques, 2012, S. 18-20.

Cordoba eine Gegend, in der islamische Wissenschaften rezipiert wurden und das nahe bei Barcelona gelegene Ripoll war das Zentrum dieses Gebiets. In Ripoll und in seinem Weichbild entstanden auch lateinische Übersetzungen des Quadriviums aus dem Arabischen.

Genauso wichtig für die Rezeption der arabischen und der Entwicklung der europäischen Medizin war das systematische und umfassende Werke Avicennas, der Kanon der Medizin, der ins Lateinische übersetzt wurde und dann in ganz Europa Verbreitung fand.[176] Im Laufe des 15. und 16. Jahrhunderts wurde dieses Werk mehr als 35mal aufgelegt.[177] Auch das Wissen über die Klitoris erreichte auf diesem Weg Europa.

»Von der Klitoris existierten in der Nachfolge der griechisch-römischen und arabischen Medizin zwei unterschiedliche ›Bilder‹: Zum einen galt sie als ein Körperteil, der penisartig anschwellen konnte und den Frauen dann ein aktiv-penetratives Potential verlieh. Zum anderen meinte Ibn Sina (lat. Avicenna; 980-1037) – der die griechisch-römische und persische Medizin vereinte und dessen ›Kanon‹ bis weit in die Frühe Neuzeit eines der medizinischen Referenzwerke blieb –, dass die Klitoris primär der sexuellen Stimulation und Freude diene.«[178]

Allerdings gelangte auf diese Weise auch das Wissen um die Kliteridektomie nach Europa. Avicenna erwähnte diese Operation im dritten Buch seines *Canon Medicinae*, denn er schrieb, eine übergroße Klitoris sollten durch Beschneidung behandelt werden.[179] Er gab auch eine kurze Anleitung, wie diese Operation von Statten gehen solle. Diese Anweisung wurde durchaus zur

---

176   Kirsch, Eberhard. Avicennas Lehren von der Sexualmedizin. München: Edition Avicenna; 2005.

177   Avicenna. A Treatise on the Canon of Medicine of Avicenna. New York: AMS Press; 1973. Avicenna. Liber Canonis Totius Medicinae. Lyon; 1522. Avicenna. Canon Medicinae cum Aliis Opusculis. Roma: Typographia Medicea; 1593.

178   Eder, Franz X. Kultur der Begierde: Eine Geschichte der Sexualität. München : H. C. Beck; 2009, S. 190.

179   Avicenna. Liber canonis Avicenne revisus et ab omni errore mendaque purgatus summaque cum diligentia impressus : cum privilegio : in fine : Regis aboali hassem filii hali abinsceni liber totus finitus est una cum tractatu de viribus cordis translato ab Arnaldo de villanoua : ac etiam cum cantica eiusdem translata ex arabico in latinum a magistro : armegdo Clasii de Montpesulano : impressus et diligentissime correctus per Paganinum de paganinis Brixiensem. Brixen : [Paganinus?]; 1507, Liber III, Fen 21, Abs. 22 und 23, Fol. 377.

Kenntnis genommen, denn der römische Mediziner Giovanni Benedetto Sinibaldi (1594-1658) zitierte Avicenna in seiner *Geneanthropeia* von 1642 und verweist auf die Möglichkeit der Ligatur der Klitoris oder des »Pseudopenis«.[180] Das *Liber Pantegni*, eine italienische Übersetzung eines arabischen Texts aus dem 10. Jahrhundert, dem Kitab Kamil al-Sina'a at-Tibbiyya (vollständiges Buch der medizinischen Künste), wurde von dem Mönch Constantinus Africanus geschrieben und war eine der wichtigste Quellen für die Vermittlung arabischen Wissens in Europa. Dieses Buch sollte für Jahrhunderte in Gebrauch sein.[181]

Nur auf diesem Hintergrund ist es gerechtfertigt, von einer »Wiederentdeckung« der Klitoris zu sprechen. Die Texte, die zwischen 600 und 1500 publiziert wurden, sprechen von der Klitoris, wenn sie auch nicht im Zentrum des Interesses stand. Dies hat sicherlich auch damit zu tun, dass die Frauenheilkunde des Mittelalters zuerst eine Aufgabe der Heilerinnen und Hebammen war. Mit der Herausbildung von Universitäten in Spanien, England und Italien avancierte die 1222 gegründete Universität Padua zum Zentrum der akademischen Medizin, vor allem der Anatomie und der Gynäkologie. Die Wiederentdeckung antiker Texte während der Renaissance, die auch in Padua florierte, erlaubte es akademisch ausgebildeten Ärzten, sich mit medizinischen Traditionen vertraut zu machen, die sich mit dem Neuplatonismus in der Nachfolge des Arztes und Platonübersetzers Marsilio Ficino (1433-1499)

---

180 »De Clitoride seu muliebri pseudovirga, ubi nympha, ac Nymphotomia : Sed at curationem descendamus, quae habetur etiam per incisionem, & sectionem. Auicennas citato loco ait, quod virga per sectionem tollitur; fursus vero corrodentibus medicamentis : quibus verbis roboratur opinio nostra de super allata, qua dicebamus, virgam esse lacertosam, ac membrosam, ac proinde duram, ut ex eo non nisi per incisionem auferri valeat; fursum vero esse carneam potius excrescentiam, ut hac de causa consumi, & abrodi possit medicamentis crodendi facultate praeditis absque sectione, & manuali chirurgi opera. Addit post haec Auicennas alium modum auferendi fursum dicens, quod ligari debet ligatura stricta cum filo, & sic dimittatur per duos, aut tres dies, qua ratione, ut ille ait, diminuetur; vel etiam tam diu ligata permaneat, quousque putrefiat.« Sinibaldi, Giovanni Benedetto. Geneanthropeiae sive de Hominis Generatione Decateuchon. Roma: Francisco Caballo; 1642, Liber IV, tract. I, caput XIII, S. 535. Abb. ibidem.
181 Burnett, Charles and Jacquart, Danielle. Constantine the African and 'Ali Ibn al-'Abbas al-Magdusi: The Pantegni and Related Texts. Leiden, New York, Köln: E. J. Brill; 1994. Kaltio, Outi (Hg.). Theorica Pantegni: Facsimile and Transcription of the Helsinki Manuscript. Helsinki: The National Library of Finland; 2011.

verbinden ließen. Eine rückwärtsgewandte Bewunderung der antiken Quellen konvergierte mit der Reform italienischer Universitäten, die den Platonismus übernahmen und Lehrstühle für Medizin und Anatomie in Rom, Pisa, Bologna und Messina begründeten. Padua hatte mehrere Professuren für Medizin.[182] Das Neue an Padua war die Erlaubnis der Regierung von Venedig, öffentlich zugängliche Sektionen von menschlichen Körpern vorzunehmen, die bis dahin in Europa bis auf wenige Ausnahmen unüblich waren.[183] Zwei anatomische Hörsäle wurden gebaut und Anatome wie Hieronymus Fabricius ab Aquapendente (1533-1609) und Andreas Vesalius (1514-1564) begründeten den ausgezeichneten Ruf der Anatomie Paduas im 16. und 17. Jahrhundert.[184] Das italienische Modell der Ausbildung beeinflusste das Medizinstudium in

---

182   Crombie, A. C. Science, Art, and Nature in Medieval and Modern Thought. London, Rio Grande, OH: Hambledon Press; 1996, S. 115-118, 456.

183   »Both autopsy and dissection of the human cadaver as part of medical education seem to have been introduced in a few centers in southern Europe in the years around 1300. In the university milieu, occasional dissections served as a pedagogical tool to illustrate the anatomical teaching of standard school texts that conveyed a simplified Galenism.« Sirasi, Nancy G. Early Anatomy in Comparative Perspective: Introduction. Journal of the History of Medicine and Allied Sciences. 1995; 50(1):3-10, S. 6. Vergl. Park, Katharine. The Criminal and the Saintly Body: Autopsy and Dissection in Renaissance Italy. Renaissance Quarterly. 1994; 47(1):1-33. Park, Katharine. The Life of the Corpse: Division and Dissection in Late Medieval Europe. Journal of the History of Medicine and Allied Science. 1995; 50(1):111-132. In Konstantinopel war schon vor dem 14. Jahrhundert möglich, menschliche Körper zu sezieren. Bliquez, Lawrence J. und Alexander Kazhdan. Four Testimonia to Human Dissection in Byzantine Times. Bulletin of the History of Medicine. 1984; 58(4):554-557. Browning, Robert. A Further Testimony to Human Dissection in the Byzantine World. Bulletin of the History of Medicine. 1985; 59(4):518-520.

184   Klestinec, Cynthia. Civility, Comportment, and the Anatomy Theater: Girolamo Fabrici and His Medical Students in Renaissance Padua. Renaissance Quarterly. 2007; 60(2):434-463. Vesalius, Andreas. Andreae Vesalii Bruxellensis, Scholae Medicorum Patavinae Professoris, de Humani Corporis Fabrica Libri Septem. Basel: Ioannis Oporini; 1543. Auch in Deutschland galt Fabricius als Vorbild. Fabricius, Hieronymus. Hieronymi Frabricii von Aquapendente, Edlen Ritters und Professoris zu Padua Wundt=Artznei in II. Theile abgetheilet. Nürnberg: Johann Daniel Taubers; 1673. Fabricius machte sich die Theorie zu eigen, dass »Hermaphroditen«, d.h. Frauen mit »vergrößerter« Klitoris, zu operieren seien. Fabricius, Hieronymus. Opera Chirurgica quorum Pars Prior Pentateuchum Chiruigicum, posterior Operationes Chirurgicas Continet. Leiden: Boutesteniana; 1723, S. 566.

ganz Europa. Der Operationssaal für die Anatomie wurde in anderen Ländern kopiert. In London wurde 1518 das *Royal College of Physicians* nach italienischem Vorbild gegründet.[185] Thomas Linacre (1460-1524) wurde sein erster Präsident.[186] Er hatte, wie viele Briten, in Padua Medizin studiert.[187] Padua wurde mit Leiden als beste Ausbildungsstätte für Medizin in Europa angesehen; außerdem durften Briten hier auch als Mitglieder der protestantischen *Church of England* studieren.[188] In England aber auch in anderen Regionen Europas sahen sich wissenschaftlich ausgebildete Ärzte in einem Konkurrenzkampf zu medizinischen Praktikern und Praktikerinnen ohne Universitätsabschluss.[189] In ihrem Versuch, sich in diesem Wettbewerb durchzusetzen, verfielen sie auf die griechischen und lateinischen Klassiker und setzten die Empirie als Grundlage ihrer Praxis ein, beides Elemente, auf die die unstudierten Praktiker keinen Zugriff hatten. In Padua wurde in der Mitte des 16. Jahrhunderts schon in der Klinik ausgebildet, d.h. Medizinstudenten lernten durch Beobachtung am Krankenbett.[190] Erst die Sektion weiblicher Körper durch Ärzte erlaubte die »Wiederentdeckung der Klitoris«.[191]

---

185 Walker, Matthew. Architecture, Anatomy, and the New Science in Early Modern London: Robert Hooke's College of Physicians. Journal of the Society of Architectural Historians. 2013; 72(4):475-502, S. 478, 496.
186 Johnson, John Noble. The Life of Thomas Linacre, Doctor in Medicine, Physician to King Henry VIII. London: Edward Lumey; 1835, S. 102-119.
187 Steuart, A. Francis. The Scottish ›Nation‹ at the University of Padua. The Scottish Historical Review. 1905; 3(9):53-62.
188 Bylebyl, Jerome. The School of Padua: Humanistic Medicine in the Sixteenth Century. In: Webster, Charles, (Hg.). Health, Medicine and Mortality in the Sixteenth Century. Cambridge, London, New York, Melbourne: Cambridge University Press; 1979; S. 335-370.
189 Pelling, Margaret und Webster, Charles. Medical Practitioners. In: Webster, Charles, (Hg.). Health, Medicine and Mortality in the Sixteenth Century. Cambridge, London, New York, Melbourne: Cambridge University Press; 1979; S. 165-236, S. 165.
190 Stolberg, Michael. Bedside Teaching and the Acquisition of Practical Skills in Mid-Sixteenth-Century Padua. Journal of the History of Medicine and Allied Sciences. 2014; 69(4):633-661. Stolberg, Michael. Learning Anatomy in Late Sixteenth-Century Padua. History of Science. 2018; 56(4):381-402.
191 Park, Katherine. The Rediscovery of the Clitoris: French Medicine and the Tribade, 1570-1620. In: Hillman, David und Mazzio, Carla, (Hg.). The Body in Parts: Fantasies of Corporeality in Early Modern Europe. New York: Routledge; 1997; S. 171-193.

Bettina Mathes behauptet, es habe eine »Erfindung« der Klitoris gegeben.[192] Der Titel ihres ansonsten sehr gut recherchierten Kapitels über die Klitoris ist allerdings irreführend, da sie im Laufe ihres Textes deutlich macht, dass es sich bei der »Erfindung« bestenfalls um eine Wiederentdeckung handelte. Allerdings verweist sie zu Recht auf den französischen Anatomen und Verleger Charles Estienne (1505-1564/65), der 1546, also kurz vor den Anatomen aus Padua eine Beschreibung der Klitoris lieferte. Bei Estienne wurde die Klitoris nicht nur von der männlichen Vorhaut unterschieden, sondern es wurde auch die griechische Bezeichnung *Nympha* angeführt und der drüsenartige Charakter des Organs, das der Sekretion diene, betont:

> »Die untere Öffnung dieser Matrix ist das, was wir das schändliche Glied nennen: sie ist nicht (wie wir oben schon gesagt haben) mit der Vorhaut des männlichen Gliedes verwandt.« [...] Und was den Teil anbelangt, den die Griechen Nymphe nannten: Es handelt sich um eine Fleischwucherung zwischen den beiden Flügeln, die für den oberen Teil des Gliedes als Drüse sichtbar ist: es soll etwas Feuchtigkeit einschließen/zurückgehalten und empfangen in seiner natürlichen »Schwammigkeit« [sponiosité] zu erhalten: es ist sicher, dass du es finden wirst an der beschriebenen Stelle, da es eine fleischfarben ist und die Konsistenz einer Drüse hat.«[193]

Auch wenn Estienne fälschlicherweise annahm, die Klitoris habe eine Öffnung (orifice), so waren doch seine Vergleiche mit der männlichen Vorhaut

---

192 Mathes, Bettina. Under Cover: Das Geschlecht in den Medien. Bielefeld: transcript; 2006, S. 65-84.

193 »L'orifice inferieur de ceste matrice/est ce que nous appellons le membre honteux : raportant aulcunement (aisy que disions cydessus) au prepuce du membre des hommes.« [...] »Et quant a la partie ques les Grecz ont appellée Nymphe : qui est une excrescense de chair entre ledictes aelles/apparente à la partie superieure dudict membre/faisant office comme d'une glande : c'est a scauoir de confermer/arrester/& recepuoir quelque humidité dens sa sponiosité naturelle : il est certain que tu la truueras au lieu que dict est/ayant couleur rouge comme de chair/& consisteence de glande [...]« Estienne, Charles. La dissection des parties du corps humain divisee en trois livres, faictz par Charles Estienne, docteur en medecine : avec les figures et declaration des incisions, composées par Estienne de La Riviere chirurgien. Paris: Simon de Colines; 1546, S. 315 [Übersetzung N. F.]. Mathes, Bettina. Under Cover: Das Geschlecht in den Medien. Bielefeld: transcript; 2006, S. 65-84. Mathes tut Charles Estienne Unrecht, indem sie behauptet, er habe die Klitoris mit »Urinierung« in Verbindung gebracht. Ibidem, S. 72, Fußnote 16, ohne Seitenanggabe der Quelle.

(prepuce), und die Erwähnung eines Gliedes (membre) deutlich genug. Für ihn war die Klitoris – analog zum Penis – (auch) ein sexuelles Organ.

Gabriele Falloppius (1523-1562), einer der Begründer der modernen Anatomie, lehrte an der Universität Padua und legte in seinen *Observationes anatomicae* von 1550 ein modernes Handbuch des anatomischen Wissens seiner Zeit vor. Er schreibt unter Berufung auf Avicenna und Albucasis über die Klitoris, sie werde *virga, albathara* oder *tentigo* genannt.[194] Außerdem erwähnt er die Gefahr der weiblichen Masturbation der Klitoris, denn bei den Griechen hieße sie Klitorida (κλιτορι̂δα), nach dem obszönen Verb klitorixein (κλιτορίξειν) und »unsere Anatomen« hätten sie missachtet oder keinen Begriff dafür geprägt.[195]

Falloppius irrte insofern, als bei den Griechen und Römern der Begriff der Klitoris zwar fehlte, sie aber an seiner Stelle viele andere Wörter zur Verfügung hatten. Man sprach von der *Virga vel penis muliebris*, der *columella, coles*

---

194 In der Anatomie des Thomas Vicary von 1548 wird die Klitoris ebenfalls Tentigo genannt. »The inner in the tyme of conception is shutte, and the vtter parte is open, as it was before: and it hath in the middest a Lazartus panniele, whiche is called in Laten [sic!] Tentigo.« Vicary, Thomas. The Anatomie of the Bodie of Man by Thomas Vicary [...] The Edition of 1548, as Re-Issued by the Surgeons of St. Bartholomews in 1577. London: Early English Text Society; 1888, S. 77. Ähnlich auch Chamberlen, Peter. Dr. Chamberlain's Mid-Wife Practise or, a Guide for Women in that High Concern of Conception, Breeding, and Nursing Children. London: Thomas Rooks; 1665. Dolaeus, Johann. Encyclopaedia Chirurgica Rationalis. Frankfurt a.M.: Fridericus Knochius; 1689, S. 901. Siehe auch Sellberg, Karin. Queer (Mis)Representations of Early Modern Sexual Monsters. In: Fisher, Kate and Langlands, Rebecca, (Hg.). Sex, Knowledge, and the Reception of the Past. Oxford, New York: Oxford University Press; 2015, S. 243-264, S. 248. Sellberg zitiert den jüngeren, aber gleichlautenden Text von Thomas Vicary von 1599. Vicary, Thomas. The English Mans Treasure: With a True Anatomie of Mans Bodie. London: Thomas Creede; 1599, S. 48. Ähnlich auch der aus dem Jahr 1670 stammende Text von La Mothe Le Vayer, François. Hexaméron rustique, ou les six journées passées à la campagne entre des personnes studieuses. Paris : Isidore Lisieux; 1875, S. 65.

195 »Auicen.3.lib.fen.21. circa finem meminit cuiusdam partis in pudendo muliebri sitam, quam virgam vel albathara vocat. Hanc Albucasis lib. 2. cap. 71. tentiginem appellat, quæ solet aliquando ad tantum incrementum peruenire, vt mulieres hanc habentes coëant cum aliis, veluti si viri essent. Partem hanc Græci κλιτορίδα vocârunt : vnde verbum κλιτορίξειν obscaenum dictum est. Anatomici verò nostri penitùs neglexerunt, neque verbum quidem de ipsa faciunt.« Falloppio, Gabriele. Gabrielis Falloppii Observationes Anatomicae: Ad Petrum Mannam Medicum Cremonensem. Köln: Arnold Birckmann; 1562, S. 299.

feminarum, *nympha*, *al bathara* (nach Avicenna), *tentigo* oder μψρτον.[196] Die Römer verwendeten das Wort *landica*. Dieses Wort tauchte zuerst in der *Priapea* aus, einer Sammlung von obszönen Gedichten. Marcus Tullius Cicero (106-43) benutzte *landica* in einem eleganten Wortspiel.[197] Andererseits hatte Falloppius nicht ganz unrecht, denn der Anatom Aulus Cornelius Celsus erwähnte die Klitoris mit keinem Wort in seinem Standardwerk *De Re Medica Libri Octo* (Paris 1529).[198]

Sein Kollege, der Anatomieprofessor an der Universität Padua, Matteo Realdo Colombo (1616-1559), widmete sich etwa zur gleichen Zeit wie Falloppius diesem Organ und beschrieb Techniken zu seiner Stimulation. Colombo, der von 1544-1559 in Padua unterrichtete, schrieb sein Magnum Opus *De Re Anatomica* in den Jahren vor 1559. Es erschien posthum in seinem Todesjahr. Beide Professoren erwähnten also die Klitoris, aber von einer »Entdeckung« reden selbst sie nicht.[199] Schließlich beriefen sich beide auf die antiken Vorbilder.[200] Colombo ist aber insofern erwähnenswert, als er die Klitoris als Sexualorgan identifizierte, denn er schrieb, sie sei der Sitz der weiblichen Lust, nicht nur wenn der Penis sie stimuliere, sondern auch wenn sie mit dem kleinen Finger berührt würde.[201] Colombo beanspruchte als »Entdecker« der Klitoris das

---

196 Camille Nurka weist darauf hin, dass es zu einer Verwechlung der Nympha (Klitoris) mit den Nymphae gekommen sei. Nurka, Camille. Female Genital Cosmetic Surgery: Deviance, Desire and the Pursuit of Perfection. Berlin: Springer; 2019, S. 53.

197 »Memini in senatu disertum consularem ita eloqui: »Hanc culpam maiorem an illam dicam?« Potuit obscenius? »Non«, inquis, »non enim ita sensit.« Cellarius, Christopherus (Hg.). M. Tullii Ciceronis Epistolarum ad Diversos (Familiares Vulgo Vocant) Libri XVI. Leipzig: Johann Friedrich Gleditsch; 1708, S. 469f. Siehe auch Fay, Edwin W. Greek and Latin Word Studies. The Classical Quarterly. 1907; 1(1):13-30. Younger, John G. Sex in the Ancient World from A to Z. New York, London: Routledge; 2005, S. 36.

198 Celsus, Aulus Cornelius. De re medica libri octo [...]. Paris: Joanis Rudii, 1529.

199 Laqueur verschleiert das Verhältnis von Colombo und Falloppius, denn er nennt Falloppius den Nachfolger Colombos. Colombo starb 1559, Falloppius 1561. Technisch war Colombo vor Falloppius in Padua Professor. Dennoch trifft der Begriff Nachfolger die Sache nicht, da beide ihre Lehrstühle von Padua nach Pisa et vice versa nur austauschten. Laqueur, Thomas Walter. Making Sex: Body and Gender from the Greeks to Freud. Cambridge, MA: Harvard University Press; 1990, S. 64f.

200 Stringer, M. D. und Becker, I. Colombo and the Clitoris. European Journal of Obstetrics & Gynecology and Reproductive Biology. 2010; 151(2):130-133.

201 »Processus igitur hi ab utero exorti prope it foramen, quod os matricis vocatur, extra abdome exeunt; supra pubem ascedunt; desinunt autem in particulam quanda excelsam in vulvae apice circumuolutam supra id foramen, unde lotium exit. & haec lector candidissime illa, illa praecipue sedes est delectionis mulieru[m], dum venerem exer-

Recht, sie zu benennen (»amor Veneris vel dulcedo«) und er war dezidiert der Meinung, der weibliche Orgasmus sei Vorbedingung für die Empfängnisfähigkeit der Frauen.[202] Colombo wies nicht nur auf Existenz der Klitoris hin, sondern er beschrieb auch ihre physiologische Funktion und zeigte sich erstaunt, dass seinen Fachkollegen diese »tam pulchram rem« (»diese schöne Sache«) entgangen war.[203] Gabriele Falloppius verwahrte sich gegen diese Behauptung und verwies auf die Literatur, in der die Klitoris schon beschrieben worden war und erwähnte sowohl die lateinische (»virga«, »tentigo«), griechische (»κλιτορίδα«) wie arabische (»albathara«) Bezeichnung der Klitoris, verwies aber auch darauf, dass der griechische Name obszön sei.[204]

cent; quam non modo si mentula confricabis, sed vel minimo digito attrectabis: ocyus aura semen hac, atque illac prae voluptate vel illis inuitis profluet.« Colombo, Realdo. Realdi Columbi Cremonensis [...] De Re Anatomica Libri XV. Paris : Ioannis Foucherij Iunioris; 1562, S. 447f.

202 »Non concipitur foetus absque mutua voluptate.« Colombo, Realdo. Realdi Columbi Cremonensis [...] De Re Anatomica Libri XV. Paris : Ioannis Foucherij Iunioris; 1562, S. 448. Diese Auffassung hielt sich bis ins 19. Jahrhundert. »Ut justa fiat conceptio, simulac semen virile ejaculatur uteroque injicitur, orgasmus venereus in muliere requiratur necesse est, quo ovulorum aliquod maxime maturum, quod extremum in ovario tenet locum, devellitur et a fimbriis arreptum tubae in fertur ibique per auram seminalem foecundum redditur, ni forte jam eodem momento, quo ab ovario est devulsum.« Wolf, Josephus Leo. De Nexu Foetus cum Matre : Dissertatio Inauguralis quam Consensu et Auctoritate Gratiosi Medicorum Ordinis in Universitate Literaria Berolinensi [.] publice defendit Auctor. Berlin : August Petschius; 1826, S. 9.

203 »[...] illa præcipue sedes est delectationis mulieru, dum venerem exercent; quam non modo si mentula confricabis, sed vel minimo digito attrectabis : ocyus aura semen hac, atque illac præ voluptate vel illis inuitis profluet. Hanc eandem uteri partem dum Venerem appetunt mulieres, & tanquam [oe]stro percitæ virum appetunt ad libidinem concitatæ [...]« Colombo, Realdo. Realdi Columbi [sic!] Cremonensis in Alto Gymnasio Romano Anatomici Celeberrimi De Re Anatomica Libri XV. Venedig: Nicolai Beuilacqae; 1559, S. 243. Übereinstimmend mit der Ausgabe von 1562. Colombo, Realdo. Realdi Columbi Cremonensis [...] De Re Anatomica Libri XV. Paris: Ioannis Foucherij Iunioris; 1562, S. 447f.

204 »Avicen.3.lib.fen.21. circa finem meminit cuiusdam partis in pudendo muliebri sitam, quam virgam vel albathara vocat. Hanc Albucasis lib. 2. cap. 71. tentiginem appellat, quae solet aliquando ad tantum incrementum pervenire, ut mulieres hanc habentes coëant cum aliis, veluti si viri essent. Partem hanc Graeci klitorida vocārunt : vnde verbum klitorixein obscaenum dictum est.« Falloppio, Gabriele. Gabrielis Falloppii Observationes Anatomicae: Ad Petrum Mannam Medicum Cremonensem. Köln: Arnold Birckmann; 1562, S. 299)

Diese Auffassung verlieh der Klitoris eine erhöhte diskursive Präsenz. Lange vor der Diskussion des 19. und 20. Jahrhunderts um den »vaginalen Orgasmus« gab es für die beteiligten Ärzte keinen Zweifel, dass die Klitoris wichtig sei. So bemerkte der niederländische Arzt Steven Blanckaert (1650-1704) in einer Neuauflage von 1754, die Klitoris werde auch *Amoris Dulcedo* genannt, sie entspreche dem männlichen Penis, bestehe aus zwei Schwellkörpern und würde durch eine Vorhaut bedeckt. Die Griechen hätten sie κλειτοριϲ und νψμπηα genannt, im Deutschen hieße sie Schamzünglein.[205]

Abbildung 18: Blanckaert, Steven. Steph. Blancardi Lexicon Medicum Renovatum [...] Editione Novissima. Louvain: Johann Francius von Overbeke; 1754, S. 202.

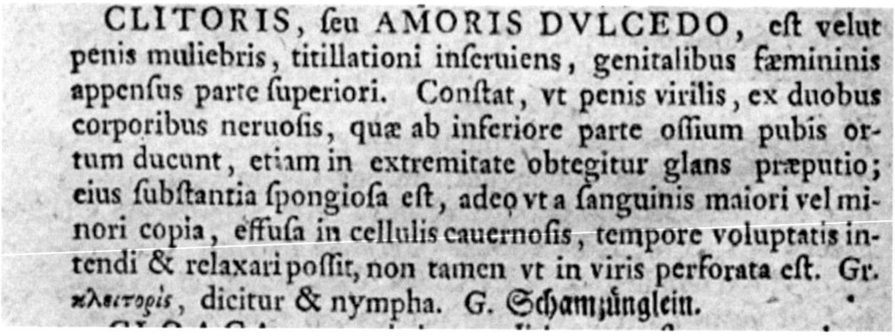

> CLITORIS, feu AMORIS DVLCEDO, eſt velut penis muliebris, titillationi inſeruiens, genitalibus fæmininis appenſus parte ſuperiori. Conſtat, vt penis virilis, ex duobus corporibus neruoſis, quæ ab inferiore parte oſſium pubis ortum ducunt, etiam in extremitate obtegitur glans præputio; eius ſubſtantia ſpongioſa eſt, adeo vt a ſanguinis maiori vel minori copia, effuſa in cellulis cauernoſis, tempore voluptatis intendi & relaxari poſſit, non tamen vt in viris perforata eſt. Gr. κλειτορίς, dicitur & nympha. G. Schamjünglein.

Weibliches sexuelles Begehren wurde so legitimiert, so lange es dem Zwecke der biologischen Reproduktion unterworfen war. Gleichzeitig wurde die erotische Autonomie von Frauen gestärkt, denn die Anwesenheit eines Mannes im sexuellen Akt war nicht länger erforderlich. In der Folge von Columbos' und Falloppius' »Entdeckung« der Klitoris erwähnten anatomische Texte die Klitoris, warnten aber vor ihrem »Missbrauch« durch Masturbation oder Cunnilingus. Die meisten dieser Texte enthielten Geschichten über die monströse Figur der Tribade, *fricatrix* auf Lateinisch oder *rubster* auf Englisch.[206] Die »Entdeckung« der Klitoris ging also mit der »Entdeckung« der Tribade einher und markierte eine Krise in der Repräsentation weiblicher Körper: Einerseits

---

205 Blanckaert, Steven. Steph. Blancardi Lexicon Medicum Renovatum [...] Editione Novissima. Louvain: Johann Francius von Overbeke; 1754, S. 202.
206 Traub, Valerie. The Renaissance of Lesbianism in Early Modern England. Cambridge, New York: Cambridge University Press; 2002, S. 16. Andreadis, Harriette. Sappho in Early Modern England: Female Same-Sex Literary Erotics, 1550-1714. Chicago, IL: University of Chicago Press; 2001, S. 49.

erhöhte sich der Druck zur Steigerung der Geburtenrate in Verbindung mit Kriegen und Seuchen der Frühen Neuzeit – der schon beschriebenen Biopolitik – und dafür war die Bereitschaft zu Ehe und Aufzucht von Nachkommenschaft erforderlich, andererseits war eine zu emphatische Aufwertung der (ehelichen) Sexualität mit der Gefahr verbunden, Sexualität mit all ihren illegitimen Nebenerscheinungen aufzuwerten.

Das *Oxford English Dictionary* weist das Wort *Clitoris* zum ersten Male im Jahr 1615 in der englischen Sprache nach.[207] Diese lexikographische Tatsache beweist aber nicht, dass Hebammen und frühneuzeitliche Ärzte die Klitoris und ihre physiologische Bedeutung nicht kannten. Im Gegenteil: Selbst in den frühneuzeitlichen medizinischen Texten von Männern wurde die Klitoris diskutiert, wobei auf die griechischen und arabischen älteren Texte zurückgegriffen wurde. Auch wenn klassische medizinische Texte wie das Liber Pantegni aus der Hand des Constantinus Africanus (geb. 1098/99) die Klitoris nicht explizit erwähnten, so findet sich spätestens in den lateinischen Übersetzungen des Avicenna (980-1037) eindeutige Erwähnungen der Klitoris (»Virga«) und der Kliteridektomie durch Ligatur.[208] Alison Moore hat kürzlich darauf hingewiesen, dass die »Verdrängung« der Klitoris (sie benutzt das Freud'sche Konzept der »repression«) schon im Mittelalter neben der lustvollen Erwähnung derselben steht.[209]

In Westeuropa ist der Gebrauch des Wortes Klitoris zum ersten Mal in französischen Texten dokumentierbar. Wie nicht anders zu erwarten, gelangte es über das Lateinische in den französischen Sprachraum.[210] Zunächst gab es noch Unklarheiten über die korrekte Schreibweise.[211]

---

207 Crooke, Helkiah. Microcosmographia: A Description of the Body of Man, together with the Controversies thereto Belonging. London: Printed by William Iaggard; 1615, S. 238.
208 Sinibaldi, Geneanthropeiae, S. 537.
209 Moore, Alison M. Victorian Medicine Was Not Responsible for Repressing the Clitoris: Rethinking Homology in the Long History of Women's Genital Anatomy. Signs: Journal of Women in Culture and Society. 2018; 44(1):53-80.
210 Marinelli, Giovanni. Thresor [sic!] des remèdes secrets pour les maladies des femmes : Pris du latin & faict du françois. Paris: Jacques du Puys; 1585, S. 511. Marinellis Buch war seinerseits aus dem Italienischen übersetzt. Marinelli, Giovanni. Le Medicine Partinenti alle Infirmità delle Donne. Venedig: Giovanni Valgrisio, 1574 [Erstausgabe 1563].
211 Jean Liébault schreibt »La quatriéme, le clytoris dont les recens Anatomistes ont parlé.« Liébault, Jean. Trois livres appartenant aux infirmitez et maladies des femmes. Paris : Jacques du Puy; 1582, S. 489.

Abbildung 19: Ngram »clitoris« im Französischen, Geschichtszeitraum 1500 bis 2000, Smoothing of 0, case-insensitive, Häufigkeit 0,0016 %, Erhebung vom 24.2.2020.

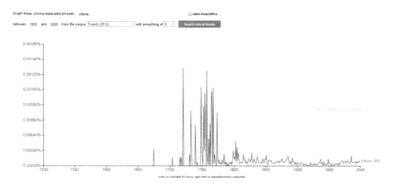

Rasch jedoch fand der Neologismus Verwendung in anatomischen Texten des 17. Jahrhunderts.[212] Die unterschiedliche Schreibweise ist auch der Grund dafür, dass das Wort in der Ngram-Analyse französischer Texte relativ spät erscheint.[213]

Man könnte vorsichtig etwa folgendermaßen formulieren: Wenn man berücksichtigt, dass die Klitoris in unterschiedlichen Epochen mit ganz unterschiedlichen Namen belegt worden ist, so ist davon auszugehen, dass es keine »Wiederentdeckung« der Klitoris gegeben hat. Falloppius und Colombo schmückten sich also mit falschen Federn, wenn sie behaupteten, ihnen sei die Entdeckung dieses Organs gelungen. Dies bedeutet andererseits nicht, dass das Wissen um weibliche Sexualität zu allen Zeiten und an allen Ort gleich dicht gelagert war. Dies zeigt auch der Beitrag von Sarah-Maria Schober, obwohl auch sie davon ausgeht, dass das Wissen um die Klitoris in der

---

212 »Auicenne la nomme Albatra; c'est-a-dire Verge : Albucasis l'appelle Tentigo : Fallope l'appelle klitoris Clitoris, d'un sale mot κλιτοριαζειν klitoriazein, qui signifie tatonner & manier lasciuement cette caruncule.« Du Laurens, André [Andreas Laurentius]. L'histoire anatomique en laquelle toutes les parties du corps humain sont amplement declarées enrichie de controverses et observations nouvelles [...] de la traduction de françois Size. Paris: Jean Bertault; 1610, S. 762. In der späteren Ausgabe finden sich mehr Stellen: Du Laurens, André [Andreas Laurentius]. L'histoire anatomique en laquelle toutes les parties du corps humain sont amplement déclarées. Paris : Simon Rigaud; 1621, S. 514f., 673, 774, 784f.

213 Duval, Jacques. Des hermaphrodits, accovchemens des femmes, et traitement qui est requis pour les releuer en santé. Rouen: David Gevefroy; 1612. S. 35, 191, 364, 405.

Frühen Neuzeit rudimentär und unterentwickelt war. Es sei zu einer regelrechten Explosion des Wissens um die Klitoris gekommen.[214] Die Behauptung ist übertrieben und basiert auf der Annahme, dass besagtes Organ nur unter einem Namen benannt worden sei.

Um diesen Vermutungen eine empirische Fundierung zu verleihen, habe ich auch hier Ngram-Analysen durchgeführt. Das Wort »clitoris« wurde im Englischen, im Gegensatz zu französischen Texten, erst deutlich nach 1650 regelmäßig benutzt, wie das folgende Diagramm belegt.

Abbildung 20: Ngram »clitoris« im Englischen, Geschichtszeitraum 1500 bis 2000, Smoothing of 0, case-insensitive, Häufigkeit 0,002 %, Erhebung vom 24.2.2020.

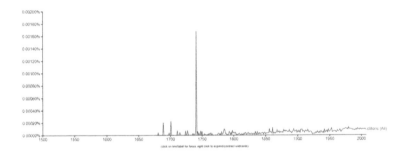

Die erste belegte Verwendung in einem englischen Text stammt aus dem Anatomiebuch von Helkiah Crooke (1615), der sich wiederum auf die lateinischen Texte des Schweizers Caspar Bauhin (1606-1685) und des Franzosen Andreas Laurentius (André du Laurens) (1558-1609) beruft.[215] Im französisch-

---

214 Schober, Sarah-Maria. Penis muliebris? Die Sammlung und Systematisierung des frühneuzeitlichen Klitoriswissens im Werk des Basler Anatomen Caspar Bauhin. L'HOMME. Europäische Zeitschrift Für Feministische Geschichtswissenschaft. 2018; 29(1):69-86.

215 Crooke, Helkiah. Mikrokosmographia: A Description of the Body of Man. Together vvith the controuersies thereto belonging. Collected and translated out of all the best authors of anatomy, especially out of Gasper Bauhinus and Andreas Laurentius. By Helkiah Crooke Doctor of Physicke, physitian to His Maiestie, and his Highnesse professor in anatomy and chyrurgerie. London: William Iaggard; 1615, S. 129. Bauhin, Caspar. Caspari Bauhini Basileensis Theatrum Anatomicum. Frankfurt a.M.: Matthias Becker; 1605. Laurentius, Andreas. Historia Anatomica Humani Corporis et Singularum Eius Partium Multis [...]. Frankfurt: Matthias Becker; 1599. Schober, Sarah-Maria. Penis muliebris? Die Sammlung und Systematisierung des frühneuzeitlichen Klitoriswissens im

englischen Wörterbuch von 1611 fällt der Begriff »ganz nebenbei«, was suggeriert, dass der Gebrauch des Wortes über das Französische eingeführt wurde.[216] Wenig später berichtet Johannes Bulwer (1606-1656) in seiner *Anthropometamorphosis* von der weiblichen Genitalverstümmelung in Äthiopien, wobei er in der Ausgabe von 1653 das Wort *Nympha* benutzt.[217] Spätestens mit der Verbreitung von Collins' allgemeiner Anatomie (1685) hat sich der Gebrauch des Worts verfestigt und scheint, bis auf gelegentlich Ausreißer, allgemein verwendet worden zu sein.[218] Der erste Ausreißer in den Jahren 1740 bis 1750 ist im Großen und Ganzen verbunden mit einer Zunahme der Diskussion um Hermaphroditen und die Trope der »vergrößerten Klitoris«.[219]

> »The enlarged clitoris became, in the early modern imagination, the visible sign of female desire. [...] Early modern medical texts explained sex between women as result of enlarged clitorises that served as pretended penises. This

---

Werk des Basler Anatomen Caspar Bauhin. L'HOMME. Europäische Zeitschrift für feministische Geschichtswissenschaft. 2018; 29(1):69-86.

216   Cotgrave, Randle. A Dictionarie of the French and English Tongues. London: Adam Islip; 1611, [S. 203].

217   Bulwer, Johannes. Anthropometamorphosis: Man Transform'd, or, The Artificial Changeling Historically Presented, in the Mad and Cruel Gallantry, Foolish Bravery, Ridiculous Beauty, Filthy Finenesse, and Loathsome Lovelinesse of Most Nations, Fashioning and Altering Their Bodies from the Mould Intended by Nature. London: William Hunt; 1653, S. 380f. Das Oxford English Dictionary von 1971 gibt einen Fundort für *clitoris* in der Ausgabe von 1650 an, aber dieser konnte nicht überprüft werden.

218   Collins, Samuel. A Systeme of Anatomy, Treating of the Body of MAN, Beasts, Birds, Fish, Insects, and Plants. Savoy: Thomas Newcomb; 1685, S. 560.

219   Eine Zusammenschau der Ngramme für *clitoris* und *hermaphrodite* im Englischen ist nicht sinnvoll, da das Wort *Hermaphrodite* in allen englischen Büchern zur Gärtnerei auftaucht. Dennoch lässt sich zeigen, dass in den 1740ern und 1750ern eine erhöhte Aufmerksamkeit für weibliche Hermaphroditen entstanden war, sicherlich ein Ergebnis der Presseberichte der Zeit. Während des späten 17. Jahrhunderts und im 18. Jahrhundert gehörte die »Ausstellung« von sog. Hermaphroditen zu den Attraktionen einer Kultur des Spektakels. Allen, Thomas. An Exact Narrative of an Hermaphrodite now in London. Philosophical Transaction of the Royal Society. 1666(2):624-625. Allens Bericht basierte nicht auf eigenen Beobachtungen, sondern wurde aus dem Mitteilungen des »Besitzers« der Hermaphroditin Anna Wilde kompiliert. Dieser Mann verdiente seinen Lebensunterhalt, indem er Anna Wilde auf Jahrmärkten ausstellte. Gilbert, Ruth. Seeing and Knowing: Science, Pornography and Early Modern Hermaphrodites. In: Fudge, Erica; Gilbert, Ruth, und Wiseman, Susan, (Hg.). At the Borders of the Human: Beasts, Bodies and Natural Philosophy in the Early Modern Period. Houndsmill, London: MacMillan Press; 1999, S. 150-170, S. 159f.

located same sex desire within a recognizable register of sexual practice that was based on penile penetration with the performance of active and passive roles.«[220]

In deutschen Texten koexistieren die unterschiedlichsten Bezeichnungen. Den ersten Fundort konnte ich bei dem in Deutschland geborenen, aber in Padua lehrenden Johann Vesling (1598-1649) 1652 festmachen, dessen aus dem Lateinischen übersetztes Anatomiebuch in Leiden erschien. Vesling ist in seiner Nomenklatur nicht sehr sicher. Unter anderem schreibt er:

> »In diesem Jungfraw häutlein befinden sich zwey Fleischliche Fortsätze, so des Mirtenbaumsblättern und den Amandelkernen ähnlich; welche gleichfals die obere gegend der Jungfrawlichen höle enge machen: Denen vber daß die VVartze, welche den Harngang vmbgiebet/zugegeben vnd aufgeleget ist.«[221]

Aus den folgenden Abbildungen wird allerdings deutlich, dass er die Klitoris meint, auch wenn er sie »D. Die Fleisch-wartze [sic!], welche umb die Harnröhre [sic!] herrumstehet« nennt, denn im Register wird mit den Wörtern »die VVweibliche Ruthe. Clitoris« auf die besagte Seite verwiesen.[222] Zehn Jahre später brachte der Verleger Härtel in Hamburg eine erste gynäkologische Abhandlung des portugiesischen Arztes Rodrigo De Castro Lusitanus (1546-1627) heraus, der das ganze Panorama der moralischen Verfehlungen von Frauen durch die Stimulation der Klitoris (»cletoris«) anprangerte, aber von der grundsätzlichen Exstirpation derselben abriet und das Übel lieber medikamentös und durch Aderlass bekämpfen wollte.[223] Sollte aber die Klitoris zu groß sein, »quia impeditur penis ingressus«, sollte sie abgebunden und der Verband mit Alaun und *Vitriolus Romanus* getränkt werden. Wenn alles nichts

---

220 Gilbert, Early Modern Hermaphrodites, S. 151. Thomas(ine) Hall wurde 1626 in Virginia gerichtlich zur Hermaphroditin erklärt und musste ein Gemisch aus Männer- und Frauenkleidung tragen. Vaughan, Alden T. The Sad Case of Thomas(ine) Hall. The Virginia Magazine of History and Biography. 1978; 86(2):146-148. Brown, Kathleen M. Good Wives, Nasty Wenches, and Anxious Patriarchs: Gender, Race, and Power in Colonial Virginia. Chapel Hill, NC, London: University of North Carolina Press; 1996, S. 75-80.
221 Vesling, Johann. Künstliche Zerlegung menschlichen Leibes: Syntagma Anatomicum. Leiden: Adrian Weygarden; 1652, S. 61.
222 Vesling, Künstliche Zerlegung, S. 62 und Register ohne Paginierung.
223 De Castro Lusitanus, Rodrigo. De Universa Mulierum Medicina Novo et Antehac a Nemine Tentato Ordine Opus Absolutissimum. Et Studiosus Omnibus Utile, Medicis Vero Perneccessarium. Hamburg: Frobenius; 1603, S. 172-173.

nütze, müsse der Schwanz (cauda) amputiert werden. Es folgte eine genaue Beschreibung der Operationstechnik.[224] 1671 erschien die erste medizinische Dissertation an einer deutschen Universität zum Thema Klitoris.[225] Der Arzt Andreas Homberg beschrieb das Organ akkurat, wobei er auf die antiken Vorgänger verwies, und stieg dann sogleich in eine Diskussion der Masturbation durch die »fricatrices« ein, wobei er auf die Gefahr hinwies, dass eine vergrößerte Klitoris mit dem Laster der Masturbation einherging.[226] Homberg hatte auch sofort eine Lösung für das Übel bereit: Die Kliteridektomie durch Ligatur oder Brenneisen.[227] Durchgesetzt hat sich das Wort »Clitoris« bzw. »Klitoris« in Deutschland wohl aber erst ab 1750 (Abb. 21). Einhundert Jahre nach Homberg war dieses Wissen von medizinischen Dissertationen in Operationsanleitungen migriert und so etwas wie Allgemeinwissen unter Ärzten geworden.[228] Interessant und wichtig für die hier verfolgte Fragestellung ist, dass vom späten 16. Jahrhundert an die Klitoris als ein problematisches Organ verstanden wird, das notfalls durch Operation zu korrigieren sei.[229] Die »res pulchra« des Realdo Colombo war längst zu einem Thema geworden, das gewalttätige Impulse der männlichen Ärzte auslöste. Bis zur Mitte des 19. Jahrhunderts, also dem Zeitraum, in dem die Angst vor der Masturbation geradezu zur Manie wurde, erwähnten zahlreiche Texte die Notwendigkeit der Amputation, sollte die Klitoris »zu groß« sein oder dem Laster der »Selbstbefleckung« dienen.[230] Selbst im 20. Jahrhundert ging in England von der Kli-

---

224 De Castro Lusitanus, De Universa Mulierum Medicina, S. 173f.
225 Homberg, Andreas. De Tentigine Disputationem. Jena: Werther; 1671.
226 Anzeichen der Masturbation sind »[…] signum exhibet ipsa clitoridis deformis & terribilis magnitudo, quae decentis verecundiae excessum prae se fert, & in multis faeminis impudicitae signum apparte;« Homberg, De Tentigine Disputationem, B2.
227 »His omnibus frustra adhibitis extremo malo extremum quasi renedium opponendum, utpote Amputatio, cujus duplicem modum Rodericus a̧ Castro proponit: Primum est, si prope radicem nympha crine equino, vel filo serico intincto in va sublimati ligatur, & quotidie filum adstringitur. Secundus, modus ferro perigatur hac ratione« [Es folgt Beschreibung der Operation mit Hilfe einer Forceps]. Ibidem, S. C1.
228 Cassebohm, Johann Friedrich. [Methodus Secandi] Anweisung zur Anatomischen Betrachtung und Zergliederung des menschlichen Cörpers. Berlin, Stralsund: Gottlieb August Lange; 1749 und 1769, S. 409f. in beiden Ausgaben.
229 Ulmus, Marcus Antonius. Uterus muliebris hoc est de indiciis cognoscendi temperamenta uteri, vel partium genitalium ipsius mulieris. Liber unus. Bologna: Bellagamba; 1601, S. 42, 44, 46, 78.
230 Castelli, Bartolomeo. Bartholomaei Castelli Lexicon Medicum Graeco-Latinum. Leipzig: Thomas E, 1713. Heister, Lorenz. Chirurgie, in welcher Alles/was zur Wund=Artney

toris, die nach dem Ersten Weltkrieg angeblich in den Dienst von deutschen Agenten genommen wurde, eine reale politische Gefahr aus.[231]

Zusammenfassend lässt sich wohl sagen, dass das Wissen um die Klitoris auch im europäischen Mittelalter vorhanden war, dass aber mit der Schlüsselstellung der medizinischen Fakultät von Padua eine Dissemination dieses Wissens in die Breite erfolgte, die zum Kanon des Wissens von Ärzten von

---

gehöret/nach der neuesten und besten Art/gründlich abgehandelt/[...]. Nürnberg: Johann Hoffmanns sel. Erben, 1724. Schurig, Martin. Parthenologica Historico-Medica, Hoc Est, Virginitatis Consideratio. Dresden: Christopherus Hekelius, 1729. Cörner, Johann Christoph. Des grundmäßigen Chirurgischen Schlüssels achte Eröffnung vermittelst dessen alle äußerlichen Gebrechen des menschlichen Cörpers richtig zu erkennen, wie auch die Cur dererselben [...] sicher anzustellen [...] von dem Autore des medicinischen Schlüssels, Band 2. Leipzig: Wolfgang Deern, 1730. Stahl, Georg Ernst. Des grundmäßigen chirurgischen Schlüssels achte Eröffnung, vermittels dessen alle äusserlichen Gebrechen des menschlichen Cörpers richtig zu erkennen [...]. Leipzig: Wolfgang Deern, 1730. Büchner, Andreas Elias. Miscellanea Physico-Medico-Mathematica oder angenehme, curieuse und nützliche Nachrichten von physical- u. medicinischen, auch dahin gehörigen Kunst- und Literatur-Geschichten, welche in Teutschland und andern Reichen sich zugetragen haben oder bekannt worden sind. Erfurt: Carl Friedrich Jungnicol, 1732. Cassebohm, Johann Friedrich. [Methodus Secandi] Anweisung zur anatomischen Betrachtung und Zergliederung des menschlichen Cörpers. Berlin, Stralsund: Gottlieb August Lange, 1769. Siebold, Elias von. Handbuch zur Erkenntniß und Heilung der Frauenzimmerkrankheiten. Frankfurt a.M.: Varrentrapp und Sohn, 1811. Burdach, Carl Friedrich. Anatomische Untersuchungen bezogen auf Naturwissenschaft und Heilkunst. Leipzig: Hartmannsche Buchhandlung, 1814. [Anonymus]. »Heilung eines vieljährigen Blödsinns durch Ausrottung der Clitoris.« Journal der Chirurgie und Augen-Heilkunde 7 (1825): 7-37. Burns, John. Handbuch der Geburts-hülfe mit Inbegriff der Weiber- und Kinderkrankheiten, Band 1. Heidelberg und Leipzig: Karl Groos, 1827. Grossheim, Ernst Leopold. Lehrbuch der operativen Chirurgie, Zweiter Theil. Berlin: Theodor Enslin, 1831. Froriep, Ludwig Friedrich von. Notizen aus dem Gebiete der Natur= und Heilkunde, gesammelt und mitgetheilt von Ludwig Friedrich Von Froriep, Band 37. Weimar : Lossius, 1833. Nagrodzki, Eduardus. De Nymphomania Eiusque Curatione Dissertatio Inauguralis Medica. Berlin: Nietackianis, 1834. Busch, Dietrich Wilhelm Heinrich. Das Geschlechtsleben des Weibes in physiologischer, pathologischer und therapeutischer Hinsicht: 4. Band. Von den Geschlechtskrankheiten des Weibes und deren Behandlung. Leipzig: 1843. Moser, A. Lehrbuch der Geschlechtskrankheiten des Weibes nebst einem Anhange. Berlin: August Hirschwald, 1843. Busch, D. W. H., J. F. Dieffenbach, J. F. C. Hecker et al. Encyclopädisches Wörterbuch der medicinischen Wissenschaften, Band 35. Berlin: Veit et Comp., 1846.

231 Medd, Jodie. »The Cult of the Clitoris«: Anatomy of a National Scandal. Modernism/Modernity. 2002; 9(1):21-49.

Abbildung 21: Bigram (Ngram für n=2) der Begriffe »clitoris« und »klitoris« im Deutschen, Geschichtszeitraum 1500 bis 2000, Smoothing of 0, case-insensitive, Häufigkeit 0,0004 %, Erhebung vom 24.8.2020.

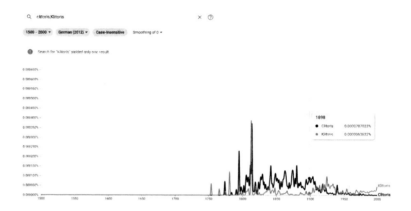

Kopenhagen bis Catania, von Lissabon bis Lublin expandierte. Die Klitoris wurde so zum Ziel verschiedener Strategien der Kontrolle weiblicher Sexualität, die sich in Ort, Zeit und Intensität voneinander unterschieden. Träger dieser Strategien waren die Produzenten von Wissen über weibliche Körper, also in erster Linie Ärzte, aber auch Theologen und Publizisten waren beteiligt.

2. Figuration|Formation A
Die Hermaphroditin (1575-1911)

Georges Canguilhem (1904-1995) gehörte zu jenen Theoretikern der »Lebenswissenschaften«, einem Terminus, den er weitgehend mitgeprägt hat, die über den Zusammenhang von Monstrosität und Abnormalität nachgedacht haben. Seine medizinische Dissertation aus dem Jahr 1950 thematisierte Normalisierungsdiskurse und lieferte Michel Foucault Anregungen für seine Untersuchung der »Anormalen«.[1] Anders als Foucault behauptet, steht am Anfang der Beschäftigung mit dem Monströsen in der Frühen Neuzeit nicht King Kong, sondern die Wesen, die in der Analyse der Zeitgenossen das Ergebnis pathologisch verlaufender, durch äußere Ereignisse oder durch Gedanken bei der Zeugung und Empfängnis hervorgerufener fehlgelaufener Schwangerschaften waren.[2] Hermaphroditen oder das, was man dafür hielt, waren ambivalent: Sie erregten Aufmerksamkeit, Entsetzen, Neugierde

---

1   Canguilhem, Georges. 1950. Essai sur quelques problèmes concernant le normal et le pathologique. Paris : Les Belles Lettres, 1950. Foucault, Michel. Les anormaux : Cours au collège de France, 1974-1975. Paris: Gallimard, Le Seuil; 1999. McWhorter, Ladelle. Bodies and Pleasures: Foucault and the Politics of Sexual Normalization. Bloomington, IN: Indiana University Press; 1999.

2   Foucault, Michel. Les Anormaux, S. 101. Foucault irrte auch, als er behauptete : »[...] au Moyen Age, et jusqu'au XVIe siècle (début au moins du XVIIe siècle aussi). Les hermaphrodites étaient, en tant qu'hermaphrodites, considérées comme monstre et exécutés, brulés, leurs cendres jetées au vent« Foucault, Michel. Les Anormaux, S. 62. Hermaphroditen waren Monster, doch verbrannt oder exekutiert wurden sie in der Regel nur, wenn sie Gesetze bezüglich des crimen contra naturam gebrochen hatten. Beck, J. J. Kayser CARL des Fünften und des Heil. Röm. Reichs Peinliche Halsgerichts=Ordnung, wie solche auf den Reichts=Tägen zu Augspurg und Regenspurg 1530 und 1532 kund gemacht worden. Nürnberg : Johann Christoph Göpner; 1754, S. 126f.

und den Wunsch diese unerträgliche Ambiguität eindeutig zu machen. Hermaphroditen waren vor allem eins: monströs.³
Jean Céard hat in einem 1977 erschienenen und 1996 überarbeiteten Buch darauf hingewiesen, dass *Monster* im 16. Jahrhundert viele, zum Teil widersprüchliche Bedeutungen hatte.⁴ Das erste Wörterbuch des Kastilischen (1611) benutzte das Beispiel der »siamesischen Zwillinge«, um zu erläutern, was als Monströs angesehen wurde. Monster waren etwas oder jemand, die die Regeln der Schöpfung brachen.⁵ Foucault formulierte treffend : »Le monstre,

---

3   Foucault, Michel. Herculine Barbin, Dite Alexina B. suivi de Un [sic!] Scandale au Couvent d'Oscar Panizza. Paris: Gallimard; 2014, S. 10. Kritisch zu Foucaults Text und Interpretation des Sexus Butler, Judith. Das Unbehagen der Geschlechter. Frankfurt a.M.: Suhrkamp; 1991, S. 142-165. Butlers Kritik geht am Kern der Aussagen von Foucault vorbei. Sie unterstellt ihm die Frage, »ob der Begriff des ›wahren Geschlechts‹ notwendig sei.« Ibidem, S. 142f. Bei Foucault steht indessen : »Avons-nous *vraiment* besoin d'un *vrai* se?« Foucault, Herculine Barbin, S. 9. [Kursiv im Original]. Die Antwort auf eine solcherart gestellte Frage lautet implizit selbstverständlich »nein«. Foucault – so Butler – habe es versäumt, die »[...] konkreten Machtbeziehungen aufzuweisen, die de Sexualität von Herculine zugleich konstituieren und verdammen.« Nun umfasst die Einleitung Foucaults gerade elf Seiten und auf diesen legt ihr Autor deutlich die historische Plastizität der »Behandlung« von Hermaphrodit*nnen dar. Außerdem spricht Foucault in »Herculine Barbin«, wie von Butler behauptet, nicht vom »sexus«, sondern vom »sexe«. Die gesamte Auseinandersetzung Butlers mit Foucaults kurzer Einleitung ist durch ein gehässiges (»Die Tagebücher, die Foucault gefunden haben will«, ibidem, S. 142) Begriffswirrwarr gekennzeichnet, der es Leser*innen des Butlerschen Textes nicht erlaubt zu verstehen, was Foucault eigentlich gesagt haben soll. Dies ist in weiten Teilen der schlechten Übersetzung zuzuschreiben. Das Foucaultzitat aus »Der Wille zum Wissen« (bei Butler auf S. 144) ist zudem nicht a.a.O. aufzufinden, da der erste Band der »Geschichte der Sexualität« nur 153 Seiten hat und Butler hier auf ein Zitat auf S. 184 verweist. Foucault, Michel. Der Wille zum Wissen: Sexualität und Wahrheit 1. Frankfurt a.M.: Suhrkamp; 1983, S. 149. Butler behauptet, aus den »Arztberichten« ginge hervor, dass »Herculine anscheinend keine weiblichen Brüste [...]« besaß, während im bei Foucault abgedruckten Bericht Adolphe Duvals, einem Arzt an der medizinischen Fakultät von Paris, zu lesen stand: »[...] faible formation de la mamma, pourvue d'un mamelon féminin.« Foucault, Herculine Barbin, S. 218f.

4   Céard, Jean. La nature et les prodiges : L'insolite au XVIᵉ siècle en France. Genf: Droz, 1996.

5   Ravenscroft, Janet. Invisible Friends: Questioning the Representation of the Court Dwarf in Hapsburg Spain. In: Ernst, Waltraud, (Hg.). Histories of the Normal and the Abnormal: Social and Cultural Histories of Norms and Normativity. London, New York: Routledge, 2006, S. 26-52, S. 28f.

en effet, contredit la loi «.⁶ Kurz danach postuliert Foucault, die Anomalie sei ein »tägliches Monster« (»l'anormal [...] est au fond un monstre quotidien, un monstre banalisé »), das aber der »Korrektur« bedürfe. Während aber das Monster die »Ausnahme« darstelle, sei die zu korrigierende Figur der Anormalen eine tagtägliche Erscheinung.⁷ Für unseren Zusammenhang nicht unerheblich ist der Hinweis auf den »masturbateur« als Ursprung der Abnormalität. Es ist bezeichnend für Foucault und sein Verhältnis zum Feminismus, dass er hier die männliche Form gewählt hat.⁸ Der Masturbator Foucaults ist eine monströse, aber eine universelle Erscheinung.⁹ Man hätte nicht über die Masturbation gesprochen, schreibt Foucault, sie habe den Status eines Geheimnisses gehabt. Thomas Laqueur sollte später den gleichen Fehler begehen, befand sich also in guter Gesellschaft. Hätten beide sich den Diskurs um Masturbation etwas genauer angesehen, wäre ihnen aufgefallen, dass man vielleicht vor 1712 nicht in dem Ausmaß über den Masturbator geredet hat wie danach, mit Sicherheit aber über die Masturbatorin.¹⁰ Wir werden sehen, wie vom Monstrum der Hermaphroditin über die Virago und die Tribade eine indirekte Kontinuität zur Abnormalität der Masturbatorin führte.

Der Zoologe Étienne Geoffroy Saint-Hilaire (1772-1844) nahm noch im 19. Jahrhundert an, dass jede Abweichung von der Norm eines spezifischen Typs eine Monstrosität darstellte.¹¹ Saint Hilaire veröffentlichte eine zweibändige Darstellung der biologischen Anomalität, wobei er die Hermaphroditen als besonderen Fall immer wieder herausstellte.¹² Im zweiten Band seines umfassenden Werks befasste er sich mit den weiblichen Hermaphroditen als

---

6   Foucault, Les Anormaux, S. 52.
7   Foucault, Les Anormaux, S. 53.
8   Phelan, Shane. Foucault and Feminism. American Journal of Political Science. 1990; 34(2):421-440.
9   Cidej, Ramona. Kritische Denkspuren: Zur Frage des Körpers und der Materialität bei Judith Butler und Michel Foucault. Wien: Master-These an der Universität Wien; 2017, S. 72-89.
10 Foucault, Les Anormaux, S. 55. Laqueur, Solitary Sex, S. 16, 83, 174.
11 Saint-Hilaire, Étienne Geoffroy. Mémoire sur plusieurs déformations du crâne de l'homme, Suivi d'un essai de classification des monstres acéphales. In : Mémoires du Muséum National d'Histoire Naturel, VII, 1821, S. 85-162.
12 »Au contraire, toutes les anomalies qui ne se rapportent pas à l'hermaphrodisme, rentrent d'une manière très naturelle dans l'une des quatre divisions suivantes :« Saint-Hilaire, Étienne Geoffroy. Histoire Générale et Particulière des Anomalies de l'Organisation chez l'Homme et les Animaux [...] ou Traité de Tératologie, 2 Bände, Band 1., Paris : Ballière, 1832, S. 33. Die Vergrößerung der Klitoris wurde immer wieder als die

Sonderform der Monster und führte Fälle von übergroßer Klitoris an (»Développement excessif du clitoris«).[13] Zwischen 1650 und 1840, so kann man also sagen, galten Hermaphroditen als Monster. Unter ihnen waren die Frauen mit vergrößerter Klitoris der Inbegriff der Monstrosität. Ihre Abweichung von der Norm wurde als Ergebnis von Problemen während der Schwangerschaft ihrer Mütter interpretiert, war also von vorneherein an Sexualität und biologische Reproduktion gebunden. Hermaphroditen als »Monster«, zumindest als »Monstrositäten«, entstanden in der Theorie des 16. und 17. Jahrhunderts in der Regel während der Empfängnis oder der Schwangerschaft. Ambroise Paré (1510-1590), Leibarzt der französischen Könige Henri II, François II, Charles IX und Henri III, widmete ein ganzes Kapitel seines 1300 Seiten umfassenden medizinischen Handbuchs von 1573 den Monstern und Wundern (»Des Monstres et Prodiges«) und definierte Monster folgendermaßen:

> »Monster sind Sachen, die außerhalb des Laufs der Natur erscheinen (und sind oft Zeichen eines zukünftigen Unglücks) wie ein Kind, das nur mit einem Arm geboren wird, oder ein anderes das zwei Testes hat, und andere Glieder, außerhalb des Normalen.«[14]

Paré gab im Folgenden dreizehn Gründe für das Auftreten einer Deformation an und erläuterte sie auf den folgenden elf Seiten. Dann erwähnte er die »Hermafrodites« [sic!] oder »Androgynes«, wobei er vier Formen unterschied. »Wirkliche Hermaphroditen«, so Paré, hätten zwei vollständige Sets von Genitalien und könnten sich somit selbst befruchten. Dann folgt die Geschichte »gewisser Frauen, die zu Männern degeneriert« seien und auf die sich die

---

auffälligste, wenn nicht typischste Anomalie angeführt. Littré, Emile. Dictionnaire de médicine, de chirurgie, de pharmacie. Paris: Baillière et Fils; 1905, S. 80.

13   »[L]e caractère le plus général des hermaphrodismes féminins sera le volume considérable et la composition plus complexe du clitoris. Le développement de cet organe peut être tel qu'il ressemble presque à tous égards à un pénis, et qu'il présente même à sa partie inférieure, un véritable canal de l'urètre, à lavérité un peu incomplet. Saint-Hilaire, Histoire générale et particulière, Band 2., S. 92.

14   »Monstres sont des choses qui apparoissent outre le cours de Nature (& sont le plus souvent signes de quelque malheur à advenir) comme un enfant qui nait avec un seul bras, un autre qui aura deux testes, & autres membres, outre l'ordinaire.« Paré, Ambroise. Les Oevvres de M. Ambroise Paré conseiller, et premier chirvrgien dv roy: Auec les figures & portraicts tant de l'anatomie que des instruments de chirurgie, & de plusieurs monstres; Le tout diuisé en vingt six liures. Paris: Buon; 1575, S. 1004. Da *testes* eigentlich Hoden bedeutet, liegt es nahe, dass Paré mit dem Begriff das Scrotum meinte.

Forschung in der Postulierung eines »Ein-Geschlecht-Modells« immer wieder bezogen hat.[15] Vor allem Thomas Laqueur hat aus der hippokratisch-galenischen Humoralpathologie – die ja durchaus nicht das einzige medizinische Paradigma war, das in der Frühen Neuzeit diskutiert wurde – die weitgehenden Unterschiede zwischen modernen Konzeptionen von biologischen Geschlecht und dem dazu kontrastierenden Konzept der Vormoderne gezogen.[16] Die Position Laqueurs ist in der Folge von Historiker*innen und Literaturwissenschaftler*innen des Spätmittelalters und der Frühen Neuzeit angezweifelt worden. Hier ist nicht der Ort, um diese Debatte, in deren Verlauf sich viele Spezialist*innen zu Wort gemeldet haben, erneut auszufechten.[17] Wichtig ist in diesem Zusammenhang, dass Paré die Hermaphroditin als Monstrum in den Diskurs einführte und darin von anderen Autoren bestärkt wurde.[18]

Der Text Parés, der einer der angesehensten Militärärzte seiner Zeit war, enthielt viel Aberglauben. Es wimmelte nur so vor Dämonen, Incubi und Suc-

---

15 Paré, Les Oeuvres, S. 1017f. Ähnliche Argumente lieferte Caspar Bauhin ein paar Jahre später, schloss aber ein Kapitel über die »Heilung« der Hermaphroditen ein, ohne allerdings die Kliteridektomie ins Auge zu fassen. Bauhin, Caspar. Caspari Bauhini Basieleensis de Heramaphroditorum Monstrosorumque Partuum Natura [...] libri duo. Oppenheim: Hieronymus Gallerius; 1614, S. 383-388.

16 Laqueur, Thomas. Auf den Leib geschrieben: Die Inszenierung der Geschlechter von der Antike bis Freud. Frankfurt a.M., New York: DTV; 1992, S. 16-20. Andreas Vesalius hat schon in den 1530er Jahren eine Abwendung von Galenos vollzogen, weil er erkannte, dass Galenos nie den Uterus einer Frau seziert hatte. Vesalius, De Humani Corporis Fabrica Libri Septem, S. 532. Vesalius war nicht irgendein Anatom, sondern Leibarzt des Kaisers Karl V. und Professor in Padua. Seine Fabrica von 1543 (Neuauflage 1555) wurde oft gedruckt. Margócsy, Dániel; Somos, Mark und Joffe, Stephen N. The Fabrica of Andreas Vesalius: A Worldwide Descriptive Census, Ownership, and Annotations of the 1543 and 1555 Editions. Leiden, Boston: Brill; 2018.

17 Guiliani, Regula. Körpergeschichten zwischen Modellbildung und haptischer Hexis: Thomas Laqueur und Barbara Duden. In: Stoller, Sylvia und Vetter, Helmuth, (Hg.). Phänomenologie und Geschlechterdifferenz. Wien: Universitätsverlag; 1997, S. 148-165. Stolberg, Michael. A Woman Down to Her Bones: The Anatomy of Sexual Difference in the Sixteenth and Early Seventeenth Centuries. In: Isis 2003; 94(2): 274-299. Riha, Ortrun. Pole, Stufen, Übergänge: Geschlechterdifferenz im Mittelalter. In: Stahnisch, Frank und Steger, Florian, (Hg.). Medizin, Geschichte und Geschlecht: Körperhistorische Rekonstruktionen von Identitäten und Differenzen. Stuttgart: Franz Steiner; 2005; S. 159-181.

18 Zum Zusammenhang von Monstrosität und »anomaler« Sexualität siehe Malatino, Hilary. Queer Embodiment: Monstrosity, Medical Violence, and Intersex Experience. Lincoln, NE: University of Nebraska Press; 2019.

cubi, Seeungeheuern und Riesenfischen, wobei auch Strauße, Giraffen und Wale zu den Ungeheuern gezählt wurden.[19] Parés in vielen Ausgaben gedruckte Werke blieben trotz ihres phantasmatischen Inhalts paradigmatisch für die Behandlung von »Hermaphroditen«. Paré gab klare Anweisungen: Vergrößerte Klitorides sollten abgeschnitten werden.[20] In eine ähnliche Gruppe von Texten gehörten Michel de Montaignes (1533-1592) Reisebeschreibungen von 1580, der von einer Frau berichtete, die als Mann mit einer anderen Frau zusammengelebt hatte, bis sie verraten und vor Gericht gestellt wurde. Vor die Alternative gestellt, zu ihrem Leben als Frau zurückzukehren oder hingerichtet zu werden, habe sie sich für den Tod entschieden. Hauptanklagepunkt war die Verwendung von »inventions illicites à suppléer au defaut de son sexe«, womit wahrscheinlich ein Godemiché gemeint war.[21]

Sein Zeitgenosse Henri Estienne bemerkte 1566 im Zusammenhang mit einer Diskussion des *crimen contra naturam*:

> »Ich habe soeben eine wunderbar seltsame Schandtat angeführt [...] und zwar hat ein Mädchen aus Fontaines [...], das sich als Mann verkleidet hatte, etwa sieben Jahre lang als Stallbursche gearbeitet [...] und dann ein einheimisches Mädchen geheiratet [...] woraufhin sie, nachdem sie die Schlechtigkeit des Mädchens, mit dem sie zusammenlebte, entdeckt hatte, [...] verhaftet wurde & nachdem sie gestanden hatte, lebendig verbrannt wurde. [...] Diese Tat hat nichts mit dem einiger der ungezogenen Menschen gemein, die früher als die Tribaden bekannt waren.«[22]

---

19   Paré, Les oeuvres, S. 1018-1082. Park, Katharine and Daston, Lorraine J. Unnatural Conceptions: The Study of Monsters in Sixteenth- and Seventeenth-Century France and England. Past & Present. 1981; 92(1):20-54, S. 36.

20   Finzsch, Norbert. »We know the lesbian habits of kleitoriaxein [...] which justify the resection of the clitoris«: Cliteridectomy in the West, 1600 to 1988. Gender Forum. 2018; 67:9-28, S. 11.

21   Zitiert bei Parker, Patricia. Gender Ideology, Gender Change: The Case of Marie Germain. Critical Inquiry. 1993; 19(2):337-364, S. 364.

22   »Je vien de reciter un forfait merveilleusement estrange [...] C'est qu'une fille native de Fontaines [...] s'estant desguisee en homme, servit de valet d'estable environ sept ans [...] puis se maria à une fille du lieu [...] Apres lequel temps estant descouverte la meschanceté de laquelle elle vsoit [...] fut prise & ayant confessé fut là brulee toute vive. [...] cest acte n'ha rien de commun avec celuy de quelques vilaines qu'on appeloit anciennement tribades.« Estienne, Henri. Apologie pour Hérodote, ou traité de la conformité des merveilles anciennes avec les modernes. La Haye : Henri Scheurleer; 1735 [1566], S. 163 [Übersetzung N. F.].

Im 16. Jahrhundert verursachte das religiöse Schisma zwischen dem Katholizismus und den neu entstandenen protestantischen Denominationen zahlreiche Konflikte und kriegerische Auseinandersetzungen. Gleichzeitig fanden geographische Entdeckungen und die Expansion europäischer Kolonialstaaten in die »Neue Welt« statt, in der sich indigene Bevölkerungen der Vertreibung und Versklavung entgegenstemmten.[23] Einige dieser Bevölkerungen wurden nicht nur als »Wilde« und »Kannibalen« bezeichnet, sondern wiesen auch Eigenschaften auf, die als »monströs« gekennzeichnet waren, darunter Formen des Hermaphrodismus.[24] Es entstand ein neues literarisches Genre, der Reisebericht. Der fiktionale »Reisebericht« *L'Isle des Hermaphrodites* von Thomas Artus erschien 1605 und war in Wirklichkeit eine beißende politische Satire gegen den französischen Hof unter König Henri III (1551-1589), dem letzten König aus dem Hause Valois. Thomas Artus (1550?-1614?) war kein Arzt oder Anatom und sein Interesse an Hermaphroditen war kein medizinisches. Er kritisierte in seinem Text den König, der die religiösen Wirren der Zeit durch seine Politik vertiefte und eine dezidiert antiprotestantische Linie verfolgte. Die Kritik richtete sich auch gegen die *Mignons* am Hofe, jene männlichen Vertrauten und Favoriten, die in der calvinistischen Kritik als verweichlicht und homosexuell dargestellt wurden; aber auch die katholische Kritik am König bedient sich dieser Zuweisung. Wenn also Artus in seinem Reisebericht von Hermaphroditen spricht, ist dies eine nur spärlich verhüllte Kritik an den *Mignons* und am König.[25]

Das französische Rechtssystem ging zwar hart gegen Tribaden vor, zeigte aber eine gewisse Elastizität, wenn Hermaphroditen in die Mühle der Justiz gerieten, vor allem dann, wenn die betroffenen Personen sich proaktiv um die Lösung der Probleme bemühten, die ihnen ihr Status als Intersex-Menschen auferlegte. So supplizierte 1691 Marguerite Malaure an ein königliches Gericht

---

23 »Le nouueau monde nous a produit en ce nouueau siècle tant de choses nouuelles, que la pluspart du monde ancien, mesprisant son antiquité, a mieux aymé chercher, au peril de mille vies, quelque nouuelle fortune, que se contenter de l'ancienne & vivre en repos & tranquillité.« Artus, Thomas. Les hermaphrodites. [Paris]; 1605, S. 2.
24 Foissac, Pierre. De l'influence des climats sur l'homme. Paris: J.-B. Baillière; 1837, S. 165f.
25 Long, Kathleen Perry. Hermaphrodites Newly Discovered: The Cultural Monsters of Sixteenth-Century France. In: Cohen, Jeffrey Jerome, (Hg.). Monster Theory: Reading Culture. Minneapolis, MN, London: University of Minnesota Press; 1996, S. 183-201. Stone, Gerald. The Sexual Outlaw in France, 1605. Journal of the History of Sexuality. 1992; 2(4):597-608.

Abbildung 22: Frontispiz Thomas Artus, *Les hermaphrodites*, 1605.

mit der Bitte, ihr Geschlecht feststellen zu lassen. Marguerite hatte in Toulouse als Dienstmagd bei einer Frau gearbeitet bis zu jenem Tage, als sie krank wurde und von einem Arzt untersucht wurde, der feststellte, sie sei ein Mann bzw. eine Hermaphroditin. Sie wurde zum Tragen von Männerkleidern verurteilt, ging aber nach Bordeaux und wechselte wieder ihr soziales Geschlecht, indem sie Frauenkleider anlegte. Von den Behörden aufgegriffen, wurde sie zu Arnaud Malaure umgetauft und wegen Tragens von Frauenkleidern vor Gericht gestellt. Da sie keinen Männerberuf gelernt hatte, fiel sie der Fürsorge des Staates anheim und wanderte von Ort zu Ort. »Die anderen hielten sie für eine jener Schimären, denen die Fabeln den Namen Hermaphroditen gaben.«[26] Der Schriftsatz des gesetzlichen Vertreters Marguerites, des Anwalts M. Lauthier, argumentierte, dass es keine wirklichen Hermaphroditen gebe. Die Supplikantin habe immer das Gesicht, die Größe und die Neigungen einer Frau gehabt. Man möge ihr das Geschlecht zuweisen, das die Natur ihr von Anfang gegeben habe und die Entscheidung des untergeordneten Gerichts kassieren.[27] Wir wissen nicht, wie das Gericht im Falle Marguerite Malaures entschieden hat. Wir wissen lediglich, dass ähnliche Gerichtsfälle immer wieder anhängig waren.[28]

Die drei erwähnten Texte von Henri Estienne, Montaigne und Paré gehören zeitlich und thematisch eng zusammen; sie verweisen aufeinander und etablierten einen Raum, in dem »Männlichkeit«, »Weiblichkeit«, »Normalität« bzw. Diversität und Geschlechtswandel in der Renaissance verhandelt werden konnten.[29] Anders als Thomas Laqueur behauptet, gab es die Begriffe zur Beschreibung weiblicher Genitalien in der Renaissance durchaus. Das Ein-Körper-Modell Thomas Laqueurs passt hier nicht und hat sich ja in vieler Hinsicht als problematisch herausgestellt.[30]

---

26 »Elle estoit prise par les autres pour une de ces chimeres, à qui les fables ont donné le nom d'Hermaphrodite.«

27 De la Mare, Nicolas. Collection formée par Nicolas de la Mare sur l'administration et la police de Paris et de la France. LXXXI Moeurs. Manuskript in der Bibliotheque Nationale, Paris.

28 Salpêtrière. Le Cas de Margueritte Le Loup. Manuscrits de la Bibliothèque de l'Arsenal. Archives de la Bastille MS 10330-11408 : Prisonniers Dossiers Individuels et Document Biographiques. 1731. Harris, Joseph. Hidden Agendas: Cross-Dressing in 17th-Century France. Tübingen: Gunter Narr Verlag; 2005, S. 35f.

29 Gilles-Chikhaoui, Audrey. Henri Estienne, Ambroise Paré et Montaigne face à la confusion des genres : Faits divers sur l'hermaphrodisme et le travestissement féminin à la Renaissance. Littératures Classiques. 2012; 78(2):115-126.

30 Am nachhaltigsten und grundsätzlichsten hat Helen King Thomas Laqueurs Ansatz kritisiert. Ihren Ausführungen ist nichts mehr hinzuzufügen. King, Helen. The One-Sex Body on Trial: The Classical and Early Modern Evidence. London: Routledge; 2016. King, Helen. The Mathematics of Sex: One to Two, or Two to One? in: Not Set. Sexuality and Culture in Medieval and Renaissance Europe. New York: AMS Press; 2005, 47-58. Nederman, Cary J. und True, Jacqui. The Third Sex: The Idea of the Hermaphrodite in Twelfth-Century Europe. Journal of the History of Sexuality. 1996; 6(4):497-517. Ragab,

Auch wenn der römische Arzt und Rechtsmediziner Paulus Zacchia (1584-1659) in seinen *Quaestiones* von 1655 behauptete, Hermaphroditen seien keine Monster, sondern Menschen mit ambigen Geschlechtsmerkmalen, blieb die Wirkung Parés und seiner Zeitgenossen bestehen, möglicherweise weil alle drei nicht auf Latein, sondern auf Französisch geschrieben haben. Jacques Duval veröffentlichte 1612 ein Buch zur Frauenheilkunde, indem er schon im Titel auf die Hermaphroditen einging. In seinem Text nahm die Klitoris bereits eine Schlüsselstellung bei der Definition von Weiblichkeit und Männlichkeit ein. Gleichzeitig wurde der Begriff des Hermaphroditen verkürzt auf »weibliche« Hermaphroditen. Duval schrieb im 10. Kapitel:

> »Von der Klitoris oder Gaude Mihi [...] Im oberen Teil der Flügel, zwischen ihren beiden Extremitäten, befindet sich ein Partikel, das die Form eines kleinen männlichen Gliedes darstellt: Die Griechen nannten es cleitorida, abgeleitet von cleitorizein, was soviel bedeutet wie unverschämt berühren. Zumal die bescheidensten Frauen und Mädchen, wenn sie die Erlaubnis gegeben haben, die Fingerspitzen auf dieses Teil zu legen, sehr leicht dem Willen desjenigen unterwürfig sind, der sie berührt.«[31]

Duval ging im Folgenden auf die Größe der Klitoris ein, beschrieb die »Tribaden« oder »Ribaudes« und erwähnt die Benennungen des Organs in den griechischen, arabischen und lateinischen Texten.[32] Hier findet sich auch der Verweis auf den sexuellen Höhepunkt und zwar unter Verwendung des Wor-

---

Ahmed. One, Two, or Many Sexes: Sex Differentiation in Medieval Islamicate Medical Thought. Journal of the History of Sexuality. 2015; 24(3):428-454. Schleiner, Winfried. Early Modern Controversies about the One-Sex Model. Renaissance Quarterly. 2000; 53(1):180-191. Soble, Alan G. The History of Sexual Anatomy and Self-Referential Philosophy of Science. Metaphilosophy. 2003; 34(3):229-249. Am übersichtlichsten zusammengefasst ist die Debatte bei Böth, Mareike. Erzählweisen des Selbst: Körperpraktiken in den Briefen Liselottes von der Pfalz (1652-1722). Köln, Weimar : Böhlau; 2015, S. 197-200.

31 »Du Clitoris ou Gaude Mihi [...] EN la partie superieure desdits ailerons, entre leurs deux extremitez, se trouue en toutes femmes vne particule representant la forme d'vn petit membre viril : Les Grecs l'ont appellee cleitorida, diction tiree de cleitorizein, c'est à dire toucher impudiquement. D'autant que les plus pudiques des femmes & filles, quand elles ont donné permission de porter le bout du doigt sur cette partie, elles sont fort facilement submises à la volonté de celuy qui les touche [...]« Duval, Des hermaphrodits, S. 63. [Übersetzug N. F.]

32 Duval, Des hermaphrodits, S. 64.

tes »orgasme«.³³ Duval ist insofern von besonderer Bedeutung, weil er als ärztlicher Gutachter den Kriminalfall des Marin de Marcis zu beurteilen hatte und sich dabei auf das Mittel der Untersuchung des Körpers des Marin de Marcis verließ. Marie/Marin de Marcis war eine Dienstmagd, die bis zum Alter von 21 Jahren als Frau gelebt hatte. Zu diesem Zeitpunkt erklärte sie, ein Mann zu sein und änderte ihren Namen zu Marin. Marin erklärte, er wolle Jeanne Le Febvre, eine Witwe, ehelichen. Er unterhielt eine sexuelle Liaison zu Jeanne und es gab einen Skandal, als die Affäre ruchbar wurde. Es wurde ein Gerichtsverfahren gegen Marin wegen Sodomie angestrengt und er wurde 1601 zum Tode verurteilt. Das Berufungsverfahren involvierte Jacques Duval als Gutachter, der den Beschuldigten untersuchte und ihn anscheinend masturbierte, nachdem er einen Penis entdeckt hatte.

»Als ich sehr schnell spürte, dass das, was wir am Unterbauch, gegenüber der Muskeln des Oberbauchs, berührt hatten, reagierte auf das, was ich mit den Fingerspitzen berührten, ein männliches Glied war, ziemlich groß und fest, geformt und untergebracht an der Stelle, wo sich bei den Frauen die Vulva befindet.«³⁴

Zunächst also stellte Duval fest, dass es sich bei Marcis um einen Mann handelte, entgegen dem Urteil, zu dem seine Standeskollegen gekommen waren,

»[...] die bei dieser Visitation anwesend waren, die berichten, dass der besagte Marcis ein Mädchen ist, das nichts Männliches hat, und dass das, was er angeblich gesehen hat mit dem er eine fleischliche Verbindung hatte, darin besteht, dass er die Dame Jeanne le Febure mit ihrer Klitoris missbraucht hat, mit deren Hilfe sie ihr, wie eine Tribade oder Subigatrice, eine gewisse Befriedigung verschaffen konnte.«³⁵

---

33   Duval, Des hermaphrodits, S. 64.
34   »Lors ie sentis fort pro[m]ptement que ce q nous auions touché au bas du ventre, au trauers des muscles de l'epigastre, respondant à ce que ie touchois du bout du doigt, estoit vn membre viril, assez gros & ferme, formé & coloqué iustement au lieu auquel la vulue est situee aux femmes.« Duval, Des hermaphrodits, S. 403.
35   »[...] qui auoient assisté à cette visitation, lesquels raportoyent que ledit le Marcis estoit fille, n'ayant aucune chose de viril, & que ce qu'il disoit auoir fait, & eu de coniunction charnelle, estoit qu'il auoit abusé laditte Ieane le Febure auecle [sic!] clytoris, à l'aide duquel, comme une tribade ou subigatrice, il luy auoit donner [sic!] quelque conteme[n]t.« Duval, Des hermaphrodits, S. 405 [Übersetzung N. F.].

Die anwesenden Kollegen ließen sich von Duval überzeugen und kamen zur gemeinsamen Einschätzung, es handele sich bei Marie/Marcis um eine/n »Gunant[h]rope« [Gynanthrop], ein anderes Wort für Hermaphrodit.[36] Damit war Marie/Marcis nicht der Sodomie schuldig und musste nicht hingerichtet werden.[37] Kurz nach Duval erschienen zwei weitere Studien von Caspar Bauhin und dem Leibarzt der Maria von Medici Jean Riolan (1577-1657), beide im Jahr 1614.[38] Während Bauhins Text noch stark von Jacob Rueffs (1505-1558) und in zweiter Linie von Parés älteren Büchern beeinflusst ist und Dämonen und allerlei übernatürliche Wesen in ihnen eine große Rolle spielen, ist Riolans Text von Sachlichkeit und dem Bemühen um eine plausible Argumentation geprägt.[39] Riolan berichtet ausführlich von Dr. Duvals Untersuchungen Marin/Marie de Marcis, wobei er teilweise wörtlich den Text Duvals zitierte.[40] Allerdings weicht er von Duvals Ergebnissen insofern ab, als er Marie de Marcis deutlich weiblichere Anteile zubilligt als Duval:

> »Wenn Maria le Marcis große & drüsenartige Brüste hat [...] ist die Gebärmutter mit allen Teilen, die man bei einer Frau sieht, wie die Achselhöhlen, die Nymphen, die Klitoris, geschmückt. All dies zeugt davon, dass ihr Geschlecht eher weiblich als männlich ist.«[41]

---

36   »[J']ay recognu que veritablement ledit Martin estoit Gunantrope.« Duval, Des hermaphrodits, S. 406f.

37   Gilbert, Ruth. Early Modern Hermaphrodites: Sex and Other Stories. Houndsmills, Basingstoke, New York: Palgrave; 2002, S. 45.

38   Bauhin, Caspar. Caspari Bauhini Basieleensis De Heramaphroditorum monstrosorumqe Partuum Natura [...] libri duo. Oppenheim: Hieronymus Gallerius; 1614. Riolan, Jean. Discours sur les hermaphrodits, oú il est démonstré contre l'opinion commune qu'il n'y a point de vrays hermaphrodits. Paris: P. Ramier; 1614.

39   Rueff, Jakob. Hebammen Buch: Daraus man alle Heimligkeit des Weiblichen Geschlechts erlehrnen, welcherley gestalt der Mensch in Mutter Leib empfangen, zunimpt vnd geboren wirdt; Auch wie man allerley Kranckheit, die sich leichtlich mit den Kindbetterin zutragen, mit köstlicher Artzeney vorkommen vnd helffen könne. Frankfurt, Main: Elias Willers; 1600. Rueff kopierte die zahlreichen Abbildungen Parés ohne Distanz oder Zurückhaltung.

40   Riolan, Discours sur les hermaphrodits, S. 34-36.

41   »Si Marie le Marcis auoit les tetins gros & glanduleux en forme de mammelles [...] l'ouuerture de la matrice ornee & fournie de toutes les parties que l'on void [sic!] en une femme, comme les aisles ou leures, les Nymphes, le Clitoris. Tout cela tesmoigne son se estre plus feminin que masculin[.]« Riolan, Discours sur les hermaphrodits, S. 36f. [Übersetzung N. F.].

Nymphen und Klitoris werden hier zum ultimativen Beweis der Weiblichkeit Maries, ein wichtiger Schritt auf dem Weg des Nachweises, »qu'il n'y a point de vrays hermaphrodits« wie es im Untertitel seines Werkes heißt. Riolan ist überzeugt, bei dem von Duval als Penis identifizierten Körperteil handelte es sich in Wirklichkeit um eine vergrößerte Klitoris und er diskutiert im Folgenden auch Formen ihrer Exstirpation. Riolan erzählt noch einmal die Geschichte der »Entdeckung« der Klitoris durch Falloppius und Colombo, betonte aber, die Griechen hätten sie schon immer gekannt.[42] Von hier aus wendete sich Riolan den Tribaden zu, die nach Coelius Aurelianus das Gleiche seien wie Hermaphroditen.[43] Um den Diskurs anzureichern zitierte Riolan dann das berühmte Epigramm Martials über Bassa, die Tribade.[44] Wir befinden uns, wohlbemerkt, in einem Text zu den Hermaphroditen, in dem über mehrere Kapitel die Eigenschaften der Klitoris diskutiert wurden.

»Jedoch, abhängig von der Struktur und Zusammensetzung der Klitoris, gibt es den Anschein, dass sie bei lüsternen Frauen von Natur aus grob & verlängert sein kann, oder durch Krankheit [...] aber die gewöhnliche, die für Hermaphrodisia genommen wird, ist nichts anderes als die Verlängerung der Klitoris.«[45]

Jetzt ist es klar, warum es keine »wirklichen« Hermaphroditen gibt, denn es handelt sich nur um eine durch Krankheit oder Masturbation hervorgerufene Vergrößerung der Klitoris. »Deshalb müssen wir, was den Hermaphrodismus der Frauen betrifft, bei der Klitoris Halt machen.«[46] Das elfte Kapitel aus

---

42 »[C']est par là que e communique la titillation & volupté, que les femmes ressentent quand on frotte & chatouille doucement ceste partie, comme disent nos Anatomistes [...] Auicenne l'auoit fort bien descrite, & deuant luy les Grecs, comme Ruffus Ephesus, Iulius Pollus. & apres eux les derniers Grecs, Paul AEgoinetre, & Moschio en son liure des maladies des femmes, car ledit Ruffus appelle ceste partie νυμμπη [...] des autres κλειτοριστ & κλειτοριξειν signifie manier lasciuement ceste partie.« Riolan, Discours sur les hermaphrodits, S. 74f.

43 Riolan, Discours sur les hermaphrodits, S. 79.

44 Riolan, Discours sur les hermaphrodits, S. 80.

45 »Neantmoins selon la structure & composition du Clitoris, il y a apparence qu'il peut naturellement grossier & a'allonger en des femmes lascives, ou bien par maladie [...] mais l'ordinaire que l'on prend pour l'Hermaphrodisie, n'est autre chose que l'allongement du Clitoris.« Riolan, Discours sur les hermaphrodits, S. 82f. [Übersetzung N. F.].

46 »Partant il faut s'arrester au Clitoris, pour ce qui est de l'Hermaphrodisie des femmes.« Riolan, Discours sur les hermaphrodits, S. 84 [Übersetzung N. F.].

Riolans Traktat thematisiert dann auch konsequenterweise die Kliteridektomie, denn es heißt im Titel »Was in alten Zeiten die Beschneidung der Frauen war und ob sie ohne Lebensgefahr kastriert werden können.«[47] Immerhin befürchtete Riolan offenbar, die Operation könne lebensgefährlich sein.

Paulus Zacchia, römischer Arzt und Rechtsmediziner, schrieb 1657 die *Quaestiones Medico-Legales*, in denen er weit hinter dem Wissen Riolans zurückblieb. Für ihn gab es die »echten« Hermaphroditen, »qui sexu sunt indictincti, nempe qui vel neutrum, vel utrumque habere videntur [...]«[48] Letztlich entscheidend ist hier das Vorhandensein von Uterus und Klitoris.[49] Wie selbstverständlich tauchen auch hier die Frauen auf, die dank enormer Klitorides Sex mit anderen Frauen bis zur Samenemission haben.[50]

War die Diskussion bis dahin im Wesentlichen auf Frankreich und Italien beschränkt, so erweiterte sie sich nach Deutschland und England. Thomas Allen veröffentlichte 1666 einen kurzen lateinischen Beitrag, indem er das Thema der Hermaphroditen aufgriff und auf eine einfache Formel brachte: Hermaphroditen sind keine Tribaden. Allen hatte eine in London »ausgestellten« Tribade namens Ana Wilde in Augenschein genommen, deren Geburtsjahr mit 1647 angegeben wurde und die beim Herumtollen mit anderen Kindern männliche Sexualorgane ausgestülpt habe. Jene Anna Wilde habe einen Hoden und ein Labium, aber keine Klitoris gehabt. Es handele sich somit um einen echten Hermaphroditen.[51] Die medizinische Theorie zu den Hermaphroditen verengte und vertiefte sich: Isbrand van Diemerbroeck (1609-1674), eine Koryphäe auf dem Gebiet der Pest, brachte 1671 eine Anatomie des menschlichen Körpers heraus. Seine Abhandlung fokussierte sich auf Hermaphroditen, die er im Kontrast zu Allen mit *Confricatrices* oder Tribaden gleichsetzte.[52] Texte wie die fiktionale Geschichte von der galanten

---

47 »Quelle estoit anciennnement la circoncision des femmes, & si on les peut chastrer sans danger de leur vie« Riolan, Discours sur les hermaphrodits, S. 89 [Übersetzung N. F.].
48 Zacchia, Paulus. Quaestiones Medico-Legales. Rom: Johannes Piot; 1657, S. 491.
49 Zacchia, Paulus. Quaestiones, S. 493.
50 Zacchia, Paulus. Quaestiones, S. 469, 497.
51 Allen, Thomas. History and Description of an Hermaphrodite. Philosophical Transaction of the Royal Society. 1666; 2(2):223-224. Gilbert, Ruth. Early Modern Hermaphrodites: Sex and Other Stories. Houndsmills, Basinstoke, New York: Palgrave; 2002, S. 145.
52 »Praeterea cum mulieres confricatrices, atque etiam hermaphroditi, Venerem cum magna libidine ac voluptate cum aliis foeminis exerceant, procul dubio etiam semen

Hermaphroditin aus der Feder François' de la Chavigny de la Bretonnière (1652-1705) waren die absolute Ausnahme, denn seine Hermaphroditin ist sehr weiblich und dabei positiv dargestellt.[53] Eher zum diskursiven Rand gehörten auch die toleranten Bemerkungen des Nicolas Venette (1633-1698), der mit den alten Autoritäten gehörig ins Gericht ging, jedoch sich auch tief besorgt zeigte, weil er die übergroße Klitoris für eine Gefahr hielt.

»Man kann[n] auch noch sagen/daß die weibs-personen/welche man bißweilen für männer hält etwas haare um das kinn und an dem leibe/auch ein wenig eine grobe stimme haben/dennoch warhafftige weiber seyen/ob sie sich schon durch ihre clitoris mit andern weibes-bildern ergötzen.«[54]

Er schilderte den Fall einer Frau mit großer Klitoris, die sich auf Zureden ihres Mannes zu einer (nicht vollkommen gelungenen) Kliteridektomie überreden ließ.[55] Viel häufiger wurden in der Folge medizinische Handbücher, die die Kliteridektomie im Zusammenhang mit Hermaphrodismus diskutierten.

»Ich finde bei unseren Autoren vier verschiedene [...] Operationen, die sie an der Gebärmutter durchführen lassen, und zwar i°. die Exzision der Nymphen, 2°. die Amputation der Klitoris, 3°. die Extraktion der Zerkose, 4°. die Zwitter. Diese Operationen werden so selten durchgeführt, dass man sie aus der Zahl der anderen weglassen könnte: Ich hielt es für angebracht, den jungen Chirurgen einzuweisen, denn er sollte alles über seinen Beruf wissen.«[56]

---

per penem eundunt: sed per quam quaeso viam, nisi in virga existat talis canalis urethrae virili respondens? Quod autem illae conricatrices per clitoridem in coitu semen emittant, liquet ex iis quae hac de re diximus paecedente capite. 23. ut & ex observatione ibidem subnexa; nec non ex singulari historia cujusdam hermaphroditi in carcerem conjecti, quam Jacobus Duval, tract. de hermaphrodit. a cap. 62. ad 1. longo sermone, cum totius litis in Curia actae processu, exactissime describit.« Diemerbroeck, Isbrandus. Anatome Corporis Humani Conscripta. Lyon : Johan Anton Huguetan & Soc.; 1679, S. 151. »Ex quibus omnibus satis patet huiusmodi hermaphroditos non verè utruque exus participes esse, sed esse revera foeminas quibus genitalia sunt malè conformata, scilicet tees extra abdomen in labia descenderunt, & clitoris in nimiam longitudinem increvit.« Ibidem, S. 152.

53 Chavigny de la Bretonnière, Francois de. La galante hermaphrodite : Nouvelle amoureuse. Amsterdam: Jean Chambord; 1683.
54 Venette, Nicolas. Von Erzeugung der Menschen. Leipzig: Thomas Fritsch; 1698, S. 567.
55 Venette, Von Erzeugung der Menschen, S. 534.
56 »Je trouve dans nos Auteurs quatre opérations manice différentes qu'ils ordonnent de faire à la matrice, ce sont, i°. l'excision des nimphes, 2°. l'amputation du clitoris, 3°. l'extraction du cercosis, 4°. les hermaphrodites. Ces opérations se pratiquent si rarement,

Im Handbuch des gleichen Autors hieß es ein Jahr später:

»Wenn die Klitoris von der Natur gesetzten Grenzen nicht verlässt, gibt es keinen Anlass für eine Operation. Aber sie wächst mitunter so sehr, dass sie so lang und dick wie die Rute des Mannes wird. [...] Die Europäerinnen die eine größere [Rute] als die anderen haben, nennt man Ribaudes, weil sie sie missbrauchen und sich mit anderen Frauen beflecken können. [...] Diese Operation ist nicht so gefährlich, wie man denken könnte, denn es wird ja nur ein überflüssiges Teil amputiert.«[57]

Nur drei Jahre nach diesen Handbüchern erschien die medizinische Dissertation von Carl Musäus, in Kopenhagen, die ganz im Stil Parés gehalten war, denn sie handelte von den »Unguibus Monstrosis«, den monströsen Klauen und den »Hörnern« eines jungen Mädchens. Lassen wir die Realität dieser körperlichen Besonderheiten beiseite, so findet sich doch in diesem Text eine zutiefst verstörende Wahrheit wieder: »Was die Medikamente nicht heilen, heilt das Eisen. Was das Eisen nicht heilt, heilt das Feuer. Was selbst das Feuer nicht heilt, wird als unheilbar betrachtet.«[58]

Dieses Motto des Hippokrates sollte der Leitspruch der Chirurgen für die nächsten zwei Jahrhunderte werden. Nur zwei Jahre nach Musäus publizierte der Rechtsgelehrte Giles Jacob in London einen fast protopornographischen Text, in dem Hermaphroditen ausschließlich Frauen waren, die sexuellen Umgang mit anderen Frauen pflegten.[59] 1723 folgte die Neuauflage der Veröffentlichung von Hieronymus Fabricius d' Acquapendente (1533-1619), einem Schüler Gabriele Falloppios, in der er sich über die Hermaphroditen ausließ und sich für eine Exzision ihrer Klitoris (»Nympha«) aussprach, denn ei-

---

qu'elles pourroient être retranchées du nombre des autres : j'ai jugé à propos néanmoins d'en instruire le jeune Chirurgien, parce qu'il faut qu'il n'ignore rien de ce qui regarde sa Profession.« Dionis, Petrus. Cours d'operations de chirurgie : Demonstrées au Jardin Royal. Paris : Veuve de Charles-Maurice d'Houey; 1707, S. 280 [Übersetzung N. F.].

57 Dionis, Petrus. Cours d'Operations de Chirurgie Demontrées au Jardin Royale. Bruxelles : T'Serstevens & Claudinot; 1708, S. 196 [Übersetzung N. F.].
58 »Quae medicamenta nom sanant, ea ferrum samat. Quae ferrum non sanat, ea ignis sanat; quae vero ignis non sanat, ea insanabilia existimare oportet.« Musäus, Carl. Dissertatio Inauguralis Medica de Unguibus Monstrosis, et Cornuum Productione in Puella Cornigera Lalandiæ. Kopenhagen: Sebastian Martini; 1716, S. 24 [Übersetzung N. F.].
59 Jacob, Giles. Tractatus de Hermaphrodites, or, A Treatise of Hermaphrodites. London: E. Curll; 1718.

ne zu große Klitoris behindere den (heterosexuellen) Geschlechtsverkehr und verleite Frauen zur Unzucht.[60] Es folgte eine Anleitung zur Operation. Die 1673 erschienene deutsche Übersetzung der Erstauflage (posthum 1623) entsprach dem späteren Text vollständig.[61]

Der »gelehrte« Arzt und Universalgelehrte Martin Schurig (1656-1733) legte 1729 einen Text vor, der auf der Grenze von Medizin und Moralphilosophie lag. Er empfahl eine Kliteridektomie im Falle zu großer »salacitas« (geschlechtlicher Begierde), zumal die Klitoris durch zu häufiger Reibung zu wachsen tendiere und Frauen die Gelegenheit gebe, Sex mit anderen Frauen zu haben. Schurig berief sich im Folgenden auf die antiken Vorläufer und die zeitgenössische fachmedizinische Diskussion.[62] Peter Dionis' Text von 1708 wurde 1734 ins Deutsche übersetzt. In der deutschen Übersetzung heißt es überraschend deutlich:

> »Der Name Zwitter oder Hermaphrodit wird denen jenigen beygelegt/welche die Geburts=Glieder beyderley Geschlechts mit auf die Welt bringen; [...] Hier kann[n] man nun nicht vorschreiben/was man bey diesen Zuständen/die fast a[l]le voneinander unterschieden sind/zu thun habe; sondern es kann[n] nur dieses gemeldet werden/daß des Chirurgi Amt weiter sich nicht erstrecke/daß er das Unnütze wegnehme/und die Theile/so er für überflüßich hält/abschneide.«[63]

---

60   Fabricius, Hieronymus. Opera Chirurgica quorum Pars Prior Pentateuchum Chiruigicum, posterior Operationes Chirurgicas Continet. Leiden: Boutesteniana; 1723, S. 568f.
61   Fabricius, Hieronymus. Wund=Artznei in II Theile abgetheilet. Nürnberg: Johann Daniel Tauber; 1673, Teil 2, S. 230.
62   »De his castrationis modis ita scribit Johannes Benedidus Sinibaldus qua ratione quo ve modo castrari possint mulieres, non ita facile determinari licet. Marcus Antonius Ulmus in eam sententiam ire videtur, quod mulieres castrari dicantur, si pars illa pudendi superior, quae nympha (improprie vel potius clitoris) nuncupatur, & in qua libidinis thronus amorisque sedes collocatur, reciditur.« Schurig, Parthenologica Historico-Medica, S. 380. Das Argument wurde 1730 bekräftigt und ausgebaut. Schurig, Martin. Gynaecologia historico-media ; hoc est, Congressus muliebris consideratio physico-medico-forensis, qua utriusque sexus salacitas et castitas deinde coitus ipse ejusque voluptas et varia circa hunc actum occurrentia nec non coitus ob atresiam seu vaginae uterinae imperforationem et al.ias causas impeditus et denegatus, item nefandus et sodomiticus raris observationibus et al.iquot casibus medico-forensibus exhibentur. Dresdae: In officina libraria Hekeliana; 1730, S. 377f.
63   Fußnote (a) »Es ist nicht gewiß/daß jemahls rechte Zwitter gewesen/[...] sondern es sind entweder Monstra: oder es ist derjenige Theil/welcher die Ruthe repraesenti-

Nur wenig später berichtete der Protestant Henri Estienne (1531-1598) in der Neuauflage seiner »Apologie pour Herodote« von einem Fall einer Hermaphroditin bzw. *Crossdresser* aus Fontaines, die sieben Jahre als Diener (in Männerkleidern) gearbeitet, eine Frau geheiratet und während ihrer Ehe als Weinbauer gearbeitet hatte. Es handelte sich nach Henri Estienne nicht um eine Tribade, also um eine Frau, die »in andere Frauen verliebt ist«.[64] Diese Frau sei trotzdem wegen ihres Vergehens lebendig verbrannt worden.[65] 1741 erschien der Briefroman *Pamela* von Samuel Richardson (1689-1761), der rasch zum Bestseller avancierte, weil er einige anstößige Passagen enthielt. Auch er erwähnte die Hermaphroditin im Sinne einer sexuellen Deviantin.[66] Der vorwiegend auf Englisch schreibende und in London lebende Franzose Georges Arnaud de Ronsil (1698-1774) gab 1750 einen Forschungsbericht zu den Hermaphroditen, die die frühneuzeitliche Angst vor uneindeutigen Geschlechtsbestimmungen noch einmal verdeutlichte.

> »The female hermaphrodite is she who has all the parts of the woman fit for generation, and in whom the appearances of virility are imperfect. This species is characterised by those women in whom the clitoris is disengaged or free (for in the natural state, tho' it is, indeed, considerably swelled in the venereal act, yet it never quits its place to become erected [...] and which having the same figure with the penis of the man, yet without being perforated like it, makes them almost resemble eunuchs, who can enjoy coition without the perfect consummation of the venereal act [...] There are some, in whom we cannot easily distinguish whether what appears prominent or

---

    ret/ordentlich nichts anderes als eine allzugroße Clitoris gewesen [...]« Dionis, Peter. Peter Dionis Chirurgie oder chirurgische Operationes. Augsburg: Mertz; 1734, S. 306.

64   »(1) Tribades. Femmes amoureuses d'autres femmes. Tertulien les défigne par le mot de Friftrices [sic!] : & Brantôme dans ses Dam. Gal. exprime sous le nom de Friquerelle, le joli métier de ces femmes.« Estienne, Apologie pour Hérodote, Band 1, S. 163, Fußnote.

65   Estienne, Henri. Apologie pour Hérodote, Band 1, S. 163. Siehe oben, Fußnote 268. Der Text stammte in der ersten Ausgabe aus dem Jahr 1566 und es ist unklar, ob diese Beobachtung, die ganz vom Geist der Aufklärung gekennzeichnet war, sich in der Erstausgabe auch findet. Zur Einordnung siehe Toldo, Pietro. L'Apologie pour Hérodote von Henri Estienne. Zeitschrift für französische Sprache und Literatur. 1907; 31:167-238.

66   Richardson, Samuel. Pamela: or, Virtue Rewarded. In a Series of Familiar Letters from a Beautiful Young Damsel, to her Parents. [...] London: Rivington and Osborn; 1741, S. XXIV.

sticking out, be the penis or the clitoris, the part which appears to represent either, being the most fantastical and various that can be, more or less long or large, of an irregular, round, square, flat, spiral, unequal, or uneven figure, susceptible of any voluptuous or pleasurable sensation, of inflation, erection, or quite insensible of all.«[67]

Die englische Faszination mit »weiblichen Hermaphroditen« setzte sich fort in dem Bericht James Parsons, der sich eine in London zur Schau ausgestellte »Hermaphroditin« angesehen hatte. Er kam zu dem Schluss, bei der ausgestellten Person handele es sich um eine *Macroclitorida* und nicht um eine Hermaphroditin. Parsons diskutierte in extenso die Kliteridektomie solcher Frauen.[68] Der Zweifel an der Existenz sogenannter »echter Hermaphroditen« verbreitet sich in ganz Westeuropa in der Mitte des 18. Jahrhunderts. Mit echten Hermaphroditen waren Menschen gemeint, die beide Geschlechtsorgane voll ausgebildet hatten und die demnach theoretisch in der Lage gewesen wären sich selbst zu schwängern. Mit der Erkenntnis, dass derartige Wesen aus dem Reich der Fabeln stammten, wurde die Pathologisierung von Frauen mit vergrößerter Klitoris beschleunigt. Der Schweizer Albrecht von Haller (1708-1777), Arzt und Botaniker, fasste diese Auffassung 1755 wie folgt zusammen:

> »[Der Hermaproditus sei] »ein Zwitter, ein Mannweib; ein Mensch, der die Geburtsglieder von beyderley Geschlecht an seinem Leib hat; man zweifelt heut zu tag mit Recht, ob es wirklich solche gebe, wenigstens in den meisten Exempeln scheinet blos die Natur und noch Mehr die Kunst die weibliche Ruthe grösser und ansehnlicher gemacht, und die übrige umliegende Theile etwas mehr aufgeworfen, und nach der Aehnlichkeit der männlichen gebildet zu haben, dann meistens findet man so man sie genau untersucht, daß sie weiblichen Geschlechts sind.«[69]

---

67 Arnaud de Ronsil, Georges. A Dissertation on Hermaphrodites. London: A. Millar; 1750, S. 18, S. 44. Das Buch ist 1777 auf Deutsch erschienen als Arnaud [de Ronsil], Georg[es]. Anatomisch = Chirurgische Abhandlung über die Hermaphroditen. Straßburg: Amand König; 1777. Die entsprechende deutsche Textstelle entspricht dem englischen Text weitestgehend. Siehe S. 7f.

68 Parsons, James. A Letter to the President, Concerning the Hermaphrodite Shewn in London: By James Parsons M. D. F. R. S.: Philosophical Transactions (1683-1775), 1751; 47. 142-145.

69 Von Haller, Albrecht. Onomatologia Medica Completa oder Medizinisches Lexicon, das alle Benennungen und Kunstwörter welche der Arneywissenschaft und Apoteckerkunst eigen sind. Ulm, Frankfurt, Leipzig: Gaumische Buchhandlung; 1755, S. 785f.

Auch wenn die Idee des »wahren Zwitters« sich in den nicht-medizinischen Schriften noch eine Weile halten konnte, so war den Fachleuten in der Mitte des 18. Jahrhunderts klar, dass es sich bei den Hermaphroditen um Frauen handelte, deren Verhalten durch einen medizinischen Eingriff zu regulieren möglich war.[70] Hermaphroditen wurden damit zu Frauen, die eine »Störung« (*disorder*) aufwiesen, die man operativ abstellen könne. Die weibliche Lustempfindung korrelierte mit der Größe der Klitoris.[71] Weibliche Masturbation wurde ebenfalls mit der Größe der Klitoris in Beziehung gesetzt.[72] Zum Glück, so Fleming, gebe es ein probates Mittel, dieses Problem zu beseitigen:

> »This uncommon growth of the clitoris is so frequent in some eastern countries, that the more skil[l]ful surgeons have found out a method of amputating it, and to take it away from a person about to marry, lest it should be a hindrance in coition: nor is the reason for such a growth very difficult to be assigned: first, Because the fury of lust wonderfully distends the nerves and arteries, and particularly, above any other parts, blows up those organs with spirits and heat.«[73]

Der Arzt und Lexikograph Johann Georg Krünitz (1728-1796) machte sich 1771 dann auch die Mühe, ausführliche Operationsanleitungen für die Kliteridektomie zusammenzustellen, wobei er sich auf den oben zitierten George Arnaud de Ronsil berief.[74]

---

70   Zum »wahren Zwitter« letztmalig Kirchner, Johann Christoph Rudolph. Compendium historiae litterariae novissimae, oder, Erlangische gelehrte Anmerkungen und Nachrichten auf das Jahr [1764], Band 20. [Erlangen]: Gotthart Pötschens; 1765, S. 164.

71   »[...] the amorous passion is therefore generally proportioned to the size of their clitoris.« Fleming, James. A Treatise upon the Formation of the Human Species: The Disorders Incident to Procreation in Men and Women [...] London: Printed [sic!] M. Thrush; 1767, S. 6. »Some women are by nature, but more by vicious practices, so formed, as to have some resemblance to man: this has given rise to the erroneous opinion, which, in some degree, still prevails, that there are such beings as hermaphrodites.« Ibidem, S. 67.

72   Fleming, A Treatise, S. 73.

73   Fleming, A Treatise, S. 74.

74   Krünitz, Johann Georg. Abhandlung von den Zwittern; Aus den Mémoires de Chirurgie, avec quelques remarques histor[iques] sur l'état de la medec[ine] et de la chirurgie en France et en Angleterre; par M. GE. Arnaud à Londr. et Amst. 1768 [...] in Neues Hamburgisches Magazin, oder Fortsetzung gesammleter Schriften, aus der Naturforschung, der allgemeinen Stadt- und Land=Oekonomie. und den angenehmen Wissenschaften

Acht Jahre später fasste Thomas Denman (1733-1815) die *communis opinio doctorum* folgendermaßen zusammen:

»The clitoris is little concerned in the practice of midwifery, on account of its size and situation. But it is sometimes elongated and enlarged in such a manner as to equal the size of the penis, when it makes one of those many peculiarities which is supposed to constitute an hermaaphrodite* [sic!], or a[n] animal partaking of the dual properties of the male and female; but [if] there are any examples of true hermaphrodites, the term is, in this case, improperly used. Should the clitoris increase to such a size as to occasion much inconvenience, it may be extirpated either with a knife or ligature; but if the cause of the enlargement, which is commonly assigned, be true, it is probable that no motive of delicacy or inconvenience will be a sufficient inducement to suffer the pain of extirpation.«[75]

Der Schweizer Samuel Tissot (1728-1797), einer der energischsten Gegner der Masturbation, zeigte noch einmal den Zusammenhang zwischen »Hermaphroditen« und Selbstbefriedigung auf, als er 1791 schrieb:

»Außer der Manustupration oder Selbstbefleckung mit der Hand giebt es noch eine andere schändliche Art der Befleckung, welche mit dem Kitzler geschiehet, und deren Ursprung, so weit er bekannt ist, aus den Zeiten der zweyten Sappho hergeleitet wird. [...] Die Natur, bey ihren mannigfaltigen Spielen, giebt einigen Weibspersonen eine halbe Aehnlichkeit mit den Männern; Und da man diese Sache nicht hinlänglich untersucht hatte, so entstand daraus das Hirngespinnst von den Zwittern, welches man viele Jahrhunderte hin durch geglaubt hat. Das ganze Wunderwerk rührt von der übernatürlichen Größe eines gewöhnlichermassen sehr kleinen Theilchens her, von welchem Herr [Theodor] Tronchin eine gelehrte Abhandlung geschrieben hat; und das Laster, wo von hier die Rede ist, beruht auf dem Mißbrauche dieses Theilchens. Es fanden sich unvollkommene Weiber, die vielleicht stolz darauf waren, in gewissen Stücken den Männern zu gleichen, und aus dieser Ursache sich männliche Verrichtungen anmaßten. In Griechenland hießen sie Tribades, (Reiberinnen, Kratzerinnen.) Es giebt noch immer Ungeheuer

---

überhaupt, Band 17, S. 387-424. Leipzig: Adam Heinrich Hollens Witwe; 1771, Fußnoten auf S. 389-391.

75 Denman, Thomas. Introduction to the Practice of Midwifery. London: J. Johnson; 1788, S. 70f.

dieser Art, und junge Frauenzimmer lassen sich desto williger von ihnen verführen, weil diese schändliche Handlung von eben der Sicherheit begünstigt wird, um deren Willen, wie Juvenal erwähnt, viele Römerinnen seiner Zeit einen so vorzüglichen Reiz in der Liebe der Verschnittenen fanden, quod abortivo non est opus.«[76]

Die Literatur zum Thema nahm in den folgenden Jahrzehnten deutlich ab. Dem/der Hermaphroditen/in wurde im 19. Jahrhundert deutlich weniger Aufmerksamkeit geschenkt. Dennoch gab es noch Autoren, die sich mit dem Thema beschäftigten, wobei es sich bei diesen Büchern um Texte handelt, die im 18. Jahrhundert aufgelegt und dann mehrfach nachgedruckt wurden, obwohl sie in einigen Teilen als obsolet gelten mussten.[77] Der Ton wurde »wissenschaftlicher«, d.h. Argumente wurden eher auf Grundlage von selbstangestellten Beobachtungen oder Experimenten gemacht.[78]

William Potts Dewees' (1768-1841) Buch über Frauenkrankheiten drückt am klarsten die wissenschaftliche Skepsis aus, die sich seit der Wende zum 19. Jahrhundert verbreitet hatte:

»The existence of the hermaphrodite has gained the assent of the greater part of mankind; so much so, that it would be difficult to disabuse them:

---

76   Tissot, Samuel Auguste André David. Von der Onanie, oder Abhandlung über die Krankheiten, die von der Selbstbefleckung herrühren. Wien: Von Trattnern; 1791, S. 56-58. Die französische Originalausgabe erschien 1760. Tissot, Samuel Auguste. L'onanisme ou dissertation physique sur les maladies produites par la masturbation. Lausanne: Antoine Chapuis; 1760. Die entsprechenden Passagen finden sich hier auf den Seiten 50f.

77   Beispiele sind Home, Everard. »An Account of the Dissection of an Hermaphrodite Dog. To Which Are Prefixed, Some Observations on Hermaphrodites in General. By Everard Home, Esq. F. R. S.: Philosophical Transactions of the Royal Society of London.« 89 (1799): 157-178. Millot, Jacques-André. L'Art De Procréer Les Sexes à Volonté Ou Système Complet De Génération. Paris: Migneret, 1800. Millots Buch wurde schon im 18. Jahrhundert viermal aufgelegt. Millot, Jacques-André. Die Kunst, sogleich beym Beyschlaf das Geschlecht des zu erzeugenden Kindes zu bestimmen: nebst einer kritischen Beleuchtung aller Zeugungstheorien und einem vollkommenen Systeme dieses so wichtigen Naturgeschäfts. Leipzig: August Lebrecht Reinicke, 1802. Büttner, Vollständige Anweisung.

78   Burns, John. Handbuch der Geburtshülfe mit Inbegriff der Weiber- und Kinderkrankheiten, Band 1. Heidelberg und Leipzig: Karl Groos; 1827, S. 71f. Friedreich, Johann Baptist and Hesselbach, Adam Kaspar. Bibliothek der deutschen Medicin und Chirurgie. Würzburg: Carl Strecker; 1828, S. 314.

we shall, therefore, not attempt it. To the physician, frequent appeals are made for his opinion on this subject; and he too often yields to the popular belief; but he should be informed, that, so far, no well-attested instance of this compound of sexes, has ever been produced in the human subject. A resemblance in conformation does not prove identity of function; and, consequently, the general similarity of appearance, between the clitoris of the female and the penis of the male, however striking, does not prove them to be intended for the purposes. And it may be observed, that this similarity is more in the external form, than in the internal structure.«[79]

Der Schritt von der krankhaften Vergrößerung der Klitoris, die das Ergebnis der (illegitimen, skandalösen oder sündhaften) Stimulation derselben war, zum sozialen Typus der Hermaphroditin »neuen Typs« war klein. Ein spanischer Gynäkologe namens José De Arce y Luque (1810-1887) definierte diesen neuen sozialen Typus. Es gebe eine Disposition dieser Frauen, die zusammen mit anderen männlichen Merkmalen auftrete und sie Männerberufe bevorzugen lasse. Frauen mit einer derartigen Anomalie hätten in der Regel »kleine und fast verkümmerte Brüste« mit einem »hochentwickelten Haar- und Muskelsystem« und wiesen eine haarige Oberlippe auf. Sie seien groß von Statur, schienen keinem Geschlecht anzugehören und suchten nach »illegalen Freuden« mit anderen Frauen.[80] Jegliche Diskussion des Hermaphrodismus sollte in der Folge mit den Komplexen »Masturbation«, »Lesben« und »Kliteridektomie« verbunden sein. Die Zeiten der monströsen Fehlgeburten und der wunderbaren Abweichungen von der Norm, die Ambroise Paré so augenfällig beschrieben hatte, waren vorüber.[81] An der Wende zum 20. Jahrhundert wurde der Begriff der Intersexualität gefunden. Der Hermaphrodit war damit Geschichte. Doch diente die »übermäßig vergrößerte Klitoris« als diskursive Brücke zum Sozialtypus der Masturbatorin, denn die vergrößerte Klitoris wurde als das sichtbare Zeichen weiblichen Begehrens interpretiert.

---

79 Dewees, William Potts. A Treatise on the Diseases of Females. Philadelphia, PA: Blanchard & Lea; 1843, S. 24f.

80 De Arce Y Luque, José. Tradado Completo de las Enfermadas de las Mujeres. Madrid: Viuda de Calleja e Hijos; 1844, S. 74f.

81 Hofmann, Edouard. Nouveaux élements de médecine legale. Paris : Bailliere et Fils; 1881. Garnier, Pierre. Onanisme, seul et à deux, sous toutes ses formes et leurs conséquences. Paris : Garnier Frères; 1883. Fauconney, Jean. L'hermaphrodisme : Hermaphrodismes congenital [sic!] et par arret de developpement. Paris: Nouvelle Librairie Médicale; 1902.

3. Diskursive Brücke
Die Virago (1543-1908)

Wiewohl der Diskurs um Männlichkeit und Weiblichkeit im Kontext des Hermaphrodismus vorwiegend von Medizinern geführt wurde, so erhob sich gelegentlich auch eine theologische Stimme. Dies geschah weniger im Hinblick auf die Hermaphroditin, sondern auf deren Parallelbegriff, die *Virago*. Man kann allerdings darum streiten, ob diese theologische Diskussion jenseits katholischer Territorien gehört wurde. Ein Jahr vor Diemerbroeck (1678) hatte der Theologe Johannes Dedinger (16??-1695) seine gesammelten Predigten veröffentlicht. In ihnen findet sich eine Lobpreisung Theresas von Avila (1515-1582), einer spanischen Ordensschwester des 16. Jahrhunderts. Theresa wird als »männliches Weib«, als Heldin, gar als *Virago* gefeiert, die es an Mut und Stärke mit jedem Mann habe aufnehmen können.[1] Dedinger folgte damit der älteren Definition Robert Estiennes aus dem 16. Jahrhundert, der Virago als »Starke [tugendhafte] Frau, die einem Manne ähnlich ist und männliche Werke vollbringt.«[2] Die Polyanthea Mariana, ein religiöser Text

---

1 Dedinger, Johannes. Feyrtägliche Predigten des gantzen Jahrs Denen eyffrigen Seelen=Sorgern/und Predigern zur handsamben Beyhülff. München: Johann Jäcklin; 1678, S. 421-434.
2 »Mulier fortis, quae viro similis sit, & virilia opera faciat.« Estienne, Robert. Dictionarium, seu Latinae linguae Thesaurus: non singulas modo dictiones continens, sed integras quoque Latine & loquendi, & scribendi formulas ex optimis quibusque authoribus, [...] Q – Z, Band 3. Paris: Roberti Stephani; 1543, S. 1509. Zum Bedeutungswandel der *mulier fortis* siehe Haag, Christine. Das Ideal der männlichen Frau in der Literatur des Mittelalters und seine theoretischen Grundlagen. In: Bennewitz, Ingrid und Tervooren, Helmut, (Hg.). Manlîchiu wîp, wîplîch man: Zur Konstruktion der Kategorien »Körper« und »Geschlecht« in der deutschen Literatur des Mittelalters. Berlin: Erich Schmidt Verlag; 1999; 228-246, S. 239-241.

aus dem Jahre 1710, erging sich über eine ganze Seite zum Begriff *Virago*.[3] Die perfekte *Virago* war selbstverständlich die jungfräuliche Maria, die Mutter Jesu von Nazareth.

Im englischen Sprachraum hatte das Wort ab dem 14. Jahrhundert einen vollkommen anderen Sinn angenommen.[4] 1702 publizierte Edward Bysshe seine Anthologie zur englischen Dichtkunst, in der beide Bedeutungen, »stolze, mutige mannhafte Frau« und »Drachen, streitsüchtige und widerspenstige Frau« nebeneinander standen.[5] *Virago* stand hier für eine Frau, die wie es im Titel eines populären Theaterstücks von 1738 hieß, »a worse Plague than the Dragon« war.[6] Der sich ab dem 15. Jahrhundert abzeichnende Bedeutungswandel sorgte dafür, dass William Shakespeare den Begriff *Virago* wegen seiner Doppeldeutigkeit vermied und statt dessen lieber von der »Taming of the Shrew« sprach. Das damit semantisch verwandte Wort »scold«, das sich ausschließlich auf Frauen bezog, verweist auf einen Straftatbestand

---

3   Dort stand u.a.: VIRAGO, quia virum egit, id est, opera virilia fecit, undè licet omnes tales mulieres fortes, quæ fœmineae cogitationi masculum animum inferunt, sicut de una harum dicitur »Marracci, Ippolito. Polyanthea Mariana, In Qua Libris Octodecim Deiparae Mariae Virginis Sanctissima nomina, celeberrima & innumera laudum encomia, altissimae gratiarum, virtutum, & sanctitatis excellentiae, & coelestes denique praerogativae & dignitates, Ex. S. Scripturae, SS. Apostolorum omnium, SS. Patrum, & Ecclesiae Doctorum, aliorumque sacrorum Scriptorum, veterum praesertim monumentis studiose collecta, iuxta alphabeti seriem, & temporis, quo vixerunt, ordinem, utiliter disposita, Lectorem oculis exhibentur. Köln: Franciscus Metternich; 1710, S. 767.

4   Das Oxford English Dictionary, Stichwort Virago, führt neben der älteren Bedeutung »heldenhafte mutige Frau«, die auf Genesis 2:23 zurückgeht, die neuere Konnotation als »bold, impudent (+ wicked) woman; a termagant, a scold« an, die bei Chaucer 1386 schon belegt ist. OED, 3. Band, S. 228.

5   »Before the proud Virago Minx, That was both Madam and a Don, Like Nero's Sporus, or Pope Joan: And at fit Periods the whole Rout Set up their Throats with clam'rous Shout.« Bysshe, Edward. The Art of English Poetry: containing I. Rules for making verses. II. A dictionary of rhymes. III. A collection of the most natural, agreeable, and noble thoughts [...] that are to be found in the best English poets. London: R. Knaplock; 1702, Band 2, S. 376. Der Verweis auf Sporus, den ehemaligen Lustknaben und, nach dessen Kastration, Ehefrau von Kaiser Nero stellt die ausschließliche negative Konnotation des Wortes sicher. Ähnliches gilt für die fiktionale Päpstin Johanna. »Next Trulla came; Trulla more bright Than burnih'd Armour of her Knight. A bold Virago, tout and tall, As Joan of France, or English Moll.« Ibidem, S. 447. Moll bezieht sich wahrscheinlich auf Moll Davis, eine Kurtisane am Hof Charles II.

6   Carey, Henry. Margery, or, A Worse Plague than the Dragon: A Burlesque Opera. London: Shuckburgh; 1738.

des Common Law, der aus dem aggressiven Verhalten von Frauen eine Störung des öffentlichen Friedens ableitete. Dieses Verhalten konnte hart bestraft werden, zum Beispiel durch den *Ducking Stool*, wie unten gezeigt.

Abbildung 23: Bestrafung einer »Scold« durch Wasserstrafe[7]

Eine *Common Scold* zu sein, wurde auch in den USA verfolgt und bewegte Juristen der Harvard University noch 1920 darauf hinzuweisen, dass Frauen und Männer unterschiedlich bestraft würden. Die Journalistin Anne Newport Royall (1769-1854) wurde 1829 bezichtigt, eine *Virago* und *common scold* zu sein. Der *Ducking Stool* blieb ihr allerdings erspart; stattdessen wurde sie zu einer Geldstrafe von zehn Dollar verurteilt.[8] Der Zusammenhang zur Kliteridektomie von Hermaphroditen bzw. Viragines liegt auf der Hand. Wenn es gesetzlich sanktioniert war, eine *Virago/Scold* auszupeitschen oder beinahe zu ertränken, konnte es wenig Einwände geben, wenn das Körperteil, das für die »Widerspenstigkeit« dieser Frauen zuständig war, teilweise oder ganz

---

7   Ashton, John. Chap-Books of the Eighteenth Century with Facsimiles, Notes, and Introduction. London: Chatto and Windus; 1882 [1834], S. 273.

8   Clapp, Elizabeth J. »A Virago-Errant in Enchanted Armor?«: Anne Royall's 1829 Trial as a Common Scold. Journal of the Early Republic. 2003; 23(2):207-232. [Anonymus]. Separate and Distinct Penalties for Women. Harvard Law Review. 1920; 33(3):449-451. Biggers, Jeff. The Trials of a Scold: The Incredible True Story of Writer Anne Royall. New York: Thomas Dunne Books; 2017.

entfernt wurde. Widerspenstigkeit hat eine potentiell sexuelle Nebenbedeutung, da es das mittelhochdeutsche Verb »spanan« enthält, welches »locken, reizen, antreiben« bedeutet.

Abbildung 24: Bigram der Begriffe »scold« und »virago« im Englischen, Geschichtszeitraum 1500 bis 1700, Smoothing of 0, case-insensitive, Häufigkeit 0,0065 %, Erhebung vom 27.9.2020.

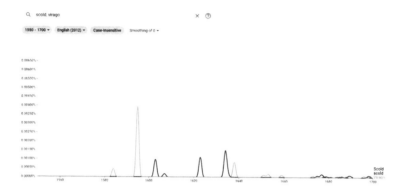

Scold war der präferierte Begriff zur Bezeichnung des abweichenden Verhaltens von Frauen zwischen 1600 und 1640, während *virago* zwischen 1580 und 1640 häufiger vorkam, vielleicht ein Indiz, das belegt, dass die Geschlechterordnung der Neuzeit noch nicht so stabil war, wie dies aus Sicht der geschlechtlichen Arbeitsteilung erforderlich schien.

1809 attackierte der US-amerikanische Literaturwissenschaftler Enos Bronson (1774-1823) Frauen vom Schlage einer Thalestris, der mythischen Königin der Amazonen,

> »[...] the vigorous females who appear to constitute the link between the sexes; and will not condescend to write the history of a virago, who is the exact duplicate of her stupid lovers, fights and drubs every one of them whose offers displease her, and bestows her hand only on him who is found to have a stronger and harder one of his own.«[9]

---

9   Bronson, Enos. Select Reviews, and Spirit of the Foreign Magazines. Philadelphia, PA: Lorenzo Press; 1809, S. 298.

3. Diskursive Brücke 121

So nimmt es nicht Wunder, wenn der deutsche Mediziner Friedrich Bird 1823 die körperliche Abnormität der angeblichen Hypertrophie der Klitoris mit der Typisierung *Virago* verband.

»Die Größe der Clitoris bei der Virago entspricht dem großen Penis, denn beide finden sich bei kräftig entwickelten Brustorganen. Meckel a.a.O. B. 1. S. 666 u. 667 sagt, daß bei enger Scheide die Vergrößerung des Kitzlers häufig vorhanden sey.«[10]

Das körperlich Abnorme wird auch in den Wörterbüchern der Zeit angesprochen. »Viràgo, s. virago, fille ou femme qui a la taille et l'air d'un homme« und die Definition als »tarmagant« (Furie, Zankteufel) standen im englisch-Französischen Wörterbuch von Boyer 1834 nebeneinander.[11]

Die Verbindung von *Virago* zu *Hermaphrodit* verschwand auch nicht im späten 19. Jahrhundert. Der US-amerikanische Arzt Warren E. Sawyer urteilte 1875:

»Add to all this, the aptitude for a series of manly tastes, a preference for the occupations which require force and vigor, a deep voice, and you will have under your eyes, in a few words, those creatures which the Romans designated, with just reason, under the name of virago. One feature alone which led to error in several of the cases cited was, that the clitoris was so long that it was capable of copulation [.]«[12]

1897 machte es noch Sinn, den Begriff des »Mannweibs« mit »viragines« zu übersetzen.[13] Selbst in der wissenschaftlichen Literatur des frühen 20. Jahrhunderts – etwa in Franz von Neugebauers klassischer Studie zum Hermaphrodismus – tauchte die ominöse *Virago* noch auf:

»Aus praktischen Gründen empfiehlt es sich, für den Pseudohermaphroditismus die alte Klebssche Einteilung festzuhalten in männliches Scheinzwit-

---

10　Bird, Friedrich. Ueber die relativen Maaßverhältnisse des menschlichen Körpers. Zeitschrift für Die Anthropologie. 1823; 1:330-369, S. 360 (Fußnote).
11　Boyer, Abel. Nouveau dictionnaire français-anglais et anglais-français. Paris: Charles Hingray; 1834, S. 372, 451. Ansonsten war *Tarmagant* eine Übernahme aus dem Englischen, vor allem in den Shakespeare-Übersetzungen.
12　Sawyer, E. Warren. Hermaphrodism from a Medico-Legal Point of View. Chicago Medical Journal and Examiner. 1875; 32:695-706, S. 704f.
13　Brandt, Alexander. Über den Bart des Mannweibes (Viragines). Biologisches Zentralblatt. 1897; 6(15.3.1897) [ohne Pagination].

tertum (androgynoide Bildung) und weibliches (gynandroide Bildung [Gynander, Virago] nach Benda Pseudothelie und Pseudoarrhenie [...])«[14]

Und an anderer Stelle fuhr von Neugebauer fort:

»Wenn nun aber die Geschlechtsorgane normal gebildet sind, entschieden männlich oder entschieden weiblich, und nur gewisse sekundäre Geschlechtscharaktere heterolog, dem Genitale nicht entsprechend, so spricht man von Masculismus (Mannweib, Virago) eines Weibes, resp. Feminismus eines Mannes, und zwar kann dieser Masculismus oder Feminismus nur somatisch sein oder nur psychisch oder beides zusammen.«[15]

Nun mag man einwenden, das seien ja alles schöne philologische Betrachtungen, aber was hat das mit Kliteridektomie zu tun? Das semantische Feld »Hermaphroditin|Virago|Termagant|Common Scold« verweist auf ein »widerspenstiges« Verhalten von Frauen, das in letzter Instanz medikalisiert wurde, weil in die vergrößerte Klitoris der Grund für das angebliche, ja kriminelle Fehlverhalten von Frauen war. Von diesem semantischen Feld geht eine semantische Brücke aus zu den Wortfeldern der Masturbation und der Tribade. Offensichtlich war *Virago* das im Deutschen früher und häufiger verwendete Wort, trotz der Tatsache, dass *Hermaphrodit* sich auf Befunde auch aus der Pflanzenkunde bezog. *Termagant* oder *Common Scold* tauchten naturgemäß überhaupt nicht auf, mit Ausnahme der deutsch-englischen Wörterbücher des 18. Jahrhunderts. In den Sprachgebrauch des Deutschen sind beide Bezeichnungen nicht aufgenommen worden. Der Begriff Zwitter wurde zwar auch verwendet, war aber polysem, denn Zwitter bezeichnete einen rötlichen Zinnstein, der im Bergbau des 18. Jahrhunderts eine wichtige Rolle spielte.[16]

---

14 Von Neugebauer, Franz Ludwig. Hermaphroditismus beim Menschen. Leipzig: Werner Klinkhardt; 1908, S. 47.

15 Von Neugebauer, Hermaphroditismus, S. 636.

16 Ercker, Lazarus. Aula Subterranea Domina Dominantium Subdita Subditorum: Das ist: Untererdische Hofhaltung Ohne welche weder die Herren regieren, noch die Unterthanen gehorchen können. Oder Gründliche Beschreibung dererjenigen Sachen, so in der Tieffe der Erden wachsen, als aller Ertzen der Königlichen und gemeinen Metallen, auch fürnehmster Mineralien, durch welche, nechst GOtt, alle Künste, Übungen und Stände der Welt gehandhabet und erhalten werden, da dann fürnehmlich hierin gelehret wird, wie sothanige Ertz- und Bergwercks-Arten, jede insonderheit ihrer Natur und Eigenschafft gemäß, auf alle Metalla probirt, und im kleinen Feuer versucht werden, nebst Erklärung einiger frürnehmer nützlichen Schmeltzwercke im grossen Feu-

Abbildung 25: Bigram der Begriffe »Virago« und »Hermaphrodit« im Deutschen, Geschichtszeitraum 1600 bis 2019, Smoothing of 1, case-insensitive, Häufigkeit 0,000035 %, Erhebung vom 22.3.2020.[17]

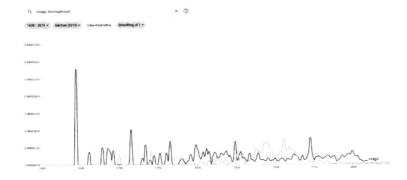

Die unterschiedlichen Häufigkeiten zwischen dem Deutschen und Französischen fallen sofort auf, ebenso der frühe Gebrauch der Begriffe im Französischen. Hinzu kommt, dass *Virago* ein typischer Name für französiche Kriegsschiffe des 18. Jahrhunderts war, was die Statistik »verfälscht«, aber auf die positive Konnotation des Wortes verweist.

Das englische Sample ist am wenigsten aussagekräftig. Am auffälligsten ist die Häufung um 1600, was sich zum Teil aber durch die vermehrte Verwendung des Begriffs *Virago* in der Theaterliteratur der Zeit erklären lässt, wie eine Stichprobe mit ausschließlich fiktionalen Texten bewies.[18]

Halten wir fest, dass *Virago* gegenüber *Hermaphroditin* der seltenere Begriff ist, zum einen wegen der mitschwingenden positiven Doppeldeutigkeiten bei *Virago*, zum anderen wegen der möglichen synonymen Verwechslung mit den Hermaphroditen in Flora und Fauna.

---

er, Item, Ertz scheiden, puchen, waschen und rösten, auch Scheidung Goldes, Silbers, und anderer Metallen, ingleichem Kupffer saigern, Meßing brennen, Distillation der Scheidwasser und ihrem Brauch, auch zu Nutzmachung anderer mineralischen Berg- und Saltz-Arten. Frankfurt a.M.: Johann David Jung; 1736, S. 168-171.

17 Das gleiche Bild ergibt sich beider Ngram-Analyse des Worts »Zwitter« im Deutschen. Zwitter ist mehrdeutig, da es auch in der Biologie und in der Mineralogie verwendet wurde. Deshalb habe ich von einer Ngram-Analyse hier abgesehen.

18 Die Häufigkeit lag bei den fiktionalen Texten bei 0.00016 %

Abbildung 26: Bigram der Begriffe »Virago« und »Hermaphrodite« im Französischen, Geschichtszeitraum 1500 bis 2000, Smoothing of 0, case-insensitive, Häufigkeit 0,00120 %, Erhebung vom 22.3.2020.

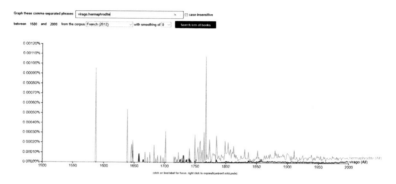

Abbildung 27: Bigram der Begriffe Virago und Hermaphrodit in englischen fiktionalen Texten. Geschichtszeitraum 1500 bis 2000, Smoothing of 0, case-insensitive, Häufigkeit 0,0065 %, Erhebung vom 22.3.2020.

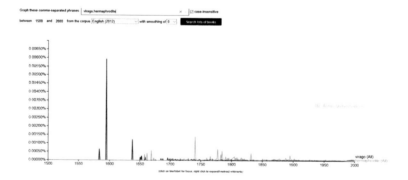

4. Figuration|Formation B
Die Tribade (1502-1902)

Die *Virago* hatte dennoch eine bedeutende semantische Brückenfunktion inne, weil sie den Übergang von der obsolet gewordenen Hermaphroditin zur moderneren Formation der Tribade ermöglichte. Ulrike Klöppel spricht von einer Verzahnung der medizinischen Diskussion zum Hermaphrodismus mit der Diskursivierung der Tribadie ab 1820.[1] Chiara Beccalossi hat für das neunzehnte Jahrhundert gezeigt, dass neben der zeitgenössischen Erklärung des lesbischen Begehrens als »Inversion« auch andere, ältere ätiologische Narrative fortexistierten.[2] Ich möchte an Beccalossis Ansatz insofern anknüpfen, als ich auf die lange Tradition gleichgeschlechtlichen Begehrens im europäischen Maßstab eingehen möchte. Zwar tauchten – wie gezeigt – die Tribaden schon in den antiken Texten wie Martials Epigrammaton auf, aber sie wurden in erster Linie als ethische oder moralische Irrungen gesehen und der Ruf nach aktiver Intervention durch Ärzte erscholl eher vorsichtig. Bigram-Analysen beider Begriffe zeigen eine weitgehende chronologische Parallelität beider Begriffe im Englischen, Französischen und Deutschen. Wilhelm von Saliceto (1210-1286) war einer der ersten Mediziner, die sich wegen der Möglichkeit der interfemininen Sexualität besorgt zeigte.[3] Der Schriftstel-

---

1 Klöppel, Ulrike. XX0XY ungelöst: Hermaphroditismus, Sex und Gender in der deutschen Medizin. Eine historische Studie zur Intersexualität. Bielefeld: transcript; 2010, S. 285.
2 Beccalossi, Chiara. Female Same-Sex Desires: Conceptualizing a Disease in Competing Medical Fields inNineteenth-Century Europe. Journal of the History of Medicine and Allied Sciences. 2012; 67(1):7-35.
3 Saliceto, Guglielmo da. Summa Conservationis et Curationis. Venice: Ottaviano Scoto; 1502, 62 recto Spalte b bis verso Spalte a.

ler Francesco Mario Grapaldi (1460-1515) erwähnte die Tribaden beiläufig.[4] Pierre de Bourdeille, Seigneur de Brantôme (1540-1614), französischer Haudegen, Schriftsteller und Memoirenschreiber, ließ sich ausführlich über die Tribaden aus, wobei eine moralische Verurteilung in seinem Text zu fehlen scheint.

Er schrieb:

»Man sagt, dass Sappho von Lesbos eine sehr gute Lehrerin in dieser Angelegenheit war, ja, man sagt sogar, dass sie sie erfunden habe, und dass die lesbischen Damen sie seither darin nachgeahmt haben und bis heute, wie Lucian sagt, fortfahren, dass solche Frauen die Frauen von Lesbos sind, die nicht unter Männern leiden wollen, sondern sich anderen Frauen, aber auch Männern nähern; und solche Frauen, denen diese Übung gefällt, wollen die Männer nicht leiden, aber sie geben sich anderen Frauen, wie auch Männer hin. Sie werden Tribaden genannt, ein abgeleitetes griechisches Wort, wie ich von den Griechen gelernt habe, was so viel heißt wie reiben, sich aneinander reiben; und Tribaden nennen sich selbst Reiberinnen, auf Französisch fricatrices, oder sie machen die Friquarelle indem sie sich ihre Vulva geben [con, obszön] [...]«[5]

Hier sind die Tribaden oder *Lesbiennes* eher auf das alte Griechenland beschränkt. Bourdeilles scheint am Hofe Frankreichs oder Englands keine Tribade gekannt zu haben, obwohl er ansonsten sehr freizügig über die Sexualität des zeitgenössischen Adels urteilte, aber er berichtet über kolportierte homosexuelle Eskapaden adliger Damen, wobei er sich beeilt hinzuzufügen,

---

4 »Fricatrices foeminae masculae libidinis quae Tribades & Plauto subigatrices« Grapaldi, Francesco Maria. De Partibus Aedium. Venedig: Alexander de Bindonis; 1517, S. 152:
5 »On dit que Sapho de Lesbos a esté une fort bonne maistresse en ce mestier, voire, dit—on, qu'elle l'a inventé, et que depuis les dames lesbiennes l'ont imitée en cela et continué jusques au-jourd'huy, ainsi que dit Lucian, que telles femmes sont les femmes de Lesbos, qui ne veulent pas souffrir les hommes, mais s'approchent des autres femmes, ainsi que les hommes mesmes; et telles femmes qui aiment cet exercice ne veulent souffrir les hommes, mais s'adonnent à d'autres femmes, ainsi que les hommes mesmes, s'appellent tribades, mot grec dérivé, ainsi que j'ai appris des Grecs, τριβο, τριβειν, qui est autant a dire que fricare, frayer, ou friquer, ou s'entrefrotter; et tribades se disent fricatrices, en francois fricatrices, ou qui font la friquarelle en mestier de donne con [...]« Bourdeille, Pierre de Brantome. Vies des dames galantes. Paris: Garnier Frères; 1655, S. 117 [Übersetzung N. F.].

er wisse nicht, ob dies der Wahrheit entspräche.⁶ Schließlich bezog er sich auf zwei Kusinen, die er persönlich gekannt haben wollte, die der »fricarelles« miteinander so verfallen waren, dass sie zu gewerbsmäßiger Prostitution übergingen.⁷ Bourdeilles' Text wurde in den folgenden zwei Jahrhunderten immer wieder zitiert und hat bis in das späte 19. Jahrhundert Wirkung gezeigt, wobei seine erotische Unbekümmertheit im 19. Jahrhundert zum Teil vernichtenden Werturteilen über frauenbegehrende Frauen Platz gemacht hat.⁸ Bauhin erwähnte die Praxis der Tribaden bzw. Fricatrices genauso wie Henri Estienne.⁹ Der Autor François Chevillard (16??-1678) referierte 1664 lakonisch die Existenz der »Tribades ou Fricatrices«.¹⁰ Der Arzt Richard Carr (1659-1727) ging 1691 kurz auf die Tribaden ein. Sein lateinischer Text dürfte wenig Wirkung außerhalb des medizinischen Diskurses entfaltet haben.¹¹ Ähnliches gilt für den 1607 gestorbenen Bartolomeo Castelli, Professor für Medizin, den Verfasser eines medizinischen Lexikons, der vor allem die klassischen Autoritäten wiedergab.¹² Der Genfer Arzt Theodor Tronchin (1709-1781) erwähnte in seiner Leidener Dissertation die Tribadie, wobei er sowohl das Wort Tribade als auch Lesbierin eindeutig pejorativ verwendete, in diesem Zusammenhang von einem »Übel« sprach, das beseitigt werden musste und schlug schließlich die Exzision der Klitoris mithilfe einer Zan-

---

6   Bourdeille, Vies des dames, S. 119.
7   Bourdeille, Vies des dames, S. 120.
8   Woods, Marianne; Pirie, Jane und Gordon, Helen Cumming. Authorities with Regard to the Practice of Tribadism [In Causa Misses Woods & Pirie against Lady Cumming Gordon]. Edinburgh: Court, Second Division; 1811. Lindwurm, Arnold. Über die Geschlechtsliebe in social-ethischer Beziehung: Ein Beitrag zur Bevölkerungslehre. Leipzig: Otto Wigand; 1879, S. 158f.
9   Bauhin, Caspar. Caspari Bauhini Basileensis Theatrum Anatomicum. Frankfurt a.M. : Matthias Becker; 1605, S. 259. Estienne, Apologie pour Hérodote, Band 1, S. 163, Fußnote.
10 Chevillard, Francois. Le petit tout dans lequel l'homme aura la connoissance de soymesme par l'intelligence de ses propres causes [...] divisé en III parties et en IV tomes, par M. François Chevillard. Paris : Michel Vavgon ; 1664, S. 48.
11 Carr, Richard. Epistolae Medicinales Variis Occasionibus Conscriptae, Authore Ricardo Carr. London : S. Anson; 1691.
12 Castelli, Bartolomeo. Bartholomaei Castelli Lexicon Medicum Graeco-Latinum. Leipzig: Thomas Fritsch, 1713, S. 180-185.

ge, dem Skalpell und blutstillenden Mitteln vor.[13] Gegen die Tribaden eindeutig negativ eingestellt war auch die sozialsatirische Schrift des angeblichen »Vaters« Poussin, der höchst wahrscheinlich identisch mit dem anglo-niederländischen Arzt und Philosophen Bernard Mandeville (1670-1733) war und der 1734 alles Verderbte und Sündhafte mit dem protestantischen England gleichsetzte.[14] Mandeville setzte sich als Reformer u.a. für die Legalisierung der Prostitution ein.[15] Allerdings lässt sein im ironisch-boudoirhaften Stil geschriebener Text vermuten, dass es ihm nur in zweiter Linie um die Bekämpfung der Tribadie ging. Der bereits zitierte Johann Georg Krünitz zögerte nicht lange, das widernatürliche Übel der Tribadie durch »Ausrottung« derselben zu beseitigen, wobei »widernatürlich« nichts anderes bedeutete als »contra naturam« und damit mit der Sodomie gleichgesetzt wurde:

> »Dergleichen Weibspersonen, welche eine widernatürlich große und hervorstehende Ruthe haben, werden Fricatrices oder Tribaden genannt. Von dieser widernatürlichen Beschaffenheit der Clitoris, und derselben Beschneidung, sind folgende Schriften nachzulesen: Richard Carr in seinen Epistolis medicinalibus, variis occasionibus conscriptis, London 1691«[16]

Viel ist geschrieben worden über die antifeudale französische Pornographie der vorrevolutionären und revolutionären Zeit, wenn es auch eine Tradition protopornographischer Literatur gibt, die bis zu Nicholas Choriers (1612-1692) *Académie des Dames* (1691) zurückreichte.[17] Die lateinische Fassung des zweiten Kapitels seiner sehr anschaulichen Beschreibungen von sexuellen Praktiken

---

[13] Tronchin, Theodorus. Dissertatio Medica Inauguralis de Nympha. Leyden: Johann Arnold Langerak; 1730., S. 16-20. Zu Tronchin siehe Geyl, A. Dr. Theodor Tronchin. Archiv für Geschichte der Medizin. 1908; 1(2-4):81-101, 298-308.

[14] Poussin, Father [Pseudonym: Bernard Mandeville]. Pretty Doings in a Protestant Nation: A View of the Present State of Fornication, Whorecraft, and Adultery, in Great-Britain, and the Territories and Dependencies thereunto belonging. London: J. Roberts; 1734, S. 24.

[15] Mandeville, Bernard. A Modest Defence of Publick Stews: or, An Essay upon Whoring. As it is Now Practis'd in These Kingdoms. London: A. Moore; 1724.

[16] Krünitz, Abhandlung von den Zwittern, S. 389.

[17] Siehe auch Laclos, Choderlos de. Les liaisons dangereuses, ou Lettres recueillies dans une société; et publicées pour l' instruction de quelques autres. Paris: Garnier; 1782. McAlpin, Mary. Female Sexuality and Cultural Degradation in Enlightenment France Medicine and Literature. Farnham, Surrey, Burlington, VT: Ashgate; 2012.

trug des Titel *Tribadicon*, analog zum *Satyricon* des Titus Petronius Arbiter (14-66).[18] Auch im Alten Reich gab es Theaterstücke voll sexueller Anspielungen, etwa in der Komödie *Der travestirte Telemach* von 1805.[19] Adel und Krone wurden mit dem Mittel zotenhafter (auch bildlicher) Darstellung sexueller Akte attackiert und der Lächerlichkeit preisgegeben.[20] Vor allem Königin Marie-Antoinette (1755-1793) wurde immer wieder einer gleichgeschlechtlichen Affäre mit Yolande Martine Gabrielle de Polastron, Duchessse de Polignac (1749-1793) bezichtigt, während ihr Mann als impotent gedeutet wurde.[21] Die US-amerikanische Historikerin Lynn Hunt hat darauf hingewiesen, dass die politische Pornographie der Revolution eng mit dem Problem der Weiblichkeit

---

18   Chorier, Nicholas. L'Academie des dames ou les sept entretiens galants d'Alosia. Köln: Ignace le Bas; 1691, speziell die Seiten 14-23, in denen ein lesbischer Coitus samt *jouissance* dargestellt wurde. Robinson, David M. Closeted Writing and Lesbian and Gay Literature: Classical, Early Modern, Eighteenth-Century. Burlington, VT: Ashgate Publishing; 2006, S. 89.

19   Hier traten drei Nymphen [!] auf, die die Namen Anaklasis, Eucharis und Clitoris trugen. Kauer, Ferdinand und Perinet, Joachim. Der travestirte Telemach: Erster Theil: Eine Karrikatur [sic!] in Knittelreimen mit Gesang in drey Aufzügen : für die k. auch k.k. priv. Schaubühne in der Leopoldstadt. Wien: Auf Kosten und im Verlag bey [Johan]n Ba[pt]ist Wallishausser; 1805, keine Seitenangeabe.

20   Pyron, dit Prepucius. La nouvelle Messaline : Tragedie en un acte. Ancone: Clitoris, rue du Sperme; 1752.

21   Colwill, Elizabeth. Pass as a Woman, Act Like a Man: Marie-Antoinette as Tribade in the Pornographie of the French Revolution. In: Merrick, Jeffrey und Ragan, Bryant T., (Hg.). Homosexuality in Modern France. Oxford, New York: Oxford University Press; 1996, S. 54-79. Die Figuration der Tribade wies nach 1780 eine diskursive Verdichtung auf, die sich u.a. auch um die Duchesse de Polignac gruppierte. Als Beispiele nenne ich [Anonymous]. Correspondance de la reine avec d'illustres personnages. [o. O.] : [o. V.]; 1790. [Anonymous]. Essai historique sur la vie de Marie-Antoinette, Reine de France et de Navarre [...]. Versailles : La Montensier; 1790. [Anonymous]. L'Iscariote de la France, ou le député autrichien. [Paris]; 1789. [Anonymous]. Mémoires du dix-huitième siècle : Ecrits par un voyageur Anglois, troisième partie. Lisbonne : [o. V.]; 1791. [Anonymous]. Mémoires secrets pour servir à l'histoire de la république des lettes en France, depuis MDCCLXII jusqu'à nos jours ou journal d'un observateur, Band 33. London : John Adamson; 1788. [Anonymous]. Testament préalable à la juste exécution projettée du traitre et assassin le prince Lambesc. Paris; 1789. De Sade, Donatien Alphonse François Marquis. La nouvelle Justine, ou les malheurs de la vertu. Suivie de l'histoire de Juliette, Band 2. En Hollande : [o. V.]; 1797. Pidansat de Mairobert, Mathieu-François. La jolie tribade, ou, confessions d'une jeune fille, ornée de deux gravures. Paris: [o. V.]; 1797.

verbunden gewesen ist.²² In drei exemplarischen anonymen Texten der Jahre 1789-1790 tauchte die Tribade als Symbol des ausbeuterischen, verschwenderischen und ungerechten monarchischen Systems auf.²³ Diese Verbindung des Sexuellen mit dem Politischen könnte die Dämonisierung der Tribade nach 1789 und dem »Export« der Aufklärung und der Etablierung patriarchaler Strukturen durch Napoleon in ganz Europa beschleunigt haben. Nicht zuletzt der *Code Civil*, der auch in anderen Territorien des französischen Empire Gültigkeit hatte, setzte die Gehorsamspflicht der Ehefrauen gegenüber dem Ehemann durch (Artikel 212-215). Zwar wurde gleichgeschlechtliche Sexualität unter Erwachsenen in Frankreich nach der Revolution offiziell nicht mehr verfolgt, doch behielten beispielsweise die deutschen Staaten, in denen der Code Civil galt, ihre Sodomiegesetze, die auch für Frauen galten, bei.²⁴ In Preußen galten diese bis 1851.²⁵ So kam die Subordination von Frauen qua Gesetz und die Verfolgung gleichgeschlechtlicher sexueller Handlungen zusammen. Auch wenn dies nicht in einer Verfolgungswelle gegen Tribaden mündete, war der Boden bereitet für eine Medikalisierung und damit für eine Intensivierung der Kliteridektomie. Samuel Tissot und seine Streitschrift gegen die Onanie markiert sozusagen den Übergang des Diskurses von den Hermaphroditen zu den Tribaden, denn er wendet sich gleichermaßen gegen beide, weil er sie in Eins setzte.²⁶ Der »Pseudo-Aristoteles« war eine Kompilation von Ratschlägen zur Sexualität und Geburt, die erstmals 1684 erschienen war und durch zahlreiche Auflagen ging. In der Ausgabe von 1806

---

22   Hunt, Lynn. The Many Bodies of Marie-Antoinette: Political Pornography amd the Problem of the Feminine in the French Revolution. In: Kates, Gary (Hg.). The French Revolution and New Controversies. New York, London : Routledge; 2006; S. 201-218.
23   [Anonymus]. L'Iscariote de la France, ou le député Autrichien. [Paris] : 1789, S. 4, 6. [Anonymus]. Testament préalable à la juste exécution projettée du traitre et assassin le Prince Lambesc. Paris : 1789, S. 6. [Anonymus]. Essai historique sur la vie de Marie-Antoinette, Reine de France et de Navarre [...]. Versailles: La Montensier, 1790, S. 77.
24   Finzsch, Norbert. Aunts, Pederasts, Sodomists, Criminals, Inverts: Homosexuality, Masculinity and the French Nation in the Third Republic. In: Finzsch, Norbert und Velke, Marcus, (Hg.). Queer|Gender|Historiographie: Aktuelle Tendenzen und Projekte. Münster, Berlin: LIT; 2016, S. 93-117.
25   Klöppel, XXoXY ungelöst, S. 285, Fn 50.
26   Tissot, Von der Onanie, S. 56-58.

sprach der anonyme Verfasser die Tribadie an, bezweifelte aber die Theorie von der übergroßen Klitoris, die Frauen zu Tribaden mache.[27]

1811 verklagten Marianne Woods und Jane Pirie Lady Hellen Cumming Gordon wegen übler Nachrede vor einem Gericht in Edinburgh. Der Prozess erregte Aufmerksamkeit über die Grenzen des Landes hinaus und wurde verschiedentlich in fiktionalen und halbdokumentarischen Texten verarbeitet.[28] Lady Cumming Gordon und ihre Enkelin Jane Cumming, die das Internat der beiden Lehrerinnen besucht hatte, hatten die beiden Frauen gleichgeschlechtlicher Handlungen beschuldigt. Die beiden Lehrerinnen mussten daraufhin ihre Internatsschule schließen, weil sie keine Schülerinnen mehr fanden. Der Fall zog sich über mehrere Jahre hin, bis er 1819 das *House of Lords* erreichte, das zu Gunsten der beiden Klägerinnen entschied, weil die Hauptzeugin, Jane Cumming, als Kind eines Engländers und einer Inderin kulturell vorbelastet und damit unglaubwürdig gewesen sei. Wichtig an diesem Verfahren ist im Zusammenhang der Tribadie eine Sammlung von Texten zur Tribadie, die als Beweismaterial vor Gericht zugelassen worden waren, denn sie wurden vom Gericht gedruckt. Die *Authorities with Regard to the Practice of Tribadism* sind ein 150 Seiten starkes Kompendium zur Tribadie, angefangen beim Heiligen Paulus über Plato bis hin zu Brantomes »Vie des Dames Galantes« und der »Encyclopédie Methodique«. In der angefügten Verteidigungsschrift der beiden Triaden wird die Position eingenommen, dass die Zeugin nicht gesehen habe, dass Woods und Pirie einen Dildo benutzt hätten und dass nur mit Hilfe eines solchen die vorgeworfenen skandalösen Akte hätten vollführt werden können. Das Wort Klitoris taucht kein einziges Mal auf, doch wird deutlich, dass der bloße Verdacht auf Tribadie ausreichend war, um Existenzen zu vernichten.[29]

Die Verzahnung des deutschen medizinischen Diskurses mit dem Kampf gegen die Tribadie zu Beginn des 19. Jahrhunderts demonstrierte kaum ein Text besser als der sechste Band von Carl August Wilhelm Berends

---

27 [Pseudo-Aristotle]. The Works of Aristotle in Four Parts. Containing His Complete Master-Piece [...] His Experienced Midwife [...] His Book of Problems [...] His Last Legacy [...]. London: H.Mozley; 1806, S. 113.

28 Hellman, Lillian. The Children's Hour: A Drama in Three Acts. New York: Alfred A. Knopf, 1934.

29 Woods, Marianne; Pirie, Jane und Gordon, Helen Cumming. Authorities with regard to the practice of tribadism [In Causa Misses Woods & Pirie against Lady Cumming Gordon]. Edinburgh: Court, Second Division; 1811, S. 25. Halberstam, Jack. Female Masculinity. London, Durham: Duke University Press; 2019, S. 63-65.

(1759-1826) *Vorlesungen über praktische Arzneiwissenschaft*. Berends, Chef der Charité ab 1815, verknüpfte typische Frauenkrankheiten mit der Tribadie und der Nymphomanie und kreierte so eine Grundlage für medizinische Intervention. Er zitierte das gesamte Schrifttum zur Nymphomanie und Mutterwut, angefangen von Paulus Aeginatus und Jean Astruc bis zu Nicolas Chambon de Montaux.[30]

> »Da von Beginn der Krankheit an die Wärme und Empfindlichkeit der Genitalien erhöht ist, so ergeben sich die Weiber der Onanie, oder werden Tribaden; die Klitoris, beständig gereizt und erigirt, erreicht eine beträchtliche Größe von Zeit zu Zeit wird durch eine Art Ejakulation eine heiße Flüssigkeit ergossen, und bald entsteht eine bösartige Leukorrhöe. Die Scheide wird allmälig erschlafft, der Uterus senkt sich hinunter, und das gesammte Genitalsystem befindet sich in einem deutlich entzündlichen Zustande. Daher entwickeln sich auch in den höheren Graden der Krankheit organische Fehler der inneren Genitalien, Eiterungen, Verhärtungen des Uterus, Anschwellungen der Ovarien, Hydatiden in denselben. In diesen örtlichen Folgen der Krankheit hat man die Ursachen derselben zu finden geglaubt, was aber sehr zu bezweifeln ist. Höchstens können solche örtliche[n] Abnormitäten die Krankheit unterhalten und verlängern, denn oft genug sind sie ja vorhanden, ohne daß eine Spur jener entsetzlichen Krankheit daraus hervorgeht.«[31]

In diesem Text gibt es eine weitere semantische Brücke von der Tribadie zur Nymphomanie und – wie wir sehen werden – weiter zur Hysterie, denn Berends schrieb an anderer Stelle unter dem Rubrum Nymphomanie:

---

30   Aeginata, Paulus. Medici Opera A Ioanne Guinterio Andernaco Medico exercitatissimo summique iudicii conversa et illustrata commentariis. Venetia : [Aldus], 1553. Astruc, Jean. Traité des maladies des femmes : Tome second. Avignon : Librairies Associés; 1763. Chambon de Montaux, Nicolas. Maladies des filles, 2. Band. Paris : Rue et Hotel Serpente; 1785. Chambon de Montaux, Nicolas. Von den Krankheiten unverheiratheter Frauenzimmer. Nürnberg: Schneider und Weigel; 1834. Berends zitiert eine ältere deutsche Augabe.

31   Berends, Carl August Wilhelm. Vorlesungen über praktische Arzneiwissenschaft, 6. Band: Weiberkrankheiten. Berlin: Theodor Christian Friedlich Enslin; 1829, S. 246.

»Der höchste Grad der Krankheit heißt furor uterinus, sonst nennt man sie auch wo[h]l pruritus uterinus, hysteromania, metromania, nymphomania, andromania, Mannstollheit, auch erotomania, Liebeswuth.«[32]

Die Symptome dieses Sammelbegriffs sind aber immer dieselben:

»Das wesentlichste und allgemeinste Symptom dieser Krankheit ist eine abnorme krankhafte Aufregung des Geschlechtstriebes, allein es tritt nicht immer deutlich hervor, weil im Anfange das Weib, besonders das gebildetere, diesen Trieb aus natürlicher Schaamhaftigkeit zu verbergen sucht.«[33]

Wie auch in anderen Texten behauptet, verlaufe die Krankheit in drei Phasen, wobei in der dritten und letzten sogar Gefahr für das Leben der Kranken bestünde.

»Die Erscheinungen, welche den ersten Grad der Krankheit begleiten, werden zum Theil durch die Verschiedenheit der moralischen Bildung und sittlichen Entwickelung bestimmt. Sittlich erzogenen Individuen ist der Geschlechtstrieb unbekannt. Sie verfallen, in Folge der namenlosen Sehnsucht in einen melancholischen Zustand, lieben die Einsamkeit vermeiden laute und fröhliche Gesellschaften. Lieben sie einen einzelnen Gegenstand, so sind sie unablässig mit Gedanken an denselben beschäftigt, und versinken in eine um [sic!] so tiefere Melancholie, je mehr ihnen die Hoffnung der Vereinigung mit dem Geliebten entschwindet. Nur in der Gegenwart des Auserwählten verräth sich die Leidenschaft der Liebenden, sie bekommen Gliederzittern, oder erleiden auch wo[h]l krampfhafte, hysterische Anfälle.«[34]

Im *Encyclopädischen Wörterbuch der medicinischen Wissenschaften* von 1846, herausgegeben von dem Chirurgen und Geburtshelfer Dietrich Wilhelm Heinrich Busch (1788-1858) et al., wurde unter dem Stichwort »Verlängerung der Klitoris« das ganze Spektrum weiblicher sexueller Devianz abgehandelt, wobei ältere Theorien über die Notwendigkeit der Klitoris für die Empfängnis eine Rolle spielen.

»VERLÄNGERUNG DER CLITORIS, Clitorismus, Cercosis clitoridis (ξεπξοσ), Caudatio. Die Verlängerung der Clitoris ist entweder angeboren, oder erst

---

32   Berends, Vorlesungen, S. 242f.
33   Berends, Vorlesungen, S. 243.
34   Berends, Vorlesungen, S. 243f.

später entstanden. Im letzteren Falle können verschiedene Ursachen zu ihrer Vergrösserung beitragen. Nach Einigen, namentlich nach Chelius, entsteht sie häufig in Folge wiederholter syphilitischer Affection, nach Andern sollen langefortgesetzte Ausschweifungen, besonders aber das Laster der Onanie grossen Einfluss haben [...] Haller fand bei den sogenannten Viragines einen sehr entwickelten Kitzler.«[35]

Deutlich wird auch hier die Anlage eines sozialen Typus der Tribade, die sich schon dem moderneren Typus der Lesbierin annähert:

»Im Allgemeinen hat man beobachtet, dass Frauen mit verlängerter Clitoris sich in jeder Hinsicht mehr dem Typus des Mannes nähern; ihr Wuchs ist meistenlheils gross, ihre Extremitäten stark, die Stimme tief, ihr Betragen frech und herrschsüchtig [...] Ist die Clitoris sehr dick und gross, so veranlasst sie starke Frictionen, und der Beischlaf wird lästig, schmerzhaft, und oft auch unausführbar. Man hat solche Individuen Unzucht mit Personen ihres eigenen Geschlechts ausüben sehen; hierher gehören die sogenannten Tribaden, unter denen die Lesbierinnen vorzüglich berüchtigt waren.«[36]

Abhilfe schafft hier die Kliteridektomie, wobei berücksichtigt werden sollte, dass die Empfängnisfähigkeit der verstümmelten Frauen nicht beeinträchtigt werden sollte. Hintergrund ist die aristotelische Annahme, der weibliche Orgasmus sei für die Empfängnis unverzichtbar.

»Veranlasst die Verlängerung der Clitoris Beschwerden, oder ist sie bösartig verhärtet, dann ist die Amputatio clitoridis angezeigt. Sie wird auf dieselbe Weise wie die Absetzung des männlichen Gliedes ausgeführt. Nur hat man hier wohl zu berücksichtigen, dass durch die Entfernung des Kitzlers das Zeugungsvermögen um so mehr erschwert wird, als die Empfindlichkeit dieses Organs wesentlich nothwendig ist, auch in den inneren Geschlechtstheilen die zur Empfängniss gehörige Aufregung herbeizuführen.«[37]

---

35 Busch, Dietrich Wilhelm Heinrich; Dieffenbach, J. F.; Hecker, J. F. C., et al. Encyclopädisches Wörterbuch der medicinischen Wissenschaften: Fünfundreissigster Band. Berlin: Veit et Comp.; 1846, S. 332.
36 Busch, Encyclopädisches Wörterbuch, S. 333.
37 Busch, Encyclopädisches Wörterbuch, S. 334. Aristoteles verweist in 10. Band der Historia Animalium auf die Notwendigkeit des gemeinsamen Climax zum Zwecke der Empfängnis. Dieses »Wissen« hatte sich über die Antike hinaus in die Albertus Magnus fälschlicherweise zugeschriebene Schrift »Secreta Mulieribus« gerettet, von wo sie sich verbreitete und bis ins 19. Jahrhundert hinein Wirkung entfalten konnte. Al-

Bei Busch und anderen Autoren wird deutlich, dass der Begriff »Lesbierin« historisch besetzt war, weil er vorwiegend im Kontext der Sappho verwendet wurde. Um die Mitte des 19. Jahrhunderts wurde die »Lesbierin« in der romantischen Literatur Frankreichs öfter erwähnt, so etwa bei Arsène Houssaye (1815-1896), Philoxène Boyer (1829-1867) und Charles Baudelaire (1821-1867), alle drei Dichter, die sich gut kannten und zu den Vorläufern oder dem Umfeld der *Parnassiens* gezählt werden.[38] Die Verwendung des Begriffs galt als *risqué* oder dekadent, und gerade das war es wahrscheinlich, was Autoren wie Houssaye und Baudelaire reizte, ihn zu verwenden.[39] Baudelaires Gedicht »Lesbos« aus dem Zyklus »Les Fleurs du Mal« wurde immerhin verboten und der Verfasser zu einer empfindlichen Geldstrafe verurteilt.[40] Zur gleichen Zeit sprach *tout Paris* über den »Skandal« des Liebesverhältnisses zwischen Georges Sand (1804-1876) und Marie Dorval (1798-1849). Besonders Houssaye spekulierte öffentlich über das Verhältnis der beiden und fachte damit die lesbophobe Debatte um intellektuelle Frauen und lesbische Liebe an.[41]

Gleichzeitig ist es unverkennbar, dass Sappho in der französischen Literatur eine Sonderstellung einnahm, die eine exotische Aufladung des Begriffs »Lesbos« oder »lesbienne« ermöglichte. Joan DeJean spekuliert, dass Baudelaire und andere männliche Autoren Sappho aus rein ästhetischen Gründen zu einer Ikone machten, während sie in ihrem praktischen Verhalten »anti-

---

bertus Magnus. De Secretis Mulierum et Virorum. Augsburg; 1503 [keine Paginierung]. Jütte, Robert. Contraception: A History. Cambridge: Polity; 2008, S. 62-68. Für die USA siehe Gardella, Peter. Innocent Ecstasy: How Christianity Gave America an Ethic of Sexual Pleasure. New York: Oxford University Press; 1985, S. 39. Einschlägig hierzu Connell, Sophia M. Aristotle on Female Animals: A Study of the Generation of Animals. Cambridge, New York: Cambridge University Press; 2016, S. 101-106.

38 Houssaye schrieb ein Theaterstück mit dem Titel »Sapho« [sic!]. Houssaye, Arsène. Poesies complètes de Arsène Houssaye. Paris : Victor Lecou; 1852, S. 167-219.

39 DeJean, Joan. Fictions of Sappho, 1546-1937. Chicago, IL, London: University of Chicago Press; 1989.

40 Waelti-Walters, Jennifer. Damned Women: Lesbians in French Novels, 1796-1996. Montreal, Kingston, London, Ithaca, NY: McGill-Queen's University Press; 2000, S. 33f.

41 Harlan, Elizabeth. Georges Sand. New Haven, CT, London: Yale University Press; 2004, S. 163f. Auch in der amerikanischen Literatur wurde die lesbische Frau um 1850 ein Gegenstand der Debatte und des Interesses. Rohy, Valerie. Impossible Women: Lesbian Figures and American Literature. Ithaca, NY, London: Cornell University Press; 2000, S. 13-41.

sapphisch« waren. Die Ästhetisierung weiblichen Begehrens erklärt vielleicht die parallele Verwendung der Begriffe »tribade« und »lesbienne«.[42]

Im *Encyclopädischen Wörterbuch* überlagerten sich jedenfalls verschiedene Diskurse, die bei Berends *Vorlesungen* schon getrennt waren. Einerseits ist hier von Lesbierinnen als sozialem Typus die Rede, andererseits wird die aristotelische Lehre von der Notwendigkeit des weiblichen Orgasmus aufrechterhalten, der von einigen Autoren schon Ende des 18. Jahrhunderts in Zweifel gezogen worden war.

Wolfgang Bernhardi sprach noch 1882 von Tribaden und Viragines, doch geriet das Wort langsam in Vergessenheit.[43] Pierre Garnier (1819-1901), ein Arzt, der von der Publikation von fragwürdiger Ratgeberliteratur ganz gut lebte, reanimierte das Wort noch einmal, allerdings im Sinne einer Zuspitzung auf eine Typologie der frauenbegehrenden Lesbe:

> »Die Tribaden oder Reiberinnen sind im Allgemeinen von der Frigidität für natürlichen Geschlechtsverkehr betroffen. Ihre Gleichgültigkeit gegenüber Männern und die Entfremdung, wenn nicht gar Abstoßung, die sie der Ehe entgegenbringen, sind ein Beweis dafür. Sie leben gewöhnlich im Zölibat, allein oder zu zweit, denn sie brauchen immer enge Freunde, Liebchen. Das ist es, was sie von anderen Frauen unterscheidet. Roubaud fand bei den von ihm untersuchten Frauen nichts Ungewöhnliches in den äußeren Teilen der Generation. Das fast vollständige Fehlen von Brüsten ist die einzige Bemerkung, die er machte, und ihr sehr ausgeprägter Geschmack für das Reiten. Dr. Martineau beobachtete auch nichts Besonderes in der Beschaffenheit der Geschlechtsorgane der Stammesangehörigen, die er im Krankenhaus von Lourcine untersuchte. Tribadismus scheint einen weniger ausgeprägten Einfluss auf die übertriebene Entwicklung der Klitoris zu haben als Masturbation oder Saphismus.«[44]

---

42 DeJean, Fictions of Sappho, S. 265. Bergman-Carton, Janis. The Woman of Ideas in French Art, 1830-1848. New Haven, London: Yale University Press; 1995, S. 178.

43 Bernhardi, Wolfgang. Der Uranismus: Lösung eines mehrtausendjährigen Räthsels. Berlin: Verlag der Volksbuchhandlung; 1882. Krafft-Ebing, Richard von. Psychopathia Sexualis mit besonderer Berücksichtigung der konträren Sexualempfindung: Eine medizinisch-gerichtliche Studie. Stuttgart : Ferdinand Enke ; 1907, S. 257

44 »Les tribades ou frotteuses sont en général frappées de frigidité pour les rapports naturels. Leur indifférence pour les hommes et l'éloignement, sinon répulsion qu'elles manifestent pour le mariage, en sont les preuves. Elles vivent ordinairement dans le célibat, seules ou à deux, car il leur faut toujours dos amies intimes, des chéries. Elles se distinguent par là des autres femmes. Roubaud n'a rien constaté d'anormal dans

Die Tatsache, dass hier mit Ausnahme vielleicht der Brüste nicht körperliche Abweichungen von der Norm vorliegend (anders als bei den Hermaphroditen), »verinnerlicht« die Abnormität, macht sie eher zu einer Disposition und nicht zu einem medizinischen Problem. Garnier lehnt auch die Verbindung zwischen einer angeblich vergrößerten Klitoris und der Praxis der Masturbation oder gleichgeschlechtlicher Sexualität ab.

»Die gewöhnliche Lüsternheit der Frauen, die diesem Laster unterworfen waren, wurde fälschlicherweise auf die Überentwicklung der Klitoris zurückgeführt. Dies ist ein Irrtum, wie die Häufigkeit dieser Gewohnheit und die Seltenheit des überschüssigen Volumens dieses Organs zeigen.«[45]

Garnier war klar, dass der Begriff Tribade aus der Mode gekommen war, und erweiterte er ihn um den Begriff des »clitoridisme.«

»Der Klitoridismus, das zweite Verfahren der Tribadie, ist eine Art unvollkommener Koitus, der von einigen Frauen mit einer hochentwickelten Klitoris, die einen Penis simuliert, an anderen Menschen ihres eigenen Geschlechts durchgeführt wird. (Mauriac.) Ihr Reiben in der Vagina erfordert zumindest eine gewisse Entwicklung dieses Organs, damit die Intromission praktikabel ist und empfindlich gemacht werden kann. Bei diesem klitoralen Überschwang wären Tribaden oder Reiberinnen geneigt, ihn in besonderer Weise mit ihren Akolythen zu nutzen. Anstelle eines einfachen äußeren Reibens würde diejenige, der diese Wucherung trägt, sie in die Vagina des anderen einführen und dabei die Rolle des Mannes einnehmen,

---

les parties externes de la génération chez celles qu'il a examinées. L'absence presque complète des seins est l'unique remarque qu'il ait faite et leur goût très prononcé pour l'équitation. Le docteur Martineau n'a également rien observé de particulier dans la conformation des organes sexuels des tribades, examinées par lui à l'hôpital de Lourcine. La tribadie parait avoir dès lors une action moins marquée que la manuélisation ou le saphisme sur le développement exagéré du clitoris.« Garnier, Pierre. Onanisme, seul et à deux, sous toutes ses formes et leurs conséquences. Paris : Garnier Frères ; 1883, S. 450. [Übersetzung, N. F.].

45 »La lasciveté ordinaire des femmes livrées à ce vice l'a fait attribuer à tort au développement exagéré du clitoris. C'est une erreur, démontrée par la fréquence de cette habitude et la rareté de l'excès de volume de cet organe.« Garnier, Onanisme, S. 320 [Übersetzung N. F.].

jedoch in einer anderen Haltung. Die Seitenlage mit gekreuzten Beinen wäre für einen solchen klitoralen Geschlechtsverkehr besonders günstig.«[46]

Garnier favorisierte die Kliteridektomie zur Heilung dieser Disposition, vor allem bei Mädchen.

»Ein kleines Mädchen, dem ihr Dienstmädchen beibrachte, ihre Klitoris zu kitzeln, und das den Lafont-Verband als Hindernis trug, drückte ihn schließlich in das Fleisch, um ihre Manöver zu üben. In Gegenwart dieser wütenden Leidenschaft, die das Kind mit Idiotie und Erschöpfung bedrohte, empfahl [Laurent-Théodore] Biett die Entfernung der Klitoris – sie wurde am 26. Juni 1834 erfolgreich durchgeführt. Die Patientin fand den längst verlorenen Schlaf wieder und erlangte durch das Fehlen der Wohlgefühle, die infolge dieser Operation, die mild und ohne Schwere war, verschwunden waren, wieder Ruhe.«[47]

Der gute Doktor, der in diesem Kontext sogar das Wort *clitoridectomie* verwendete, empfahl die Genitalverstümmelung als Standardheilmethode:

»Sobald sich die Masturbation diesen Mitteln [der Heilung durch Diät, Medikamente oder Apparate] widersetzt, ist sie nicht mehr Gewohnheit oder Laster; sie ist eine Neurose, eine Leidenschaft, eine Nymphomanie, wenn

---

46   »Le clitoridisme, constituant le second procédé de la tribadie, est une sorte de coït imparfait qu'accomplissent sur d'autres personnes de leur sexe quelques femmes douées d'un clitoris très développé et simulant un pénis. (Mauriac.) Ses frottements dans le vagin exigent au moins un certain développement de cet organe pour que l'intromission soit praticable et rendue sensible. Pourvues de cette exubérance clitoridienne, les tribades ou frotteuses seraient portées à s'en servir d'une manière spéciale avec leurs acolytes. Au lieu d'un simple frottement extérieur, celle qui porte cette excroissance l'introduirait, dans le vagin de l'autre en prenant le rôle de l'homme, mais dans une attitude différente. La position latérale avec entre-croisement des jambes serait particulièrement favorable à ces rapports du clitoridisme.« Garnier, Onanisme, S. 451f. [Übersetzung N. F.].

47   »Une petite fille, apprise par sa bonne à se chatouiller le clitoris, et qui portait comme obstacle le bandage Lafont, finit par l'enfoncer dans les chairs pour exercer ses manœuvres. En présence de cette passion furieuse, qui menaçait l'enfant d'idiotie et d'épuisement, [Laurent-Théodore] Biett conseilla l'excision du clitoris.- Elle fut pratiquée le 26 juin 1834 avec succès. La malade retrouva le sommeil, perdu depuis longtemps1, et reprit du calme, par l'absence des sensations voluptueuses disparues par suite de cette opération, légère et sans gravité.« Garnier, Onanisme, S. 330 [Übersetzung N. F.].

nicht gar Wahnsinn. Es bleibt nur noch, sie chirurgisch mit Eisen oder Feuer zu behandeln. Zu großen Übeln die großen Heilmittel. Wenn der Klitoridismus gut bewiesen und durch den Überschwang und das Volumen dieses Organs manifest wird, ist es am einfachsten, sie mehrmals hintereinander zu kauterisieren, wobei gleichzeitig im Inneren die verschiedenen Anaphrodisiaka, wie z. B. Kampfer-Bromid-Kapseln, verwendet werden. Eine verheiratete Frau, die unter dieser Wut gelitten hatte und die den Einsatz von rotem Eisen verlangte, konnte zwei Wochen lang glauben, sie sei geheilt. Die [Heilung] scheiterte erst dann, als sie nicht mehr wiederholt werden konnte.«[48]

Die Tribadie hatte damit den Status einer nervösen Erkrankung erreicht, ja sie grenzte an den Wahnsinn (»sinon une folie« »un grand mal«). Dies stellt eine diskursive Brücke zur *Masturbatorin*, zur *Hysterikerin* und zur Neurotikerin und damit letztendlich zur Psychoanalyse dar.[49] Die Verbindungen zur Epilepsie sind durch den Bezug auf die »Grands Maux« offensichtlich. Zwar ist dies keine sehr starke Korrelation, aber Epilepsie ist noch im 20. Jahrhundert mit exzessiver Masturbation und Hypersexualität in Verbindung gebracht worden.[50] Es war also nur konsequent, dass die Formation der Tribade immer mehr in den Hintergrund trat. Gelegentlich tauchte sie noch an der

---

48 »Dès que la manuélisation résiste à ces moyens [der Heilung durch Diät, Medikamente oder Apparate], elle n'est plus ni une habitude ni un vice ; c'est une névrose, une passion, une nymphomanie, sinon une folie. Il n'y a plus qu'à la traiter chirurgicalement avec le fer ou le feu. Aux grands maux les grands remèdes. Si le clitorisme est bien avéré et constaté par l'exubérance et le volume de cet organe, le plus simple est de le cautériser à plusieurs reprises successives, en employant simultanément à l'intérieur les divers anaphrodisiaques, comme les capsules de bromure de camphre. Une femme mariée, atteinte de cette fureur et qui avait réclamé l'emploi du fer rouge, put s'en croire guérie durant quinze jours. Il n'échoua ensuite qu'à défaut de les renouveler.« Garnier, Onanisme, S. 349 [Übersetzung N. F.].
49 Offenbar hat es diese Verknüpfung zwischen körperlichen Eigenschaften und psychischer Abweichung schon um 1800 gegeben. Wernz, Corinna. Sexualität als Krankheit. Der medizinische Diskurs zur Sexualität um 1800. Stuttgart: F. Enke; 1993, S. 78.
50 Schneider, Joseph W. und Conrad, Peter. Having Epilepsy: The Experience and Control of Illness. Philadelphia, PA: Temple University Press; 1983, S. 26. Mit explizitem Bezug auf die Kliteridektomie siehe Cherici, Céline. La définition d'une entité clinique entre développements techniques et spécialisation médicale : Épilepsie et épileptologie au XXe siècle. Revue d'Histoire des Sciences. 2010; 63(2):409-437, S. 416, FN 18. Natrass, F. J. Clinical and Social Problems of Epilepsy. The British Medical Journal. 1949; 1(4592):43-48, S. 45. Collier, James. Discussion on the Nature and Treatment of Epilepsy. The British Medical Journal. 1924; 2(3336):1045-1054, S. 1052. Grand-Mal-Patient*innen seien

diskursiven Oberfläche auf, etwa in Neuauflagen von Karl Friedrich Forbergs (1770-1848) erotischen Texten.[51] Carl Laker spricht im letzten Drittel des 19. Jahrhunderts nicht mehr von Tribaden, sondern von Perversion und weiblichen »Urningen«.

»Letzte Form [der konträren Geschlechtsempfindung] glaubte ich anfangs vor mir zu haben, als vor etwa einem Jahre eine Kranke reich mit, eigenthümlichen Klagen um Rath fragte. Dieselbe war verheirathet (hatte auch vor der Ehe geschlechtlichen Umgang) und trotz mächtig entwickeltem Geschlechtstriebe hatte ihr der Beischlaf niemals die leiseste Befriedigung gewährt, wohl aber fand sie die gewünschte geschlechtliche Befriedigung in vollem Maasse durch Onanie, insbesondere durch wechselseitige, der sie seit vielen Jahren bis auf den heutigen Tag trotz ihrer Verehelichung ergeben war. Ich suchte nun nach weiteren diagnostischen Anhaltspunkten, um meine ursprüngliche Vermuthung, dass es sich hier um einen weiblichen Urning handle, zu begründen, überzeugte mich aber bald, dass die Gründe dieser geschlechtlichen Sonderbarkeit mit einer verkehrten geschlechtlichen Empfindung nichts gemein hatten.«[52]

Bei Edmond Dupouy (1838-1920) erschien die Tribade nur im Zusammenhang mit einer Sittengeschichte des Alten Roms, sozusagen in historisierender Funktion.[53] Auch Julien Chevalier (18??-19??) sprach von der Inversion. »Tribade« erscheint hier nur noch selten im Sinne von »Inversion des Sexualinstinkts« und dann in Referenz zu einem älteren Text von Ambroise Tardieu.[54] Richard von Krafft-Ebing schließlich sprach noch von »Viraginität«

---

zum Teil »hypersexuell«: Blumer, Dietrich. Changes of Sexual Behavior Related to Temporal Lobe Disorders in Man. The Journal of Sex Research. 1970; 6(3):173-180, S. 175f.

51 Forberg, Friedrich Karl. De Figuris Veneris (Manual of Classical Erotology). Manchester: Julian Smithson; 1884, Kapitel 6, »Of Tribads«, S. 195-225.

52 Laker, Carl. Ueber eine besondere Form von verkehrter Richtung (»Perversion«) des weiblichen Geschlechtstriebes. Archiv Für Gynäkologie. 1889; 34(2):293-300, S. 294.

53 Dupouy, Edmond. Médecine et moeurs de l'ancienne Rome, d'après les poètes latins. Paris : Baillière et fils; 1892, S. 262, Fußnote.

54 Chevalier, Julien. L'inversion sexuelle : Psycho-Physiologie, sociologie, tératologie, aliénation mentale, psychologie morbide, anthropologie, médecine judiciaire. Lyon, Paris: Storck & Masson; 1893, S. 51, 129, 249f.

und »lesbischer Liebe« bei Frauen, aber nicht mehr von Tribadie.[55] Er hat den Terminus zu Grabe getragen, auch wenn er bei [Jean] Caufeynon, einer fragwürdigen medizinischen Autorität, der eine Vielzahl von »volkstümlichen Aufklärungstexten« erotischer und kolportagehafter Natur verfasste und für einen Franc unters Volk brachte, noch einmal auferstanden ist – schließlich verkauften sich Skandalgeschichten aus den Pariser Freudenhäusern besser als trockene medizinische Texte.[56]

Während in Frankreich derartige Texte offenbar gut auf dem Markt platziert wurden, erregte der Professor für Gynäkologie an der *Chicago Polyclinic* Denslow Lewis (1856-1913) mit einem Vortrag über menschliche Sexualität vor der *American Medical Association* (AMA) 1899 so großes Missfallen, dass sich die AMA weigerte, den Beitrag im Journal der Gesellschaft abzudrucken. Der Vortrag ist insofern ein Paradebeispiel für die Diskussion um »Normalität« in der Sexualität, als Lewis sehr detailliert die physiologischen Vorgänge eines als »normalen« bezeichneten Koitus darstellte, um dann auf die Gefahr gleichgeschlechtlicher Sexualität zwischen Frauen zu sprechen zu kommen.

»It is not my purpose [...] to refer to the perversions and unnatural practices so ably described by Kra[f]ft-Ebing. They exist, however, in our midst, especially among young girls, to a deplorable extent, and they have their effect on women in their marital relationship.«[57]

Er bezog sich dabei weniger auf gegenseitige Masturbation als auf »cunnilinguistic [sic!] practices.«[58] Diese Form des Sexes zwischen Frauen sei eine Angelegenheit der Oberschicht »brought up in luxury« und »[...] when she assumes the responsibilities of a wife the normal sexual act fails to satisfy her.«[59]

---

55 Krafft-Ebing, Richard von. Psychopathia Sexualis mit besonderer Berücksichtigung der conträren Sexualempfindung: Eine klinisch-forensische Studie. Stuttgart : Ferdinand Enke ; 1898, S. 254-257.
56 Fauconney, Jean [Caufeynon, Jean]. La masturbation et la sodomie féminines : Clitorisme, saphisme, tribadisme, déformation des organes. Nouvelle Librairie Medicale (Paris) ; 1902. Die Bibliothèque Nationale in Paris listet 91 Texte dieser Art und Güte von Fauconney|Caufeynon auf.
57 Lewis, Denslow. The Gynecologic Consideration of the Sexual Act. Chicago, IL: Henry O. Shepard Company; 1900, S. 7.
58 Lewis, The Gynecologic Consideration, S. 13.
59 Lewis, The Gynecologic Consideration, S. 13.

Diese Praktiken führten zu einer Hyperämie der Genitalien, also zu einer verstärkten Durchblutung, die durch Bestreichen mit einer Kokainlösung behandelt werden solle. Oft sei die Klitoris besonders erregbar. In einem Fall sei sie vergrößert und extrem sensitiv gewesen. Als letztes Mittel habe sich Lewis dazu berechtigt gefühlt, eine Amputation der Klitoris vorzunehmen.[60] Gelegentlich habe er auch Strychnin mit einer Nadel in die Genitalien injiziert und bei 15 von 18 Patientinnen habe sie Erregbarkeit der Klitoris daraufhin abgenommen. »By moral suasion and by intelligent understanding of the duties of the marital relationship the patients became in time proper wives.«[61] Eine neurotische Patientin sei geisteskrank geworden und lebe gegenwärtig [1900] in einer Anstalt.[62] Bei den phlegmatischen Frauen sei die Frigidität (»anerotism«) und es gehe darum, die Leidenschaft dieser Frauen zu wecken. Dies geschehe durch »[...] a judicious circumcision [...], verbunden mit ständiger Beratung. Er habe bei 38 Patientinnen eine solche Behandlung durchgeführt, und nur in vier Fällen habe diese – nach Auskunft der Ehemänner [!] – nicht angeschlagen. »In the others sufficient passion, real or simulated, was developed, to afford the husband a satisfactory sexual life.«[63]

Heutige Leser*innen mögen verblüfft sein über die Selbstverständlichkeit, mit der der Ehemann zum Gradmesser sexueller Erfüllung wurde. Die Gespräche wurden offenbar vor allem mit den sexuell unzufriedenen Männern geführt, denn die (wirkliche oder simulierte) »Leidenschaft« der Frauen wurde durch Befragung der Männer ermittelt. Man könnte auch annehmen, dass die Beratung sich vor allem an die Männer gerichtet hat. Der Erfolg für die Frauen bestand in der Geburt von Kindern. In Fällen, bei denen die Klitoris besonders klein zu sein schien, wurde diese mit einer Unterdruckpumpe angesaugt oder elektrisch stimuliert und auf diese Weise mit der Zeit angeblich vergrößert. Dies ist der seltene Fall in der Literatur, dass eine Klitoris für zu klein befunden wurde.[64] Hysterektomien seien auch geeignet, den »sexuellen Appetit« der Patientin anzuregen. »My own cases of hysterectomy for inversion were performed in old or insane women, so that no observation could be obtained.«[65] Auch hier überrascht die brutale Offenheit des operie-

---

60   Lewis, The Gynecologic Consideration, S. 13f.
61   Lewis, The Gynecologic Consideration, S. 14.
62   Lewis, The Gynecologic Consideration, S. 14.
63   Lewis, The Gynecologic Consideration, S. 14.
64   Lewis, The Gynecologic Consideration, S. 15.
65   Lewis, The Gynecologic Consideration, S. 18.

renden Arztes. Diese älteren oder psychisch kranken Frauen wurden offenbar ohne ihr Einverständnis operiert und zwar wegen ihrer *Inversion*, d.h. weil sie gleichgeschlechtlich orientiert waren. Die kritische Lektüre dieses Textes widerlegt auch die Auffassung John Hobermans, Lewis sei es um die sexuelle Emanzipation von Frauen gegangen. Das genaue Gegenteil war der Fall. Frauen sollten sexuell funktionieren – im Interesse des Ehemanns und der biologischen Reproduktion.[66]

---

66 Hoberman, John. Testosterone Dreams: Rejuvenation, Aphrodisia, Doping. Berkeley, CA, Los Angeles, CA: University of California Press; 2005, S. 59. Hoberman geht so weit, dass er einen Freud'schen Druckfehler berbeiwünscht. Im Quellentext steht ohne Zweifel: »In the others sufficient passion, real or simulated, was developed, to afford the husband a satisfactory sexual life.« Hobermann ersetzt »simulated« durch »stimulated«, was sprachlich keinen Sinn macht. Hoberman, John. Testosterone Dreams, S. 61.

5. Diskursive Brücke
Die übermäßig vergrößerte Klitoris (1605-1899)

Der Zusammenhang von »vergrößerter Klitoris« mit den Komplexen Hermaphroditin, Virago, Tribade und Masturbatorin war ein seit Langem etablierter Topos. In den Hexenprozessen, die 1692/93 in Salem Massachusetts stattfanden, galt die vergrößerte Klitoris, die sogenannte *Witch's Teat*, als Beweis für die Tätigkeit als Hexe.[1] Heutzutage gilt die vergrößerte Klitoris als Indikator für medizinische Probleme wie »abnormaler sexueller Entwicklung«, d.h. angeborener adrenaler Hyperplasie, einer Stoffwechselkrankheit, die leicht mit Hydrokortison behandelt werden kann.

»Bei betroffenen Mädchen müssen eventuell eine Reduktionsplastik der Klitoris und eine Rekonstruktion der Vagina durchgeführt werden. Oft sind noch weitere chirurgische Eingriffe im Erwachsenenalter notwendig. Aber bei entsprechender Vorsorge und Aufmerksamkeit bezüglich psychosozialer Belange kann ein normales Sexualleben geführt und Fruchtbarkeit erwartet werden.«[2]

---

1   Sanday, Peggy Reeves. A Woman Scorned: Acquaintance Rape on Trial. Berkeley, CA: University of California Press; 1997, S. 78. Purkiss, Diane. The Witch in History: Early Modern and Twentieth-Century Representations. London: Routledge, 2003, S. 134-139. Willis, Deborah. Malevolent Nurture: Witch-Hunting and Maternal Power in Early Modern England. Ithaca, NY: Cornell University Press, 2018, S. 33, 52, 64, 181. Zur Bedeutung von Sexualstraftaten für die Verfolgung von Hexen in Essex siehe Jones, Karen und Zell, Michael. ›The Divels Speciall Instruments‹: Women and Witchcraft before the Great Witch-Hunt. Social History. 2005; 30(1):45-63.

2   Calabria, Andrew. Kongenitale adrenale Hyperplasie, die durch einen 11-beta-Hydroxylase-Mangel verursacht wird. In: MSD Manual: Ausgabe für medizinische Fachkreise. [Web page]. URL: https://www.msdmanuals.com/de-de/profi/pädiatrie/endokrine-störungen-bei-kindern/kongenitale-adrenale-hyperplasie,-die-durch-einen-11-beta-hydroxylase-mangel-verursacht-wird, gesehen 11.5.2020.

Ein anderes medizinische Problem ist die »vorzeitige Andrenarche«, also das frühe Einsetzen der Pubertät. Auch hier gilt die vergrößerte Klitoris als Anzeichen für eine derartige »Abnormität«.[3] Man kann also mit Fug und Recht behaupten, dass die Größe der Klitoris bis heute eine Metapher für biologische »Normalität« ist. Diese Metapher ist aber mehr als 300 Jahre alt.

Valerie Traub hat in ihrer groß angelegten Studie des *Lesbianism* im frühmodernen England den Topos der übermäßig großen Klitoris thematisiert.[4] Sie verbindet ihn aber mit dem Wiederauftauchen der Figuration der Tribade, was sicherlich genealogisch für England zutrifft. Sie übersieht dabei allerdings die Persistenz dieses Topos, der über unterstellte homoerotische Praktiken hinauswies und mit den Figurationen der Masturbatorin eng verbunden war. Das Bild der penisähnlichen Klitoris, die für einen gleichgeschlechtlichen Penetrationsakt zwischen Frauen »missbraucht« werden konnte, geisterte seit dem frühen 17. Jahrhundert durch die Literatur.

So schrieb der in Padua ausgebildete Gynäkologe Peter Chamberlen III (1601-1683) über die vergrößerte Klitoris

»Tentigo is a Distemper in Women, when the Clitoris is overmuch increased: the subject of this Disease is the clitoris, or Nervous piece of flesh, which the Lips or Wings of the privities doe embrace, and which suffers erection in the act of Venery. [...] Secondly, the Cure must be performed by taking away the excrescence: to which purpose gentle Causticks may be applied, [...] At

---

3   Sane, Kumud und Pescovitz, Ora Hirsch. The Clitoral Index: A Determination of Clitoral Size in Normal Girls and in Girls with Abnormal Development. The Journal of Pediatrics. 1992 Feb; 264-266. Die Autor*innen des Artikels basieren ihre Aussagen auf fragwürdigen statistischen Operationen, wie der grob unterschiedlichen Größe der beobachteten Gruppen und sehr allgemeinen Zuweisungen von Störungen (»XO/XY karyotype«). Das Meßverfahren (Lineal) ist einer wissenschaftlichen Untersuchung nicht angemessen. Der Sinn der Untersuchung wird überhaupt nicht klar. Es ist ja nicht so, dass die Erkrankung der Patientinnen vor der Untersuchung unbekannt war. Bei allen untersuchten Problematiken ist bekannt, dass Virilisierungseffekte auftreten. Dass die Klitoris nach Einsetzen der Pubertät ebenfalls vergrößert ist, überrascht auch kaum jemand.

4   Traub, Valerie. The Renaissance of Lesbianism in Early Modern England. Cambridge, New York: Cambridge University Press; 2002, S. 188-228. Siehe auch Traub, Valerie. The Psychomorphology of the Clitoris. GLQ: A Journal of Lesbian and Gay Studies. 1995; 2(1-2):81-113.

length the flesh is to be cut away, either by binding hard, or by Section, care being had that you avoid an Inflammation.«[5]

Hier schwang nicht nur die Befürchtung mit, Frauen könnten Männer »überflüssig« machen, sondern auch ein echter Penisneid von Männern. Schließlich wurde die Klitoris seit der Renaissance mit dem Penis gleichgesetzt.[6] Die Klitoris sei außerordentlich reizbar und müsse bei Übergröße entfernt werden, entschied der in der Folge immer wieder zitierte Caspar Bauhin 1605.[7] Der niederländische Anatom Regnier de Graaf (1641-1673), Entdecker der Ovarialfollikel im Eierstock, schrieb 1649 eine Abhandlung über die Sexualorgane des Mannes und der Frau und widmete in ihr der Klitoris zehn Seiten. Er zitierte die ihm bekannte einschlägige Literatur und verweilte dann länger bei der vergrößerten Klitoris, wobei seine Darstellung teilweise ins Sagenhaft abglitt.

»Außerdem ist die außergewöhnliche Länge der Klitoris ein Hindernis für den Koitus, es ist eine Art Priapus, der denjenigen, die den Garten der Frau betreten wollen, den richtigen Spaten präsentiert«.[8]

Die lateinische Ausgabe seines Traktats über die Geschlechtsorgane von Frauen von 1672 wiederholte die gleichen Aussagen.[9] Immerhin veröffentlichte de

---

5   Chamberlen, Peter [sic!]. Dr. Chamberlain's [sic!] Mid-Wife Practise or, a Guide for Women in that High Concern of Conception, Breeding, and Nursing Children: In a Plain Method, Containing the Anatomy of the Parts of Generation: Forming the Child in the Womb: what Hinders and Causes Conception: of Miscarriages: and Directions in Labour, Lying-inne, and Nursing Children. London: Thomas Rooks; 1665, S. 210f.

6   Bauhin, Caspar. Caspari Bauhini Basileensis Theatrum Anatomicum. Frankfurt a.M.: Matthias Becker; 1605, S. 211.

7   »[...] quam mulieribus in tantam longitudinem, vel ob humorum affluxum' vel ob attractionem, quae digitis sit, excrescunt: vt propter impedimentum & dedecus (cum multis nationibus insignis impudicitae argumento sint) quod adferunt, excisione opus [...] praesertim apud AEgyptios, quibus Galeno referente, hic affectus familiaris est.« Bauhin, Theatrum Anatomicum, S. 229. Zitat auf S. 257.

8   »Au reste la longueur extraordinaire du Clitoris est un empêchement pour le coït, c'est une manière de priape, qui présente la pique droite à ceux qui veulent entrer dans le jardin de la femme.« De Graaf, Regnier. Histoire anatomique des parties génitales de l'homme et de la femme qui servent à la génération avec un traité du suc pancréatique [...] composée en latin par Monsieur Graaf, [...] et traduit en françois par Monsieur N. P. D. M. Basel : Emanuel Jean George König; 1649, Zweiter Teil : Traité des parties des femmes qui servent à la Génération, S. 12 [Übersetzung N. F.].

9   »Ceterum quo magis escrescit Clitoris, eo magis coitum impedit, ea enim preter modum turgens, instar Priapi, hortum muliebrem a virili impetu tuetur.« De Graaf, Re-

Graaf in seinem lateinischen Text eine ziemlich genaue Darstellung der »inneren Teile« der Klitoris, offensichtlich ein Kupferstich nach einer Sektion des Organs, die belegt, wie genau de Graaf die Klitoris beschrieb und mit der These aufräumte, die Klitoris sei lediglich eine kleine beerenförmige Erhebung (μψρτον) in der Vulva.

Abbildung 28: Darstellung der Klitoris (1672)[10]

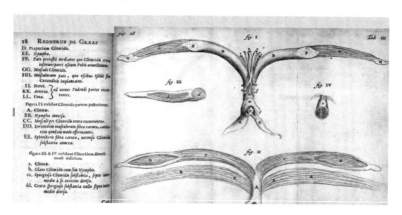

Der schon erwähnte Isbrand van Diemerbroeck verweilte in seiner Anatomie länger bei der vergrößerten Klitoris, die er mit den Hermaphroditen und Tribaden assoziierte.[11] Diemerbroeck fiel aber in einigen seiner Behauptungen hinter das Wissen de Graafs zurück, wofür er vom Leibarzt des Königs Charles II, Samuel Collins (1618-1710), ausführlich kritisiert wurde. Die Diskussion der Werke von de Graaf und Diemerbroeck nur wenige Jahre nach ihrer Veröffentlichung zeigt auch deutlich, wie international und vernetzt die Gemeinschaft der Mediziner in jenen Jahren war.[12] Georg Ernst Stahl (1659-1734), Chemiker und Arzt, Autor eines medizinischen Handbuchs, bemerkte 1730:

---

gnier. De Mulierum Organis Generationi Inservientibus Tractatus Novus. Leiden: Hack; 1672, S. 21.

10   De Graaf, De Mulierum Organis Generationi, S. 28.
11   Diemerbroeck, Anatome Corporis Humani Conscripta, S. 151f.
12   Collins, A Systeme of Anatomy. Diemerbroeck wird achtzehnmal zitiert, de Graaf sechsundzwanzigmal.

5. Diskursive Brücke

»Das Schaam-Zünglein oder die Weiber-Ruthe (Clitoris seu virga mulierum) endlich dienet besonders hierzu, daß es in dem Beyschlaff die hierzu gehörige Annehmlichkeit oder Lust durch das Titiliren oder Kützeln machet, auch dahero zu einer solchen Zeit aufblehet, groß und harte wird, um welcher Ursachen man es auch die verliebte oder Venus-Annehmlichkeit und Süßigkeit zu nennen pfleget.«

Er kannte also die Funktion des Organs sehr gut, was ihn nicht abhielt, folgende Anleitung zur Entfernung einer übergroßen Klitoris anzufügen:

»Was nun weiter die Cur des allzu großen Geburths-Züngleins oder der weiblichen Ruthe (Clitoridis seu virgae muliebris justo longioris) anbelanget, so hat ein Chirurgus allhier nichts anders zu thun, als daß er mit einem starcken seidenen oder leinenen Faden dasjenige, was wiedernatürlich [sic!], oder zu lang ist, ebenermaßen fein starck bindet, und hierdurch soviel intendiret und zuwege bringet, daß dieses überflüßige Corpus nicht das mindeste Nutriment bekommen, und um dieser Ursache willen, weil es ohne selbigen im gerinsten nicht bestehen kann, verwelken, absterben und verdorren, auch sodann abfallen möge, welches auch allerdings angehet, und eine solche Patientin von ihrer zuvor gehabten Incommodität liberiret oder befreyet. [...] [Wenn das zu lange dauere,] so muß man gleichermaßen zu der Wegschneidung schreiten, die auch in einem Huy oder Moment verrichtet werden kan, und sofert [sic!] das ausfliessende Blut stillen [...]«[13]

Der ursprünglich aus Hamburg stammende Londoner Arzt Richard Rock (1690-1777), von dem es eine Karikatur William Hogarths gibt, und der sein Geld mit dem Verkauf von Pillen gegen sexuell übertragbare Krankheiten verdiente, vertrat die Meinung, vergrößerte Klitorides seien nicht zu beschneiden, sondern er empfahl eine konservatorische Behandlung.[14] Die »allzugroße Klitoris« tauchte im 17. Jahrhundert *en passant* in verschiedenen

---

13 Stahl, Georg Ernst. Des Grundmäßigen Chirurgischen Schlüssels Achte Eröffnung, vermittels dessen Alle äusserlichen Gebrechen des menschlichen Cörpers richtig zu erkennen [...]. Leipzig: Wolfgang Deern; 1730, S. 1183f., 1205f.
14 Rock, Richard. A Treatise of the Venereal Disease: Plainly Discovering and Directing Both Sexes, How They May Become their Own Doctors. Teaching Them Plainly, and Perfectly to Know Their Own Condition [...] And How to Cure Themselves. [London]: Richard Rock; 1745, S. 23. Hogarth hatte Rock in seinem Buch A Harlot's Progress dargestellt. (Abb. 5)

Kontexten auf, so in den Berichten der Göttinger Akademie der Wissenschaften.[15] Der schottische Arzt und Anatom Matthew Baillie (1761-1823) ließ sich in drei Ausgaben seiner Anatomie ausführlich über die Vergrößerung der Klitoris aus, allerdings ohne daraus die Notwendigkeit einer Resektion abzuleiten.[16] Der in französischen, deutschen und englischen Texten immer wieder zitierte M.D. T. Bienville (1726-1813), eigentlich Jean Baptiste Louis de Thesacq, dessen großes Thema die Nymphomanie und der *Furor Uterinus* waren, sprach von einer vergrößerten Klitoris als Ergebnis der Masturbation, sah allerdings die Nymphomanie durch seelische Vorgänge bedingt, nämlich Melancholie im ersten Stadium und Manie im zweiten Stadium.[17]

Im neunzehnten Jahrhundert verdichtete sich der Diskurs um die Vergrößerung der Klitoris als eine Folge der Masturbation, die operativ zu entfernen sei. Christoph Gottlieb Büttner (1708-1776) erläuterte in seinem posthum erschienenen Werk »Vollständige Anweisung« 1804 die »fehlerhafte Bildung« der vergrößerten Klitoris. Der Text des Professors für Medizin an der Königsberger Albertina ist von Bedeutung, weil er geschrieben wurde, um Totgeburten und Kindstötungen zu erkennen, stand also im Kontext der Bemühungen um eine Steigerung der Bevölkerungszahlen. Büttner brachte die vergrößerte Klitoris allerdings noch, dem älteren Diskurs entsprechend, mit dem Phänomen der Hermaphroditin in Verbindung:

»Ein Hermaphroditus Foemina, oder weiblicher Zwitter, ist ein solcher, welcher zwar die weibliche Schaam oder Vulvam hat, allein zuweilen eine flei-

---

15 Akademie der Wissenschaften. Göttingische Anzeigen von gelehrten Sachen, unter der Aufsicht der Königl. Gesellschaft der Wissenschaften. Göttingen; 1755, S. 568.
16 Baillie, Matthew. The Morbid Anatomy of Some of the Most Important Parts of the Human Body. London: J. Johnson; 1793, S. 283-285. Baillie, Matthew. The Morbid Anatomy of Some of the Most Important Parts of the Human Body. Albany, NY: Printed by Barber & Southwick, for Thomas Spencer, Bookseller, Market-Street; 1795, S. 225-227.»The Clitoris enlarged. An enlarged clitoris is also a natural deformity, less common han the other, but a more unfortunate one.« Baillie, Matthew. The Morbid Anatomy of Some of the Most Important Parts of the Human Body. Walpole, NH: G. W. Nichols; 1808, S. 247.
17 Bienville, M. D. T. Nymphomania, or, A Dissertation Concerning the Furor Uterinus. London : Printed for J. Bew; 1775, S. 146. Bienville, M D T. La nymphomanie ou traité de la fureur uterine. Paris: Office de Librairie; 1886 [Reprint der französischen Erstausgabe von 1771], S. 38f. Furor uterinus war im 19. Jahrhundert ein geläufiger *Terminus Technicus*. Siehe [Anonymous]. The Philosophy of Kissing, Anatomically and Physiologically Explained, by an Amateur. London: Henry Smith; 1840. Hier findet sich Werbung für ein Buch zum furor uterinus im Schutzumschlag.

schige aber nicht durchbohrte Substanz am Schaamknochen, die eine männliche Ruthe, oder penem vorstellt, zuweilen aber die sogenannte weibliche Ruthe, Clitor, in Länge eines mannlichen Gliedes, aus zwei hohlichten Körpern bestehend, jedoch auch nicht offen, sondern verwachsen, nebst einer Eichel, Glande penis [...] und Vorhaut, praeputio, begabet, und zu Ausübung der Wollust sehr empfindlich ist.«[18]

Adam Elias von Siebold war 1811 einer der ersten, der in Deutschland die Resektion vorschlug.[19] Carl Friedrich Burdach (1776-1847), Anatom und Physiologe, Professor in Dorpat, legte eine systematisch gegliederte Untersuchung verschiedener Formen der Intersexualität vor, in der er ausführlich auf die Vergrößerungen der Klitoris einging. Aber auch er enthielt sich jeden Vorschlags für eine »Heilung« dieses Zustands.[20] Der schottische Arzt John Burns (1775-1850), Mitglied der ehrenwerten *Royal Society* und Professor am *Andersonian Institute* in Glasgow, bemerkte 1827, dass eine übergroße Klitoris entfernt werden könne.

»Zuweilen wird die Clitoris über die Massen verlängert, und wenn sich dies schon in der Kindheit zeigt, und damit noch ein unvollkommener und nicht deutlich ausgesprochener Bau der übrigen Organe verbunden ist, so können solche Leute leicht für Hermaphroditen angesehen werden.«

In einer Anmerkung zu diesem Abschnitt bemerkte er:

»Simmons schnitt eine Clitoris weg, welche eine neun Zoll lange und an ihrem breitesten Ende vierzehn Zoll im Umfange messende Geschwulst bildete. Der Umfang des Stammes derselben betrug fünf Zoll.«[21]

Bei dem immer wieder, auch von Burns zitierten Aufsatz von Richard Simmons über die Amputation der »Klitoris« handelte es sich um ein medizinisches Missverständnis. Simmons hatte bereits 1801 einen Artikel im *Medical and Physical Journal* veröffentlicht, der die Operation einer riesigen Geschwulst

---

18   Büttner, Christoph Gottlieb. D. Christoph Gottlieb Büttners vollständige Anweisung wie durch anzustellende Besichtigungen ein verübter Kindermord auszumitteln sey, mit beigefügten eigenen Obductions=Zeugnissen. Königsberg: Gübbels und Unzer; 1804, S. 19f.
19   Siebold, Handbuch zur Erkenntniß, S. 307f.
20   Burdach, Carl Friedrich. Anatomische Untersuchungen bezogen auf Naturwissenschaft und Heilkunst. Leipzig: Hartmannsche Buchhandlung; 1814.
21   Burns, Handbuch der Geburtshülfe, S. 103.

an der Vulva betraf. Die dem Beitrag beigefügte Illustration unterstrich, dass man hier keineswegs von einer Kliteridektomie sprechen konnte, sondern dass es sich um einen beängstigend großen Tumor mit einem Gewicht von 28 *ounces* (800 Gramm) handelte.[22] Der Arzt Friedrich Bird (1791-1851) stellte unter Bezug auf [Johann Friedrich?] Meckel 1823 fest, dass »bei enger Scheide die Vergrößerung des Kitzlers häufig vorhanden sey.«[23]

1833 veröffentlichte der Gynäkologe Ludwig Friedrich von Froriep (1779-1847) seine *Notizen*. Er informierte die Leser*innen über die »Fortschritte« der Medizin und verweilte auch bei der ohne Anästhesie durchgeführten Kliteridektomie wegen »zu großer« Klitoris im königlichen Krankenhaus von Glasgow.

»Die Nymphen und clitoris wurden so weit als möglich unter den Schamknochen hervorgezogen, die äußern labia durch einen Gehülfen auf die Seite gehalten und die Theile dicht an der Grundfläche abgetrennt, wobei die Frau außerordentlich zu leiden schien.«[24]

Neu an der sich verdichtenden Diskussion des 19. Jahrhunderts war die Betonung der »Behinderung« des heterosexuellen Sexualverkehrs durch die Klitoris.[25] Diese Veränderung muss im Hinblick auf den Familialismus kontextua-

---

22   Simmons, Richard. Case of an Extraordinary Enlargement of the Clitoris. In: The Medical and Physical Journal, 5(13): 1801. S. 2-4.

23   Bird, Friedrich. Ueber die relativen Maaßverhältnisse des menschlichen Körpers. Zeitschrift für die Anthropologie. 1823; 1:330-369, S. 360, Fußnote. Ob dies ein erster Verweis auf das »Problem« des Vaginismus ist, das im späten 19. Jahrhundert so wichtig wurde, kann nur angenommen werden. Anders als in der Forschung behauptet, war der »Vaginismus« keine franko-amerikanische Erscheinung. Er wurde in Deutschland genauso diskutiert. Cryle, Peter. Vaginismus: A Franco-American Story. Journal of the History of Medicine and Allied Sciences. 2012; 67(1):71-93. Scanzoni, Friedrich Wilhelm von. Ueber Vaginismus. Wien: Carl Finserbeck; 1867. Merlo, Ernst. Ueber Vaginismus. Dissertation Universität Bonn; 1869. Beigel, Hermann. Krankheiten der Eileiter und der breiten Mutterbänder, Krankheiten der Gebärmutter, der Vagina, der äußeren Geschlechtstheile und der Brustdrüsen, Vaginismus und Sterilität. Erlangen: Ferdinand Enke; 1875. Fritsch, Heinrich. Ein Beitrag zur Lehre vom Vaginismus. Archiv für Gynäkologie. 1876; 10(3):547-550. [Anonymus]. Oophorectomy in Neurotic Women. The British Medical Journal. 1887; 1(1359):122.

24   Froriep, Ludwig Friedrich von. Notizen aus dem Gebiete der Natur= und Heilkunde, gesammelt und mitgetheilt von Ludwig Friedrich von Froriep, Band 37. Weimar: Lossius; 1833, S. 283.

25   »Si le développement excessif des lèvres ou du clitoris apporte un obstacle réel à la copulation, on peut aisément le faire disparaître en pratiquant l'excision d'une partie de

lisiert werden. Speziell in Frankreich hatte sich ein »familiaristischer« Diskurs entfaltet, der die Bedeutung der »romantischen Liebe« und der Familie hervorhob und dem es auf die Steigerung der Geburtenrate ankam. Die Leistungen des späteren Wohlfahrtstaats wurden in die Familie hineinverlegt. Die Sexualität von Frauen und Kindern wurde in diesem Zusammenhang verstärkt problematisiert. Die Stellung der Väter im Vergleich zum Ancien Régime wurde geschwächt, was die Bedeutung der Kinder erhöhte. Die Auswirkungen dieses Diskurses kann man anhand der Masturbationsphobie studieren.[26] Der Familialismus des 19. Jahrhunderts war durchaus auch ein staatliches Programm. Der französische Staat sah sich als Beschützer der Familie, die sich zu einem Objekt »guter Regierung« veränderte. Damit wurde die Familie viel mehr als nur der Mikrokosmos im Makrokosmos des Staates. Die Familie war ein Instrument der Konstruktion des politischen Bürgers (*citoyen*). Damit wurde die Familie auch zur Quelle alles dessen, was nicht funktionierte.[27] Familialismus war in Frankreich eine politische Bewegung mit einer legalen Infrastruktur, administrativen Institutionen und Lobbyisten. Familialismus war auch eine Ideologie, in der die Familie als Garant des Sozialvertrags aufgefasst wurde. Schon der *Code Civil* von 1804 hatte die Familie zu einem wichtigen Vektor der Sozialpolitik transformiert.[28] Aus der gestärkten und zugleich instrumentalisierten Position der Familie resultierte auch ein verstärktes Augenmerk auf die Prostitution als einer Institution, die die Familie zu bedrohen schien. 1836 veröffentlichte der Arzt und Hygieniker Alexandre-Jean-Baptiste Parent-Duchatelet (1790-1836) eine zweibändige

---

ces organes.« Nonat, Auguste. Traité pratique des maladies de l'uterus de ses annexes et des organes génitaux externes. Paris : Adrien Delahaye ; 1874, S. 1037.

26 Bernard, Claudie. Penser la famille au XIXe Siècle (1789-1870). Saint-Etienne : Publications de l'Université de Saint-Etienne; 2007, S. 370f., 386.

27 Godart, Elisabeth und Benard, Jean-Pierre. Freud, Lacan[...] Quel Avenir? Aggiornamento pour la psychanalyse. Paris: L'Harmattan; 2007, S. 27.

28 Robcis, Camille. The Law of Kinship: Anthropology, Psychoanalysis, and the Family in France. Ithaca, NY, London: Cornell University Press; 2013, S. 18f. Der Code Civil enthält keinen Abschnitt über die Familie, dafür aber über »Personen«. Die ersten Redakteure und Kommentatoren des Gesetzeswerks wie Jean Guillaume Locré de Roissy (1758-1840) und Jean-Etienne-Marie Portalis (1746-1807) haben aber darauf verwiesen, wie wichtig die Familie im Kontext des Code Civil war. Locré, Jean Guillaume. Esprit du Code Napoléon tiré de la discussion. Band 5. Paris : Imprimerie Impériale; 1807. Portalis, Jean-Etienne-Marie. Discours et rapports sur le code civil : Précédés de l'éssai sur l'utilité de la codification. Caen : Presses Universitaires de Caen; 2010.

Studie über die Prostitution in Paris. Er war zuvor mit einer empirischen Studie über das Abwassersystem von Paris bekannt geworden.[29] Das Buch über die Prostitution war aus zwei Gründen bemerkenswert. Es stellte eine erste soziologische Analyse auf empirischer Grundlage dar und es war der Vorläufer einer Reihe von Büchern über die Prostitution und deren Abolition bzw. Bekämpfung in Frankreich. Parent-Duchatelet benutzte dazu die Polizeiakten der Präfektur, führte also eine Sekundäranalyse durch. Der Autor konnte auf Grund seiner ausgedehnten Studien behaupten, dass die These, exzessive Masturbation und häufiger Sexualverkehr führe zu einer Hypertrophie der Klitoris, jeder Grundlage entbehrte:

> »Laut den Herren Jacquemin und Collineau und den Ärzten der Apotheke weisen die Pariser Prostituierten nichts Bemerkenswertes in der Disposition und den Dimensionen der Klitoris auf; unter ihnen gibt es, wie bei allen verheirateten Frauen, einige Varianten, die aber nicht bemerkenswert sind und die mit diesen anderen Varianten, die wir oben besprochen haben, assimiliert werden können.«[30]

Gabriel Grimaud de Caux (1800-1881), Herausgeber der *Gazette de Santé* und damit an der Schnittstelle von Medizin und öffentlicher Gesundheitsfürsorge, und Gaspard Joseph Martin-Saint-Ange (1803-1888) veröffentlichten 1837, also ein Jahr nach dem Erscheinen der Bände von Parent-Duchatelet, eine *Histoire de la Génération*. Grimaud de Caux sollte als Wasserwirt in Parent-Duchatelets Fußstapfen treten und nach 1870 einer der führenden Sozial- und Gesundheitspolitiker werden. In ihrer *Geschichte der Zeugung*, einer Art vergleichender Physiologie, führten die Autoren aus:

> »Schließlich widersetzt sich auch die übermäßige Länge der Klitoris, wenn es sie gibt, dem ehelichen Akt durch das Unbehagen, das sie bei der Ein-

---

29 Parent-Duchatelet, Alexandre-Jean-Baptiste. Essai sur les Cloaques ou Egouts de la Ville de Paris. Paris : Crevot et al.; 1824.

30 »Suivant MM. Jacquemin et Collineau, et les médecins du dispensaire, les filles publiques de Paris ne présentent rien de remarquable dans la disposition et les dimensions du clitoris; chez elles, comme chez toutes les femmes mariées, il existe quelques variétés, mais qui n'ont rien de remarquable, et que l'on peut assimiler à ces autres variations dont nous nous sommes entretenus plus haut.« Parent-Duchatelet, Alexandre-Jean-Baptiste. De la prostitution dans la ville de Paris, considérée sous le rapport de l'hygiène publique, de la morale et de l'administration : Ouvrage appuyé de documens statistiques puisés dans les archives de la préfecture de police. Paris: Baillière; 1836, S. 219f. In der Ausgabe von 1857 findet sich der gleiche Wortlaut [Übersetzung N. F.].

führung des befruchtenden Organs verursacht. Das einzige Heilmittel, das in diesem Fall eingesetzt werden kann, ist die Amputation, die schon viele Male praktiziert wurde.«[31]

Derartig als anormale markierte Frauen wiesen auch sozial unangemessene Verhaltensweisen auf:

>»Frauen, die so ausgestattet sind, haben auch eine große Neigung, männliche Funktionen zu usurpieren; sie behalten in ihren Gewohnheiten und Manieren fast nichts von ihrem Geschlecht. Ihre Höhe ist im Allgemeinen hoch, ihre Gliedmaßen sind kräftig, ihre Figur ist, wie man sagt, männlich, ihre Stimme ist stark, ihr Ton herrisch und kühn.«[32]

Einige Autoren hätten vorgeschlagen, die Vergrößerung der Klitoris als legalen Scheidungsgrund anzuerkennen, weil die Größe des Organs die Reproduktion verhindere. Wenn aber die Frau einer Amputation zustimme, entfalle der Scheidungsgrund.[33]

Nun war die Diskussion um die vergrößerte Klitoris kein Phänomen, das auf Frankreich beschränkt war. Auch in den Vereinigten Staaten und in Großbritannien wurde darüber debattiert.[34] 1842 wurde *matter-of-factly* über eine Kliteridektomie berichtet:

>»Clitoris enormously enlarged, successfully removed by Mr. [Grahame] Auchinleck; the tumour weighs five pounds, and occupied a period of only eighteen months in attaining this vast size;«[35]

---

31   »Enfin, la longueur excessive du clitoris, quand elle existe, s'oppose aussi à l'acte conjugal, par la gêne qu'il apporte à l'introduction de l'organe fécondateur. Le seul remède à employer dans ce cas consiste dans l'amputation, qui a été maintes fois pratiquée.« Grimaud de Caux, Gabriel and Martin-Saint-Ange, Gaspard Joseph. Physiologie de l'espèce, histoire de la génération de l'homme. Paris : Librairie Encyclographique; 1837, S. 364 [Übersetzung N. F.].

32   »Les femmes ainsi conformées ont en outre beaucoup de penchant à usurper les fonctions viriles; elles ne conservent presque rien de leur sexe dans leurs habitudes et dans leurs manières. Leur taille, en général, est élevée; leurs membres sont vigoureux; leur figure est, comme on dit, hommasse; elles ont la voix forte, le ton impérieux et hardi.« Grimaud de Caux und Martin-Saint-Ange, Physiologie. S. 364f. [Übersetzung N. F.].

33   Grimaud de Caux und Martin-Saint-Ange, Physiologie. S. 365.

34   Dunglison, Robley. A New Dictionary of Medical Science Containing a Concise Account of the Various Subjects and Terms. Philadelphia, PA: Lea and Blanchard; 1839, S. 139.

35   [Anonymus]. Enlarged Clitoris. Provincial Medical and Surgical Journal. 1842 Jun 18; 1-4(11):206.

Auch hier spürt die Leserin die Resonanz des Aufsatzes von Simmons (1801) über die Operation eines Tumors, wie auch im folgenden Text von William Dewees:

> »The clitoris has occasionally been the seat of scirrhus, and of cancer, but when either of these seize the part, the cure is hopeless, unless the whole of the disease can be removed by an operation. In the Medical and Physical Journal, vol. v., p. 1., Mr. Simmons relates a case of enlarged clitoris, which he removed by excision, which measured in length nine inches; while the circumference of the stem measured five.«[36]

Der schon erwähnte Text von José De Arce y Luque schlug in die gleiche Kerbe, wiederholte die Referenzen zum Hermaphrodismus, markierte Frauen mit großer Klitoris als vermännlicht und zu gleichgeschlechtlichem Sex hingezogen, rief aber nicht explizit zur Exzision auf, sondern betonte im Gegenteil:

> »[...] bei chirurgischen Eingriffen ist es wichtig, die Klitoris und die Nymphen so weit wie möglich zu respektieren, die wegen ihrer exquisiten Sensibilität der Hauptsitz der Lust zu sein scheinen.«[37]

Samuel Ashwell (1798-1857) und sein auch ins Deutsche übersetztes Handbuch der Frauenkrankheiten ordneten den Komplex der vergrößerten Klitoris in einen allgemein mediko-sozialen Kontext ein. Er schrieb:

> »The external genitals of the female are the occasional seat of a variety of disorders. As organs of copulation, they may be infected with syphilitic disease, and are exposed to physical injury from too frequent or forcible [!] sexual intercourse. [...] They are associated by direct continuity with the internal organs of generation; and hence the uterus often becomes implicated in a secondary way, and the general health eventually impaired. [...] Great importance, too, is imparted to these diseases from the fact, that irritation of the clitoris or nymphae is apt to provoke venereal desires, which occasionally affect the mind, and induce a most painful form of insanity.«[38]

---

36   Dewees, William. A Treatise on the Diseases of Females. Philadelphia, PA: Blanchard & Lea; 1843, S. 24.

37   »[...] es importante en las operaciones quirurjicas respetar cuanto sea posible el clitoris y las ninfas, que por su sensibilidad esquisita parecen ser el principal asiento del deleite.« De Arce Y Luque, José. Tradado Completo de las Enfermadas de las Mujeres. Madrid: Viuda de Calleja e Hijos; 1844, S. 74f. [Übersetzung N. F.].

38   Ashwell, A Practical Treatise, S. 487.

Unter dem Stichwort *Enlargement of the Clitoris* schrieb er:

> »Sometimes, as a congenital defect, [the clitoris] retains and far exceeds its early relation to the other parts of the vulva, and appears in the adult as an elongated body; disproportioned to the adjacent structures, and resembling the male sexual organ. It is in this state, where the vagina and other female organs are perfect, that hermaphrodism has been supposed to exist. This mal-formation of the clitoris produces few symptoms beyond those of a mechanical nature, and these can only be cured by an excision of the overgrown organ. This part of the vulva, however, is liable to a morbid hypertrophy, which is sometimes attended with distressing symptoms. The volume which it may attain is enormous; and cases are recorded where it has exceeded in size a full grown foetal head. I have never seen it so large as this, but in my own observation, it has appeared as a lengthened growth, varying from 1 to 3 or 4 inches in extent, and sometimes bulging and spreading out at its free extremity.«[39]

Immerhin war Ashwell so sehr empirisch arbeitender Wissenschaftler, dass er mit der Mär von der pathologischen Vergrößerung der Klitoris durch exzessive Masturbation oder zu häufigem Sexualverkehr aufräumen konnte:

> »[I]t has been imagined that frequent sexual indulgence has been the common exciting cause of the hypertrophy. My own observation leads me to regard an abandoned life, or what is perhaps a still more pernicious excitant, a secret self-pollution, as an occasional cause of this organic disease. But the researches of Parent Duchatelet, and the observations which I have been enabled to make at Guy's Hospital, prove that there is no necessary connexion between an [sic!] habitual sexual indulgence, and the permanent increase of the clitoris. Out of 6,000 registered prostitutes in Paris, only three were affected with this disease.«[40]

Berichte über sensationell vergrößerte Klitorides rissen nicht ab.[41] Der Wiener Professor für Gynäkologie Gustav Braun schrieb in seinem Kompendium der Frauenkrankheiten:

---

39 Ashwell, A Practical Treatise, S. 499.
40 Ashwell, A Practical Treatise, S. 499.
41 Staniland, Samuel. Morphology – Superabundant Development of the Clitoris. The Lancet. 1849; 54(1352):89.

»Hypertrophische Degenerationen kommen an der Clitoris in einzelnen Fällen zur Beobachtung, [sic!] und können dann beträchtliche Dimensionen erreichen. [...] Die Behandlung besteht in der Exstirpation der Geschwulst.«[42]

Braun kann als einer der exponiertesten Befürworter der Genitalverstümmelung bei Masturbation im deutschsprachigen Raum gelten. Im Zitatenkartell zwischen den Doctores Isaac Baker Brown, Johann Baptist Ullersperger (1798-1878) und Braun wurde letzterer als Kronzeuge für die Angemessenheit des Eingriffs angeführt:

»Prof. Gustav Braun schließt die Beschreibung dieses zweiten Falles mit den Worten: ›Ich nehme daher keinen Anstand, bei habitueller Onanie der Mädchen und Frauen, insbesondere der Wittwen, namentlich dann, wenn durch die zu häufige Ausführung der Masturbation nicht nur physische, sondern auch psychische Störungen sich kund geben, die Amputation der Clitoris und der kleinen Schamlippen zu empfehlen, [...] und ich glaube die galvano-kaustische Schneideschlinge als das zweckmässigste Mittel zur Ausführung dieser Operation bezeichnen zu können, da bei deren Verwendung Blutungen nicht zu besorgen sind.‹«[43]

Das 1875 verfasste zweibändige Kompendium der Gynäkologie von Hermann Beigel (1830-1879), sozusagen auf dem Apex der Diskussion um die Masturbation geschrieben, hypertrophierte den Topos von der vergrößerten Klitoris als Folge von Masturbation:

»Dass die Clitoris in congenitaler Weise einen beträchtlichen Umfang erreichen kann, haben wir bereits angeführt-, ebenso, dass ihre acquirirte hypertrophische Degeneration einen bei Weitem höheren Grade zu erreichen pflegt. Dr. Schönfeld in Charleroy beschreibt den Fall einer 28 Jahre alten Schuhmachersfrau von starker Constitution, welche, seit mehreren Jahren verheirathet, mit Ausnahme eines Abortus aber steril war. Bei der Untersuchung erwies sich die äussere Scheidenöffnung fast gänzlich durch eine

---

42 Braun, Gustav. Compendium der Frauenkrankheiten. Wien: Wilhelm Braumüller; 1863, S. 295.

43 Zitiert bei Ullersperger, Johann Baptist. Cliteridectomie als Mittel gegen Hysterie, Epilepsie, Phrenopathien, in wieferne Folgen von Masturbation. Koblenz: H. Hildenbrandt; 1867, S. 20. Siehe auch Braun, Gustav. Ein weiterer Beitrag zur Heilung der Masturbation durch Amputation der Clitoris und der kleinen Schamlippen. Wiener Klinische Wochenschrift. 1866; 16:329-331, S. 345-347.

trockene, stark granulirte und feste Geschwulst verschlossen. Dieser Tumor zeigte sich bei der genaueren Exploration als eine Degeneration der Clitoris von der Grösse eines Kindskopfes, von harter Beschaffenheit und normaler Farbe der Haut. Nur an seinem Ursprunge bestand eine geringe Empfindlichkeit. Als Ursache dieser Verbildung wird Uebermaass geschlechtlicher Ausschweifungen und unmässige Masturbation angegeben. Die Abtragung des Tumors ging leicht von Statten und nach 14 Tagen war die Patientin vollkommen genesen.«[44]

Beigel beeilte sich aber sofort, der Behauptung des Zusammenhangs von Masturbation und Hypertrophie der Klitoris entgegenzutreten, wobei auch er sich auf das Buch von Parent-Duchatelet über die Prostitution in Paris bezog.[45] Trotzdem blieb das Masturbationsargument stark, ja im der zweiten Hälfte des 19. Jahrhunderts wurde dafür ein eigener medizinischer Fachterminus gebräuchlich, die *Caudatio*.[46]

»CLITORISMUS, auch wohl Caudatio, Cercosis genannt, die durch Hypertrophie bedingte Vergrösserung der Klitoris kommt selten vor. [Sie kann] durch unnatürliche Reizung dieses Organs excessiv befördert werden (Tribades). [...] Das sicherste und kürzeste Mittel gegen das Uebel ist die Exstirpation der Klitoris, über deren Angezeigtsein und Verrichtungsweises. d. Art. Amputatio clitoridis.«[47]

Die Persistenz der Genitalverstümmelung kann insbesondere in Frankreich auf dem Hintergrund der politischen Entwicklung nach 1871 gesehen werden. Nach Frankreichs Niederlage wurde die Demographie die größte Sorge der

---

44 Beigel, Hermann. Die Krankheiten des weiblichen Geschlechts, Band 2. Stuttgart: Ferdinand Enke; 1875, S. 719.
45 Beigel, Die Krankheiten, Band 2, S. 719.
46 Rust, Johann Nepomuk. Theoretisch-praktisches Handbuch der Chirurgie mit Einschluss der syphilitischen und Augen-Krankheiten, 4. Band. Berlin, Wien: Enslin & Gerold; 1881, S. 291. Den Begriff gab es schon länger. Er ist in Deutschland im 18. Jahrhundert nachweisbar. Drümel, Johann Heinrich. Lexicon Manuale Latino-Germanicum et Germanico-Latinum : Generis Sui Novissimum et Copiosissimum Hoc Est Thesaurus Vocum et Phrasium Latinarum cum Interpretationibus Germanicis, Band 1 : A-J. Regensburg: Seiffart; 1753, S. 611.
47 Blasius, Ernst. Handwörterbuch der gesammten Chirurgie und Augenheilkunde: zum Gebrauch für angehende Aerzte und Wundärzte., Band 1: A-C. Berlin: Enslin; 1836, 746f.

französischen Bourgeoisie.[48] Dies führte zu einem sich vertiefenden Interesse an »peripheren« Formen der Sexualität.[49] Die Bevölkerungsentwicklung wurde als kritisch wahrgenommen. Frankreich hatte die niedrigste Geburtenrate in ganz Europa und nach 1871 wurde dies zunehmend mit der Niederlage im Krieg in Verbindung gebracht.[50] Gegen Ende des 18. Jahrhunderts hatte die Geburtenkontrolle in allen Schichten das Bevölkerungswachstum stark gebremst.[51] Die Angst vor einem »Aussterben« der Französ*innen wurde verstärkt durch die liberale Frauenbewegung dieser Jahre, die nach dem Wahlrecht und der Einräumung von Rechten wie das auf Erziehung und auf Beteiligung im Berufsleben rief. Wenn Frauen ihre traditionelle Rolle aufgäben, so wurde argumentiert, so würde die Geburtenrate weiter fallen.[52] Grimaud de Caux war als Politiker, Gesundheitsspezialist und Arzt aktiv und hat verschiedene Bücher zu allgemein politischen Fragen geschrieben, vor allem im Umfeld des deutsch-französischen Krieges von 1870/71, den er als Tiefpunkt einer Krise wahrnahm. Es waren Schriften mit sprechenden Titeln wie *Du Principe de l'Autorité et son Rétablissement en France* (1872) oder *Hygiène Militaire: Du Soldat en Campagne et devant l'Ennemie* (1871), aber auch Reformvor-

---

48 Cheryl A. Koos, Gender, Anti-Individualism, and Nationalism: The Alliance Nationale and the Pronatalist Backlash against the Femme Moderne, 1933-1940. In: French Historical Studies. 1996 Apr 1; 19(3):699-723, S. 699. McLaren, Angus. Sexuality and Social Order the Debate over the Fertility of Women and Workers in France, 1770-1920. New York: Holmes & Meier; 1983. Bonneuil, Noël. Transformation of the French Demographic Landscape, 1806-1906. Oxford, Oxford, New York: Clarendon Press. Oxford University Press; 1997. Offen, Karen. Depopulation, Nationalism, and Feminism in Fin-de-Siècle France. American Historical Review 1984, 89(3): 648-676.

49 Nye, Robert A. Honor, Impotence, and Male Sexuality in Nineteenth-Century French Medicine. French Historical Studies. 1989 Apr 1; 16(1):48-71, S. 61. Surkis betont die Kontinuität der Genderrollen bei Männern. Sie konzentriert sich dabei aber zu sehr auf heterosexuelle Männer. Surkis, Judith. Sexing the Citizen: Morality and Masculinity in France, 1870-1920. Ithaca, NY: Cornell University Press; 2006, S. 161-184.

50 Nye, Honor, Impotence, and Male Sexuality, S. 61. Es gab aber auch einen Gegendiskurs, der die Geburtenkontrolle favorisierte. Geddes, Patrick und Thompson, John Arthur. L'evolution du sexe. Paris : Babé et Cie; 1892. Diese Ausgabe war eine Übersetzung von Geddes, Patrick und Thomson, John Arthur. The Evolution of Sex. London: W. Scott; 1889.

51 Bähr, Jürgen; Jentsch, Christoph und Kuls, Wolfgang. Bevölkerungsgeographie. Berlin, New York: De Gruyter; 1992, S. 526.

52 Forth, Christopher E. Intellectual Anarchy and Imaginary Otherness: Gender, Class, and Pathology in French Intellectual Discourse, 1890-1900. The Sociological Quarterly. 1996 Oct 1; 37(4):645-671, S. 651.

schläge für die Wasserversorgung Frankreichs im Südosten des Landes. In seiner Denkschrift zur Wiederherstellung der Disziplin in Frankreich nach dem verlorenen Krieg von 1870/71 und dem Bürgerkrieg der *Commune de Paris* betonte er immer wieder die beiden Prinzipien, auf denen das Staatswesen aufgebaut sei: Eigentum und Familie. Seine konservative, ja monarchistische Einstellung führte u.a. zur Unterstützung von Henri V., dem Kronprätendenten von 1830 bis 1883.[53] In seiner *Histoire de la Génération* schlugen er und sein Mitverfasser die Exzision der Klitoris im Falle der Störung eines heterosexuellen Sexualverkehrs vor – ganz in Übereinstimmung mit ihren protonatalistischen Einstellungen.[54] Ein in Philadelphia erscheinendes medizinisches Wörterbuch führte 1839 unter dem Begriff *Caudatio* »an extraordinary elongation of the clitoris« an und das britische *Provincial Medical and Surgical Journal* berichtete 1842 über die Entfernung eines fünf Pfund schweren Tumors der Klitoris.[55] Es zeigte sich in der Folge eine thematische Verschiebung: Immer häufiger wird über Tumore der Klitoris berichtet, die eine Resektion erforderlich machen.[56] Erstaunlicherweise fanden sich immer wieder auch Mütter, die sich der Verstümmelung ihrer Töchter widersetzten, wie der Bericht in einer amerikanischen Fachzeitschrift belegt, der ins Französische übersetzt wurde:

---

53 Grimaud de Caux, Gabriel. Du principe de l'autorité et de son rétablissement en France (Troisième édition revue et augmentée). Paris : Chez l'Auteur; 1872, S. 10, 16, 23.

54 Grimaud de Caux, Gabriel und Martin-Saint-Ange, Gaspard Joseph. Physiologie de l'éspèce : Histoire de la génération de l'homme. Paris : Librairie Encyclographique; 1837, S. 364

55 [Anonymus]. Enlarged Clitoris. Provincial Medical and Surgical Journal. 1842 Jun 18; 1-4(11):206.

56 Prichard, Augustin. Ten Years of Operative Surgery in the Provinces. The British Medical Journal. 1860; 2(207):972-974, S. 974. Cumston, Charles Green. On Primary Malignant Tumors of the Clitoris [Reprinted from Annals of Gynaecology and Pediatry]. Boston: [Selbstverlag?]; 1896. Franke, Richard. Beiträge zur Kenntniss maligner Tumoren an den äusseren Genitalien des Weibes. Archiv für pathologische Anatomie und Physiologie und für klinische Medicin. 1898; 154(2):363-380. Bei Fällen von Tumoren an den Nebennieren kommt es gelegentlich zu einer Vergrößerung der Klitoris. Ab den 1940er Jahren wurde diese Veränderung, die in der Regel auch nach der Entfernug des Tumors persistent war, nicht mehr operativ entfernt. Bean, Lawrence Lytton und Benson, Ralph Criswell. Tumors of the Adrenal Cortex. American Journal of Surgery. 1948; 75(4):589-596. Andererseits wird bei Fällen von Clitoromegalie auch heute noch operiert. Stevenson, Roger E. und Hall, Judith G., (Hg.). Human Malformations and Related Anomalies. Oxford, New York : Oxford University Press; 2006, S. 1301.

»Beobachtung eines neugeborenen weiblichen Kindes mit einem Gewicht von neun Pfund. Die äusseren Genitalorgane haben die gleiche Grösse wie bei einem sieben- oder achtjährigen Kind; ihre Entwicklung und ihr Aussehen ähneln der eines 15-jährigen Mädchens; das Schambein ist mit braunen Haaren bedeckt, die sehr üppig und gelockt sind. Die Klitoris weist eine Dehnung und Hypertrophie auf, die bei einer erwachsenen Frau selten beobachtet wird. [...] Die Erregung eines dieser Organe wirkte sich sofort auf das andere Organ aus, die Erektionen waren begleitet von sehr ausgeprägten Anzeichen sexueller Erregung, und das Kind blieb nervös und unruhig für mehr als eine Stunde nach jeder Erregung, die schien auf die Erreichung eines echten sexuellen Orgasmus hinzuweisen. Trotz ihrer Besorgnis über diese Symptome willigte die Mutter nicht in die Klitorisamputation ein.«[57]

Gleichzeitig verschärfte sich der Ton der männlichen Ärzte, die die Schmerzen während und nach der Operation ihrer Patientinnen nicht nur in Kauf nahmen, sondern diese mit Vorsatz quälten, um das gewünschte Resultat zu erzielen. Der franco-griechische Arzt Demetrius Alexander Zambaco (1832-1913) schrieb 1882 in äußerst aggressiver, ja sadistischer Weise über zwei Mädchen, bei denen Aderlässe und Zwangsjacke nicht gewirkt hätten:

»Nur die Verätzung mit rotem Eisen führte zu zufriedenstellenden Ergebnissen. Von der ersten Operation an, 40 und 50 Mal am Tag, konnte erreicht werden, dass der wollüstige Krampf nicht öfter als drei- oder viermal alle 24 Stunden wiederholt wurde. Auf diese Weise wurde die kleine Y[...] nach den Informationen, die ich erhalten habe, radikal geheilt. Sie wurde insgesamt viermal kauterisiert. X[...]. wurde nur einmal kauterisiert, danach habe

---

[57] »Observation d'un-enfant nouveau-né, de sexe féminin, pesant neuf livres. Les organes génitaux externes offrent les mêmes dimensions que l'on trouve chez une enfant de sept ou huit ans; leur développement et leur aspect se rapprochent cependant des caractères propres à une jeune fille de 15 ans; le pubis est recouvert de poils bruns, très abondants et frisés. Le clitoris présente un allongement et une hypertrophie qu'il est rare d'observer chez une femme adulte. [...] L'excitation de l'un de ces organes retentissait, immédiatement sur l'autre, les érections s'accompagnaient, de signes très prononcés d'excitation sexuelle, et l'enfant demeurait nerveuse el agitée pendant plus d'une heure après chaque excitation, ce qui semblait bien indiquer l'accomplissement d'un véritable orgasme sexuel. Malgré l'inquiétude, que lui causaient ces symptômes, la mère ne voulut pas consentir à laisser pratiquer l'amputation du clitoris.« Plumb, P. E. Un cas unique de menstruation précoce (The New-York Medical Journal, 5 juin 1870). La Semaine Gynécologique Paraissant Le Mardi Matin. 5. Januar 1897; 2:224.

ich sie komplett aus den Augen verloren. Man kann daher aus ihrer Beharrlichkeit nicht auf Missbrauch, auf die Ohnmacht dieses Mittels schließen. Es ist vernünftig zuzugeben, dass die Verätzung mit einem Brenneisen die Empfindlichkeit der Klitoris aufhebt, die sie völlig zerstören kann, und zwar mehrmals wiederholt. Da die Schamlippenöffnung, der zweite empfindliche Punkt der Fortpflanzung, durch die Verätzung selbst abgestumpft wird, ist leicht zu erkennen, dass Kinder, nachdem sie weniger erregbar geworden sind, sich auch weniger häufig berühren. Da die Klitoris und die Schamlippenöffnung nach der Operation mehr oder weniger stark entzündet sind, ist es auch wahrscheinlich, dass die Berührung eher schmerzhaft als lustvoll ist. Zu den positiven Auswirkungen der transkurrenten Ätzung gehören schließlich auch der Schrecken beim Anblick der Folter und der Einfluss des roten Eisens auf die Phantasie der Kinder. Wir sind daher der Meinung, dass in ähnlichen Fällen wie denjenigen, die unserer Beobachtung unterbreitet wurden, nicht gezögert werden sollte, frühzeitig glühendes Eisen zur Bekämpfung von Klitoris- oder Vulva-Onanismus bei jungen Mädchen einzusetzen.«[58]

Auch in England und den USA hielt die Tendenz an, bei gynäkologischen Problemen zuallererst eine Operation in Erwägung zu ziehen. Dies wurde von

---

58 »Seule, la cautérisation au fer rouge a donné des résultats satisfaisants. Dès la première opération, de 40 et 50 fois par jour, on a pu obtenir que le spasme voluptueux ne se répétât pas plus de trois ou quatre fois par 24 heures. Par ce moyen, la petite Y[...] fut radicalement guérie, d'après les renseignements qui me sont parvenus. Elle a été cautérisée en tout quatre fois. X[...] n'a subi qu'une seule cautérisation ; après quoi je l'ai totalement perdue de vue. On ne peut donc conclure de sa persévérance à abuser, à l'impuissance de ce moyen. Il est rationnel d'admettre que la cautérisation au fer rouge abolit la sensibilité du clitoris, qu'elle peut entièrement détruire, un certain nombre de fois répétée. L'orifice vulvaire, qui constitue le second point génésique sensible, étant émoussé lui-même par la cautérisation, on conçoit facilement que les enfants, devenues moins excitables, soient aussi moins portées à se toucher. Il est également probable que, le clitoris et l'orifice vulvaire devenant le siège d'une inflammation plus ou moins intense, consécutivement à l'opération, les attouchements soient douloureux au lieu d'être la source du plaisir. Enfin, la frayeur éprouvée à la vue du supplice, et l'influence, que le fer rouge exerce sur l'imagination des enfants, doivent aussi être comptées parmi les actions bienfaisantes de la cautérisation transcurrente. Nous croyons donc que, dans les cas semblables à ceux qui ont été soumis à notre observation, on ne doit pas hésiter à avoir recours, et de bonne heure, au fer rouge pour combattre l'onanisme clitoridien ou vulvaire des petites filles.« Zambaco, Demetrius. Onanisme avec troubles nerveux chez deux petites filles. L'Encephale : Journal des maladies mentales et nerveuses. 1882; 2:88-96; 260-274, S. 273 [Übersetzung N. F.].

Edward John Tilt (1815-1893), einem englischen Gynäkologen und Mitglied des ehrenwerten *Royal College of Physicians*, wortreich beklagt. Er schrieb 1881:

> »In England, the womb is still under the reign of the knife, and it seems to me the same in America; [...] The worst of it is, that we have no convenient means of stamping out dangerous gynecological tendencies, as they have in France. When, many years ago, it became known in Paris, that in the hands of [François Louis Isidore] Valleix the intra-uterine stem pessary had caused the death of several women, the propriety of its use was brought before the French Academy of Medicine. In that eminently representative body, obstetricians like Paul Dubois had their say, but the question was principally discussed and decided by what we call pure physicians and surgeons, and it was they who put an extinguisher on the use of intra-uterine pessaries in French practice.«[59]

Bemerkenswert ist, dass die warnenden Worte gegen das Überhandnehmen von unnötigen gynäkologischen Operationen in der englischen Ausgabe seines Buches von 1868 – also ein Jahr nach einen Skandal um den Londoner Frauenarzt Isaac Baker Brown – noch fehlten.[60] Auch in Frankreich erhoben sich Stimmen, die vor leichtfertigen Operationen warnten, sogar im Falle von vergrößerten Klitorides. Hilarion-Denis Vigouroux, Autor einer mehrbändigen und bis 1932 immer wieder aufgelegten allgemeinmedizinischen Abhandlung, bemerkte in der Ausgabe von 1897:

> »Wenn es nur eine Vergrößerung der Klitoris gibt, ohne jede andere Anomalie der Genitalorgane, muss alles so bleiben, wie es ist, da diese Vergrößerung keine Unannehmlichkeiten bietet. Wenn es andere entsprechende Laster gibt, handeln wir entsprechend«.[61]

In Deutschland schien man zu etwa der gleichen Zeit ähnliche Bedenken zu haben. Im Zusammenhang einer Abhandlung über den byzantinischen Arzt

---

59   Tilt, Edward John. A Handbook of Uterine Therapeutics and of Diseases of Women. New York: William Wood and Co. 1881, S. 5.
60   Tilt, Edward John. A Handbook of Uterine Therapeutics and the Diseases of Women. London : John Churchill & Sons; 1868.
61   »Lorsqu'il n'y a qu'une hypertrophie du clitoris, sans aucune autre anomalie des organes génitaux, il faut laisser tout en l'état, cette hypertrophie n'offrant aucun inconvénient. S'il existe d'autres vices de conformation, on agit suivant le cas.« Vigouroux, Hilarion-Denis. Traité complet de médicine pratique a l'usage des gens du monde, Band 4. Paris: Letouzey et Ané; 1897, S. 121 [Übersetzung N. F.].

Aetios von Amida bemerkte der Autor, dass die Kliteridektomie nur noch bei malignen Neoplasmen ausgeführt werde und nicht im Falle einer Vergrößerung der Klitoris.[62] Die Entfernung der Klitoris einzig aus dem Grund ihrer angeblichen Hypertrophie schien damit in Frankreich, England, den USA und Deutschland der Vergangenheit anzugehören.[63]

---

62 Wegscheider, Max. Geburtshilfe und Gynäkologie bei Aetios von Amida. Berlin, Heidelberg: Springer Berlin Heidelberg; 1901, S. 130. Fußnote.
63 Horejsi behandelt in seinem Aufsatz Vergrößerungen der Klitoris als Folge hormonaler Veränderungen oder in Verbindung mit »virilisierenden« Krankheiten. Dies soll nicht als eine Stellungnahme für Klitorisresektionen zum Zwecke der »Geschlechtsanpassung« verstanden werden. Horejsi, Jan. Aquired Clitoral Enlargement: Diagnosis and Treatment. Annals of the New York Academy of Sciences. 1997; 816:369-372.

6. Figuration|Formation C
Die Masturbatorin (1492-1951)

Historiker des 20. Jahrhunderts haben argumentiert, die Sorge um die Masturbation falle mit der Entstehung der Sexualität im Foucaultschen Sinne und der Säkularisierung zusammen. Thomas Laqueur verstieg sich sogar zu der Behauptung, den Beginn der Debatte auf das Jahr 1712 festlegen zu können.[1] Ich glaube zeigen zu können, dass diese Chronologie modifiziert werden muss. Meine Position unterscheidet sich von der Laqueurs insofern, als ich zwar sehe, dass sich der Diskurs um die Masturbation nach 1700 hochgradig intensiviert und medikalisiert hat. Dennoch gab es auch davor schon eine Debatte über diese »Sünde« und zwar innerhalb der Kirche und in den theologischen Schriften.[2] Die Auffassung von der Medikalisierung der Masturbation im 18. Jahrhundert ist deshalb zu korrigieren.[3] Selbst wenn man konstatiert, dass die moraltheologische Lehre der Kirche nicht immer einheitlich war, gab es innerhalb der Theologie keinen moralischen Relativismus: Seit Thomas von Aquin (1225-1274) galt die Masturbation als (weniger schwere) Todsünde, denn sie war eine Sünde gegen die Natur.

---

1   Franz Eder limitiert den »Onanie-Diskurs« ebenfalls auf das 18. und 19. Jahrhundert. Er geht dabei in erster Linie von deutschen Quellen zur männlichen Masturbation aus. Eder, Franz X. Kultur der Begierde: Eine Geschichte der Sexualität. München: Beck, 2009, S. 97.
2   Van Eickels, Klaus. Unerlaubter Handgebrauch: Masturbation und ihr Platz in der Wahrnehmung des sexuellen Verhaltens im Mittelalter. In: Jütte, Robert and Schmitz-Esser, Romedio, (Hg.). Handgebrauch: Geschichten von der Hand aus dem Mittelalter und der Frühen Neuzeit. München: Wilhelm Fink; 2019; 253-283.
3   Gibson, William and Begiato, Joanne. Sex and the Church in the Long Eighteenth Century: Religion, Enlightenment and the Sexual Revolution. London: Bloomsbury; 2019, S. 36-39.

»Die Schwere einer Sünde hängt in höherem Grade vom Mißbrauch eines Dinges ab als von der Unterlassung des gebührenden Gebrauches. Danach ist die Selbstbefleckung oder Weichlichkeit die niedrigste Sünde unter den Sünden gegen die Natur; denn sie ist bloß die Unterlassung des geschlechtlichen Zusammenlebens mit einer anderen Person.«[4]

Gratianus de Clusio (1100?-1160) hatte die Masturbation noch für weniger monströs als Thomas von Aquin gehalten. Peter von Poitiers (1125-1205) hielt sie für eine schwere Sünde und forderte harte Bestrafungen. Burchard von Worms (965-1025) betrachtete sie als ähnlich schwerwiegend wie die Sodomie.[5] Der französische Theologe Jean le Charlier de Gerson (1363-1429), Kanzler der Pariser Sorbonne, bestätigte diese Auffassung.

»Es ist unter Androhung einer Todsünde jede fleischliche Vereinigung von Mann und Frau außerhalb der Ehe verboten, und das Gegenteil zu behaupten, ist ein Irrtum im Glauben. [...] Und es ist noch schlimmer, wenn man noch mehr aus der natürlichen Ordnung herausgeht, entweder außerehelich oder (schlimmer noch) in der Ehe, indem man sich oder andere berührt, [...]«[6]

Eine Zuspitzung dieser theologischen Positionen ist im innerevangelischen Streit nach der Reformation ebenfalls nicht zu übersehen. Der Grund für die Verdammung der Masturbation lag in ihrer Qualität als »hors de l'ordonance naturelle« (contra naturam). Georg Calixt (1586-1656), deutscher evangelischer Theologe und Synkretist, Lehrstuhlinhaber für Theologie an der Universität

---

4   »Ad quartum dicendum quod gravitas in peccato magis attenditur ex abusu alicuius rei quam ex omissione debiti usus. Et ideo inter vitia contra naturam infimum locum tenet peccatum immunditiae, quod consistit in sola omissione concubitus ad alterum.« Thomas, Aquinas. Summa Theologica. Mainz: Peter Schoeffer; 1467, 2a2ae,154 a.12 ad 4. [Übersetzung N. F.]. Davies, Brian. Thomas Aquina's Summa Theologiae: A Guide and Commentary. Oxford, New York: Oxford University Press; 2014, S. 279f.

5   Crawford, Katherine. European Sexualities, 1400-1800. Cambridge, New York: Cambridge University Press; 2007, S. 68f.

6   »Il est defe[n]du sur peine de peché mortel toute co[m]paignie charnelle d'hom[m]e et de femm[e] ensemble hors mariage et dire le contraire est erreur en sa foy. [...] Et de tant pis est come on va plus hors de l'ordona[n]ce naturelle, soit hors mariage soit (qui pis est) [en] mariage en touchant soy ou austres p[er]sonnes [...]« Gerson, Jean de. Traité des dix commandements de la loi. Traité pour connaître quel est le péché mortel ou véniel. Examen de conscience. Comment se doit faire confession. A B C des simples gens. Science de bien mourir. Paris : Trepperel ; 1492, S. 60f. [Übersetzung N. F.].

Helmstedt, lieferte sich 1651-1653 eine Auseinandersetzung mit seinem konservativen lutherischen Kollegen Johann Hülsemann (1602-1661), Professor an der Wittenberger Akademie.[7] Beide waren, jenseits ihrer tiefen theologischen Gegnerschaft innerhalb der protestantischen Denominationen der Überzeugung, dass Masturbation eine Todsünde sei.[8]

Auch der Kölner Pietist Georg Sarganeck (1702-1743), der 1746 eine Schrift gegen die Masturbation verfasste, argumentierter in erster Linie theologisch.[9] Aus der Disziplin der Theologie wanderte die Diskussion schließlich zur Medizin, wenn auch der Hinweis, dass »mastrupatio« eines Christen unwürdig sei, in medizinischen Lexika nicht fehlte.[10]

Der Einfluss des relativ obskuren englischen Autors und Arztes John Marten (1692-1768) auf die Debatte um die Masturbation kann nicht unterschätzt werden. Seine wahrscheinlich 1710 erschienene Streitschrift *Onania, or the heinous sin of self-pollution* gegen die Masturbation ging durch zahlreiche Auflagen und wurde in mehrere Sprachen übersetzt. Die erste Auflage

---

7   Synkretismus war eine Form der protestantischen Theologie, die sich an die Lehren Philipp Melanchthons anlehnte. Schüssler, Hermann, »Calixt, Georg« in: Neue Deutsche Biographie, Band 3 (1957), S. 96f. [Online-Version]; URL: https://www.deutsche-biographie.de/pnd118518437.html#ndbcontent, gesehen 7.8.2020.

8   Calixt, Georg. Wiederlegung [sic!] der unchristlichen und unbilligen Verleumbdungen [...] Antwort auff D. Iohannis Hülsemanni Meisterliches Muster. Helmstedt: Henning Müller; 1651, Kap. XXIV, keine Seitenangaben. Hülsemann, Johann. Calixtinischer Gewissens-Wurm aus seinen wider die Evangelische/von ihm selbst Eydlich beschworne aber Schändlich verlassene und Verlästerte Warheit/in Teut- und Lateinischer Sprach ausgelassenen Schrifften [...]. Leipzig: Timotheus Ritzschen; 1653, S. 305.

9   Sarganeck, Georg. Ueberzeugende und bewegliche Warnung vor allen Sünden der Unreinigkeit und heimlichen Unzucht, darinnen aus medicinischen und theologischen Gründen vernünftig vorgestellet wird. Züllichau: Waisenhaus, 1746.

10 Castelli, Bartolomeo und Jakob Pancraz Bruno. Amaltheum Castello-Brunonianum: siue Lexicon medicum, primum a Batholomaeo Castello [...] inchoatum, ab aliis etiam continuatum, tandem ad vera nouaque artis medicae principia accomodatum, a quam plurimis mendis & vitiosis allegationibus purgatum, & e veterum, recentiorum, quin & nouissimorum authorum monumentis innumerabilium pene vocabulorum physio-pathologicorum, anatomicorum, chemicorum, aliorumque technicorum accessione amplificatum, cura & studio iterato Jacobi Pancratii Brunonis. Nürnberg: Johannes Daniel Tauber; 1688, S. 571. Die Ausgabe von 1713 enthält den gleichen Wortlaut: »Mastrupatio, item Manstupratio, vocatur illicita, & Chriftiano homine indigna titillatio genitalium, & prolectio seminis.« Castelli, Bartholomaei Castelli Lexicon, 1713, S. 485. Zur theologischen Diskussion des sechsten Gebots siehe des weiteren Bouvier, J. B. Les mystères du confessionnal: Manuel secret des confesseurs. Paris: Filipacchi; 1974.

erschien wahrscheinlich 1710, 1724 kam die erste amerikanische Auflage heraus, 1736 und 1749 eine deutsche und 1775 eine französische Übersetzung. Für das 18. Jahrhundert konnte ich über 70 Auflagen nachweisen.[11] Auf die Argumente dieses Buches wird einzugehen sein. Was auffällt, ist, dass in der Debatte um dieses Buch in den 1720er Jahren vor allem theologische Argumente ausgetauscht wurden.[12] Nicht zuletzt der Titel seines Buches verweist auf ein religiöses Register, denn Masturbation wurde von Marten als »abscheuliche Sünde« bezeichnet. Abscheulich bezieht sich auf einen Gräuel. Abscheu/Gräuel ist ein Begriff, der in der Bibel häufig verwendet wird.

»Das deutsche Wort ›Gräuel‹ bezeichnet etwas Abscheuliches, z.B. eine abscheuliche Tat. In deutschen Bibelübersetzungen gibt ›Gräuel‹ den

---

11 [Marten, John]. Onania, or the Heinous Sin of Self-Pollution, and All Its Frightful Consequences in Both Sexes, Considered. With Spiritual and Physical Advice etc. London: Kein Verlag, 1710. [Ders.]. Onania; or, The Heinous Sin of Self-Pollution, and All Its Frightful Consequences, in Both Sexes, Considered. With Spiritual and Physical Advice to Those, Who Have Already Injur'd Themselves by this Abominable Practice.: And Seasonable Admonition to the Youth (of Both Sexes) and Those Whose Tuition They Are under, Whether Parents, Guardians, Masters, or Mistresses [...] [Boston]: John Phillips, 1724. Löwe, Johann Georg [Marten, John]. Onania, oder Die erschreckliche Sünde der Selbst-Befleckung, Mit allen ihren entsetzlichen Folgen, so dieselbe bey Beyderley Geschlecht nach sich zu ziehen pfleget Nebst Geist- und Leiblichem Rath Vor alle diejenigen, welche sich durch diese abscheuliche Gewohnheit bereits Schaden zugefüget haben; Nach der Funffzehenden Herausgebung aus dem Englischen ins Deutsche übersetzet. Leipzig: Löwe, 1736. [Marten, John]. Onania, oder die erschreckliche Sünde der Selbst-Befleckung, mit allen ihren entsetzlichen Folgen, so diesselbe bey Beyderley Geschlecht nach sich zu ziehen pfleget. Frankfurt und Leipzig: Daniel Christian Hechtel; 1749. [Marten, John,] Sicherer, Philipp Friedrich und Jacobäer, Friedrich Gotthold. 1775. Instruction courte mais interessante sur les suites facheuses aux quelles on expose la santé par la pollution voluntaire de soi même; en forme de supplément très nécessaire au livre anglois intitulé : Onania. Augmenté par des extraits de diverses lettres qui font preuve de la maniere la plus interessante de la Vertu et de l'Efficacité des Medicamens approuvés contre toute Maladie causée par l'Abus du vice susmentionné, et plusieurs autres maux. Joint à cela un indice de medicines lesquelles par privilége spécial de sa Majesté Imperiale sont à vendre véritables et dans toute leur pureté uniquement à Heilbron[n]. Frankfurt a.M.: Wild, 1775.

12 Philo-Castitatis. Onania Examined and Detected, or, The Ignorance, Error, Impertinence, and Contradiction of a Book Call'd Onania, Dicovered, and Exposed. London: Joseph Marshall; 1722. [Marten, John]. A Supplement to the Onania, or, The Heinous Sin of Self-Pollution, and All Its Frightful Consequences, in the Two Sexes Consider'd. etc. London: T. Crouch; [1724].

hebräischen Begriff [...] tōevah wieder, der im Alten Testament 117-mal vorkommt. [...] Mit ihm werden Personen, Handlungen, Einstellungen, Objekte und fremde Götter abqualiziert, um eine strikte Abgrenzung von ihnen zu fordern.«[13]

Es ist schon erstaunlich, diesen Tatbestand zu übersehen und zu postulieren, mit diesem Text beginne die Säkularisierung des Sexes. Die religiösen Referenzen in Martens ursprünglichem Text von 1710/1713 sind zahlreich.

»SELF-Pollution we see remarkably punish'd in Onan, by a particular Stroke from Almighty God, for it is not to be thought that his Guilt lay totally in not raising up Seed to his Deceased Brother Er, tho' we'll own that this was an Aggravation of it, but the Way he took to prevent it would have been highly culpable at any other Time: and from the Words of the Text, which informs us of this Part of Sacred History, it is reasonable to imagine, that the greatest Part of the Offence lay in the act of defiling himself, rather than in the Neglect of his Duty; the thing which he Did displeased the Lord, wherefore he slew him also, Gen. 38. ver. 10.«[14]

Marten bezieht sich hier auf eine Interpretation von Genesis 38:10, die offen für mindestens zwei Lesarten ist, was ihm von seinen Kritikern angekreidet wurde.[15] Marten argumentiert an anderer Stelle, die Masturbation rufe beim Sünder religiöse Verzweiflung hervor. Er zitierte den Brief eines Mannes, der

---

13   Uhlig, Torsten. »Gräuel« in: Das Wissenschaftliche Bibellexikon im Internet (WiBiLex). [Web page]. 2016; URL: www.bibelwissenschaft.de/stichwort/20132/, gesehen 5. April 2020.
14   Marten, Onania 1713, S. 3.
15   »Da sagte Juda zu Onan: Geh mit der Frau deines Bruders die Schwagerehe ein und verschaff deinem Bruder Nachkommen! Onan wusste also, dass die Nachkommen nicht ihm gehören würden. Sooft er zur Frau seines Bruders ging, ließ er den Samen zur Erde fallen und verderben, um seinem Bruder Nachkommen vorzuenthalten. Was er tat, missfiel dem Herrn und so ließ er auch ihn sterben.« Genesis 38: 8-10. Die Bibel in der Einheitsübersetzung. In der in England gültigen King James Bible heisst es: »And Judah said unto Onan, Go in unto thy brother's wife, and marry her, and raise up seed to thy brother. And Onan knew that the seed should not be his; and it came to pass, when he went in unto his brother's wife, that he spilled it on the ground, lest that he should give seed to his brother. And the thing which he did displeased the Lord: wherefore he slew him also.« Genesis 38:8-10, King James Version. Gott sagte nicht genau, was ihm missfiel: Der Coitus Interruptus oder die Verweigerung der Zeugung von Nachkommen mit seiner Schwägerin. Carroll, Robert and Prickett, Stephen. The Bible: Authorized King James Version. Oxford, New York: Oxford University Press; 1997. S. 47.

ob seiner Sünde den Rat von zwei Geistlichen einholte und sich bekehrte.[16] Neben Genesis wurde explizit zahlreiche Bibelstellen zitiert, darunter 1 Korinther 6:9-10[17], Epheser 5:4-5,[18] und der Römerbrief 1: 24, Vers 24-27 Bezug genommen.[19] In der Diskussion mit seinen Gegnern offenbart Marten seine ganze theologische Belesenheit, die schließlich sogar den unter Protestanten nicht ganz unumstrittene *Ecclesiastes* oder *Kohelet* einschloss, und folgerte:

> »W H E N after Reading the Scripture, we soberly confider the Precepts contain'd in it for a Holy Life; the Plainness in which they are deliver'd, and the Woe, and Everlasting Misery denounc'd against the Transgressors of the Divine Laws, it is surprizing how People in their Senses, that pretend to believe the B I B L E, and to be Christians, should dare to make a Mock at Sin, or set light by the least Neglect of their Duty; yet so strong are the Allurements of the Flesh, and so powerful the Force of Lust, that they can blind Men from the most obvious, as well as weighty Considerations, and make them outwardly Ridicule, what, upon Self-Examination, they must find, they are inwardly startled at.«[20]

Zu seinen Gegnern zählte offenbar auch der unter einem Pseudonym schreibende Philo-Castitatis, der 1722 mit einer Erwiderung zu Martens *Onania* herauskam. Auch Philo-Castitatis, dessen Identität ein Rätsel ist, argumentierte fast ausschließlich theologisch, bis auf die Stellen, in denen er Marten logische Widersprüche nachzuweisen glaubte.[21] Er widersprach der Hierarchie sexueller Verfehlungen, die Marten erstellt hatte, bei der er – ganz wie Tho-

---

16 Marten, Onania 1713, S. 25.
17 »Oder wisst ihr nicht, dass die Ungerechten das Reich Gottes nicht ererben werden? Täuscht euch nicht! Weder Unzüchtige noch Götzendiener noch Ehebrecher noch Lustknaben noch Knabenschänder noch Diebe noch Habgierige noch Trunkenbolde noch Lästerer noch Räuber werden das Reich Gottes ererben.« 1. Korinther 6:9-10.
18 »Von Unzucht aber und jeder Art Unreinheit oder Habsucht soll bei euch nicht einmal die Rede sein, wie es sich für die Heiligen gehört, auch nicht von schändlichem Tun und von närrischem oder losem Reden, was sich nicht ziemt, sondern vielmehr von Danksagung. Denn das sollt ihr wissen, dass kein Unzüchtiger oder Unreiner oder Habsüchtiger – das ist ein Götzendiener – ein Erbteil hat im Reich Christi und Gottes.« Epheser 5:3-5.
19 Marten, Onania 1713, S. 190-196.
20 Marten, Onania 1713, S. 191, 195. Bolin, Thomas. Ecclesiastes and the Riddle of Authorship. London, New York: Routledge; 2017, S. 40f.
21 Gibson und Begiato, Sex and the Church, S. 39.

mas von Aquin – der Masturbation einen vorderen Platz eingeräumt hatte.[22] Er äußerte starke und gut begründete Zweifel an der Interpretation von Onans Sünde, wegen derer Gott ihn getötet habe.[23] Ebenso bezweifelte er, dass die Sünde der Masturbation unter Frauen und Mädchen weit verbreitet sei »cum Digitis & aliis Instrumentis«.[24] In seiner 95 Seiten umfassenden Replik auf Philo-Castitatis konzedierte Marten:

> »[...] I should say something of the Sin of Onan: This I have done to the Satisfaction of several Persons of Learning and Piety that perus'd it, tho' I confess, that in the Performance I have not consulted any Commentators, and only follow'd the plain Letter of the Bible; which I then did, as I still do, imagine was sufficient for my Purpose.«[25]

Er hob hervor, dass sich in der Bibel kein Hinweis darauf finde, dass Onan *Coitus Interruptus* praktiziert habe.[26] Der Rest der Entgegnung besteht aus Briefen, die dem Verleger T. Crouch und dem Autor zugesandt wurden und die direkt oder indirekt Martens Position zu bestärken schienen. Wichtig an den drei hier zitierten Quellen scheint mir zu sein, dass sie die Masturbation vorwiegend aus dem Blickwinkel der Moraltheologie sehen und eine Medikalisierung nicht zu sehen ist, obwohl der Autor von *Onania* ein Arzt gewesen sein soll. Dies bedeutet nicht, dass es nicht theologische Texte gegeben hat, die Masturbation zum Beispiel für verheiratete Männer, deren Frauen im Kindbett lagen oder sich in den Wechseljahren befanden, akzeptierten.[27] Andererseits wurde von Methodisten des frühen 18. Jahrhunderts berichtet,

---

22 »[In] pag. 16. ays he [Marten], For Fornication, and Adultery it self [sic!], tho' hainous Sins, we have Frailty and Nature to plead: but Self Pollution is a Sin not only against Nature, but a Sin that perverts and extinguishes Nature; and he who is guilty of it, is labouring at the Destruction of his Kind. Here, again. I intirely [sic!] differ from him.« »Having prov'd Fornication a greater Sin than Self-Pollution, I shall briefly, in two or three Words, shew Adultery is a greater Sin than Fornication.« Philo-Castitatis, Onania Examined, S. 66f.
23 Philo-Castitatis, Onania Examined, S. 7-20.
24 Marten, Onania 1713, S. VII. Philo-Castitatis, Onania Examined, S. 74-77.
25 [Marten, John]. A Supplement to the Onania, or, The Heinous Sin of Self-Pollution, and All Its Frightful Consequences, in the Two Sexes Consider'd. etc. London: T. Crouch; [1724], S. 7.
26 »[Philo-Castitatis] takes several things for granted, not to be met with in the Bible; as it is his Opinion, Quod Onan Semen non ejiciebat solum per se sed una cum femina in actu coitus [...]« Marten, A Supplement, S. 7f.
27 Gibson und Begiato, Sex and the Church, S. 38.

sie würden sich eher selbst zur Ader lassen als masturbieren.²⁸ Dennoch: Bis weit ins 20. Jahrhundert wurde auch im Katholizismus die Masturbation als schwere Sünde beurteilt.²⁹

Von einer Medikalisierung der Masturbation kann schon in den 1740er Jahren gesprochen werden. Kurz vor Tissot meldete sich der Pariser Professor der Medizin Jean Astruc (1684-1766) zu Wort. Er hatte ein Buch zur Behandlung der Geschlechtskrankheiten und ein dreibändiges Kompendium zu Frauenkrankheiten veröffentlicht, das offensichtlich aus den Mitschriften seiner im Jahre 1740 gehaltenen Vorlesungen an der medizinischen Fakultät rührte, 1741 zuerst auf Englisch erschien, bevor dem 1761 eine lateinisch-französische Ausgabe folgte.³⁰ Astruc widmete dem *Furor Uterinus* ein ganzes Kapitel »De Furore uterino, seu Μψτρομανια«.³¹ Die »Mutterwut« wurde für Astruc in erster Linie von der Klitoris bzw. der klitoralen Masturbation ausgelöst.³² Diese Krankheit führte in ihrem dritten und letzten Stadium in den Wahnsinn und zur Vergrößerung der Klitoris.³³ Gegen Ende seines Kapitels kommt Astruc auf die manuelle Masturbation einer Patientin durch den Arzt zum Zwecke der Triebabfuhr zu sprechen, riet aber von dieser ab, da die Kran-

---

28 Gibson und Begiato, Sex and the Church, S. 150-152.
29 Künzler, Mirjam. Sexualmoral in katholischen Frauen- und Familienzeitschriften 1945-1990. Fribourg: Academic Press Fribourg, 2003, S. 26.
30 Astruc, Jean. 1743. A Treatise on all the Diseases Incident to Women. Containing an Account of Their Causes, Differences, Symptoms, Diagnostics, Prognostics, and Cure [...] Translated from a Manuscript Copy of the Author's Lectures Read at Paris, 1740. London: M. Cooper, 1743. Astruc, Jean. Traité des maladies des femmes où l'on a tâché de joindre à une théorie solide la pratique la plus sûre & la mieux éprouvée; avec un catalogue chronologique des médecins, qui ont écrit sur ces maladies. Paris: Cavelier, 1761. Für die vorliegende Untersuchung wurden die englische Ausgabe von 1762 und die französische Edition von 1763 benutzt. Astruc, Jean. A Treatise on the Diseases of Women; in Which It Is Attempted to Join a Just Theory to the Most Safe and Approved Practice. [...] Translated from the French Original [...] London: J. Nourse; 1762. Astruc, Jean. Traité des Maladies des Femmes : Tome Second. Avignon : Libraries Associés; 1763.
31 Astruc, Traité 1763, S. 222.
32 »Organa autem, quæ in fœminis voluptati venereæ excitandæ a natura destinantur, plurima sunt. 1. Clitoris quæ omnium consensu exquisitissima est voluptatis sedes, unde vulgo dicitur amoris dulcedo.« Astruc, Traité 1763, S. 229.
33 Astruc, A Treatise 1762, S. 356f.

ken ohnehin dauernd masturbieren würden. Auch sah er keine Amputation oder chirurgische Lösung für das beschriebene Symptom vor.[34]

Georg Sarganeks Buch »Überzeugende und bewegliche Warnung vor allen Sünden der Unreinigkeit« von 1740 (2. Auflage 1746) ist ein antimasturbatorischer theologischer Text par excellence, der nicht nur die fleischlichen Sünden genauestens katalogisierte, sondern sie auch auf den Einfluss Satans zurückführte. Seinem Charakter entsprechend gab es keine medizinische Anweisung zur Bekämpfung sexueller Verfehlungen. Dafür aber wurde das ganze Arsenal christlicher Rhetorik mit Belohnungen für gottesgefälliges Verhalten und Höllenqualen für Verstöße wieder das sechste Gebot bemüht.[35]

Der von Thomas Laqueur so eindringlich beschworene Einschnitt in der Behandlung der Masturbation kann allenfalls auf das Jahr 1760 verschoben werden, dem Jahr, in dem Samuel Auguste Tissot sein Buch *L'Onanisme* veröffentlichte. Dies war eine »Dissertation«; das Wort Sünde kam nicht mehr vor, stattdessen war von »künstlicher Lust« (luxure artificielle) und »Verbrechen« die Rede. Die Sünde (le péché) war durch das Wort Laster (»la vice«) ersetzt worden. Hier ging es in nuce um eine Medikalisierung. Die Masturbation war schlecht, weil sie der Gesundheit schadete. Das Wort »maladie« (Krankheit) oder »malade« (krank) erscheint 193mal in einem Text von 250 Seiten. Der ganze Duktus des Texts über die Masturbation hatte sich verändert. Es ging um die allgemeine Gesundheit, ja um einen anachronistischen Begriff zu verwenden, um die »Volksgesundheit«, denn Frauen waren in besonderer Weise betroffen. In der »spermatischen Ökonomie« Tissots hatten sowohl häufige

---

34 »IX. Superest questio maioris momenti. Nonnulli Medicorum actores sunt, ut titillando muliebria foeminarum ab utero furentium, proluvium corrupti seminis proliciatur, unde prima mali labes, quod allii nefas esse censent, & religione vetitum. Non nostrūm est tantam litem componere, de quā viderint quos pene jus est & norma decidendi ; sed illos monitos velim decisionem frustra futuram esse quod ad factum, quando quidem aegrotantes ipsae naturae vel pontius morbi ductu sese fricant perpetuo, nec aliéna petunt aut expedant auxilia, in quo sibi pessime consulunt, ut quę fricationibus illis cupiditatem nedum sedent, sed magis exasperant. Verum surdis canas, si eas ab illā turpitudine hortatu conéris dimovere, ą quā arceri non possunt, nili vinciantur.« Astruc, Traité 1763, S. 266.
35 Sarganeck, Georg. Ueberzeugende und bewegliche Warnung vor allen Sünden der Unreinigkeit und heimlichen Unzucht, darinnen aus medicinischen und theologischen Gründen vernünftig vorgestellet wird. Züllichau: Johann Jakon Dendeier; 1746.

Ejakulationen wie die Onanie desaströse gesundheitliche Folgen.[36] Blindheit, Gehirnerweichung, Tod waren die Konsequenzen.

> »SANCTORIUS, der mit größter Sorgfalt alle Ursachen untersucht hat, die auf unseren Körper einwirken, hat beobachtet, dass [die Onanie] den Magen schwächt, das Verdauungssystem ruiniert, das unempfindliche Schwitzen verhindert, das so lästige Folgen hat, Leber und Nieren erwärmt, zu Steinen neigt, die natürliche Wärme reduziert und in der Regel zum Verlust oder zur Schwächung des Sehvermögens führt[...].] Die Memoiren des Curiuex de la Nature sprechen von einem Verlust des Sehvermögens; die Beobachtung verdient es, vollständig berichtet zu werden. Es sei nicht bekannt, so der Autor, welchen Zusammenhang die Hoden mit dem ganzen Körper, vor allem aber mit den Augen haben.«[37]

Der Tod infolge von Masturbation konnte innerhalb von wenigen Monaten eintreten oder das Gehirn konnte so in Mitleidenschaft gezogen werden, dass es wie eine taube Nuss in der Gehirnschale hin- und her wackelte:

> »SALMUTH sah, wie ein hypochondrischer Gelehrter verrückt wurde, und ein anderer Mann trocknete sein Gehirn so gewaltig aus, dass man ihn in seinem Schädel schwanken hörte; beide, weil sie sich ähnlichen Exzessen hingegeben hatten. Ich habe sogar selbst einen 59-jährigen Mann gesehen, der drei Wochen, nachdem er eine junge Frau geheiratet hatte, plötzlich erblindete und nach vier Monaten starb.«[38]

---

36 Zum Begriff »spermatic economy« siehe Barker-Benfield, Ben. The Spermatic Economy: A Nineteenth Century View of Sexuality. Feminist Studies. 1972; 1(1):45-74.

37 »SANCTORIUS qui a examiné avec le plus grand soin toutes les causes qui agissent sur nos corps, a observé que celle ci affoiblissoit l'estomac, ruinoit les digestiôns, empêchoit l'insensible transpiration dont les dérangemens ont des suites si facheuses, produisoit des chaleurs de foye & de reins, disposoit au calcul, diminuoit la chaleur naturelle, & entraînoit ordinairement la perte ou l'affoiblissement de la vue. [...] Les Mémoires des Curiuex de la Nature parlent d'une perte de vue, l'observation mérite d'être rapportée en entier. L'on ignore, dit l'auteur, quelle Sympathie les testicules ont avec tout le corps, mais surtout avec les yeux.« Tissot, Samuel Auguste. L'Onanisme ou Dissertation Physique sur les Maladies Produites par la Masturbation. Lausanne: Antoine Chapuis; 1760, S. 7, 9 [Übersetzung N. F.]. Mit dem Autor »Curieux de la Nature« war möglicherweise der Arzt Andreas Elias Büchner (1701-1769) gemeint.

38 »SALMUTH a vu un savant hypocondriaque, devenir fou, & un autre homme se dessecher si prodigieusement le cerveau, qu'on l'entendoit vaciller dans le crâne; l'un & l'autre pour s'être livrés à des excès du même genre. J'ai vu moi[-]même un homme de 59 ans, qui trois semaines après avoir épousé une jeune femme, tomba tout à coup

6. Figuration|Formation C

Frauen litten an denselben Symptomen wie Männer, doch kamen noch einige hinzu. Rückenschmerzen, Nasenschmerzen, Entzündungen der Gebärmutter, Verlängerung der Klitoris, *Furor Uterinus* und ein verzweifelter Tod waren die Folgen:

»Zusätzlich zu all den Symptomen, über die ich bereits berichtet habe, sind Frauen vor allem hysterischen Anfällen oder schrecklichen Dämpfen, unheilbarer Gelbsucht, grausamen Magen- und Rückenkrämpfen, starken Nasenschmerzen und weißem Ausfluss ausgesetzt [...] von den Stürzen, den Geschwüren im Mutterleib, all den Feindseligkeiten, die diese beiden Übel mit sich bringen hin zu den Verlängerungen [...]der Klitoris, zur Wut der Gebärmutter, die ihnen sowohl die Bescheidenheit als auch die Vernunft nimmt und sie auf die Ebene der lüsternsten Bestien stellt, bis ein verzweifelter Tod sie von Schmerz und Schande wegreißt.«[39]

Zu den gesellschaftlich bedrohlichen Folgen der weiblichen Masturbation gehöre, so Tissot, das Desinteresse am legitimen heterosexuellen Geschlechtsverkehr.[40] Besonders problematisch aus Tissots Sicht waren die Frauen, die aus einer »Laune der Natur« eine besonders große Klitoris hatten und die er »clitoridienne« nannte. Diese hätten Sex mit anderen Frauen.

Diese hätte man früher fälschlicherweise für Hermaphroditen gehalten.[41] Tissot ging nicht so weit, sich für die Resektion der Klitoris einzusetzen. Er

---

dans l'aveuglement, & mourut au bout de quatre mois.« Tissot, L'onanisme, S 10 [Übersetzung N. F.].

39 »Outre tous les simptomes que j'ai déjà rapporté, les femmes sont plus particulièrement exposées à des accès d'histeries ou de vapeurs affreux; à des jaunisses incurables, à des crampes cruelles de l'estomac & du dos; à de vives douleurs de nez; à des pertes blanches [...]; à des chutes, à des ulcérations de matrice, & à toutes les infirmités que ces deux maux entrai, lient; à des prolongemens [...] du clitoris –, à des fureurs uterines, qui leur enlevant à la fois la pudeur & la raison, les mettent au niveau des brutes les plus lascives, jusqu'à ce qu'une mort desesperée les arrache aux douleurs & à l'infamie.« Tissot, L'onanisme, S. 44f. [Übersetzung N. F.].

40 »Un simptome commun aux deux sexes, & que je place dans cet article, parcequ'il est plus fréquent chez les femmes, c'est l'indifference que cette infamie laisse pour les plaisirs légitimes de l'hymen, lors même que les désirs & les forces ne sont pas éteints: indifference qui non seulement fait bien des célibataires, mais qui souvent poursuit jusques dans le lit nuptial. Une femme avoue dans la collection du Dr. BEKKERs, que cette manœuvre a pris tant d'empire sur ses sens, qu'elle déteste les moyens légitimes d'amortir l'éguillon de la chair.« Tissot, L'onanisme, S. 46f.

41 Tissot, L'Onanisme, S. 50f.

bereitete aber, mit anderen Autoren, das Feld vor, indem er die Masturbation als ein todbringendes Übel bezeichnete, das drastische Mittel rechtfertigte.[42] Man kann davon ausgehen, dass Tissots Ansatz nicht überall und zur gleichen Zeit beherzigt wurde. Vielmehr vertraten die französischen Texte noch die konservative Lösung des Masturbationsproblems mit Hilfe der Konfrontation mit den Auswirkungen des Lasters, mit Hilfe von Bädern, Aderlass, Einläufen, körperlicher Bewegung, der Vermeidung gewürzter Speisen und der diskursiven Enthaltsamkeit in Reden und Lesen.[43]

Während Tissot die Masturbation von Männern als den typischen Fall verstand, zog der Arzt und Diätiker Achille-Guillaume Le Bègue de Presle (1735-1807) auch gegen die weibliche Masturbation zu Felde. Sie sei schlimmer als die der Männer, weil die gesundheitlichen Schäden für Frauen größer seien.

> »Gefahren der Masturbation für Frauen §. 271. Männer sind nicht die einzigen Kriminellen und die einzigen Opfer der berüchtigten Gewohnheit, deren Gefahren wir aufdecken. Mädchen und Frauen werden durch die Sensibilität und Reizbarkeit ihrer Körper, die Lebendigkeit ihrer Phantasie erregt, und sie erfahren in kurzer Zeit die schrecklichen und katastrophalen Auswirkungen davon aufgrund des Schwäche ihres Temperaments und ihrer Konstitution. Ihre Geständnisse zu diesem Thema lösen Entsetzen aus, und Beobachtungen zeigen, dass die Folgen noch schrecklicher sind als für Männer. Frauen erleben nicht nur die Übel, von denen ich berichtet habe, sondern sie haben auch die entsetzlichen hysterischen Dämpfe unheilbarer Gelbsucht, grausame Bauch- und Rückenkrämpfe und starke Nasenschmerzen, weißen Ausfluss, deren Schärfe eine ständige Quelle der bittersten Schmerzen, akuten Schmerzen, Entzündungen, harte Tumore, Krebs, Abszesse, Geschwüre im Mutterleib, Vorfälle des Uterus, Gebärmutterwut, die ihnen ihre Bescheidenheit, ihre Vernunft nimmt.«[44]

---

42 Tissots Text ging durch mehrere Ausgaben und wurde auch laufend ergänzt. Siehe Morel, C T. Véritable traité sur les habitudes et plaisirs secrets, ou de l'onanisme chez les deux sexes. Paris : Roy-Terry ; 1830.

43 Le Bègue de Presle, Achille-Guileaume. Le Conservateur de la santé ou avis sur les dangers qu'il importe à chacun d'éviter pour se conserver en bonne santé & prolonger sa vie. Paris : Didot Le Jeune ; 1763, S. 333f.

44 »Dangers de la manstup[ration] pour les femmes §. 271. Les hommes ne sont pas les seuls criminels & les seules victimes de l'infâme habitude dont nous exposons les dangers. Les filles & les femmes y sont excitées par la sensibilité, l'irritabilité de leurs organes, la vivacité de leur imagination, & elles en éprouvent en peu de tem[p]s les terribles & funestes effets à cause de la foiblesse de leur tempérament & de leur constitu-

Schon der englische Arzt und »Man-Midwife« James Fleming wies auf die Möglichkeit einer Resektion der Klitoris im Falle einer für den heterosexuellen Geschlechtsverkehr hinderlichen Größe hin, auch wenn er zögerlich andeutete, dass man nicht genau bestimmen könne, ob die Klitoris zu groß sei, da sie sich auf dem Höhepunkt der Lust (»the fury of lust«) beträchtlich, aber vorübergehend »aufblasen« (»blow up«) könne.[45]

Der Anatom Louis François Luc de Lignac war sich 1788 da schon sicherer: Zwar war er sich bezüglich einiger anatomischen Details im Unklaren, behauptete aber sehr gewiss, die Nymphen würden, wenn sie dem ehelichem Glück im Wege stünden, in einer wegen des Blutverlusts nicht ungefährlichen Operation, der Nymphotomie, beschnitten. Das Gleiche gelte für die Klitoris. De Lignac sagte nichts über die Gründe für die Vergrößerung der Klitoris, doch stand im Hintergrund die Begründung der (gegenseitigen) Masturbation.[46]

---

tion. Leurs aveux sur ce sujet inspirent l'horreur, & les observations démontrent que les suites en sont encore plus affreuses qu'elles ne le sont chez les hommes. Les femmes éprouvent non-seulement les maux que j'ai rapportés, mais elles ont des vapeurs histériques affreuses des jaunisses incurables, des crampes cruelles de l'estomac & du dos, de vives douleurs de nez, des pertes blanches dont l'âcreté est une source continuelle des douleurs les plus cuisantes, des douleurs aigües, des inflammations, des squirrhes, des cancers, des abcès, des ulcérations à la matrice, des chutes de cette partie, des fureurs utérines qui leur ôtent la pudeur, la raison.« Le Bègue de Presle, Le conservateur de la santé, S. 331 [Übersetzung N. F.].

45 Fleming, James. A Treatise upon the Formation of the Human Species: The Disorders Incident to Procreation in Men and Women. London : Printed [sic!] M. Thrush; 1767, S. 74.

46 »Leur [der Nymphen] grandeur varie, car il y a des personnes en qui elles passent au point qu'on est obligé de les couper en partie, pour prévenir la difformité & l'obstacle qu'elles apportent aux plaisirs du mariage. Cette opération est nommée Nymphotomie; elle n'est pas sans danger, si l'on n'a soin de prévenir l'hémorragie qui suit l'imputation [sic!] de ces crêtes excessives.« »La grandeur du clitoris (elle égale quelquefois & surpasse même celle de la verge,) a porté des femmes à en abuser avec d'autres. [...] CETTE partie peut être amputée, du moins son extrémité; c'est même un acte de Religion ordonné chez certains peuples, & nous en parlerons au chapitre suivant.« Luc de Lignac, Louis Francois. De l'homme et de la femme considérés physiquement dans l'etat du mariage. Lille, 2 Bände, Band 2 : C. F. J. Lehoucq; 1778, Band 2, S. 187, 190. »[Le clitoris] commence a paroître aux filles à l'âge de puberté, [...] & grossit à mesure qu'elles ont le tempérament plus ou moins érotique. La moindre titillation voluptueuse le fait gonfler par le moyen des corps caverneux, [...] & dans l'union des sexes il se roidit comme la partie qui distingue l'homme. La grandeur du clitoris (elle égale

In der Folge des Diskurses trat mit der Medikalisierung eine »Sozialisierung« ein: Der/die Sünder*in, die masturbierte wurde, zu einem sozialen Typus, dem »Onanisten« oder der »Masturbatorin«.[47] Nicolas Chambon de Montaux (1748-1826), Chefmediziner der Salpêtrière, widmete 1785 in seinem Handbuch der »Mädchenkrankheiten« der weiblichen Masturbation volle 20 Seiten. Er nennt die Masturbation »eine verlogene Freude, die die Natur und die Vernunft ablehnen.«[48] Nach den üblichen Schuldzuweisungen (Verführung des gefährlichen Beispiels) und der Ermahnung, er schreibe Dinge auf, die vielleicht etwas obszön sein könnten, müsse das aber tun, damit bei den Müttern der Mädchen keine Unklarheiten zurückblieben, kam Chambon dann auf die Rolle der Vorstellung zu sprechen, die durch das Beispiel der Eltern angeregt würde.

Das schlechte Beispiel sei eine der häufigsten Ursachen für Masturbation und dieses gefährliche Beispiel lasse sich am leichtesten dort verorten, wo viele Mädchen sich gleichzeitig aufhielten. Aus der Gewohnheit der Masturbation entstehe, so Chambon, eine Krankheit der Geschlechtsorgane, die bedingt durch den Ausstoß von Flüssigkeiten zu einem ungewöhnlich starken Juckreiz führe. Dieser Juckreiz führe auf lange Sicht zur habituellen Masturbation. Die Folge seien Appetitlosigkeit, Gewichtsverlust, Schwächung, Depression (»le dégoût du monde«). Von der Depression sei es nur ein kleiner Schritt zum Gedächtnisverlust und zum Verlust des Intellekts und zum Tod. Soweit folgte Chambon der Argumentation Tissots, wobei er Wert auf die medizinische Problematik der Masturbation legte und seinen Text mit einer moralisierenden Ansprache an die Mädchen abschloss. Heilungsvorschläge machte er, anders als Tissot nicht.[49]

Tissots Ansatz, die Masturbation als Krankheit zu behandeln, zeigte dann auch bald Wirkung bei den Ärzten. Adam Elias von Siebold (1775-1828), Professor für Gynäkologie an der Charité, war geradezu besessen von der weiblichen »Onanie«. In seinem *Handbuch zur Erkenntniß und Heilung der Frauenzimmerkrankheiten* von 1811 kam er immer wieder auf die Masturbation als

---

quelquefois & surpasse meme celle de la verge) a porté des femmes à en abuser avec d'autres.« Ibidem, Band 2, S. 189.
47 Eder, Kultur der Begierde, S. 94, 104. Eder schreibt deutlich mehr über männliche Onanisten als über masturbierende Frauen. Er irrt sich, wenn er behauptet, »dass im Onanie-Diskurs des 18. Jahrhunderts bevorzugt die sexuelle Begierde des Mannes problematisiert wurde.« Ibidem, S. 117.
48 Chambon de Montaux, Maladies des filles, S. 81f.
49 Chambon de Montaux, Maladies des Filles, S. 92-98.

Ursache aller möglichen Frauenkrankheiten zu sprechen. Um das »Laster« zu bekämpfen

»[...] muß [man] auch die Kranke stets beobachten, niemals allein lassen, und ihr im nöthigen Falle die Hände binden, oder sie den englischen Kittel tragen lassen. Bisweilen sind die Geburtstheile, durch eine Folge der öfteren Betastung, sehr angeschwollen, heiß, brennend und excoriirt, in diesem Falle empfehlen sich mäßig kalte Umschläge und Injectionen eines Lein- oder Mohnsamen-Decocts, mit dem essigsauren Blei gemischt, oder das verdünnte Goulardische Wasser. Hat aber eine sehr große und empfindliche Clitoris Antheil, so kann die Amputation das Mittel zur Heilung werden.«[50]

Neben Onanie und Mutterwut behandelte Siebold auch die Hysterie und die Nymphomanie, welche – man ahnt es schon – ebenfalls durch die Onanie ausgelöst werden konnte.[51]

»Eine der ersten diätetischen Pflichten einer Hysterischen ist Enthaltsamkeit von der physischen Liebe, vorzüglich aber Vermeidung der Onanie. Beide schwächen den Körper ungemein, und vermehren die Hysterie, indem sie die Sensibilität erhöhen; vorzüglich die Selbstbefleckung, zu welcher Hysterische, welche die Einsamkeit lieben, sehr geneigt sind, und bei welchen man oft alle Beredsamkeit aufbieten muß, um sie dagegen zu warnen.«[52]

Nicolas-Philibert Adelon (1782-1862) war der Herausgeber des wichtigsten Medizinischen Nachschlagewerks des frühen 19. Jahrhunderts, das in der ersten Ausgabe 20 Bände umfasste. Auch er und seine Mitherausgeber sahen in der weiblichen Masturbation (»clitorisme«) ein gesellschaftliches Übel und ein medizinisches Problem.[53] Allerdings hielt er in der Ausgabe von 1813 die Kliteridektomie für überflüssig. Man habe zu ungenaue Informationen über

---

50   Siebold, Elias von. Handbuch zur Erkenntniß und Heilung der Frauenzimmerkrankheiten. Erster Band. Frankfurt a.M.: Varrentrapp und Sohn; 1811, S. 313f. Beim Goulardschen Wasser handelte es sich um einen Extrakt aus Bleioxid, das mit Essig eine Stunde gekocht wurde. Benannt wurde es nach dem französischen Arzt Thomas Goulard (1697-1784). Das Eau de Goulard wurde in die Vagina injiziert und konnte zu schweren Bleivergiftungen führen.
51   Siebold, Handbuch Band 1, S. 333.
52   Siebold, Handbuch Band 1, S. 340.
53   Adelon, Nicolas-Philibert et al. Dictionnaire des sciences médicales. 5. Band. Paris: Panckoucke; 1813, S. 376-378.

das, was man Beschneidung nenne. Es könne sich dabei um die Beschneidung der großen oder kleinen Schamlippen handeln oder um die Kürzung einer zu langen Klitoris. Es gebe sehr wenig Gründe aus der Sicht des Chirurgen, die es notwendig machten, eine solche Operation auszuführen. Wenn allerdings Probleme mit dem Präputium der Klitoris auftreten sollten, wäre es in Ordnung einen Teil davon zu »opfern« und eine Beschneidung vorzunehmen.[54] In der Ausgabe von 1819 ging Adelon stärker auf die Masturbation als Problem ein. Die Notwendigkeit einer Kliteridektomie sah er selbst bei einem Mädchen nicht als gegeben an, das dauernd und extensiv masturbiert habe. Die Eltern hätten sich keinen Rat gewusst, hätten viel gebetet und schließlich einen Arzt konsultiert. Erst die Heirat mit einem »robusten« Mann und die folgende Schwangerschaft hätten sie von ihrem Übel erlösen können. Ihre Klitoris sei so groß wie ein Penis gewesen.[55] In seinem ausführlichen Artikel über die Nymphen betonte er allerdings, dass die Beschneidung der Schamlippen angeraten sei, wenn diese zu lang seien und damit dauernd störend in Kontakt mit der Kleidung kämen.[56] Deutlich wird aber bei Adelon hier die größere Bedeutung, die die Hysterie und die Nymphomanie (»Andromanie«) gegenüber der Masturbation einnahmen. Hier bereitete sich der Übergang zu benachbarten Formationen|Figurationen vor.[57] Da die Nymphomanie nicht selten mit dem Tod der Erkrankten endete – so Adelon – seien drastischere Mittel angesagt. Nicht immer genüge es, die Frau zu verheiraten. Gerade bei habituellen Masturbatorinnen sei das keine Möglichkeit. Der über dreißig Seiten umfassende Artikel ging dann mehrere Fallbeispiele durch und listete das ganze Arsenal der medikamentösen Behandlungsweise auf. Schließlich kam er auch auf die Kliteridektomie zu sprechen. Die Amputation der Klitoris, die bei anderen Autoren erwähnt

---

54   »On a des renseignemen[t]s trop vagues sur ce que l'on a appelé la circoncision chez les femmes, pour que l'on puisse être s'il s'agit de l'excision des grandes ou des petites lèvres de la vulve, ou de celle du clitoris extraordinairement prolongé. Les raisons chirurgicales pour lesquelles on peut être obligé de pratiquer la circoncision ne sont pas nombreuses. [...] Si, en même temps, la durée de cette infirmité donne lieu à une grande distension du prépuce, et que ce repli de la peau se soit beaucoup allongé au[-]devant du gland, c'est le cas d'en sacrifier une partie, et de pratiquer la circoncision.« Adelon 1813, Dictionnaire des sciences médicales, S. 224f.
55   Adelon, Nicolas-Philibert et al. Dictionnaire des sciences médicales. Band 36. Paris : Pancoucke; 1819, S. 565f.
56   Adelon 1819, Dictionnaire des sciences médicales, S. 557f.
57   Adelon 1819, Dictionnaire des sciences médicales, Artikel »Nymphomanie«, S. 561-596.

würde, sei unzureichend und barbarisch. Wenn das Ergebnis dieser Operation dauerhaft und erwiesen sei, würde man diesen Eingriff anraten. Vor allem dann, wenn die Patientinnen diese nicht ablehnen, sondern vielleicht selbst einfordern würden. Die Erfahrung zeige aber, dass diese Hoffnung nicht gegeben sei.[58]

Etwa um die gleiche Zeit (*terminus antequem* ist 1817) hat Baron Antoine Dubois (1756-1837), Professor in Paris, eine Amputation und Kauterisierung der Klitoris vorgenommen.[59]

Die sich anbahnende diskursive Gleichsetzung von Masturbation, Hysterie und Nymphomanie verstärkte die Rolle, die die Ehe und die gleichgeschlechtliche penetrative Sexualität bei der Bekämpfung dieser Krankheiten einnehmen sollte. Friedrich Gustav Bräunlich (1800-1875), einer der Mitbegründer der medizinischen Psychologie, promovierte 1825 mit einer Arbeit zur Hysterie, die aber in weiten Teilen auch als Untersuchung der Masturbation gelesen werden kann. Er beschrieb die heilende Kraft der ehelichen Sexualität, erwähnte aber die Exzision der Klitoris nicht.[60] Frédéric Dubois d'Amiens (1797-1873), Arzt und Historiker und ab 1847 Sekretär der Academie de Médecine bemühte sich zwar, eine klare Abgrenzung zwischen Hypochondrie, Hysterie und Masturbation zu ziehen; doch er war letztlich selbst nicht überzeugt, dass dies möglich war.[61] Sein Kollege Henri-Louis Bayard (1812-1852), forensischer Pathologe in Paris, verfasste 1836 einen Essay über die

---

58 »L'amputation du clitoris, dont quelques auteurs ont fait mention, est un procédé insuffisant et barbare. [...] Si ce résultat était constant et bien avéré, on devrait sans doute conseiller cette opération, surtout quand les malades n'y seraient pas opposées ou même la solliciteraient mais l'expérience, loin de confirmer cet espoir semble au contraire le démentir.« Adelon 1819, Dictionnaire des sciences médicales, S. 594.

59 Deslandes, De l'onanisme, S. 422.

60 Braeunlich, Fridericus Gustavus. De Hysteria: Dissertatio Pathologico-Therapeutica. Leipzig : Litteris Staritii ; 1825, S. 24f.

61 »De l'observation attentive des symptômes de l'hypochondrie et de l'hystérie, aurait dû résulter une idée-mère, savoir : que les causes de l'hypochondrie s'adressent plus particulièrement à l'esprit et indirectement aux organes ; tandis que les causes de l'hystérie s'adressent, dans le plus grand nombre des cas, directement aux organes.« [...] »Beaucoup d'auteurs ont mentionné les excès de la masturbation parmi les causes de l'hypochondrie et de l'hystérie mais toujours sans analyser philosophiquement les faits et sans chercher à se rendre compte du mode d'action de cette cause. On trouve dans la dissertation de Tissot, des observations qui paraissent confirmer cette opinion que la masturbation suffit pour causer nos deux maladies ; mais selon nous, cette opinion ne peut être admise d'une manière absolue : elle demande un examen critique.« Du-

»Uteromanie« oder Nymphomanie, in der parallel Nymphomanie, Hysterie, Furor Uterinus und Masturbation abgehandelt wurden. Bayard war sich der babylonischen Sprachverwirrung nur zu bewusst.[62] In dem Maße, wie Masturbation und »lebensbedrohliche Krankheiten« wie Nymphomanie, Hysterie und Furor Uterinus in Verbindung gebracht wurden, wuchs die Bereitschaft, über die Kliteridektomie als Möglichkeit nicht nur zu schreiben, sondern diese auch anzuwenden.

In den Vereinigte Staaten hielt der Einfluss der Kirchen länger an. Sylvester Graham (1794-1851), ein presbyterianischer Geistlicher und Ernährungsreformer, der sich den Vegetarismus und den Kampf gegen den Alkohol auf seine Fahnen geschrieben hatte, begründete eine Bewegung, die ein spartanisches Leben und eine möglichst geschmacksfreie Ernährung vorgab, um sexuelle Gelüste in Schach zu halten – schließlich verdanken wir ihm die Graham-Cracker, auch wenn sie erst nach seinem Tod populär wurden.[63] Er nahm auch den Kampf gegen die Masturbation auf, wobei er sich auf junge Männer konzentrierte und sich deshalb nicht für die Kliteridektomie aussprach. Die Lösung lag für Graham in der Abstinenz, sexuell wie beim Alkohol und beim Verzehr von Fleisch.[64] John Harvey Kellogg (1852-1943), der fünf Jahrzehnte nach Graham gegen die Masturbation zu Felde zog, veröffentlichte 1877 Plain Facts for Old and Young People. Kellogg war von der Masturbation geradezu besessen. In der Ausgabe von 1888 heißt es:

> »If illicit commerce of the sexes is a heinous sin, self-pollution, or masturbation, is a crime doubly abominable. As a sin against nature, it has no parallel except in sodomy (see Gen. 19:0; Judges 19:22). It is the most dangerous of all sexual abuses because the most extensively practiced. [...] It is known by the terms, self-pollution, self-abuse, masturbation, onanism, manustupration, voluntary pollution, and solitary or secret vice. The vice is the more extensive because there are almost no bounds to its indulgence. Its frequent

---

    bois, Frédéric. Histoire philosophique de l'hypochondrie et de l'hystérie. Paris : Deville Cavellin; 1833, S. 50, 100.

62 Bayard, Henri-Louis. Essai médico-légal sur l'utéromanie (nymphomanie). Paris: Didot Jeune; 1836, S. 12.

63 Iacobbo, Karen und Iacobbo, Michael. Vegetarian America: A History. Westport, CT, London: Praeger; 2004., S. 83.

64 Graham, Sylvester. A Lecture to Young Men, on Chastity: Intended also for the Serious Consideration of Parents and Guardians. Boston, MA: Charles H. Pierce; 1848.

repetition fastens it upon the victim with a fascination almost irresistible. It may be begun in earliest infancy, and may continue through life.«[65]

Trotz seiner Ausbildung als Arzt war auch bei Kellogg ein religiöser Unterton nicht zu überhören. Er behauptete, in den USA sei die Häufigkeit der Masturbation bei Mädchen geringer als bei Jungen. Er beschäftigte sich dann ausführlich mit den schädlichen Wirkungen der Masturbation bei Männern und ging nur kurz auf Frauen bzw. Mädchen ein. Zu diesen Auswirkungen zählte er Leukorrhoe, Sterilität, Atrophie der Brüste und Hysterie. Die Heilung erfolge durch strenge Überwachung, gutem Zureden und bei Frauen durch die Applikation von unverdünnter Karbolsäure (Phenol) auf die Klitoris.[66]

Der deutsche Militärarzt Carl Ferdinand von Graefe (1787-1840) war der erste deutsche Arzt, der von einer Kliteridektomie an einem Mädchen namens Adelheid berichtete. Der ausführende Arzt wollte angeblich anonym bleiben. Der Fall erregte Aufsehen und wurde in der englischen und französischen Fachliteratur zitiert, auch weil von Graefe behauptete, mit der Operation nicht nur die Masturbation der Patientin beendet, sondern sie auch vom Wahnsinn geheilt zu haben. Die Fallgeschichte ist ausführlich bei Marion Hulverscheidt dokumentiert, so dass ich nur noch auf die Aspekte eingehen möchte, die hier interessieren.[67]

»Dem Dr. N. N. war es nicht entgangen, dass dieser Stumpfsinn, dieses dumpfe Hinbrüten und momentane wilde Aufspringen, ihre stete Beweglichkeit auf Stühlen, noch in etwas anderm seinen Grund haben müsste, und wir fanden dies vollkommen bestätigt. Die Kranke trieb nämlich ein diesen Kranken sehr eigen sein sollendes Laster, nämlich der Selbstbefleckung und zwar in dem Grade, dass sie die Gegenwart keines Menschen scheute. Offenbar wurde hierdurch ihr Zustand sehr verschlimmert.«[68]

Die Patientin wurde von ihren Ärzten einer Tortur unterzogen, die sadistischer hätte kaum sein können. Neben kalten Duschen unterzog man sie einer Kopfoperation mit einer dauerhaft entzündeten Wunde, die immer wieder

---

65 Kellogg, John Harvey. Plain Facts for Old and Young: Embracing the Natural History and Hygiene of Organic Life. Burlington, IA: F. Segner & Co.; 1888, S. 231.
66 Kellogg, John Harvey. Plain Facts, S. 296.
67 Graefe, Carl Ferdinand von. Heilung eines vieljährigen Blödsinns durch Ausrottung der Clitoris. Journal der Chirurgie und Augen-Heilkunde. 1825; 7:7-37. Hulverscheidt, Weibliche Genitalverstümmelung, S. 107-116.
68 Graefe, Heilung, S. 19.

mit »solutio tartari stibiati« d.h. Kaliumantimonyltartrat oder Brechweinstein beträufelt wurde, um sie von der Masturbation abzuhalten.

»Bis zum Oktober wurde mit der Douche fortgefahren und um den Trieb zur Onanie durch Schmerz abzuleiten, wurde ihr ein Vesicatorium [Blasenpflaster] auf die Magengegend gelegt und mit Brechweinsteinsalbe verbunden. Bei der Douche wurde der Strahl auf die blosse Wunde geführt. Gewöhnlich fasste das Reservoir zur Douche zehn bis zwölf Eimer Wasser.«[69]

Auch andere Formen der Quälerei wurden noch an Adelheid ausprobiert, bevor der behandelnde Arzt bemerkte:

»Ueberall sah ich mich in medizinischen Schriften um, ob sich nicht irgend etwas gegen dies furchtbare Uebel als Heilmittel angezeigt fände, bis ich endlich auf die Erfahrung französischer Aerzte hingewiesen wurde. Diese nämlich empfehlen die Exstirpation der Clitoris als eine gefahrlose und wirksame Operation. Selbst die Bedenklichkeiten über die Folgen derselben, als Unfähigkeit zur Zeugung, konnten hier weniger in Betracht kommen, da es hier nur darauf ankam, das Hinderniss des eigentlichen Menschwerdens zu beseitigen. Die Eltern, denen diese Bedenklichkeiten mitgetheilt wurden, waren vernünftig genug, diese fahren zu lassen, um das Mädchen nur einer möglichst höhern geistigen Ausbildung entgegen zu führen. Somit wurde dem General-Stabsarzt der Armee, Herrn Geheimerath [sic!] Gräfe, die Sache zur Beurtheilung vorgestellt und da die Eltern uns von aller weitern Verantwortlichkeit lossagten, verrichtete derselbe am 20sten Juni die Operation sehr schnell und radikal. Die Blutung war unbedeutend und blosses Waschen mit kaltem Wasser reichte vollkommen hin, die Heilung zu bewirken.«[70]

Der Turiner Medizinprofessor Alessandro Riberi (1794-1861) berichtete 1837 von einem Fall einer »Heilung« von der Masturbation durch Kliteridektomie und Nymphotomie. Eine 39-jährige Frau sei in die Klinik Professor Riberis eingeliefert worden, um von der »abscheulichen Gewohnheit« der Masturbation geheilt zu werden, die sie seit 20 Jahren ausübe. Sie habe an Ausfluss gelitten. Aderlässe und kalte Umschläge hätten nichts bewirkt. Es sei zu Blutungen aus der Vagina gekommen. Sie habe alle Symptome der Hysterie aufgewiesen. Injektionen mit Stramonium (giftiger Stechapfel) und Belladonna

---

69   Graefe, Heilung, S. 26.
70   Graefe, Heilung, S. 29.

seien wirkungslos geblieben. Riberi entschloss sich zu einem operativen Eingriff, der elf Tage nach der Kliteridektomie einer Verbesserung der Patientin bewirkt habe. Wirkliche Abhilfe habe aber erst die Behandlung der wieder eröffneten Wunde mit schmerzhaften und ätzenden Substanzen gebracht. Riberi betonte, die Kliteridektomie sei vielleicht nicht immer erforderlich; eine Kauterisation erfülle den gleichen Zweck.[71]

Der Pariser Arzt Léopold Deslandes (1796-1850) veröffentliche 1835 eine Denkschrift gegen die Onanie, die bald ins Amerikanische und Deutsche übersetzt wurde.[72] Er liefert noch einmal die ganze Bandbreite der medizinischen Symptome der *Masturbatorin*, darin Tissot folgend, um dann, anders als letzterer, die Exzision der Klitoris zu empfehlen:

> Die Ausschweifungen der Onanie und des Beischlafs bringen bei den Frauen noch viel häufiger als bei den Männern Affectionen der Geschlechtstheile hervor. Die Clitoris ist vorzüglich empfänglich, in Folge des zu häufigen Kitzels einen ungeheuern Umfang zu erlangen. Dieselbe Ursache kann selbst nach [Jean?] Bouilloud die scirrhöse Anschwellung oder auch die canceröse Degenerescenz dieses Organs hervorbringen. Aber von allen Affectionen des weiblichen Zeugungsapparats, die auf diese Weise entstehen können, ist die Entzündung der die Vulva und Vagina auskleidenden Membran die häufigste. Diese Phlegmasie kündigt sich immer durch eine mehr oder weniger reichliche Leucorrhoe und oftmals durch Anschwellung, Röthe, Schmerz oder zum wenigsten durch ein deutliches Gefühl von Brennen an. Wenn der Ausfluss längere Zeit anhält, wie es meistens der Fall ist, so bringt er bei jungen Mädchen Symptome hervor, die mit denen der täglichen Pollution einige Aehnlichkeit haben. Ihre Gesichtsfarbe wird blass, gelblich. Sie haben fortwährend Ringel um die Augen und ihre Physiognomie ist traurig; sie sind schwach und schlaff und empfinden fast immer ein Reissen in der Magen-

---

71   Riberi, [Alessandro]. Cas d'onanisme grave, guéri à l'aide de l'excision du clitoris et des petites lèvres, par M. Riberi, professeur de médecine opératoire à Turin. In : Gazette Médicale de Paris : Journal de Médecine et des Sciences Accessoires. 1837; 2(5):744.
72   Deslandes, Léopold. De l'onanisme et des autres abus vénériens considérés dans leur rapports. Paris: A. Lelarge; 1835. Deslandes, Léopold. Treatise on the Diseases Produced by Onanism, Masturbation, Self-Pollution and Other Excesses. Boston: Otis, Broaders, and Company; 1839. Deslandes, Léopold. Von der Onanie und den übrigen Ausschweifungen der Geschlechtslust. Weimar: Voigt; 1841.

gegend, weshalb sie, in der Meinung, der Hunger bringe dieses hervor, fast jeden Augenblick Nahrung zu sich nehmen.«[73]

Dennoch magere die Kranke ab, es bilde sich ein trockener Husten. Etliche Seiten später kam Deslandes im Kontext der Masturbation und Nymphomanie auf die von ihm bevorzugte Kauterisierung der Klitoris zu sprechen. Ich zitiere den Text ausführlich, weil er Aufschluss über die Begründung der Genitalverstümmelung gibt:

> »Woher entsteht dieser eigenthümliche Gebrauch [der Kliteridektomie]? Sollte er den Zweck haben, frühzeitig die Vulva der Mädchen von gewissen Hervorsprüngen zu befreien, die ihnen später unbequem sein würden [...]? Oder hat sie, wie mehrere Reisende vorgegeben haben, zum Zweck, den orientalischen Frauen die Mittel, sich selbst zu beflecken, zu nehmen? Wie dem auch sei, ihr Resultat ist selbst, wenn der membranöse Theil der Clitoris, wie ich voraussetze, allein hinweggenommen wäre, den Geschlechtstrieb abzustumpfen, indem man ihm einen Theil der Organe raubt, wo er seinen Sitz hat. Das Zeugniss Niebuhrs und mehrerer anderer Schriftsteller scheint dies positiv bewiesen zu haben. Wenn dem so ist, sollte die Abtragung der kleinen Schamlippen und der Präputial-Portion der Clitoris, vorzüglich wenn diese Theile besonders gross sind, in den Fällen, wo man das letzte Mittel, von dem wir bald reden werden, zu vermeiden suchte, nicht versucht werden? Würde diese Abtragung die Neigung der Onanie, wenn nicht erlöschen, doch zum wenigsten beschwichtigen und hier durch die ander[e]n Mittel, die man gleichzeitig anwenden würde, wirksamer machen können. Ich habe, um die Wahrheit zu gestehen, nur geringes Vertrauen auf diese Operation; Wenn ich jedoch in Erwägung ziehe, dass eine oberflächliche Cauterisation der Nymphen und Clitoris hinreichend war, wie wir bald sehen werden, um eine Nymphomanie zu heilen, so wird es mir begreiflich, dass die Ausschneidung der kleinen Schamlippen in gewissen Fällen Aussicht zu einem glücklichen Erfolg geben kann. Diese Operation ist ausserdem wenig schmerzhaft, leicht ausführbar und kann selbst bei den ungünstigsten Umständen keinen andern Nachtheil als den der Nutzlosigkeit nach sich ziehen.«[74]

---

73   Deslandes, Von der Onanie, S. 290f.
74   Deslandes, Von der Onanie, S. 351f.

Die Leserin dieser Zeilen ist nach diesen skeptischen Worten dann überrascht, dass Deslandes von zahlreichen »erfolgreichen« Operationen berichtet:

> »Die besondere Sensibilität der Clitoris, das Volumen, das sie gewöhnlich bei wollüstigen Frauen darbietet, so wie das, was sie durch die Masturbation und bei den an Nymphomanie Leidenden erlangt, haben die Idee rege machen müssen, dass die wollüstigen Begierden in diesem Organe ausschliesslich ihren Sitz hätten und dass zur Vernichtung derselben ihre Hinwegnahme hinreichend sei. [André] Levret ist der Erste, der die Idee gefasst hat, die Nymphomanie durch diese Amputation zu heilen. [...] [Antoine] Dubois hat sie bei einer jungen Person vollzogen, die der Onanie so ergeben war, dass sie nahe daran war, den höchsten Grad von Marasmus zu erreichen. Von der Gefahr ihrer Lage durchdrungen und doch zu schwach oder von dem Reiz des Vergnügens zu mächtig angezogen, fast gänzlich unterjocht, konnte sie nicht widerstehen. Vergeblich band man ihr die Hände; sie wusste dieselben durch Bewegungen gegen irgend einen [sic!] hervorstehenden Theil ihres Bettes zu ersetzen. Man band ihr die Beine, aber die Bewegung ihrer Schenkel allein, die sie gegen einander reiben konnte, oder die Bewegung des Beckens, und der Weichen war hinreichend, um zahlreiche Pollutionen hervorzubringen. In diesem Zustande wurde sie von ihren Eltern zu Dubois gebracht. Er glaubte nach dem Beispiele [André] Levrets die Amputation der Clitoris vorschlagen zu müssen. Die Eltern und die Kranke stimmen ohne Widerstand ein; das Organ wurde mit einem Bistouri [Skalpell] hinweggenommen und um der Hämorrhagie Einhalt zu thun, wurde der Stumpf cauterisirt. Die Operation hatte den günstigsten Erfolg, denn die Kranke, von ihrer verderblichen Gewohnheit geheilt, erlangte ihre Gesundheit und ihre Kräfte bald wieder. [Anthelme Louis Claude Marie] Richerand, der diese Thatsache angeführt hat, betrachtet die an diesem jungen Mädchen vollzogene Operation als das wirksamste Mittel, das in diesem Fall anzuwenden sei.«[75]

---

75   Deslandes, Von der Onanie, S. 353f. André Levret wird in der Literatur immer wiede angeführt, wenn es darum geht, wer der »Erste« war, der die Kliteridektomie vorgeschlagen oder durchgeführt hat. Leslandes behauptete sogar, Levret habe die Prozedur zur Heilung der Nymphomanie vorgeschlagen. Bei Levret findet sich in der Tat ein Vorschlag zur Abtragung der Klitoris, allerdings im Zusammenhang mit dem Geburtsvorgang. Levret, André. L'Art des accouchemens, démontré par des principes de physique et de méchanique. Paris: Didot le Jeune; 1766. S. 22.

Deslandes referierte auch ausführlich die von Graefe berichtete Operation an Adelheid.[76] Deslandes interessierte vor allem, ob der »Blödsinn« Adelheids die Folge der Onanie war oder ob es sich umgekehrt verhalte.

»Die Details dieser Beobachtung sind nicht hinreichend, um festzustellen, ob der Idiotismus die Ursache oder Wirkung der Selbstbefleckung gewesen ist. Man darf jedoch voraussetzen, dass er zum wenigsten grossentheils eine Folge dieser Gewohnheit war. Sicher bleibt es, dass man dieser letztem Einhalt thun musste, um denselben verschwinden zu machen. Diese Beobachtung zeigt noch ausserdem, wie gross die Heilkraft der Natur ist, sobald die Onanie aufgehört hat, derselben Fesseln anzulegen, und beweist durch die Wirksamkeit der Abtragung der Clitoris, wie Unrecht es ist, wenn man, wie mehrere Schriftsteller, und vorzüglich [Félix] Voisin, es gethan haben, das Princip der Nymphomanie ausschliesslich im kleinen Gehirn suchen wollte.«[77]

Die Klitoris war damit von einer »pulchra res« zu einem Ärgernis geworden, das man – um den Wortlaut des Neuen Testaments zu verwenden – getrost ausreißen konnte. Die Enzyklopädie Gabriel Andrals (1797-1876), eines Pariser Internisten und Hämatologen, rationalisierte die Kliteridektomie mit den folgenden Worten.

»Manche Personen hegen in Bezug auf diese Operation gewisse Bedenken. Sie werfen die Frage auf: ob Jemand das Recht habe, sie vorzuschlagen und zu verrichten, und so Genüsse, die den Reiz des Lebens ausmachen könnten, in ihrer Wurzel abzuschneiden. Diese Betrachtungen scheinen mir indeß blos zu der Umsicht aufzufordern und die Pflicht aufzuerlegen, die Abtragung der Clitoris nur als äußerstes Mittel zu versuchen, und nachdem bereits alle anderen Hülfsmittel erschöpft worden sind. [...] Man verfährt dann, wie es täglich geschieht, wenn man eine Gliedmaße amputirt; man opfert die Nebensache für die Hauptsache, den Theil für das Ganze. Uebrigens ist es auch nicht bewiesen, daß das Abtragen der Clitoris für immer den Geschlechtstrieb ertödten müsse. Denn da dieses Organ nicht der ausschließ-

---

76 Deslandes, Von der Onanie, S. 354f.
77 Deslandes, Von der Onanie, S. 357. Leslandes wandte sich gegen den Arzt und Phrenologen Félix Voisin (1794-1872), der in seinem Buch von der Kliteridektomie abgeraten hatte. Voisin, Félix. Des causes morales et physiques des maladies mentales et de quelques autres affections nerveuses, telles que l'hystérie, la nymphomanie et le satyriasis. Paris: Baillière; 1826.

liche Sitz desselben ist, so läßt sich sogar befürchten, daß die Operation bei manchen Individuen ein hinreichendes Princip des Genusses zurückläßt, um den Erfolg derselben zu gefährden.«[78]

Man kann die Resonanzen des Matthäusevangeliums förmlich hören:

>»Wenn dich deine Hand oder dein Fuß zur Sünde verführen will, hack sie ab und wirf sie weg. Es ist besser, du gehst verkrüppelt oder verstümmelt ins ewige Leben, als dass du mit beiden Händen und Füßen ins ewige Feuer kommst.«[79]

Die *Encyclopädie der gesammten Medicin* von 1849 stimmte den französischen Kollegen zu und brachte es auf den Punkt:

>»Die Bedenklichkeiten, welche von manchen Aerzten in Betreff der Berechtigung zur Ausführung der Excisio clitoridis, als Heilmittel geschlechtlicher Verirrungen, erhoben werden, lassen sich wohl als grundlos niederschlagen, wenn man nur dann erst zur Operation schreitet, nachdem jedes andre Mittel zur Heilung des in seine Folgen so verderblichen Lasters vergeblich in Gebrauch gezogen worden und Grund zur Annahme vorhanden ist, dass der Clitoris, wenn nicht ausschliesslich, doch ein grosser Theil der Schuld an der lasterhaften Gewohnheit beizumessen ist; in diesem Falle kann man gewiss einen Theil zum Besten des Ganzen opfern.«[80]

---

78 Andral, Gabriel and et al. Universal-Lexicon der practischen Medicin und Chirurgie. Band 9. Leipzig: Hinrich Francke; 1841.

79 Matthäus 18: 6-9. [Web page]. URL: https://www.biblegateway.com/passage/?search=Matthaeus+18 %3A6-9&version=HOF, gesehen 10.4.2020.

80 Schmidt, Carl Christian. Encyclopädie der gesammten Medicin, 5. Band: Nabelschnur bis Sprachfehler. Leipzig: Otto Wigand; 1849, S. 592. Henry Blatin (1806-1869), der mit Vincent Nivet (1809-1893) 1842 ein Handbuch der Frauenheilkunde herausgab, erwähnte zwar die angebliche Vergrößerung der Klitoris durch Masturbation, enthielt sich aber jedes Ratschlags, wie damit umzugehen sei. Blatin, Henry und Nivet, Vincent. Traité des maladies des femmes. Paris: Germer-Bailière; 1842. S. 8. Der Vollständigkeit halber sei erwähnt, dass es auch Mitte des 19. Jahrhunderts noch antimasturbatorische Texte gab, die von der Kliteridektomie nichts wussten oder nichts wissen wollten. Vergl. Wakely, Robert T. Woman and Her Secret Passions: Containing an Exact Description of the Female Organs of Generation, Their Uses and Abuses, together with a Detailed Account of the Causes and the Cure of the Solitary Vice. New York: [John Douglas]; 1846.

Medizinische Enzyklopädien des 19. Jahrhunderts sind mitunter eine problematische Quelle, weil sie dazu tendieren, bereits lange widerlegte Theorien zu zitieren, ohne eine Bewertung vorzunehmen. In Buschs *Encyclopädisches Wörterbuch der Medizinischen Wissenschaften* von 1846 wurde dementsprechend weit ausgeholt. Der alte Canard von den Lesben mit »verlängerter Klitoris«, tiefer Stimme und herrschsüchtigem Betragen fehlte genauso wenig wie die Vergrößerung der Klitoris als Folge der Onanie. Letztendlich hielt der Autor fest:

> »Veranlasst die Verlängerung der Clitoris Beschwerden, oder ist sie bösartig verhärtet, dann ist die Amputatio clitoridis angezeigt. Sie wird auf dieselbe Weise wie die Absetzung des männlichen Gliedes ausgeführt. Nur hat man hier wohl zu berücksichtigen, dass durch die Entfernung des Kitzlers das Zeugungsvermögen um so mehr erschwert wird, als die Empfindlichkeit dieses Organs wesentlich nothwendig ist, auch in den inneren Geschlechtstheilen die zur Empfängniss gehörige Aufregung herbeizuführen.«[81]

In der wissenschaftlichen Spezialliteratur der Zeit war man entschieden weiter. Ein F. Legros referierte 1847 über den *Clitorisme*.[82] Das Referat wurde in der Sitzung der *Société Médicale du Temple* im Juni 1847 vorgestellt. Er berichtete von zwei Fällen erfolgreicher Behandlung wegen Masturbation durch Kliteridektomie, wobei im zweiten Fall Äther zur Betäubung eingesetzt wurde – »sans succès«.[83] Immerhin war hier das Bestreben zu erkennen, die Prozedur möglichst ohne Schmerzen für die Patientinnen durchzuführen, auch wenn dies erfolglos blieb. Man darf dabei nicht übersehen, dass die Anästhesie durch Äther erst wenig zuvor entdeckt worden war und die Technologie zur Verabreichung des Gases noch in den Kinderschuhen steckte. Johann Friedrich Dieffenbach hatte die Anästhesie durch Äther in Deutschland erst 1847 vorgestellt – dem gleichen Jahr, in dem Legros seine Operation durchführte.[84]

---

81 Busch, Dieffenbach, Hecker et al. Encyclopädisches Wörterbuch, Band 35, S. 334.
82 Der Titel war weder in der französischen Bibliothèque Nationale, noch in WorldCat nachzuweisen.
83 [Legros, F.] Société médicale du Temple : Du clitorisme – amputation du clitoris – guerison. Annales Médico-Psychologiques. 1847; 10:464-465.
84 Dieffenbach, Johann Friedrich. Der Aether gegen den Schmerz. Berlin: Hirschwald; 1847.

Ein 1848 für das Parlament in Massachusetts erstellter Bericht über die Ursachen der Idiotie nannte unter anderem die Masturbation als verantwortlich für die Zunahme der »Schwachsinnigen« (»idiots«). Interessant ist hier die Wortwahl, die dem ansonsten eher sachlichen Arzt und Abolitionisten Samuel Gridley Howe (1801-1876) nicht leicht aus der Feder geflossen sein dürften.

>»There is another vice, a monster so hideous in mien, so disgusting in feature, altogether so beastly and loathsome, that, in very shame and cowardice, it hides its head by day, and, vampyre-like, sucks the very life-blood from its victims by night; and it may perhaps commit more direct ravages upon the strength and reason of those victims than even intemperance; and that vice is Self-Abuse.«[85]

Der Bericht Howes an die Gesetzgeber seines Heimatstaats liest sich wie ein Kommentar zu den Heldentaten der antiken Heroen:

>»One would fain be spared the sickening task of dealing with this disgusting subject; but, as he who would exterminate the wild beasts that ravage his fields, must not fear to enter their dark and noisome dens, and drag them out of their lair; so he, who would rid humanity of a pest, must not shrink from drag ging it from its hiding-places, to perish in the light of day. If men deified him who delivered Lerna from its hydra, and canonized him who rid Ireland of its serpents, what should they do for one who could extirpate this monster-vice? What is the ravage of fields, the slaughter of flocks, or even the poison of serpents, compared with that pollution of body and soul, that utter extinction of reason, and that degradation of beings, made in God's image, to a condition which it would be an insult to the animals to call beastly, and which is so often the consequence of excessive indulgence in this vice?«[86]

Die Lösung für dieses Problem lag nach Howes Überzeugung in der Heirat, nicht in medizinischen Operationen.[87] Mit ähnlich deutlichen Worten beschrieb der Befürworter der Geburtenkontrolle und Arzt Edward Bliss Foote (1829-1906) 1864 die Auswirkungen der Masturbation.

---

85 Howe, Samuel Gridley. Report Made to the Legislature of Massachusetts upon Idiocy. Boston, MA: Coolidge & Wiley; 1848, S. 83f.
86 Howe, Report Made to the Legislature, S. 84.
87 Howe, Report Made to the Legislature, S. 87.

> »The fatal consequences of masturbation are painfully apparent when viewed from the observatory of the medical profession. It acts slowly but powerfully in destroying the harmony of the nervous system, producing ultimately a great variety of diseases according to the idiosyncrasies of its slaves; but most commonly insanity or consumption. I am daily written to by invalids from all parts of the country, who freely confess the cause which led to their ill health.«[88]

Die Gründe für die Gefährlichkeit der Masturbation lägen in der »Reibungselektrizität«, die bei der Praxis der Selbstbefriedigung entstehe. Jedes Körperteil, das der Reibung ausgesetzt sei, also auch und besonders die Klitoris, würde elektrisch gereizt. Die Masturbation führe also zur elektrischen Erregung, deren Energie aus dem eigenen Körper stamme und daher ohne »Nachladung« abgeführt werde. Für einen Ausgleich der Ladung sorge nur der Koitus und der Austausch elektrischer Energie.[89] Wichtig an dieser Anwendung der modifizierten Theorien Franz Anton Mesmers (1734-1815) scheint mir zu sein, dass aus dem elektrischen Energieaustausch jene Form der Gegenseitigkeit resultierte, die auch Frauen ein Anrecht auf den Orgasmus einräumte.[90] Da die Klitoris als der Sitz des Lustempfindens identifiziert wurde, folgte daraus, dass eine Kliteridektomie nicht in Frage kam. Foote bliebe sich und seinen Theorien treu. 1902 publizierte er eine tausendseitige *Cyclopedia*, die in einer Auflage von einer Million Exemplaren in den USA verkauft wurde. Auch hier wurde der schädigende Einfluss der Masturbation in drastischen Bildern beschrieben:

> »If Mr. Beelzebub should write out a prescription for the destruction of young men and women, and in its punctuation use a grave for a period, its adoption could prove no more fatal than has the prescription of civilization.«[91]

---

88   Foote, Edward Bliss. Medical Common Sense Applied to the Causes, Prevention and Cure of Chronic Diseases and Unhappiness in Marriage. New York: [Selbstverlag]; 1864.
89   Foote, Medical Common Sense, S. 283.
90   Ehen konnten in England wegen Impotenz des Mannes geschieden werden. Das bedeutete aber noch nicht, dass es ein weibliches Recht auf Orgasmus gab. Abbot, George. The Case of Impotency as Debated in England: In that Remarkable Tryal an. 1613. between Robert, Earl of Essex, and the Lady Frances Howard, who, after Eight Years Marriage, Commenc'd a Suit against Him for Impotency. ... Written by George Abbott, ... In two volumes. London: E. Curll; 1715.
91   Foote, Edward Bliss. Dr. Foote's Home Cyclopedia of Popular Medical, Social and Sexual Science [...]. New York: Murray Hill Publishing Company; 1902, S. 167.

Foote schlug konsequenterweise vor, Nymphomanikerinnen durch Elektrizität zu heilen, die den Überschuss an elektrischer Energie, die für ihren Zustand verantwortlich war, abzuleiten.[92] Ähnlich argumentierte er im Hinblick auf weibliche Masturbation in Verbindung mit erotischen Träumen:

> »Some married women have these dreams who do not enjoy natural intercourse. The function of the amative organs is so perverted that the imagination can affect those organs when contact with a male companion cannot arouse them. This morbid and unnatural condition has been caused, in most cases where it exists, by masturbation. [...] The organs have been accustomed to simply unmagnetic friction locally, and that of the most violent nature, so that the milder friction of the male organ, and the presentation of a magnetic force to the nervous termini, produce no sensibility whatever. They seem to shrink from it.«[93]

Schon 1864 erschien in Italien ein Buch des britischen Gynäkologen Charles West (1816-1898), einer der entschiedensten Gegner der Genitalverstümmelung aus therapeutischen Gründen.[94] Er sollte in den *Querelles* um Isaac Baker Brown im Jahre 1866, auf die ich zu sprechen kommen werde, eine wichtige Rolle als Gegner des umstrittenen Brown spielen. Isaac Baker Brown machte sich in seinem Buch »On the Surgical Disease of Women« aus dem Jahre 1861 (zweite Auflage 1866) dafür stark, diese Operation im Regelfall durchzuführen.[95] Charles West, der sich zwar in Kontinentaleuropa aufgehalten hatte, aber nie länger in Italien gelebt hatte, veröffentlichte in mehreren Editionen in England, den USA, Frankreich und Italien seine »Lectures on the Diseases of Women«. Die große Reputation, die West vor allem als Kinderarzt genoss, seine umfassende internationale publizistische Tätigkeit und vor allem seine Standhaftigkeit im Streit mit Isaac Baker Brown und anderen Befürwortern der Genitalverstümmelung haben dazu beigetragen, die Kliteridektomie vor

---

92 Foote, Home Cyclopedia, S. 569.
93 Foote, Home Cyclopedia, S. 570.
94 In Italien wurden ab dem 18. Jahrhundert vorwiegend englische Bücher zu Gynäkologie in italienischen Übersetzungen verwendet. Siehe James, Robert. A Medicinal Dictionary: Including Physic, Surgery, Anatomy, Chymistry and Botany [...] Band 3. London: T. Osborne; 1745. James, Robert. Dizionario Universale di Medicina, Tomo Quinto. Venedig: Giambatista Pasquali; 1753. Robert überschrieb ein Kapitel »Modo di estirpar una parte del clitoris quando e troppo grande«. Ibidem, S. 488.
95 Brown, Isaac Baker. On Surgical Diseases of Women. London: John Davies; 1866, S. 233f.

allem in Großbritannien allmählich zu delegitimieren. Von Anfang an bezweifelte West, dass Masturbation bei Frauen überhaupt ein Problem darstelle und zeigte sich kritisch, was den Erfolg der Operation anging:

>»A few words may be added here, better perhaps than anywhere else, with reference to the alleged frequency of masturbation in the female sex, and the removal of the clitoris for its cure. There can be no doubt but that self-abuse is not limited to the male sex, and that women sometimes become addicted to it; [...] Such cases, however, are by no means frequent; and it seems doubtful whether the practice of masturbation produces such injurious physical effects in the female as in the male subject [...] The seat of sexual feeling is, however, by no means confined to the clitoris; habitual masturbation brings with it no change in the organ, and it is not by irritating it that some women who have sunk to the lowest depths earn for themselves a nauseous living by ministering to the passions of the most abandoned of their own sex; nor by removing the clitoris would the habit be broken through, or the means of indulging it removed.«[96]

West ging danach auf einen Fall ein, bei dem einer jungen Frau ohne ihre Zustimmung und ohne ihr Wissen bei der Operation einer Analfistel die Klitoris entfernt wurde. Johann Baptist Ullersperger, ein entschiedener Gegner Wests und Unterstützer Browns, gab an, Isaac Baker Brown sei bei dieser Operation der ausführende Arzt gewesen. Er selbst habe die betreffenden Unterlagen einsehen können.[97] Ullersperger gehörte auch zu den Autoren, die Kliteridektomie im Falle von Epilepsie empfahlen.[98] Charles West zeigte sich schockiert und belegte den Chirurgen, der diesen Verstoß gegen die ärztliche Ethik begangen hatte, mit unfreundlichen Worten. In der italienischen Übersetzung gab er diese Episode wortwörtlich übertragen wieder.[99] West war also skep-

---

96 West, Charles. Lectures on the Diseases of Women. London: John Churchill & Sons; 1864 (3. Englische Auflage), S. 662.

97 Ullersperger, Johann Baptist. Cliteridectomie als Mittel gegen Hysterie, Epilepsie, Phrenopathien, in wieferne Folgen von Masturbation. Koblenz: H. Hildenbrandt; 1867, S. 10f.

98 Cherici, Céline. La définition d'une entité clinique entre développements techniques et spécialisation médicale : Épilepsie et épileptologie au XXe siècle. Revue d'Histoire des Sciences. 2010; 63(2):409-437, S. 416.

99 West, Lectures on the Diseases 1864, 3. englische Auflage, S. 663. West, Carlo. Lezioni sulle Malattie delle Donne. Milano: Francesco Vallardi; 1864, S. 677f. Die dritte amerikanische Ausgabe von 1867, die auf der dritten und erweiterten britischen Ausgabe

tisch und er war ein Verfechter des Eides des Hippokrates: »Meine Verordnungen werde ich treffen zu Nutz und Frommen der Kranken, nach bestem Vermögen und Urteil; ich werde sie bewahren vor Schaden und willkürlichem Unrecht.«[100]

Die Debatte um die Kliteridektomie der Jahre 1866/67 wurde in der *Lancet* und im *British Medical Journal* geführt und erreichte damit einen großen Teil der medizinischen Fachwelt.[101] Sie ist mehrfach in der medizinhistorischen Forschung aufgearbeitet worden u.a. bei Marion Hulverscheidt, zuletzt und vielleicht am gründlichsten bei Robert Darby.[102] Darby irrt sich allerdings, wenn er behauptet, englische Ärzte hätten wenig über die »exotische« Kliteridektomie gewusst und wenn er annimmt, die männliche Vorhaut und die

---

basiert, ist wortwörtlich identisch. West, Charles. Lectures on the Diseases of Women. Philadelphia, PA: Henry C. Lea; 1867, S. 527f. Die französische Ausgabe von 1870 entspricht im Wortlaut den englischen Editionen. West geht hier nicht auf seinen Streit mit Isaac Baker Brown ein. West, Charles. Leçons sur les maladies des femmes. Paris: F. Savy; 1870, S. 804.

100 Pschyrembel, Willibald und Hildebrandt, Helmut. Pschyrembel Klinisches Wörterbuch, 255. Auflage. Berlin, New York: de Gruyter; 1986, S. 695f.

101 Black, John. Female Genital Mutilation: A Contemporary Issue, and a Victorian Obsession. Journal of the Royal Society of Medicine. 1997; 90:402-405. Die Lancet veröffentlichte im Band 87 einschlägige Beiträge von Harry Gage Moore am 9.6.1866 (S. 639f.), George Granville Bentock am 16.6.1866 (S. 663), Harry Gage Moore am 23.6.1866 (S. 699), Isaac Baker Brown am 30.6.1866 (S. 718f.). In Band 88 erschienen Beiträge von Harry Gage Moore und Fred H. Harris am 23.6.1866 (S. 677-704), George Granville Bantock am 14.7.1866, Charles West am 17.11.1866 (S. 560), Charles West am 15.12.1866 (S. 678), Isaac Baker Brown am 22.12.1866 (S. 709-711), Charles West und Robert Greenhalgh am 29.12.1866 (S. 736). In Band 89 erschienen Leserbriefe und Miszellen von R C Shettle am 19.1.1867 (S. 98), Robert Greenhalgh, Isaac Baker Brown et al. am 5.1.1867 (S. 28-30) und Wollaston F. Pym am 9.2.1867 (S. 175).

102 Hulverscheidt, Weibliche Genitalverstümmelung, S. 90-103. Darby, Robert. A Surgical Temptation: The Demonization of the Foreskin and the Rise of Circumcision in Britain. Chicago, IL: University of Chicago Press; 2013, S. 142-166. Sheehan, Elizabeth A. Victorian Cliteridectomy: Isaac Baker Brown and His Harmless Operative Procedure. In: Lancaster, Roger N. und Di Leonardo, Micaela, (Hg.). The Gender/Sexuality Reader: Culture, History, Political Economy. New York: Routledge; 1997; 325-334. King, Helen. Hippocrates' Woman: Reading the Female Body in Ancient Greece. London, New York: Routledge; 1998, S. 13-19. Showalter, Elaine. Victorian Women and Insanity. In: Scull, Andrew, (Hg.). Madhouses, Mad-Doctors, and Madmen: The Social History of Psychiatry in the Victorian Era. Philadelphia, PA: University of Pennsylvania Press; 1981, S. 313-338, S. 327-329.

Klitoris seien in eins gesetzt worden.[103] Zum einen waren britische Ärzte sehr gut vernetzt und kannten die Arbeiten ihrer kontinentaleuropäischen Kollegen, zum anderen war die typische Homologie des 19. Jahrhunderts die zwischen Penis und Klitoris und nicht zwischen Präputium und Klitoris. Darüber hinaus hatten seit der Mitte des 18. Jahrhunderts britische und amerikanische Texte immer wieder vorgeschlagen, die Klitoris zu entfernen.[104] James Syme (1799-1870), einer der führenden britischen Chirurgen des 19. Jahrhunderts, setzte die Kliteridektomie 1831 sogar auf den Lehrplan für angehende Chirurgen in Edinburgh.[105]

Isaac Baker Brown war also Teil einer Gruppe von Ärzten, die an die Kliteridektomie glaubten, keineswegs ihr englischer Erfinder oder gar ein Pionier auf diesem Gebiet. In seiner 1854 erschienenen Abhandlung zu den Frauenkrankheiten erwies er sich als Kenner der Unterleibsoperationen. In diesem

---

103   Darby, Robert. A Surgical Temptation, S. 143f. Darby verwechselt auch Samuel Ashwell mit Samuel Atwell, von dem es weder in Worldcat, noch in der British Library einen entsprechenden Eintrag gibt. Ibidem, S. 143. Die von Darby zitierte Textstelle stammt aus Ashwell, A Practical Treatise, S. 500.

104   [Anonymus]. Case of Idiocy in a Female, Accompanied with Nymphomania, Cured by the Excision of the Clitoris. Lancet 1 (1825): 420-421. [Anonymus]. Review of Sketches of the Medical Topography and Natural Diseases of the Gulph of Guinea, Western Africa by W. F. Daniell. Provincial Medical & Surgical Journal 14, no. 9 (1850): 235-36. Ashwell, A Practical Treatise. Churchill, Fleetwood. Outlines of the Principal Diseases of Females: Chiefly for the Students. Dublin: Martin Keene and Son, 1835. Clough, Henry Gore. A Syllabus of a Course of Lectures on the Theory and Practice of Midwifery; Including the Pathology, or General Doctrine of Diseases Incident to Women and Children, With Their Treatment, Prevention, and Cure [...]London: Printed for J. Callow [...] by J. and W. Smith [...], 1808. Daniell, W F. On the Circumcision of Females in Western Africa. London Medical Gazette, no. 5 (1847): 374-78. Denman, Thomas. Introduction to the Practice of Midwifery. London: J. Johnson, 1788. Fleming, James. A Treatise Upon the Formation of the Human Species: The Disorders Incident to Procreation in Men and Women [...] London: Printed [sic!] M. Thrush, 1767. Good, John Mason. The Study of Medicine in Four Volumes; Volume 4. London: Baldwin, Cradock and Joy, 1822. Liston, Robert. Elements of Surgery. London: Longman, Orme, Brown, Green, and Longmans, 1840. Ryan, Michael. Prostitution in London With a Comparative View of That in Paris and New York. London: Bailliere, 1839. Thomas, Robert. The Modern Practice of Physic: Exhibiting the Characters, Causes, Symptoms, Prognostics, Morbid Appearances, and Improved Method of Treating the Diseases of All Climates. Abridged from the 5th and Last London Edition Philadelphia, PA: Thomas Dobson and Son, 1817.

105   Syme, James. Syllabus of Lectures on the Principles and Practice of Surgery. Edinburgh: John Stark, 1831, S. 12.

Buch wird weder Masturbation, noch Klitoris erwähnt.[106] Wenige Jahre später entpuppte er sich als ein Anhänger der Verstümmelung. Die Vergrößerung der Klitoris komme recht häufig vor und sei das Ergebnis der Masturbation (»self-abuse«).

> »The deplorable effects of this baneful habit both on the physical and mental health, have been less considered in the case of females than of men, and yet they are of equal gravity, and probably as prevalent. Its radical cure, moreover, is fortunately in our hands, for we can readily destroy the sensibility of the clitoris and its capacity for irritation. [...] The necessity for the excision or amputation of the clitoris, when much enlarged, has been recognised by surgeons generally; but I would go further and say, that this operation should be resorted to in all cases where that organ is found in an abnormal state, and where constitutional symptoms are traceable to its irritation. [...] Experience has taught me that, by one or other of these plans, the irritation of the clitoris and its horrible results may frequently be cured.«[107]

Hier vertrat Baker Brown noch die Auffassung, dass nur bei einer »Vergrößerung« der Klitoris zum Messer gegriffen werden sollte. 1864 hatte er seine Position radikalisiert. Er veröffentlichte in *The Lancet* einen Artikel über die Operation von Frauenleiden und äußerte sich folgendermaßen:

> »The true source of uterine disturbance and displacement in both the married and the single is to be sought more frequently than is commonly supposed in habits of self-indulgence. In cases thus originating, it is only by excision of the clitoris that permanent relief can be obtained. I stand probably alone in attributing so important a part in the production of uterine disturbance and displacement to self-indulgence; but the extended experience I have had of cases which have yielded to no other treatment than excision of the clitoris, and the happy results which, have followed early recourse to the operation, convince me that the opinion I have formed, and the practice which I have based upon it, are both sound. Self-indulgence, it is important to remember, is not confined to the unmarried, and it is frequently a source of sterility in the married, chiefly in consequence of the retroversion and retroflexion of the uterus to which it is apt to give rise. In such cases ex-

---

106 Brown, Isaac Baker. On Some Diseases of Women: London: John Churchill; 1854.
107 Brown, On Surgical Diseases of Women, 1861, S. 233f.

cision of the clitoris is a sure remedy for the sterility, and dilatation of the mouth of the uterus will prove of no utility.«[108]

Zwei Jahre später folgte die Publikation von *On the Curability of Certain Forms of Insanity, Epilepsy, Catalepsy, and Hysteria in Females*. Baker Brown führte eine lange Liste von Krankheiten wie Hysterie, halbseitige Lähmungen, doppelseitige Lähmungen, epileptische Anfälle, Verblödung (»Idiocy«) und Manien an, die durch Masturbation ausgelöst würden und für die er die Verstümmelung der Klitoris als probates Gegenmittel »ab initio« empfahl. Die Erklärung für diesen Sinneswandel liegt in seiner Begegnung mit Charles Edward Brown-Séquard (1817-1897) und seiner Theorie der peripheren Erregung der Nerven. Brown-Séquard war ein Arzt, der internationales Aufsehen erregte u.a., weil er versuchte, mit der Injektion von tierischen Hodenextrakten, eine Verjüngung herbeizuführen.[109] Baker Brown widmete Brown-Séquard seine Schrift *On the Curability of Certain Forms of Insanity*. Seit 1858/60 verband Baker Brown seinen Ansatz mit dem Brown-Séquards, so dass jetzt wesentlich mehr Krankheiten als Ergebnis der peripheren Nervenirritation durch Kliteridektomie geheilt werden konnten.

> »Long and frequent observation convinced me that a large number of affections peculiar to females, [sic!] depended on loss of nerve power, and that this was produced by peripheral irritation, arising originally in some branches of the pudic nerve, more particularly the incident nerve supplying the clitoris [...]«[110]

Baker Brown erwähnte dann eine lange Reihe von Kollegen, die seine Überzeugung über die Ätiologie der genannten Leiden teilten und seine Methode übernommen hätten.[111] Es folgten ausführliche Fallbeispiele für mit an Wahnsinn grenzender Hysterie und ihre angeblich vollständige Heilung, gefolgt

---

108 Brown, Isaac Baker. Clinical Lectures on Some Diseases of Women Remediable by Operation. The Lancet. 1864 Aug 13:173-174, S. 174.

109 Brown-Séquard, Charles Edward. 1860. Course of Lectures on the Physiology and Pathology of the Central Nervous System: Delivered at the Royal College of Surgeons of England in May, 1858. Philadelphia, PA: Collins, 1860. Stoff, Heiko. Ewige Jugend: Konzepte der Verjüngung vom späten 19. Jahrhundert bis ins Dritte Reich. Köln: Böhlau; 2004, S. 26-29.

110 Brown, Isaac Baker. On the Curability of Certain Forms of Insanity, Epilepsy, Catalepsy, and Hysteria in Females. London: Robert Hardwicke; 1866, S. 7.

111 James Simpson, Beattie in Dublin, John Fife und Dawson in Newcastle-on-Tyne, Duke aus Chichester, Shettle aus Shaftesbury, John Harrison aus Chester, Savage, Routh und

von Fallbeispielen zur »Spinal Irritation«, die ebenfalls durch »inhibitory irritation [of the pudic nerve]« ausgelöst würde.[112] Auch hysterische epileptische Anfälle würden durch die Kliteridektomie geheilt.[113] Das Gleiche gelte für Katalepsie[114], Epilepsie[115], Wahnsinn und Manien.[116] Brown sah seine Kritiker hiermit widerlegt.[117]

Die Debatte in der *Lancet* und dem *British Medical Journal* der Jahre 1866/67 drehte sich nicht so sehr um das Verfahren der Kliteridektomie selbst – jedenfalls nicht zu Beginn. Zunächst überwogen sachliche Argumente wie die Demontage Baker Browns durch Thomas Tanner (1824-1871), einem der Begründer der Londoner Gesellschaft für Geburtshilfe (Obstetrical Society of London).[118] Vielmehr habe die falsche theoretische Grundannahme seiner Behandlung, die Erregung öffentlichen Ärgernisses und die Operation eine Patientin ohne ihre Einwilligung den Anlass dafür gegeben, Brown aus der *London Obstetrical Society* auszuschließen.[119] Die Argumente wurden zunehmend *ad hominem* geführt. Außer Charles West beteiligten sich Robert Greenhalgh, einer der explizitesten Gegner Isaac Baker Browns.[120] Sein letzter Brief in

---

Rogers aus London, sein eigener Sohn Boyer Brown in New South Wales und die Kollegen im London Surgical Home. Brown, On the Curability, S. 13.

112 Brown, On the Curability, S. 32.
113 Brown, On the Curability, S. 41.
114 Brown, On the Curability, S. 48.
115 Brown, On the Curability, S. 55.
116 Brown, On the Curability, S. 67. Hier gesteht Brown ein, dass eine Patientin nicht geheilt wurde. Ibidem, S. 69f. Ähnlich auch Lallemand, M. A Practical Treatise on the Causes, Symptoms and Treatment of Spermatorrhoea. Philadelphia, PA: Blanchard and Lea; 1861.
117 Brown, On the Curability, S. 85.
118 Tanner, Thomas Hawkes. On Excision of the Clitoris as a Cure for Hysteria, &c. Transactions of the Obstetrical Society of London. 1866; 8:360-384.
119 Hulverscheidt, Weibliche Genitalverstümmelung, S. 99. Siehe auch Fleming, J. B. Clitoridectomy: The Disastrous Downfall of Isaac Baker Brown FRCS (1867). Journal of Obstetrics and Gynaecology of the British Empire. 1960; 67(6):1017-1034.
120 »If the operation with which Mr. Isaac B. Brown is: so anxious to associate his name were capable of working the good which its champion so assiduously parades – if insanity, epilepsy, catalepsy, and hysteria, in females, and other evils to which humanity is heir, could be made to yield to the knife he wields with a dexterity I am forward to admit – Mr. Brown would have no warmer supporter than myself. My contention, however, is, that Mr. Isaac B. Brown's practices are founded upon erroneous views, and in no case that I am aware of have they effected a cure; in some they have produced the very mischief they pretend to remove or avert. My contention, also, is, that women have un-

The Lancet beendete die Auseinandersetzung, denn die Londoner Gesellschaft setzte einen Untersuchungsausschuss ein, der Baker Brown aus diesem illustren Verein ausschloss.[121] Auch amerikanische Fachzeitschriften berichteten ausführlich über den Ausschluss Baker Browns. So schrieb das in Boston ansässige *Medical and Surgical Journal* 1867:

»THE expulsion of Mr. Baker Brown from the Obstetrical Society of London, which we have already briefly mentioned, deserves something more than a

---

wittingly been made the victims of operations of the nature of which they were totally ignorant; and that the profession at large are bound to repudiate, as strongly as they can, practices so fatal to their good name and fame.« Greenhalgh, Robert. Cliterodectomy. The Lancet. 12.2.1867; 66-67, S. 67. Ders. Cliterodectomy. British Medical Journal. 1867 Jan 12; 1(315):41-42.

121 The Lancet. 12.1.1867, S. 67. Die Darstellung der Operationstechniken Baker Browns in der Anhörung des Obstetrical Society am 3. April 1867 sorgten für Unruhe und Betroffenheit. Verschiedentlich äußerten sich Ärzte schockiert und wollten die Untersuchung unterbrechen: »I therefore furnish you with the following if it is likely to be of any use. In the case, as entered in the case-book it is stated that the caput clitoridis was removed. I asked the house-surgeon why he did not say the clitoris, as the whole of the organ was removed, and its very crura destroyed. He said he was directed by Mr. Brown to write instead of ›Clitoris,‹ ›caput Clitoridis.‹ Now the whole of the organ was removed, and in the following manner. Two instruments were used; the pair of hooked forceps which Mr. Brown always uses in clitoridectomy, and a cautery iron iron such as he uses in dividing the pedicle in ovariotomy. This iron is made by Pratt; it is somewhat hatchet shaped. The clitoris was seized by the forceps in the usual manner. The thin edge of the red-hot iron was then passed round its base until the origin was severed from its attachments, being partly cut or sawn, and partly torn away. After the clitoris was removed, the nymphae on each side were severed in a similar way by a sawing motion of the hot iron. After the clitoris and nymphae were, got rid of, the operation was brought to a close by taking the back of the iron and sawing the sur faces of the labia and the other parts of the vulva [cries of »Enough«] which had escaped the cautery, and the instrument was rubbed down backwards and forwards till the parts were more effectually destroyed than when Mr. Brown uses the scissors to effect the same result. On interrogating the patient subsequently, she told me she did not know what had been done to her, that the nature of the operation had never been ex plained to her, nor had she been asked if she would consent to the operation. [Sensation.] Now. it seems to me that we cannot give credence to promises that may fall from Mr. Brown. It appears to me that we must eliminate clitoridectomy performed under the conditions under which Mr. Brown performs it, or we really must fall down and become worshippers of Priapus.« The Obstetrical Society. Proposition of the Council for the Removal of Mr. I. B. Brown. The British Medical Journal. 1867; 1(327):395-410, S. 407f.

passing notice. It is an event which concerns the medical profession everywhere, being a solemn act of a body of enlightened physicians, acting under a strong conviction of duty, and animated by a determination to save the profession from the stigma of a tacit acquiescence in a most reprehensible course of one of its members. Some time since we referred to the controversy then going on in England between Mr. Brown and the opponents of his wholesale operation of clitoridectomy as a cure for epilepsy. We have had no space, nor inclination if we had, to lay before our readers the abominable details and angry correspondence which this controversy has brought out in the English medical journals. It is sufficiently evident that the strongest feeling of indignation must have been aroused to lead to the decisive step which has fixed an uneffaceable stigma upon a man who has heretofore held a high place in the ranks of living surgeons.«[122]

In der Begründung der Bostoner Kollegen findet sich zwar auch der Hinweis, die Operation habe ohne Wissen und Zustimmung der Patientin stattgefunden, doch stellt das Zitat auch klar, dass Baker Brown wegen der Behandlung der Epilepsie durch Kliteridektomie ins Kreuzfeuer der Kritik geraten sei.

Baker Browns Karriere nahm damit ein abruptes Ende. Er legte sein Präsidialamt in der *British Medical Society* nieder und reichte seine Demission im *London Surgical Home* ein. Er starb verarmt und krank 1873.[123] Charles West wurde 1877 Präsident der Obstetrical Society of London.[124]

Es ist viel spekuliert worden, ob die Abnahme der Kliteridektomie in Großbritannien nach 1867 das Ergebnis der Fehde zwischen Baker Brown und seinen triumphierenden Gegnern gewesen ist.[125] 1868 ist jedenfalls nach der Methode Baker Browns noch operiert worden.[126] Auch wenn Baker Brown

---

122 [Anonymus]. Expulsion of Mr. Baker Brown from the Obstetrical Society of London. The Boston Medical and Surgical Journal. 20.6.1867; 76:418-420, S. 418.
123 Hulverscheidt, Weibliche Genitalverstümmelung, S. 100f.
124 Phillips, John und Boulton, Percy. Transactions of the Obstetrical Society of London, vol. XLI, for the Year 1899. London: Longman, Green, and Co.; 1900, S. [IX].
125 Hulverscheidt, Weibliche Genitalverstümmelung, S. 102f.
126 »On the last of these occasions, her mother, who accompanied her, explained that her daughter was given to habits of masturbation, and begged that something might be done to put a stop to her tricks. Various procedures, moral and remedial, were tried, with the view of soothing her excitable nervous system; but, as this was without effect, with the sanction of her mother I removed her clitoris, in the manner recommended by Mr. Baker Brown.« Watson, Patrick Heron. On the Extraction of Foreign Bodies from the Female Bladder. The British Medical Journal. 1868; 2(406):382-383, S. 382.

in England nach 1867 der Hautgout des Scheiterns umgab, wurden seine Schriften im Ausland weiter rezipiert – zum Teil auch sehr kritisch. Noch 1875 und dann noch in einem Neudruck von 1898 wandte sich der französiche Arzt David Richard gegen die Kliteridektomie, um die Masturbation zu verhindern.[127] Auch der Pariser Chirurg Paul Jules Tillaux (1834-1904) schrieb 1887 und 1903 wortgleich:

> »Die Klitoris hat eine normale Länge von etwa 3 Zentimetern. Sie ist manchmal viel länger, was auf den ersten Blick über das Geschlecht irreführend gewesen sein mag. Einige englische Chirurgen, unter anderem Baker-Brown [sic!], haben der Länge der Klitoris einen beträchtlichen Einfluss auf die Entwicklung von Masturbationsgewohnheiten zugeschrieben und haben eine große Zahl von Amputationen dieses Organs durchgeführt, aber die Klitoridektomie beseitigt nicht die vorherrschende Aktion der Phantasie und des Nervensystems«.[128]

Johann Bapstist Ullersperger, der polyglotte niedergelassene Arzt aus München, bemühte sich dem gegenüber nach Kräften, seinen deutschen Lesern die Kontroverse um Baker Brown näherzubringen, wobei er eindeutig auf dessen Seiten stand.

> »Ich habe in Erfahrung gebracht, dass sich mehrere Fälle in Behandlung meiner eifrigsten Gegner befinden, in welchen Masturbation Ursache einer Krankheit ist, die sie bettlägerig und lebensüberdrüssig macht. Diese haben aber nicht die geringste Aussicht, durch die geschickte moralische Behandlungsmethode dieser Praktiker Erleichterung zu erfahren. Ich meines Theiles vermag nicht die Zartheit oder die Sentimentalität jener abzuwägen, die sich weigern, eine Heilmethode anzunehmen, weil sie den zarten

---

127   Richard, David. Histoire de la génération chez l'homme et chez la femme. Paris : J. B. Ballière et Fils; 1875, S. 170, 196.
128   »Le clitoris présente une longueur normale d'environ 3 centimètres. Il est parfois beaucoup plus long, ce qui a pu tromper au premier abord sur le sexe. Quelques chirurgiens anglais; et Baker-Brown [sic!] entre autres, ont attribué une influence considérable à la longueur du clitoris sur le développement des habitudes de masturbation, et ont pratiqué un grand nombre de fois l'amputation de cet organe, mais la clitoridectomie ne fait pas disparaître l'action prédominante de l'imagination et du système nerveux.« Tillaux, Paul Jules. Traité d'anatomie topographique, avec applications à la chirurgie. Paris : Asselin & Houzeau; 1887, S. 864. Tillaux, Paul-Jules. Traité d'anatomie topographique, avec applications à la chirurgie. Paris: Asselin et Houzeau; 1903, S. 942 [Übersetzung N. F.].

Gefühlen jener widerstrebt, die Jahr aus und Jahr ein eine Krankheit in Behandlung behalten, deren Heilung sie nicht gewachsen sind. Ist es nicht ehrenwerther, eine radikale Cur zu unternehmen, als sich für ärztlichen Beistand honori[e]ren zu lassen, welcher eingestandener Massen erfolglos ist?«[129]

Baker Browns Methode der Heilung erregte außerhalb Englands noch lange Zeit Aufmerksamkeit. So berichtete der deutsch-amerikanische Gynäkologe Georg Julius Engelmann, der auch Mitglied der *London Obstetrical Society* war und deshalb die Kontroverse um Baker Brown gekannt haben muss, positiv über Baker Browns Therapie der Masturbation.[130] Er selbst führte 1881 eine Operation an einer Patientin durch, die er der Masturbation verdächtigte, wobei er nicht nur Verwachsungen der Urethra, sondern auch das Präputium der Klitoris und die Labia beschnitt. Das Leiden der Kranken wurde dadurch nicht geheilt, und sie wäre an den Folgen der Operation beinahe verstorben, doch konnte auch dieser Misserfolg Engelmann nicht von der Richtigkeit der Kliteridektomie abbringen.

»From the letters received (November 20, 1881) I see that I was at fault. She gradually returned to the same state of nervous prostration and suffering, and is now said to be in about the same condition as before the operation. The cause of this unfortunate relapse is to be found – I am confident, although it is not acknowledged – in continued masturbation.«[131]

Berichte von erfolgreichen Operationen der Klitoris zur Bekämpfung der Masturbation wurden in den Büchern der Ärzte kolportiert und damit über ihren Berichtzeitraum hinaus weitergegeben. So schrieb der Wiener Rechtsmediziner Eduard Ritter von Hofmann (1837-1897) im Jahre 1881:

»Onanismus ist unter jungen Mädchen sehr verbreitet, aber nie so weit, dass er schwere Verletzungen verursacht. Meistens besteht er aus Reibung an der Klitoris und der Innenseite der Schamlippen, und es ist bekannt, dass die

---

129 Ullersperger, Johann Baptist. Cliteridectomie als Mittel gegen Hysterie, Epilepsie, Phrenopathien, in wieferne Folgen von Masturbation. Koblenz: H. Hildenbrandt; 1867, S. 3.
130 Engelmann, Georg J. Cliteridectomy. American Practitioner. 1882; 25:1-12. [Anonymus]. Books and Pamphlets Received. St. Louis Medical and Surgical Journal. 1878; 35:64.
131 Engelmann, Cliteridectomy, S. 11.

Amputation der Klitoris und der Nymphen empfohlen und praktiziert wurde, um Krankheiten zu heilen, die auf Masturbationsgewohnheiten zurückzuführen sind.«[132]

Unter Bezug auf die von Braun in Wien 1865/66 praktizierte Kliteridektomie fuhr er an anderer Stelle fort, dieser habe eine Amputation der Klitoris in Fällen von Nymphomanie vorgenommen. Man sollte sich durch die Verwendung des Wortes Nymphomanie nicht täuschen lassen, denn sowohl Braun als auch Thoinot verdeutlichten, dass es sich um Fälle »masturbation nymphomaniaque« gehandelt habe.[133]

Auch 1883 wurde die Kliteridektomie in Großbritannien noch verteidigt, wie eine Miszelle aus dem renommierten British Medical Journal zeigte. Es ging dabei um die ärztliche Ethik im Zusammenhang mit »modernen Operationen« wie Ovariektomie, Kliteridektomie und *Porro's Operation*, einer Form der Hysterektomie. Der Verfasser, George Fowler Bodington, ein Arzt und langjährige Leiter einer Anstalt für psychisch Kranke in Staffordshire, erklärte den Dunkelmännern, die gegen derartige Eingriffe Stellung bezogen, den Krieg.[134]

»Upon the general question, he pointed out that some of the most valuable and successful operations were greeted, at their initiation, with an outburst of virulent opposition, alike from the ultra-conservatism of age and the prejudice of ignorance; and he said that the question of the propriety of a particular procedure must, to a large extent, be left to the conscience of the surgeon, who ought never to allow wise and justifiable experiment to degenerate into rashness, or a healthy enthusiasm for his art to lapse into a surgical delirium, knowing no therapeutics but the scalpel, the cautery, and the clamp. In conclusion. Dr. Hickinbotham denounced those unfair professional criticisms, begotten by jealousy and disappointment, which too often

---

132 »L'onanisme est très répandu parmi les jeunes filles, mais jamais il n'arrive au point d'amener des lésions graves. Il consiste le plus souvent en frictions sur le clitoris et la face interne des lèvres, et on sait qu'on a recommandé et pratiqué l'amputation du clitoris et des nymphes pour obtenir la guérison de maladies résultant des habitudes de masturbation.« Von Hofmann, Eduard. Nouveaux élements de médicine légale. Paris : Baillière et Fils ; 1881 [Übersetzung N. F.].

133 Thoinot, Précis de médicine, Band 1, S. 32. Braun zitiert bei Ullersperger, Cliteridectomie, S. 20.

134 Bodington, George Fowler. Aswood House, Kingswinford, Staffordshire: A Private Asylum for Ladies and Gentlemen. s. l.: s. p.; 1880?

marred the debates of societies, and tarnished the correspondence columns of the medical journals.«[135]

Der Bibliothekskatalog des Generalstabsarztes der US Army aus dem Jahr 1882 verzeichnet zahlreiche Schriften, die sich mit der Kliteridektomie beschäftigen, Beweis genug, dass das Thema nach Baker Browns Niederlage nicht vom Tisch war.[136] Ironischerweise verweist dieser Katalog unter dem Rubrum »Clitoris (Anormities of)« auf den Begriff »Hermaphrodites« – immerhin 100 Jahre, nachdem die Theorie von den Hermaphroditinnen mit der abnormen Klitoris in der Versenkung verschwunden war.[137] Außerdem führte er auch Arbeiten auf, die, neben den »Kernländern« Deutschland, Frankreich und Großbritannien, in Polen und Italien veröffentlicht worden und die allesamt nach 1866 herausgekommen waren.[138] Baker Brown war also keineswegs unbekannt oder vergessen – mit Ausnahme Großbritanniens. Er war auch deshalb posthum auf langer Sicht erfolgreicher als die Skeptiker um Charles

---

135   Bodington, G.F. The Morality of Certain Obstetric and Gynaecological Operations. In: British Medical Journal, 8.12. 1883, S. 1132.
136   Auffälligerweise fehlte das spanische Schrifttum in diesem Katalog. »En España, la ausencia de monografías sobre el onanismo femenino mostraba la deficiente situación de la práctica médica y la cambiante situación política de este periodo, pese a algunas traducciones y a la presencia del vicio solitario en los »tratados sobre las enfermedades de las mujeres« de mediados del XIX (en conexión con la ninfomanía) y más tarde en las »enfermedades de la infancia« de principios del siglo XX (como enfermedad del sistema nervioso). En estos ámbitos científicos se llegaron a recomendar remedios mecánicos o quirúrgicos para corregir a las masturbadoras, proponiendo la cauterización o la clitoridectomía para los casos más graves.« [»In Spanien zeigte das Fehlen von Monographien über den weiblichen Onanismus den schlechten Zustand der medizinischen Praxis und die sich verändernde politische Situation dieser Periode, trotz einiger Übersetzungen und des Vorhandenseins des einsamen Lasters in den »Abhandlungen über Frauenkrankheiten« der Mitte des 19. Jahrhunderts (im Zusammenhang mit der Nymphomanie) und später in den »Kinderkrankheiten« des frühen 20. In diesen wissenschaftlichen Bereichen wurden mechanische oder chirurgische Abhilfemaßnahmen zur Korrektur von Masturbatoren empfohlen, wobei für die schwersten Fälle eine Verätzung oder Klitoridektomie vorgeschlagen wurde.«] Cegarra, José Benito Seoane. El Dispositivo de Sexualidad y Feminización en la Educación de la »Mujer«: España (1850-1920). Unveröffentlichtes Manuskript. 2006.0 [Web page] URL: https://journals.openedition.org/rechercheseducations/6649, gesehen 15.4.2020 [Übersetzung N. F.].
137   [United States Army]. Index-Catalogue of the Library of the Surgeon-General's Office, United States Army: Authors and Subjects, Band 3: Cholecynin-Dzondi. Washington, DC: Government Printing Office; 1882, S. 229.
138   [United States Army]. Index-Catalogue, S. 230.

West und George Greenhalgh, weil sich seine Theorie nahtlos einfügte in den sich entwickelnden Diskurs um die Formation|Figuration der *Hysterikerin*.[139] Auffällig ist, dass in den zeitlich folgenden Publikationen zur Masturbation und ihrer »Heilung« durch Klitorisexzision stärker auf zusätzliche Indikatoren geachtet wurde, um die Klitoris entfernen zu können. »Vernarbungen« oder »Geschwüre« als Folge der Masturbation wurden öfter ins Feld geführt, so etwa auch in der 1872 erschienen Arbeit von Hippolyte Baraduc (1850-1909), einem französischen Arzt und Vitalisten.[140] Baraduc, der auch behauptete, die Seele beim Verlassen des Körpers fotografieren zu können, war selbst für Zeitgenossen ein seltsamer Vertreter seines Berufs. Er behauptete, dass überhaupt allen Entzündungen in der Nähe von Narben das Laster der Masturbation zugrunde liege, auch wenn sich die Patientin nur einen offenen Beinbruch oder eine Verletzung des Schienbeins geholt habe.

> »Ich habe bei jungen Amputierten, bei Patienten mit traumatischen Wunden, Verbrennungen, Frakturen mit Wunden, den Ulzerationen der jüngsten Narben, die für mich zum wesentlichen Charakter geworden sind, und der offensichtlichsten Gewohnheit, der junge Menschen beiderlei Geschlechts frönen können, oft gefunden: entweder als Gewohnheiten vor der Verletzung oder, was häufiger vorkommt, als Gewohnheiten, die durch Vernachlässigung gefördert werden, insbesondere während eines langen Bettaufenthalts.«[141]

---

139   »In invoking masturbation as a case of hysteria and other forms of insanity, Baker Brown was scarcely advancing a novel hypothesis. Masturbatory insanity had been a staple of early nineteenth-century psychiatric text, and had acquired new credibility in many quarters through the growing emphasis on the importance of the conversation of energy.« Scull, Andrew. Hysteria: The Disturbing History. Oxford, New York: Oxford University Press; 2011, S. 77.

140   Baraduc, Hyppolyte André Ponthion. De l'ulcération des cicatrices récentes symptomatique de la nymphomanie ou de l'onanisme. Paris : Baillière et Fils; 1872.

141   »Tenu en éveil par un fait qui ne sortira jamais de ma mémoire, j'ai souvent retrouvé chez de jeunes amputés, chez des malades atteints de plaies traumatiques, de brûlures, de fractures avec plaies, les ulcérations des cicatrices récentes devenues pour moi le caractère essentiel, et le plus manifeste des habitudes auxquelles peuvent se livrer les jeunes gens des deux sexes : soit comme habitudes antérieures à la blessure; soit, le plus ordinairement, comme habitudes dont le développement est favorisé par le défaut de soins, surtout pendant un long séjour au lit.« Baraduc, De l'ulcération des cicatrices, S. 14 [Übersetzung N. F.].

Baraduc ging allerdings nicht so weit, eine Entfernung der Klitoris zu empfehlen. Im medizinischen Wörterbuch von Amédée Dechambre hingegen wurde ganz offen über die Kliteridektomie gesprochen:

> »[...] die Klitoridektomie, d.h. die Amputation der Klitoris, wurde befürwortet. Diese Operation hatte vor einigen Jahren eine große Resonanz, aber obwohl sie in den Händen gewissenhafter Betreiber gute Ergebnisse gebracht hat, wird sie heute im Allgemeinen aufgegeben.«[142]

Dies bedeutet nun nicht, dass die weibliche Masturbation als harmlos betrachtet wurde. Speziell in den USA steigerten sich einige Autoren in hyperbolische Beschreibungen der Konsequenzen dieses »Übels«. Der Arzt C. Bigelow, ein Autor mehrerer populärwissenschaftlicher medizinischer Bücher, beschrieb die Masturbation als eine Krankheit, die nur mit den Pocken vergleichbar schien. Nach eingehender Erörterung der Physiologie der Klitoris hob er auf die neurologischen Effekte der Masturbation ab und machte sie verantwortlich für Depressionen und »epileptiform attacks« sowie andere nervöse Erkrankungen.

> »The immediate cause of this nervous depression has, within the last few years, excited a good deal of attention; and the conclusion has come that there is a good deal of evidence now existing which shows that shocks constantly received and frequently repeated on the great nervous centres, produce irritation in them, and thus causes many of the obscure forms of disease, to which there has hitherto been no key. And when these nervous centres are irritated, the spinal chord also becomes irritated and diseased, so that undue excitement of the generative functions may set up irritation of these nervous centres, and this undue excitement will be communicated to the spinal chord, producing depression of spirits, pain at the pit of. the stomach, and general prostration.«[143]

---

142 »[...] on a préconisé le [sic!] cliteridectomie, c'est-à-dire l'amputation du clitoris. Cette opération a eu un grand retentissement il y a quelques années, quoiqu'elle ait donné des résultats favorables entre les mains d'opérateurs consciencieux, elle est généralement abandonnée aujourd'hui.« Dechambre, Amédée. Dictionnaire encyclopédique des sciences médicales, Band 15 : Olf-Oph. Paris: Masson & Asselin; 1881, S. 384 [Übesetzung N. F.].

143 Bigelow, C. Sexual Pathology: A Practical and Popular Review of the Principal Diseases of the Reproductive Organs. Chicago, IL: Ottawa & Colbert; 1875, S. 37.

Schlimmer aber noch als die nervösen Erkrankungen seien die allgemeinen Folgen der Masturbation für die Gesellschaft, die die Phalanx der vier apokalyptischen Reiter aus der Offenbarung des Johannes um eine fünfte Geißel erweiterte:

> »The criminal habit of solitary Onanism or Masturbation is the most pernicious kind of debauchery, on account of its frightful results. In my opinion, neither pestilence, nor war, nor variola, nor a host of similar ills, has results more disastrous for humanity. It is the destructive element of civilized societies; and it is much the more active, inasmuch as it acts constantly and ruins population little by little. On this point there exists a unanimous. accord amongst all physicians. And let it not be supposed that physicians wish to exaggerate the dangers attributed to solitary pleasures. They do not. Of all venereal excesses, masturbation presents the most dangerous.«[144]

Für Frauen stelle die Masturbation eine besondere Gefahr dar:

> »Among one hundred women, I have been able to attribute to Onanism the nervous debility which was the cause of their suffering. In certain women, conjugal Onanism, by uselessly exciting the procreative faculty, without satisfying the function — without completing it physiologically (as it was intended) — provokes congestions, inflammatory engorgements of the uterus, metritis, leucorrhoea (whites); then granulations, ulcerations of the organ; and finally, according as there is a predisposition, organic affections — grave diseases which are much more common in cities than in the country, where the morals are better preserved. The affections of the organ of gestation have become so frequent in our day, that a writer, unacquainted with medical matters, has felt justified in calling this age the age of womb diseases.«[145]

Bigelow zitierte ausführlich aus dem Bericht des Parlaments von Massachusetts aus dem Jahre 1848, in dem in starken und religiös eingefärbten Worten die Masturbation als Ursache für die »Verblödung« (»idiocy«) der Bevölkerung dargestellt wurde.[146] Bigelows Buch ist der mit Abstand dramatischste Text zur Masturbation im 19. Jahrhundert. Befürwortete er deswegen die Kliteridektomie? Die Antwort ist ein klares Nein. Noch etwas erstaunt an Bigelows

---

144   Bigelow, Sexual Pathology, S. 65f.
145   Bigelow, Sexual Pathology, S. 78f.
146   Bigelow, Sexual Pathology, S. 50-59.

Text. Er war – auf der Grundlage der patriarchalischen Grundannahme von der Überlegenheit des Mannes – nicht wirklich sexfeindlich.

»Many women never have a pleasurable sensation in sexual commerce; in others, the venereal orgasm is slight and of rare occurrence; in some, it is as it should be, and intensely pleasurable. We find cases in which there is no reciprocity in the sexual act. The man is very excitable, and has the venereal orgasm before the female organs are in a condition to respond, and the woman never has any enjoyment from the act. In such cases, the woman's health will sometimes suffer severely, and the nervous symptoms of spermatorrhoea will be developed.«[147]

Der Autor betont mehrfach die positive Rolle des weiblichen Orgasmus – auch wenn er dabei vor allem auf die biologische Reproduktion abhob. Auch hier deutete sich ein Wechsel an. Selbst wenn der weibliche Orgasmus nicht mehr entscheidend am Zustandekommen einer Schwangerschaft beteiligt war, wurde ihm doch eine positive Rolle zuteil, weil er die Lust der Frauen am Sex (und damit an der Reproduktion) sicherstellen sollte und weil er nervöse Erkrankungen von Frauen verhinderte. Der weibliche Orgasmus war – nach Bigelow – gesund und erforderlich.

Solle man die Operation wieder aufnehmen? Die Antwort ist ein klares Nein, weil die Klitoris nicht die ausschließliche Rolle im weiblichen Orgasmus spiele, die man ihr gemeinhin zugewiesen habe.[148]

Auch andere Quellen argumentierten vorsichtiger als zuvor.[149] Hier wurde sachlich über die Praktik der Kliteridektomie berichtet; eine Stellungnahme erfolgte unterdessen nicht. Der Verfasser räumte auch mit der Idee auf, Masturbation führe zu einer Vergrößerung oder krankhaften Reizung der Genitalien.[150] Selbst in der halbseidenen »Aufklärungsliteratur« gegen Ende des 19. Jahrhunderts setzte sich allmählich die Überzeugung durch, dass häufige Masturbation und Größe der Klitoris nicht korrespondierten.

»Die gewöhnliche Lüsternheit der Frauen, die diesem Laster frönten, wurde fälschlicherweise der übertriebenen Entwicklung der Klitoris zugeschrieben. Dies ist ein Fehler, wie die Häufigkeit dieser Gewohnheit und die Sel-

---

147 Bigelow, Sexual Pathology, S. 109.
148 Dechambre, Dictionnaire encyclopédique 1881, S. 384.
149 Von Hofmann, Edouard. Nouveaux éléments de médecine légale. Paris : Baillière et Fils ; 1881, S. 68.
150 Von Hofmann, Nouveaux Eléments, S. 69.

tenheit des überschüssigen Volumens dieses Organs zeigen. Es ist bekannt, dass diese Missbildung in keiner Weise zur Masturbation prädisponiert und am Anfang in den meisten Fällen, wie Beispiele für Klitorismie beweisen, in körperlicher und moralischer Impotenz nicht vorhanden ist.«[151]

Dennoch rechtfertige die Masturbation die Kliteridektomie, denn die Masturbatorinnen würden hysterisch.

»Eine weitere unvermeidliche Folge dieser Kitzelungen ist die sofortige Übererregung der schamhaften Nervenfäden, die in der Klitoris enden. Die Masturbatorinnen werden nervös, hysterisch, wenn nicht primitiv, ohne dass der Arzt in der Unkenntnis, in der man sich gewöhnlich von dieser geheimen, verborgenen, nicht zu leugnenden Gewohnheit befindet, eine andere Heilung als durch Exzision oder gar Amputation des Körpers des Vergehens erreichen kann.«[152]

In diesem Text kündigte sich ein Übergang an, der die Masturbation eher mit »nervösen Erkrankungen« wie Hysterie und Nymphomanie in Verbindung brachte.[153] Andere Texte dieser Zeit wie die Pariser Dissertation des

---

151 »La lasciveté ordinaire des femmes livrées à ce vice l'a fait attribuer à tort au développement exagéré du clitoris. C'est une erreur, démontrée par la fréquence de cette habitude et la rareté de l'excès de volume de cet organe. Il est parfaitement reconnu que cette difformité ne prédispose aucunement à la manuélisation et n'existe pas, à son début, dans la plupart des cas, comme des exemples le prouvent à la clitorismie, dans l'impuissance physique et morale.« Garnier, Pierre. Hygiène de la génération : Onanisme, seul et à deux, sous toutes ses formes et leurs conséquences. Paris : Garnier Frères ; 1896, S. 320 [Übersetzung N. F.].

152 »Un autre effet inévitable de ces titillations, est la surexcitation immédiate des filets du nerf honteux qui se terminent dans le clitoris. Les masturbatrices deviennent nerveuses, hystériques, quand elles ne le sont pas primitivement, sans que, dans l'ignorance où l'on est ordinairement de cette habitude secrète, cachée, inavouable, le médecin puisse arriver à la guérison autrement que par l'excision ou l'amputation même du corps du délit.« Garnier, Hygiène de la génération 1896, S. 321 [Übersetzung N. F.].

153 »CURE FOR EPILEPSY.-SIR: The Standard newspaper, the medium through which ›Dr.‹ Hunter announces to the world his arcanum for the cure of consumption, has lately taken up the question of cure of epilepsy, by ›a mild surgical means‹, as one of their correspondents blandly phrases it. The subject is one which cannot be fully discussed in a newspaper, even if the managers of the Standard were willing to publish opinions adverse to the claims of those who profess the ›Perfect Cure‹. Articles and letters with tempting medical headings, have a most mischievous effect on the public, as holding out to them promises which cannot be fulfilled. Surely, the profession are to blame

Brasilianers Francisco d'Albuquerque Cavalcanti (1856-1937) von 1882 waren noch vollkommen vom Alarmismus der früheren Jahre gekennzeichnet. Onanist*innen würden früh sterben, denn sie würden an Tuberkulose (»Phthisie«) erkranken.[154] Susan Sontags Essay »Krankheit als Metapher« zitiert diesen Text nicht; es wäre aber denkbar, dass er von ihr benutzt worden ist.[155] Dennoch konstatierte der brasilianische Arzt, dass die Masturbation langfristig zu nervösen Erkrankungen und zu Lähmungen führen würden.[156]

Pierre Garnier berichtete von einer Patientin, die an der Chorea (»Veitstanz«) wegen ihrer Masturbation erkrankt sei.[157] Auch die Nymphomanie sei eine Folge der Masturbation.[158] Garnier berichtete auch über Fälle, in denen er in wegen dauernder Kopfschmerzen eine Kliteridektomie durchführte.

»Eine verheiratete Frau in den Vierzigern war in ein Pflegeheim für Hirnkrankheiten eingewiesen worden, als der Arzt mir von der Entdeckung einer fleischigen Wucherung von, der Länge und des Volumens des kleinen Fingers erzählte, die sich in der Vulva befand. Bei der Untersuchung stellte sich dieses Wachstum einfach als die Klitoris dar, unverhältnismäßig vergrößert, schlaff und weich, die die kleinen Schamlippen im Dekubitus bedeckte und im Stehen herabhing. Es sei die Schuld ihres Mannes, sagte sie, als er ihr Liebhaber war, und er gab es lachend zu. Ich habe die [Klitoris] mit dem Ekraseur herausgeschnitten, ohne Blutvergießen und ohne nachfolgenden Unfall.«[159]

---

for keeping silence; while not only women liable to true epilepsy, but even young girls affected with simple chorea, are subjected to manipulations, riveting their attention upon those very organs which, but for such treatment, might never have become the seat of morbid excitement. If epilepsy in females necessitate excision of the clitoris, what is to be done with male epileptics? Are they to have the analogous organ cut off? I am etc., January 27th, 1866. PATERFAMILIAS.« Paterfamilias [Pseudonym.]. Cure for Epilepsy. The British Medical Journal . 1866; 1(266):138.

154 Cavalcanti, Francisco d'Albuquerque. Les passions tristes : Le libertinage et la syphilis considérés comme cause de phthisie. Paris: Parent; 1882, S. 79-82.
155 Sontag, Susan. Illness as Metaphor and AIDS and Its Metaphors. London : Penguin UK; 2013.
156 Cavalcanti, Les Passions Tristes, S. 90.
157 Garnier, Hygiène de la génération 1896, S. 327.
158 Garnier, Hygiène de la génération 1896, S. 327f.
159 »Une femme mariée, d'une quarantaine d'années, était entrée dans une maison de santé pour des troubles cérébraux, lorsque le médecin me fit part de la découverte d'une excroissance charnue, de la longueur et du volume du petit doigt, insérée sur la vulve. Examinée au retour, cette excroissance était tout simplement le clitoris, démesurément hypertrophié, flasque et mou, recouvrant les petites lèvres dans le décubitus

Der Verbesserung der Operationstechniken, der Hygiene und der Anästhesie war es geschuldet, dass Ärzte die Kliteridektomie als einen kleinen, unkomplizierten Eingriff wahrnahmen. Der Chef-Chirurg des Royal Free Hospital in London bemerkte 1859 in einem Aufsatz zur Entfernung der Klitoris und der Labien wegen Befalls mit Feigenwarzen:

> »We subjoin notes of one of the most extensive cases of this disgusting ailment which we have seen lately; one in which the new growths were so extensive as to constitute a really formidable malady, and which it would have been difficult to attack by any less severe measure than the one adopted by Mr. De Meric. In fact, the inefficiency of the methods usually adopted (by saturnine applications, caustics etc.), in many cases, is well known; and now that the universal use of chloroform has diminished the unwillingness of surgeons to resort to such painful methods of cure, it has caused a much more free recourse to the knife than used to be the practice some years ago [...]«[160]

Im Gegensatz zu dem in Frankreich favorisierten *Écraseur* setzten deutsche und britische und amerikanische Mediziner häufiger die Elektrokauterisierung ein, denn die Entwicklung des elektrischen Kauterisierungsapparats machte die Versorgung der Operationswunde einfacher.[161] Einen wichtigen Schritt in der Geschichte der Operationstechnik stellte die Verwendung elektrischen Stroms zur Blutstillung dar. Der Chirurg Albrecht Theodor Middeldorpf veröffentlichte 1854 die erste Monographie über diese Galvanokaustik, bei der dünne Platindrähte durch Strom zum Glühen gebracht werden konnten.[162] Der österreichische Zahnarzt der Kaiserin Elisabeth von

---

et pendant dans la station debout. La faute en était à son mari, dit-elle, lorsqu'il était son amant, et il le reconnut en riant. J'en fis l'excision avec l'écraseur, sans aucune effusion de sang ni accident consécutif.« Garnier, Pierre. Fausses maladies vénériennes non contagieuses : Avec 160 observations et une planche. Paris: Garnier Frères; 1898, S. 51f. [Übersetzung N. F.].

160 [Hall, N.] Royal Free Hospital: Hypertrophy of the Clitoris, with Condylomata. British Medical Journal. 1859 May 21; 125:399-400, S. 399.

161 Byrne, John. Clinical Notes on the Electric Cautery in Uterine Surgery. New York: Wood, 1873. Lewandowski, Rudolf. Über die Anwendung der Galvanokaustik in der praktischen Heilkunde. Wien: Urban & Schwarzenberg, 1886. Newman, Robert. The Galvano-Cautery Sound, And Its Application Especially in Hypertrophied Prostate; With Report of Cases. The British Medical Journal. 1887; 2(1396):708-711.

162 Middeldorpf, Albrecht Theodor. Die Galvanocaustik: Ein Beitrag zur operativen Medicin. Breslau: Josef Max, 1854.

Österreich-Ungarn (»Sissi«) Adolph Zsigmondy (1816-1880) experimentierte nach dem Vorbild Middeldorpfs schon 1860 mit der elektrischen Kauterisierung. Ein englischer Kollege berichtete über den Einsatz dieser Apparate in der Resektion der Klitoris:

> »In cases where very vascular tissues have to be divided, as in a case of hypertrophied clitoris mentioned by Zsigmondy, in the peduncle of which several large arteries could be readily felt pulsating, the operation might be carried out somewhat more rapidly with the cutting noose, than with the ecraseur; but even with the former, the division must be carried on slowly, and the comparison which Zsigmondy makes, when he speaks of galvano-caustic operations as being accomplished in a few minutes, while an operation with the ecraseur lasts an hour or more, is an excessive exageration.«[163]

B. F. Dawson (1852-1922), nicht zu verwechseln mit dem Homöopathen Benjamin Elisha Dawson, wendete in den USA 1871 die Galvano-Kauterisierung an; ein nicht zu identifizierender Professor Schah in Wien sogar noch davor.[164] Johann Baptist Ullersperger, der als Praktiker der Kliteridektomie ein Interesse daran hatte, die Operation möglichst unblutig zu gestalten, setzte sich auch für die Elektrokauterisierung ein.[165]

Die Verwendung des elektrisch beheizten Kauterisierungseisens, die zunehmende Akzeptanz der Asepsis und der Narkose trugen zur Verbreitung von invasiven Verfahren bei, von denen die Kliteridektomie nur eines war. Robert Lawson Tait (1845-1899) war einer der britischen Pioniere der Unterleibsoperationen, die von diesen neuen Verfahren verändert wurden.[166] Die Verwendung der Kauterisierung mittels (elektrisch erzeugter) Hitze bei Entfernung der Klitoris wurde in einigen Texten eher lakonisch bemerkt:

---

163 Walker, Thomas James. The Galvano-Caustic Apparatus: Its Applications in Surgery (Concluded). The British Medical Journal. 1861; 1(17):437-440, S. 439.

164 Dawson, B. F. Treatment of Vascular Naevi with Galvanic Cautery. American Journal of Obstetrics and Diseases of Women and Children. 1875; 7(1):137-140.

165 Ullersberger, Johann Baptist. The Use of Electricity in the Treatment of the Diseases of Children. American Journal of Obstetrics and Diseases of Women and Children. 1873; 5 (May 1872-February 1873):257-284, S. 274f.

166 Tait, Robert Lawson. An Account of Two Hundred and Eight Consecutive Cases of Abdominal Section Performed between Nov. 1st, 1881, and December 31st, 1882. British Medical Journal. 1883; 1(1155):304-300.

»Hypertrophy of the Clitoris and Nympha. It is very rare that we meet with hypertrophy of these organs without morbid change in the tissues. There is either cystic development in their substance or degeneration of the membranous tissues. The two diseases that seem to contribute most frequently to this enlargement are syphilis and elephantiasis. Treatment. Removal by the thermocautery.«[167]

Um 1900 hatte sich die Elektrokauterisierung soweit durchgesetzt, dass sie in den Handbüchern regelmäßig diskutiert wurde.[168]

Abbildung 29: Elektrokauterisierungsbatterie (1873)

Entnommen aus Byrne, J. Clinical Notes on the Electric Cautery in Uterine Surgery. New York: William Wood & Company; 1873, S. 11.

---

167 Byford, W. H. und Byford, Henry T. The Practice of Medicine and Surgery Applied to the Diseases and Accidents Incident to Women. Philadelphia, PA: P. Blakiston & Son, Co.; 1888, S. 159. Siehe auch Marsden, Alex. Elephantiasis of the Clitoris Attaining to the Small Adult's Head; Succesful Removal. The Lancet. 1857; 70(1773):196.

168 [Anonymus]. A System of Electrotherapeutics as Taught by the International Correspondence Schools. Scranton, PA: International Textbook Company; 1902.

Abbildung 30: Elektrokauterisierung nach Zsigmondi, 1860.

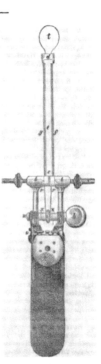

Zsigmondi, Adolph. Die galvanokaustische Operationsmethode nach eigenen Erfahrungen und mit besonderer Rücksicht auf »Middeldorpf's Galvanocaustik«. Wien: A. Pichlers Witwe & Sohn; 1860, S. 7. Zu Frankreich siehe Paquelin. Cautère-Paquelin (thermo-cautère) presenté à l'Academie des Sciences dans la séance du 1er mai 1876. Paris: Collins et Cie.; 1877.

Dennoch kann Tait nicht als ein radikaler Vertreter der Kliteridektomie gelten. Er empfahl die Operation ja im Kontext einer »Degeneration« des umliegenden Gewebes und nicht als Radikalkur für die Masturbation, denn die Auswirkungen der Masturbation seien übertrieben worden:

»The evil effects of masturbation have been greatly overrated, thanks to a reticence on the part of those who know all about it, and this has permitted a disagreeable subject to fall into the hands of those who live by trading on the ignorance and misfortunes of their fellow-beings.«[169]

Trotzdem seien warnende Worte angebracht, denn in schweren Fällen käme es doch zu Schädigungen, auch wenn diese seltener aufträten:

But there is another class of case well illustrated by two patients whom I have watched for some years. They are both slightly built and rather delicate blondes. They were both corrupted at school early in life. In one of them, an immoderate indulgence at a menstrual period brought on a haematocele, which has ever since been a source of ill health, and has rendered her married life infertile. In the other, a similar excess, soon after marriage, induced a miscarriage; a repetition of her indulgence excited a haematocele, with perimetritis; and to the same cause, I am sorry to say, we are obliged to attribute recurrent inflammatory attacks, which render her a chronic invalid. In neither of these cases has advice been of the slightest use, even though couched in terms of the strongest kind; but I am bound to say that such a disappointing result is very unusual. The method of practising the vice is usually by the finger, but devices of a still more mischievous character have come under my notice.«[170]

Selbst Pierre Garnier, der in früheren Texten noch ein Verfechter der Kliteridektomie gewesen war und diese nach eigenen Aussagen auch durchgeführt hatte, wechselte ins Lager der Skeptiker. Zwar führe die Masturbation in letzter Konsequenz zur Hysterie und hier bleibe als letztes Mittel nur die Exstirpation der Klitoris, doch zeige sich, dass dieses Mittel nicht immer erfolgreich sei:

»Viele Beobachtungen bezeugen, so Roubaud, dass die Amputation dieses Organs, indem sie die erotomanischen Angriffe bei Frauen stoppt, die Quelle des Vergnügens nicht ausgetrocknet hat. Es hat sich gezeigt, dass in seinem

---

169 Tait, Robert Lawson. Diseases of Women. Birmingham: Cornish Brothers; 1886, S. 30.
170 Tait, Dieseases of Women, S. 31. Bei der erwähnten Hämotozele handelte es sich wahrscheinlich um eine Einblutung im Vaginalbereich. Der Begriff wird heute er im Kontext der Verletzungen des Skrotums verwendet.

Fehlen oder Defekt zwei weitere erogene Zentren existieren, um Liebesgefühle zu wecken und zu entwickeln.«[171]

Eine Abnahme des medizinischen und pädagogischen Interesses an der weiblichen Masturbation war auch gegen Ende des 19. Jahrhunderts nicht festzustellen, doch geriet die Kliteridektomie aus Gründen, die noch zu diskutieren sein werden, in Verruf. Hermann Oscar Rohleder (1866-1934), Arzt für Sexualmedizin in Leipzig, publizierte 1899 eine fast 350 Seiten lange Abhandlung über die Masturbation, wobei er die weibliche Masturbation an mehreren Stellen besonders hervorhob und auf alt bekannte Argumente zurückgriff, die in der Literatur der vergangene 200 Jahre kolportiert worden waren.

> »Die Clitorisonanie. Clitorismus [...] besteht in einer Art von — natürlich unvollkommenem — Coitus, den Frauen mit einer sehr entwickelten, sehr langen Clitoris, die einen Penis vortäuscht, an anderen Frauen vornehmen, resp. vorzunehmen versuchen. [...], Dass dieses Gebilde bei lasciv024 Weibern oft etwas vergrössert angetroffen wird, ist bekannt. Ausnahmsweise kann die Clitoris so stattliche Grösse erreichen, dass sie die Stelle des männlichen Gliedes vertreten, eine Anomalie geschlechtlichen Umganges veranlassen kann (den sogenannten Amor lesbiens).«[172]

Rohleder berichtete ebenfalls von zwei Fällen, die von Gustav Braun, dem Wiener Gynäkologen, behandelt worden waren.[173] Auch hier kam die elektrokaustische Schlinge zum Einsatz.

> »Die geschlechtliche Aufregung quälte die Kranke Tag und Nacht und trieb sie immer wieder und wieder zur Onanie, die sie von Tag zu Tag mehr erschöpfte. In Übereinstimmung ihrer Mutter und ihrer eigenen wurde der Vorschlag Prof. P i t h a s, die Clitoris zu exstirpieren angenommen und es wurden Clitoris und kleine Schamlippen mit einer galvano-caustischen

---

171 »Maintes observations attestent, dit Roubaud, que l'amputation de cet organe, en faisant cesser les accès d'érotomanie chez la femme, n'a pas tari la source des voluptés. On a vu qu'à son défaut ou en son absence, deux autres centres érogènes existent pour inciter aux sentiments de l'amour et les développer.« Garnier, Pierre. Onanisme : Seul et à Deux Sous Toutes Ses Formes et Leurs Conséquences. Paris: Garnier; 1894, S. 321, Zitat auf S. 351. Die Ausgabe von 1896 entspricht dem wörtlich. Garnier, Pierre. Hygiène de la génération : Onanisme, seul et à deux, sous toutes ses formes et leurs conséquences. Paris: Garnier Frères; 1896, S. 321, 351 [Übersetzung N. F.].
172 Rohleder, Die Masturbation, S. 31f.
173 Rohleder, Die Masturbation, S. 296.

Schlinge abgeschnitten. Nach Verlauf von drei Wochen zeigte sich eine geheilte Narbe. Nur am Grunde derselben war noch ein kleiner Rest der Clitoris sichtbar, jedoch nicht abtragbar. Und der Erfolg der Operation? Die Kranke erholte sich sichtlich, nahm Interesse an Dinge, die ihr vorher absolut kein solches eingeflösst hatten, denn ausser sexuellen Dingen war ihr Alles gleichgiltig [sic!] gewesen. Zwei Monate später erklärte sie. dass sie von der Wunderwirkung der Operation überrascht sei und dankte Gott, sich der Operation unterworfen zu haben.«[174]

Rohleder referierte dann die Position Brauns, der davon ausging, dass sich die Masturbation zu Psychosen entwickeln könnten. Allerdings käme die Kliteridektomie nur bei besonders hartnäckigen und schweren Fällen in Frage, weil der Verlust der Klitoris zur Dyspareunie, d.h. zum Unbeteiligtbleiben der Frau beim Geschlechtsakt führe.[175]

»Mit Recht vermag daher auch [Charles] Mauriac zu sagen, dass diese Operation, obgleich durch die besten Ärzte und Chirurgen zur Heilung der Onanie ausgeführt, nur noch wenige Anhänger zähle und obgleich, sehr leicht auszuführen, doch etwas Widerstrebendes habe, so dass man nur im äussersten Falle, als letztes Mittel zu ihr Zuflucht nehmen solle.«[176]

In der Vergangenheit habe man die Masturbation durch die Kliteridektomie zu heilen versucht. Dabei machte Rohleder aus seiner grundsätzlichen Ablehnung der FGM/C keinen Hehl:

»In jenen Fällen, wo alle bisher beschriebenen ärztlichen Maassregeln nicht zum Ziele führten, wo die wilde Begierde zu einer zügellosen Leidenschaft von unbeschreiblicher, alles spottender Stärke vorgeschritten, ist man, besonders in früherer Zeit, bei jugendlichen Individuen, selbst bis zu den schmerzhaftesten Operationen vorgegangen, natürlich meist ganz erfolglos, denn nur die Folgen des unersättlichen Triebes, nicht den in ihnen ruhenden unwiderstehlichen Trieb selbst konnte man für einige Zeit bekämpfen. Derartige Operationen waren besonders die Infibulation und Neurektomia penis beim männlichen, die Clitoridectomie beim weiblichen Geschlecht. Doch noch andere, mehr oder weniger verkehrte Operationen

---

174 Rohleder, Die Masturbation, S. 315f.
175 Rohleder, Die Masturbation, S. 302f.
176 Rohleder, Die Masturbation, S. 318.

wurden zur Heilung der Onanie versucht und selbst bis zur Ovariotomie ist – leider – die Verirrung des menschlichen Verstandes vorgeschritten.«[177]

In der schlüpfrigen Kolportageliteratur gegen Ende des 19. und zu Beginn des 20. Jahrhunderts fungierte die Behandlung der Masturbation als Aufhänger für die ausführliche Darstellung sexueller Handlungen. Man könnte diese Literatur auch leicht pornographisch nennen. Einer der Autoren dieses Genres war der französische Arzt Jean Caufeynon alias Jean Fauconney (»Faux connait«), alias »Jaf«, von dem nichts weiter bekannt ist, dass er 91 Einträge im Katalog der Bibliothèque Nationale (BN) hat. Selbst die BN kennt seine Lebensdaten nicht.[178] Er veröffentlichte 1902 mindestens zwei Schriften, die sich mit der Masturbation beschäftigten. Trotz seiner mehr als ausführlichen Schilderungen von Praktiken und Fallbeispielen aus der Literatur erwähnte er an keiner Stelle radikale operative Eingriffe. Dies war – so kann man vermuten – Ergebnis der Zielrichtung des Genres. Es ging nicht um medizinische Information, es ging ihm um den »lüsternen« Inhalt.[179]

Jenseits dieser proto-pornographischen Literatur wandten sich die Ärzte gegen Ende des »viktorianischen« Zeitalters der Masturbation als einem Komplex zu, der verhindere, dass Frauen einen »natürlichen Orgasmus« erreichen könnten. Dies war bei Rohleder schon angedeutet. Alfred Lewis Galabin (1843-1913), Verfasser eines *Manual of Midwifery* und verschiedener Schriften zur Gynäkologie, Präsident der *Obstetrical Society of London* 1889 bis 1891, veröffentlichte 1903 ein Handbuch zu Frauenkrankheiten.[180] Er schrieb zur Masturbation:

> »Masturbation, especially if practised before adult life is reached, or carried to excess [...], is undoubtedly one of the causes of hyperaemia, both of uterus

---

177 Rohleder, Die Masturbation, S. 311.
178 BnF Data https://data.bnf.fr/fr/12137588/jean_fauconney/, gesehen 14.4.2020.
179 Fauconney, Jean [Caufeynon]. La masturbation et la sodomie féminines : Clitorisme, saphisme, tribadisme, déformation des organes. Nouvelle Librairie Médicale (Paris); 1902. Fauconney, Jean. La folie erotique : Nymphomanie – satyriasis – abus vénériens. Paris: Nouvelle Librairie Médicale; 1902. Dieser Aspekt des »Œuvres« von Fauconney wird von Mooore und Cryle nicht ausreichend berücksichtigt. Beide Autor*innen behandeln den Franzosen wie einen ernsthaften Gynäkologen. Moore, Alison und Cryle, Peter. Frigidity at the Fin de Siecle in France: A Slippery and Capacious Concept. Journal of the History of Sexuality. 2010; 19(2):243-261. Ähnlich auch [Anonymous]. La Vie en Culotte Rouge. 1904 Nov 6; 3(134):n.p.
180 Phillips und Boulton, Transactions of the Obstetrical Society, S. [ix].

and ovaries. [...] [I]f women have masturbated in childhood, a too exclusive sensibility is apt to be cultivated in the clitoris. Vaginal coitus then frequently fails to produce the sexual orgasm, unless additional excitation to the clitoris is supplied. By the failure of the natural orgasm (analogous to the orgasm of emission in the male) on the part of the woman, which failure is by no means uncommonly habitual, the normal sedative to sexual excitement and congestion is removed. From such a cause, not only does local congestion arise, but, more especially, hysteria is apt to be produced.«[181]

Allerdings sei man gut beraten, im Falle der Hypertrophie der Klitoris eine Exzision vorzunehmen.[182]

Die Argumentation hatte sich also wie folgt verschoben. Weder verursachte die Masturbation direkt die Hysterie, noch war die Hysterie die Ursache für die Masturbation, sondern das Ausbleiben eines »natürlichen Orgasmus« der Frau während eines penetrativen heterosexuellen Koitus verursachte die Hysterie. Da Frauen zu multiplen Orgasmen fähig seien, bestehe bei ihnen eher die Gefahr durch Masturbation neurasthenisch zu werden.[183] Bei einer Vergrößerung der Klitoris, gleichgültig ob angeboren oder das Resultat von Masturbation, empfehle sich die Exzision. Wir erkennen hier schon jene Verschiebung, die im Zusammenhang mit der Masturbation der Kliteridektomie entgegenwirkte: Frauen hätten einen Anspruch auf den Orgasmus, welcher durch die Unkenntnis oder Ungeschicklichkeit des Ehemanns verhindert würde.

Galabin war allerdings kein »Viktorianer«. Die rigide angelsächsische Sexualmoral des späten 19. Jahrhunderts hatte sich zu lockern begonnen. Au-

---

181   Galabin, Alfred Lewis. Diseases of Women. London: Churchill; 1903, S. 473.
182   »The hypertrophy [of the clitoris], if of a degree calling for interference, is usually unconnected with masturbation, although masturbation often produces a certain amount of enlargement. If much inconvenience is caused, amputation of the organ may be called for. [...] If, in a virgin, both clitoris and nymphae are enlarged, so as to project visibly between the labia majora without separation of the thighs, masturbation in childhood may be suspected. [...] If they appear to be a source of irritation, the hypertrophied nymphae may be partially or wholly removed.« Galabin, Diseases of Women, S. 611.
183   »Consequently, in susceptible women, the sexual orgasm is capable of almost indefinite repetition, especially if the excitement is of an artificial kind. Thus, while a given degree of sexua excess is less exhausting than in men, a far greater degree ot excess is possible in women. This is capable of causing severe neurasthenia.« Galabin, Diseases, S. 230.

ßerdem sind die Viktorianer*innen zu Unrecht der Prüderie bezichtigt worden.[184] Zwar stand auf der einen Seite die Kappung der Verbindung von Empfängnis zum weiblichen Orgasmus zu Beginn des 19. Jahrhunderts, wie Thomas Laqueur gezeigt hat, doch entwickelte sich im Laufe der nächsten achtzig Jahre so etwas wie ein »Recht auf den weiblichen Orgasmus«, auch wenn er zur Empfängnis überflüssig war.[185] Der »Mosher Report« der amerikanischen Frauenärztin Clelia Duel Mosher bestätigte die Veränderungen der Sexualmoral in den USA um 1900. Dr. Mosher (1863-1940) hatte einen Fragebogen entworfen, der von 45 Frauen zwischen 1892 und 1920 beantwortet worden war, von denen die Mehrheit vor 1870 geboren war.[186] In Großbritannien konnte eine ähnliche Beobachtung gemacht werden.

»The history of pleasure, lastly, is not linear. [...] The principal turning points came at the end of the nineteenth century, when the medical discourse radically changed, and in the first half of the twentieth century, when the middle classes, then economically and socially triumphant, saw cracks gradually appear in the rigid morality they professed [...]«[187]

Alison Moore und Peter Cryle haben darauf hingewiesen, dass Frigidität historisch ein schwieriges Konzept sei. »When examined with due historical care, frigidity appears in fact so messy, so intangible, and so fraught with contradiction that it is remarkably hard to grasp.«[188] Das hinderte eine Reihe von Ärzten nicht daran, konkrete Vorschläge zur Behandlung der Frigidität zu machen – wie etwa Galabin:

---

184 Moore, Alison M. Victorian Medicine Was Not Responsible for Repressing the Clitoris: Rethinking Homology in the Long History of Women's Genital Anatomy. Signs: Journal of Women in Culture and Society. 2018; 44(1):53-80. Michael Mason wird diesem Problem in seiner Studie nicht gerecht. Mason, Michael. The Making of Victorian Sexuality. Oxford, New York: Oxford University Press; 1994, S. 195-198.
185 Laqueur, Thomas W. Orgasm, Generation, and the Politics of Reproductive Biology. In: Representations: The Making of the Modern Body. Sexuality and Society in the Nineteenth Century. 1986; 14(1):1-41.
186 Stearns, Carol Zisowitz and Stearns, Peter N. Victorian Sexuality: Can Historians Do It Better? Journal of Social History. 1985; 18(4):625-634. Mahood, James; Wenburg, Kristine (Hg.). The Mosher Survey: Sexual Attitudes of 45 Victorian Women. New York: Arno Press; 1980.
187 Muchembled, Robert. Orgasm and the West: A History of Pleasure from the 16th Century to the Present. Cambridge, Polity: 2008, S. 157f.
188 Moore, Alison und Cryle, Peter. Frigidity at the Fin de Siecle in France: A Slippery and Capacious Concept. Journal of the History of Sexuality. 2010; 19(2):243-261, S. 245.

»When from the outset of married life there is sexual apathy, or, at any rate, failure of the natural sexual orgasm on the part of the wife, the cause may be one of the following: [...] A too exclusive limitation of sexual sensibility to the clitoris, which may be the result of masturbation in childhood. This may sometimes be overcome by attention to position, so that the clitoris does not escape a due amount of contact. Otherwise it is apt to be incurable, unless the husband can supply additional digital excitation to the clitoris during coitus, as recommended by some French authorities.«[189]

Von dieser Andeutung wäre es ein weiter Weg gewesen zum systematischen Einsatz von Vibratoren durch Frauenärzte, um hysterische Frauen zu heilen. Die Theorie, Frauenärzte hätten Ende des 19. Jahrhunderts zum Vibrator gegriffen, um hysterische Frauen zu »erleichtern«, beruht auf dem umstrittenen Buch von Rachel Maines.[190] Dabei handelt es sich um ein Werk, das fast ausschließlich aus der Sekundärliteratur gearbeitet war und in dem es der Verfasserin nicht gelang, ihre These zu beweisen.[191] Das Buch ist dennoch ein großer Erfolg geworden, was Rezensent*Innen zu der Formulierung veranlasst hat, dass hier die akademische Qualitätskontrolle versagt habe.[192] In den

---

189 Galabin, Diseases of Women, S. 671f.
190 Maines, Rachel P. The Technology of Orgasm: »Hysteria,« the Vibrator, and Women's Sexual Satisfaction. Baltimore, MD: The Johns Hopkins University Press; 1998.
191 Wie unsauber Maines arbeitete, hat die Altertumswissenschaftlerin Helen King in einer langen Rezension herausgearbeitet. King, Helen. Galen and the Widow: Toward a History of Therapeutic Masturbation in Ancient Gynaecology. In: EuGeSta 2011, 1. [Web page] URL: https://eugesta-revue.univ-lille3.fr/pdf/2011/King.pdf, gesehen 14.4.2020.
192 »Since its publication in 1999, *The Technology of Orgasm* by Rachel Maines has become one of the most widely cited works on the history of sex and technology (Maines, 1999). This slim book covers a lot of ground, but Maines' core argument is quite simple. She argues that Victorian physicians routinely treated female hysteria patients by stimulating them to orgasm using electromechanical vibrators. The vibrator was, according to Maines, a labor-saving technology that replaced the well-established medical practice of clitoral massage for hysteria. She states that physicians did not perceive either the vibrator or manual massage as sexual, because neither method involved vaginal penetration. [...] But there's only one problem with Maines' argument: we could find no evidence that physicians ever used electromechanical vibrators to induce orgasms in female patients as a medical treatment. We examined every source that Maines cites in support of her core claim. None of these sources actually do so. We also discuss other evidence from this era that contradicts key aspects of Maines' argument. This evidence shows that vibrators were indeed used penetratively, and that manual massage of female genitals was never a routine medical treatment for hysteria.« Lieberman, Hallie

von mir eingesehenen Quellen gab es keinen einzigen Fall, in dem ein Arzt die Masturbation seiner Patientin mit einem Vibrator vorgeschlagen hätte. Allerdings berichtete James Tyler Kent 1879, er habe eine Nymphomanikerin manuell mehrfach befriedigt.[193] Massage und Reibung hatten zum Standardrepertoire der Heilung von psychischen Erkrankungen seit Hippokrates gehört und wurden auch im 18. Jahrhundert unter Berufung auf diesen Klassiker der Heilkunde angewendet.[194] Ein anonymer Autor im *Medical Brief* bemerkte noch im Jahre 1904 lakonisch: »In chronic inflammations pelvic massage is beneficial.«[195] Diese Methode der »Massage« beinhaltete das Eindringen der Finger des Arztes in Körperöffnungen, was Kritiker dieser Technik nachvollziehbar als sexuell übergriffig bezeichneten.[196]

»In die Vagina oder nach Bedürfnis ins Rectum werden 2 oder 1 Finger eingeführt, nachdem die Kranke auf harter Unterlage, wie zur bimanuellen Untersuchung, plaziert ist. Mit diesen, den internen Fingern geht man an diejenigen Affektionen heran, welche der Massage unterworfen werden sollen, mit der anderen Hand übt man gegen sie von den Bauchdecken aus durch kurze kreisförmige (Malen, Malning) oder streichende oder drückende Bewegungen einen gelinde anfangenden, stärker werdenden Druck aus. Der vaginale oder rectale Finger, der ›Stützfinger‹, bleibt dabei absolut bewegungslos liegen.«[197]

Auch das medizinische Handbuch der Wiener Ärztin Anna Fischer-Dückelmann (1856-1917) empfahl 1911 noch die Anwendung der Thure-Brandtschen Gebärmuttermassage.[198] Diese Massagemethode war weit

---

193 and Schatzberg, Eric. A Failure of Academic Quality Control: The Technology of Orgasm. Journal of Positive Sexuality. 2018; 4(2):24-47, S. 24f.
193 Kent, James Tyler. Sexual Neuroses. St. Louis, MO: Maynard & Tedford; 1879, S. 48f.
194 Pargeter, William. Observations on Maniacal Disorders. Reading, London, Oxford: Smart and Cowslade; 1792, S. 101.
195 [Anonymus]. Medical Brief: A Monthly Journal of Scientific Medicine and Surgery. 1904; 32(2):673.
196 Nordhoff, Sofie A. Kinetic Therapeutics in Gynecology or Thure Brandt's System. JAMA. 1895; 24(11):389-393.
197 Bumm, Ernst and Küstner, Otto. Kurzes Lehrbuch der Gynäkologie. Jena: Gustav Fischer; 1904, S. 496.
198 Fischer-Dückelmann, Anna. Die Frau als Hausärztin: Ein ärztliches Nachschlagebuch der Gesundheitspflege und Heilkunde in der Familie, mit besonderer Berücksichtigung der Frauen- und Kinderkrankheiten, Geburtshilfe und Kinderpflege. Stuttgart: Süddeutsches Verlags-Institut; 1911, S. 688.

verbreitet. Robert Ziegenspeck (1865-1918) veröffentlichte das entsprechende Handbuch, das zwischen 1886 und 1905 durch mehrere deutschen und amerikanischen Auflagen ging.[199] Aus diesen Quellenbelegen kann jedoch nicht abgeleitet werden, Ärzte hätten ihr Patientinnen gewohnheitsmäßig mit einem Vibrator masturbiert. John Harvey Kellogg, Gesundheitsreformer, Ernährungswissenschaftler, Vegetarier, Arzt und Antimasturbationsaktivist war ein Verfechter der »Pelvic Massage«. In seinem Buch »The Art of Massage« erläuterte er nicht nur die Massage der Vagina und des Rektums, sondern gab auch Anweisungen für die Massage des Beckens. Er wollte von Anfang an delikate Situationen vermeiden und schrieb: »Never administer pelvic massage to erotic patients, nor in cases of vaginismus [sic!] [...] The force employed should generally be sufficient to produce slight pain.«[200]

Galabins Idee, der Ehemann solle im Falle von »Frigidität« der Frau das begonnene Werk des Koitus mit der Hand beenden, ist also das Maximum an Libertinage, zu dem ein britischer Arzt 1903 fähig war. Allerdings kann auch keine Rede von einem »Verschwinden des weiblichen Orgasmus« sein, wie dies Katherine Binhammer und Thomas Laqueur behauptet haben.[201] Zwar ist eine deutliche Verengung der Frauen zugewiesenen Rollen als »moralische

---

199 Ziegenspeck, Robert. Anleitung zur Massagebehandlung (Thure Brandt) bei Frauenleiden: Für praktische Ärzte. Berlin: Karger; 1895.

200 Kellogg, John Harvey. The Art of Massage: A Practical Manual for the Nurse, the Student and the Practitioner. Battle Creek, MI: Modern Medicine Publishing; 1929, S. 136f. Auch wenn der Titel des Buches Rhythmotherapy etwas anderes zu suggerieren verheißt, ist dies ein Werk über die Anwendung elektrischer Vibratoren in der Heilung von Krankheiten. Jedwede Erwartung, man könne etwas über den Einsatz von Vibratoren für die Masturbation erfahren, stellt sich als unbegründet heraus. Wallian, Samuel S. Rhythmotherapy: A Discussion of the Physiological Basis and Therapeutic Potency of Mechano-Vital Vibration to Which Is Added a Dictionary of Diseases with Suggestions as to the Technic of Vibratory Therapeutics. Chicago, IL: The Ouelette Press; 1906.

201 »The very existence of the female orgasm, thought essential for procreation in the seventeenth century, by the nineteenth century was called into question. While Alexander Pope could proclaim in 1735 with a certain amount of cultural authority that ›every woman is at heart a rake,‹ by the end of the century such a proposition was no longer publicly sanctioned. Instead, women were national treasures and constituted a great civilizing force.« Binhammer, Katherine. The Sex Panic of the 1790s. Journal of the History of Sexuality. 1996; 6(3):409-434, S. 420. Das Pope-Zitat bezieht sich auf Pope, Alexander. Moral Essays, Epistle II: To a Lady: Of the Characters of Women. Es hat keine sexuelle Konnotation, wenn man den Kontext beachtet. Pope, Alexander. The Works of Alexander Pope, Esq.: A New Edition in Ten Volumes, Vol. 3. London: Strahan and Preston; 1806, S. 263.

Instanz« und »Ehefrau und Mutter« im 19. Jahrhundert nicht zu übersehen, doch ging dies nie so weit, die Fähigkeit von Frauen zum Orgasmus zu bestreiten. Im Gegenteil, der »illegitime« Orgasmus von Frauen durch Masturbation war mehr als gegenwärtig – auch in nicht für Mediziner bestimmten Texten. Ida Craddock und Paul Royster veröffentlichten 1902 eine Gebrauchsanleitung für die Hochzeitsnacht. Sie schrieben:

»As to the clitoris, this should be simply saluted, at most, in passing, and afterwards ignored as far as possible; for the reason that it is a rudimentary male organ, and an orgasm aroused there evokes a rudimentary male magnetism in the woman, which appears to pervert the act of intercourse, with the result of sensualizing and coarsening the woman.«[202]

Diese »negative« Präsenz des weiblichen Orgasmus wurde ergänzt durch ihre »positive« Gegenwart, d.h. das Verständnis der Ärzte für sexuelle Probleme der Patientinnen in der Ehe nach 1890. Ironischerweise propagierten einige US-amerikanische Ärzte die Entfernung des Präputiums der Klitoris, um Frauen einen heterosexuellen penetrativen Orgasmus zu ermöglichen.[203]

Eine andere Änderung ist daneben zu beachten. Die Verbindung von Sexualität und Kriminalität entwickelte sich mit den kriminologischen Diskursen gegen Ende des 19. Jahrhunderts und mündete in die eugenische Bewegung nach der Jahrhundertwende. Cesare Lombroso (1835-1909), dessen Theorien des »geborenen Verbrechers« in den USA, Deutschland und Frankreich auf fruchtbaren Boden fielen, postulierte einen Zusammenhang von Sexualität und Verbrechen.[204] Die Ursachen für Verbrechen lagen im »Atavis-

---

202 Craddock, Ida C. und Royster, Paul. The Wedding Night. New York: Ida C. Craddock; 1902, S. 9.
203 Rodriguez, Sarah B. Female Circumcision and Clitoridectomy in the United States: A History of a Medical Treatment. Rochester, NY: University of Rochester Press; 2014, S. 75-90.
204 Lombroso, Cesare und Ferrero, Guglielmo. La Donna Delinquente: La Prostituta e la Donna Normale. Turin : Roux; 1894. Dies. La femme criminelle et la prostituée. Paris : Baillière, 1896. Die amerikanische Ausgabe ist stark gekürzt und inhaltlich überarbeitet, d.h. sexuelle Referenzen wurden herausgenommen. Lombroso, Cesare. The Female Offender. New York: Appleton; 1909. Davon abgesehen war Lombroso durch eigenständige Publikationen in amerikanischen Journalen jenseits des Atlantiks kein Unbekannter. Siehe Lombroso, Cesare. The Determining of Genius. In: The Monist. 12, no. 1 (1901): 49-64. Ders. Illustrative Studies in Criminal Anthropology III: The Physiognamy of the Anarchists. In: The Monist. 1, no. 3 (1891): 336-343. Ders. Illustrative Studies in Criminal Anthropology. In: The Monist. 1, no. 2 (1891): 177-196. Ders. Left-Handedness

mus« des Menschen, waren also letztlich biologisch bedingt. Erziehung könne den angeborenen Atavismus einschränken bzw. kontrollieren. Als Zeichen des Atavismus galt ihm unter anderen die Masturbation, weshalb er Kindergärten und ähnliche Anstalten besuchte, um die Verbreitung der Masturbation in diesen Stätten zu untersuchen.[205] Zwar gab es nach Lombroso unter den Frauen weniger geborene Verbrecherinnen als bei den Männern, doch zeichneten sich die verbrecherischen Frauen vor allem dadurch aus, dass ihre Delikte im Umkreis der Prostitution zu suchen waren, was an der angeblich noch größeren Rückständigkeit von Frauen lag. Infolgedessen waren Masturbation und lesbische Liebe ein Indiz für eine Prädisposition zu einer kriminellen Karriere. Lombroso führt ein Beispiel an:

> »Sie hat heftige Zornanfälle, zerbricht dann alles und bedroht ihre Mutter; sie stiehlt und verführt ihren Bruder zum Diebstahl. Sie nimmt, um ihren kleinen Bruder zu quälen, eine Stecknadel zwischen die Zähne und lässt sich dann von ihm küssen, sie beisst ihn ohne Veranlassung. Sie neigt zu sexuellen Reizungen, masturbi[e]rt seit dem vierten Jahre, treibt labiale Masturbation und Coitus -Versuche mit einem Bruder und hat mit zunehmendem Alter ein brennendes Verlangen nach Masturbation, das durch keine Aufsicht, keine Gegenmittel zu bekämpfen ist; wird sie festgebunden, so reibt sie sich mit den Fersen, am Stuhlrande etc. ›Ich möchte es gern lassen, aber ich kann mir nicht helfen,‹ sagt sie zur Mutter. Ihr Gedächtniss [sic!] ist gut. Jede medicinische Behandlung war erfolglos; kaum war nach einer im elften

---

and Left-Sidedness. In: The North American Review. 177, no. 562 (1903): 440-444. Ders. Why Homicide Has Increased in the United States I. In: The North American Review 165, no. 493 (1897): 641-648. Ders. Why Homicide Has Increased in the United States II: Barbarism and Civilization. In: The North American Review. 166, no. 494 (1898): 1-11. Allgemein zur Lombroso-Rezeption siehe Rafter, Nicole. Lombroso's Reception in the United States. In: Downes, David, Hobbs, Dick und Newburn, Tim. The Eternal Recurrence of Crime and Control: Essays in Honour of Paul Rock. Oxford, New York: Oxford University Press, 2010, S. 1-16. Rafter, Nicole Hahn. Criminal Anthropology. Its Reception in the United States and the Nature of Its Appeal, in Becker, Peter und Wetzell, Richard F. (Hg.), Criminals and Their Scientists: The History of Criminology in International Perspective, Cambridge, Cambridge University Press, 2006, S. 159-181.

205 Rafter, Nicole Hahn. The Criminal Brain: Understanding Biological Theories of Crime. New York: NUY Press, 2008, S. 74.

Jahre vorgenommenen Klitoridotomie der Verband entfernt, als sie wieder Betastungen anfing.«[206]

Im Zuge einer anthropologischen und biologistischen Auffassung von Kriminalität wurde die deviante Sexualität von Frauen zum Indikator für die Krankheit der gesamten Gesellschaft. So bemerkte der Professor der Urologie an der State University of Illinois G. Frank Lydston (1858-1923) in einem Text mit dem Titel *Diseases of Society*, Nymphomanie und *Furor Uterinus* würden durch die Reflexe einer Störung des »Sexualapparates« hervorgerufen. In schweren Fällen führe dies zum Wahnsinn.

»All that is necessary is a nervous and excitable state of the nervous system, a passionate temperament, and local irritation of the sensitive sexual apparatus. Some of the recorded cases of nymphomania are pitiful. It has been known to be associated with the cerebral disturbance incidental to pulmonary consumption [...] Nymphomania is also known to occur as a result of masturbation and sexual excess.«[207]

Die Technik der Klitorisvorhautresektion (FGM Typ I) anstelle der FGM des Typs II verbreitete sich in den USA nach 1900. Ende des 19. Jahrhunderts wurde die Klitorisvorhautadhäsion als Indiz für Masturbation gesehen und in der Regel durch Resektion behandelt. Heutzutage wird diese Operation vor allem aus kosmetischen Gründen, aber nicht um eine Klitorisvorhautadhäsion zu

---

206 Lombroso, Cesare und Ferrero, Guglielmo. Das Weib als Verbrecherin und Prostituirte: Anthroplogische Studien gegründet auf eine Darstellung der Biologie und Psychologie des normalen Weibes. Hamburg: A. G. Richter; 1894, S. 341f. Ich zitiere der Vollständigkeit halber einige Stellen aus dem gleichen Kontext. »Die Giftmörderin Brinvilliers trieb mit 6 Jahren mutuelle Masturbation mit ihrem 7jährigen Bruder, liess sich 8 Jahre alt, deflorieren und lebte später in fortgesetztem Incest und Ehebruch.« Ibidem, S. 384f. »Viele der frigiden Prostituirten treiben (nach Riccardi) mit Genuss Klitorismasturbation, Cunnilictio und besonders Sapphismus und ziehen das dem normalen Akt vor; sowohl in der höheren Prostitution wie unter eigentlichen Verbrecherinnen fehlt es nicht an sexuell Psychopathischen, nicht nur an solchen, welche die Rolle des Mannes übernehmen, sondern auch an Liebhaberinnen der Marterung [...]« Ibidem, S. 388. »Einen einzig dastehenden Fall hat Moraglia in meinem Archiv (XIII. 567) berichtet; es handelt sich um ein 18jähriges Mädchen mit schwarzem, sehr dichtem Haar, die dem Koitus die Masturbation unter dem stimuli[e]renden Einfluss des Geruchs von männlichem Urin vorzieht [...] Ibidem, S. 391. Kriminelle Neigungen gingen nach Lombroso mit der Vergrößerung der Schamlippen und der Klitoris einher. Ibidem, S. 327.
207 Lydston, G. Frank. The Diseases of Society (The Vice and Crime Problem). Philadelphia, PA, London: Lippincott Co.; 1904, S. 391f.

beheben, wieder durchgeführt. H. E. Beebe aus Ohio beschrieb 1898 in einem Artikel die Gefahren der Masturbation und die zu ergreifenden Gegenmittel. Er kritisierte Baker Brown und seine Unterstützer wegen ihres Übereifers bei der Anwendung der Klitorisresektion, bezweifelte den Erfolg einer so radikalen Maßnahme und verglich die Operation mit einem Koch, der ein Haus anzündet, um ein Schwein zu rösten.[208] Dann aber fuhr der Autor fort:

> »Clitoridian masturbation, simple titillation, or friction of the clitoris by hand is the most prevalent form of the solitary vice in Women and girls. [...] Where we find this condition of the clitoris and other external organs with an unmarried woman, we are suspicious of masturbation, and especially so if the internal sexual organs be congested and relaxed [...] A dangerous train of symptoms is set up that an unsuspecting physician may find very difficult to control, sometimes, without looking well for abnormal conditions of the hood of the clitoris.«[209]

Der Verfasser des Artikels, ein Arzt aus dem Umfeld der homöopathischen Chicagoer »orificial surgery«, zitierte dann aus dem *Homeopathic Text-Book of Surgery*:

> »The clitoris itself seldom requires attention. The hood, however, is a frequent source of irritation, and needs the attention of the surgeon. [...] It may be redundant and require amputation [...] An elongated or hypertrophied hood should be amputated.«[210]

Ein deutscher Kollege hatte ähnliche Bedenken, wo es um die Masturbation vor allem älterer Frauen ging:

> »Dies findet hauptsächlich beim weiblichen Geschlecht statt, wo erstens eine Aufklärung viel seltener erfolgt und ferner, wenigstens für die den besseren Ständen angehörigen Mädchen, ein Ersatz der Onanie durch den normalen Geschlechtsverkehr sehr häufig nicht möglich ist, so dass oft die Masturbation bis in's [sic!] höhere Alter fortgetrieben wird und zwar sehr häufig

---

208 »Such practice as Brown and the French physicians followed was but another instance of ›burning a house to roast a pig‹«. Beebe, H. E. The Clitoris. The Journal of Orificial Surgery. 1897; 6(1):9-12, S. 9.
209 Beebe, The Clitoris, S. 11.
210 Beebe, The Clitoris, S. 12. Zur »orificial surgery« siehe Hulverscheidt, Marion. Homepathy, Orificial Surgery, and the Clitoris in the United States, 1880-1920 – an Eclectic Approach? Gender Forum. 2018; 67:29-46. Siehe auch den Exkurs in diesem Band.

in viel excessiveren Formen als beim männlichen Geschlecht, bei dem die endlich aufhörende Erections- und Ejaculationsfähigkeit einen natürlichen Riegel vorschiebt.«[211]

Die exzessive Masturbation bei Frauen führe letztendlich zur sexuellen Unempfindlichkeit der Klitoris, einer Art Überreizung oder *Anaesthesia Sexualis*, aber auch das Gegenteil, die *Hyperaesthesia* könne eintreten, vor allem bei Frauen.[212] Masturbation führe schließlich zur Entwicklung einer Neurasthenie, also einer Nervenerkrankung, die auch bei Frauen öfter anzutreffen sei.

»Ausserordentlich häufig besteht bei Neurasthenikern beiden Geschlechtes, hauptsächlich bei Ledigen, die Neigung, den Geschlechtstrieb auf masturbatorischem Wege zu befriedigen; es ist oft schwer zu unterscheiden, ob die Masturbation als die Folge oder als die Ursache der sexuellen Neurasthenie anzusehen ist, gewöhnlich handelt es sich um einen Circulus vitiosus.«[213]

Diese Neurasthenie könne zur Paranoia übergehen, wieder in Verbindung mit Masturbation.[214] Da hier der Weg schon eingeschlagen wurde, den die weitere Diskussion um seelische Erkrankungen nach 1920 nehmen würde, verzichtete der Autor auf eine Empfehlung zur Kliteridektomie. Der diskursive Schwenk, die Masturbation in Verbindung mit rein seelischen Problemen zu sehen, schien einen chirurgischen Eingriff unnötig zu machen. Wir werden sehen, dass dies im Falle der sich in den USA nach 1880 entwickelten »Orificial Surgery« anders gelagert war.

Howard Atwood Kelly (1858-1943), einer der »Vier Großen« Begründer des Johns Hopkins Hospital in Baltimore, MD, Gynäkologie und fundamentalistischer Christ, urteilte sehr hart über die Masturbatorinnen. Masturbation bei Frauen sei abstoßend. Gotteslästerliche Hände beschmutzten das Ideal der Reinheit. Als Arzt sehe er sich aber dennoch gezwungen, darüber – auf sieben Seiten – zu sprechen. Mehr als die Hälfte aller Neurasthenikerinnen seien auch Masturbatorinnen. Zur Heilung kämen auch Operationen in Frage: »Stripping the prepuce is desirable whenever adhesions are complete or retained accumulation considerable. Circumcision is useless, except

---

211 Müller, Franz Carl. Handbuch der Neurasthenie. Leipzig: F. C. W. Vogel; 1893, S. 86.
212 Müller, Handbuch der Neurasthenie, S. 181, 184.
213 Müller, Handbuch der Neurasthenie, S. 181f.
214 Müller, Handbuch der Neurasthenie, S. 249.

where adhesions with accumulations persistently recur.«[215] Kelly war sicher eine Ausnahme unter den Gynäkologen seiner Zeit. Sein Glaube und seine außerordentliche Belesenheit, sowie seine überragende wissenschaftliche Produktivität ließen ihn hervortreten aus dem Feld seiner Kollegen, auch wenn er in ethischen Fragen das Paradebeispiel des engstirnigen protestantischen Eiferers darstellte. Kliteridektomie zur Behandlung der Masturbation wurde um 1900 kaum noch vorgeschlagen. Jedenfalls urteilte der Chirurg Henri Hartmann (1860-1952), Chef des Hôtel-de-Dieu in Paris, Klitorisvorhautadhäsionen seien zu reinigen und nicht zu operieren. Die kleinen Labien seien nur in Ausnahmefällen zu beschneiden. Die Kliteridektomie zum Zwecke der Bekämpfung von Masturbation und Hysterie sei unsinnig. Einzig im Falle eines Tumors komme eine Resektion der Klitoris in Frage. Allerdings fügte er seiner Abhandlung ein Foto einer vergrößerten Klitoris bei, und suggerierte in der Bildunterschrift die Resektion, wenn das hypertrophierte Organ den heterosexuellen Sex behindere.[216] Nach 1914 gab es noch eine kleine Schar überzeugter Praktiker der Kliteridektomie zum Zwecke der Heilung vom Übel der Masturbation und das waren die in Chicago ansässigen Quacksalber um Benjamin Elisha Dawson, auf den wir im Exkurs über die *Orificial Surgery* zu sprechen kommen werden.[217] Auch wenn Ärzte und Psychoanalytiker*innen um 1912 die Schädlichkeit der weiblichen Masturbation weiterhin unterstrichen, rieten sie in der Regel zu anderen Behandlungsmethoden als Operationen.[218] Sigmund Freud, der ein außerordentliches Interesse an der Masturbation in der Ätiologie der Hysterie hatte, erwähnte die Kliteridektomie jedenfalls nicht mehr. Dennoch belegt ein Treffen der Wiener Psychoanalytischen

---

215 Kelly, Howard A. Medical Gynecology. New York//London: D. Appleton and Company; 1908, S. 291-298. Zitat S. 298. Macarthur Brown behandelte Adhäsionen der Klitoris durch Reinigung und nicht durch Operation. Brown, K. S. MacArthur. Paraphimosis of the Clitoris: The British Medical Journal. 1929; 2(3577):146.
216 Hartmann, Henri. Gynécologie opératoire. Paris: G. Steinheil; 1914, S. 97-101.
217 Pearlstien, M. B. »The Blues« Due to Sexual Disturbances in the Female. The Journal of the American Association of Orificial Surgeons. 1914; 2(5):185-185.
218 Reich, Annie. The Discussion of 1912 on Masturbation and Our Present-Day Views. The Psychoanalytic Study of the Child. 1951; 6(1):80-94. 1951. Tausk, Victor. On Masturbation. The Psychoanalytic Study of the Child. 1951; 6(1):71-79. Newton, Caroline. Die Onanie: Vierzehn Beiträge zu einer Diskussion der Wiener Psychoanalytischen Vereinigung. Wiesbaden: J.F. Bergmann, 1912. Zur heutigen Diskussion siehe Horejsi, Jan. Aquired Clitoral Enlargement: Diagnosis and Treatment. Annals of the New York Academy of Sciences. 1997; 816:369-372.

Vereinigung im Jahre 1912, an der die Großen der Wiener Psychoanalyse einschließlich Freuds teilnahmen, das brennende Interesse, dass die Analytiker der Masturbation entgegenbrachten. Vierzehn einschlägige Beiträge wurden unter dem Titel »Onanie« zusammengefasst und in Druck gegeben.[219]
Diese Beiträge betonten bei aller Unterschiedlichkeit in Fokus und Argumentation allgemein die Schädlichkeit der Masturbation, sahen aber in ihr vor allem im Hinblick auf die kindliche Masturbation nicht mehr etwas »Krankhaftes«. Lediglich das Exzessive dieser Praxis wurde als Auslöser »nervöser Beschwerden« bewertet.[220] Masturbation über das Kinder- und Pubertätsalter hinaus könnten leichter zu Neurosen führen, wie Eduard E. Hitschmann (1871-1957) ausführte. Er postulierte, habituelle männliche Masturbierer könnten keine »heroische« Sexualität entwickeln:

> »Sie sind selten ohne Selbstvorwurf der Willensschwäche, Neigung zu Schuldgefühlen anzutreffen und leben isolierter, da sie sich den energischen Kampf um das Liebesobjekt ersparen, der vorbildlich ist für den übrigen Lebenskampf; [...] Dem Ideal eines männlichen Kämpfers, eines gesellschaftlichen Eroberers stehen sie sicherlich fern. Dass sie den Übergang zur normalen Sexualität, zum Weibe, insbesondere zur Ehe, nur unter Schwierigkeiten finden, ist begreiflich; mancher Selbstmord eines Bräutigams oder Hochzeiters gehört hierher.«[221]

Sandor Ferenczi (1873-1933) betonte demgegenüber die Genese der neurotischen Störungen als Folge des Masturbationsverbotes.[222] Ferenczi ging dann auch auf die »nasogenitale Reflextheorie« Wilhelm Fließ' (1858-1928) ein, die u.a. besagte, dass Masturbation zu einer Reizung der Nasenschleimhaut führen könne.[223] Als Mittel gegen die Masturbation gebe es nach Isidor Sadger (1867-1942) nur zwei Mittel: »Die Benutzung der hetero- wie homosexuellen Verliebtheit des Masturbanten und zweitens die psychoanalytische Methode.«[224] Gleichwohl ist den Beiträgen zu entnehmen, dass die Masturba-

---

219 Dattner, Bernhard et al. Die Onanie: Vierzehn Beiträge zu einer Diskussion der Wiener Psychoanalytischen Vereinigung. Wien: Bergmann; 1912.
220 Eduard Hitschmann in Dattner, Die Onanie, S. 1f.
221 Hitschmann in Dattner, Die Onanie, S. 2.
222 Sandor Ferenczi in Dattner, Onanie, S. 6f.
223 Ferenczi in Dattner, Onanie. S. 9. Caffier, Philipp P. und David, Matthias. Wer heilt, hat recht! – Ein vergessenes Genie? Zum 150. Geburtstag und 80. Todestag von Wilhelm Fließ. Laryngorhinootologie. 2009; 88(1):39-44.
224 Isidor Sadger in Dattner, Onanie, S. 26.

tion von den Wienern Psychoanalytikern tendenziell entpathologisiert wurde. Sie wurde von der Mehrheit der Diskutanten zwar als schädlich bezeichnet, vor allem, wenn ihr im Übermaß gefrönt wurde, galt aber als »heilbar« und relativ harmlos, gemessen an den verheerenden Wirkungen, die ihr vor 1900 zugeschrieben worden waren. Von einem Einsatz chirurgischer Mittel zu ihrer Bekämpfung wurde in diesen Texten an keiner Stelle gesprochen. Die bei den Analytikern feststellbare Tendenz zur Entpathologisierung der Masturbation setzte sich auch in schulmedizinischen Zirkeln fort. Der Pariser Chirurg Henri Albert Hartmann verfasste 1914 eine *Gynécologie Opératoire*, in der er sich gegen die Kliteridektomie aussprach. Unter Bezugnahme auf Baker Brown stellte Hartmann fest, die Kliteridektomie zur Bekämpfung der Hystero-Epilespsie habe keinerlei Wirkung. Das Gleiche könne man sagen, wenn die Operation zur Bekämpfung der Masturbation eingesetzt würde.[225] Die Vergrößerung der Klitoris könne das Ergebnis der Masturbation sein. Die einzig mögliche Verwendung der Operation sei die Hypertrophie des Organs, die als Pseudohermaphrodismus oder Gyandrie bekannt sei. Außerdem sei eine Amputation der Klitoris angesagt, wenn diese von einer krebsartigen Degeneration betroffen sei.[226] In den ersten zwei Jahrzehnten des 20. Jahrhunderts hatte die Masturbation zwar noch nicht ihren Charakter als bedrohliche Perversion oder als Indikator für Devianz verloren, aber immer mehr Ärzte rückten von der Kliteridektomie ab. Neben die *Orificial Surgery* trat eine weitere alternative Richtung der Medizin, die eklektische Medizin. Diese Schule setzte ausschließlich pflanzliche Heilmittel und Physiotherapie ein und war gegen Ende des 19. Jahrhunderts bis zur Mitte des 20. Jahrhunderts sehr populär. Constantine Samuel Rafinesque (1784-1841), ein franko-amerikanischer Professor an der Transylvania University in Kentucky, prägte den Begriff.[227]

---

225 Ähnlich auch Lelong, Jacques. De l'intervention chirurgicale dans l'hysterie. Montpellier: Firmin, Montane et Sicardi; 1902. Lelong schließt eine chirurgische »Behandlung« in Fällen der Hysterie nicht grundsätzlich aus, mahnte aber zur Vorsicht und erwähnte, dass eine Kliteridektomie oder eine »Kastration« in den meisten Fällen wirkungslos bleibe. Gegen eine solche Behandlung sprach sich Lefort aus. Lefort, Pierre. Excision du clitoris et des nymphes : Inefficacité de cette opération appliquée a un cas d'oestromanie. Revue Thérapeutique du Midi : Journal de Médicine, de Chirurgie et de Pharmacie Pratiques. 1854; VI : 76-81.
226 Hartmann, Henri. Gynécologie Opératoire. Paris : G. Steinheil; 1914, S. 100f.
227 Rafinesque, Constantine Samuel. Medical Flora; or, Manual of the Medical Botany of the United States. Philadelphia, PA: Atkinson & Alexander; 1828, S. IV. Warren, Leonard. Constantine Samuel Rafinesque: A Voice in the American Wilderness. Lex-

Er hatte – wie andere Pflanzenheiler der USA – bei Native Americans gelernt und verdiente sein Geld u.a. damit, dass er pflanzliche Medikamente mit der Post verschickte.

Die in New York erscheinende *Eclectic Review*, eine Zeitschrift der amerikanischen eklektischen Mediziner, befand die Masturbation zwar als bedrohlich und gesundheitsgefährdend, propagierte aber gemäß ihrer grundsätzlichen Ausrichtung eine Behandlung mit Kräutern und Tinkturen. Die Kliteridektomie wurde aber nicht erwähnt.

Der im *Eclectic Review* publizierende Neuseeländer F. A. P. Montague bemerkte unter Bezugnahme auf die gerade populäre Reflextheorie 1914:

>»Physiology plainly teaches us the peculiar relation that exists between the brain and generative organs and a disease of the latter is always accompanied with marked mental disturbance, great lassitude and general debility. From reflex action the functions of the stomach and digestive organs are impaired. Now, my brethren, I place before you a thoroughly tested formula which I freely give to physicians for the benefit of humanity suffering from the effects of masturbation, and which I sincerely trust will save many thousands from an early grave. A tight or elongated prepuce, or an abnormal clitoris are in 75 per cent, of cases the cause of masturbation in both sexes. In the above, satyriasis and nymphomania are also contracted.«[228]

M. B. Pearlstein aus New York unterstrich in der gleichen Zeitschrift die biopolitische Komponente seines Tuns, indem er bemerkte:

>»The object of nature in the creation of sexes is the continuance of the race, — and the fulfilment therefore of a woman's destiny is completed by marriage. Nature resents any interference with her laws by causing Atrophy in organs which are neglectful of their functions.«[229]

Der »Blues«, eine Art leichter depressiver Verstimmung, sei das Ergebnis der falschen oder der nicht ausreichenden sexuellen Praktiken:

---

ington, KY: University Press of Kentucky; 2005. Tyler, Varro E. Pharmaceutical Botany in the U. S.—1900-1962: Its Heyday, Decline, and Renascence. Pharmacy in History. 1996; 38(1):20-23.
228 Montague, F. A. P. Three Rare Drugs. The Eclectic Review. 1914; 17(2):61-63, S. 63.
229 Pearlstein, M. B. »The Blues« Due to Sexual Disturbances in the Female. The Eclectic Review. 1914; 17(6):167-169, S. 167.

»Causes and Symptoms [of the Blues]:—In young unmarried women:—Masturbation [...] The so called sex-hygiene productions on the stage, which by the way are too numerous to mention have given many a woman the ›Blues.‹ Nymphomania, where the mind is being continually centered upon sexual matters is productive of abnormal irritation and excessive secretions. This condition eventually effects the mind, causing depression of spirits and general distress [...] The attention being centered upon sexual matters, external matters are thus neglected or not remembered and she usually complains of inability to work. In the married or those that are supposed to be married, unnatural or awkward coition, such as withdrawal, the use of condoms, prolongation of the act and vulvar or clitoris friction; unsatisfied impulses, interrupted or incomplete coition are productive of local irritations which in turn are responsible for the ›Blues‹ and eventually for sexual or general neurasthenia.«[230]

Abhilfe sollte sexuelle Enthaltsamkeit schaffen (neben den pflanzlichen Heilmitteln), aber eine Empfehlung zur Durchführung einer Kliteridektomie oder einer anderen Operation fehlte vollkommen.

Es zeichnete sich hier ab den 1920er Jahren ein weiterer Wandel ab: Die Masturbation wurde weniger als ein allgemeines Problem als ein Spezifikum bestimmter »anomaler« Personen wie Epileptiker begriffen. Masturbation könne Epilepsie auslösen, vermutete 1859 Edward Henry Sieveking (1816-1904), Leibarzt der englischen Königin Victoria.

»The frequency of Onanism as an exciting cause in the French tables may be due to the greater willingness of French patients to confess to the vice. In the cases of confessed masturbation that I have had to deal with, I have not met with epilepsy; and in my cases of epilepsy, though I have never lost sight of the possible influence of this cause, I have failed to elicit it. In boys and men there is at least no difficulty in making an inquiry, but in females I confess to an inability to arrive at anything beyond a strong suspicion. In a young woman now under my care, in spite of a rigid examination of the patient as well as by direct questioning of the mother, I can obtain no indication of a cause; and yet the appearance of the girl, as well as the argument *par voie*

---

230 Pearlstein, The Blues, S. 167f.

d'exclusion, produce in me the moral conviction that masturbation is at the bottom of the whole evil.«[231]

In späteren Schriften verdichtete sich dieser Glauben zur Gewissheit. Die Idee, dass Epilepsie durch Masturbation ausgelöst werden könne, war in Europa und Nordamerika bis weit ins 20. Jahrhundert verbreitet.[232] Der in der Kliteridektomie-Debatte sehr prominente Hermann Rohleder behauptete 1899 in seinem Magnum Opus:

> »Was vom Zusammenhang zwischen Epilepsie und Onanie gesagt wurde, hat auch Geltung für die Beziehungen zwischen Hysterie und Onanie. Auch hier kann letztere nur Causa disponens, nicht Causa vera sein. Die Hysterie, die sich als eine Störung der unmittelbar mit den psychischen Vorgängen verbundenen Hirnthätigkeit, also im weiteren Sinne des Wortes als eine Psychose darstellt, hat eine ebenso dunkle Ätiologie wie die Epilepsie. Man weiss, dass eine heftige psychische Erregung unmittelbar die Hysterie heraufzubeschwören vermag, mag dieselbe psychische Alteration nun eine einmalige oder längere Zeit hindurch anhaltende, von neuem wiederkehrende sein.«[233]

Die diskursive Verbindung von Epilepsie und Masturbation blieb im 19., aber auch im 20. Jahrhundert prägnant. Der Neurologe John Russell Reynolds (1828-1896), Professor für Medizin in London, bemühte sich 1865 vergebens, gegen diese Verbindung zu argumentieren:

> »Jedermann weiss, wie oft Onanie und geschlechtliche Ausschweifungen bei Epileptikern vermuthet werden, und wie herrschend die Ansicht ist, dass sie in einem ursächlichen Verhältnisse zu dieser Krankheit stehen. Diese Ansicht und der Verdacht hat sich, meiner Ansicht nach, durch einige auffallende Beispiele und in vielen andern Fällen durch die Unkenntniss oder Abwesenheit jeder andern nennenswerthen Ursache herausgebildet [...] gelangt nun ein Fall dieser Art wirklich zur Beobachtung, dann macht er den Beobachter so befangen, dass sein wahres Verhältniss zur grossen Masse der Fälle missverstanden wird. Auf den einzelnen Fall wird ein zu grosses

---

231 Sieveking, Edward Henry. On Epilepsy and Epileptiform Seizure: Their Causes, Pathology, and Treatment. London: John Churchill; 1858, S. 121f.
232 Schmidt, Dieter und Shorvon, Simon. The End of Epilepsy? A History of the Modern Era of Epilepsy Research 1860-2010. Oxford, New York: Oxford University Press; 2016, S. 22.
233 Rohleder, Die Masturbation, S. 201.

Gewicht gelegt, und Schlüsse werden aus ihm gezogen, die auf keiner thatsächlichen Grundlage ruhen. Ich habe oft den Verdacht über das Vorhandensein genannten Lasters aussprechen hören, ohne dass der mindeste Grund für denselben vorhanden war. Aber der Ausspruch geschah aus dem von mir genannten Grunde und damit hörte jede weitere Untersuchung des Falles auf.«[234]

Es fehlte nicht an warnenden Worten vor einer voreiligen Entfernung der Eierstöcke zur Behandlung der Epilepsie:

»As a remedial treatment for epilepsy or other nervous affections, I look upon this operation with the gravest suspicion. Its advocates have escaped the opprobrium which fell upon and crushed poor Baker Brown in his advocacy of cliteridectomy under very similar circumstances, but his fate should serve as a warning against undue precipitancy in associating all the nerve disorders of women with local disorders of their sexual organs. [...] At present I should decline to sanction oophorectomy, on this account, with or without the removal of the Fallopian tubes, unless I had some physical indication that these organs were organically affected, and that the local symptoms of this organic affection were irremovable otherwise.«[235]

Sein britischer Kollege James Stansfield Collier (1870-1935) konnte noch 1924 behaupten:

»The sex characteristics of the epileptic were worthy of note. Sex desires tended to be stronger and more imperious and to overflow the normal outlet-perverse activities, masturbation, and other auto-erotic activities; these bore a close relation to the fit and might occur in crises as equivalents for the attack. When intellectual impairment had advanced to a degree which in other conditions still allowed of normal sex life, the epileptic was auto-erotic.«[236]

Die Verbindung von Epilepsie und Masturbation ist auch heute noch existent. Hypersexualität und exzessive Masturbation von Frauen und Mädchen

---

234 Reynolds, John Russell. Epilepsie: Ihre Symptome, Behandlung und ihre Beziehungen zu andern [sic!] chronisch-convulsiven Krankheiten. Erlangen: Ferdinand Enke; 1865, S. 137.
235 Thorburn, Practical Treatise, S. 462.
236 Collier, James. Discussion on The Nature and Treatment of Epilepsy. In: The British Medical Journal. 1924; 2(3336):1045-1054, S. 1052.

wird in der Gegenwart verstanden als die Konsequenz operativer Eingriffe wie der Entfernung des Hippocampus (Amygdalohippocampektomie) oder Operationen am Temporallappen – beides Maßnahmen, die zur Bekämpfung der Epilepsie eingesetzt werden.[237]

Der Zoologe Alfred C. Kinsey (1894-1956), der bahnbrechende Untersuchungen zur Sexualität des Menschen veröffentlicht hat, war sich in seiner Sexualität selbst nicht sehr sicher. Nach der Hochzeit und den Flitterwochen mit seiner Frau Clara, war die Ehe noch nicht »vollzogen«, auch weil Kinsey nicht wusste, ob er überhaupt Sex mit Frauen haben konnte.[238] Die sexuellen Probleme des jungen Ehepaars konnten nach Konsultation eines Arztes beseitigt werde. Er stellte bei Clara Kinsey eine Klitorisadhäsion (*adherent clitoris*) fest.[239] Clara unterzog sich einer Kliteridektomie des Typs I (Entfernung des Präputiums) bei Verabreichung eines Lokalanästhetikums.[240] Kinsey war erleichtert, die Ehe wurde vollzogen. Die Tatsache, dass ein so wissenschaftlich ausgewiesener Sexologe wie Kinsey daran glaubte, dass eine Kliteridektomie sein Sexualleben »verbessern« könne, bedarf einer Erklärung.

Auch im Jahre 2020 gehen einige wenige Spezialist*nnen davon aus, dass eine Adhäsion der Klitoris zu sexuellen Problemen von Frauen führen könne.[241] Die Vorstellung, dass die »verklebte« oder verdeckte Klitoris das Sexu-

---

237   Ozmen, Mine; Erdogan, Ayten; Duvenci, Siri; Ozyurt, E. und Ozkara, Cigdem O. Excessive Masturbation after Epilepsy Surgery. Epilepsy Behavior. 2004; 5(1):133-136. Gündüz, Nermin; Turan, Hatice und Polat, Aslihan. Hypersexuality Manifesting as Excessive Masturbation in a Female Patient after Temporal Lobe Epileptic Surgery: A Rare Case Report. Noro Psikiyatr Arsivi. 2019; 56(4):316-318.
238   Jones, James H. Alfred C. Kinsey: A Life. New York: W. W. Norton & Company; 2004, S. 236.
239   Ich behaupte nicht, dass es das Phänomen der verklebten Klitoris nicht gibt. Es geht mir um die Art und Weise, wie dieses Problem im Hinblick auf andere medizinische oder ethische Probleme gesehen und behandelt wurde. Vergl. Aerts, Leen; Rubin, Rachel S.; Randazzo, Michael, und Goldstein, Sue W. Retrospective Study of the Prevalence and Risk Factors of Clitoral Adhesions: Women's Health Providers Should Routinely Examine the Glans Clitoris. Sexual Medicine 2018; 6(2):115-122.
240   Jones, Alfred C. Kinsey, S. 236.
241   »Some authorities have implicated anatomical and physiologic abnormalities of the female genitals in orgastic dysfunction. Thus, one group of investigators has espoused LeMon Clark's hypothesis that clitoral adhesions [...] are an important cause of orgastic dysfunction in 30 % of inorgasmic women. The clitoral adhesion theory is not generally accepted because this interesting hypothesis has never been confirmed and many inorgasmic women have been treated successfully without clitoral ›freeing.‹« Kaplan,

alleben von Menschen negativ beeinflusse, geht auf den einflussreichen amerikanischen Chirurgen Robert Tuttle Morris (1857-1945) zurück, der den Zustand der Klitoris von weißen Frauen mit den Theorien der Eugenik verband, wie sie in den USA der 1890er Jahre populär waren.[242]

> »About eighty per cent of all Aryan American women have adhesions which bind together the glans of the clitoris and its prepuce, in part or wholly, and which cause little or much disturbance. This condition very evidently represents a degenerative process that goes with higher civilization, and it dates back to the embryonic life of the individual and consists anatomically in a failure of the genital eminence to develop its epithelial surfaces perfectly enough for complete cleavage between the opposed surfaces of the prepuce and the glans of the clitoris.«[243]

Sogenannte »arische« Frauen wiesen nicht nur häufig eine verklebte, sondern auch eine besonders kleine Klitoris auf – wenn man den Statistiken Morris' glauben darf, ein bemerkenswerter Widerspruch zur Theorie der vergrößerten Klitoris als Zeichen pathologischer Abweichung und moralischer Verkommenheit.

> »During a period of twelve months I collected statistics from some three hundred cases, which showed that about eighty per cent, of Aryan American women possess preputial adhesions, which bind together the glans of the

---

Helen Singer. The New Sex Therapy: Active Treatment of Sexual Dysfunctions. London, Ney York: Routledge, S. 2013, S. 72.

242 Morris, Robert Tuttle. Is Evolution Trying to Do Away with the Clitoris? In: Morris, Robert Tuttle. Lectures on Appendicitis and Notes on Other Subjects. New York, London: G. P. Putnam and Sons; 1895; S. 126-131. Morris publizierte 1892 einen Aufsatz mit identischem Titel, der sich aber von der 1895 erschienenen Fassung in einigen Aspekten unterscheidet. Morris, Robert Tuttle. Is Evolution Trying to Do Away with the Clitoris? New York: W. Wood & Co.; 1892. Mit »verklebter Klitoris« ist hier nicht das Symptom gemeint, der bei einer Erkrankung an Lichen Sclerosus auftreten kann. Diese seltene Krankheit war 1895 noch unbekannt. Vergl. Die einschlägige Arbeit von Chmel, Roman; Nováckova, Marta; Fait, Tomás; Zámecnik, Libor; Krejcová, und Pastor, Zlato. Clitoral Phimosis: Effects on Female Sexual Function and Surgical Treatment Outcomes. Journal of Sexual Medicine 2019; 16(2):257-266. Leonard, C. H. Capuchon du clitoris adhérent comme cause de chorée. Archives de Pédiatrie de Philadelphia. 1890; 7:293-296.

243 Morris, Is Evolution Trying, 1892, S. 1.

clitoris and its prepuce. The condition evidently represents a degenerative process that goes with higher civilization.«[244]

Andere Autoren zeigten sich ebenfalls besorgt über die mangelhafte Größe der Klitoris weißer Frauen. Daniel Garrison Brinton (1837-1899), ein Archäologe, Ethnologe und Arzt aus Pennsylvania schrieb 1896 unter dem Stichwort »Underdeveloped and Adherent Clitoris« mit Berufung auf Morris:

>»The Clitoris is well developed in most anthropoid apes and also in the [Black] race. [...] On the other hand, in Aryan American women the clitoris is very small, as a rule, and the prepuce is often adherent.«[245]

Dem rassistischen Dogma folgend, dass *African Americans* sich auf einer niedrigeren Entwicklungsstufe als Weiße befänden, beurteilte Morris den Zustand der Klitoris bei schwarzen und »semitischen«, sprich jüdischen, Frauen wie folgt:

>»There were ten [African American women] among the patients examined, and preputial adhesions were found in three who very likely possessed an admixture of Caucasian blood. In the others, the glans and prepuce were perfectly developed. [...] A large number of Semitic women among the patients showed very little tendency to preputial adhesions, and the glans and prepuce were in them usually as well developed as were their mammary glands. This fact is extremely interesting, as compared with the great proportion of clitoris and mammary degeneration signs in Aryan American women, and would indicate that the Semitic people are to outlast us.«[246]

Das Bedrohliche an der verklebten oder verdeckten Klitoris war angeblich die Gefahr der Masturbation. Diese führe wiederum – so Morris – zur Neurasthenie, einer Einschätzung die Morris mit anderen Autoren seiner Zeit teilte.[247]

---

244 Morris, Is Evolution Trying, 1895, S. 126.
245 Brinton, Daniel G. The Relation of Race and Culture to Degenerations of the Reproductive Organs and Functions in Woman. The Medical News. 1896 Jan 18:1-6.
246 Morris, Is Evolution Trying, 1895, S. 128.
247 »Die Neurastheniker infolge von Masturbation verfallen in Angstneurose, sobald sie von ihrer Art der sexuellen Befriedigung ablassen. Diese Personen haben sich besonders unfähig gemacht, die Abstinenz zu ertragen. Ich bemerke hier als wichtig für das Verständnis der Angstneurose, daß eine irgend bemerkenswerte Ausbildung derselben nur bei potent gebliebenen Männern und bei nicht anästhetischen Frauen zustande kommt. Bei Neurasthenikern, die durch Masturbation bereits schwere Schädigung ihrer Potenz erworben haben, fällt die Angstneurose im Falle der Abstinenz

> »Preputial adhesions involving a large part or the whole of the glans clitoridis may cause profound disturbance, and they are among the most pronounced of the peripheral irritators. They cause desire for masturbation which leads to neurasthenia, and they are responsible for grave reflex neuroses. Preputial adhesions probably form the most common single factor in invalidism in young women. The clitoris is a little electric button which, pressed by adhesions, rings up the whole nervous system.«[248]

Morris' Aufsatz hatte eine große Wirkung. Noch 1929 zitierten deutsche Gynäkologen seinen Essay unter dem Rubrum *Phimosis Clitoridis* und erwähnten andere Autoren, die einschlägig gearbeitet hatten.[249] 1962 warnte der amerikanische Gynäkologe und Sexualmediziner LeMon Clark (1897-1985):

> »When one considers the difficulties and the problems which arise from adhesions between prepuce and clitoris, it is tragic that more attention is not paid to this abnormality and the situation corrected where indicated.«[250]

Die Vorstellung, die Adhäsion der Klitoris sei Ursache für verschiedene Krankheiten war an sich ja nichts Neues. Schon die *Orificial Surgery* (siehe Kapitel 8) hatte auf der Unverzichtbarkeit einer frei liegenden Klitoris bestanden, um eine ganze Liste von Erkrankungen in nuce zu verhindern:

> »All up-to-date doctors realize the importance of the proper condition of the foreskin in the male and of securing it during infancy. The foreskin must be completely loosened, if it is too long amputated and if it is too tight slit open, in order to avoid the dangers of infantile convulsions, of hip-joint disease, of

---

recht dürftig aus und beschränkt sich meist auf Hypochondrie und leichten chronischen Schwindel. Die Frauen sind ja in ihrer Mehrheit als »potent« zu nehmen; eine wirklich impotente, d.h. wirklich anästhetische Frau ist gleichfalls der Angstneurose wenig zugänglich und erträgt die angeführten Schädlichkeiten auffällig gut.« Freud, Gesammelte Werke, Band 1: Über die Berechtigung von der Neurasthenie einen bestimmten Symptomenkomplex als ›Angstneurose‹ abzutrennen, S. 328.

248 Morris, Is Evolution Trying, 1892, S. 12.
249 Kehrer, Erwin und Jaschke, Rudolf Theodor. Die Vulva und ihre Erkrankungen, Lage- und Bewegungsanomalien des weiblichen Genitalapparates. München: J. F. Bergmann; 1929, S. 259.
250 Clark, LeMon. Adhesions between Clitoris and Prepuce. Advances in Sex Research. 1963; 1:233-235, S. 233.

kidney disease, of paralysis, of eczema universalis, of stammering, of dyspepsia, of pulmonary tuberculosis, of constipation, of locomotor ataxia, of rheumatism, of idiocy and insanity, and of lust and all its consequences. But the poor girls, who have an organ called the clitoris, [...] have been permitted to suffer on in silence. [...] Chorea, so frequent in young girls; chlorosis, which comes a little later on, and hysteria, which is also a common affliction, in addition to the same diseases from which boys whose foreskins have been neglected are liable to suffer, have their origin almost invariably in faulty conditions of the hood of the clitoris.«[251]

Noch 1977 wurden Frauen wegen Frigidität an der Klitoris operiert. Der ausführende Arzt beschrieb die Prozedur folgendermaßen:

»The foreskin is pulled forward and an outline of the amount of tissue to be removed is made. Then, with a #11 Bard Parker Scalpel, the skin is excised and the loose edges are approximated with 30 plain catgut sutures.«

Der »Erfolg« der Maßnahme sei unbestreitbar. »All patients returned to their six week checkup. [...] Comments listed are given as evidence of success for the procedure in the selected patients. There were no unfavorable responses.«[252]

»The Frigid Patient and the Patient with Dyspareunia[.] As an interne, I ›assisted‹ in the surgical treatment of one frigid patient: her clitoris was circumcised.«[253]

Der Psychologe Harold Rosen, der ein Anhänger der Hypnose in der Psychiatrie war, hatte dieser Theorie Jahre zuvor bereits energisch widersprochen.

»There appears to be little foundation for the belief that an adherent clitoris is often responsible for frigidity: circumcision seldom increases libido.«[254]

---

251 Pratt, Edwin Hartley. Circumcision of Girls. In: Dawson, Benjamin Elisha; Muncie, Elizabeth Hamilton; Grant, A. B. und Beebe, H. E., (Hg.). Orificial Surgery: Its Philosophy, Application and Technique. Newark, NJ: Phycisians Drug News Co.; 1912; S. 482-490, S. 483.
252 Crist, Takey. Circumcision in the Female. Journal of Sex Education and Theory. 1977; 3(1):19-20, S. 19.
253 Rosen, Harold. Hypnotherapy in Clinical Psychiatry. New York: Julian Press; 1960, S. 142.
254 Curtis, Arthur Hale. A Textbook of Gynecology. Philadelphia, PA, London: W. B. Saunders; 1946, S. 89.

Die totale Verwirrung der Fachleute, wenn es um die Phimose oder Verklebung der Klitoris ging, zeigt sich in diesem Zitat des Medizinhistorikers Edward Wallerstein aus dem Jahr 1980:

> »[...] circumcision has a definite place in the treatment of frigidity, particularly in women with ›cryptic‹ (hidden) clitorises. The conclusion is at odds with other pro-circumcision advocates, who caution against using this surgery for ›frigidity‹.«[255]

Die Frage nach dem Ende der Kliteridektomie zum Zwecke der Bekämpfung von Masturbation ist nicht leicht zu beantworten. 1912 urteilte ein amerikanischer Arzt, bei Kliteridektomie und Ovariektomie habe es sich um eine verrückte Mode gehandelt.[256] Wie wir gesehen haben, wurde die Circumcision (Typ I) aber noch lange fortgesetzt, vor allem, um die Adhäsion der Klitoris, die zur Masturbastion führte, zu unterbinden.

Es bieten sich mehrere Hypothesen an, die allerdings nicht für sich genommen nicht ausreichend sind. Spätestens seit der Publikation von Alfred Kinseys (1894-1956) *Sexual Behavior in the Human Female* (1953) fehlte der weiblichen Masturbation das Anrüchige oder »Abnorme«, denn Kinsey und seine Mitautoren konnte zeigen, wie weit verbreitet die Masturbation war.[257] Besonders wichtig für ein verändertes Verhältnis zur Masturbation war die Erkenntnis der Gruppe um Kinsey, dass Masturbation keine physischen Schäden verursache.[258] Dem steht die frühe Auffassung Sigmund Freuds gegenüber, der davon ausging, dass Masturbation bei Frauen zur Neurasthenie führe und die Sexualorgane schädige.[259] Nach 1912 modifizierte er diese Position als Ergebnis einer in Wien veranstalteten Konferenz zum Thema, an der 14 namhafte Psychoanalytiker*innen teilnahmen.[260] Die Ergebnisse dieses Sym-

---

255 Wallerstein, Edward. Circumcision: An American Health Fallacy. New York: Springer; 1980, S. 189.
256 Blackwood, William R. D. Vanadium Salts in Therapeutics. Wisconsin Medical Recorder. 1912; 15(2):60-62, S. 61.
257 Kinsey, Alfred Charles; Pomeroy, Wardell B.; Martin, Clyde E. und Gebhard, Paul H. Sexual Behavior in the Human Female. Bloomington, IN, Indianapolis, IN: Indiana University Press; 1953, S. 132-190.
258 Kinsey, Sexual Behavior, S. 166-168.
259 Reich, Annie. The Discussion of 1912 on Masturbation and Our Present-Day Views. In: The Psychoanalytic Study of the Child. 1951; 6(1):80-94, S. 81.
260 Bergmann, Martin S. Rethinking Dissidence and Change in the History of Psychoanalysis. In: Bergmann, Martin S., (Hg.). Understanding Dissidence and Controversy in the

posions wurde nie ins Englisch oder Französische übersetzt. Erst die Psychoanalytikerin Annie Reich (1902-1971), die ab 1938 in den USA lebende ehemalige Frau Wilhelm Reichs, sorgte für ihre Verbreitung in den USA.²⁶¹ Von den Beiträgen der Teilnehmer*innen wurde zunächst nur der des Wiener Neurologen Viktor Tausk (1879-1919) ins Englische übersetzt und publiziert.²⁶² Tausk bezeichnete die kindliche Masturbation als etwas Normales, hatte aber große Bedenken gegen die Fortführung der Praxis über die Jugend hinaus. »This is an artificial prolongation of childhood caused by social circumstances. At the same time, the gratification of sexuality through the various erogenous zones is now reduced to a minimum.«²⁶³ Allerdings hatte er keine Einwände gegen »gemäßigte Masturbation«. »Moderate masturbation, in view of all authors, is harmless or even helpful.«²⁶⁴ Am negativsten beurteilte Tausk die Schäden im Hinblick auf die Objektwahl, weil die durch Masturbation hinausgeschoben und mit Perversionen durchsetzt werde.²⁶⁵

Annie Reich diskutierte die Ergebnisse des Wiener Symposions von 1912 nach fast vierzig Jahren. Sie setzte sich dabei vor allem mit der Rolle Freuds auseinander. Freud habe eine direkte Linie zwischen der Masturbation und der Neurasthenie gezogen. Sie hob die Position Wilhelm Stekels (1868-1940) hervor, der 1912 schon der Ansicht war, dass Masturbation notwendig sei.²⁶⁶ Sie konstatierte ferner eine Überbewertung der Gefährlichkeit der Masturbation. Schon in der Zeitschrift für psychoanalytische Pädagogik (1928) sei es im Wesentlichen nur noch um die Frage gegangen, wie masturbierende Kinder von den Schuldgefühlen befreit werden könnten, die mit der Masturbation einher gingen.²⁶⁷ Wir werden im Zusammenhang mit dem Kapitel über die Psychoanalyse sehen, inwieweit die Positionen Reichs dem allgemeinen

---

History of Psychoanalysis. Chevy Chase, MD: International Psychotherapy Institute; 2004, S. 14-197.
261   Reich, The Discussion of 1912.
262   Tausk, Viktor. On Masturbation. In: The Psychoanalytic Study of the Child. 1951; 6(1):71-79.
263   Tausk, On Masturbation, S. 69.
264   Tausk, On Masturbation, S. 71.
265   Tausk, On Masturbation, S. 74f.
266   Reich, Annie. The Discussion of 1912 on Masturbation and Our Present-Day Views. The Psychoanalytic Study of the Child. 1951; 6(1):80-94, S. 83f. Siehe auch Groenendijk, Leendert F. Masturbation and Neurasthenia: Freud and Stekel in Debate on the Harmful Effects of Autoerotism. Journal of Psychology & Human Sexuality. 1997; 9(1):71-94.
267   Reich, The Discussion of 1912, S. 93.

Diskussionstand innerhalb der Wiener Schule entsprochen haben. Wichtig scheint mir, dass die Masturbation auch in den 1940er Jahren noch als ein Übel angesehen wurde, das der Entfaltung einer »normalen vaginalen« Sexualität im Wege stand. Zur Auffassung, die »normale« Sexualität der Frau sei vaginal, die »inverse« Form hingegen klitoral, haben Popularisierer*innen Freuds und Neofreudianer*innen erheblich beigetragen, wie wir sehen werden.[268]

Ohne eine Hierarchisierung der Gründe für das Abebben der Kliteridektomie zu versuchen, könnte man folgende Momente anführen:

1) Die Einsicht, dass die Kliteridektomie keine oder wenig Wirkung auf die Masturbation von Frauen hatte oder überflüssig war. (Adelon, Engelmann, Dechambre, Hartmann, Wiener Psychoanalytiker)
2) Die Vermutung, dass die Masturbation weniger schädlich oder weniger häufig war, als behauptet worden war. (West)
3) Die Verlagerung des Interesses weg von der Masturbation zu angrenzenden Formationen|Figurationen wie Nymphomanikerin, Hysterikerin und Neurotikerin, Epileptikerin (Baker Brown, Garnier, Lydston, Müller, Sieveking).
4) Die Neubewertung weiblicher Sexualität, die im Rahmen heterosexueller ehelicher Praxis positiv bewertet wurde und Frauen ein Recht auf sexuelle Erfüllung zugestand. (Howe, Bigelow, Rohleder, Galabin, Pearlstein)
5) Die Aufdeckung von Verstößen gegen die medizinische Ethik. (Baker Brown)

All diese Gründe zusammengenommen haben ein Umdenken im Hinblick auf die Kliteridektomie bei Masturbation bewirkt. Masturbatorinnen waren deswegen noch nicht sicher vor Stigmatisierung oder Ausgrenzung, aber zumindest die Radikallösung der Kliteridektomie wurde weniger häufig propagiert oder durchgeführt. Das wiederum bedeutet nicht, dass es keine FGM/C des Typs I oder II mehr gegeben habe. Vielmehr wurde unter anderen Vorzeichen

---

268 »Masturbation is often blamed in cases of this type of frigidity. It is assumed that by premarital self-relief, the woman has conditioned herself to respond to clitoris friction but not to normal coitus.« »Masturbation, if it has been indulged in excessively before marriage, may be a cause of lack of orgasm during coitus.« Podolsky, Edward. The Modern Sex Manual. New York: Cadillac Publication; 1941; S. 98, 114.

und im Rahmen anderer Formationen|Figurationen weiter zum Messer oder zur Kauterisierung gegriffen.

7. Exkurs: Der amerikanische Sonderweg der *Orifical Surgery* (1887-1926)

Gegen Ende des 19. Jahrhunderts entstand im amerikanischen Bundesstaat Illinois eine medizinische Bewegung, die sich *Orificial Surgery* [im folgenden OS] nannte und Teil der amerikanischen homöopathischen Bewegung war, die sich von der in Europa praktizierten Homöopathie deutlich unterschied. Die Forschung zu diesem Zweig der Medizin ist nahezu eine Fehlanzeige. Bislang hat sich in Deutschland nur Marion Hulverscheidt mit diesem Thema beschäftigt.[1] In den USA ist das Wissen um diese Praxis verbreiteter, bislang fehlt aber eine moderne Monographie.[2] Marion Hulverscheidt fasst das scheinbare Paradoxon der Heilung durch Homöopathie und der Operationen an der Klitoris folgendermaßen zusammen:

> »Where and what is the link, the connection between clitoridectomy, today is seen as a cruel violation of human rights, and homeopathy, a holistic and gentle approach to health? [... Orificial Surgery] was used to summarize surgical interventions via mouth, nose and other bodily openings, and primarily through orifices under the waist line, including operations on the clitoris. Indications for these surgical procedures were various chronic diseases, which were believed to be caused by nerve-waste provoked by orificial irritation.«[3]

Als Begründer dieser Form der Medizin galt Edwin Hartley Pratt (1849-1930), ein Homöopath, der 1873 am Hahnemann Medical College in Chicago zum

---

1 Hulverscheidt, Homeopathy.
2 Rutkow, Ira M. Orificial Surgery. Archives of Surgery. 2001 Sep 1; 136(9):1088. Rutkow, Ira M. Edwin Hartley Pratt and Orificial Surgery: Unorthodox Surgical Practice in Nineteenth Century United States. Surgery. 1993; 114(3):558-563. Rutkow, Ira M. Seeking the Cure: A History of Medicine in America. New York: Scribner, 2010, S. 98-105.
3 Hulverscheidt, Homeopathy, S. 29.

MD promoviert wurde. 1877 wurde er als Professor ans renommierte Chicago Homeopathic College berufen. Das College befand sich an der Ecke der Wood und der York Street gegenüber des Cook County Hospital. Seine gute Lage und Ausstattung gaben beredt Zeugnis darüber, wie angesehen die Homöopathie in Chicago war. 1904 wurde es mit dem Hahnemann Medical College in Chicago zusammengelegt.

Die Homöopathie war etwa 1825 in die USA gelangt. Die Aufhebung restriktiver Bestimmungen bei der Zulassung von Ärzten im Zuge der *Jacksonian Period* (1828-1854) erleichterte es der Homöopathie, in den USA Fuß zu fassen. Rasch entstanden homöopathische Vereinigungen und Hochschulen, weil die amerikanische Oberschicht in der Homöopathie eine Alternative zur oft brachialen Allopathie der Zeit sah. Wohlhabende und prominente Patient*innen wie die Literat*innen Ralph Waldo Emerson (1803-1882), Mark Twain (1835-1910), Louisa May Alcott (1832-1888), Harriet Beecher Stowe (1811-1896) und der Psychologe William James (1842-1910) unterstützten die Bewegung.[4] Die Ausbildung von homöopathischen Ärzten war nicht bundeseinheitlich geregelt und jedermann mit genügend Kapital konnte eine Universität oder ein College gründen. Das *Hahnemann Medical College* (heute in der Drexel University aufgegangen) wurde 1861 eröffnet. 1898 gab es bereits 20 homöopathische Ausbildungsanstalten, 140 homöopathische Krankenhäuser und 31 einschlägige Fachzeitschriften in den USA. 12.000 Ärzt*innen bezeichneten sich selbst als Homöopathen.[5] Man muss bei der Beurteilung der in den USA praktizierten Homöopathie berücksichtigen, dass amerikanische Ärzte sich selten strikt an die Vorgaben Hahnemanns hielten und ein eklektisches Gemisch allopathischer und homöopathischer Medizin praktizierten, auch wenn sie sich Homöopathen nannten.[6] Nur auf diesem Hintergrund ist verständlich, warum die von Pratt vorgenommenen »Operationen« das Label »Homöopathie« tragen konnten.

Das von Pratt entwickelte System der homöopathischen Medizin beruhte auf der Überlegung, dass die meisten Erkrankungen durch Dilation oder

---

4   Ullmann, Dana. The Homeopathic Revolution: Why Famous People and Cultural Heroes Choose Homeopathy. Berkeley, CA: North Atalantic Books; 2007, S. 64-66, 71f.
5   Cook, Daniel und Naudé. Alain. The Ascendance and Decline of Homoeopathy in America: How Great was its Fall? Journal of the American Institute of Homoeopathy [Sonderausgabe]. 1996; 89:1-41, S. 1.
6   Ober, K. Patrick. Mark Twain and Medicine: Any Mummery Will Cure. Columbia, MO: University of Missouri Press; 2003, S. 192.

7. Exkurs: Der amerikanische Sonderweg der *Orifical Surgery* (1887-1926)

Operation der Körperöffnungen geheilt werden könnten. Sie stellte eine Kombination althergebrachter homöopathischer Ansätze und moderner Operationstechniken dar. Verstopfung, Menstruationsbeschwerden, Ekzeme, Wahnsinn, Schlaflosigkeit, Tuberkulose und Brechreiz ließen sich durch Dilation des Rektums und der Vagina heilen, ebenso Masturbation und andere sexuelle Perversionen.[7] So absurd uns dieser Ansatz heute scheinen mag, so sehr passte er doch in die Epoche des spätviktorianischen Denkens. Wilhelm Fließ (1858-1928), der Berliner HNO-Arzt und enge Freund und Diskussionspartner Sigmund Freuds, entwickelte die Theorie der Reflexneurose und behandelte die Nase, wenn er sexuelle Neurosen bei seinen Patientinnen diagnostizierte. Er schrieb 1897:

> »Die Onanie bringt also typische vasomotorische Schwellungen an den Genitalstellen der Nase hervor und von diesen aus können alle jene Beschwerden ausgelöst werden, die das Bild der nasalen Reflexneurose zusammensetzen.«[8]

Das Besondere an Fließ' Ansatz war der Ersatz der Behandlung durch Exstirpation, Verätzen oder Veröden der »Genitalstellen« in der Nase und nicht etwa an der Klitoris oder den Labia und die Idee des »Übertragung« von Symptomen zwischen Organen, die normalerweise nichts miteinander zu tun haben: Nase und Genitalien. Genau das war auch der Ansatz, den Pratt und die *Orificial Surgeons* etwa zeitgleich mit Fließ verfolgten. Auch wenn eine direkte Verbindung Edwin Hartley Pratts zu Wilhelm Fließ nicht nachweisbar ist, so überrascht doch die Gleichzeitigkeit ihres Ausgangspunktes. Pratt veröffentlichte 1887 sein Hauptwerk *Orifical Surgery*, das drei Jahre später bereits in die zweite Auflage ging.[9] Pratt legte zu Beginn seines Buchs seine »Philosophie« dar:

> »The sexual organs proper, in both sexes, take their nerve supply from the sympathetic nervous system. Hence, whatever wastes sexual power in ei-

---

7   Largent, Mark A. Breeding Contempt: The History of Coerced Sterilization in the United States. New Brunswick, NJ, London: Rutgers University Press, 2008, S. 16.
8   Fliess [sic!], Wilhelm. Die Beziehungen zwischen Nase und weiblichen Geschlechtsorganen in ihrer biologischen Bedeutung dargestellt. Leipzig, Wien: Franz Deuticke; 1897, S. 108f.
9   Pratt, Edwin Hartley. Orifical Surgery and Its Application to the Treatment of Chronic Diseases. Chicago: W.T. Keener; 1887. Pratt, Edwin Hartley. Orifical Surgery and Its Application to the Treatment of Chronic Diseases. Chicago, IL: Halsey Brothers; 1890.

ther sex, causes a waste of sympathetic nervous power, and therefore lowers the nervous tone of the entire sympathetic system. [...] In other words, I believe that all forms of chronic diseases have one common predisposing cause, and that cause is a nerve waste occasioned by orificial irritation at the lower openings of the body.«[10]

Pratt hatte großen Erfolg, sowohl als Arzt, als auch als Unternehmer. Geholfen hat ihm dabei auch, dass er ein fähiger Chirurg gewesen ist, der es mit den besten Praktikern seiner Zeit aufnehmen konnte. Seine Operationen wurden fachlich korrekt durchgeführt, doch die Art, wie er Diagnosen erstellte und welche Behandlungsmethoden er aus ihnen ableitete, war reine Scharlatanerie.[11] Pratt war immerhin so erfolgreich, dass er ein Privatsanatorium eröffnen konnte.

Pratt war aber keineswegs allein in der Anwendung von Dilationen der Körperöffnungen und Resektionen des Klitorispräputiums. Die umfangreiche Sammlung homöopathischer Schriften aus dem Nachlass des homöopathischen Arztes Thomas Lindsley Bradford (1847-1918) an der Drexel University belegt, dass eine große Zahl von chirurgischen Eingriffen von Anhängern der *Orificial Surgery* vorgenommen wurde.[12]

Ohne Wilhelm Fließ explizit zu nennen, postulierte Pratt die Existenz eines biologischen Reflexes zwischen Krankheiten und dem Zustand der unteren Körperöffnungen.[13]

»[He] preached that diseases could be treated through a variety of operations on bodily openings, and when [he] went to work, no mouth, penis, rectum, or vagina was safe from manipulation or scraping«[14]

---

10 Pratt, Orificial Surgery 1887, S. 13f.
11 Rutkow, Seeking the Cure, S. 98.
12 Helmuth, William Tod; Grigsby, Edward S.; Godshall, S. G.; Franklin, E. C.; Foster, William Davis; Eldridge, C. S.; Doughty, F. E.; Christine, Gordon Maxwell.; Cate, S. M.; Cailhol, E. A. de.; Biggar, H. F.; Betts, B. F.; Beebe, Albert G.; Beebe, Gaylord D.; Avery, H. N. und Ashcraft, L. T. Pamphlets – Homoeopathic. Surgery. 1. [United States]: s.n.; 1868.
13 »I desire, however, to call your attention more particularly to the close reflex relation existing between the rectum and the lungs.« Pratt, Orificial Surgery 1887, S. 15.
14 Rutkow, Ira M. Seeking the Cure: A History of Medicine in America. New York: Scribner; 2010, S. 98f.

Nach der Reflextheorie sind alle Organe des Körpers durch das Nervensystem miteinander verbunden, so dass Symptome an Orten auftreten können, die scheinbar ohne Bezug zu ihrer Genese stehen.

>»Reflexes travel along the line of least resistance. Irritation in the sexual organs, therefore, may reach the mental or moral faculties, resulting in imbecility, sexual perversion or moral degeneracy. Many neuroses and even psychoses have their origin in pathological conditions of the hood of the clitoris.«[15]

Damit wurde es möglich, Organe zu behandeln, die schwer erreichbar oder kompliziert zu operieren waren. Durch Behandlung der körperlichen Peripherie, beispielsweise der Klitoris oder des Rektums, konnten somit angeblich Erkrankungen des Gehirns oder nervöse Störungen behandelt werden. Dabei erfuhren die Genitalien besondere Aufmerksamkeit.[16]

>»The same statement will apply to the female sexual system. The breasts, the clitoris, the meatus urinarius, the vulva, the vagina, the uterus, the Fallopian tubes and ovaries are supplied by a sisterhood of nerve cords that hold these separate parts in such close bonds of sympathetic connection that one part can not suffer or act without disturbing the whole pencil of nerves; and the terminal nerve fibre complaining the most is not a true index to the starting point of irritation.«[17]

Pratt widmete daher ein Hauptkapitel seines Buchs den Krankheiten des weiblichen Unterleibs.

>»The orifice of the vulva, like the others, may be spasmodically contracted, and require dilatation [...] Extreme dilatation has long been the favorite

---

15 Dawson, Benjamin Elisha. Circumcision in the Female: Its Necessity and How to Perform It. American Journal of Clinical Medicine. 1915; 22(6):520-523. [Web page] URL: www.noharmm.org/CircintheFemale.htm, gesehen 3.6.2020. David, Matthias and Ebert, Andreas D. Die nasogenitale Reflextheorie. Deutsches Ärzteblatt. 2007; 104(9):553-556.
16 Hulverscheidt, Homeopathy, S. 35.
17 Dawson, Benjamin Elisha; Muncie, Elizabeth Hamilton; Grant, Albert B. und Beebe, H. E. Orificial Surgery, Its Philosophy, Application and Technique. Newark, NJ: Physicians Drug News Company; 1912, S. 104. Die zweite, veränderte Auflage erschien als Dawson, Benjamin Elisha und Dawson, Minnie Elda. Orificial Surgery; Its Philosophy, Application and Technique with Aids, Auxiliary Helps and After Care, and Seventy-Three Illustrations. Kansas City, MO: The Western Baptist Publishing Company; 1925.

method of treating vaginismus, and I have nothing to say but to endorse it.«[18]

Nicht nur Frauen, sondern auch Männer wurden nach der Methode Pratts operiert. In einem Fall von »Melancholie« wurde die Vorhaut entfernt und in einem anderen Fall von Hydrocephalus (Gehirnwassersucht) eines neunmonatigen Jungen wurde ebenfalls eine Beschneidung der Vorhaut vorgenommen.[19] In der zweiten Auflage von 1890 setzte sich Pratt intensiver mit den weiblichen Genitalien auseinander. Er schrieb:

> »If the patient be a female, my plan is first to break up all adhesions of the hood of the clitoris to the clitoris itself. If the hood be swollen and elongated, amputate it. [...] Next, examine the labia minora. If they are found to be redundant, or if upon pinching them with a pair of T-forceps the respiration is profoundly affected, amputate them by means of T-forceps and scissors [...]«[20]

Über die Kliteridektomie, die er vor allem in Frankreich praktiziert sah, äußerte er sich kritisch. Sie habe in einigen Fällen zum Wahnsinn, in anderen zu einem Verlust der sexuellen Erregbarkeit geführt. Sie sei in Folge [in Frankreich?] verboten worden.[21] Eine vollständige Entfernung der Klitoris sei aber auch nicht erforderlich. Wie der Penis habe auch die Klitoris eine Vorhaut. Ein unangemessen langes oder »redundantes« Präputium der Klitoris solle allerdings amputiert werden.[22]

1888 fand in Chicago das erste Treffen der Chirurgen statt, die nach Pratts Theorien operierten. Auffällig ist, dass in einer großen Zahl von Fallgeschichten der Einsatz von Kokain zur Lokalanästhesie berichtet wurde – auch hier eine Parallele zu den Berichten von Wilhelm Fließ und Sigmund Freud.[23]

---

18   Pratt, Orificial Surgery 1887, S. 56f.
19   Pratt, Orificial Surgery 1887, S. 134-136.
20   Pratt, Orificial Surgery 1890, S. 18f.
21   Tatsächlich ist die FMG in Frankreich erst 1983 verboten worden. Storkey, Elaine. Scars across Humanity: Understanding and Overcoming Violence against Women. Downers Grove, IL: InterVarsity Press; 2018, S. 38f.
22   Pratt, Orificial Surgery 1890, S. 97.
23   Fliess [sic!], Die Beziehungen zwischen Nase und weiblichen Geschlechtsorganen, S. 111. American Association of Orificial Surgeons. Transactions of the Annual Meeting, Band 1. Sterling, IL: [s.n.]; 1888, S. 10-12.

Wenn auch Pratt sich zunächst vorsichtig über die Möglichkeiten und Nützlichkeit der Kliteridektomie geäußert hatte, so ging er später doch zu dieser Operationsmethode zurück. Im sechsten Band des Hausorgans der *Orificial Surgery* veröffentliche er eine Fallgeschichte eines 12-jährigen Mädchens, das an einer »Irritation« der Klitoris litt. Bei ihr wurde die Klitorisvorhaut entfernt.[24]

Mitunter war die Behandlung nach Pratt nicht ohne Risiken. Pratt selbst berichtete von einem Todesfall. Die 25-Jährige Patientin aus Brooklyn, NY litt an einer entzündlichen Vaginalstenose und wurde Ablösung der Klitorispräputiums und durch Einschneiden des Rektums behandelt. Sie starb kurz nach Durchführung der Operation.[25] Pratt war so sehr von seiner Methode der Dilation überzeugt, dass er Fälle von Brusttumoren durch Dilation der Vagina behandelte, denn die Behandlung sollte ebenfalls durch Erweiterung des Uterus mittels Sonden oder eines Pessars erfolgreich durchgeführt werden:

> »Tumors of the breast are of common occurrence, and yet for many years I have been hunting for any form of affection of the breast in which I cannot also find some form or uterine disease. Almost all the benign tumors of the breast can be dissipated without paying the slightest attention to the breasts, but simply by correcting whatever abnormalities may be found in the sexual system.«[26]

Noch gefährlicher und unverantwortlicher waren die Fälle von Hysterektomie, die Pratt durchführte, nicht weil es zu einem Tumor oder einer anderen Erkrankung lebensbedrohlichen der Gebärmutter gekommen war, sondern um Krankheiten zu behandeln, deren Ursprung heute in anderen Organen gesucht wird. Pratt berichtete 1893 von neun Fällen mit einer Totaloperation der Gebärmutter. Im ersten Fall (Fallnummer 10) litt die 33-jährige Patientin unter einer Neuralgie und war in Folge der Schmerzen morphinabhängig geworden.[27] Im zweiten Fall (Fallnummer 11) litt die Patientin primär an einer Erkrankung des Dickdarms (»sigmoid trouble«), die von einem Kollegen

---

24   Pratt, Edwin Hartley. Report of Cases: Presented before the Class at the Seaside Sanatorium on Muncie Island in July, 1897. Journal of Orificial Surgery. 1898; 6(12):529-534.
25   Pratt, Report of Cases, Fallnummer 20, S. 531.
26   Pratt, Orificial Surgery 1890, S. 111.
27   Pratt, Edwin Hartley. Continuation of Report on Hysterectomies: Nine More Cases Performed by the New Method. Chicago: Reprinted from the Journal of Orificial Surgery, August, 1893, S. 2f.

Pratts behandelt worden war, mit der Folge, dass die Patientin beinahe an einer Phlegmone (»Cellulitis«) und Metritis gestorben wäre.[28] Pratt schiebt an dieser Stelle einen Abschnitt ein, der die Gefahren der *Orificial Surgery* beleuchtet:

> »In the report of 1,000 cases of orificial surgery published in the June number of the Journal of Orificial Surgery, a few cases were recorded in which the orificial work seemed to arouse latent abscess of the ovaries or broad ligaments into activity, and a rupture into the abdominal cavity caused death. To be sure there were but five or six of these cases, which was a small percentage, considering the entire number operated upon, but, nevertheless, in the light of present knowledge the loss of these cases was wholly unnecessary. Determining to take no chances upon the patient's life in this case, especially as the pus cavity was so large and readily diagnosed, hysterectomy was resolved upon.«[29]

Auch in Fällen, bei denen ein Nerv im Oberkiefer das Problem zu sein schien, wurde der Uterus entfernt.[30]

Pratt war zwar der Begründer einer bis 1925 florierenden medizinischen Schule, aber er war beileibe nicht der einzige Arzt, der an der Klitoris oder der Vagina herumdokterte. A. E. Neumeister aus Kansas City, MO, veröffentlichte 1898 im Journal of *Orificial Surgery* einen Artikel, in dem er schilderte, wie er einer von TBC befallenen jungen Frau die Eierstöcke entfernte und sie daraufhin vollständig genas.[31]

Auch wenn die überwiegende Mehrzahl der Ärzt*innen, die sich als chirurgisch arbeitende Homöopathen verstanden, Männer waren, gab es doch hin und wieder Frauen, die zur Schule Pratts gehörten und entsprechende Operationen an der Klitoris vornahmen. Die im Staate New York geborene Elizabeth (»Libby«) Hamilton Muncie (1866-1953) war eine prominente Anhängerin Pratts. Sie leitete das *Muncie Sanitarium* in Brooklyn und in Babylon,

---

28   Pratt, Continuation of Report on Hysterectomies, S. 4.
29   Pratt, Continuation of Report on Hysterectomies, S. 4.
30   Pratt, Continuation of Report on Hysterectomies, S. 14. Der Vollständigkeit halber soll erwähnt werden, dass auch heute noch bei einem Uterusprolaps höheren Grades eine vaginale Hysterektomie vorgenommen wird. Zu kritisieren ist also weniger die Methode der Heilung des Prolaps als die Diagnose, die bei einer Neuralgie im Gesicht automatisch von einer Erkrankung des Genitalapparats ausging.
31   Neumeister. A.E. Etiology of Dysmenorrhea in Young Girls. Journal of Orificial Surgery 6:11(1898), 513-515, S. 513.

New York. 1891 beendete sie ihr Medizinstudium am *New York Medical College and Hospital for Women*. 1892-1895 setzte sie ihre Ausbildung am Homœopathic Medical College in Chicago fort. Muncie gerierte sich als besonders eifrige Schülerin Pratts.[32] Sie war Koautorin der 1912 erschienenen Anthologie zur Orificial Surgery, zu der sie mehrere maßgebliche Artikel beisteuerte u.a. *Orificial Surgery: What Is It – Fact, Fad or Fancy*, ein Titel, der schon viel verrät über die Schwierigkeiten, die die »medizinische Sekte« um Pratt nach 1910 zu bewältigen hatte. Die Gründe, warum *Orificial Surgery* sich vor allem auf das Rektum und die Klitoris konzentrierte, legte Muncie wie folgt dar:

> »Orificial philosophy teaches, further, the removal of all points of irritation from the lower orifices of the body by methods that produce little shock, immediately arousing a bettered nutrition to every part by flushing the capillaries, avoiding the clamping and ligating of masses of tissues, removing of all diseased parts, not only tying but encapsulating all the bleeding points in surrounding healthy tissue, leaving no denuded surfaces to granulate, and no tissues to slough.«[33]

Muncie war sich der Kritik an der OS durchaus bewusst. Sie räumte ein, dass die OS keine Panazee sei und dass auch von den Praktikern Fehler gemacht würden.[34] In einem weiteren Beitrag in diesem Band beschäftigte sich Muncie mit den Verklebungen des Klitorispräputiums bei Mädchen. Hier gelte es besonders dem Gerücht entgegenzuwirken, die OS sei nur eine Mode und Quacksalberei.[35] Ganz genauso wie bei Jungen, deren Beschneidung gegen

---

32 »I therefore feel it an honor to have the privilege of presenting to you that help for chronic diseases which has for its corner-stone orificial philosophy; that which is not antagonistic to, or in place of, but a great addition to, all other resources of the medical profession.« Muncie, Elizabeth Hamilton. Orificial Surgery: What Is It – Fact, Fad or Fancy. In: Dawson, Benjamin Elish; Muncie, Elizabeth Hamilton; Grant, A. B., und Beebe, H. E., (Hg.). Orificial Surgery: Its Philosophy, Application and Technique. Newark, NJ: Physicians Drug News Co.; 1912, S. 39-46, S. 40.
33 Muncie, Orificial Surgery, S. 42.
34 »The advocates of orificial surgery do not claim that therein is offered a panacea for every ill, or that it can cure under all circumstances. Failures to cure always have been and always will be recorded, but under consistent pursuing of reflexes from periphery to center and center to pheriphery, and eradication of irritations of sympathetic terminals, failures will be less frequent than under any method heretofore employed.« Muncie, Orificial Surgery, S. 45.
35 Muncie, Elizabeth Hamilton. Perpetual Adhesions in Little Girls. In: Dawson, Benjamin Elisha; Muncie, Elizabeth Hamilton; Grant, A. B., und Beebe, H. E., (Hg.). Orificial

die Resultate der Masturbation wie Chorea und Epilepsie schütze, müssten auch die Mädchen behandelt werden, um Ähnliches oder Schlimmeres zu verhüten. Es gebe eine ganze Kaskade von Beschwerden, die durch die Irritation der Klitoris [durch Masturbation?] ausgelöst würden:

>»For instance, clitoris irritation will lead to relaxation of uterine ligaments and vaginal walls, the succeeding malposition of the uterus, leading to disturbances of circulation which in turn may cause degeneration of the ovaries and uterus. The symptoms produced from the ovarian or uterine complications will be far more painful than those arising from the actual cause of her ovarian trouble. Removal of his diseased organs, or secondary cause will not make her a well woman; the primary cause also must be reached.«[36]

Und tatsächlich bemühte Muncie den 1867 geächteten Isaac Baker Brown als Kronzeugen für eine Kliteridektomie, lobte seine Entschlusskraft und beklagte seinen Ausstoß aus der medizinischen Gemeinschaft auf Grund eines »great disaster«. Zum Glück habe man sich in den letzten Jahren des vernachlässigten Organs wieder angenommen. Baker Brown verdiene ewigen Dank für seine Pioniertat auf dem Gebiet der *Orificial Surgery*.[37] Der Beitrag schloss mit allgemein moralischen Betrachtungen über die menschliche Sexualität, ein Gebiet, auf dem sich Muncie für eine Fachfrau hielt. Kinder würden zu oft aus »Lust« gezeugt und nicht aus »reinen Motiven« und deshalb sei die Arbeit der OS besonders notwendig.[38]

In einem dritten Artikel ließ sich Muncie über die Heilungserfolge der OS aus.[39] Wenn – so ihre Behauptung – die unteren Körperöffnungen von allen pathologischen Veränderungen freigehalten würden, würden die Chirurgen tendenziell arbeitslos werden und größere Operationen könnten, mit Ausnahme bei ererbten Krankheiten, unterbleiben.[40] Sie empfahl besonders das

---

Surgery: Its Philosophy, Application and Technique. Newark, NJ: Physicians Drug News Co.; 1912, S. 491-495, S. 491.

36 Muncie, Perpetual Adhesions, S. 493.
37 Muncie, Perpetual Adhesions, S. 494.
38 Muncie, Perpetual Adhesions, S. 495. Vergl. Muncie, Elizabeth Hamilton. Four Epochs of Life: A Fascinating Story Teaching Sane Sexology. New York: A. L. Burt; 1916.
39 Muncie, Elizabeth Hamilton. A Synopsis of Orificial Surgery and What It Has Achieved, with a Report of Cases. In: Dawson, Benjamin Elisha; Muncie, Elizabeth Hamilton; Grant, A. B., und Beebe, H. E., (Hg.). Orificial Surgery: Its Philosophy, Application and Technique. Newark, NJ: Physicians Drug News Co.; 1912, S. 72-82.
40 Muncie, A Synopsis, S. 75.

intrauterine Stammpessar von Thomas, das mit einer Elektrode ausgestattet werden konnte.[41] Das Gerät war nach dem amerikanischen Gynäkologen Theodore Gaillard Thomas (1831-1903) benannt und diente eigentlich der Verhinderung eines Uterusprolaps. Diese Vorrichtung wurde unter Anästhesie bzw. mit Verwendung von Schmerzmitteln eingesetzt wurden und verblieb längere Zeit im Körper.[42]

Welchen Einfluss die Ehemänner und Partner von kranken Frauen auf medizinische Entscheidungen von Leben und Tod nehmen konnten, zeigt der Fall einer 58-jährigen Frau, die auf neun Fehlgeburten zurückblickte und die ihr Mann und Dr. Muncie als »melancholisch« eingestuft hatten. Sie befinde sich am Übergang zur Demenz, konstatierte Muncie. Der Ehemann suchte Muncie auf, nachdem er sehr viel Geld für die bisher erfolglose Behandlung seiner Frau ausgegeben hatte. Nun kann man argumentieren, dass eine Patientin, die nicht *mentis compos* ist, einen *legal guardian* benötige. Doch wird in der ausführlichen Fallbeschreibung nicht auf diesen Umstand, sondern auf die finanziellen Belastungen hingewiesen, die der Ehemann zu tragen hatte.

»Because of the suspicion of malignancy, vaginal hysterectomy was the only operation that could be consistently advised. After explaining to her husband the dangers of such a procedure, he decided that death was preferable to hopeless insanity, and he would take this one chance for restoration.«[43]

Mitunter löste eine OS erst die Bedingungen aus, die eine Totaloperation des Uterus und der Ovarien notwendig machte. Dass derartige medizinische Fehlentscheidungen nicht zu einer Reflexion und Überprüfung der Diagnostik und Therapie bei den Praktiker*innen geführt hat, belegt den ideologischen Charakter der »Philosophie« der OS und die Engstirnigkeit ihrer Anhänger*innen.[44]

---

41 Thomas-Pessar. Medizinische Sammlung der Friedrich-Alexander Universität Erlangen-Nürnberg. [Web Page] URL: https://objekte-im-netz.fau.de/med/wisski/navigate/467/view, gesehen 14.9.2020.
42 Muncie, A Synopsis, S. 77. Tiemann, George. American Armamentarium Chirurgicum. New York: George Tiemann & Co. 1889, S. 495, Abb. 3545.
43. Muncie, A Synopsis, S. 80.
44 »However, the patient, who possessed a badly lacerated and retroflexed uterus, was placed in our care and we repaired the cervix, at the same time removing all lesser points of irritation about the orifices. She was quiet and rational for three days, when an aggravation of her mental condition developed until she' became unmanageable, and at the same time a profuse hemorrhage occurred from the uterus. The nurse in at-

H. E. Beebe, ein enger Mitarbeiter Pratts aus Ohio, war besonders motiviert, wenn es um Kliteridektomien ging:

»Clitoridian masturbation [...] is the most prevalent form of the solitary vice in women and girls. [...] The external form of masturbation is more common than the internal, and with those addicted to it there is a real increase in size of the clitoris, and it is frequently found situated higher up or farther away from the vaginal outlet than ususal. [...] An elongated or hypertrophied hood [of the clitoris] should be amputated.«[45]

Einem zwölfjährigen Mädchen, das an Verstopfung und »Irritation« der Klitoris litt, wurde die Klitorisvorhaut entfernt.[46] Einer 25-jährigen Frau aus Brooklyn, deren Menstruation 14 Monate ausgeblieben war und die hustete, wurde das Klitorispräputiums abgelöst. Die Patientin verstarb wenige Tage nach der Operation.[47]

Bei einer 30-jährigen Frau mit »hysterischen Krämpfen« wurde eine Hysterektomie durchgeführt.[48] Einer 19-jährigen jungen »neurasthenischen« Frau wurde wegen Menstruationsbeschwerden das Hymen amputiert und die Klitorishaube abgelöst.[49] Die schiere Anzahl von Beschwerden, die angeb-

---

tendance very wisely packed and repacked the vagina until the doctors arrived, when it was found necessary to tie the uterine arteries, as sloughing had taken place about the cervical stitches, extending directly into these arteries. The diseased tissue was at the same time scraped away. All this demonstrated that the organ was doomed to extirpation, but we hoped to have a few days after this procedure to make up foor loss of blood before the more critical operation should be undertaken. The mania, however, intensified, and the hemorrhage again commenced, bringing us face to face, about midnight, with a patient who in a very few hours of acute mania would die from exhaustion unless something was done.« Muncie, A Synopsis, S. 81. Die Patientin, die sogar künstlich ernährt werden musste. konnte gerettet werden

45 Beebe, H. E. The Clitoris. Journal of Orificial Surgery. 1897; 6(1):8-12, S. 11f.
46 »Case 15.—E.A., a little girl of 12 years, suffering from constipation and irritation of the clitoris, making it impossible to walk or lie with the limbs together without producing orgasm. Operation: Loosening and clipping prepuse. Results: Immediate and permanent relief. Child has gained in flesh and general health.« Pratt, Edwin Hartley. Report of Cases: Presented before the Class at the Seaside Sanatorium on Muncie Island in July, 1897. Journal of Orificial Surgery. 1898; 6(12):529-534, S. 529.
47 [Anonymus]. Report of Cases. Journal of Orificial Surgery. 1898; 6(12): S. 531.
48 [Anonymus]. Report of Cases. Journal of Orificial Surgery. 1898; 6(12): S. 531.
49 [Anonymus]. Report of Cases. Journal of Orificial Surgery. 1898; 6(12): S. 532.

7. Exkurs: Der amerikanische Sonderweg der Orifical Surgery (1887-1926)

lich durch Irritationen der Ovarien oder des Uterus hervorgerufen werden konnte, war beeindruckend:

»Coldness of extremities, palpitation of the heart, pains in the head, pharyngitis, tonsillitis, dyspnea, asthma, distension of the stomach, insanity and a hundred other symptoms gynecologists agree may arise from uterine or ovarian irritation.«[50]

Bei einer derartig breit gefächerten Anwendung der Methoden Pratts und seiner Mitstreiter nahm es nicht Wunder, dass die Ablösung der Klitorisvorhaut auch bei Herzklopfen und Bronchialkatarrh eingesetzt wurde.[51] Welch grotesk überhöhte Wirkung dem Zustand der Klitoris für das Allgemeinbefinden von Frauen und Mädchen beigemessen wurde, erläuterte Pratt in einem Aufsatz mit dem Titel »Circumcision of Girls« aus dem Jahre 1898.

»The condition of the foreskin of boys has received more or less attention, at least since the days of Moses, who is reputed to have inaugurated the practice of circumcision of the male portion of the human race. But the girls have been neglected. Without presuming to pose as their Moses, I do feel an irresistible impulse to cry out against the shameful neglect of their clitoris and its hood, because of the vast amount of sickness and suffering, which could have be[en] saved the gentler sex, if this important subject received proper attention and appreciation at the hands of the medical profession.«[52]

Da auch die Epilepsie nur eine Form der weiblichen Hysterie darstelle, sei auch sie mit Hilfe der Orificial Surgery zu heilen, denn Hysterie würde ja durch pathologische Bedingungen des Sexualsystems ausgelöst. Durch Ablösung der Klitorisvorhaut könne man – so Frank. H. Edwards – Epilepsie heilen.[53]

Pratts Kollege Benjamin Elisha Dawson (1852-1922), assistiert von Elizabeth H. Muncie, dem schon zitierten H. E. Beebe und A. B. Grant waren in die-

---

50   Edwards, Frank H. Orificial Methods in Gynecology. Journal of Orificial Surgery. 1898: 6(12), 552-554, S. 553.
51   Curtis, Charles C. Cases. Journal of Orificial Surgery. 1898: 6(12), 557-559, S. 557.
52   Pratt, Edwin Hartley. Circumcision of Girls. Journal of Orificial Surgery. 1898: 6(9); 385-392, S. 385.
53   Edwards, Frank H. Epilepsy in Women. Journal of Orificial Surgery. 1898: 6(9); 311-313, S. 311f.

sem Feld bis zum Tode Dawsons sehr aktiv. Dawson berichtete von mehreren Vorhautresektionen an der Klitoris.

»Case after case was then brought in which had been cured by orificial methods. One, a chronic abscess of the groin in a girl ten years of age, cured in three days' time by loosening the hood of the clitoris and removing a few pockets and papillae from the rectum.«[54]

Gelegentlich wurde vom Zustand der Genitalien einer Frau auf ihre geistige und charakterliche Verfassung geschlossen. So auch bei einer »neurasthenischen« 24-jährigen Frau, die wegen »Irritation« ihrer Klitoris durch Beschneidung der Labien behandelt wurde.

»Upon inspection the large size of the labia minora and the hood of the clitoris, together with the healthful color of the parts, indicating superb nutrition, point to unlimited energy. This must be a woman of great power. She can accomplish anything she undertakes, and whatever she does is done with great determination and energy. At the same time she is as sensitive as a child. Nothing escapes her observation, and she is easily pleased or injured. The morbid sensitiveness and fineness of her nature are indicated by the tooth-like projections along the marine of the hymen, which arc exceedingly fine and sensitive. So while she has the power of an organizer and campaigner, a successful schemer, she at the same time possesses wonderful powers of observation and nothing escapes her notice. […] By orificial work we can remove her temptations and restore her to her proper balance of mind and body, and when she finds the proper scope for her powers she should achieve greatness in any direction in which her ambitions direct her. […] These observations upon the character of the case were made without other knowledge than was obtained from tissue reading, but they were afterwards completely verified in every particular by those who knew her personally.«[55]

Dabei blieb es nicht nur bei der Ablösung der verklebten Vorhaut, sondern es gab auch eine regelrechte FMG des Typus I:

»In vaginismus, I use the rectal speculum and thoroughly dilate the vagina with it, removing before I stop, every portion of the inflamed hymenic fringe.

---

54   Dawson et al., Orificial Surgery 1912, S. 32. Siehe ibidem, S. 59f.
55   [Anonymus]. Report of Clinical Cases, Journal of Orificial Surgery 7(1): 1898, 1-12, S. 7f.

Ragged mucous membrane is treated the same. If there be any undue sexual excitement so as to make it a feature, I look for the clitoris which is liable to be found hidden almost out of sight by a tight and overlapping hood. I remove enough tissue at the commissure to free the organ, this being virtually a female circumcision. [...] The ablation of the clitoris is as a rule barbarous, inhuman and unscientific. Free it, and good results will follow; modification and not annihilation is best.«[56]

Die bekannte Suffragistin und Bergsteigerin Dr. med. Cora Smith Eaton (1867-1939) berichtete, sie operiere sehr häufig an der Klitoris von Frauen und Mädchen, und die Behandlung des Organs gebe ihr große Rätsel (»puzzle«) auf. Sie schneide mehr als ab Edwin Pratt – ohne ihn kritisieren zu wollen – aber die Ergebnisse seien einfach besser, wenn mehr weggeschnitten werde.[57]

1898 berichtete ein Arzt namens [P. S.] Replogle (18xx-1926) aus Champaign, IL, der 1908 zum Vorsitzenden der *American Association of Orificial Surgeons* gewählt werden sollte, über seinen Heilungserfolg bei einem Fall von »Idiotie« bei einem 16-jährigen Mädchen:

> »While I am here I want to say that I had a case of chorea, a girl sixteen years old, who had been to Dr. Hammond, of New York, and I think some other specialists. One day her father came to me and wanted to know what to do with Emma, saying, ›She is getting so we can't do anything with her any more.‹ She wasn't allowed to be on the street—really idiotic. I told him to try orificial surgery. [...] I dilated the rectum, did a little work on the rectum, dilated the uterus; I think I curetted the uterus, I am not certain. I had no trouble with the anesthetic until I touched the clitoris. The moment I touched the clitoris the girl came very nearly jumping off the table, although they thought she was in a profound sleep. I removed the hood, amputating as usual. In six weeks the girl was as well as she had ever been and went to school, and now is married and a mother. My impression is there was nothing in the world the

---

56   Dawson, et al., Orificial Surgery 1912, S. 171.
57   Williamson, A. P. Report of a Case of Acute Mania, in a Sexual Pervert, Relieved by Circumcision. Journal of Orificial Surgery. 1898; 7(4):155-166, S. 164.

matter but an adhesion of the clitoris, and just the removal of the clitoris was what cured her.«[58]

Der Beweis der Heilung lag also in Heirat und Mutterschaft, der Nachweis des Pathologischen in der Empfindlichkeit der Klitoris.

Die Diskussion um die Kliteridektomie wurde auch in der *Orificial Surgery* unter Verweis auf die französischen Ärzte geführt. Das negative Beispiel Isaac Baker Browns schien in Vergessenheit geraten zu sein – ja Elizabeth Muncie hatte sich ja ausdrücklich positiv auf ihn bezogen, wie wir gesehen haben:

»Many years ago, the French doctors recognized the clitoris as a source of nerve waste in women. Their measures for relief were so radical as to do serious harm instead of the good intended. In cases where the condition of the clitoris was recognized as a source of irritation, they were in the habit of amputating the labia minora, the hood of the clitoris, and the clitoris itself. [...] The result of their severe work was not only a relief from the abnormal irritation which they sought to cure, but also from all normal sexual instincts,

---

58   Williamson, A. P. Report of a Case of Acute Mania, S. 165f. Über diesen Fall wurde auch im neunten Band des *Journal of Orificial Surgery* berichtet, wenn auch in anderen Worten: »Another, a young lady, sixteen years old, chorea; had been to Dr. Hammond of New York and some other specialists and was the sister of a doctor's wife who had heard something about orificial surgery. When consulted I said, ›Find out the cause of the trouble, whether centric or reflex.‹ We prepared the case under an anesthetic; I did a little rectal work and dilated the uterus. As I touched the clitoris she almost jumped off the table; I did that the second time with same result; finally we got her sufficiently anesthetized. I asked the doctors whether they were able to tell where the reflex trouble came from. One of the doctors remarked, ›Any fool could tell that now.‹ I circumcised her, and the result was that in six weeks that young lady started to school. She was almost an idiot before; that is, her appearance was idiotic, and they would not allow anybody to see her except the most intimate friends. A young girl about eight years old. chorea: cured her by removing adhesions over the clitoris. A case of nymphomania, about two months ago, was brought in by a doctor; he wanted an examination. I found an adhesion of the clitoris. A young lady twenty-six years old, afflicted about two years, said she had to fight herself continually the last two years; a school teacher; and, as I said, I found the condition of adhesion. She proposed an operation immediately. I wanted to take her to the hospital, but she thought it was not necessary; we could use cocaine. I removed the hood [...]« Costain, T. E. Circumcision. Journal of Orificial Surgery. 1900; 9(4):159-169, S. 162. Replogle wurde 1897 in ein Gerichtsverfahren verwickelt, weil er als Arzt Werbung betrieben hatte und dies einen Verstoß gegen die Regeln der *American Medical Association* und des *American Institute of Homeopathy* darstellte. People ex rel. Replogle v. Julia F. Burnham Hospital, 71 Ill. App. 246 (1897).

and was so frequently followed by insanity, that the question of the practice was subject for legislative action, and the amputation of the pudenda was forbidden by law, making one of the most painful pages in the history of French legislation. It is no more necessary to amputate a normal clitoris than it is a normal penis [...]«[59]

Diskursiv blieb die Klitoris aber in der Chicagoer Schule der Homöopathie entscheidend. Viele Neurosen und Psychosen hätten ihren Ursprung im pathologischen Zustand der Klitoris oder ihres Präputiums.[60] Selbst kleine Kinder wurden von Dawson einer Beschneidung des Typs I unterzogen.[61]

Im von Dawson mit anderen Autor*innen herausgebrachten Sammelband von 1912, der 1925 in zweiter Auflage erschien, tauchte der Begriff *clitoris* 120mal auf. Damit erhielt das Organ jene Schlüsselstellung, die Sigmund Freud ihm in der Diskussion der kindlichen Sexualität und der Entwicklung »reifer« Sexualität auch zuweisen sollte. Als Bewegung erlahmte die *Orificial Surgery* nach 1920. Die Wissenschaftlichkeit des Ansatzes wurde von vielen Zeitgenossen angezweifelt. Pratts angebliche Heilungserfolge wurden als Übertreibungen bezeichnet. Es erschienen satirische Beiträge in angesehene Fachzeitschrift wie dem *British Medical Journal* von 1893. Nichts ist tödlicher in der Wissenschaft als der Lächerlichkeit ausgeliefert zu werden.

> »There is a sect of philosophers in the East who strive to solve the riddle of the universe by a persevering contemplation of their own navels. A similar method of seeking for truth is adopted by some medical specialists who fix their mind's eye on a particular organ till it becomes for them the ›centre of our sinful earth‹ and the root of all evil in the human organism.«

Als nächstes wurde die Reflextheorie aufs Korn genommen:

> »It has always been a subject of wonder to us that a part with such magnificent possibilities as a centre of reflex sympathies as the rectum should have

---

59 Dawson, et al., Orificial Surgery 1912, S. 434.
60 Dawson, Circumcision in the Female, S. 521. Im siebten Band des Journal of Orificial Surgery von 1898 fiel der Begriff »clitoris« 100mal.
61 »Some two months ago, a child two and a half years old, was brought to me from Ottawa, Kansas. It presented a bad case of marasmus, malnutrition, anemia. There was little development; the lower limbs hanging almost as useless as strings. The child made no effort at vocal articulation. The clitoris was completely snowed under with an adherent hood. The adhesions were broken up and circumcision performed.« Dawson, Circumcision in the Female, keine Seitenangabe.

escaped recognition by someone as the pathological primum mobile. It is therefore with a feeling of satisfied prophetic instinct that we learn that this retiring region has at last had surgical greatness thrust upon it.«

Amerika verdanke Europa etwas für seine Entdeckung. Nun sei es an der Zeit, diese Schuld zurückzuzahlen. »[America] has now paid the debt by revealing to us the mysteries of ›orificial surgery.‹« Der neue Kult sei in Chicago beheimatet und ganze Pilgerscharen, einschließlich der Sänger und Sängerinnen der Opernhäuser, würden sich der Operation unterziehen – letztere um ihre Stimmen zu verbessern.[62]

Ein anderer Artikel in der gleichen Zeitschrift aus dem Jahre 1926 war etwas weniger polemisch, schlug aber doch vor, man möge die *Orificial Surgery* in Großbritannien zum Amüsement der Leser*innen einführen.[63]

Zudem verloren viele Ärzte generell ihr Vertrauen in die Homöopathie. Abraham Flexner (1866-1959), ein Pädagoge und Wissenschaftsorganisator, der u.a. in Berlin studiert hatte und 1930 das *Institute for Advanced Study* in Princeton mitbegründete, warf einen kritischen Blick auf das höhere Bildungssystem der USA und begutachtete 1910 im Auftrag der *Carnegie Foundation* die Ausbildung der Mediziner*innen in den USA. Sein Bericht, der sog. *Flexner Report*, war entscheidend am Niedergang der homöopathischen Ausbildungsstätten in den USA beteiligt. Flexner behandelte die Ausbildung zum Homöopathen unter dem Rubrum der »medizinischen Sekten«, denen er Defizite in der Anwendung wissenschaftlicher Prinzipien bescheinigte. Von den homöopathischen Universitäten hätten nur drei die für eine wissenschaftliche Ausbildung erforderliche Ausstattung und Ausrüstung. Studierendenzahlen und die Zahl der Ausbildungsstätten fielen:

»In the year 1900 there were twenty-two homeopathic colleges in the United States; to-day [1910] there are fifteen; the total student enrolment has within the same period been cut almost in half, decreasing from 1909 to 1009; the graduating classes have fallen from 413 to 246. As the country is still poorly supplied with homeopathic physicians, these figures are ominous; for the rise of legal standard must inevitably affect homeopathic practitioners. In the financial weakness of their schools, the further shrinkage of the student body will inhibit first the expansion, then the keeping up, of the sect. […]

---

62 [Anonymus]. Orificial Surgery. The British Medical Journal. 1893; 2(1718):1235.
63 [Anonymus]. Orificial Surgery. The British Medical Journal. 1926; 1(3394):115.

The ebbing vitality of homeopathic schools is a striking demonstration of the incompatibility of science and dogma.«[64]

Klassische Homöopathen in den USA sahen andere Gründe für den Niedergang ihrer Profession. Sie machten in erster Linie den Verrat an den Dogmen Hahnemanns und die schleichende Übernahme allopathischer Behandlungsmethoden verantwortlich.[65] Viele Homöopathen wurden zu Renegaten und wechselten zur allopathischen American Medical Association. Pratt musste sein Hospital wegen fehlender Patient*innen schließen. 1901 wurde die Veröffentlichung des *Journal of Orificial Surgery* eingestellt. Zum Zeitpunkt des Kriegseintritts der USA in den Ersten Weltkrieg war die Bewegung um Pratt in Misskredit geraten und eigentlich schon einen stillen Heldentod gestorben, auch wenn Dawson und seine Mitstreiter*innen bis 1925 noch aktiv waren.[66] Die Gründe für die Fortexistenz der Schule um Dawson liegen wohl in der Überschneidung der Diskurse um Sterilisation in der Folge der eugenischen Bewegung und den chirurgisch erfolgreichen Sterilisationen der OS, die Hysterektomien und Ovariektomien nicht nach der Abdominal-Methode vollführten, sondern die befallenen Organe vaginal entfernten und dadurch das Infektionsrisiko reduzierten – eine amerikanische Standardprozedur seit 1878.[67] Auf dem ersten internationalen Treffen der Eugeniker in London im Jahre 1912 wurde die Hysterektomie zusammen mit der Salpingektomie und der Ovariektomie zur Sterilisierung von Frauen vorgeschlagen.[68] In Staate

---

64 Flexner, Abraham. Medical Education in the United States and Canada: A Report to the Carnegie Foundation for the Advancement of Teaching. New York: The Carnegie Foundation; 1910, S. 161.

65 Haller, John S. Jr. The History of American Homeopathy: The Academic Years, 1820-1935. New York, London, Oxford: Pharmaceutical Products Press; 2005, S. 277.

66 Rutkow, Seeking the Cure, S. 104f.

67 »Comparatively favorable results, a comparatively low mortality, erelong firmly established vaginal hysterectomy as one of the accepted procedures in surgery for the removal of the cancerous uterus. The operation is not distinctly referable to any one surgeon but seems to have gradually grown in the well-prepared soil, and certainly now it was timely and in proper season.« Engelmann, Georg Julius. The Early History of Vaginal Hysterectomy (Sonderdruck aus dem American Gynaecological and Obstetrical Journal). New York: D. Appleton and Company; 1895, S. 9. Senn, N. The Early History of Vaginal Hysterectomy (Sonderdruck aus dem Journal of the American Medical Association. Chicago: American Medical Association Press; 1895, S. 21.

68 [Anonymus]. First International Eugenics Congress. The British Medical Journal. 1912; 2(2692):253-255, S. 254.

Delaware wurden auch 1930 noch eugenische Sterilisationen bei Frauen nicht als Salpingektomie, sondern als Hysterektomie durchgeführt.[69] Es sei an dieser Stelle also die Hypothese gewagt, dass die negative Eugenik, die ab 1909 in einigen Bundesstaaten der USA eingeführt wurden, die Lebensdauer der OS verlängert hat, einfach, weil Orificial Surgeons auf eine lange Erfahrung mit der vaginalen Hysterektomie zurückblicken konnten. Orificial Surgeons hatten wie Pratt hatten schon in den 1880er Jahren vorgeschlagen, »sexual monsters« zu kastrieren, damit sie keine Nachkommen zeugen konnten. Hier kam die Kriminalanthropologie Lombrosos und die *Orificial Surgery* Pratts zusammen und fanden ihre Fortsetzung in den Sterilisationsgesetzen einzelner Bundesstaaten.[70]

---

69 Brown, Frederick W. Eugenic Sterilization in the United States: Its Present Status. The Annals of the American Academy of Political and Social Science. 1930; 149(2):22-35, S. 30.
70 Ordover, Nancy. American Eugenics: Race, Queer Anatomy, and the Science of Nationalism. Minneapolis. MN, London: University of Minnesota Press; 2003, S. 77, 91-102.

8. Diskursive Brücke
Die Nymphomanin (1603-1921)

Die Nymphomanie ist eine heute nicht mehr gebräuchliche Bezeichnung für gesteigertes sexuelles Begehren. Die internationale statistische Klassifikation der Krankheiten und verwandter Gesundheitsprobleme (ICD-10) in der Fassung von 2019 hat sie unter F52.7 (»sexuelle Funktionsstörungen, nicht verursacht durch eine organische Störung oder Krankheit«) klassifiziert. Diese Klassifizierung ist nicht unumstritten, denn es finden sich hier auch Begriffe wie sexuelle Anhedonie (F52.1) oder sexuelle Hypoaktivität (F52.0), deren Bewertung sehr vom Standpunkt der Betrachterin abhängt.

Nymphomanie ist außerdem eine Tierkrankheit, die bei Großvieh auftritt und auch Stiersucht genannt wird. Oft leiden die betroffenen Tiere an Eierstockzysten.[1] Die Homonymie beider Begriffe (angebliche Nymphomanie von Frauen,»Nymphomanie« von Kühen) ist eine Besonderheit in der Diskursgeschichte und erschwert die Auswertung der Ngram-Analyse. Ärzte haben die vermeintlich parallele Existenz der Nymphomanie bei Tieren und ihre Behandlungsmethoden auf Menschen übertragen. Dass dies kein Hirngespinst eines übereifrigen Historikers ist, belegen die medizinische Literatur im 18. und 19. Jahrhundert und die einschlägige feministische Forschung.[2] Schon

---

1 Grunert, Eberhard und Berchtold, Max. Ferilitätsstörungen beim weiblichen Rind. Berlin, Wien: Parey Buchverlag; 1999, S. 32, 73, 121-123. Schedel, Klaus. Das bovine Ovarialzystensyndrom: Versuch einer in vivo Klassifizierung, in Verbindung mit einer Langzeitstudie zur Überprüfung verschiedener Diagnostik- und Therapieverfahren. Gießen: Justus-Liebig-Universität Gießen; 2002.

2 Donna Haraway hat in ihrem 1991 erschienenen Klassiker »Simians, Cyborgs, and Women« auf die multiplen diskursiven Verknüpfungen von Tieren, vor allem Affen, künstlichem Leben und Frauen in der Dichotomie von Natur und Kultur verwiesen. Haraway, Donna Jeanne. Simians, Cyborgs, and Women: The Reinvention of Nature. New York: Routledge; 1991. Siehe auch Adams, Carol S. and Donovan, Josephine. Animals

Aristoteles hatte in seiner *Historia Animalium* Frauen mit Schafen, Pferden, Kühen und Walen verglichen.³ Hatte sich der Arzt Johann Christian Ettner von Eiteritz (1654-1724) 1719 in seiner Kritik an nichtakademischen Medizinern noch der Figur des »Artzney-Affen« im Sinne der Imitatio Naturae-Theorie bedient, so gerieten 50 Jahre später auch in deutschen Texten Affen und Frauen im Kongo unter den Verdacht, gemeinsamen Nachwuchs zu haben.⁴ Der Vergleich der weiblichen Genitalien mit denen von Säugetieren ging auf keinen Geringeren als Johann Friedrich Blumenbach (1752-1840) zurück, der als Protorassist bezeichnet worden ist und in seiner *Vergleichenden Anatomie* auf die Idee verfiel, menschliche und tierische Genitalien zu vergleichen.⁵ Der deutsche Arzt und Naturforscher Michael Bernhard Valentini (1657-1729) verglich 1720 die menschliche Klitoris mit der von Säugetieren.⁶ Auch Charles

---

and Women: Feminist Theoretical Explorations. Durham, NC, London: Duke University Press; 1999. Connell, Sophia M. Aristotle on Female Animals: A Study of the Generation of Animals. Cambridge, New York: Cambridge University Press; 2016. MacKinnon, Catharine A. Women's Lives, Men's Laws. Cambridge, MA, London: The Belknap Press of Harvard University Press; 2005. Still, Judith. Derrida and Other Animals: The Boundaries of the Human. Edinburgh: Edinburgh University Press; 2015.

3   Schiebinger, Londa. Mammals, Primatology and Sexology. In: Porter, Rox and Teich, Mikulas. Sexual Knowledge, Sexual Science. Cambridge, New York: Cambridge University Press, 1994, S. 184-209, S. 191.

4   Ettner von Eiteritz, Johann Christoph. Des Getreuen Eckhardts Medicinischer Maul-Affe oder der Entlarvte Marckt-Schreyer. Frankfurt, Leipzig: Michael Rohrlachs seel. Wittib und Erben; 1719. Haller, Albrecht von: Anfangsgründe der Phisiologie des menschlichen Körpers. Bd. 8. Berlin, 1776., S. 165. Der Topos vom interspecies sex zwischen Menschen (immer Frauen) und Affen ist älter. Schon bei Jean Bodin taucht er auf, bleibt aber im Murmeln des folgenden Diskurses eher leise. Hund, Wulf D. Racist King Kong Fantasies: From Shakespeare's Monster to Stalin's Ape-Man. In: Hund, Wulf D.; Mills, Charles W., und Sebastiani, Silvia (Hg.). Simianization: Apes, Gender, Class, and Race. Wien, Zürich: LIT; 2016; 43-73, S. S. 45f.

5   »Von den weiblichen Genitalien: Die Gebärmutter selbst ist in dieser Classe von auffallend verschiedener Textur und Gestaltung. Von solcher Stärke und Derbheit des parenchyma wie beym Weibe findet sie sich wohl bey keinem andern Säugethiere.« Blumenbach, Johann Friedrich. Handbuch der vergleichenden Anatomie. Göttingen: Heinrich Dieterich, 1805, S. 459.

6   Valentini, Michael Bernhard. Amphitheatrum zootomicum, tabulis aeneis quamplurimis, exhibens historiam animalium anatomicam, e Miscellaneis S. R. I. Academiae, naturae curiosorum, Diariis Societatum scientiarum, aliisque scriptis rarioribus collectam: accedit Methodus secandi cadav. humana, [...] ut et Ars de albandi ossa pro sceletopoeia, cum osteologia, tabulis myologicis, aliisque mss. Rauianus hactenus summopere expetitis. Frankfurt a.M.: Johann David Zunner, 1720, S. 9, 25, 98, 149, 158, 176f.

Meigs führte 1859 in seinem Kapitel zur Klitoris Vergleiche mit Rindern an, um zu erläutern, dass die angeblichen Hermaphroditen nichts andere als eine Verirrung der Natur seien.[7] Eugen Fischer (1874-1964), bekannter Eugeniker und nationalsozialistischer Rassentheoretiker, verglich weibliche Orang-Utans mit Frauen, vor allem sogenannter »niederer Rassen«.[8]

Dabei war weder die Symptomatik noch der Name dieser angeblichen Krankheit vollkommen klar: Sie wurde abwechselnd *utéromanie, mélancolie utérine, métromanie, salacité, andromanie, hystéromanie, érotomanie, fureur utérine* und *prurit de l'utérus* genannt, und das sind nur die gebräuchlichen französischen Bezeichnungen.[9] Insgesamt erschienen zwischen 1660 und 1810 nicht weniger als 22 lateinische Dissertationen zum *Furor Uterinus* in Deutschland und Frankreich.[10]

Für Ärzte der Frühen Neuzeit stellte die Nymphomanie eine schwere Krankheit dar, der radikal zu Leibe gerückt werden musste. So schrieb der portugiesisch-niederländische Arzt Zacutus Lusitanus (1575-1642) in seinem medizinischen Hauptwerk, die Nymphotomie sei eine fürchterliche und hassenswerte Erkrankung, die sowohl die Ehe als auch die Empfängnis schädige. Er schilderte den Fall einer jungen Frau mit Nymphomanie, die nach Konsultation der Eltern du zweier Ärzte einer Kliteridektomie unterzogen worden sei.[11]

Der portugiesisch-hamburgische Arzt Rodrigo De Castro Lusitanus, nicht zu verwechseln mit dem Leidener Namensvetter, veröffentliche im zweiten Buch seiner *Universa Mulierum Medicina* ein ganzes Kapitel zum Pruritus der Gebärmutter. Drei Krankheiten seien sich sehr ähnlich, der Pruritus, der *Furor*

---

7   Meigs, Charles D. Woman: Her Diseases and Remedies. Philadelphia, PA: Blanchard and Lea; 1859, S. 156f.
8   Fischer, Eugen. Beiträge zur Anatomie der weiblichen Urogenitalorgane des Orang-Utan. In: Morphologische Arbeiten 8(2): 1898: 153-218. Seitenangaben sind hier unmöglich, da der gesamte Artikel Frauen immer wieder simianisiert.
9   Bayard, Essai médico-légal, S. 12.
10 [Anonymus]. Dissertatio pathologica de furore uterino. [Paris: 1660]. Krahe, Peter. Dissertatio Medica Inauguralis de Furore Uterino. Duisburg: Johannes Sas; 1705. Stegmayer, Johann Georg. Dissertatio de furore hysterico vel uterino. Altdorf: Universität Altdorf; 1713. Vergl. Stichwort furoro Uterinus in Worldcat. Abfrage am 26.6.2020.
11 »Chirurgus forcipe leniter, curioséque carunculam apprehendens, nouaculâ radicitus refecuit.« Lusitanus, Zacutus. Praxis Medica Admiranda in qva, exempla monstrosa, rara, noua, mirabilia, circa abditas morborum causas, signa, euentus, atque curationes exhibita, diligentissime proponuntur. Leiden: Johann Anton Huguetan, 1637, S. 261.

Uterinus und die Vergrößerung der Schamlippen. Er setzte sie mit der Nymphomanie gleich, obwohl er, wie auch Soranus vor ihm, Satyriasis nannte. Den *Furor Uterinus* definierte er als »immodica, & effrenis coeundi appetentia«, also als »überhöhter und hemmungsloser Appetit auf Sex«, der durch den Uterus und andere Sexualorgane ausgelöst werde.[12]

Sein deutscher Amtskollege Michael Friedrich Lochner (1662-1720) lieferte in seiner Dissertation eine Nomenklatur, die an den Beginn dieses Kapitels gestellt wird, weil sie das ganze Spektrum der Krankheiten abdeckt, das im Folgenden Besprochen werden soll.

»Vocatur vulgo Nymphomania, item Furor Uterinus, [...] a Gallis vocatur le Fureur de la matrice. Belgis Moeder-Rasery. Germ. Mutter=Wahnsucht.«[13] Eine scharfe Trennung von Nymphomanie und Hysterie oder *Furor Uterinus* ist in vielen Quellen nicht möglich.[14] Beide Formationen|Figurationen überlappen sich zu großen Teilen. Dies zeigt sich auch in den Titeln der einschlägigen medizinischen Texte. Der in den Büchern immer wieder zitierte M. D. T. Bienville (1726-1813) sprach von Nymphomanie und *Furor Uterinus* in einem Atemzug.[15] Hier soll dennoch versucht werden, eine systematische Trennung durchzuführen, weil die Nymphomanie eine körperliche Erkrankung war (jedenfalls für einen Großteil der Ärzte in der Frühen Neuzeit), während die Hysterie in der Neuzeit als ein seelisches Leiden aufgefasst wurde, das im 19.

---

12   De Castro Lusitani, De Universa Mulierum Medicina, S. 151-154.
13   Lochner, Michael Friedrich. De Nymphomania Historia Medica. Altdorf: Universität Altdorf; 1684, S. 6.
14   Liebmann. Dissertatio de furore uterino. Halle: Universität Halle; 1760.
15   Bienville, M. D. T. La Nymphomanie ou Traité de la Fureur Utérine dans lequel on explique avec autant de clarté que de méthode, les commencement & les progrès de cette cruelle maladie t dont on développe les différentes caufes, Enfuite on propofe les moyens de conduite dans les divers périodes & les spécifiques les plus éprouvés pour la curation. Amsterdam: Marc-Michel Rey; 1771. Bienville, M. D. T. Nymphomania, or, A Dissertation Concerning the Furor Uterinus. London : Printed for J. Bew; 1775. Bienville, M D T. La nymphomanie ou traité de la fureur uterine. Paris: Office de Librarie; 1886 [Reprint der Ausgabe von 1771]. Bienville, M. D. T. Die Nymphomanie, oder die Abhandlung von der Mutterwuth. Wien: Sebastian Hartl; 1782. Siehe Freedman, Alfred M. and Kaplan, Harold I. Treating Mental Illness: Aspects of Modern Therapy. New York: Atheneum; 1972, S. 40.

Jahrhundert auch Männer befallen konnte, obwohl diese keinen Uterus hatten.[16]

Elias Georg Bremerus aus Goslar publizierte 1691 bei Rudolph Wilhelm Krause dem Jüngeren (1642-1718) an der Universität Jena eine Inauguraldissertation über die Nymphomanie. In seinem Proömium erwähnt er Platos Timeo, der den Uterus ein »animal avidum generandi« genannt habe. Außerdem sei, frei nach Hippokrates, die Ursache jeder Frauenerkrankung die Gebärmutter. »Morborum omnum, qui muliebres vovantur, uteri in causa sunt.« Die Ursache der Erkrankung liege in erster Linie in den »Humores & Vapores Acres Et Calidi«. Als Heilmittel empfahl Bremerus den Aderlass (»Venae Sectio«) und Diät. Von einer Resektion der Klitoris ist nicht die Rede, was bei der Ätiologie der »Krankheit« auch nicht weiter erstaunte.[17] Ähnliches kann man über die Dissertation Georg Stegmayer aus dem Jahr 1713 sagen. Auch er empfahl eine medikamentöse Behandlung und keine Kliteridektomie.[18]

1748 betreute Carolus Fridericus Kaltschmied die Dissertation seines Doktoranden Carl August Heisterbergk zur Nymphomanie. Heisterbergk ging hier auch auf die Masturbation der Nymphomanikerin ein, denn er schrieb:

> »Diagnosis ex §. II. III. et IV. […] aegra nostra com furore et lasciuia, commercio virorum anxie quaesito, strepitum edat, ac genitalia frictione stimulet, oculis toruis ac rutilantibus.«[19]

Die vorgesehene Heilung »unserer Kranken« (»aegra nostra«), die den sexuellen Umgang mit Männern ängstlich suchte und sich mit Augen, die blitzten und leuchteten, selbst befriedigte (»genitalia frictione stimulet«) geschah weitgehend durch Ruhigstellung und Beschäftigung. Von einem chirurgischen Eingriff findet sich in diesem Text, wie im vorher zitierten, keine Erwähnung. In der Ätiologie und Behandlung der Nymphomanie hatte sich zwischen 1691 und 1748 nichts geändert.

---

16 Showalter, Elaine. Hysteria, Feminism, and Gender. In: Gilman, Sander L.; King, Helen; Porter, Roy; Rousseau, G. S., und Showalter, Elaine, (Hg.). Hysteria beyond Freud. Berkeley, CA: University of California Press; 1993, S. 286-344.

17 Bremerus, Elias Georg. Dissertatio Inauguralis Medica de Nymphomania. Jena: Krebsianis; 1691, S. 3, 9, 11, 24, 28.

18 Stegmayer, Georg. Dissertatio de Furore Hysterico vel Uterino. Universität Altdorf: Altdorf; 1713. Ähnlich auch Liebmann. Dissertatio de Furore Uterino. Universität Halle: Halle; 1760.

19 Heisterbergk, Carolus Augustus. Sistens casum de virgine nymphomania laborante. Jena: Tennemann, 1748, S. 11.

1740 erschien ein Lexikon des englischen Lexikographen Thomas Dyche (vor 1695-1733) in einer erweiterten französischen Übersetzung. Unter dem Eintrag »Nymphomanie« lesen wir: »NYMPHOMANIA. s.f. Mutterwut. NYMPHOTOMY. n.f. Beschneidung, die an den Nymphen vorgenommen wird.«[20] Nota bene, mit den Nymphen war nach dem allgemeinen Sprachgebrauch des 18. Jahrhundert noch die Klitoris gemeint.

Die Straßburger Dissertation von Adolph Ostertag von 1763 führte dann auch die französische Bezeichnung *Metromania* ein.[21] Allerdings verstand er unter Nymphomanie in erster Linie die Masturbation: »Nymphomania significat maniam clitoridis [...]«.

Der schon erwähnte M.D. T. Bienville sprach von einer vergrößerten Klitoris als Ergebnis der Masturbation. Er schlug wie viele seiner Kollegen medikamentöse Behandlungsmethoden und häufiges Aderlassen als Heilmittel vor.[22]

H. W. Lindemann widmete in seinem Buch über Frauenkrankheiten der Nymphomanie ein ganzes Kapitel, in dem er betonte, wie schwierig eine Diagnose sei. Die Nymphomanie sei eine »Raserey, by welcher die Einbildungskraft der Kranken mit wollüstigen Bildern sich beschäftigt«. Es beginne mit Traurigkeit, Kopfweh und Atemnot. Sie könne sogar zum Suizid führen. Verantwortlich sei der Uterus. Die Therapie bestehe in einer Verminderung des Orgasmus »in den Zeugungstheilen« und einer Behebung

---

20 »NYMPHOMANIE. s.f. Fureur utérine. NYMPHOTOMIE. s.f. Retranchement qui se fait aux nymphes.« Dyche, Thomas. Nouveau dictionnaire universel des arts et des sciences, francois, latin et anglois : contenant la signification des mots de ces trois langues et des termes propres de chaque état et profession : avec l'explication de tout ce que renferment les arts et les sciences. Tome Second. Avignon; 1756, S. 131 [Übersetzung N. F.]. In der englischen Originalausgabe fehlte dieser Hinweis. Dyche, Thomas. A New General English Dictionary; Peculiarly Calculated for the Use and Improvement of Such as are Unacquainted with the Learned Languages [...] To which is Prefixed, a Compendious English Grammar [...] Together with a Supplement, of the Proper Names of the Most Noted Kingdoms, Provinces [...]. London: Richard Ware; 1740.

21 Ostertag, Georg Adolph. Dissertatio Medica de Metromania quam Favente Supremo Numine ex Consensu Gratiosę Facultatis Medicę pro Licentia Gradum Doctoris Rite Consequendi die Jovis 9. Junii a.r.s. 1763. Solenni Eruditorum Examini Subjicit Auctor Georgius Adolphus Ostertag, Dirmenachensis Alsata. Straßburg: Jonas Lorenzius; 1763, S. 6.

22 Bienville, Nymphomania, 1775, S. 146. Bienville, La Nymphomanie, 1886, S. 38f.

der »prädisponi[e]renden Ursachen«.²³ Dies bedeutete Aderlässe, reduziere die Nahrung auf Früchte und leichte Kost und lasse die Kranke leichte körperliche Bewegung ausführen.²⁴ Im fortgeschrittenen Stadium empfahl Lindemann Auswaschungen der Vulva mit Vitriol (etwa 2 Gramm auf 65 cm³ Wasser). Wie ätzend dieses Gemisch war, lässt sich nicht feststellen, da Vitriol ein Sammelname für sehr unterschiedliche Subtanzen unterschiedlicher Azidität war. Lindemann erwähnte auch die Verwendung von Goulardschem Wasser und des (sehr giftigen) Wasserschierlings und die Applizierung einer Bleiplatte in der Vagina, wobei er von letzterem Mittel abriet.²⁵

Der schon erwähnte Nicolas-Philibert Adelon hatte im 36. Band seines *Dictionnaire des Sciences Medicales* einen langen Artikel über die Nymphomanie aufgenommen, der allerdings Aspekte anderer Symptome enthielt. Insbesondere wurde keine Abgrenzung zur Hysterie versucht. Er schilderte einen Fall, bei dem die Nymphomanie zum Tode geführt habe.²⁶ Von einer Empfehlung zur Beschneidung nahm auch er Abstand, stattdessen empfahl er Heirat und Schwangerschaft. Dies scheint bis 1825 der Standard der Behandlung gewesen zu sein. Auffällige Ausnahme der Literatur vor 1825 ist ein Text von Mathieu-François Pindansat de Mairobert (1727-1779), der in seinem Briefroman *L'Espion Anglois* ein Loblied auf die weibliche Masturbation und die Nymphomanie sang.²⁷ So verzeichnet die Bibliothèque Nationale in Paris mehrere hundert Texte zum Thema »fureur uterine« zwischen 1600 und 1900, doch nur eine Minderheit dieser Bücher diskutierte die Klitoris oder die Kliteridektomie. Das gleiche gilt für die Nymphomanie.²⁸ Lediglich der Hallenser Medizinprofessor Andreas Elias Büchner (1701-1762) ging 1747 in seinem Buch zum

---

23 Lindemann, H. W. Abhandlung über die Krankheiten der Frauenzimmer. Leipzig; 1793, S. 85f.
24 Lindemann, Abhandlung, S. 88.
25 Lindemann, Abhandlung, S. 89f.
26 Adelon, Nicolas-Philibert et al. Dictionnaire des sciences médicales, Band 36. Paris : Pancoucke; 1819, S. 566.
27 Pidansat de Mairobert, Mathieu-François. L'Espion Anglois, ou correspondance secrète entre Milord All'Eye et Milord All'Ear, Band 10. London : John Adamson; 1784.S. 227f.
28 Dyche, Nouveau dictionnaire, Band 2. S. 131. »Onappellecettemaladienymphomanie ,oufureurutérine,&l'onyremédieparlacopulationquandellelestlicite,oubienparlesbains &leslotionsrépétées,parlesémullionsnitrées,l'eaudevoletoulatisannedenymphea,&parl'usageducamphreaveclenitre.« Grossin-Duhaume, Étienne. Tableau de l'économie animale, ou nouvel abrégé de physiologie, concernant le mécanisme et l'organisation du corps. Paris : Louis Cellot; 1778, S. 94.

Furor Uterinus en passant auf die Kliteridektomie mit Skalpell und Feuer ein, ist aber eben Teil einer Minderheit.[29] Der Würzburger, später Berliner Professor Elias von Siebold zitierte Büchner 1811 zustimmend und schrieb zum Thema »Mutterwut« (*Furor Uterinus*):

> »Ist die Krankheit durch Reitze erzeugt, welche unmittelbar auf die Geburtstheile einwirken, so müßen diese, wenn es möglich ist, entfernt werden. Die Entzündung der Geburtstheile und der Gebärmutter erheischt die Behandlung der Entzündung, und wenn der Reitz des Eyes in der Schwangerschaft, in und außerhalb der Gebärmutter, die Mutterwuth erzeugt, so können in dem Falle, in welchen der Zustand die Folge der, in der Schwangerschaft zuerhöheten Vitalität und Irritabilität ist, Aderläße und kühlende Mittelsalze mit Vortheil angewendet werden. Bei Anschwellung und Deformitäten der Eyerstöcke würde die Krankheit am sichersten dadurch gehoben werden, wenn man jene erstirpiren könnte; weil aber eine Operation selten oder gar nicht Statt findet, so muß man suchen, die in diesem Falle gewöhnlich sehr erhöhete Empfindlichkeit der Geburtstheile, zu mindern, und die Aufmerksamkeit der Kranken von ihrem Verlangen nach Befriedigung des erhöheten Geschlechtstriebes abzuleiten.«[30]

Elias von Siebold war also ein Verfechter der Operation, um erhöhten Geschlechtstrieb zu kontrollieren. Dazu muss man wissen, dass die Ovariektomie 1811 eine absolute Neuheit war, die zum erstenmal erfolgreich erst 1809 von dem US-Amerikaner Ephraim McDowell (1771-1830) durchgeführt worden war und deshalb mit Lebensgefahr für die Patientin verbunden war.[31] Wo die Masturbation die Ursache des *Furor Uterinus* war, konnten ebenfalls drastische Mittel zum Einsatz kommen:

---

29 »Si autem clitoridis magnitudo & eminentia excessiva, cum Satyriasi, adsit, nec ullo modo libidinosus furor mentisque perturbatio extingui possint, deliberatione tunc aliqua prosecto opus erit, an provide & tuto etiam ad partem tam sensibilem urendam & sècandam, citra limitum pudicitiæ transgressionem, progredi liceat. Confer. Dionis Pag. 304.« Büchner, Andreas Elias. Dissertatio. Furor Uterinus Pathologico-Therapeuthico Consideratus. Dissertation Universität Halle: Halle; 1747, S. 45f.

30 Siebold, Elias von. Handbuch zur Erkenntniß und Heilung der Frauenzimmerkrankheiten. Frankfurt a.M.: Varrentrapp und Sohn; 1811, S. 312f.

31 Bowra, Jean. Making a Man, a Great Man: Ephraim McDowell, Ovariotomy and History. Paper Presented to the Social Change in the 21st Century Conference. Queensland University of Technology; 2005. URL: http://eprints.qut.edu.au/3454/1/3454.pdf, gesehen 20.9.2020.

»Ist Onanie Ursache, so muß man alles anwenden, daß dieses Laster unterlassen werde; man bewirkt dieses nicht nur allein durch Entfernung jedes Einflusses und Gegenstandes, der nur immer die Lust dazu rege machen kann, sondern man muß auch die Kranke stets beobachten, niemals allein lassen, und ihr im nöthigen Falle die Hände binden, oder sie den englischen Kittel tragen lassen. [...] Hat aber eine sehr große und empfindliche Clitoris Antheil, so kann die Amputation das Mittel zur Heilung werden.«[32]

1817 wurde das medizinische Handbuch von Robert Thomas *The Modern Practice of Physic*, welches 1802 in einer ersten englischen Ausgabe erschienen war, in Philadelphia neu aufgelegt.[33] In der Londoner Ausgabe fehlte jeder Hinweis auf eine Operation gegen Nymphomanie; in der amerikanischen Ausgabe heißt es indessen:

»As the clitoris is the seat of pleasure during the act of coitus, nymphomania might possibly be cured by extirpating this organ. The following case which is recorded by a French writer is much to the purpose. A young woman was so addicted to masturbation that she was nearly exhausted by marasmus; sensible of the danger of her situation, yet not possessed of sufficient fortitude, or else irresistibly impelled by the pleasurable sensations to which she yielded, she could not command herself, and excited profuse emissions. Her parents took her to Professor [Antoine] Dubois, and upon the authority of [André] Levret, he thought it advisable to propose amputation of the clitoris, which the patient and her parents agreed to. The organ was removed with one stroke of a bistoury, and the bleeding prevented by an application of the cautery. The operation completely succeeded, and the patient was cured of her fatal habit, quickly recovering her health and strength.«[34]

Um 1810/20 also muss die Kliteridektomie Eingang in die Behandlungsverfahren der Mediziner für die Nymphomanie gefunden haben, denn 1825 veröffentlichte die englische Zeitschrift *The Lancet* eine anonyme Miszelle, die die

---

32 Siebold, Handbuch S. 313f.
33 Thomas, Robert. The Modern Practice of Physic, Which Point out the Characters, Causes, Symptoms, Prognostic, Morbid Appearances, and Improved Method of Treating the Diseases of All Climates, 2 Bände. London: Murray and Highley; 1802.
34 Thomas, Robert. The Modern Practice of Physic: Exhibiting the Characters, Causes, Symptoms, Prognostics, Morbid Appearances, and Improved Method of Treating the Diseases of All Climates. Abridged from the 5th and last London Edition. Philadelphia, PA: Thomas Dobson and Son; 1817, S. 619f.

Heilung einer »idiotischen« Nymphomanin durch Kliteridektomie berichtete. Offensichtlich handelte es sich hier um den schon zitierten Fall der Verstümmelung einer 14-jährigen Patientin von Carl Ferdinand von Graefe. Der Unterschied zu Graefes Original und der Übernahme durch die Lancet bestand u.a. in der Hinzufügung der Kategorie »Nymphomanin«, die von Graefe nicht erwähnt wurde.

> »The excision of the clitoris has been recommended by Professor [Antoine] Dubois as a remedy in nymphomania; this operation was resorted to with success by Dr. Graefe, of Berlin, in the following case. The patient, who was born in the year 1807, was a strong healthy child, until the age of 14 months. At this time she was attacked with vomiting and fever; after recovering from the acute symptoms, she still continued weak and sickly: she could not walk till she was four years of age; she was unable to talk, and, in short, exhibited unequivocal marks of idiocy. [...] She was 14 years of age when the physician who published this case first attended her. He soon perceived that the girl had an insatiable propensity for self-pollution, which she performed, either by rubbing her extremities on a chair, or by the reciprocal friction of her thighs. From this time there could be no doubt as to the principal object which was to be aimed at in the treatment of the case. A bandage was applied capable of preventing friction in the sitting position, in which attitude she chiefly indulged her prurient propensities; a straight waist coat was put on her at bed-time, and counter-irritation by the application of a hot-iron to the neighbourhood of the part affected was resorted to. These means, with the use of tartar emetic, the dose of which was gradually increased to a scruple, produced little effect. At the end of about a twelve month, the excision of the clitoris was determined upon, and this operation was performed by Dr. Graefe, on the 20th of June, 1822. After the cicatrisation of the wound, a marked amelioration of the symptoms was observed. [...] The intellectual faculties of the patient began to develop [sic!] themselves, and her education could now be commenced. She can, at this time, talk, read, reckon accounts, execute several kinds of needle-work, and a few easy pieces on the pianoforte.«[35]

Die Fachwelt war sich aber uneins über die Zulässigkeit einer FGM/C. 1826 veröffentlichte Félix Voisin (1794-1872) eine Spezialabhandlung über die Geis-

---

35   [Anonymus]. Case of Idiocy in a Female, Accompanied with Nymphomania, Cured by the Excision of the Clitoris. Lancet. 1825 26; 1:420-421.

teskrankheiten (u.a. die Nymphomanie), in der eine Genitalverstümmelung nicht erwähnt wurde.[36] 1830 promovierte der Pole Michael Ilkiewicz aus Wolhynien in der heutigen Ukraine an der medizinischen Fakultät der Universität Erlangen über die Nymphomanie. Der Text ist verschollen, auch die *Bibliothèque Nationale* in Paris verfügt über kein Exemplar. Das Verzeichnis der Erlanger Dissertationen enthält einen entsprechenden Eintrag für den 15.12.1828, bemerkt aber auch, die Dissertation sei nicht vorgelegt worden.[37] Da der Doktorand aber eine Denomination anstrebte, die die Chirurgie und Geburtshilfe einschloss, kann man annehmen, dass die Extirpation der Klitoris zumindest erwähnt wurde.[38] Carl August Wilhelm Berends (1759-1826), dessen Text die Nymphomanie vor allem im Zusammenhang mit der Chlorose erwähnte, schrieb 1829:

> »Wenn aber unter diesen Umständen die Verhältnisse so gestaltet sind, daß nicht eine baldige Wiederverheirathung Statt finden kann, so ist fast immer zu befürchten, daß die Chlorose wiederholte Rückfälle mache; ja leider geht der Krankheitszustand, wenn dieß nicht geschehen kann, bald genug in Hysterie über, wobei der Geschlechtstrieb sehr stark hervortritt, Delirien bewirkt, (hysteria libidinosa, die schwerste Form,) oder wo[h]l gar in wirkliche Nymphomanie, Mutterwuth (furor uterinus) aus artet. Hier hat also der Arzt hinreichende Ursache dringend zu einer neuen Ehe zu rathen, damit größeres Unheil verhütet werde. Auch Mädchen, bei denen die Bleichsucht aus wahrer Schwäche hervorgegangen ist, verfallen leicht in Hysterie; und so hängen denn diese beiden Krankheiten oft genug zusammen.«[39]

Der Absatz über die Nymphomanie bei Berends ist lesenswert, vor allem, weil er die Krankheit im dritten Stadium für unheilbar hielt. Auch hier also findet

---

36 Voisin, Félix. Des causes morales et physiques des maladies mentales et de quelques autres affections nerveuses, telles que l'hystérie, la nymphomanie et le satyriasis. Paris: Baillière; 1826.
37 Kötter, Monika und Schug, Ellen (Hg.). Verzeichnis der Erlanger Promotionen 1743-1885: Teil 2. Medizinische Fakultät. Erlangen: Universitätsbibliothek Erlangen Nürnberg; 2009, S. 542.
38 Ilkiewicz, Michael. Dissertatio Inauguralis Medica de Nymphomania quam pro summis in medicina, chirurgia et arte obsteterica honoribus rite obtinendis in regia universitate Erlangi scripsit. Paris: Cosson; 1828.
39 Berends, Carl August Wilhelm. Vorlesungen über praktische Arznei-wissenschaft, 6. Band: Weiberkrankheiten. Berlin: Theodor Christian Friedlich Enslin; 1829, S. 232f.

sich keine Aufforderung zur FGM/C, selbst bei den angeblich katastrophalen Auswirkungen dieser letztlich tödlichen Erkrankung:

> »Die Kranken magern daher bald ab, es bildet sich eine Art Marasmus, eine Austrocknung des Körpers, wobei die großen Gelenke erstarren und zusammengezogen werden. Endlich leiden auch die geistigen Kräfte, und es bildet sich Stupidität aus. Der gesammte Zustand steht also der Rückendarre [Rückenmarksverzehrung] der Männer ziemlich nahe.«[40]

Der Pole Eduard von Nagrodzki, der 1832 an der Berliner Universität eingeschrieben war und hier 1834 promoviert wurde, verfasste eine Dissertation mit dem Titel *De Nymphomania Eiusque Curatione Dissertatio Inauguralis Medica*. Auch er bescheinigte der Nymphomanie katastrophale Auswirkungen auf den Körper, vor allem im dritten Stadium der Erkrankung, allerdings folgte dann ein Abschnitt, der von Berends Einsichten abwich und die Beispiele Dubois' und de Graefes zitierte und behauptete, die Kliteridektomie (durch Exzision oder Ligatur) habe die manischen Frauen und die Masturbantinnen geheilt.[41] Der legeren Note über die Entfernung der Klitoris folgte dann ein nonchalantes Ende der Abhandlung: Wenn er Fehler gemacht habe, so tröste er sich mit einem Spruch des Terenz: »homo sum et nihil humani a me alienum esse puto.«[42]

Michael Ryan (1800-1840), ein britischer evangelikaler Arzt, der sich wegen der Zahl der Prostituierten in den westlichen Metropolen alarmiert zeigte, veröffentlichte 1839 ein Buch, in den er die gesellschaftlichen Missstände offenlegte. Zu diesen gehörte auch die Masturbation und die Nymphomanie.

> »There is another mode of controlling the influence of the erectile tissue [...] and that is their ablation or excision. [...] I have described this operation in my *Manual of Midwifery* [...]«[43]

---

40 Berends, Vorlesungen, S. 245.
41 Nagrodzki, Eduardus von. De Nymphomania Eiusque Curatione Dissertatio Inauguralis Medica. Berlin : Nietackianis; 1834, S. 30.
42 Nagrodzki, De Nymphomania Eiusque Curatione Dissertatio, S. 31.
43 Ryan, Michael. Prostitution in London with a Comparative View of that in Paris and New York. London: Baillière; 1839, S. 359.

Ryan war sich wohl bewusst, auf welchen Schultern er stand, denn er zitierte Levret, Dubois und Graefe und die Wortwahl deutet darauf hin, dass er die anonyme Miszelle aus der *Lancet* kannte.[44]

Der schon erwähnte Frédéric Dubois, denn Traktat über die Hypochondrie und Hysterie 1833 erschein und 1840 ins Deutsche übersetzt wurde, gestand ein, dass eine genaue Bestimmung dessen, was Hysterie sei, schwierig sei.[45] Insbesondere die Hysterie habe sowohl die Chlorose als auch die Nymphomanie als Vorläuferinnen, gab er zu bedenken.

»Um eine Vorstellung von der Welle dieser Vorläufersymptome zu geben, werden wir sagen, dass es sich manchmal um Phänomene handelt, die von einigen Ärzten unter dem Namen Chlorose zusammengefasst werden, manchmal um Phänomene, die Nymphomanie ankündigen.«[46]

Die Einleitung zur deutschen Übersetzung stammte von niemand Geringerem als Karl Wilhelm Ideler (1795-1869), einem Psychiater und Anhänger der Psychiker (im Gegensatz zu den Somatikern). Er unterstrich noch einmal die psychische Komponente bei der Hypochondrie und Hysterie und verband das mit einer Kritik der bisherigen medizinischen Nomenklatur:

»Eben also, weil der Name Hysterie einen Kollektivbegriff der verschiedenartigsten Zustände ausdrückt, welche blos darin übereinstimmen, dass sie

---

44 Ryan, Prostitution, S. 369. Er zitierte weitere Fälle auf S. 370, darunter auch Fälle, bei denen der Schweizer Laurent-Théodore Biett (1781-1840) zu einer FGM/C wegen Nymphomanie geraten hatte.

45 Die Einleitung zur deutschen Übersetzung unterstreicht das noch einmal: »Eben also, weil der Name Hysterie einen Kollektivbegriff der verschiedenartigsten Zustände ausdrückt, welche blos darin übereinstimmen, dass sie sich nur aus der Fortdauer leidenschaftlicher Gemüthszustände erklären lassen, [...] so lässt sich auch leicht einsehen, dass das Heer der Nervenzufälle [...] auf die ungezwungenste Weise zur Hysterie gerechnet werden kann.« Vorwort von Karl Wilhelm Ideler, in: Dubois, Frédéric. Über das Wesen und die gründliche Heilung der Hypochondrie und Hysterie. Berlin : August Hirschwald ; 1840, S. LVII.

46 »Pour donner une idée du vague de ces symptômes précurseurs, nous dirons que ce sont tantôt les phénomènes groupés par quelques médecins sous le nom de chlorose, tantôt des phénomènes qui annoncent la nymphomanie.« Dubois, Histoire Philosophique, S. 160. [Übersetzug N. F.]. Unter Chlorose verstanden die Ärzte um die Mitte des 19. Jahrhunderts die »Bleichsucht«, eine undefinierbare Krankheit, die vor allem junge, unverheiratete Frauen befiel.

sich nur aus der Fortdauer leidenschaftlicher Gemüthszustände erklären lassen, [...] so lässt sich auch leicht einsehen, dass das Heer der Nervenzufälle [...] auf die ungezwungenste Weise zur Hysterie gerechnet werden kann.«[47]

In Beiträgen wie denen Idelers und Duponts bereitete sich der Übergang von einer Ätiologie der Hysterie und Nymphomanie als somatischem Leiden zu einer Ätiologie der Psyche vor. Es versteht sich von selbst, dass weder Ideler noch Dubois Anhänger der Kliteridektomie waren. Konträr dazu argumentierte der Berliner Medizinprofessor Dietrich Wilhelm Heinrich Busch (1788-1858) im vierten Band seines Werkes *Das Geschlechtsleben des Weibes* von 1843.[48] Zwar konstatierte auch er bei der Nymphomanie »psychische Störungen«, doch ergaben sich diese erst durch die Beeinträchtigungen auf körperlichem Gebiet, waren also sekundär.[49] Deswegen lehnte er die Kliteridektomie bei Nymphomaninnen auch nicht grundsätzlich ab:

»R. Thomas [...] empfahl das Exstirpiren der Clitoris in der Nymphomanie. Dubois will hierdurch einen solchen Fall völlig geheilt haben; auch Richerand [...] und v. Graefe führten die Operation aus; letzterer in einem Falle, in welchem Blödsinn in Folge von Onanie vorhanden war. Serres [...] führt jedoch an, dass er in einem Falle von Nymphomanie die Clitoris durch Brennen zerstörte, ohne Nutzen zu verschaffen. Meissner [...] ist der Meinung, dass [...] aber keineswegs ein solches Verfahren empfohlen werden könne, da diese Krankheit durch gar mancherlei Ursachen erzeugt werde.«[50]

Busch widersprach der Anhänger der galvanischen Medizin, der Pariser Augenarzt Jacques-Louis Nauche (1776-1843):

»Der Klitoriskrampf wird Klitorimanie genannt (1), Nymphomanie (2), Mutterwut (1); er kündigt sich durch Hitze, Juckreiz in den Geschlechtsteilen, Steifheit und unwillkürliches Anschwellen der Klitoris an: Die Patienten zeigen manchmal, ohne jegliche Bescheidenheit, ein übermäßiges Verlangen nach den Vergnügungen der Sinne, durch obszöne Worte und Gesten; sie

---

47 Vorwort von Karl Wilhem Ideler, in: Dubois, Frédéric. Über das Wesen und die gründliche Heilung der Hypochondrie und Hysterie. Berlin: August Hirschwald; 1840, S. I-LX, S. LVII.
48 Busch, Dietrich Wilhelm Heinrich. Das Geschlechtsleben des Weibes in physiologischer, pathologischer und therapeutischer Hinsicht: 4. Band. Von den Geschlechtskrankheiten des Weibes und deren Behandlung. Leipzig; 1843.
49 Busch, Das Geschlechtsleben, S. 669.
50 Busch, Das Geschlechtsleben, S. 686f.

haben ein wütendes Delirium. Diese Krankheit verläuft manchmal kontinuierlich, manchmal vorübergehend und durch Anfälle von mehr oder weniger langer Dauer. Georget sieht es als eine Variante des Wahnsinns oder der exaltierten Leidenschaft; aber es ist unabhängig davon: Ich habe es bei älteren Menschen mit Gebärmutterkrebs gesehen, obwohl sie zurechnungsfähig und leidenschaftslos waren. Diese Menschen wurden von den Orgasmen der äußeren Geschlechtsteile gequält und von Begierden, die sie sorgfältig verbargen und mit denen sie tief in Konflikt gerieten.«[51]

Wir sehen hier zwei Tendenzen: Erstens wird eine relativ geringe Fallzahl von Operationen im Falle der Nymphomanie in der Literatur kolportiert. Zweitens werden immer wieder die gleichen Fallbeispiele herbeizitiert, immer die gleichen Namen fallen und die medizinischen Klatschgeschichten werden immer ungenauer, je weiter man sich von der Quelle entfernte. Von Graefe hatte nie behauptet, die Masturbation habe den »Blödsinn« Adelheits ausgelöst; vielmehr war das die Meinung des behandelnden Arztes, der auf die Möglichkeit hingewiesen hat, dass »Onanie in hohem Grade [...] vollkommenen Blödsinn begründen [könne]«.[52] Gerade der Bericht von Graefes wurde immer wieder zitiert und weitergetragen, bis die Geschichte Adelheids ein bloßes Simulacrum der ursprünglichen Textes geworden war. Der Leipziger Privatdozent für Geburtshilfe Friedrich Ludwig Meissner (1796-1860) erwähnte den Fall 1826.[53] Der praktische Arzt Adolph Moser (1810-18??) wirkte seit 1833

---

51 »Le spasme du clitoris est connu sous le nom de clitorimanie (1), de nymphomanie (2), de fureur ulcérine (1); il s'annonce par de la chaleur, des démangeaisons dans les parties sexuelles, la rigidité et le gonflement involuntaire du clitoris : les malades manifestent quelquefois sans aucune pudeur, un désir immodéré des plaisirs des sens, par des propos et des gestes obscènes ; elles ont un délire furieux. Cette maladie est tantôt continue, tantôt temporaire et par accès de plus ou de moins de durée. Georget la regarde comme une variété de la folie ou d'une passion exaltée ; mais elle en est indépendante : je l'ai vue chez des personnes d'un âge avancé affectées d'un cancer de l'utérus, quoiqu'elles eussent toute leur raison et fussent sans aucune passion. Ces personnes étaient tourmentées par l'orgasme des parties extérieures de la génération, et par des désirs qu'elles cachaient avec soin, et dont elles étaient vivement contrariées.« Nauche, Jacques-Louis. Les maladies propres aux femmes : Deuxième partie. Paris: J. B. Ballières; 1843, S. 444f. [Übersetzung N. F.].
52 Hulverscheidt, Weibliche Genitalverstümmelung, S. 110.
53 Meissner, Friedrich Ludwig. Forschungen des Neunzehnten Jahrhunderts im Gebiete der Geburtshülfe, Frauenzimmer- und Kinderkrankheiten, Zweiter Theil. Leipzig: C. H. F. Hartmann; 1826, S. 112.

in Berlin. Er verfasste 1843 ein *Lehrbuch der Geschlechtskrankheiten des Weibes*, in dem er sich ausführlich über die Nymphomanie ausließ. Er muss wohl in Fällen von Nymphomanie mit der Beschneidung der Klitoris experimentiert haben, doch verlegte er sich ausdrücklich auf konservative Mittel wie

> »[...] Bäder, Waschungen der Geschlechtstheile mit kaltem Wasser oder mit Auflösungen beruhigender, narkotischer Mittel, Beförderung der Se- und Excretionen; Einspritzungen von kaltem Wasser in die Scheide oder in den Mastdarm; Begiessungen der Regio hypogastrica von 2 Fuss Höhe herab, ungefähr 2 Minuten lang einige Mal des Tages. Die Entfernung der Clitoris durch eine Operation hat das erwartete Resultat nicht geliefert, ebenso die mannigfachen Vorrichtungen, welche man angegeben hat, um die Kranke von der Masturbation abzuhalten.«[54]

Der Freiburger Anatomieprofessor Georg Ludwig Kobelt (1804-1857) lieferte eine anatomisch weitgehend korrekte Beschreibung der Klitoris, stellte ihre Analogie zum Penis dar und schlug statt der Kliteridektomie des Typs II eine Abtragung des Glans Clitoridis vor, denn er schrieb 1844:

> »Die weibliche Eichel [glans clitoridis] bietet sonach hinsichtlich ihrer Lage und Gestalt, ihres inneren Baues, ihrer Gefäss- und Nerven-Quellen, ihrer Verbindungen, ihres Schutzes durch das praeputium, ihres Zusammenhanges mit dem frenulum, und dadurch, dass sich in ihr die Wollustnerven, wie in einem focus, concentriren und zu Tage kommen, zu zahlreiche und zu auffallende Vergleichungspunkte mit dem Ruthenkopfe, als dass wir sie nicht für dessen Aequivalent im weiblichen Organismus anerkennen sollten. Ich darf daher wohl hier die Vermuthung aussprechen, dass in denjenigen Fällen, wo man wegen Nymphomanie (Levret, Dubois) oder wegen, bis zum Blödsinne getriebener Onanie (Graefe) die clitoris exstirpirte, die weniger eingreifende Abtragung der kleinen Eichel der clitoris zu denselben Resultaten geführt haben würde.«[55]

---

54 Moser, Adolph. Lehrbuch der Geschlechtskrankheiten des Weibes nebst einem Anhange. Berlin: August Hirschwald; 1843, S. 512f.

55 Kobelt, Georg Ludwig. Die männlichen und weiblichen Wollust-Organe des Menschen und einiger Säugethiere in anatomisch-physiologischer Beziehung. Freiburg i.Br.: Adolph Emmerling; 1844, S. 40. Die französische Ausgabe wiederholt diesen Abschnitt unverändert. Kobelt, Georg Ludwig. De l'appareil du sens génital des deux sexes. Strasbourg, Paris: Berger-Levrault & Labé; 1851, S. 77. Diese Beschreibung ist bis

Paul Broca (1824-1880), französischer Anthropologe und Chirurg, löste das »Problem« der masturbierenden Nymphomanin auf besondere Weise. Als Anthropologe war ihm die Infibulation aus Quellen bekannt. 1864 behandelte er ein Mädchen wegen Masturbation. Ein Keuschheitsgürtel des bekannten französischen Apparatebauers Joseph-Frédéric-Benoît Charrière (1803-1876) konnte sie nicht an ihrer Gewohnheit hindern. Broca wollte keine Sektion der Klitorisnerven vornehmen, weil dieses Mittel sich als unzuverlässig herausgestellt hatte. Eine Kliteridektomie kam nicht in Frage, weil dies einen irreparablen Schaden dargestellt hätte. Also griff er zur Infibulation, sah sich allerdings später gezwungen, doch eine Kliteridektomie vorzunehmen.[56]

Der Schriftsteller und Arzt Hippolyte André Ponthion Baraduc (1814-1881) untersuchte 1872 die Narbenbildungen, die sich angeblich aus intensiver Masturbation ergaben. Er verwendete zwar den Begriff Nymphomanie, doch wird aus dem Kontext deutlich, dass es sich dabei um Formen der weiblichen Masturbation handelte. Er kam zu der Einsicht, dass durch gutes Zureden und ein offenes Gespräch die Angewohnheit der »Nymphomanie« zu überwinden sei. Hilfreich seien dabei gebratenes Fleisch und alter Bordeaux.[57]

In St. Louis, MO wirkte der Anatomieprofessor und Homöopath James Tyler Kent (1849-1916), der bereits 1879 ein Kompendium zu den Sexualneurosen veröffentlichte. Kent lehnte die Kliteridektomie zur Behandlung der Nymphomanie ab, praktizierte aber eine ungewöhnliche Form der Behandlung, indem er »Nymphomanikerinnen« während der Sprechstunde manuell zum Orgasmus brachte.[58]

---

      in das dritte Drittel des 19. Jahrhunderts *the state of art*. Vergl. Lutaud, A. Manuel des maladies des femmes clinique & opératoire. Paris : L. Bataille ; 1895, S. 3f.

56 Broca, Paul. Sur un cas de nymphomanie invétérée traitée par l'infibulation. Bulletin de la Société de Chirurgie 1864, 2. Serie, 5. Band, S. 10. Schiller, Francis. Paul Broca: Founder of French Anthropology, Explorer of the Brain. New York, Oxford: Oxford University Press, 1992, S. 99. Charlier, Philippe und Deo, Saudamini. Paul Broca's Clitoridectomy as a Cure for »Nymphomania«: A Pseudo-Medical Mutilation. Torture Journal 2019, 29(2), 110-112.

57 »Bains, frictions, exercice modéré, régime analeptique : viandes rôties, vieux bordeaux, devinrent des auxiliaires puissants.« Baraduc, Hippolyte André Ponthion. De l'ulcération des cicatrices récentes symptomatique de la nymphomanie ou de l'onanisme. Paris: Baillière et Fils; 1872, S. 24.

58 »[...] but as soon as I touched the nymphae they became lubricated with a thin viscid fluid which was profuse. At first the clitoris and nymphae were red, dry and hot; but as my digit came in contact with the soft parts, she forgot the rough treatment and my cold conduct toward her, which I had assumed to prevent, if possible, her venereal

In Frankreich wirkte Thesée Pouillet (1849-1923) als Arzt, der sich auf die Masturbation spezialisiert hatte. Auch er nahm keine klare Trennung von Masturbation und Nymphomanie vor, verlegte die Ätiologie der Nymphomanie allerdings ins Gehirn, so dass sich auch hier der Übergang zur Neurologie als Goldstandard bei der Beurteilung des devianten Verhaltens von Frauen ankündigte. Er warnte vor der Nymphomanie, die in ihrer ernsten Ausprägung tödlich verlaufe.[59] Derartige Gefahren rechtfertigten gewaltsame Methoden. Masturbierende Mädchen wurden geschlagen.[60] Andere »repressive« Mittel seien die Infibulation, die Zwangsjacke, der Keuschheitsgürtel und die Amputation der Klitoris sowie die Durchtrennung der Nerven, die zur Klitoris führten.[61] Von der Infibulation riet Pouillet als einer barbarischen und wenig Erfolg versprechenden Prozedur ab. Das Beispiel Brocas hatte ihn in dieser Hinsicht offenbar vorsichtig gemacht. Die Zwangsjacke sei nicht zuverlässig, die verschiedenen im Handel befindlichen Keuschheitsgürtel seien zu kompliziert und zu teuer. Die Kliteridektomie sei wirksam und leicht durchzuführen, solle aber nur als letztes Mittel zum Einsatz kommen. Das Gleiche gelte für die Durchtrennung der Nerven. Hier war wohl der Nervus dorsalis clitoridis gemeint, auch wenn Pouillet von den »nerfs ischio-clitoridiens« re-

---

crisis, and she became unmanageable for the time, until she had passed three or four orgasms, as I supposed, one immediately following the other, when she became more governable. To carefully portray in words what she said and did would be shocking to a fastidious doctor. With a speculum in the vagina the os uteri would contract and dilate in alternation, and undergo orgasms in rapid succession, with only a few seconds interval. She begged of me not to withdraw the instrument, but when I had completed my examination she was partially exhausted and docile. I could discover a mucoid fluid emitting from the os uteri which evolved a strong venereal odor.« Kent, James Tyler. Sexual Neuroses. St. Louis, MO : Maynard & Tedford; 1879, S. 48f.

59 »Je ne mentionne pas les affections encéphaliques autres que la nymphomanie, bien que quelquesunes semblent agir sur l'appareil génital : les maladies du cervelet, par exemple.« Pouillet, Thesée. Essai médico-philosophique sur les formes, les causes, les signes, les conséquences et le traitement de l'onanisme chez la femme [...]. Paris : Adrien Delahaye et Cie; 1877, S. 48, S. 100.

60 »Il ne faut point alors, dans leur intérêt, hésiter à employer une méthode coercitive, bien que ses conséquences soient loin d'être sûres. La surveillance la plus minutieuse pèsera sur eux et les suivra partout, et une correction corporelle leur sera infligée, chaque fois qu'on les surprendra en flagrant délit de manuélisation.« Pouillet, Essai médico-philosophique 1877, S. 121.

61 Pouillet, Essai médico-philosophique 1877, S. 121f.

det.⁶² Im Widerspruch zu seinen warnenden Worten schilderte Pouillet dann mehrere Fälle, in denen die Kliteridektomie gewirkt habe. Unter anderem berichtet er von den Operationen Brauns in Wien und von einem Eingriff französischer Kollegen:

»Eine junge Frau, seit mehreren Jahren verheiratet und unfruchtbar, wurde zu Dr. Mondat gebracht. Er erkannte eine eingefleischten Masturbiererin, die einsame Vergnügungen denen der Ehe vorzog. Mit der Beratung von Dr. Dubois und Dr. Pelletan führte Dr. Mondat eine Klitorisamputation durch. Neun Monate nach der Operation brachte die junge Frau ein Kind zur Welt, liebte ihren Mann und hatte die Masturbation vergessen.«⁶³

Man merkt Pouillet förmlich an, wie erleichtert er darüber ist, die junge Frau doch noch ihrer Bestimmung als Ehefrau und Mutter zugeführt zu haben. In der Ausgabe von Pouillets in 1884 wurde Pouillet recht deutlich:

»Die Entfernung der Klitoris ist in verschiedenen Fällen durchgeführt und empfohlen worden. Durchgeführt mit Skalpell, Schere oder Galvanokaustikmesser; die Klitoridektomie scheint keine gravierenden Folgen zu haben; dasselbe gilt für die Durchtrennung der Nerven der Klitoris, der als Ersatz vorgeschlagen wurde, der sich aber nicht lohnt. Unserer Meinung nach sollte diese Operation, [...] dazu genutzt werden, die übermäßige Lust der Frauen zu beheben, wenn andere Heilmethoden versagt haben. Professor Braun aus Wien äußerte 1869 in den Annales Médico-Psychologiques die gleiche Meinung. Er sagt in der Tat, dass er nicht zögert, die Klitoridektomie zu empfehlen, wenn die wiederholte Masturbation bei Mädchen, Frauen und vor allem Witwen, die schwere körperliche und intellektuelle Störungen hervorgerufen hat, keinem anderen therapeutischen Mittel weicht. Manchmal ist der Erfolg nur vorübergehend und das Laster taucht wieder auf. Nach seiner von uns wiedergegebenen Beobachtung eines masturbierenden und epilepsiekranken Mädchens, das durch eine Klitoridektomie geheilt wurde, berichtet White, dass in zwei weiteren Fällen die Verbesserung auf diesem Wege nur

---

62   Pouillet, Essai médico-philosophique 1877, S. 125.
63   »Une jeune femme, mariée depuis plusieurs années et stérile, fut amenée au Dr Mondat. Il reconnut une masturbatrice invétérée qui préférait de beaucoup les plaisirs solitaires à ceux du mariage. Avec l'avis des docteurs Dubois etPelletan, le Dr Mondat pratiqua l'amputation du clitoris. Neuf mois après l'opération, la jeune femme accouchait, aimait son mari et avait oublié la masturbation.« Pouillet, Essai médico-philosophique 1877, S. 127 [Übersetzung N. F.].

vorübergehend war. A. Guérin zerstörte, wie wir oben gesehen haben, die Klitoris einer siebenundzwanzigjährigen Frau durch Feuer, aber die Manöver begannen erneut, als die Vulvawunde verheilt war. Eine junge Frau, bei der die Masturbation zum Marasmus geführt hatte, und die Robert zunächst von ihrer einsamen Leidenschaft durch eine Klitorisamputation geheilt hatte, fiel nach einigen Monaten aus dem gleichen Grund in ihren primitiven Zustand zurück. Aber im Allgemeinen liefert die Operation das Ergebnis, das man erwartet.«[64]

---

64 Pouillet, Thésée. Essai médico-philosophique sur les formes, les causes, les signes, les conséquences et le traitement de l'onanisme chez la femme. Paris: A. Delahaye et E. Lecrosnier; 1884, S. 202f. [Übersetzung N. F.]

9. Exkurs: Ovariektomie und Hysterektomie (1902-1940)

Kliteridektomien wurden ab den 1880er Jahren durch eine andere Form der Verstümmelung ergänzt und verdrängt. Immer häufiger entfernten Chirurgen die Eierstöcke oder den Uterus, um Symptomatiken zu heilen, die in keiner Verbindung zu den entfernten Organen standen. Carlo Bonomi hat angeführt, dass allein im Jahr 1886 nicht weniger als 35 Handbücher und Abhandlungen, die »Kastration« von Frauen in Fällen von Masturbation, Hysterie oder Neurosen empfahlen.[1] Sexuell auffälliges Verhalten, Epilepsie und psychische Störungen sollten so kuriert werden. Die Ovarien und der Uterus

---

1   Bonomi, Carlo. The Relevance of Castration and Circumcision to the Origins of Psychoanalysis: 1. The Medical Context. International Journal of Psychoanalysis. 2009; 90(3):551-580, S. 553. »Die sexuelle Ätiologie entstand tatsächlich innerhalb des theoretischen Rahmens der ›Reflex-Neurosentheorie‹. Derzufolge waren die lokalen Entzündungen und Überstimulationen der genitalen ›Nerven‹ und Organe verantwortlich für diverse nervöse Störungen und Symptome, die geheilt wurden, indem man ihre lokalen Ursachen ›eliminierte‹. Vor der Pubertät geschah dies hauptsächlich durch Ausätzungen und chirurgische Operationen der Genitalien wie Beschneidungen, Amputationen oder Vernarbungen der Klitoris, die Entfernung der kleinen Schamlippen und ähnlicher Mittel. Diese Praktiken, die in der zweiten Hälfte des 19. Jahrhunderts relativ weitverbreitet waren, wurden als Heilmittel für infantile Onanie und Hysterie betrachtet und wurden wegen ihres ›psychischen‹ Effekts auch empfohlen, wenn eine klare ›Lokalisierung‹ fehlte (das heißt, wenn Entzündungen oder Abnormitäten der Geschlechtsorgane nicht vorgefunden wurden). Eine solche Theorie und Behandlung war auch Teil der Lehre Adolf Baginskis, als Freud seine pädiatrische Ausbildung bei ihm absolvierte.« Bonomi, Carlo. Freud und die Kastration (Manuskript 1995). Deutsche Übersetzung des Artikels von Bonomi, Carlo. Freud and Castration: A New Look into the Origins of Psychoanalysis. The Journal of the American Academy of Psychoanalysis. 1998; 26(1):29-49, S. 2.

ersetzten auf diese Weise partiell die Klitoris, die bislang als das problematische Organ angesehen wurde. Klassische Hysterektomien und Ovariektomien wurden wegen der Gefahr für die Patientinnen vor 1860 vermieden, wenn sie auch kontrovers diskutiert wurden.[2] In einer 1673 erstmalig erschienenen und 1722 neu aufgelegten Abhandlung des Professors für Medizin an der Universität Heidelberg Georg Franck von Franckenau (1644-1704) bemerkte dieser, die Entfernung des Uterus, die »Kastration der Frauen«, sei schwierig, aber nicht unmöglich.[3] Er verwies in diesem Zusammenhang auf seinen dänischen Kollegen Thomas Bartholin (1616-1660), der die Prozedur genauer beschrieben hatte.[4] Jean Riolan habe vor der Entfernung des Uterus gewarnt.[5] Thomas Spencer Wells (1818-1897), einer der großen Gynäkologen des 19. Jahrhunderts, hatte 1862 eine Letalitätsrate von über der Hälfte seiner Patientinnen zu verzeichnen. 33 seiner 50 Patientinnen waren nach einer Orariektomie verstorben.[6] Sollte man eine chronische innere Erkrankung durch eine Operation heilen, die große Risiken in sich barg? Sir Robert Liston (1794-1847), Chirurgieprofessor am University College London, denunzierte Ärzte, die Eierstöcke operativ entfernten, als »Belly-Rippers« und forderte, sie summarisch wegen eines Tötungsdeliktes vor Gericht zu stellen.[7] Der Professor für Geburtshilfe am St. George's Hospital in London, Robert Lee (1793-1877),

---

2   »Multiloculaeres Cystovarium von mehrjähriger Dauer. Ovariotomie nach der alten Methode. Tod am dritten Tage nach der Operation durch Nachblutung in die Bauchhöhle.« »Colossale Geschwulst des Uterus (Myoma), fälschlich für eine Degeneration des Ovariums gehalten. Bauchschnitt, Exstirpation der Geschwulst sammt Uterus und Ovarium der rechten Seite. Tod am dritten Tage durch Nachblutung.« Stilling, Benedict. Die extra-peritonäal-Methode der Ovariotomie. Berlin: Georg Reimer; 1866, S. 5, 89.
3   Franckenau, Georg Franck von. Satyrae Medicae XX. Quibus Accedunt Dissertationes VI. Leipzig: Georg Weidmann; 1772, S. 36.
4   Franckenau, Satyrae Medicae, S. 38.
5   Franckenau, Satyrae Medicae, S. 39. Die Tatsache, dass es sich bei Franckenaus Text um eine *Satyra Medica* handelte, ändert nichts am Wahrheitsgehalt seiner Aussagen. Siehe Ferreira, Ana Isabel Martin und Cubo, Cristina de la Rosa. De Castratione mulierum (1673) : Una Satyra Medica de G.F. de Franckenaus. Berdonès. Maria Teresa Callejas; Ferriz, Patricia Canizares et al., (Hg.). Manipulus Studiorum: En Recuerdo de la Profesora Ana Maria Aldama Roy. Madrid: Escolar y Mayo Editores; 2014; 621-633.
6   Moscucci, Ornella. The Science of Woman: Gynaecology and Gender in England, 1800-1929. Cambridge, New York: Cambridge University Press; 1990, S. 153.
7   Frampton, Sally. Belly-Rippers, Surgical Innovation and the Ovariotomy Controversy. Cham: Palgrave Macmillan; 2018, S. 2.

hatte die Operation in den fünfziger Jahren als unakzeptabel zurückgewiesen. In den späten 1860er Jahren ging die Sterblichkeitsrate bei Ovariotomien jedoch stark zurück, nicht zuletzt wegen der Neuerungen, die Thomas Keith (1827-1895) und Thomas Spencer Wells (Arterienklemme) einführten. Außerdem verringerte die Anästhesie das Leiden der operierten Frauen beträchtlich und der Einsatz der Antisepsis verringerte das Infektionsrisiko. In den siebziger Jahren des 19. Jahrhunderts galt die Operation als medizinischer dernier cri, gleichermaßen bewundert als chirurgische Meisterleistung und problematisiert wegen der Fragwürdigkeit ihrer medizinethischen Akzeptanz.[8] Der Eingriff war außerdem finanziell lukrativ für den ausführenden Arzt.[9]

Die Operation wurde einerseits zur Entfernung der Eierstöcke im Falle von Tumoren eingesetzt, andererseits wurden auch vollkommen gesunde Frauen diesem schweren Eingriff unterzogen, um ihren Vaginismus, Nymphomanie oder Hysterie zu heilen. Einer Schätzung zufolge, sollen sich bis 1906 150.000 Frauen der Operation, die auch »Kastration der Frau« genannt wurde, in Europa und Nordamerika unterzogen haben.[10] 1923 urteilte ein Handwörterbuch der Sexualwissenschaft:

> »Beim Weibe hat man anfangs mit der von Hegar und Battey erfundenen Operation manchen Mißbrauch getrieben und z.b. bei Hysterie [Hervorhebung im Original gesperrt] die Verschneidung ausgeführt.«[11]

Hysterektomien waren chirurgisch komplex und führten zu einer hohen Mortalitätsrate auf Grund von postoperativen Entzündungen, selbst wenn die Operation erfolgreich abgeschlossen werden konnte. Lawson Tait, der 1885 einen Bericht über 1000 »erfolgreiche« Unterleibsoperationen an Frauen (darunter Hysterektomien und Ovariektomien) vorlegte, erwähnte 19 Todesfälle

---

8   Frampton, Belly-Rippers, S. 2.
9   Moscucci, The Science of Woman, S. 152, 170.
10 Van de Warker, Edward Ely. The Fetich [sic!] of the Ovary. American Journal of Obsterics and Diseases of Women and Children. 1906; 54:366-373. Canu, Etienne. Résultats thérapeutiques de la castration chez la femme : Conséquences sociales et abus de cette opération. Paris : Ollier-Henry; 1897. Meurisse, Bernard. Syndrome utérin et manifestations hystériques. Lille: Quarré; 1895, S. 199, 388.
11 Marcuse, Max. Handwörterbuch der Sexualwissenschaft: Enzyklopädie der natur- und kulturwissenschaftlichen Sexualkunde des Menschen. Bonn: A. Marcus & E. Webers; 1923, S. 248. Siehe Splett, T. und Steinberg, H. Die Therapie der Hysterie im 19. Jahrhundert – Wie stand die deutsche Psychiatrie zur Kastration? Fortschritte der Neurologie – Psychiatrie. 2003; 71(1):45-52.

bei 54 Hysterektomien (35 %) und insgesamt 93 Todesfälle bei allen Unterleibseröffnungen (9,3 %).[12]

Ähnliches gilt für die Ovariektomie, also die operative Entfernung der Ovarien. Tait berichtete hier von 405 Operationen mit 33 Todesfällen (8.15 %).[13] Zwar operierte schon 1809 der amerikanische Arzt Ephraim McDowell einen großen Eierstocktumor, was die Patientin auch überlebte, doch blieb die Gefahr der Entzündung in der Operationswunde.[14] Der Professor für Geburtshilfe in Manchester John Thorburn (1834-1885), der ein Handbuch der gynäkologischen Operationen verfasst hatte, urteilte 1885:

> »**The Causes of Death** [Hervorhebung im Original] after ovariotomy are chiefly shock, haemorrhage, and septiceemia. How far peritonitis, not due to sepsis, may sometimes be a cause, it is difficult, if not impossible, to say. Wounds of surrounding organs—the bladder, intestines, ureter, &c.—figure occasionally, although it is to be hoped very rarely. Strangulation of intestines in the wound, by the pedicle, or otherwise, may be considered as among the preventible causes. Death may also occur, as after other operations, from various constitutional affections of the thoracic organs, kidney, liver, &c. Gradually increasing knowledge of the best methods of operation is rapidly diminishing the mortality in every direction, but undoubtedly the greatest danger lies in the various forms of septic poisoning. To extreme care in cleansing the peritoneum, to the careful prevention of haemorrhage from adhesions, to the utmost attention to the a-septic condition of operator, assistants, bystanders, ward surroundings, instruments, and appliances, and to the proper estimation of the value of drainage, we look for still further advances.«[15]

---

12   Tait, Lawson. Abstract of an Address on One Thousand Abdominal Sections. Delivered before the Midland Medical Society. British Medical Journal. 1885; 1(1257):218-220. Tait berichtet von 19 Todesfällen bei 54 Eingriffen, Ibid., S. 218. Goodell berichtete von acht Todesfällen bei 33 Eingriffen und nur 15 »Heilungen« [recovery]. Goodell, A Case of Spaying, S. 43.
13   Tait, Lawson. Abstract of an Address. S. 219.
14   Clark, Donald A. Joshua Taylor Bradford and the Transatlantic Revival of Ovariotomy in the Mid-Nineteenth Century. The Register of the Kentucky Historical Society. 2015; 113(1):59-85, S. 59f.
15   Thorburn, John. A Practical Treatise of the Diseases of Women. London: Charles Griffin and Company; 1885, S. 459f.

Hinzu kam, dass diese Operationen in der ersten Hälfte des 19. Jahrhunderts ohne Anästhetika durchgeführt werden mussten.[16] Als eine Standardbehandlung setzte sich die Ovariektomie daher erst nach 1860 durch, nachdem Thomas Spencer Wells in England die Operationstechnik verfeinerte (Arterienklemme) und regelmäßig mit Anästhetika operierte.[17] Noch später als die Ovariektomie konnte sich die Hysterektomie durchsetzen. Hier waren Todesfälle besonders häufig.[18] Noch 1905 wurden nach Angaben des Zentralblatt für Gynäkologie bei 18 vaginalen Hysterektomien nur elf Patientinnen geheilt, sieben starben an den Folgen der Operation.[19] So wurde diese Operation in Deutschland, Frankreich und Großbritannien ernsthaft erst gegen Ende des

---

16 Seit den 1850er Jahren wurden zunehmend mit Chloroform und Äther zum Zwecke der Anaesthesie gearbeitet. Nach der erfolgreichen Anwendung von Chloroform bei Königin Victoria im Jahre 1853 wurde der kirchliche Widerstand gegen den Einsatz des Mittels aufgegeben. Cattell, T. Request for Information on the Administration of Chloroform. Provincial Medical & Surgical Journal. 1848; 12(8):223. Humphry, George M. Observations on Anæsthetic Agents in Surgical Operations. Provincial Medical & Surgical Journal. 1848; 12(16):425-428. Snow, John. On the Use of Chloroform in Surgical Operations and Midwifery. London Journal of Medicine. 1849; 1(1):50-55.

17 »Dr. Clay refers us, and I cannot see that he at all shakes the position I have advanced, that before Mr. Wells's early operations influenced professional opinion, say before 1860, ovariotomy was not received by our profession, either in this or in any other country, as a legitimate surgical operation and on turning to the first page of Dr. Peaslee's book I find this dedication: ›To the memory of Ephraim M 'Dowell, M. D., the father of ovariotomy, and to Thomas Spencer Wells, Esq., the greatest of ovariotomists.‹« Wells, T. Spencer et al. History of Ovariotomy. The British Medical Journal. 1880; 2(1031):567-568, S. 568.

18 »We have now to consider [intramural fibro-myomata] which most often lead to the necessity for the greater surgical operations. Operations for the removal of such growths by abdominal section are, however, far more serious and dangerous than those we have been considering. In the present class of cases, the operation nearly always involves the opening of the uterine cavity, and we are at once exposed to the risk of septic conditions. The result is seen in an immensely increased mortality – a mortality still so great that we must pause here, and carefully consider what are the conditions which justify us as surgeons in performing these formidable hysterectomies and partial hysterectomies.« Thornton, J. Knowslby. On the Operative Treatment of Uterine Fibro-Myomata. British Medical Journal. 1883; 2(1189):712-714, S. 712f. Zu den »Standard-Arterienklemmen« von Spencer-Wells (artery forceps) siehe Doran, Alban H. G. The Development of the Pressure Forceps. The British Medical Journal 1, no. 2830 (1915): 555-556.

19 Zentralblatt für Gynäkologie 1905, Bd. 29, S. 180.

19. Jahrhunderts diskutiert und hier vor allem im Kontext der Krebsbekämpfung.[20]

Nach 1870 wurden Hysterektomien und Ovariektomien zunehmend zur Bekämpfung von Tumoren und zur »Heilung« von Hysterie, Epilepsie, Masturbation und Nymphomanie eingesetzt.[21] Ab 1910 etwa kam die »Kastration« durch Bestrahlung der Eierstöcke mit Röntgenstrahlung hinzu. Auch nach 1870 war die Mortalitätsrate bei klassischen Ovariektomien hoch und die Erfolgsquote, wenn man überhaupt davon reden kann, gering:

»42.3 per cent, of the patients operated on by the abdominal section died, while only 17.6 per cent, of the vaginal sections proved fatal. Not a single patient who survived the abdominal operation was not at least somewhat improved by it; while the vaginal method shows 52.9 per cent, not improved;

---

20 Zu Großbritannien siehe [Anonymus]. Antiseptic Surgery. British Medical Journal 2, no. 988 (1879): 906-13. Bantock, G. Granville. On Hysterectomy. British Medical Journal 2, no. 1130 (1882): 364-367. Savage, Thomas. A Series of Abdominal Sections, Performed during 1882. British Medical Journal 1, no. 1163 (1883): 710-712. Tait, Lawson. An Account of Two Hundred and Eight Consecutive Cases of Abdominal Section Performed between Nov. 1st, 1881, and December 31st, 1882. British Medical Journal 1, no. 1155 (1883): 300-304. Bland-Sutton, J. Essays on Hysterectomy. London: Adlard and Son; 1905. Zu den USA siehe Saltonstall, Florence N. Vaginal Hysterectomy: Report of Sixteen Successive Cases without a Death. n.p: 1894. Hickling, Daniel Percy. Case of Hysterectomy for Fibroids. Washington, DC: 1903. Für Frankreich siehe Fochier, Alphonse. Hystérectomie abdominale totale et opération césarienne. Paris : Steinheil; 1903. Barozzi, J. Manuel de gynécologie pratique. Tours : Deslis Frères; 1907, S. 405f.

21 Die Sterblichkeit bei Ovariektomie war hoch. Engelmann, Georg Julius. Battey's Operation; Three Fatal Cases, with Some Remarks upon the Indications for the Operation. American Journal of Obstetrics and Diseases of Women and Children, 1878, 11: 459-481. Planchon, Antoine. Traité complet de l'opération césarienne. Paris: Drost; 1801, S. 87. »We have now to consider [intramural fibro-myomata] which most often lead to the necessity for the greater surgical operations. Operations for the removal of such growths by abdominal section are, however, far more serious and dangerous than those we have been considering. In the present class of cases, the operation nearly always involves the opening of the uterine cavity, and we are at once exposed to the risk of septic conditions. The result is seen in an immensely increased mortality – a mortality still so great that we must pause here, and carefully consider what are the conditions which justify us as surgeons in performing these formidable hysterectomies and partial hysterectomies.« Thornton, J. Knowslby. On the Operative Treatment of Uterine Fibro-Myomata. British Medical Journal. 1883; 2(1189):712-714, S. 712f.

some even made worse; 29.4 per cent, were improved by the vaginal operation to 57.5 per cent, improved by the abdominal.«[22]

Robert Battey (1828-1895) war ein amerikanischer Gynäkologe, der die radikale »Oophorektomie, heute bekannt unter dem Terminus Ovariektomie durchführte.[23] Im dritten Drittel des 19. Jahrhunderts bis etwa 1910 wurde regelmäßig die von Georg Julius Engelmann (1847-1903) kritisch beleuchtete Battey's Operation durchgeführt, um eine Vielzahl tatsächlicher oder imaginierter Krankheiten zu heilen.[24] Ben Barker-Benfield, ein Pionier der feministischen Medizingeschichte, beschrieb die Einsatzgebiete dieser Operation:

> »Among the indications were troublesomeness, eating like a ploughman, masturbation, attempted suicide, erotic tendencies, persecution mania, simple ›cussedness,‹ and dysmenorrhoea (painful menstruation, long held to be one consequence of masturbation). Most apparent in the enormous variety of symptoms doctors took to indicate castration was a strong current of sexual appetitiveness on the part of women. That is, castratable women evinced a quality held to be characteristic of men.«[25]

Ovariektomien waren die bei weitem »populärsten« gynäkologischen Eingriffe in den 1880er Jahren.[26] Sie wurden nicht nur bei Tumoren oder Krebserkrankungen eingesetzt, sondern auch zur Bekämpfung der Nymphomanie. Der amerikanische Gynäkologe William Goodell (1829-1894), der grundlegende Entdeckungen in seinem Fachgebiet gemacht hatte und ab 1874 als Professor für Frauen- und Kinderkrankheiten in Philadelphia wirkte, war zunächst ein Gegner, dann aber ein Verfechter der Ovariektomie im Falle von Nymphomanie. In einem Artikel aus dem Jahre 1878 sprach er sich gegen die Ovariektomie aus, wenn sie nicht zur Heilung von Geschwulsten notwendig war.

---

22 Engelmann, Georg Julius. The Dangers and Difficulties of Battey's Operation. Philadelphia, PA: Collins; 1878, S. 3f.
23 Battey, Robert. Antisepsis in Ovariotomy and Battey's Operation: Eighteen Consecutive Cases. All Successful. Richmond, VA: Ferguson & Son; 1883.
24 Yandell, David W. und McClellan, Ely. Battey's Operation. Louisville, KY: John P. Morton; 1875. Sims, J. Marion. Battey's Operation. London: T. Richards; 1877.
25 Barker-Benfield, Ben. The Spermatic Economy: A Nineteenth Century View of Sexuality. Feminist Studies. 1972; 1(1):45-74. S. 60.
26 Frampton, Sally. Belly-Rippers, Surgical Innovation and the Ovariotomy Controversy. Cham: Palgrave Macmillan; 2018, S. 149.

»The seat of sexuality in a woman has long been sought for, but in vain. The clitoris has been amputated, the nymphae have been excised, and the ovaries removed, yet the sexual desire has remained unquenched. Its seat has not been found, because sexuality is not a member or an organ, but a sense – a sense dependent on the sexual apparatus, not for its being, but merely for its fruition. On this account I have quite recently refused to remove the ovaries from a young women who is afflicted with uncontrollable nymphomania, although both she and her physician urged the trial of the operation.«[27]

Goodell ging noch weiter: Angesichts der hohen Sterblichkeit und der »Verstümmelung« der Überlebenden käme z.B. eine Exstirpation der Gebärmutter bei einem fibroidem Tumor nur im absoluten Notfall in Frage. Zuvor sollten die Eierstöcke entfernt werden.[28] 1893 las sich das schon anders. Die Operationstechnik hatte sich verfeinert und Nymphomanie und Hysterie waren »Volkskrankheiten« geworden.

»Die vierunddreißigjährige Frau eines Bauern erschöpfte ihn durch ihre sexuellen Handlungen so sehr, dass seine Gesundheit sehr stark gelitten hatte. [Goodell nahm eine Ovariektomie vor] Nach der Entfernung [der Eierstöcke] hielten die Menstruation und der sexuelle Impuls noch etwas mehr als ein Jahr lang unvermindert an, als Ersteres ganz aufhörte und Letzteres nicht lange danach verschwand. Ein anderer Fall war die [...] dreißig Jahre alte Frau eines Mannes, der ihr nicht so wohlgesinnt war. Sie war steril und hatte eine exzessive Menorrhagie aufgrund eines Gebärmuttermyoms, wofür ihr die Eierstöcke entfernt wurden. Die Menstruation trat nicht wieder auf, und in weniger als zwei Jahren gingen alle sexuellen Gefühle verloren. In einem dritten Fall wurde eine junge Dame von hoher Intelligenz durch Menorrhagie und häufige Masturbation in einen bedauernswerten Gesundheitszustand versetzt. Sie war nicht wahnsinnig, aber sie, so unglaublich es auch erscheinen mag, masturbierte manchmal nicht weniger als acht Mal in vierundzwanzig Stunden. Nach der Entfernung der Eierstöcke, die anscheinend in jeder Hinsicht gesund waren, behielt sie mehrere Monate lang ihre

---

27 Goodell, William. A Case of Spaying for Fibroid Tumour of the Womb. The American Journal of the Medical Sciences. 1878; 76(151):36-50, S. 49. Ähnlich auch Lelong. Lelong, Jacques. De l'intervention chirurgicale dans l'hysterie. Montpellier : Firmin, Montane et Sicardi; 1902, S. 48.
28 Goodell, A Case of Spaying, S. 42.

9. Exkurs: Ovariektomie und Hysterektomie (1902-1940)

schlechten Angewohnheiten bei, obwohl der monatliche Strom nie wieder zurückkehrte. Dann verschwand das sexuelle Gefühl allmählich, und sie gab ihr einsames Laster auf. In einem vierten Fall entfernte ich die gesunden Eierstöcke einer unverheirateten Dame mittleren Alters, die zwar seltsam, aber nicht geisteskrank genug war, um eingesperrt zu werden. Während ihren monatlichen Perioden war sie von einem so unwiderstehlichen Verlangen nach Geschlechtsverkehr angestachelt, dass sie selbst befürchtete, sie könne sich verirren. Nicht lange nach ihrer Kastration, die eher dazu diente, sie vor Vorwürfen zu bewahren als ihren Wahnsinn zu heilen, verlor sie das Verlangen ganz und gar. Sie erlangte jedoch ihre Vernunft nicht wieder und musste schließlich in ein Irrenhaus eingewiesen werden.«[29]

Goodell berichtet von einem weiteren Fall, bei dem sein Kollege Kerlin ihn in der Frage konsultierte ob es angebracht sei, einer »schwachsinnigen« Insassin seiner Einrichtung, »deren schamloser Verkehr mit dem anderen Geschlecht das einzige Hindernis für ihre Freilassung war« [Übersetzung N. F.], die Eierstöcke zu entfernen. Goodell war sehr zuversichtlich, dass die Operation ihr Ziel erreichen würde und drängte auf ihre Durchführung. Kerlin erhielt jedoch nicht die offizielle Erlaubnis zur Operation und da sowohl Goodell als auch Kerlin Angst vor rechtlichen Konsequenzen hatten, wurde nichts weiter unternommen und die Frau wurde weggeschlossen.[30]

Die weibliche »Kastration« war nach Ansicht Barker-Benfields weiter verbreitet als die Kliteridektomie. Diese Annahme basiert auf der Schätzung, dass 1906 auf jeden der 150.000 niedergelassenen amerikanischen Ärzt*innen eine kastrierte Frau käme. Ob diese Annahme realistisch ist, vermag ich nicht zu beurteilen. Richtig ist, dass einige amerikanische Ärzte angaben, zwischen 1500 und 2000 Frauen auf diese Weise behandelt zu haben.[31] Jacques Lelong argumentierte noch 1902 für eine Ovariektomie, da der Zusammenhang von Hysterie und Eierstöcken durch die Arbeiten Charcots klar erwiesen sei. In der Kompilation verschiedener Fallgeschichten kommt aber auch eine Frau vor, die nach der Entfernung der Eierstöcke genauso »hysterisch« waren, wie davor.[32]

---

29 Goodell, William. The Effect of Castration on Women and Other Problems in Gynecology. The Medical News. 1893; 63(24):652-656, S. 653f. [Übersetzung N. F.].
30 Goodell, The Effect of Castration, S. 654.
31 Barker-Benfield, The Spermatic Economy, S. 60f., S. 73, Anm. 135.
32 Lelong, Jacques. De L'Intervention chirurgicale dans l'hysterie. Montpellier : Firmin, Montane et Sicardi; 1902, S. 14, 22.

Georges Gilles de la Tourette (1857-1904), Neurologe, Rechtsmediziner und Spezialist für Hysterie, und Roland Pichevin (1847-1914), selbst ein Arzt, der Kliteridektomien durchgeführt hatte, wandten sich gegen die Mode, die sich seit den 1870er Jahren unter seinen Kollegen durchgesetzt hatte, bei seelischen Problemen ihrer Patientinnen, bei Epilepsie oder in Fällen der Masturbation zum Mittel der Ovariektomie zu greifen.[33] Ein Grund für die allmähliche Aufgabe der Ovariektomie lag nicht nur in der Kritik bekannter Mediziner an der Praxis, sondern auch im funktionalen Äquivalent der Röntgenbestrahlung der Ovarien ab 1900.[34]

Goodells Vorsicht war durchaus angebracht. Zum zweiten Mal nach dem Skandal um Isaac Baker Brown (1866/67) wurde 1886 ein britischer Gynäkologe belangt, weil er an einer Frau ohne Erlaubnis und ohne ausreichende Information eine Operation der Genitalien vorgenommen hatte. Dr. Francis Brodie Imlach (1819-1891), ein gelernter Zahnarzt aus Liverpool, hatte bei Mary Casey die Ovarien entfernt und wurde von ihr und ihrem Ehemann John Casey vor Gericht gezogen. Der Angeklagte leugnete, ohne das Wissen der Patientin gehandelt zu haben.[35] Imlach wurde nicht nur vor ein berufsständisches Komitee gezogen, das den Fall Mary Caseys begutachtete, sondern sah sich auch einer Klage vor dem Gericht ausgesetzt.[36] Imlach wurde zwar nicht verurteilt, aber die finanziellen Folgen für ihn waren katastrophal. Spätere Versuche, ihn in der Fachwelt zu rehabilitieren, schlugen fehl.[37] Ähnli-

---

33   Walusinski, Olivier. Georges Gilles de la Tourette : Beyond the Eponym. Oxford, New York : Oxford University Press ; 2019, S. 326. Pichevin, Roland. Des Abus de la Castration chez la Femme. Paris : Dissertation 1889. Hoche, Alfred Erich. Die Differentialdiagnose zwischen Hysterie und Epilepsie. Berlin : August Hirschwald ; 1902.

34   Longo, Lawrence D. The Rise and Fall of Battey's Operation: A Fashion in Surgery. Bulletin of the History of Medicine. 1979 ; 53(2):244-267.

35   [Anonymus]. Medico-Legal and Medico-Ethical. British Medical Journal. 1886 ; 2:394-395.

36   »Der Sonderausschuss, der beauftragt wurde, Imlachs zahlreiche Fälle von Kastration im Frauenkrankenhaus in Liverpool zu untersuchen, berichtete, dass er ›einen deutlichen Verlust an sexuellem Empfinden in einem Ausmaß feststellte, das in nicht wenigen Fällen ernsthaftes häusliches Unglück verursacht‹. Die Richtigkeit dieses Berichts wird durch Fälle in meiner eigenen Praxis, durch gelöste Verlobungen, eheliche Entfremdungen und eheliche Untreue bestätigt.« Goodell, The Effect of Castration, S. 653f. [Übersetzung N. F.].

37   Anderson, Garrett ; Imlach, Francis ; Bantock, George Granville ; Playfair, S. S. und Hawkins-Ambler, G. A. Abdominal Operations: The Case Of Dr. Imlach. The British Medical Journal. 1900 ; 2(2081):1469-1470.

ches widerfuhr Charles James Cullingworth (1841-1908), einem Chirurgen am St. Thomas Hospital, im Jahre 1897. Cullingworth wurde von einer Patientin namens Alice Jane Beatty verklagt, die als Krankenschwester arbeitete und daher mit Fachwissen in das Gerichtsverfahren ging. Beatty behauptete, Cullingworth habe ihr beide Ovarien entfernt, sie habe aber nur der Entfernung eines Eierstocks zugestimmt. Cullingworth gab an, die Operation sei notwendig gewesen, da auch der zweite Eierstock nicht gesund gewesen sei. Ein Teil des Fachkollegiums beanstandete die Operation. Beatty verlor den Fall trotz der Aussage des Fachgutachters Thomas Spencer Wells, der die Entfernung der zweiten Ovarie für überflüssig hielt. Entscheidend war aber die öffentliche Wirkung. Entfernungen der Eierstöcke gerieten unter Generalverdacht und veranlassten Chirurgen zu größerer Vorsicht. Dass die Operation auch eingesetzt wurde, um psychisch Kranke zu behandeln, führte nicht zu einer positiven Aufnahme der Fälle in der Presse.[38]

Als Gutachter im Fall Beatty v. Cullingworth gehörte Thomas Spencer Wells, Leibarzt der Königin Victoria und Präsident des *Royal College of Surgeons of England*, zu den prononciertesten Kritikern der Ovariektomie. Er veröffentlichte 1886 eine geharnischte Kritik am Verfahren, die er 1891 wiederholte, »[...] in consequence of continued and apparently extended abuse of the unnecessary mutilations of young women.«[39] Die Entfernung der Eierstöcke habe sich zu einer wahren Manie entwickelt.

> »The ovary is, in fact, the nucleus of gynaecological science and the source of gynaecological practice. [...] Wonderful, indeed, is woman's hydra-like tolerance of sections and mutilations under their [the operators] hands!«[40]

Wells war beileibe kein Reformator oder Rebell, der den Kollegen die Leviten lesen wollte, weil er für das Recht auf reproduktive Selbstbestimmung eintreten wollte. Im Gegenteil. Die patriarchale Aufgabenverteilung zwischen Reproduktion und Produktion wurde durch Wells verteidigt. »Reproduction is the dominant function of woman's life, and all her other living actions are but

---

38 Hobbs, A. T. Surgical Gynæcology in Insanity. British Medical Journal. 1917; 2(1897):769-770.
39 Wells, Thomas Spencer. Modern Abdominal Surgery: The Bradshaw Lecture Delivered at the Royal College of Surgeons of England, December 18th, 1890 with an Appendix on the Castration of Women. London: J. & A. Churchill; 1891, S. 35.
40 Wells, Modern Abdominal Surgery, S. 43.

contributory.«[41] Die unkontrollierte und leichtfertige Entfernung der Organe, die zur biologischen Reproduktion des Menschen unerlässlich seien, bedrohe die Reproduktion. Wells führte eine ganze Liste von Fällen an, bei denen er unterstellte, die Ovariektomie sei überflüssig gewesen. Besonders ärgerlich fand Wells die Fälle von Ovariektomien zur Behandlung von Wahnsinn und Nymphomanie.

»But pure madness – no; gynaecologists will never empty the lunatic asylums. They have sent some women into them. [...] in nymphomania and mental diseases it is, to say the least, unjustifiable.«[42]

Ihm stimmte der französische Arzt Bernard Meurisse zu, der an der Pariser medizinischen Fakultät lehrte.

»Das Opfer der Eierstöcke wurde bei vielen hysterischen [Frauen] erbracht; es scheint nicht, dass das Opfer der Hoden jemals für den Mann gemacht wurde[...][...] Die Schwere des Eingriffs ist für das eine Geschlecht nicht größer als für das andere; und Hysterie gibt es beim männlichen Geschlecht ebenso sicher wie beim weiblichen. Es wäre schwer zu verstehen, warum eine Frau dem zustimmen würde, wenn es nicht zwei Hauptüberlegungen gäbe: – Zum einen ist es die relative (manchmal sogar vollständige) Unkenntnis der Bedeutung des Eierstocks für das weibliche Geschlecht. – Auf der anderen Seite ist es der mehr oder weniger maskierte Wunsch, jede spätere Empfängnis unmöglich zu machen, ein Wunsch, dessen Häufigkeit in unserer Zeit der Dekadenz nur allzu häufig anzutreffen ist.«[43]

---

41   Wells, Modern Abdominal Surgery, S. 43.
42   Wells, Modern Abdominal Surgery, S. 49f.
43   »Le sacrifice des ovaires a été fait chez de nombreuses hystériques ; il ne paraît pas que celui des testicules ait jamais été consenti pour l'homme[...]. La gravité n'est cependant pas plus grande pour l'un que pour l'autre sexe ; et les hystériques existent dans le sexe masculin aussi certainement que dans le sexe féminin. On aurait quelque peine à comprendre qu'une femme y consente, si n'étaient deux considérations principales : — C'est d'une part l'ignorance relative, (quelquefois même complète,) de l'importance de l'ovaire pour le sexe féminin. — C'est d'autre part le désir, plus ou moins masqué, de rendre impossible toute conception ultérieure, désir, dont la fréquence n'est que trop commune dans notre temps de décadence.« Meurisse, Syndrome utérin, S. 354 [Übersetzung N. F.]. Siehe auch Touroude, Arsène. L'hystérie : Sa nature, sa fréquence, ses causes, ses symptômes et ses effets. La Chapelle-Montligeon : N. D. de Montligeon ; 1896, S. 318.

9. Exkurs: Ovariektomie und Hysterektomie (1902-1940)

Die Geschichte der Gynäkologie im Westen ist die Geschichte von »Trial and Error« und oft standen am Anfang wichtiger Durchbrüche unvorsichtig oder nachlässig geplante und durchgeführte Versuche, die erfolgreich verliefen. Man denke nur an die Einführung der Anästhesie in der Frauenheilkunde seit den 1850er Jahren. Genauso oft aber wurden Behandlungsmethoden »modern«, deren wissenschaftliche Grundlagen alles andere als gesichert oder erprobt gelten konnten. Beginnend mit dem »Franklinism« des frühen 19. Jahrhunderts, ersetzte die Elektrizität im zweiten Drittel des 19. Jahrhunderts die bis dahin als wegweisend geltende Homöopathie.[44] Elektrische Behandlungsmethoden konnten an den animalischen Magnetismus Mesmers knüpfen, wobei die Elektrizität nicht mehr als eine nur dem Körper innewohnende sublime Kraft verstanden, sondern als etwas Äußeres begriffen wurde, das auf den Körper »angewandt« werden konnte.[45] Schon 1866 schlug der deutschbritische Arzt und Charcotschüler Julius Althaus (1833-1900) vor, die Hysterie mittels »Faradayisierung« zu heilen.[46] Diese Phase fiel zusammen mit der Vermarktung der Elektrizität nach 1880, auch wenn die öffentliche Perzeption der neuen unsichtbaren Energie zwischen Furcht und Fantasie oszillierte.[47] Gerade diese perzeptive Ambivalenz wurde auch für die Medizin nutzbar gemacht. Die Begeisterung für Elektrizität als vitaler Kraft, die alles zusammenhielt, sprang auch auf die Gynäkologie über. Nicht nur die erwähnte elektrische Kauterisierung gewann Unterstützer, auch die Behandlung von Tumoren und anderen »Frauenkrankheiten« wurde zunehmend mit Hilfe elektrischer Ströme angegangen. Die quasi »unsichtbare« Energie der Elektrizität, der alle möglichen heilenden Kräfte wie Beseitigung der Neurasthenie oder Impotenz zugeschrieben wurde, war eine Energie, die in den Körper eindringen konnte, ohne dass dieser mit Skalpell oder Sonde penetriert werden musste. Elektrische Behandlungsmethoden waren »sauber« und konnten

---

44 Cambridge, Nicholas Anthony. Electrical Apparatus Used in Medicine before 1900. Proceedings of the Royal Society of Medicine. 1977; 70(9):635-641.

45 Finzsch, Norbert. Henry Adams, Nikola Tesla and the »Body Electric«: Intersections between Bodies and Electrical Machines. In: Hampf, M. Michaela and Snyder-Körber, MaryAnn, (Hg.). Body. Gender. Technology. Heidelberg: Winter; 2012; S. 253-278, 253f., S. 262.

46 Althaus, Julius. A Lecture on the Pathology and Treatment of Hysteria. The British Medical Journal. 1866; 1(271):245-248, S. 248. Siehe auch Althaus, Julius. A Treatise on Medical Electricity, Theoretical and Practical and Its Use in the Treatment of Paralysis, Neuralgia, and Other Diseases. London: Trübner & Co.; 1859.

47 Finzsch, Henry Adams, S. 263-265.

ohne Anästhesie durchgeführt werden. Damit fielen die Komplikationen und Anfechtungen weg, die behandelnde Ärzte, die Ovariektomien und Hysterektomien durchführten, zu gewärtigen hatten. So schlug der deutsche Gynäkologe Franz Wilhelm Carl Ludwig von Winckel (1837-1911), erster Präsident der *Deutschen Gesellschaft für Gynäkologie und Geburtshilfe*, 1884 zu ersten Mal die Entfernung der Klitoris mit Elektrokaustik vor.[48] Otto Adler, Sanitätsrat aus Berlin, sah in der elektrischen Reizung der Klitoris eine geeignete Form der Bekämpfung weiblicher sexueller »Unlust«. Er schlug deshalb, Rohleder rezipierend, vor, eine Elektrode des von dem Arzt Karl Spamer (1842-1892) entwickelten Induktionsapparat an der Klitoris anzubringen und mit Gleichstrom zu bearbeiten.[49] Dieser Apparat wurde seit 1908 von der Firma Sanitas professionell gebaut und vertrieben.

»Es ist nicht zu verkennen, daß in der Elektrizität das geeignetste Mittel jeglicher peripherer Nervenreizung gesucht werden muß. Der hierdurch erreichbare Effekt hat noch eine besondere Bedeutung, welche sich an unsere physiologische Erklärung des Orgasmus anlehnt. Es ist nicht unwahrscheinlich, daß durch elektrische Reizung eine Kontraktion der Genitalmuskulatur und eine Sekretion des betreffenden Drüsenapparates erreicht werden kann.«[50]

Schon 1889 fand im *British Medical Journal* eine breite Diskussion der Elektrizität in der Gynäkologie statt, die von einer Reihe von Ärzten geführt wurde, die zuvor im Kontext der Kliteridektomie publizistisch und praktisch aktiv gewesen waren.[51] Von der Elektromedizin war es kein weiter Weg zur Röntgenmedizin in der Gynäkologie. Verbunden waren beide Ansätze durch die »Unsichtbarkeit« der Spannung bzw. Strahlung und die wenig invasiven Prozeduren. Außerdem kamen beeindruckend aussehende Apparaturen zum Einsatz.

---

48   Winckel, Franz von. Zur operativen Gynäkologie. Archiv für Gynäkologie. 1884; 23(2):159-182, S. 176. Siehe auch Winckel, Franz von. Die Pathologie der weiblichen Sexual-Organe in Lichtdruck-Abbildungen. Leipzig: S. Hirzel; 1881, S. 276.

49   Ruhmer, Ernst. Konstruktion, Bau und Betrieb von Funkeninduktoren und deren Anwendung mit besonderer Berücksichtigung der Röntgenstrahlen-Technik. Leipzig: Hachmeister & That; 1904, S. 14-16.

50   Adler, Otto. Die mangelhafte Geschlechtsempfindung des Weibes. Berlin: Fischer; 1919, S. 196f.

51   Channing, William F. The Medical Application of Electricity. Boston, MA: Thomas Hall; 1865, S. 129-134, 153-166.

9. Exkurs: Ovariektomie und Hysterektomie (1902-1940)

Letztlich war die Röntgentechnologie ja auch nur eine Form der Elektromedizin.[52] Die beim Röntgen auftretende Strahlung besteht aus elektromagnetischen Wellen, die durch einen Hochspannungsstroms zwischen Anode und Kathode in einer Röhre erzeugt werden und durch Aufprall der beschleunigten Elektronen auf die Anode die charakteristische Röntgenstrahlen entstehen lassen. Die Technik war um 1900 noch relativ simpel und wurde in der Anfangszeit der Röntgenapparate oft in einem Atemzug mit anderen elektrischen Apparaten genannt. Eine genaue Trennung zwischen medizinisch sinnvoller Anwendung der Elektrizität und Quacksalberei war um 1900 nicht ohne weiteres gegeben. So finden sich in den Katalogen für röntgenmedizinische Apparaturen auch Werbung für den Oudinresonator und die Teslaspule, beides Geräte zur Erzeugung von hochfrequenten Wechselströmen, deren therapeutische Wirkung gelinde gesagt umstritten war.[53] Für einen solchen Oudinresonator musste ein Arzt einschließlich Elektroden $100.00 auf den Tisch legen, 1906 keine kleine Summe.[54]

Der Physiker Ernst Ruhmer brachte es 1904 auf den Punkt.

»Mit der vielseitigen Anwendung der Röntgenstrahlen ist ein ganz neuer Zweig der Elektrotechnik ins Leben gerufen worden, der sich infolge der zahlreichen Verbesserungen und Vervollkommnungen der betreffenden Apparate innerhalb weniger Jahre zu einer besonderen Röntgenstrahlen-Technik ausgebildet hat.«[55]

Die Anwendung der Röntgentechnologie führte den Ansatz des »unblutigen« und schmerzfreien Sichtbarmachens von Krankheiten fort.

»In therapeutischer Hinsicht hat sich herausgestellt, daß die häufige und übermäßige Anwendung der Röntgenstrahlen bösartige Hautentzündungen (Röntgendermatitis) hervorzurufen imstande ist, daß aber ihre mäßige

---

52 Jorgensen, Timothy J. Strange Glow: The Story of Radiation. Princeton, NJ: Princeton University Press; 2016, S. 116-140.
53 Kassabian, Mihran Krikor. Röntgen Rays and Electro-Therapeutics with Chapters on Radium and Phototherapy. Philadelphia, PA, London: J. B. Lippincott; 1907, S. 143, S. 180.
54 Biddle, James G. Roentgen: Radiographic Table and Several Other New Things. Philadelphia, PA: James G. Biddle; 1906, S. 10.
55 Ruhmer, Konstruktion, Bau und Betrieb von Funkeninduktoren, Vorwort. Zum Röntgen siehe ibidem S. 161-262.

Anwendung zum mindesten bakterientötend wirkt und somit nützlich werden kann.«[56]

1898 schon erschien in Deutschland ein Lehrbuch der Röntgenuntersuchung, 1903 ein Grundriss der Radiotherapie.[57] Deutsche, britische, US-amerikanische und französische Ärzt*innen verschrieben sich der Röntgentechnologie als einer Behandlungsmethode, die Operationen überflüssig zu machen schien. Die operative Entfernung der Ovarien wurde überflüssig. Die »Kastration« von Frauen konnte nunmehr mit Röntgenstrahlen erreicht werden.

Thomas Spencer Wells hatte in seiner Breitseite gegen überflüssige Ovarektomien nicht Betracht gezogen, dass zur Behandlung von Wahnsinn und Nymphomanie die Eierstöcke nicht immer invasiv entfernt werden mussten. Man könnte sie auch mit Röntgenstrahlen schädigen, ja sogar verbrennen, ohne den Körper öffnen zu müssen. Im Zuge der Entdeckung der Radioaktivität ging man deshalb zur »Bestrahlung« der Ovarien mit Röntgenstrahlen über, eine überaus gefährliche und – um es neutral auszudrücken – höchst zweifelhafte Behandlung der Nymphomanie. Max Hühner (1873-1947), 1893 an der *Columbia University* promovierter Arzt, schrieb 1916 ein Buch, dass durch mehrere Auflagen ging und 1946 zum letzten Mal erschien.[58] In diesem Text wurden die Lehren Tissots, Grahams und Kelloggs angewendet, die zwar antimastubatorisch waren, aber von Operationen abgeraten hatten. Hühner berichtete von den generell erfolglosen Versuchen, Nymphomanikerinnen zu heilen und bemerkte:

> »The treatment is very unsatisfactory, as in the vast majority of cases nothing can be done for them. [...] Rohleder states that Fränkel has been trying Roentgen treatment of the ovaries, with the idea of not only causing sterility but also a diminution of the libido, but he does not know if any good has resulted therefrom.«[59]

---

56   Ruhmer, Konstruktion, Bau und Betrieb von Funkeninduktoren, S. 225.
57   Freund, Leopold. Grundriss der gesammten [sic!] Radiotherapie für praktische Ärzte. Berlin, Wien: Urban & Schwarzenberg; 1903.
58   Knoles, Jon. How Sex Got Screwed Up: The Ghosts that Haunt Our Sexual Pleasure, Band 2: From Victoria to Our Own Times. Wilmington, DE: Vernon Press; 2019, S. 447.
59   Hühner, Max. A Practical Treatise on Disorders of the Sexual Function in the Male and Female. Philadelphia, PA: F. A. Davis; 1921, S. 165.

Besagter M. Fraenkel [sic] arbeitete seit Beginn des 20. Jahrhunderts an der Bestrahlung von Ovarien. Er hatte zunächst Tierversuche angestellt. Er hatte auch einen Abort durch Röntgenstrahlen herbeigeführt, war aber ansonsten der Ansicht, man könne Periodenbeschwerden durch Röntgenstrahlen heilen, weil von ihnen eine Reizwirkung ausginge. Er erfand den Begriff der Röntgenreizdosis im Zusammenhang mit der Behandlung verschiedenster Beschwerden.[60] Fraenkel wurde daher auch in den Handwörterbüchern der Sexualwissenschaft hervorgehoben, da er die Bestrahlung zur Herbeiführung einer temporären Unfruchtbarkeit anwendete. Er setzte Bestrahlungen auch bei Frauen ein, »die an *sexuellen Überreizen* [Hervorhebung im Text gesperrt] leiden und hat 22 derartige ältere Frauen mit dauernd quälender Unruhe und Schlaflosigkeit durch röntgentherapeutische Beseitigung der geschlechtlichen Erregungszustände ›ausnahmslos beglückt‹.«[61] Noch 1928 riet Henry Detlev von Witzleben (1896-19xx) zu einer »Röntgenkastration bei degenerativem Irresein«, musste allerdings konzedieren, dass der erhoffte Erfolg nicht eintrat. Im ersten Fall behandelte von Witzleben eine 47-jährige Frau, die seit 20 Jahren an »degenerativer Hysterie« litt. Die Frau war angeblich hypersexuell und ihre Mutter trat an von Witzleben mit der Bitte heran, eine »Röntgenkastration« durchzuführen. Es trat keine Verbesserung ein. Im zweiten Fall einer 44-jährigen Frau diagnostizierte von Witzleben ebenfalls eine Hysterie bzw. degenerative Psychose. Die Bestrahlung dieser als sexuell aktiv markierten Frau hatte ebenfalls keine Wirkung.[62]

Nun ist es nicht so, dass die Ärzte, die derartige Behandlungsmethoden anwendeten, keine Ahnung hätten haben können, welche Auswirkungen die Bestrahlung von Ovarien für die Betroffenen haben konnten. 1902 konnte man noch über die Auswirkungen der Röntgenbestrahlung und vor allem der »Röntgenverbrennung« spekulieren.[63] Spätestens um 1910 war klar, dass derartige Bestrahlungen ernste und langfristige negative Konsequenzen hatten. Karl Reifferscheid (1874-1926), Professor der Gynäkologie in Göttingen, hatte

---

60 Beck. Lutwin. Zur Geschichte der Gynäkologie und Geburtshilfe: Aus Anlaß des 100jährigen Bestehens der Deutschen Gesellschaft für Gynäkologie und Geburtshilfe. Berlin, Heidelberg, New York: Springer; 1986, S. 325.
61 Marcuse, Handwörterbuch der Sexualwissenschaft, S. 403.
62 Witzleben, Henry Detlev von. Röntgenkastration bei degenerativem Irresein. Der Nervenarzt. 1928; 1(5):297-300.
63 Williams, Francis H. The Roentgen Rays in Medicine and Surgery and as Aid in Diagnosis and as Therapeutic Agent. London: Macmillan; 1902, S. 447f.

im Zentralblatt für Gynäkologie einen Artikel veröffentlicht, der die Schädigungen der Ovarien bei Tierversuchen und beim Menschen auch bei »geringen« Stärken von $\frac{1}{2}$ bis $1\frac{1}{4}$ der Erythemdosis (MED) nachwies. Die amerikanischen Kollegen kannten diese Forschungsergebnisse.[64]

1915 warnte Hans Erwin Schmidt, eine der Autoritäten der jungen Strahlungsmedizin in Deutschland, vor einer gesteigerten Erythemdosis, »da wir diese keinesfalls überschreiten dürfen, wenn es sich um Bestrahlungen handelt, bei denen auch normale Haut in den Bereich des Strahlenkegels kommt [...]«[65] Trotz dieser Warnungen wurden Röntgenbestrahlungen der inneren Genitalien auch in den 20er Jahren immer noch vorgenommen, zum Beispiel bei Menstruationsbeschwerden (Menorrhagia). Die behandelnde Ärztin, Louisa Martindale (1872-1966), Tochter der gleichnamigen Feministin (1839-1914), gestand:

> »Surgical treatment is to me sometimes a temptation; hysterectomy or myomectomy in all these non-malignant cases is so satisfactory and the cases do so well; one never has sepsis, and one actually sees for oneself at the operation the uterine condition. On the other hand, I suppose most surgeons still have to confess to a 1 per cent. [sic!] mortality even for hysterectomy for fibroids.«[66]

Martindale entwickelte ihre eigene Therapie für eine *Climacteric Haemorrhage*. Diese Therapie löste eine temporäre »Kastration« aus, die bis zu zwei Jahren dauern konnte. Wenn der Begriff *Climacteric Haemorrhage* zu Missverständnissen einlädt, soll an dieser Stelle explizit darauf hingewiesen sein, dass derartige Bestrahlungen mit ultraharten Röntgenstrahlen an Frauen under 30 Jahren durchgeführt wurden.[67] Die folgende Diskussion im British Medical

---

64 Reifferscheid, Karl. Histological Studies on the Influence of Roentgen-Rays upon the Human and Animal Ovaries. The American Journal of the Medical Sciences. 1910; 139:462-463. Kirstein, F. Die Röntgentherapie in der Gynäkologie. Berlin: Julius Springer; 1913, S. 5-9. Wintz, H. ufnd Wittenbeck, F. Klinik der gynäkologischen Röntgentherapie, Band 1. München: J. F. Bergmann; 1933, S. 24-31. Die Autoren zitieren zahlreiche Arbeiten von Reifferscheid aus dem Jahre 1910.
65 Schmidt, Hans Erwin. Röntgen-Therapie: Oberflächen- und Tiefenbestrahlung. Berlin, Heidelberg: Springer; 1915, S. 111.
66 Martindale, Louisa. Menorrhagia Treated by Intensive X-Ray Therapy. Report of Twenty Consecutive Cases. The British Medical Journal. 1923; 2(3271):411-413, S. 411.
67 »A castration so obtained would last about two years, and, by varying the dose, we can make it last a longer or shorter time.« Martindale, Menorrhagia Treated, S. 412.

9. Exkurs: Ovariektomie und Hysterektomie (1902-1940)

Journal zeigte, wie sehr die Meinungen zur Röntgentherapie bei den britischen Kolleg*innen gespalten war.

»The PRESIDENT said the subject was too big for the Section to discuss fully in the limited time available. He had to confess at the outset that he had no use at all for x-ray treatment. He could remember the days when the ovaries were extirpated with the idea of curing fibroids, and it seemed to him that x-ray treatment was a return to those methods of barbarisms. He had always, even before the war, had a profound distrust of Germans, and did not believe their results. Castration for gonorrhoea seemed to him to be gynaecology gone mad, and similarly x-ray treatment for pyosalpinx. For fibroids he was immensely in favour of myomectomy. He had seen the most violent menopause symptoms produced in young women by x rays. He had recently had a case of the most diffuse cellulitis of the abdominal wall set up by exposure to x rays. He looked upon x-ray treatment of fibroids as a most retrograde step, and when operation was attempted after their use the difficulties were increased a thousandfold.«[68]

Amerikanische Röntgenologen bezeichneten die Bestrahlung der Ovarien als Röntgen-Kastration. Der Begriff der (weiblichen) Kastration war vorher in der Regel nur bei einer operativen Ovariektomie gefallen.[69]

»By decreasing the activity of the ovaries by means of radium or Roentgen castration the softening of the bones can be arrested. On the basis of these facts the radiation treatment of the above three diseases takes a simple course common to the three. The aim is to impair the functions of the follicles without damaging other tissues or affecting the general health of the patient. This can be done with simple means, since the ovaries are very sensitive to irradiation. A dose between 1/3 to 1/2 of a unit skin dose applied to the ovaries is sufficient to produce permanent castration.«[70]

---

68 Martindale, Menorrhagia Treated, Discussion, S. 413.
69 Hoberman, John. Testosterone Dreams: Rejuvenation, Aphrodisia, Doping. Berkeley, CA, Los Angeles, CA: University of California Press; 2005, S. 63-66.
70 Bachem, Albert. Principles of X Ray and Radium Dosage. Chicago, IL: Albert Bachem; 1923, S. 229.

In Aschoffs *Pathologischer Anatomie* (1919) wurde die Empfindlichkeit oder »spezifische Radiosensibilität« der »Geschlechtsdrüsen« hervorgehoben.[71] Gleichwohl ging man in der frühen Zeit der medizinischen Röntgentechnologie sorglos mit Bestrahlungszeiten und Dosen um, was aber keine Entschuldigung dafür sein kann, dass Patientinnen leichtfertig mit hohen Dosen behandelt wurden, um Menstruationsbeschwerden oder Masturbation zu behandeln. Andererseits fehlte es auch nicht an warnenden Worten. Das Handbuch der Chirurgie von Keens und DaCosta warnte vor den Schädigungen durch Röntgenstrahlungen und fügte sogar eine Farbfotografie [!] einer durch Röntgenstrahlung geschädigten Hand bei.[72] Man muss berücksichtigen, dass derartige Experimente sich in den Kinderschuhen befanden und die spätere Verwendung der Röntgenstrahlung zum Zwecke der Sterilisation durch SS-Ärzte die Diskussion um die Anwendung der Strahlungstherapie a posteriori überschattet.[73] Dennoch bleibt ein bitterer Nachgeschmack angesichts der Nonchalance, mit der zwischen 1900 und 1930 mit der Anwendung der Röntgenstrahlung in der Gynäkologie zum Zwecke der radiologischen »Kastration« von Frauen herumexperimentiert wurde.

---

71 Aschoff, L. Pathologische Anatomie: Ein Lehrbuch für Studierende und Ärzte. 1. Band. Allgemeine Ätiologie[,] Allgemeine pathologische Anatomie. Jena: Gustav Fischer; 1919, S. 94f.

72 Keens, William Williams and DaCosta, John Chalmers. Sugery: Its Principles and Practice. Philadelphia, PA: W. B. Saunders Co.; 1909, S. 1143-1179, Abbildung Plate V, zwischen S. 1172 und S. 1173.

73 Horst Schumann, seit 1933 Mitglied der SS, war einer der Ärzte, die an der T4-Aktion zur Ermordung von Geisteskranken beteiligt gewesen ist. Er sterilisierte Männer in Auschwitz mittels Röntgenstrahlen. Kaum eines seiner Opfer überlebte. Der Arzt Prof. Dr. med. Carl Clauberg stellte Versuche zur Sterilisation von Jüdinnen in Auschwitz an. Noch im Januar 1945 sterilisierte er in Ravensbrück Sinti-Frauen durch Bestrahlung. Hirschinger, Frank. »Zur Ausmerzung freigegeben«: Halle und die Landesheilanstalt Altscherbitz 1933-1945. Köln, Weimar: Böhlau; 2001, S. 70. Bastian, Till. Furchtbare Ärzte: Medizinische Verbrechen im Dritten Reich. München: C. H. Beck; 2001, S. 84-87. Baader, Gerhard. Auf dem Weg zum Menschenversuch im Nationalsozialismus: Historische Vorbedingungen und der Beitrag der Kaiser-Wilhelm-Institute. In: Sachse, Carola (Hg.) Die Verbindung nach Auschwitz: Biowissenschaften und Menschenversuche an Kaiser-Wilhelm-Instituten. Dokumentation eines Symposiums. Göttingen: Wallstein; 2003; S. 105-157, S. 138.

10. Figuration|Formation D
Die Hysterikerin (1529-1931)

»Die Hysterie läßt sich nur als Beziehungsgeflecht definieren. Je nach Standpunkt, bietet sich dem Betrachter ein bestimmtes Bild; und dieses Bild sieht anders aus als das eines anderen Betrachters. Das heißt, die Hysterie entzieht sich einer objektiven Definition.«[1]

Dieser Einschätzung kann man zustimmen, wenn auch in der Folge Caroll Smith-Rosenbergs die Hysterie des 19. Jahrhunderts als eine »widerständische« Frauenkrankheit definiert worden ist.[2] Die Hysterikerin entziehe sich dem weiblichen Rollenmuster, so die Historikerin Dorion Weickmann,

»[...] indem sie krankheitshalber weder mütterlichen noch hausfraulichen Pflichten nachkam. Andererseits entsprachen ihre Symptome, ihr entweder übertrieben prüdes oder übertrieben sexuell anmutendes Verhalten genau

---

1 Braun, Nicht Ich: Logik, Lüge, Libido. Berlin: Aufbau; 2009, S. 25.
2 »[...] hysteria can be seen as an alternate role option for particular women incapable of accepting their life situation. Hysteria thus serves as a valuable indicator both of domestic stress and of the tactics through which some individuals sought to resolve.« Smith-Rosenberg, Carroll. The Hysterical Women: Sex Roles and Role Conflict in 19th-Century America. Social Research. 1972; 39(4):652-678, S. 655. Siehe auch Briggs, Laura. The Race of Hysteria: »Overcivilization« and the »Savage« Woman in Late-Nineteenth-Century Obstetrics and Gynecology. American Quarterly. 2000; 52(2):246-273. Hier ist ebenfalls die Tendenz festzuhalten, Hysterie als ein Phänomen des 19. Jahrhunderts zu verstehen.

den Klischees, zwischen denen alle gängigen Weiblichkeitsbeschreibungen hin und her pendelten – Heilige und Hure [...]«[3]

Diese Ansätze greifen meines Erachtens zu kurz, da die Hysterie keine Erscheinung war, die auf das 19. Jahrhundert beschränkt war. Die Hysterie ist ein 2000 Jahre altes Krankheitsbild, das sich lange gehalten hat, auch wenn es über die Jahrhunderte mehrere, zum Teil widersprüchliche, Bedeutungswandel durchlief.[4] Im *Corpus Hippocraticum*, einer Sammlung von Schriften aus dem vierten und dritten Jahrhundert vor unserer Zeitrechnung wird im Kapitel über die Frauenkrankheiten die Gebärmutter (griechisch hystera bzw. ηψστερα) für die Entstehung der Hysterie verantwortlich gemacht, weil sie wegen mangelnder Feuchtigkeit auf Grund fehlenden Geschlechtsverkehrs durch den Körper der Frau irrt und dabei verschiedenartigste Symptome auslöst, die von Herzrasen zu Hustenanfällen, von Erstickungsgefühlen zu konvulsiven Anfällen, von Krämpfen zur Ohnmacht. Die Therapie bestand in regelmäßigem sexuellen Verkehr mit einem Ehemann. Diese Vorstellungen wurden in der römischen Medizin weitgehend übernommen, wenn auch die Nomenklatur um den Begriff der »Erstickung der Gebärmutter« (suffocatio uteri) ergänzt wurde. Auch hier wurde die Erkrankung durch fehlenden heterosexuellen Sexualverkehr ausgelöst. Ergänzt wurde die Ätiologie der Hysterie durch die ebenfalls im *Corpus Hippocraticum* angelegte Lehre eines weiblichen Samens, der abgeführt werden müsse, um eine Vergiftung des Körpers zu verhindern. Galenos von Pergamon' hat diese Theorie später weiter ausgestaltet.[5]

Dabei ist schon in der antiken Periode eine gewisse Sprachverwirrung zu konstatieren. So schrieb Soranus von Ephesus (98-138), ein wichtiger Vertreter der antiken Medizin vor Galenos, in seiner Gynäkologie:

---

3   Weickmann, Dorion. Rebellion der Sinne: Hysterie – ein Krankheitsbild als Spiegel der Geschlechterordnung (1880 – 1920). Frankfurt a.M.: Campus; 1997, S. 14. Vergl. Smith-Rosenberg, Carroll. The Hysterical Women: Sex Roles and Role Conflict in 19th-Century America. Social Research. 1972; 39(4):652-678, S. 671f.

4   Micale, Mark S. Approaching Hysteria: Disease and Its Interpretation. Princeton, NJ: Princeton University Press; 1995, S. 19-29.

5   Mayr, Thomas. Hysterische Körpersymptomatik: Eine Studie aus historischer und (inter)kultureller Sicht. Frankfurt a.M.: Verlag für Akademische Schriften; 1989, S. 25f. Kruse, Britta-Juliane. »Die Arznei ist Goldes wert«: Mittelalterliche Frauenrezepte. Berlin, New York: Walter de Gruyter; 1999, S. 196f.

»Die Satyriasis tritt vorzüglich bei Männern auf. [...] Doch zeigt sie sich auch bei Frauen. [...] es folgt [...] ein nicht zu bändigender Drang zum Coitus und, da durch den Uterus die Hirnhäute in Mitleidenschaft gezogen werden, eine sexuale Psychopathie, welche jede Scham fahren lässt.«[6]

Diese Übersetzung ist gewiss etwas modernistisch, trifft aber den Kern der Sache.[7] Soranus erläuterte dann den »Hysterischen Atem« (περι υστερικησ πνιγοσ). Diese Krankheit sei geprägt von Schweratmigkeit, Starrsucht (κατοξη) und Ohnmacht. Die Hysterie sei vergleichbar mit der Epilepsie. Sie sei ihrer Natur nach eine auf »Zusammenziehung« beruhendes Leiden.[8] Soranus behandelte auch andere Themen, die im Umfeld dieser Untersuchung von Interesse sind: Kapitel 25 des zweiten Bandes behandelte die vergrößerte Klitoris, die mit einem Skalpell entfernt werden sollte.[9]

Wir können also schon in der Antike zwei unterschiedliche (und zum Teil widersprüchliche) Ätiologien feststellen. Die antiken Vorstellungen, die der Sexualität eine gewissen Daseinsberechtigung gaben, wurden im Christentum einer Neuinterpretation unterzogen, da Lust, Leidenschaft und Sexualität mit dem Sündenbegriff verknüpft wurden. Nach Augustinus (354-430) war die Erbsünde direkt mit Sexualität verbunden. Sexualität war letztlich etwas Teuflisches, daher auch die Hysterie Ausdruck teuflischer Aktivitäten beziehungsweise Ausdruck von Besessenheit, Hexerei und Häresie. Die antike Therapie wurde in ihr Gegenteil verkehrt: Nunmehr galt das Gebot der sexuellen Enthaltsamkeit. Nach 1400 hatte die Hysterie nicht mehr viel mit den antiken Vorbildern zu tun. Die Hysterie als eine Form der Besessenheit wurde in den Hexenverfolgungen des Spätmittelalters und der Frühen Neuzeit zum Kennzeichen für die Anwesenheit von Zauberei und Hexerei bewertet und entsprechend geahndet. Man kann also sagen, dass die Hexenverfolgungen als eine Geschichte der Hysterie gelesen werden kann.[10] Nach 1500 – also mit

---

6   Lüneburg, H. [Übersetzer]. Die Gynäkologie (περι γψναικειπν) des Soranus von Ephesus: Geburtshilfe, Frauen- und Kinder-Krankheiten, Diätetik der Neugeborenen. München: J. F. Lehmann; 1894, S. 111.
7   Vergl. den griechischen Text im Anhang von Rose, Valentino. Sorani Gynaeciorum Vetus Translatio Latina. Leipzig: Teubner; 1882, S. 319f.
8   Rose, Sorani Gynaeciorum, S. 320f.
9   Rose, Sorani Gynaeciorum, S. 106. Ich beziehe mich auf die lateinische Übersetzung. Der griechische Text wurde von Rose nicht in den Anhang aufgenommen.
10 Von Braun, Nicht Ich, S. 43-47.

der Renaissance – und vollends im Zeitalter der demokratischen Revolutionen nahm sie wiederum eine andere Gestalt an.[11] George Sebastian Rousseau fasste die volatile Begriffsgeschichte treffend zusammen:

> »Even in the earliest historical periods in the murky ages between 1300 and 1600, old man Proteus offers a steadfast clue to understanding the evolution of hysteria. In its progression from the Greeks to the medieval world, hysteria—as Helen King suggests—was transformed many times, such that by 1400 it was understood as something different from the conceptions given it by Hippocrates and Soranus. Vast cultural shifts—religious, socioeconomic, and political—as well as the growth of medical theory in the Renaissance, prompt hysteria to continue its prior alterations and constructions after approximately 1500; so that by the period of the French and American revolutions it assumed a different set of representations altogether.«[12]

Das im wahrsten Sinne des Wortes »Ver-rückte« der Hysterie war, dass dieses Konzept keinen fixierbaren Inhalt hatte, sondern – darin Hippokrates' *hystera* ähnlich – durch die Jahrhunderte auf der Suche nach einem Inhalt irrte, mit dem er erfüllt werden konnte. Gleichzeitig stellte die Hysterie eine Herausforderung an die traditionelle Medizin dar, die erst durch die Psychiatrie und die Psychoanalyse beantwortet werden konnte.[13] Man könnte überspitzt sagen, dass die Hysterie überhaupt keine klare Symptomatik aufwies, dass sie vielmehr durch die Unmöglichkeit zu einer klaren Definition zu kommen, definiert war. Matthias Schmutz fasste in seiner Dissertation von 2011 den Begriffswandel wie folgt zusammen:

> »Am Anfang steht das somatisch-gynäkologisch geprägte altägyptisch- griechische Konzept der wandernden Gebärmutter, im christlichen Mittelalter

---

11 Rousseau, George Sebastian. »A Strange Pathology«: Hysteria in the Early Modern World, 1500-1800. In: Gilman, Sander L.; King, Helen; Porter, Roy; Rousseau, George Sebastian und Showalter, Elaine, (Hg.). Hysteria beyond Freud. Berkeley, CA, Los Angeles, CA, Oxford: University of California Press; 1993; S. 91-186, S. 91f.
12 Rousseau, A Strange Pathology, S. 91f.
13 »(1) L'hystérie des classiques est une maladie tellement vague qu'on a pu y faire entrer une série de phénomènes excessivement variés. Il ressort de l'étude de l'hystérie ainsi admise que sa définition est impossible. (2) La théorie utérine n'a plus qu'une valeur historique. (3) La théorie nerveuse générale qui on lait une névrose générale du système nerveux n'est guère qu'une hypothèse gratuite.« Ferrand, Gustave. Considérations sur la nature de l'hystérie. Toulouse : Gimet-Pisseau; 1907, S. 69. Nasio, Juan-David. Hysteria: The Splendid Child of Psychoanalysis. Northvale, NJ: J. Aronson; 1997.

prosperieren dann dämonologische Vorstellungen, ab dem 17. Jahrhundert stehen erneut somatische und bei Charcot dann in einem durchaus modernen Sinne schon neurologische Konzepte im Zentrum. Ab dem 19. Jahrhundert schließlich tauchen jene psychogenen, im Wesentlichen dann von Freud elaborierten Konzepte auf, die den heutigen medizinisch-therapeutischen, aber auch theoretischen und kulturellen Diskurs über Hysterie prägen.«[14]

Dieser Einlassung Schmutz' ist zuzustimmen, wenn auch die phasenmäßige chronologische Entwicklung, die der Autor dieser modernen Arbeit postuliert, in dieser Klarheit und Konturierung nicht existierte. Vielmehr überlappten sich auch hier die Definitionen und Zeitlinien. Elemente verschiedener Ansätze wurden kombiniert und rekombiniert, so dass Schmutz' Einteilung *cum grano salis* zu akzeptieren ist.

Vor 1800 wussten die behandelnden Ärzte auch nicht so richtig, welche Behandlung den in Fällen von Hysterie angesagt war, kein Wunder bei der häufig ungenauen Konturen, die die Symptomatik der Hysterie in verschiedenen Epochen annehmen konnte. Es ist daher nicht sinnvoll, die Geschichte der Hysterie seit Galenos hier zu referieren; das haben andere besser gemacht als das hier möglich ist.[15] Belassen wir es bei der Einteilung, die Rousseau vor-

---

14   Schmutz, Matthias. Dissoziative Anfälle: Studie über ein hysterisches Symptom. Dissertation Universität Zürich; 2011, S. 9.
15   Exemplarisch seien genannt Ankele, Monika. Alltag und Aneignung in Psychiatrien um 1900: Selbstzeugnisse von Frauen aus der Sammlung Prinzhorn. Wien, Köln, Weimar: Böhlau, 2009. Arnaud, Sabine. On Hysteria: The Invention of a Medical Category between 1670 and 1820. Chicago, IL: University of Chicago Press, 2015. Faber, Diana. Hysteria in the Eighteenth Century. In: Harry Whitacker, C. U. M. Finger und Stanley Smith (Hg.). Brain, Mind and Medicine: Essays in Eighteenth-Century Neuroscience. New York: Springer, 2007, 321-332. Goldstein, Jan. The Uses of Male Hysteria: Medical and Literary Discourse in Nineteenth-Century France. Representations. 1991; 34:134-165. Meek, Heather. Medical Women and Hysterical Doctors: Interpreting Hysteria's Symptoms in Eighteenth-Century Britain. In: Glen Colburn (Hg.). The English Malady. Enabling and Disabling Fictions. Newcastle: Cambridge Scholars Publishing, 2008, 223-247. Micale, Mark S. Hysterical Men: The Hidden History of Male Nervous Illness. Cambridge, MA, London: Harvard University Press, 2008. Mota Gomes, Marleide da and Engelhardt, Liesz. A Neurological Bias in the History of Hysteria: From the Womb to the Nervous System and Charcot. Arquivos De Neuro-Psiquiatria. 2014; 72(12):972-975. Nasio, Juan-David. Hysteria: The Splendid Child of Psychoanalysis. Northvale, NJ: J. Aronson, 1997. Nolte, Karen. Gelebte Hysterie: Erfahrung, Eigensinn und psychiatrische Diskurse im Anstaltsalltag um 1900. Frankfurt a.M., New York: Campus, 2003.

genommen hat: Seit der Renaissance hat sich die Symptomatik der Hysterie weniger verschoben als ihre Ätiologie. Immerhin sah die Mehrzahl der Ärzte in ihr weniger einen Beweis für Hexerei als ein sexuelles Problem. Die Schrift *De Medicina* des römischen Enzyklopädisten Aulus Cornelius Celsus (25 v. Chr.-50), wurde 1529 in Paris neu aufgelegt und begründete eine »moderne« Sicht auf die Hysterie, weil Celsus klar sagte, dass die Vulva der Ursprung des *Malum* sei.[16] Andere Ärzte des 16. Jahrhunderts folgten Celsus in dieser Richtung. Die *Observationes* des Schweizer Arztes Felix Platter (1536-1614) sind ein gutes Beispiel dafür. Platter behandelte Krankheiten rein nach ihrer Symptomatik. Er hinterließ ein Tableau der Störungen, dem Krankheiten zugeordnet werden konnten. Dementsprechend behandelte er die Hysterie als Störungen der Atmung, zusammen mit Asthma und Dyspnöe.[17] Im entsprechenden Kapitel *De Respirationis Defectu* schilderte Platter eine Fall einer tödlichen »Erstickung des Uterus« (Uteri suffocatio lethalis) einer 36-jährigen Jungfrau|jungen Frau (»Virgo«), die mit Symptomen wie Erbrechen und Herzschmerzen plötzlich verstorben sei. Dies sei ein Fall von *Suffocatio Uteris* gewesen.[18] Im Anschluss behandelte er die »Hysterica accidentia in virgine« mit Medikamenten und die »Hysterica accidentia in matrona« und einen Fall einer langwährenden hysterischen Symptomatik (»quae multos annos durarunt«), die medikamentös, durch Einläufe und Pflaster behandelt wurden. Die seitenlange Beschreibung der immer wieder sich ändernden Symptome und die beinahe hektisch wirkenden Therapieversuche zeigten, dass Platter nicht eigentlich wusste, wie dem Problem beizukommen sei. Erst die Konsultation eines befreundeten Kollegen bewirkte offenbar eine

---

Scull, Andrew. Hysteria: The Disturbing History. Oxford, New York: Oxford University Press, 2011. Showalter, Elaine. The Female Malady: Women, Madness, and English Culture, 1830-1980. New York: Pantheon Books, 1985. Weber, Matthias M. Das Hysterie-Konzept der deutschen Psychiatrie um 1900 im Lehrbuch von Emil Kraepelin. Psychotherapie. 2015; 20(1):50-64.

16 Celsus, Aulus Cornelius. De Re Medica Libri Octo. Paris: Christianus Vuechel; 1529. Der besseren Auffindbarkeit halber zitiere ich den Text der Auflage von 1823. Celsus, Aulus Cornelius. De Re Medica Libri Octo Editio Nova. Paris: J. B. Baillière; 1823, S. 174.

17 »In Respirationis Defectu«, in: Platter, Felix. Felicis Plateri [...] Observationum, in hominis affectibus plerisque, corpori et animo, functionum laesione, dolore, aliave molestia et vitio incommodantibus, libri tres, ad Praxeos illius tractatus tres [...]. Basel: Ludwig König; 1614, S. 157-200.

18 Platter, Felicis Plateri Observationum, S. 174f.

Besserung.[19] Platter war nicht besonders zimperlich, wenn es um den Körper von Frauen ging. Im Kapitel über Sexualität (In Actus Venerei Defectu) schlug er vor, Frauen zu kastrieren, weil dies ja bei Tieren auch möglich sei.[20] Allerdings sei die Operation mit Lebensgefahr verbunden.[21] Direkt darauf behandelte Platter die *Salacitas*, also das sexuelle Begehren der Frauen, wobei sein Augenmerk vor allem auf Schwangerschaft und Geburt lag. Hinweise auf eine mögliche Kliteridektomie im Falle von Hysterie fehlten, obgleich Platter eine »Kastration« von Frauen nicht generell ausschließen wollte.[22]

1603 publizierte Edward Jorden in London ein Traktat über die Hysterie, englisch *Suffocation of the Mother*, eine Übersetzung der *suffocatio uterini*.[23] Der Text ist interessant, weil er in die Zeit der puritanischen Hexenverfolgungen des 17. Jahrhunderts fällt und eine diskursive Wendung markiert: Weg von der Dämonisierung der Hysterie, hin zu einer medizinischen Erklärung. Jorden entwickelt das Krankheitsbild der Hysterie um deutlich zu machen, dass viele der angeklagten »Hexen« einfach nur an der Krankheit Hysterie litten.[24] »This disease is called by diuerse names amongst our Authors, Passio Hysteria, Suffocatio, Prefocatio und Strangulatus uteri, Cadeus Matricis, &c.«[25]

In Frankreich dachte man im Zusammenhang mit der Hysterie noch an übernatürliche bzw. außerkörperliche Auslöser wie Meteore, doch gab der Apotheker Henry Joly, der das mehrjährige Leiden seiner Frau an der Hysterie ausführlich beschrieb, eine Definition, die an die antiken vorchristlichen Schriften anknüpfte, den wandernden Charakter der Erkrankung betonte und

---

19   Platter, Felicis Plateri Observationum, S. 175-200.
20   »Foeminas castrari posse, exsectis testibus, exemplo animantium quarundam demonstratur« Platter, Felicis Plateri Observationum, S. 244.
21   »[...] non sine aliquo vitae periculo fieret [...]« Platter, Felicis Plateri Observationum, S. 244.
22   Platter ging auch in der bildlichen Darstellung von Sektionen des weiblichen Körpers von der Existenz weiblicher Hoden (testes) aus, womit er die Ovarien meinte. Siehe Platter, Felix. De Corporis humani structura et usu Felicis Plateri libri III tabulis methodicè explicati, iconibus accuratè illustrati. Basel: Ambrosius Froben; 1583, tabula XLII, hinter S. 41.
23   Jorden, Edward. A Briefe Discourse of a Disease Called the Suffocation of the Mother. London: John Windet, 1603.
24   Auf diese Möglichkeit wies der Psychoanalytiker Siegfried Placzek (1866-1946) schon 1922 hin. Placzek, Siegfried. Das Geschlechtsleben der Hysterischen: Eine medizinische, soziologische und forensische Studie. Bonn: A. Marcus & E. Webers Verlag; 1922, S. 165-180.
25   Jorden, Briefe Discourse, S. 5.

zuletzt auf das »Höhlentier« zurückkam, das angeblich im Innern seiner Frau hauste:

> »Diese unglückliche Krankheit, die auch hysterische Leidenschaft heißt, [befällt] die Metra und Hystera im Griechischen, im Lateinischen matrix oder Gebärmutter, [und] ist diejenige, die unsere Kranke durch ihre ungeordnete Bewegung nicht weniger quält als die erste; denn manchmal kommt sie vor ihr, manchmal folgt sie ihr Schritt für Schritt und früher kam sie erst zum Ende des Erkrankung und dauerte so für eine Zeit von von sechs oder sieben Jahren in dieser Launenhaftigkeit, und da stieg sie in Richtung des Magen-Zwerchfells, der Leber and anderer Körperteile. Und da nun manchmal eine der anderen Flanken durch Konvulsion gequält wurde, und da stürzte sie sich manchmal, wie oben gesagt, auf den Boden und auf den Hals, schäumend und sich derartig quälend, dass man sagen könnte, dass es sich um ein irgendein Tier handelt, dass sich in seinem Käfig oder seiner Höhle versteckt habe.«[26]

Die Behandlung der Kranken geschah mittels zweier Methoden: Pharmazie und Diät. Zur Pharmazie gehörten die Abführmittel, Schlafmittel und diverse Aufgüsse, Säckchen mit Beruhigungsmitteln, Klistiere, Rosenwasser, Bauchpflaster, Pillen für den Uterus, zur Diät Nahrungsmittel wie Elektuarien oder Latwerge. Von einer chirurgischen Lösung sah Joly ab.[27]

Charles Le Pois (1563-1633), Medizinprofessor an der jesuitischen Universität von Pont-à-Mousson in Lothringen, war ein Vorreiter der Lokalisierung hysterischer Anfällen als zerebrales Problem. Vergleicht man seinen Kenntnisstand mit Abhandlungen des frühen 19. Jahrhunderts – also dreihundert

---

26 »Ceste fâcheuse maladie dicte hystérique passion de metra & hystera en Grec, en Latin matrix, ou bien uterus, est celle là qui ne tourmentoit guere moins nostre malade que la première par son mouuemcnt desordonné : car tantost elle venoit deuant elle tantost la suiuoit pas à pas, & autrefois venoit sur la fin des accez & a ainsi duré par l'espace de six ou sept ans en ceste pétulance, ores en montât vers l'estomac diaphragme, foye & autres parties, & ores en sciettant tantost sur l'un de l'autre flanc par conuulsion, & tantost se précipitant en bas sur son fonds & sur son col, comme il a esté dit cy deuant, petillans & se tourmentans de telle sorte quel'on eut dit, que c'eust esté quelque animal caché dans cest antre ou cauerne.« Joly, Henry [sic!]. Discours d'une Estrange et Cruelle Maladie Hypochondriaque Venteuse, qui a Duré Onze Ans : Accompagnée de L'Hysterique Passion, avec Leur Noms, Causes, Signes, Accidents Terribles, & Leur Remedes. Paris : Catherine Niverd; 1609, S. 31 [Übersetzung N. F.].
27 Joly, Discours d'une estrange et cruelle maladie, S. 34-52.

Jahre später – ist man überrascht, dass die gleichen Symptome aufgezählt werden.

Michel Foucault hat in seinen Vorlesungen am *Collège de France* 1973-1974, die unter dem Titel *Die Macht der Psychiatrie* erschienen sind, darauf hingewiesen, dass im Falle der Hysterie die Differentialdiagnose das große Problem darstelle. Unter Differentialdiagnose versteht man in der Medizin den Ausschluss von Erkrankungen mit ähnlicher oder nahezu gleicher Symptomatik. Wenn nun, wie im Falle der Hysterie relativ offen ist, welche Symptome vorliegen, ist es schwierig, wenn nicht unmöglich, eine Differentialdiagnose vorzunehmen. »Es gibt Fälle, bei denen der erfahrenste Nervenarzt die Differentialdiagnose zwischen Hysterie und Epilepsie nicht zu stellen vermag.«[28]

»Das heißt, es gab eine bestimmte Zahl von Krankheiten, die durch eine Differentialdiagnose beurteilt werden konnten – und das waren die richtigen, soliden Krankheiten –, und dann gab es Krankheiten, auf die eine Differentialdiagnose nicht anwendbar war und die nur durch eine Prüfung der Wirklichkeit erkennbar waren – und das waren die sogenannten Geisteskrankheiten [...]«[29]

Foucault ging im Folgenden besonders auf die Hysterie ein, die sich als »Störung der Beziehungsfunktionen« bezeichnen ließ, »[...] bei denen es aber [in den 1840er Jahren] keine anatomisch-pathologische Schädigung gab, die eine Bestimmung der Ätiologie ermöglichte.«[30]

»Among the unfavorable terminations of secondary hysteria, insanity will hold the most prominent place [...] A visitor from the Middlesex County Asylum at Hansell, cannot fail to be struck by the number of ›hysterical cases.‹ But from the indefinite manner in which the word ›hysterical‹ has been used, it is impossible to obtain trustworthy statistical information on this point [...]«[31]

---

28   Wittels, Fritz. Die Technik der Psychoanalyse. München: J. F. Bergmann; 1926, S. 20. Vergl. Hoche, Alfred Erich. Die Differentialdiagnose zwischen Hysterie und Epilepsie. Berlin: August Hirschwald; 1902, S. 20.
29   Foucault, Michel. Die Macht der Psychiatrie: Vorlesung am Collège de France 1973-1974. Frankfurt a.M.: Suhrkamp; 2003, S. 443f.
30   Foucault, Die Macht der Psychiatrie, S. 445.
31   Carter, Robert Brudenell. On the Pathological Treatment of Hysteria. London: John Churchill; 1853, S. 103.

Erst das Erscheinen eines »neurologischen Körpers« nach 1870 machte durch Jean-Martin Charcots Intervention aus den Neurosen »richtige Krankheiten«, die sich einer Differentialdiagnose nicht mehr entziehen konnten.[32] In den nahezu drei Jahrhunderten zwischen Platter, Jorden, Joly und Le Pois einerseits und Charcot andererseits koexistierten verschiedene Typen von Symptomen der Hysterie nebeneinander, ohne dass sich hier eine Lehrmeinung hätte durchsetzen können, um was es bei der Hysterie eigentlich ging. Dies ist aus zwei paradoxen Gründen wichtig:

1) Damit eröffneten sich Behandlungsmethoden, die mehr oder weniger zufällig verschieden Organe und diverse Ätiologien als Ausgangspunkt der Hysterie annahmen und dadurch auch die Kliteridektomie in die Behandlung der Hysterie einbezogen und
2) in der Zuordnung der Hysterie als eine »Geisteskrankheit« oder »Neurose« lag ein Ansatzpunkt für die Abschaffung der Kliteridektomie, weil das auslösende Organ eben nicht mehr die Gebärmutter, Eierstöcke oder aber die Klitoris waren, sondern die Störung vom Gehirn ausging.

Ich habe an dieser Stelle einen anachronistischen Ausblick in die Geschichte der Hysterie gewagt, weil die referierende Darstellung der äußerst umfangreichen medizinischen Literatur zur Hysterie wenig ergiebig für unser Thema wäre. Das deutsche Standardwerk aus kulturgeschichtlicher Perspektive stammt von Christina von Braun. Darüber hinaus ist die Literatur so umfangreich, dass eine Auseinandersetzung mit ihr einen weiteren Band erforderlich machen würde.[33] Es änderte sich im Hinblick auf Kliteridektomien aber

---

32 Foucault, Die Macht der Psychiatrie, S. 446f. »Der wichtigste Punkt ist der, daß ganz die gleichen nervösen Symptome mit oder ohne organische Erkrankung im Hintergrunde auftreten können. Ein Kranker, der an Arteriosklerose oder chronischer Glomerulonephritis leidet, kann typische Symptome von Hysterie oder Neurasthenie darbieten, und diese können so vorstehend und beherrschend sein, daß man leicht ein[e] gründliche Untersuchung nach anderen Veränderungen im Hintergrunde versäumt.« Cabot, Richard C. und Ziesché, Hermogen. Differentialdiagnose: Anhand von 385 genau besprochenen Krankheitsfällen lehrbuchmässig dargestellt. Berlin: Julius Springer; 1922, S. 585. Siehe auch Cabot, Richard C. and Ziesché, Hermogen. Differentialdiagnose anhand von 385 genau besprochenen Krankheitsfällen lehrbuchmäßig dargestellt. Berlin, Heidelberg: Springer; 1914, S. 413-416.
33 Von Braun, Christina. Nicht Ich: Logik, Lüge, Libido. Berlin: Aufbau; 2009. Im Gegensatz zu Christina von Braun halte ich das Buch von Ilza Veith für nicht empfehlenswert, weil es sich doch sehr an Sigmund Freuds Theorie der »Konversionsneurose« anlehnt.

wenig. Die bevorzugte Behandlungsmethode orientierten sich am Althergebrachten. Ich werde mich im Folgenden daher auf die wenigen »Schaltstellen« beschränken, die es den Ärzten ab Mitte des 19. Jahrhunderts ermöglichten, auch in Fällen von Hysterie zum Skalpell oder zur Kauterisierungsschlinge zu greifen, um durch Genitalverstümmelung eine Krankheit zu heilen, deren Ursprung ihnen letztlich unbekannt war.

Die Hebamme Louise Bourgeois (1563-1636), die 26 Jahre am Königshof angestellt war, verfasste 1609 ein Lehrbuch, das die Trotula des 12. Jahrhunderts ablöste. Sie schrieb ein Kapitel über die Erkrankungen des Uterus und bemerkte darin, sie habe verschiedene Erkrankungen feststellen können, darunter »[...] Ersticken, Kurzatmigkeit, Ohnmacht, Synkope, Herzklopfen, Klopfen der Arterien, Bauchrollen, [...]«[34] Sie ging dann diese Symptomatik systematisch durch und begann mit der »Suffocation de Matrice«. Ausschlaggebend sei hier die Zurückhaltung des Menstruationsbluts, das sich erhitze und Melancholie auslöse. Das aufgestaute Blut drücke auf den Uterus. Das Ganze höre meist von alleine auf.[35]

Ihr Zeitgenosse, Jean de Varanda (1564-1617), Professor der Medizin an der Universität von Montpellier, war Autor eines 1619 erschienenen lateinischen Buches über Frauenkrankheiten, das 1666 ins Französische übersetzt wurde.[36] Dieser Text geht ausführlich sowohl auf den *Furor Uterinus* wie auf die *Suffocatio Matricis*, die auch Hysterie genannt wird, ein. Die Ätiologie beider »Krankheiten« ist das Zurückhalten der »Säfte« im Körper der Frau, sei es des Menstruationsbluts wie des »Samens«. Hier stand die Säftelehre des Hippokrates und des Galenos noch im Zentrum der Erörterung. Interessant ist, dass Varanda die manuelle Masturbation der erkrankten Frauen durch eine

---

Veith, Ilza. Hysteria: The History of a Disease. Chicago, IL: University of Chicago Press, 1965. Der Bibliothekskatalog der Bibliothèque Nationale in Paris führt 50 Bücher zum Thema »hysterie« im 18. Jahrhundert auf, hingegen 7297 aus dem 19. und 9328 Schriften aus dem 20. Jahrhundert (30.6.2020). Der Katalog der Library of Congress umfasst 1007 Bücher zum Thema (30.6.2020) und die Deutsche Nationalbibliothek verzeichnet 694 Titel (11.7.2020).

34 Mir lag nur die Ausgabe von 1617 vor: Bourgeois, Louyse. Observations, de Louyse Bourgeois ditte boursier, sage-femme de la royne. Paris: Abraham Saugrain; 1617, S. 77.

35 Bourgeois, Observations, S. 78f. In der deutschen Übersetzung fehlen diese Hinweise. Bourgeois, Louise. Hebammen Buch Darinn von Fruchtbarkeit vnd Vnfruchtbarkeit der Weiber [...] gehandelt wird. Frankfurt : Matthaeus Merian; 1626.

36 Varanda, Jean de. De Morbis et Affectibus Mulierum. Lyon : Bartholomaeus Vincentius; 1619.

Hebamme (*sage-femme* bzw. *obstretrix*) empfahl, um die verstockten Säfte wieder ins Fließen zu bringen, eine Technik, die schon Ambroise Paré erwähnt hatte:

> »Wenn man annimmt, daß dieses Ersticken durch das Zurückhalten des Samens verursacht wird, & daß diese Frauen nicht in den Genuss eines Ehemanns kommen können, so müssen sie so in ihr Bett gelegt werden, daß ihre Gebärmutter und ihre Schultern oben und ihre Schenkel unten sind: ihre Teile müssen dann gerieben werden; und eine Hebamme kann sie anfassen, indem sie ihre Hände mit Muskatöl oder süßen Mandeln salben lässt [...]«[37]

Deutlich bei ihr wie auch bei Joly und Nathaniel Highmore (1613-1685) war die Nähe zur Identität mit der Hypochondrie.[38] Highmore deklinierte noch einmal die gesamte Phalanx der antiken Autoren, referierte die Humorallehre, berichtete über die unterschiedlichen Auswirkungen der Krankheit, erwähnte Felix Platter, und erklärte, warum nur Frauen von der Hysterie befallen würden. Er erfuhr Kritik durch den Mitbegründer der Royal Society of London und Royalisten Thomas Willis (1621-1675), der die Theorie des Wanderuterus

---

37 »Si on iuge que cette suffocation vient de la rétention de semence, & que ces Femmes ne puissent jouir d'vn mary ; on doit les placer d'vne maniere dans leur lict que leur teste & leurs épaules soient en haut, & leurs cuisses en bas : On doit par après frotter leurs parties ; & vne habite Sage-femme peut les manier, ayant ses mains ointes d'huile muscatelle, ou d'amandes douces [...]« Varanda, Jean de. Traité des maladies des femmes, par M. Jean Varandée, docteur doyen, & professeur royal de la tres-celèbre faculté en médecine de Montpellier. [...] Ouvrage necessaire, non seulement aux medecins, & aux chirurgiens, mais mesme à toutes sortes de personnes. Paris : Robert de Ninville ; 1666, S. 183f. [Übersetzung N. F.]. Die lateinische Ausgabe behandelt diesen Komplex gleichlautend. »Quod si à reténto semine ista suffocatio pendere videatur, neque liceat huius modi mulierculis virili concubitu gaudere, debent ita collocari in lecto vt ceruice & scapulis fint accliuibus, coxis autem & inguinibus decliuibus. Deinde partes illarum genita les confricari, & tandem tractari blandè à perita quadam obstetrice, quæ manum oleo muscatellino, vel amygdalarum dúlcium iunxerit [...]« Varanda, Jean de. De Morbis et Affectibus Mulierum. Lyon : Bartholomaeus Vinconti ; 1619, S. 127. Zur Masturbation durch die Hebamme siehe Arnaud, Sabine. On Hysteria: The Invention of a Medical Category between 1670 and 1820. Chicago, IL: University of Chicago Press; 2015, S. 11.

38 Highmore, Nathaniel. Exercitationes Duae. Quarum Prior de Passione Hysterica : Altera de Affectione Hypochondriaca. Oxford : R. Davis ; 1660, S. 61. Ibidem, S. 1.

ablehnte.³⁹ Er sah die Hysterie als eine Erkrankung des Gehirns, die allerdings vom Uterus ausgelöst wurde.

»Both the dolorifick, and the convulfive, did depend wholly on the evill affection of the brain, and nervous stock, and that without any fault of the womb; for that a sharp humour, being heaped up within the head, did from thence descend thorow the passages of the Nerves, into parts at a great distance; which lodging upon the membranes and fibres, and fermenting with the humour, flowing in from the bloody mass, did irritate them very much, and so stir'd up most cruel pains: Then afterwards, when the heterogeneous and explosive particles, being admitted with what humour within the head, and ent[e]ring into the nervous passages, did cleave to the spirits; therefore the convulsive disposition then breaking forth into grievous fits, was induced, as shall be by and by more largely laid open.«⁴⁰

Willis bemerkte scharfsinnig »[...] that the womb did ascend, therefore that it ought to be reduced into its right place, is altogether fictitious, as we have elsewhere [...]«⁴¹ Charles de Barbeyrac (1629-1699), protestantischer Arzt aus Montpellier, der wegen seines Glaubens keine Professur im katholischen Frankreich erhielt, publizierte 1684 ein erstaunliches Buch, in dem er darauf hinwies, dass auch Männer hysterisch werden können.

»Die Gebärmutterwut ist keine Krankheit, die der Gebärmutter eigen ist, da es Männer gibt, die manchmal davon befallen sind; [...] daher schließe ich, dass diese Krankheit nichts anderes als eine echte Manie ist, begleitet von einem Symptom, das von einem ungeordneten Verlangen des Koitus herrührt, und das manchmal von der natürlichen Neigung der Person abhängt.«⁴²

---

39 Willis, Thomas. Affectionum Quae Dicuntur Hystericae Et Hypochondriacae Pathologia Spasmodica Vindicata Contra Responsionem Epistolarem Nathanael Highmori, M.D. Cui Accesserunt Exercitationes Medico-Physicae Duae. London: Jacob Allestry; 1670.
40 Willis, Thomas. The Remaining Medical Works of That Famous and Renowned Physician Dr Thomas Willis. London: T. Dring, C. Harper, J. Leigh und S. Martyn; 1683, Chapter X, S. 84f. [Die Seitenzählung erfolgt kapitelweise].
41 Willis, The Remaining Medical Works, Chapter X, S. 88.
42 »La fureur uterine n'est pas une maladie particuliere à la matrice, puisqu'il y a des hommes qui en sont affligés quelquefois; [...] Aisi je conclus que cette maladie n'est qu'une veritable manie, accompagnée d'un simptome provient d'un desir desordonné du coit, & qui dépend quelquefois du penchant naturel des personnes.« Barbeyrac, Charles de. Traités nouveaux de médecine, contenans les maladies de la poitrine, les

An anderer Stelle bekräftigte er:

>»Ich schließe daraus, dass es sich bei der hysterischen Leidenschaft um eine echte Epilepsie handelt, die durch einen galligen [...] Saft verursacht wird, die sich in der Substanz des Gehirns ausbreitet [...].«[43]

Die Zeitgenossen Barbeyracs waren noch nicht so weit. Die lateinische Übersetzung des Galenos durch Moyse Charas (1619-1698), einem Pariser Apotheker, aus dem 17. Jahrhundert sah eine medikamentöse Behandlung der Hysterie vor. Ein Pulver aus Perlmutt und roten Korallen sollte die Krankheit heilen – ein Weg, den auch Paracelsus im 16. Jahrhundert schon beschritten hatte.[44] Eine Erfurter Dissertation von 1694 legte den *Furor Uterinus* und die Nymphomanie zusammen, setzte beide allerdings auch mit der »Tobsucht der Weiber« in eins. Hier finden sich wieder die sattsam bekannten Argumente über die Masturbation von Frauen und die Größe der Klitoris.[45]

Der Leibarzt des englischen Königs William III, der in den Niederlanden geborene Gideon Harvey (1636-1702), hinterließ eine *Heilkunst*, die sämtliche Krankheiten umfasste und darin auch die Hysterie einschloss und sich dadurch aus der Masse der Texte hervorhob, dass sie mit den eigenen Standesgenossen ins Gericht ging.[46] Der englische Arzt John Purcell betonte demgegenüber die Diffusität des Krankheitsbildes. Er schrieb:

>»Vapours, (otherwise caill'd, Hysterick Fits, and improperly, Fits of the Mother) is a Distemper which more generally afflicts Human-kind than any

---

     maladies des femmes, & quelques autres maladies particulières : Selon les nouvelles opinions. Paris : Jean Certe; 1684, S. 225f. [Übersetzung N. F.].

43 »Je conclus que la passion hysterique est une veritable epilepsie, qui a pour cause une humeur [...] bilieuse, repandue dans la substance du cerveau [...]« Barbeyrac, Traités nouveaux, S. 231 [Übersetzung N. F.].

44 Charas, Mosis. Pharmacopoea Regia Galenica. Geneva: Johann Ludwig Dufour; 1684, S. 227. Schott, H. Medizingeschichte(n): Magische Medizin/Korallen. Deutsches Ärzteblatt. 2004; 101(46): A 3110.

45 Eyselius, Johannes Philippus. Dissertatio de Furore Uterino oder Tobsucht der Weiber. Erfurt: Groschius; 1694, S. 17-19.

46 Harvey, Gideon. Ars Curandi Morbos Expectatione: item De vanitatibus, dolis, & mendaciis medicorum. Accedunt his praecipue supposita, & phaenomena, quibus veterum recentiorumque dogmata de febribus, tussi, phthiae, asthmate, apoplexia, calculo renum & vesicae, ischuria & passione hysteria convelluntur. Amsterdam; 1695.

other whatsoever; and Proteus like, transforms it self into the Shape and Representation of almost all Diseases.«[47]

Er untersuchte sodann die Ursachen der Hysterie und erteilte der Theorie des Wanderuterus eine deutliche Absage:

»The Ancients assign'd the Womb as the Cause of Vapours, and ignorantly fancy'd it rose up into the Throat. But every one who has the least knowledge of Anatomy is convinc'd how impossible that is, for (besides the Ligaments wherewith the Womb is ty'd down in the lower Belly) the Scituation [sic!] of the Diaphragm, and other Parts conrain'd in the Chest and lower Belly, renders its Rising up to the Throat impossible.«[48]

Purcell fand eine Antwort auf die Frage der Ätiologie der Hysterie:

»Therefore [,] since none of the above-mention'd Causes can be admitted; it remains, that the true Cause must reside in the *Stomach* and *Guts*; whereof the *Grumbling* of the one, and the *Heaviness* and *Uneasiness* of the other, generally preceeding the Paroxysm, are no small proofs.«[49]

Wie wir sehen, ist weder die Ätiologie noch die Therapie der Hysterie im 17. und 18. Jahrhundert wirklich klar. Verschiedenste Theorien koexistieren und werden ausgetauscht; ein einheitliches Bild fehlt indessen.[50] Zu den einschlägigen Schriften gehörte das Buch des Kalabresen Carolus Musitanus (1635-1714), die Dissertationen Johann Georg Stegmayers und Johannes Andreas Fischers (1713 und 1720), das einflussreiche Buch Bernard Mandevilles aus dem Jahre 1730 und die Therapievorschläge eines anonymen *Physician* aus dem Jahr 1739.[51]

---

47 Purcell, John. A Treaty on Vapours or Hysterick Fits. London: Edward Place; 1707, S. 1f.
48 Purcell, A Treaty, S. 19.
49 Purcell, A Treaty, S. 24.
50 Faber, Diana. Hysteria in the Eighteenth Century. In: Whitacker, Harry and Smith, C. U. M. Finger Stanley, (Hg.). Brain, Mind and Medicine: Essays in Eighteenth-Century Neuroscience. New York: Springer; 2007; S. 321-332.
51 Musitanus, Carolus. R.D.C. Musitani [...] de Morbis Mulierum tractatus, cui quaestiones duae, altera de semine, cum masculeo, tum foemineo, altera de sanguine menstruo [...] sunt praefixae etc. Colonia Allobrogum [Genf] : Chouet, de Tournes, Cramer, Perachon, Ritter; 1709. Stegmayer, Johann Georg. Dissertatio de furore hysterico vel uterino. Altdorf: Universität Altdorf; 1713. Fischer, Johannes Andreas. Dissertatio inauguralis medica de furore uterino. Erfurt: Johannis Henricus Groschius; 1720. Mandeville, Bernard. A Treatise of the Hypochondriack and Hysterick Diseases in Three Dialogues. London:

Eine neue Qualität nahm der Diskurs um die Hysterie an, als der Dresdener Arzt Martin Schurig (16??-1733) in seiner *Gynaecologia* 1730 behauptete, die Vergrößerung der Klitoris ginge auch mit der Vergrößerung der Ovarien einher.[52] Friedrich Hoffmann machte 1743 zwar den Uterus verantwortlich, hatte aber eine ganz eigene Interpretation für die Hysterie:

»Bey Hystericis ist dieser monathliche Fluß insgemein nicht ordentlich beschaffen: Denn weil dergleichen Personen fast unaufhörlich mit Spasmis gequälet werden, so fliessen sie entweder zu wenig, oder zu viel. Wenn die Spasmi oben sich befinden, treiben sie das Geblüt mit Gewalt nach denen untern Theilen und der Mutter zu, weil nun die enge Gefässe so viel Blut nicht beherbergen können, dehnet es die Adern ungemein starck aus, daß sie sich endlich eröffnen, und das Geblüte in grosser Menge von sich geben. Wo aber die Spasmi in der Mutter selbst entstehen, und die Blut=Gefässe zusammen ziehen, so kann[n] das Geblüte nicht durchkommen, daher es sich aufwärts nach dem Magen, nach der Milz und Leber und andern Theilen wendet und durch die Hefftigkeit des Krampffs fortgetrieben wird.«[53]

Der englische Arzt und Befürworter der umstrittenen Inokulation gegen die Pocken John Andree (1699-1785) hinterließ eine ausführliche Fallsammlung mit Behandlungsvorschlägen wegen Hysterie. Er empfahl durchgängig Klistiere, Aderlass und *Blisters*, d.h. Senfpflaster, die die Haut stark reizten.[54] Ganz ähnlich war der Weg, den Theodor Gottlieb Buchholz in seiner von Andreas Elias Büchner (1701-1769) betreuten Hallenser Dissertation 1747 vorschlug, wobei er allerdings auf die vergrößerte Klitoris als Mitschuldige am

---

J. Tonson; 1730. A Physician. The Ladies Physical Directory or a Treatise of All the Weaknesses, Indispositions, and Diseases Peculiar to the Female Sex, from Eleven Years of Age and Upwards. London: [Eigenverlag]; 1739, S. 19.

52   Schurig, Gynaecologia historico-media, S. 20.
53   Hoffmann, Friedrich. Vollständige Anweisung zu einer sichern, vernünfftigen und in Erfahrung stehenden Praxi Medica. Ulm: Daniel Bartholomäus; 1743, S. 335.
54   Andree, John. Cases of the Epilepsy. London: Meadows and Clarke; 1746, S. 222-230, S. 230-243,

Furor Uterinus hinwies.[55] Der Text Buchholz' ist allerdings kein Beleg für die Forderung einer Kliteridektomie bei Hysterie, da der Verfasser sich nicht entscheiden konnte, ob er mit *Furor Uterinus* die Nymphomanie oder die Hysterie meinte.

Gerald Fitzgerald (16??-1748) war ein katholischer Ire aus Limerick, dem das Studium der Medizin wegen seines Glaubens in Großbritannien versagt war. Er emigrierte nach Frankreich, reüssierte und wurde zum Professor für Medizin (*régence*) an der 1289 gegründeten Universität in Montpellier ernannt.[56] 1754 erschien sein *Tractatus Pathologicus de Affectibus Feminarum*, der vier Jahre später auch auf Französisch herauskam. In beiden Büchern gab es ein Kapitel zu den Hysterikerinnen. Gleich zu Beginn macht Fitzgerald klar, dass die Symptomatik dieser Erkrankung unsicher sei, es gebe »unzählige Symptome«, nicht zuletzt auch wegen der drei Phasen, in denen die Krankheit abliefe.

»Betrachten wir die verschiedenen Grade der hysterischen Leidenschaft, so stellen wir fest, dass sie gewöhnlich von einer sehr beträchtlichen, um nicht zu sagen unzähligen Anzahl von Symptomen begleitet wird.«[57]

Das folgende Kapitel des *Tractatus* behandelte den *Furor Uterinus*. Dieser stelle in gewisser Weise eine radikale Form der Hysterie dar. Die *Hysterikerin* sei im Prinzip klar bei Verstand. Der *Furor Uterinus* jedoch sei einer Manie, einer Form des Wahnsinns vergleichbar.

»[...] daraus folgt, dass man die hysterische Leidenschaft, wenn man sie gleichzeitig in dem einen oder dem anderen dieser beiden Zeiten gleichzeitig betrachtet, nicht wesentlich mit einer Art Manie in Verbindung bringen kann. Denn in der ersten [Hysterie] ist das Delirium wirklich melancholisch

---

55 »Sic autem clitoridis magnitudo & eminentia excessiva, cum Satyriasi, adsit, nec ullo modo libidinosus furor mentisque perturbatio extingui possint, deliberatione tunc aliqua profecto opus erit, an provide & tuto etiam ad partem tam sensibilem urendam & secandam, citra limitum pudicitiae transgressionem, progredi liceat.« Buchholz, Theodor Gottlieb. Dissertatio Inauguralis Medica Sistens Furorem Uterinum Pathologico-Therapeutice [sic!] Consideratum. Halle: Kittler; 1747, S. 45f.

56 Astruc, Jean. Memoires pour servir à l'histoire de la faculté de mdicine de Montpellier. Paris : M. Lorry; 1767, S. 288.

57 »Si l'on considère la passion histérique dans ses différens degrés, on trouvera qu'elle a coutume d'être accompagnée d'un nombre très-considérable, pour ne pas dire innombrable des simptomes.« Fitzerald, Gerald. Traité des Maladies des Femmes. Paris : Duchesne; 1758, S. 178 [Übersetzung N. F.].

und hat nur mit einem oder zwei Objekten zu tun, und der Kranke denkt über alles andere recht gut nach, außer über Dinge, die amourös oder obszön sind. In der zweiten [Gebärmutterwut] ist es nicht nur in Bezug auf obszöne Gegenstände, dass Frauen im Delirium sind, ihre Vorstellungskraft ist in Bezug auf alle anderen, sowie ihr Urteilsvermögen beeinträchtigt; es handelt sich also um ein universelles Delirium ohne Fieber, das sie angreift, oder, was dasselbe ist, um eine Art Manie.«[58]

Die Ursache des Furors aber sitze im Gehirn.[59] Die Behandlung bestand in Bädern, Aderlassen, Abführmitteln. Wichtig scheint mir hier, wie auch bei den vorangegangenen Texten, die Rückführung der Krankheit auf das Gehirn und die Nerven. Damit wurde eine diskursive Brücke beschritten, die es erlaubte, sexuelle Devianz neurologisch zu medikalisieren. Jean Astruc, schon erwähnter Autor eines in mehreren Ausgaben erschienenen Buches zu den Frauenkrankheiten behandelte zwar den *Furor Uterinus* ausführlich, meinte damit aber eher die Nymphomanie als die Hysterie, obwohl die ersten Stadien doch sehr an die Definitionen der Hysterie erinnerten: Das Zögern, die Einsamkeit, die Verlassenheit und das traurige Schweigen klingen doch eher wie eine depressive Stimmung und nicht wie eine sexuelle Dauererregung.[60] Astruc schlug eine medikamentöse Behandlung durch u.a. mit Mönchspfeffer

---

58 »[...] il résulte que si l'on considère la passion histérique dans l'un & l'autre de ces deux tems à la fois, on ne sçauroit la rapporter essentiellement à une espèce de manie. Car dans le premier [hystérie] le délire est véritablement mélancolique, n'ayant de rapport qu'à un ou deux objets, & la Malade raisonnant assez bien sur tout le reste, si l'on excepte les choses amoureuses ou obscènes. Dans le second [fureur utérine] ce n'est pas seulement à l'égard des objets obscènes, que les Femmes délirent, leur imagination est viciée par rapport à tous les autres, ainsi que le jugement; c'est donc d'un délire universel sans fièvre qu'elles font attaquées, ou, ce qui est la même chose, d'une espèce de manie.« Fitzgerald, Gerald. Traité des Maladies des Femmes, S. 109 [Übersetzung N. F.].

59 »[...] delirii sedem esse in cerebro [...]« Fitzgerald, Gerald. Tractatus Pathologicus de Affectibus Feminarum Praeternaturalibus. Paris: Durand; 1754, S. 139. Das lange Zitat bezieht sich auf die französische Fassung. Fitzgerald, Gerald. Traité des Maladies des Femmes. Paris : Duchesne; 1758, S. 178-180, S. 209-211.

60 »Symptomata Furoris uterini diversa sunt pro diverso morbi stadio, sed cuncta ex propositâ theoriâ facili negotio deducuntur, ceu totidem consectaria. I. In primo stadio, 1°. Ægræ sentiunt invitæ se flagrare libidine, sed sibi probè consciæ turpe & probrofum esse desîderiis istius modi obsequi, hærent anxiæ, solitariæ, segreges, mœstæ, meditabundæ, tacitæ.« Astruc, Traité des Maladies, 2. Band, S. 239.

(*Vitex agnus-castus*), der als Anaphrodisiakum galt.[61] Er widersprach energisch der Auffassung einiger Ärzte wie Jean de Varanda, die manuelle Masturbation der Frau würde das Übel heilen. Es sei gegen die Gebote der Religion gerichtet und würde eher zu einer Zunahme der sexuellen Begierde führen denn zu ihrer Unterdrückung.[62] Im 13. Kapitel seines dritten Band des lange Zeit als Referenzwerk behandelten *Traité* ging Astruc auf über 60 Seiten auf die »Passion hystérique ou suffocation utérine« ein. Die Hysterie sei zwar ein Sammelbegriff für eine diffuse Symptomatik, doch hingen die verschiedenen Krankheitsbilder allesamt von der gleichen Ursache ab. Die Hysterie sei eine konvulsive Krankheit, deren Ursprung in der Gebärmutter liege. Der Beweis liege u.a. darin, dass Geschlechtsverkehr (*usage du mariage*) die hysterischen Anfälle verhindere oder die Hysterische sogar heilen könne. Die Behandlung schloss Medikamente und Aderlässe ein. Von einer Form der chirurgischen Behandlung sah Astruc ab.[63]

1766 und 1768 erschienen in nur zweijährigem Abstand zwei Abhandlungen in Edinburgh zum Thema Hysterie. Beide ergingen sich in seitenlangen Ausführungen zur unklaren Symptomatik, beide betonten die herkömmliche Behandlung durch pflanzliche oder chemische Substanzen.[64] Pierre Pomme (1735-1812), Professor für Medizin in Montpellier und Hofarzt des Königs, galt als Vorläufer der Psychiatrie. Die Dämpfe, über die beschrieb, entstammten zwar der humoralpathologischen Schule der Medizin, wurden aber in späteren Ausgaben seiner Werke mit Nervenleiden assoziiert. Pomme behandelte Männer und Frauen gleichermaßen wegen »Vapeurs«.[65] »Vapeurs« wurde im 18. Jahrhundert zu einer Begleiterscheinung der hysterischen und hypochondrischen Krankheiten, wobei die Hysterie immer noch eher mit Frauen, die

---

61 Astruc, Traité des Maladies, 2. Band, S. 261f.
62 Astruc, Traité des Maladies, 2. Band, S. 266.
63 Astruc, Jean. Traité des Maladies des Femmes, 3. Band. Avignon : Librairies Associés; 1763, S. 224-228.
64 Boswel, James. Dissertatio Medica Inauguralis de Malo Hysterico. Edinburgh : Typis Academicis; 1766. Chan[d]ler, Isaac. Disputatio Medica Inauguralis de Hysteria. Edinburgh: Balfour, Auld, and Smellie; 1768.
65 Pomme, Pierre. Traité des affections vaporeuses des deux sexes. Lyon : B. Duplain; 1769. Ebenso Raulin, Joseph. Traité des affections vaporeuses du sexe. Paris: Jean-Thomas Herrisant; 1758. Purcell, John. A Treaty on Vapours or Hysterick Fits. London: Edward Place; 1707. Zu Pierre Pomme siehe Arnaud, Sabine. On Hysteria: The Invention of a Medical Category between 1670 and 1820. Chicago, IL: University of Chicago Press; 2015, S. 208-218.

Hypochondrie eher mit Männern assoziiert wurde.⁶⁶ Aber auch diese Zuweisung veränderte sich gegen Ende des 18. Jahrhunderts. Henry Woollcombe zum Beispiel bescheinigte in seiner medizinischen Doktorarbeit von 1777 den Männern ebenfalls, vom Übel der Hysterie befallen zu werden, wenn auch in geringerem Maße.⁶⁷ Ihm widersprach nur ein Jahr später sein Kommilitone Guilhelmus Boush in seiner Dissertation, die im gleichen Verlag erschien. Hysterie sei eine weibliche Krankheit, Hypochondrie eine männliche.⁶⁸

Die Symptome, die der Schotte John Caldwell in deiner Dissertation 1780 anführte, gliederten sich in vorankündende Symptome wie Tendenzen zur Einsamkeit, Angst, Müdigkeit, Ohnmacht, krankhafte Gesichtsblässe, Gähnen, Herzklopfen, schwere Kopfschmerzen, Schwindelgefühle, Schlaflosigkeit und Nachtschweiß. In einem weiteren Stadium kommt es zu Anfällen mit Stoßatmung, Bauchgrimmen, Brechanfällen, versagender Stimme, Wein- und Lachanfällen. Wer sich im Kapitel »Definitio Morbi« oder den folgenden Abschnitten eine präzisere Beschreibung erhoffte, wurde enttäuscht.⁶⁹

William Cullen (1710-1790), ebenfalls Schotte, Professor für Medizin und Chemie, dessen Schriften auch in Deutsche übersetzt wurden, erläuterte in einer 1784 erschienenen Untersuchung der Nervenkrankheiten, dass die Hypochondrie und die Hysterie zwei unterschiedliche Krankheiten seien, die

---

66 Whytt, Robert. Observations on the Nature, Causes, and Cure of Those Disorders which Have Been Commonly Called Nervous Hypochondriac, or Hysteric, to Which are Prefixed Some Remarks on the Sympathy of the Nerves. Edinburgh: T. Beckett, P. Du Hondt and J. Balfour; 1765. Whytt, Robert. Traité des maladies nerveuses, hypocondriaques et hystériques. Nouvelle édition, a laquelle on a joint un extrait d'un ouvrage anglois du même auteur, sur les mouvements vitaux & involuntaires des animaux, servant d'introduction à celui-ci. Paris: P. Théophile Barrois le Jeune; 1777. Whytt, Robert. Underråttelse om de Sjukdomar, Som Gemenligen Få Namn af Nerwe-Hypochondriske – Och Hysteriske Tilfälligheter, [...] Stockholm: A. J. Nordstrom; 1786. Wilson, Andrew. Medical Researches: Being an Enquiry into the Nature and Origin of Hysterics in the Female Constitution, and into the Distinction Between That Disease and Hypochondriac or Nervous Disorders. London: S. Hooper; 1776.

67 Woollcombe, Henricus. Tentamen Medicum Inaugurale de Hysteria. Edinburgh: Balfiur and Smellie; 1777, S. 12.

68 Boush, Guilhelmus. Dissertatio Medica Inauguralis de Hysteria [...]. Edinburgh: Balfour & Smellie; 1778, S. 9.

69 Caldwell, John. Dissertatio Medica Inauguralis de Hysteria. Edinburgh: Balfour and Smellie; 1780, S. 9-17.

allerdings ähnliche Symptomatiken wie die »Vapeurs« aufweisen könnten.[70] Die Hysterie hingegen sei schwer zu diagnostizieren:

> »Die vielen und mannichfaltigen Zufälle, welche man zu der Krankheit rechnet, welcher man dem Namen des hysterischen Uebels beyleget, machen, daß es außerordentlich schwer [sic!] fällt, eine allgemeine Beschreibung und die eigentlichen Kennzeichen dieser Krankheit anzugeben.«[71]

Auch Cullen ging davon aus, dass auch Männer an Hysterie leiden könnten.[72] Im Widerspruch zu dieser Aussage steht eine andere, die sich mit den Ursachen der Hysterie befasst:

> »[...] so schliesse ich nach der Analogie daraus, daß auch eine heftige Ausdehnung der Gefäße der Gebährmutter und anderer weiblichen Zeugungstheile zu der Entstehung derjenigen spasmodischen und convulsivischen Bewegungen Gelegenheit geben kann, welche sich bey der hysterischen Krankheit ereignen.«[73]

Die Behandlungsmethoden ergäben sich analog zur Therapie der Epilepsie.

> »Wenn der Theil, wo sich die Empfindung anfängt, ohne Schaden gänzlich vernichtet werden kann, so müssen wir dieses dadurch zu bewirken suchen, daß wir ihn ausschneiden, oder durch ein an ihn gebrachtes glühendes Eisen oder Ae[t]ßmittel zerstören.«[74]

Hier wurde also zum ersten Male darüber spekuliert, ob die Hysterie sich nicht durch Exzision oder Verätzung der auslösenden Organe würde beseitigen lassen.

Die medizinische Fakultät der Universität von Edinburgh blieb während des ganzen späten 18. Jahrhunderts ein Zentrum der Auseinandersetzung mit der Hysterie. Edinburgh war das intellektuelle Zentrum Schottlands und der britischen Inseln. David Hume (1711-1776) hatte hier gewirkt. Die Universität war im Gegensatz zu den englischen Universitäten keine kirchliche Gründung, sondern hatte eine *Charter* von der Stadt Edinburgh erhalten. James

---

70 Cullen, William. Anfangsgründe der praktischen Arneywissenschaft: Dritter Theil, der die Nervenkrankheiten enthält. Leipzig: Caspar Fritsch; 1784, S. 104f.
71 Cullen, Anfangsgründe, S. 303.
72 Cullen, Anfangsgründe, S. 307, 309.
73 Cullen, Anfangsgründe, S. 313.
74 Cullen, Anfangsgründe, S. 175.

Boswel, Isaac Chandler, Henry Woollcombe, William Boush und John Caldwell promovierten hier und alle hinterließen Dissertationen, die zwischen 1766 und 1794 im Druck erschienen.[75] Robert Whytt hatte von 1747-1766 den Lehrstuhl für Theorie der Medizin in Edinburgh inne. William Cullen wurde sein Nachfolger. 1726 gegründet, unterhielt die Fakultät enge Verbindungen nach Leiden, das zu dieser Zeit als führende Fakultät für die Ausbildung junger Mediziner galt.[76] Edinburgh war vor allem für Studierende aus den jungen USA von Interesse, so dass eine beträchtliche Anzahl von amerikanischen Medizinern – mehr als einhundert vor 1800 – hier ausgebildet wurden.[77] Einer der Gründe lag möglicherweise auch darin, dass Cullen seine Vorlesungen auf Englisch und nicht auf Latein abhielt und die Lateinkenntnisse der amerikanischen Studenten eher spärlich waren. Wenn man also nach der Verbindung europäischer Bewertungen der Hysterie und ihrer Tradition in Nordamerika sucht, wird man unweigerlich in Edinburgh landen. Dies gilt auch für Jacob Kerr aus Jamaika, der 1794 hier eine Dissertation zur Hysterie vorlegte.[78]

---

75 Boswel, James. Dissertatio Medica Inauguralis de Malo Hysterico. Edinburgh: Typis Academicis; 1766. Chan[d]ler, Isaac. Disputatio Medica Inauguralis de Hysteria. Edinburgh: Balfour, Auld, and Smellie; 1768. Woollcombe, Henricus. Tentamen Medicum Inaugurale de Hysteria. Edinburgh: Balfour and Smellie; 1777. Boush, Guilhelmus. Dissertatio Medica Inauguralis de Hysteria Quam, Annuente Summo Numine, Ex Auctoritate[...] Gulielmi Robertson,[...] Pro Gradu Doctoratus, Ex Auctoritate Reverendi Admodum Viri D. Guilielmi Robertson[...] Nec Non Amplissimi Senatus Academici Consensu Et Nobilissimae Facultatis Medicae Ecreto, Pro Gradu Doctoratus Summisque in Medicina Honoribus ac Prilegiis Rite et Legitime Consequendis. Edinburgh: Balfour & Smellie; 1778. Caldwell, John. Dissertatio medica inauguralis de hysteria. Edinburgh: Balfour and Smellie; 1780.

76 Stansfield, Dorothy A. Thomas Beddoes M.D. 1760-1808: Chemist, Physician, Democrat. Dordrecht, Boston, MA, Lancaster: Reidel; 2012, S. 24. Dingwall, Helen. The Importance of Being Edinburgh: The Rise and Fall of the Edinburgh Medical School in the Eighteenth Century. In: Grell, Ole Peter; Cunningham, Andrew, and Arrizabalaga, Jon, (Hg.). Centers of Medical Excellence? Medical Travel and Education in Europe, 1500-1789. Franham, Burlington, VT: Ashgate; 2010; S. 305-324.

77 Bonner, Thomas Neville. Becoming a Physician: Medical Education in Britain, France, Germany, and the United States, 1750-1945. Baltimore, MD, London: Johns Hopkins University Press; 2000, S. 43.

78 Kerr, Jacob S. Disputatio Inauguralis de Hysteria. Edinburgh: Balfour and Smellie; 1794. Kerr hielt die Hysterie in erster Linie für eine Frauenkrankheit, konzidierte aber ihr Vorkommen bei Männern. Er zitierte Cullen und Sydenham ausführlich und betonte die Ähnlichkeiten zur Hypochondrie. Zur Heilung empfahl er kalte Bäder. Ibidem, S. 6, 36, 45.

Die Hysterie blieb trotz der Masse der Dissertationen ein Rätsel. Man experimentierte mit Opium[79], mit dem äußerst giftigen Colchicum[80], dann ab den 1820er Jahren auch mit der Kliteridektomie: Adelon hatte in seinem medizinischen Wörterbuch von 1819 die Nymphomanie und die Hysterie in die gleiche Gattung von Neurosen (»nevroses de la génération«) gepackt. Die Hysterie unterscheide sich von der Nymphomanie nur graduell – so Adelon.[81] In die gleiche Kerbe schlug Frédéric Dubois in seiner deutschen Ausgabe von 1840. Seine *hysteria libidinosa* war das Ergebnis der Masturbation.[82]

Solange Unklarheit darüber bestand, wie identisch Hypochondrie und Hysterie waren, ob nun die Hysterie auch bei Männern vorkam oder was die Ursachen dieser rätselhaften Erkrankung waren, solange versprach die Operation an weiblichen Genitalien keine wirkliche Besserung. Während des gesamten 17. und 18. Jahrhunderts also standen die verschiedenen Interpretationen der Hysterie einer Anwendung der Kliteridektomie im Weg. Gleichgültig ob die Hysterie durch einen Wanderuterus, durch die Unterbrechung des Abflusses von Körperflüssigkeiten, durch »Dämpfe« oder durch eine nervöse Krankheit ausgelöst wurden, eine Notwendigkeit zur Genitalverstümmelung

---

79 Jones, Thomas et al. Paper in Chemistry. Transactions of the Society, Instituted at London, for the Encouragement of Arts, Manufactures, and Commerce. 1800; 18:159-194, S. 191.

80 Raven, Thomas. The Successful Use of Colchicum in Hysteria and Hypochondriasis. The London Medical and Physical Journal. 1817; 37(215):17-18.

81 »Vergleicht man diese pathognomonischen Phänomene der Nymphomanie mit denen der Erotomanie, der Hysterie und der Hysteromanie, so erkennt man leicht den Unterschied; so sehen wir bei der Hysterie weniger kontinuierliche Unfälle, weniger gewalttätige Angriffe, weniger konstante und viel weniger lang anhaltende Aussetzung der intellektuellen Fähigkeiten.« [Übersetzung N. F.] Das Original lautet: »Si l'on compare ces phénomènes pathognomoniques de la nymphomanie avec ceux de l'érotomanie, de l'hystérie et de l'hystéromanie, on parviendra facilement à en reconnaitre la différence; ainsi, dans l'hystérie, nous voyons des accidens moins continus, des accès moins violens, une suspension des facultés intellectuelles moins constante et bien moins prolongée« Adelon, Dictionnaire des sciences médicales, Band 36, S. 576. »Als die Gebärmutterraserei ausbrach, hörten hysterische Symptome wie Ersticken, Engegefühl in der Brust, Strangulation und heftige Bewegungen des Unterbauchs sofort auf.« [Übersetzung N. F.] »Quand la fureur utérine se déclarait, les symptômes hystériques, tels que la suffocation, l'oppression de poitrine, l'étranglement les mouvemens violeus du bas-ventre discontinuaient aussitôt.« Ibidem, S. 583.

82 Dubois, Frédéric. Über das Wesen und die gründliche Heilung der Hypochondrie und Hysterie. Berlin: August Hirschwald; 1840, S. 87f. Siehe auch Blatin, Henry und Nivet, Vincent. Traité des Maladies des Femmes. Paris: Germer-Baillière; 1842, S. 124.

ergab sich daraus nicht. Dies änderte sich erst, nachdem die Kliteridektomie zum Allheilmittel in Fällen sexueller Devianz ausgerufen wurde, also im ersten Drittel des 19. Jahrhunderts. Trotz der Tatsache, dass Hysterikerinnen (hier war immer die weibliche Form gemeint) ihre Symptome angeblich erfanden, gab es für den englischen Chirurgen und Augenarzt Robert Brudenell Carter (1828-1918) eine besondere Klasse von Kranken, die besonders schwer zu heilen waren, und das waren die hysterischen Masturbatorinnen.[83] Carter schlug noch nicht die Exzision der Klitoris vor, doch andere Ärzte zögerten nicht, dies zu tun, denn jetzt wurde auch die Hysterie mit einer vergrößerten Klitoris und mit der Masturbation in Verbindung gebracht. Das Ganze entbehrt nicht einer gewissen Ironie: Wo vorher die Hysterie durch einen Mangel an »Samen« und sexueller Betätigung ausgelöst wurde, fand jetzt ein Paradigmenwechsel statt: Zuviel (falscher) Sex löste, wie in diesem Text von 1845, die Hysterie aus.

> »Sometimes an enlarged clitoris is marked by exquisite sensibility of its mucous surface. This occurs usually in women of an irritable, excitable temperament, and may attack young females soon after puberty, or at any later period of life. The effect of this morbid sensibility is felt beyond the local pain which it produces. It frequently gives rise to sexual passion, and subdues every feeling of modesty and delicacy. I have been consulted about young females who have become the subjects of these tormenting emotions, always aggravated by digitation. [...] The health soon becomes impaired, constant headach[e], referred particularly to the occiput, is present; and there are sometimes frequent attacks of hysteria. [...] This train of symptoms, which may extend to a genuine nymphomania, appears to originate exclusively from an excited, enlarged, and sensitive clitoris.«[84]

Die Konsequenz lag logisch auf der Hand: Exzision der Klitoris.[85] Bei der Nymphomanie war die Genitalverstümmelung schon erprobt worden. In Fällen von Hysterie war vor 1819 Höllenstein (Silbernitrat) in Pillenform und möglicherweise zur Verätzung eingesetzt worden. Nun brachen auch bei der

---

83   Carter, Robert Brudenell. On the Pathological Treatment of Hysteria. London: John Churchill; 1853, S. 149.
84   Ashwell, A Practical Treatise of the Diseases, S. 500.
85   Ashwell, A Practical Treatise of the Diseases, S. 499.

Hysterie die Dämme, was die FGM/C anging.[86] Adelon lehnte die Kiteridektomie zwar als »barbarisch« ab, wollte aber nicht ausschließen, dass sie in schweren Fällen angebracht sei.[87] Ähnlich argumentierte der Apotheker und Theologe John Mason Good (1767-1824) in seiner vierbändigen *Study of Medicine* (1822). Der *Furor Uterinus* sei oft mit einem »hysterischen Temperament« verbunden und beginne mit Melancholie.[88] Friedrich Gustav Braeunlich (1800-1875), der ab 1819 in Leipzig immatrikuliert war und hier 1825 promoviert wurde, und Frédéric Dubois d'Amiens sahen in ihren Büchern von 1825 und 1833 die Hysterie u.a. durch Masturbation ausgelöst, auch wenn Dubois ansonsten dem Phänomen Hysterie etwas ratlos gegenüberstand.[89] Auch Félix Voisin (1794-1872) glaubte an eine Verbindung von Nymphomanie und Hysterie, während Johann Christian Gottfried Jörg (1779-1856), Professor für Geburtshilfe in

---

86 »The English Opium aggravated the complaints in a case of hysteria, especially occasioning sleeplessness, vertigo, sickness at the stomach, and a more frequent return of the paroxysms; and similar effects ensued from foreign Opium.« Jones, Thomas et al. Paper in Chemistry. Transactions of the Society, Instituted at London, for the Encouragement of Arts, Manufactures, and Commerce. 1800; 18:159-194, S. 191. Adelon, Dictionnaire des Sciences Medicales, Band 36, S. 121, 225. »Die Wörter Nymphomanie, Uteromanie und Andromanie erscheinen uns am geeignetsten, weil sie die Krankheit in irgendeiner Weise charakterisieren und implizit die Art, den Ort oder die Ursache angeben; das Wort Metromanie ist wegen seiner doppelten Bedeutung abzulehnen. Erotische Manie oder Liebeswahn beansprucht den Titel Erotomanie, und die Hysterie gehört zu den Komplikationen von Hysterie und Manie.« [Übersetzung N. F.] »Les mots nymphomanie, utéromanie, andromanie, nous semblent les plus convenables, parce qu'ils caractérisent en quelque sorte la maladie, et qu'ils en indiquent implicitement l'espèce, le siège ou la cause; celui de métromanie est à rejeter vu sa double acception. La manie érotique ou par amour revendique le titre d'érotomanie, et celui d'hystéromanie appartient à la complication de l'hystérie et de la manie.« Ibidem, S. 562.
87 Adelon, Dictionnaire des sciences médicales, Band 36, S. 594.
88 Good, John Mason. The Study of Medicine in Four Volumes; Volume 4. London: Baldwin, Cradock and Joy; 1822, S. 124.
89 Blecher, Jens and Wiemers, Gerald. Die Matrikel der Universität Leipzig: Die Jahre 1809 bis 1832. Leipzig: Verlag und Datenbank für Geisteswissenschaften; 2006, S. 424. Braeunlich, Fridericus Gustavus. De Hysteria: Dissertatio Pathologico-Therapeutica. Leipzig: Litteris Staritii; 1825, S. 24. Zu Braeunlich siehe Huppmann, Gernot. Frühe medizinische Psychologie: Friedrich Gustav Bräunlich (1800-1875). In: Balck, Friedrich, (Hg.). Anwendungsfelder der medizinischen Psychologie. Heidelberg: Springer; 2005; S. 2-14. Ähnlich wie Braeunlich argumentierte auch Dubois, Frédéric. Histoire philosophique de l'hypochondrie et de l'hystérie. Dubois, Frédéric Paris: Deville Cavellin; 1833, S. 100.

Leipzig, die Wurzel der Hysterie im unerfüllten Kinderwunsch wähnte.[90] Der englische Physiologe Marshall Hall (1790-1857) diagnostizierte bei der Hysterie ein »exzentrisches Nervenleiden« – eine diskursive Ankündigung der Figuration|Formation der Neurotikerin.[91]

Was bei Ashwell ein Vorschlag war, der in den Tiefen eines langen Textes verborgen war, wurde beim britischen Arzt Thomas Hawkes Tanner (1824-1871) programmatisch. Tanner hatte nach eigener Aussage selbst Kliteridektomien durchgeführt und war von den Resultaten enttäuscht.[92] Die Publikationstätigkeit Tanners in diesem Zusammenhang fand im Kontext der schon dargestellten Kontroverse um Isaac Baker Brown statt, ging aber weit über Browns umstrittenes Verfahren hinaus. Brown hatte ja in seinen Beiträgen unter anderem behauptet, er könne auch Fälle von Hysterie und Epilepsie durch Kliteridektomie heilen.[93] Für ihn stellte die Hysterie das erste von acht

---

90 Voisin, Des Causes Morales et Physiques des Maladies Mentales. Jörg, Johann Christian Gottfried. Ueber das physiologische und pathologische Leben des Weibes, 2. Theil. Leipzig: Carl Cnobloch; 1831, S. 239-247. Jörg, Johann Christian Gottfried. Handbuch der Krankheiten des Weibes: Nebst einer Einleitung in die Physiologie und Psychologie des weiblichen Organismus. Reutlingen: Mäcken'sche Buchhandlung; 1832, S. 218-282. Die ganze diagnostische und therapeutische Konfusion der Ärzte um 1830 offenbarte niemand besser als Friedrich Ludwig Meissner (1796-1860). Meissner, Friedrich Ludwig. Forschungen des neunzehnten Jahrhunderts im Gebiete der Geburtshülfe, Frauenzimmer und Kinderkrankheiten: Was hat das neunzehnte Jahrhundert für die Erkenntniss und Heilung der Frauenzimmerkrankheiten gethan? Zeitraum 1826 bis 1832, Band 5. Leipzig: August Lehnhold; 1833, S. 54-63. Ganz ähnlich Chambon de Montaux, Nicolas. Von den Krankheiten unverheiratheter Frauenzimmer. Nürnberg: Schneider und Weigel; 1834, S. 107-124.

91 Hall, Marshall. On the Reflex Function of the Medulla Oblongata and Medulla Spinalis. Philosophical Transactions of the Royal Society of London. 1833; 123:635-665. In seiner früher erschienenen Abhandlung über Frauenkrankheiten von 1827 war Hall noch ein Anhänger der eher traditionellen Auffassung von Hysterie als einem Leiden des Uterus ausgegangen. Hall, Marshall. Commentaries on Some of the More Important of the Diseases of Females in Three Parts. London: Longman, Rees, Orme, Brown, and Green; 1827, S. 80-89.

92 Tanner, Thomas Hawkes. On Excision of the Clitoris as a Cure for Hysteria, &c. Transactions of the Obstetrical Society of London. 1866; 8:360-384. Siehe auch Barnes, Robert; Tanner, Thomas Hawkes; Baker Brown, Isaac; West, Charles und Paget, James. On Excision of the Clitoris as a Cure for Hysteria etc. British Medical Journal. 1866; 2(311):672-678.

93 Brown, Isaac Baker. On the Curability of Certain Forms of Insanity, Epilepsy, Catalepsy, and Hysteria in Females. London: Robert Hardwicke; 1866.

Stadien des Wahnsinns dar, die eine zum Tode führende Entwicklung einleitete. Zuerst käme es zur Hysterie einschließlich menstrueller Unregelmäßigkeiten, darauf folge die Irritation der Wirbelsäule mit Auswirkungen auf Uterus und Ovarien, dann die hysterische Epilepsie, gefolgt von kataleptischen Anfällen, Verblödung, Manie und schließlich Tod. Ausgelöst würde diese lebensgefährliche Krankheit durch sexuelle Überaktivität, ja eine Frau sei tatsächlich während des Koitus verschieden.[94] Es gelte, diese tödliche Entwicklung »ab initio« zu unterbinden, da der Tod sonst unvermeidlich sei. Die Lösung liege in der »[...] destruction of the nerv causing irritation [...]« Während Issac Baker Browns Vorbild, Charles Edward Brown-Séquard, zu diesem Zwecke die Kauterisierung der Klitoris praktiziere, wolle er, Baker Brown, eine humanere und sicherere Methode verwenden, die er in den letzten sechs oder sieben Jahren schon praktiziert habe.[95]

> »Of course, from the very novelty of these views, I have been met with many objections, such as unsexing the female, preventing the normal excitement consequent on marital intercourse, or actually, some most absurdly and unphilosophically assert, causing sterility [...]«[96]

Baker Brown berichtete über den Fortgang der »Krankheit« nach den ersten hysterischen Symptomen – Ruhelosigkeit, Erregungszustände, Melancholie, Gleichgültigkeit gegenüber sozialen und häuslichen Verpflichtungen, Verzicht auf Nahrungsaufnahme, Kopf- und Rückenschmerzen.[97] Irritationen des Auges gingen einher mit dem Wunsch, Krankenschwester oder Pflegerin zu werden.[98] Bei verheirateten Frauen käme es zur Ablehnung des »ehelichen Verkehrs«, Sterilität und Aborten.[99] Wenn eine Operation unverzichtbar werde, ging er folgendermaßen vor:

> »The patient having been placed completely under the influence of chloroform, the clitoris is freely excised either by scissors or knife – I always prefer scissors. The wound is then firmly plugged with graduated compressed of lint, and a pad, well secured by a T bandage.«[100]

---

94   Brown, On the Curability, S. 7f.
95   Brown, On the Curability, S. 9.
96   Brown, On the Curability, S. 9f.
97   Brown, On the Curability, S. 14f.
98   Brown, On the Curability, S. 15.
99   Brown, On the Curability, S. 16.
100 Brown, On the Curability, S. 17.

Baker Brown stellte sodann 48 Fälle vor, bei denen die Entfernung der Klitoris die Hysterie oder Epilepsie geheilt habe.[101] Der Plot dieser Fallgeschichten war immer der Gleiche, weshalb es genügen möge, einen Fall mit dem Titel »Acute Hysterical Mania—Four Months' Duration—Operation—Cure« stellvertretend für die anderen Fälle vorzustellen[102]:

> »Miss –, aet. 23, was sent to me by Mr. Radcliffe, stating that she had been brought over from Ireland as an insane patient [...]«[103] Die Patientin wies bei der Untersuchung alle typischen »Zeichen« auf (die Analogie zur Hexenuntersuchung ist naheliegend): Eine vergrößerte und harte Klitoris, häufige und exzessive Masturbation.[104] »The clitoris was excised, the elongated nymphae [sic!] removed, and the fissure of the rectum divided.«[105] Baker Browns Definition von Wahnsinn machte sich u.a. an der Weigerung der Patientinnen fest, Sex mit ihren Ehemännern/Partnern zu haben. Hier zeigt sich noch einmal deutlich die patriarchal-phallozentrische Ausrichtung eines Arztes wie Baker Brown:

> »In 1863, Mrs. S. M., married, mother of three children, aet. 30, came under my care, because she had been suffering for more than a year from menorrhagia, which had gradually affected her mind, causing her to have a great distaste for her husband; so much so, that he and his friends were induced seriously to contemplate a separation.« (84)

Dass eine dreißigjährige Frau, die bereits drei Kinder hatte, möglicherweise den sexuellen Kontakt zum Ehemann einschränken wollte, um weitere Schwangerschaften zu verhindern, wäre Baker Brown nicht in den Kopf gekommen. Der Ehemann und »seine Freunde« erwogen eine Trennung, kein Wunder also, dass die Patientin der Kliteridektomie zustimmte.[106]

Tanner und andere Ärzte knüpften am Versprechen Baker Browns an, Masturbation, Hysterie und Wahnsinn durch die Klitorisbeschneidung zu beenden, bezweifelten aber seine Heilungserfolge. Die Entfernung der Klitoris – so Tanner – eigne sich nicht zur Bekämpfung der Hysterie, Epilepsie oder

---

101 Brown, On the Curability, S. 21-83.
102 Brown, On the Curability, S. 79-83.
103 Brown, On the Curability, S. 79.
104 Brown, On the Curability, S. 80f.
105 Brown, On the Curability, S. 80.
106 Brown, On the Curability, S. 84.

des Wahnsinns. Tanner bediente sich in seiner Argumentation der angeblichen Homologie zwischen männlicher Vorhaut und Klitoris. Epilepsie und Wahnsinn ließen sich auch nicht durch (männliche) Beschneidung kurieren. Als nächstes griff er die Reflextheorie Brown-Séquards an. Selbst wenn es zuträfe, dass viele der Frauenkrankheiten durch die »peripheral excitement of the pudic nerve« ausgelöst würden, wäre die Beschneidung der Klitoris sinnlos, weil große Teile dieses Nervenapparats intakt blieben. Zuletzt bezog er sich auf die Jahrhunderte während Praxis der Kliteridektomie in Afrika, die im Wesentlichen wirkungslos geblieben sei.[107]

Edward John Tilt (1815-1893), in Frankreich ausgebildeter englischer Gynäkologe und Autor zweier wichtiger Bücher zur Frauenheilkunde, wandte sich gegen voreilige und unangemessene Operationen an Frauen. Er betonte, dass die Hysterie eine Erkrankung des Gehirns sei und nicht der Vulva oder Ovarien.[108] Allerdings habe er angeblich Kliteridektomien in Einzelfällen befürwortete.[109] Er schrieb 1881 unter Bezugnahme auf den namentlich nicht genannten Baker Brown:

> »It was well known to the profession, some years ago, that a talented surgeon was acting upon the very extraordinary notion, that the clitoris caused most of the nervous diseases of women. Our leading men could only shrug their shoulders and say to us: ›Settle it among yourselves.‹ We expelled the man from the Obstetrical Society, and although it was most righteously done, on purely public grounds, yet, as the grounds of conviction could not be published, and the sentence was not given by a public body representing the whole profession, it is still generally believed abroad, and more particularly in America, that this man was a victim of professional envy.«[110]

---

107 Tanner, Thomas Hawkes; Barnes, Robert; Baker Brown, Isaac; West, Charles, und Paget, James. On Excision of the Clitoris as a Cure for Hysteria etc. The British Medical Journal. 1866; 2(311):672-678, S. 672.
108 Tilt, Edward John. On Hysteria and Its Interpreters. The British Medical Journal. 1871; 2(572):690-692.
109 Pal-Lapinsky, Piya. The Exotic Woman in Nineteenth-Century British Fiction and Culture: A Reconsideration. Durman, NH: University of New Hampshire Press; 2005, S. 63. Pal-Lapinsky belegt ihre Behauptung aber an keiner Stelle.
110 Tilt, Edward John. A Handbook of Uterine Therapeutics and of Diseases of Women. New York: William Wood and Co. 1881, S. 5.

Anders als der Tenor bei Piya Pal-Lapinsky insinuiert, sprach sich Tilt sehr deutlich gegen die generelle Notwendigkeit der Kliteridektomie aus, war aber bereit, im Falle von Hysterie und Epilepsie eine Ausnahme zu machen:

> Clitoridectomy has been always recognized as a justifiable operation when the clitoris by its unusual size could scarcely fail to lead to masturbation. It was usual to remove the clitoris with the knife, and the actual cautery was applied to check the flow of blood. I have, however, cited a case in which this was done without preventing masturbation. Clitoridectomy has been lately proposed as a panacea for the nervous complaints of women, but there are no facts to warrant the assumption or to justify the practice, and the operation must still remain one for the cure of masturbation, and is only justifiable in a very limited number of cases. Formerly the operation was never performed except when the clitoris was much enlarged, but the results of late discussions lead me to sanction the removal of the clitoris, even if it be no larger than usual when masturbation has resisted all other measures, and when it seems to aggravate hysteria or epilepsy.[111]

Die Bedeutung seiner Beiträge lag weniger in der Bekräftigung dieser Binsenweisheit als in der Verbindung der »westlichen« Kliteridektomie mit Praktiken von afrikanischen Kulturen, die die Gentlemen in London für barbarisch und unwissenschaftlich halten konnten. Hier offenbarte sich ein Dilemma: Wenn man als Herren des *Empire* Kultur, Christentum und Aufklärung in den »dunklen Kontinent« bringen wollte, wie vertrug sich das mit der gleichzeitigen Praxis der Genitalverstümmelung in England und Afrika? Tanners Beitrag und die sich daran anschließende ausführliche Diskussion im *British Medical Journal* fand nicht nur gleichzeitig mit der Entfaltung des Skandals um Isaac Baker Brown statt, sondern situiert sich auch in den Kontext des britischen kolonialen Ausgreifens nach Afrika. Sierra Leone (1807), die Goldküste, das spätere Ghana (1821), Nigeria (1861), Südafrika (1806), Rhodesien (1898), Ägypten (1875), Sudan (1899), Kenia (1895), Somalia (1887), Tanganjika (1916) und Uganda (1894) waren im 19. und 20. Jahrhundert Teil des britischen Empire in Afrika. Für das Selbstverständnis der Herrscher über diese Territorien war es wichtig, dass die »Mission«, diese Gebiete zu »kultivieren« und zu »zivilisieren«, glaubhaft blieb. Durch Ethnologen wie den in England überaus populären Schweizer Johann Ludwig Burckhardt (1784-1817), der sich jahrelang in Nordafrika und Nubia, dem heutigen Sudan, aufgehalten hatte und Teil

---

111 Tilt, A Handbook of Uterine Therapeutics, S. 91.

der islamischen Kultur geworden war, wussten die britischen Ärzte über die Praxis der FGM/C in ihren verschiedenen Ausprägungen.[112] Seit den 1830er Jahren wurde in den britischen medizinischen Journalen von der afrikanischen Praxis berichtet, ohne dass dies besondere Reaktionen hervorgerufen hätte. Dies ist insofern verständlich, als Kliteridektomie in England um diese Zeit äußerst selten praktiziert wurde. Mit der Zuspitzung der Diskussion um Isaac Baker Brown und der skandalösen Einlassung, er, Baker Brown, habe englische Patientinnen ohne deren Wissen und Zustimmung operiert, kam es zu »diskursiven Resonanzen« zwischen Berichten aus Afrika und aus den Kliniken Großbritanniens.[113] Wichtig ist hier neben John Lewis Burckhardt auch der britische Militärarzt William Freeman Daniell (1818-1865), der von 1847 bis 1856 in Gambia, der Goldküste (heutiges Ghana) und Sierra Leone stationiert war. Seine Korrespondenz mit Charles Darwin (1809-1882) und seine umfangreiche Publikationstätigkeit sorgten für eine gewisse Bekanntheit unter Medizinern. Seine Berichte über Genitalverstümmelungen in Afrika halfen dabei, diese Praxis als barbarisch zu brandmarken. Dies war aber nur eine von mehreren Voraussetzungen für die Aufgabe der Kliteridektomie gegen Ende des 19. und zu Beginn des 20. Jahrhunderts.

Dies alles beeindruckte Johann Baptist Ullersperger aus München in keiner Weise. Er gehörte zu den eifrigste Fans Isaac Baker Browns und setzte sich nachhaltig für die Übernahme Browns Methoden ein. In der Polemik zwischen West und Brown befand sich Ullersperger ganz auf der Seite Browns, eine Art medizinischer Sancho Panza, der mit dem Skalpell gegen die Windmühlen der Masturbation und der Hysterie anritt.

»Nebenbei behauptete West, ›*dass die Operation an und für sich unnöthig sei*‹[‹], dass man der Gewohnheit oder der Krankheit der Masturbation mit moralischer Behandlung begegnen könne. Damit, meint *Baker Brown*, wolle je-

---

112 Tanner zitierte Burckhardts »Travels in Nubia« ausführlich. Tanner, On Excision of the Clitoris (Obstetrical Society), S. 366. Burckhardt, John Lewis. Travels in Nubia. London: John Murray; 1819, S. 332.

113 Stellvertretend für die umfangreiche Diskussion seien genannt [Anonymous]. Review of Sketches of the Medical Topography and Natural Diseases of the Gulph of Guinea, Western Africa by W. F. Daniell. Provincial Medical & Surgical Journal. 1850; 14(9):235-236. [Anonymous]. Sketches of the Medical Topography and Native Diseases of the Gulf of Guinea, Western Africa. The British and Foreign Medico-Chirurgical Review. 1850; 5(9):85-108. Daniell, William Freeman. On the Circumcision of Females in Western Africa. London Medical Gazette. 1847(5):374-378. Dubois, Paul-Antoine. Traité complet de l'art des accouchements, Tome premier. Paris : Bêchet Jeune, 1849.

doch *Charles West* Einem weismachen, dass der Hysterismus aus Masturbation Einbildungskrankheit sei, und dass eine solche Hysterische, um Heilung zu bewerkstelligen, nur ihren festen Willen zeigen, nur sich Gewalt anthun müsse. Wo ist Jemand von einiger Erfahrung, ruft er aus, dem nicht schon ein Fall von Selbstbefleckung, sei es bei männlichem oder weiblichem Individuum, vorgekommen, wo aller Aufwand von moralischen Vernunftgründen und Zusprüchen ungenügend waren, dem Uebel Einhalt zu thun? Was mich betrifft, fährt *Baker Brown* fort, so sind mir Fälle vorgekommen, wo monate- und jahrelanger Zwang moralischer und physischer Art, wo ärztlicher und anderweitiger Zuspruch, ja wo sogar die grösstmögliche Anstrengung von Seite der Kranken selbst nicht hinreichten, die Gewohnheit zu bekämpfen. Darf wohl da die Chirurgie nicht zu Hülfe kommen, wo moralischer Einfluss weder vorbeugen, noch das Uebel beseitigen kann?«[114]

Die Bedeutung der Hysterie für die langsame Aufgabe der Kliteridektomie bestand darüber hinaus in der Erkenntnis, dass es sich bei ihr um ein psychisches bzw. neurologisches Leiden handelte. Thomas Sydenham (1624-1689), der »englische Hippokrates«, vermutete schon, dass auch Männer hysterisch sein könnten.

»Of all chronic diseases hysteria — unless I err — is the commonest; since just as fevers — taken with their accompaniments — equal two thirds of the number of all chronic diseases taken together, so do hysterical complaints (or complaints so called) make one half of the remaining third. As to females, if we except those who lead a hard and hardy life, there is rarely one who is wholly free from them — and females, be it remembered, form one half of the adults of the world. Then, again, such male subjects as lead a sedentary or studious life, and grow pale over their books and papers, are similarly afflicted; since, however, much, antiquity may have laid the blame of hysteria upon the uterus, hypochondriasis (which we impute to some obstruction of the spleen or viscera) is as like it, as one egg is to another. True, indeed, it is that women are more subject than males. This, however, is not on account of the uterus [...]«[115]

---

114 Ullersperger, Cliteridectomie als Mittel, S. 2.
115 Sydenham, Thomas. The Works of Thomas Sydenham, Translated from the Latin Edition of Dr. Greenhill, 2 Bände. London : Sydenham Society; 1801, Band 2, S. 85.

Gegen Ende des 18. Jahrhunderts war die überwiegende Mehrheit der Ärzteschaft bereits von der Theorie des Hysterie auslösenden Wanderuterus abgerückt.[116] Friedrich Jolly gab 1877 eine umfangreiche Zusammenfassung der Forschung zur Hysterie und betonte: »Die vielgestaltigen Symptome, welche unter dem Namen der Hysterie zusammengefasst werden, lassen sich ohne Ausnahme als Folgen gestörter Function des Nervensystems erkennen.«[117] Er fuhr fort:

> »Der Umstand, dass die Hysterie häufiger beim weiblichen als beim männlichen Geschlecht vorkommt und dass verschiedene physiologische und pathologische Vorgänge in den weiblichen Genitalien von unverkennbarer Bedeutung für ihre Entwickelung sind, hat zu der irrigen Annahme Veranlassung gegeben, dass die Hysterie ausschliessliches Eigenthum des weiblichen Geschlechts und dass sie bei diesem immer eine von den Geschlechtsorganen ausgehende Erkrankung sei (daher auch der nicht mehr auszurottende Name, von υστερα, Uterus).«[118]

Auch der schottische Arzt James W. Anderson charakterisierte die Hysterie in einem Artikel im British Medical Journal 1875 als Nervenkrankheit, denn er schrieb:

> »I believe hysteria to be the result of a certain degree of mental incapacity – the manifestation of a mental weakness or derangement – and shall endeavour to refer the characters of the disease usually designated as nervous to that condition.«[119]

Nikolaus Friedreich, Professor für Pathologie in Heidelberg, selbst durchaus kein Gegner der Kliteridektomie, fasste 1882 den alten Ansatz zur Bekämpfung der Hysterie wie folgt zusammen:

---

116 1833 konnte Dubois noch schreiben: »[...] la grande majorité des auteurs [...] donnent comme premiers phénomènes de l'accès hystérique une impression sourde ou un mouvement obscur dans la région de la matrice et le sentiment d'une boule qui semble partir de la matrice et se diriger vers le cou;« Dubois, Frédéric. Histoire philosophique de l'hypochondrie et de l'hystérie. Paris: Deville Cavellin; 1833, S. 50 und S. 261.
117 Jolly, Friedrich. Hysterie und Hypochondrie. In: Ziemssen, Hugo, (Hg.). Handbuch der speciellen Pathologie und Therapie: Handbuch der Krankheiten des Nervensystems II. Leipzig: V. C. W. Vogel; 1877: 491-709, S. 493.
118 Jolly, Hysterie, S. 495.
119 Anderson, James W. On the Etiology of Hysteria. The British Medical Journal. 1875; 1(756):838-839, S. 838.

»Mit Recht war es ferner von jeher das Bestreben der Aerzte, bei hysterischen Kranken durch genaue Untersuchung der einzelnen Organe nach localen Erkrankungsheerden [sic!] zu forschen, welche als Ausgangspunkte des gestörten Nervenlebens mit grösserer oder geringerer Wahrscheinlichkeit bezeichnet werden konnten, und von deren Bekämpfung man die Beseitigung der Hysterie erhoffen durfte. Vor Allem war es die alte Theorie, dass die Hysteria ihren Ausgangspunkt von localen Anomalien der Geschlechtsorgane nehme, welche die Vorstellung der alten Aerzte beherrschte und welche bis in unsere Tage hinein sich fortsetzend mit Vorliebe festgehalten wird und in der Mehrzahl der Fälle das therapeutische Handeln bestimmt.«[120]

Diese Einsicht hinderte den niederländischen Arzt J. G. M. Hanlo noch 1882 nicht daran, unter Berufung auf Friedreich und Baker Brown die Methoden der Kliteridektomie und der Kauterisierung der Klitoris als Therapie der Hysterie anzupreisen.[121] Der schon erwähnte Hilarion-Denis Vigouroux, eigentlich ein Gegner übereilter Operationen, stellte dennoch die Verbindung zwischen Masturbation und Hysterie her:

»Hysteriker, Epileptiker, Hypochonder, liefern sich sehr häufig dem Onanismus aus. Auch die übertriebene Entwicklung der Schwellkörper, die für den Aufbau der Genitalorgane eine so große Rolle spielen, wird als Veranlagung inkriminiert. Der Penis bei Männern und die Klitoris bei Frauen haben im Allgemeinen ein größeres Volumen bei denjenigen, die sehr anfällig für die Freuden der Liebe sind, aber in einigen Fällen kann diese übertriebene Entwicklung durchaus der Effekt und nicht die Ursache sein.«[122]

Aber immer stärker begann das Pendel der Lehrmeinung über die Hysterie in Richtung der neurologischen Ätiologie auszuwandern. Der Neurologe, Psychiater und Elektrotherapeut Paul Julius Möbius (1853-1907), Autor der misogy-

---

120 Friedreich, Nikolaus. Zur Behandlung der Hysterie. Archiv für pathologische Anatomie und Physiologie und für klinische Medicin. 1882; 90(2):220-243, S. 223.

121 Hanlo, J. G. M. De Behandeling der Hysterie door de Cauterisatie der Clitoris met Nitras Argenti. Nederlands Tidschrift voor Geneeskunde. 1882; 26:907-908.

122 »Les personnes hystériques, épileptiques, hypocondriaques, se livrent très fréquemment à l'onanisme. On a incriminé aussi comme une prédisposition, le développement exagéré du tissu érectile qui entre pour une si grande part dans la structure des organes génitaux. La verge chez l'homme, le clitoris chez la femme ont généralement, en effet, un plus grand volume chez ceux qui sont très portés aux plaisirs de l'amour ; mais, dans certains cas, ce développement exagéré peut bien être l'effet et non la cause.« Vigouroux, Traité complet, S. 308 [Übersetzung N. F.].

nen Schrift *Über den physiologischen Schwachsinn des Weibes* (1900), beanspruchte die Deutungshoheit über die Hysterie, indem er sie ganz und gar als psychologisches Leiden begriff.[123]

Daneben wurde die Hysterie seit Jean Martin Charcot (1890) zunehmend auch als »männliches« Nervenleiden definiert und konnte folglich nicht mehr mit der Gebärmutter oder den Eierstöcken in Verbindung gebracht werden.[124] In den ersten zehn Jahren des 20. Jahrhunderts verschwand die Operation weitgehend aus der medizinischen Diskussion als empfohlenes Mittel zur Bekämpfung psychischer Leiden.[125] Die Gründe für die relativ schnelle Verbannung von Hysterektomie und Ovariektomie aus dem medizinischen Diskurs lag nicht nur in der Einsicht der Ärzte, dass diese Operationen gefährlich und unsinnig waren, sondern im Postulat der heterosexuellen Fortpflanzung durch penetrativen Sex mit einem Mann. Ohne Gebärmutter oder Ovarien gab es keine Fortpflanzung.

Sigmund Freud wusste 1893 um die Tatsache, dass die Hysterie keine reine »Frauenkrankheit« war, da er bei Charcot gelernt hatte.[126] Allerdings vermutete er die männliche Hysterie eher bei Proletariern und nicht bei Intellektuellen oder Schreiberlingen. Er schrieb:

> »Mit all diesen Kenntnissen über die Erscheinung der Hysterie ausgestattet, machte man nun eine Reihe überraschender Entdeckungen; man fand die Hysterie beim männlichen Geschlechte und besonders bei den

---

123 Möbius, Paul Julius. Neurologische Beiträge: Über den Begriff der Hysterie und andere Vorwürfe vorwiegend psychologischer Art. Leipzig: Arthur Meiner; 1894. Ähnlich auch Veit, Johann Friedrich Otto Siegfried (Hg.). Handbuch der Gynäkologie, Band 3. Wiesbaden: F. F. Bergmann; 1898, S. 104.

124 Charcot, Jean Martin. Neue Vorlesungen über die Krankheiten des Nervensystems, insbesondere über Hysterie. Leipzig und Wien 1886, S. 93. Goldstein, Jan. The Uses of Male Hysteria: Medical and Literary Discourse in Nineteenth-Century France. Representations. 1991; 34:134-165.

125 Longo, The Rise and Fall, S. 263.

126 Die Debatte um die Entdeckung der männlichen Hysterie und um die Rolle Charcots bei Freuds Pariser Aufenthalt wird bei Kenneth Levin geführt. Für unseren Zusammenhang ist es ausreichend, festzuhalten, dass Freud seit seiner Zeit an der Salpêtrière davon ausging, dass auch Männer hysterisch sein konnten. Levin, Kenneth. Freud's Paper »On Male Hysteria« and the Conflict between Anatomical and Physiological Models. Bulletin of the History of Medicine. 1974; 48(3):377-397. Siehe auch Freud, Sigmund. Aus den Anfängen der Psychoanalyse: Briefe an Wilhelm Fliess [sic!], Abhandlungen und Notizen aus den Jahren 1887-1902. London: Imago Publishing Co.; 1950, S. 25f.

Männern der Arbeiterklasse mit einer Häufigkeit, die man nicht vermutet hatte, man überzeugte sich, daß gewisse Zufälle, die man der Alkohol-, der Blei-Intoxikation zugeschrieben hatte, der Hysterie angehörten, man war imstande, eine ganze Anzahl von bisher unverstanden und isoliert dastehenden Affektionen unter die Hysterie zu subsumieren und den Anteil der Hysterie auszuscheiden, wo sich die Neurose mit anderen Affektionen zu komplexen Bildern vereinigt hatte.«[127]

Auch Männer konnten ja hysterisch werden, wie Jean-Martin Charcot und Georges Gilles de la Tourette herausgefunden hatten und konnte deswegen nicht mehr mit der Gebärmutter oder den Eierstöcken in Verbindung gebracht werden.[128] In den ersten zehn Jahren des 20. Jahrhunderts verschwanden bis auf wenige Ausnahmen die Operation der Klitoris und der Labien weitgehend aus der medizinischen Diskussion als empfohlenes Mittel zur Bekämpfung psychischer Leiden.[129] Mit diesem Paradigmenwechsel von einer Krankheit des weiblichen Genitalsystems zu einer neurologischen *condition* ging ein weiterer Paradigmenwechsel einher: Ein neues klinisches Dispositiv wurde eingerichtet. Zwischen 1820 bis etwa 1880 seien die Geisteskrankheiten Krankheiten des Körpers gewesen, die »psychische Symptome oder Syndrome umfassen.«[130] Mit dem Erscheinen eines »neurologischen Körpers« wurden die Neurosen sozusagen emanzipiert, weil auf diffuse Krankheitsbilder nun eine Differenzialdiagnose anwendbar wurde.[131] Damit wurde die Hysterie als Ausdruck eines physischen Leidens tendenziell obsolet.

»Der wichtigste Punkt ist der, daß ganz die gleichen nervösen Symptome mit oder ohne organische Erkrankung im Hintergrunde auftreten können.

---

127 Freud, Sigmund. Charcot. Gesammelte Werke chronologisch geordnet, Band 1: Werke aus den Jahren 1892-1899. London: Imago Publishing, 1952, S. 21-35, S. 32.
128 Charcot, Jean-Martin. Neue Vorlesungen über die Krankheiten des Nervensystems insbesondere über Hysterie. Leipzig, Wien: Toeplitz & Deuticke; 1886; S. 93-95. Goldstein, The Uses of Male Hysteria. Showalter, Hysteria, Feminism, and Gender, S. 308. Showalter, Elaine. Hystorien: Hysterische Epidemien im Zeitalter der Medien. Berlin: Berlin Verlag; 1997, S. 95-117.
129 Longo, The Rise and Fall, S. 263.
130 Foucault, Michel. Die Macht der Psychiatrie: Vorlesung am Collège de France 1973-1974. Frankfurt a.M.: Suhrkamp; 2003, S. 443.
131 Foucault, Die Macht der Psychiatrie, S. 446. Hoche, Alfred Erich. Die Differentialdiagnose zwischen Hysterie und Epilepsie. Berlin: August Hirschwald; 1902.

Ein Kranker, der an Arteriosklerose oder chronischer Glomerulonephritis leidet, kann typische Symptome von Hysterie oder Neurasthenie darbieten, und diese können so vorstechend und beherrschend sein, daß man leicht ein[e] gründliche Untersuchung nach anderen Veränderungen im Hintergrunde versäumt.«[132]

Wie Katrin Schmersahl feststellt, ging der Berliner Neurologe Max Heinrich Lewandowsky (1876-1918) vor dem Ersten Weltkrieg davon aus, dass man einen Fall nicht eindeutig der Hysterie, der Hypochondrie oder der Neurasthenie zurechnen könne.[133]

»Auf der einen Seite benötigte hatte sich also eine psychologische Ätiologie durchgesetzt, auf der anderen Seite benötigte man jedoch nach wie vor sichtbare Zeichen, um überhaupt die Hysterie als eigenständige Krankheit diagnostizieren zu können[...]«[134]

Die Psychologisierung der Hysterie wurde also wenig konsequent vorangetrieben, sorgte aber immerhin dafür, dass Hysterie und verwandte Symptomatiken nicht automatisch mit dem Skalpell oder dem elektrischen Kauterisierungsapparat behandelt wurden. Erst die Psychoanalyse sollte überzeugende Argumente dafür bereithalten, dass seelische Leiden wie Hysterie und Neurosen nicht durch Operationen am weiblichen Körper behoben werden konnten. Verstärkt durch die Kritik an der zivilisatorischen Mission der Kolonisierung des »dunklen Kontinents« Afrika und der in ihm praktizierten Form der FGM/C, kartographierte die Psychoanalyse den Körper und die Psyche von Frauen und ersetzte so die koloniale Expansion durch die psychoanalytische Inbesitznahme der weiblichen Sexualität. Es ist auch aus diesem Grund kein Wunder, dass vor allem in den USA, einer zumindest theoretisch erklärt antikolonialen Macht, die Psychoanalyse besser Fuß fassen konnte als in vielen europäischen Staaten.

---

132 Cabot, Richard C. und Ziesché, H. Differentialdiagnose: Anhand von 385 genau besprochenen Krankheitsfällen lehrbuchmässig dargestellt. Berlin: Julius Springer; 1922, S. 585.
133 Schmersahl, Katrin. Medizin und Geschlecht: Zur Konstruktion der Kategorie Geschlecht im medizinischen Diskurs des 19. Jahrhunderts. Opladen: Leske und Budrich; 1998, S. 231.
134 Schmersahl, Medizin und Geschlecht, S. 231.

11. Die »frigide« Neurotikerin und die Psychoanalyse (1787-1947)

Die Psychoanalyse hat durch die Behandlung der Hysterie, eines bis dahin vorwiegend als körperliches Leiden verstandenen Krankheit, selbst Impulse erfahren, die sie zu dem gemacht haben, was sie in der ersten Hälfte des 20. Jahrhunderts in vielen Nationen des Westens geworden ist: Die am meisten diskutierte Form der psychologischen Therapie. Peter Gay schrieb in seiner Freudbiographie: »Obwohl die Studien über Hysterie erst 1895 erschienen, geht der erste in diesem Band besprochene Fall, Breuers historische Begegnung mit ›Anna O.‹, auf das Jahr 1880 zurück. Er gilt als der Fall, der die Psychoanalyse begründete [...]«[1] Die Psychoanalyse erwarb sich in den USA ein Janusgesicht: Einerseits stellte sie eine vermarktungsfähige Ware dar, deren Konsumption Gebrauchswert hatte (Reduktion des individuellen Leidensdrucks) anderseits stellte sie ein soziales Disktinktionsmerkmal dar. Psychoanalyse wurde modern, ja sie errang in den 1950er und 1960er Jahre eine Vormachtstellung innerhalb der amerikanischen Psychotherapie. Mehr als die Hälfte der Psychiater*innen dieser Jahre hatten eine formelle Ausbildung als Analytiker*innen abgeschlossen oder bedienten sich psychoanalytischer Behandlungsmethoden. Die wichtigsten Psychiatrieabteilungen amerikanischer Universitäten hatten Analytiker als Institutsleiter. Um 1960 war fast jeder Psychiatrielehrstuhl in den Händen einer Analytiker*in.[2]

Im hier behandelten Zusammenhang stellt sich die Frage, ob die Psychoanalyse zu einer Abnahme der Kliteridektomie im »Westen« beigetragen oder ob sie diese Praxis zeitlich verlängert hat. Dies klingt wie ein Widerspruch. Er löst sich auf, wenn wir betrachten, wie die Psychoanalyse nach Freud durch

---

1   Gay, Peter. Freud: Eine Biographie für unsere Zeit. Frankfurt a.M.: S. Fischer; 1989, S. 78.
2   Shorter Edward. A History of Psychiatry: From Era of the Asylum to the Age of Prozac. Hoboken, NJ; John Wiley & Sons, Inc: 1997, S. 172.

die Erfindung des vaginalen Orgasmus und der Postulierung sexueller »Normalität«, die an diese Form des Orgasmus gebunden wurde, bestimmte Formen der FGM/C, die bis in die zweite Hälfte des 20. Jahrhunderts angewendet wurden, legitimiert hat. Meine These lautet, dass die Psychoanalyse durch eine psychische Erklärung der Neurosen bzw. der Hysterie zunächst einmal geholfen hat, die Praxis der Kliteridektomie im »Westen« einzudämmen, um in einem zweiten Schritt, in der Form der neofreudianischen Verkürzung und Simplifizierung, zur Legitimierung der Klitorisresektion zum Zwecke der »Verbesserung« weiblicher Sexualität beizutragen.

Der schottische Arzt William Cullen (1710-1790) gehört zu den Erfindern der Neurose.[3] Er prägte den Begriff 1769 in seiner *Synopsis Nosologiae Methodicae*. Mit Neurose meinte er eine Klasse von Beeinträchtigungen des Nervensystems, die nicht von Fieber begleitet wurden und die Empfindungen und Bewegungen beeinträchtigten.[4] Die Neurose trat u.a. in der Form der Reflexneurose dann ihren Siegeszug durch die deutsche und internationale Medizin an.[5] Dies wurde dadurch erleichtert, dass es sich bei der Reflexneurose angeblich um eine Form der Hysterie handelte, d.h. die Neurotikerin war die

---

3   Pinero, José M. Lopez. Historical Origins of the Concept of Neurosis. Cambridge, London, New York: Cambridge University Press; 1983, S. 13.
4   Pereira, Mário Eduardo Costa. Cullen e a Introduçao do Termo »Neurose« na Medicina. Revista Latinoamericana de Psicopatologia Fundamental. 2010; 13(1):128-134. »Sensus & motus laesi, fine pyrexia idiopathica, & sine morbo locali« Cullen, William. Synopsis Nosologiae Methodicae Continens Genera Morborum Praecipua Definata, Additis Speciebus cum Harum ex Sauvagesio Synonymis Editio Quarta. Edinburgh: Balthassar Cominus; 1787, S. 132.
5   Krantz, Michael. Diagnose und Therapie der nervösen Frauenkrankheiten infolge gestörter Mechanik der Sexual-Organe. Wiesbaden: J. F. Bergmann; 1899, S. 55. »Die Erkrankungen der Genitalien und des Magens können auch eine gemeinsame zentrale Ursache im Nervensystem haben. Wir können ja eine zentrale Hysterie und eine allgemeine Neurose unter jenen Nervenerkrankungen unterscheiden, die wir allgemein als Neuropathien bezeichnen. Durch die Beschwerden bei der Splanchnoptose oder durch irgend einen anderen peripheren Reizherd: eine hysterogene Zone, auch durch fehlerhafte Ausübung der Kohabitation [sic!] kann das Nervensystem in einen Zustand dauernder Labilität gebracht werden, aus dem es in den Normalstatus zuweilen nicht mehr zurückkehren kann. Es ist dann aus der Reflexneurose, wie man gesagt hat, eine Reflexhysterie und aus dieser eine zentrale Hysterie geworden [...]« Kehrer, Erwin. Die physiologischen und pathologischen Beziehungen der weiblichen Sexualorgane zum Tractus Intestinalis und besonders zum Magen. Berlin: S. Karger; 1905, S. 189.

»logische Fortsetzung« der Hysterikerin. Der Berliner Internist und Armenarzt Moritz Heinrich Romberg (1795-1873) publizierte 1840 sein Standardwerk zu den »Nervenkrankheiten des Menschen« und ging in ihr auf die Hysterie als »eine von Genitalienreizung ausgehende Reflexneurose« ein.[6] Romberg war einflussreich.[7] Sein grundlegendes Werk ging durch zahlreiche deutsche Editionen und wurde auch ins Englische übersetzt. Für Freud war die Reflexneurose von großer Bedeutung, jedenfalls in den früheren Stadien seiner Theoriebildung.[8] Freud definierte die Hysterie als eine »Abwehr-Neuropsychose«[9] und stellte in den »Studien über Hysterie« die Nähe der »[...] pathogene[n] Analogie der gewöhnlichen Hysterie mit der traumatischen Neurose« fest.[10] Freud hat im Folgenden viel Energie und Mühe darauf verwendet, die Hysterie von der Neurose zu trennen, musste aber auch eingestehen, dass beide Erkrankungen in der Regel als Mischformen auftraten.[11] Carl Gustav Jung (1875-1961) wies in seiner Auseinandersetzung mit Freud mehrfach darauf hin, dass das Konzept Neurose bei Freud weder sehr klar noch sehr leicht verständlich sei.[12] In einem auf Englisch gehaltenen Vortrag aus dem Jahre 1912 – dem Jahr des Bruches mit Freud – erläuterte Jung die Freud'sche Theorie:

»His new conception of the aetiology of neurosis was based on this insight, and he traced the neurosis back to some sexual activity in early infancy. This

---

6 Paraphrasiert bei Amann, Josef Albert. Ueber den Einfluss der weiblichen Geschlechtskrankheiten auf das Nervensystem: Mit besonderer Berücksichtigung des Wesens und der Erscheinungen der Hysterie. Erlangen: Ferdinand Enke; 1874, S. 73f.
7 Romberg, Moritz Heinrich. Lehrbuch der Nervenkrankheiten des Menschen. Berlin: Duncker; 1853. Die erste englische Ausgabe stammte aus dem gleichen Jahr. Romberg, Moritz Heinrich. A Manual of the Nervous Diseases of Man. London: Sydenham Society; 1853. Siehe die Diskussion der Reflexneurose bei Amann (1832-1906). Amann, Ueber den Einfluss der weiblichen Geschlechtskrankheiten.
8 Bassiri, Nima. Freud and the Matter of the Brain: On the Rearrangements of Neuropsychoanalysis. Critical Inquiry. 2013; 40(1):83-108.
9 Freud, Sigmund. Die Abwehr-Neuropsychose: Versuch einer psychologischen Theorie der akquirierten Hysterie, vieler Phobien und Zwangsvorstellungen und gewisser halluzinatorischer Psychosen. In: Freud, Gesammelte Werke Band 1: Werke aus den Jahren 1892-1899, S. 59-74.
10 Freud, Studien über Hysterie. In: Freud, Gesammelte Werke Band 1: Werke aus den Jahren 1892-1899, S. 75- 376, S. 84.
11 Freud, Zur Psychotherapie der Hysterie. In: Freud, Gesammelte Werke Band 1: Werke aus den Jahren 1892-1899, S. 252-312.
12 Jung, Carl Gustav. Collected Works of C. G. Jung, Band 4: Freud and Psychoanalysis. Princeton, NJ: Princeton University Press; 2014, S. 243.

conception led to his recent view that the neurotic is ›fixated‹ to a certain period of his early infancy, because he seems to preserve some trace of it, direct or indirect, in his mental attitude. Freud also makes the attempt to classify or to differentiate the neuroses, as well as dementia praecox, according to the stage of infantile development in which the fixation took place. From the standpoint of this theory, the neurotic appears to be entirely dependent on his infantile past, and all his troubles in later life, his moral conflicts and his deficiencies, seem to be derived from the powerful influences of that period. Accordingly, the main task of the treatment is to resolve this infantile fixation, which is conceived as an unconscious attachment of the sexual libido to certain infantile fantasies and habits. This, so far as I can see, is the essence of Freud's theory of neurosis.«[13]

Trotz aller Spannungen zwischen Freud und seinem ehemaligen Kronprinzen Carl Gustav Jung kann man das als eine faire Zusammenfassung der Position Freuds bezeichnen. Wichtig ist in unserem Zusammenhang lediglich, dass Freud überzeugt war, die Neurose durch die Psychoanalyse therapieren zu können. In der wissenschaftlichen Diskussion des frühen 20. Jahrhunderts konnte die Neurose alle möglichen Ätiologien und Symptomatiken ausweisen, sodass hier ein weites Feld definitorischer Überlappungen und Widersprüche festzustellen ist. Wilhelm Stekel sprach zum Beispiel von einer »homosexuellen Neurose«, bei der er der Onanie eine Schlüsselrolle einräumte. Er hielt die Homosexualität für »heilbar«, wandte sich aber explizit gegen Operationen zu diesem Zweck und könnte deswegen als Gründungsvater der homophoben »Konversionstherapie« bezeichnet werden.[14]

Die zweite dialektische Bewegung besteht darin, dass die Psychoanalyse zwar eine Grundlage für die Beendigung der infamen Praxis FGM/C geliefert hat, diese Frucht aber von einem vergifteten Baum stammte. Denn mit ihrer Fokussierung auf den angeblich reifen »vaginalen Orgasmus« und der Abwertung des »unreifen« »klitoralen Orgasmus« hat die Psychoanalyse, ohne dies zu beabsichtigen, zu einer Verlängerung der Praxis der Kliteridektomie geführt.[15]

---

13   Jung, Collected Works of C. G. Jung, Band 4, S. 244.
14   Stekel, Wilhelm. Onanie und Homosexualität (Die Homosexuelle Neurose.[sic!]). Berlin, Wien: Urban & Schwarzenberg; 1921. Stekel, Wilhelm. The Homosexual Neurosis: Revised Edition. New York: Physicians and Surgeons Book Co. 1933.
15   Die ganze Diskussion hat Stephen Jay Gould widergegeben und die Unhaltbarkeit des Theoriegeflechts, das sich um den weiblichen Orgasmus (»klitoral« versus »vagi-

11. Die »frigide« Neurotikerin und die Psychoanalyse (1787-1947)

In den *Drei Abhandlungen zur Sexualtheorie* (1905) legte Freud die Grundlagen für das psychoanalytische Verständnis der weiblichen Sexualität. Er charakterisierte den Gegensatz von klitoralem und vaginalem Orgasmus als »unreife« und »reife« Formen der weiblichen Sexualität. In seiner dritten Abhandlung »Die Umgestaltungen der Pubertät« argumentierte Freud, heranwachsende junge Frauen übertrügen ihre genitale »Leitzone« von der Klitoris zur Vagina. Die Klitoris als Zentrum der Libido stehe für ein männliches Begehren.

»Will man das Weibwerden des kleinen Mädchens verstehen, so muß man die weiteren Schicksale dieser Klitoriserregbarkeit verfolgen. Die Pubertät, welche dem Knaben jenen großen Vorstoß der Libido bringt, kennzeichnet sich für das Mädchen durch eine neuerliche Verdrängungswelle, von der gerade die Klitorissexualität betroffen wird. Es ist ein Stück männlichen Sexuallebens, was dabei der Verdrängung verfällt. Die bei dieser Pubertätsverdrängung des Weibes geschaffene Verstärkung der Sexualhemmnisse ergibt dann einen Reiz für die Libido des Mannes und nötigt dieselbe zur Steigerung ihrer Leistungen: mit der Höhe der Libido steigt dann auch die Sexualüberschätzung, die nur für das sich weigernde, seine Sexualität verleugnende Weib im vollen Maße zu haben ist. Die Klitoris behält dann die Rolle, wenn sie beim endlich zugelassenen Sexualakt selbst erregt wird, diese Erregung an die benachbarten weiblichen Teile weiter zu leiten, etwa wie ein Span Kienholz dazu benützt werden kann, das härtere Brennholz in Brand zu setzen. Es nimmt oft eine gewisse Zeit in Anspruch, bis sich diese Übertragung vollzogen hat, während welcher dann das junge Weib anästhetisch ist. Diese Anästhesie kann eine dauernde werden, wenn die Klitoriszone ihre Erregbarkeit abzugeben sich weigert, was gerade durch ausgiebige Betätigung im Kinderleben vorbereitet wird. Es ist bekannt, daß die Anästhesie der Frauen häufig nur eine scheinbare, eine lokale ist. Sie sind anästhetisch am Scheideneingang, aber keineswegs unerregbar von der Klitoris oder selbst

---

nal«) rankt, kritisch analysiert. Gould, Steven Jay. Male Nipples and Clitoral Ripples. Columbia: A Journal of Literature and Art. 1993; (20):80-96. Siehe auch Brotto, Lori A. Vaginal versus Clitoral? Or, Vaginal and Clitoral?: A Reply to Brody and Costa. The Canadian Journal of Human Sexuality. 2017; 26(1):5-6. Pfaus, James G; Quintana, Gonzalo R; Mac Cionnaith, Conall und Parada, Mayte. The Whole Versus the Sum of Some of the Parts: Toward Resolving the Apparent Controversy of Clitoral versus Vaginal Orgasms. In : Orgasm : Neurophysiological, Psychological, and Evolutionary Perspectives. Sondernummer in : Socioaffective Neuroscience & Psychology 2016; 1-16.

von anderen Zonen aus. Zu diesen erogenen Anlässen der Anästhesie gesellen sich dann noch die psychischen, gleichfalls durch Verdrängung bedingten.«[16]

Wenn der klitorale Orgasmus die »unreife« Vorform des mit der Entwicklung zu einer Frau verbundenen vaginalen Orgasmus war, dann lag es doch nahe, das Organ, dass dieser Entwicklung im Wege stand, zu beseitigen – sagten sich einige Adepten der psychoanalytischen Schule. Ich möchte betonen, dass sich für derartige Überlegungen im Werke Sigmund Freuds keine Anhaltspunkte geben. Er selbst sprach nie über »klitoralen« versus »vaginalen« Orgasmus.[17] Die Ironie der hierarchisierenden Dichotomisierung zwischen vaginalem und klitoralen Orgasmus liegt in Freuds Eingeständnis, dass er bei Frauen eigentlich vor einem Rätsel stünde. Freud definierte dieses Rätsel in den Worten der europäischen Kolonisten Afrikas, indem er von »der Frau« als einem »dunklen Kontinent« sprach, einer Metapher, die von dem englischen »Entdecker« Henry Morton Stanley stammte.[18]

> »Was die weibliche Psychologie betraf, war Freud bisweilen beinahe ein Agnostiker. Ende 1924, als er einige Probleme hinsichtlich der klitoralen Sensibilität zu klären versuchte, die [Karl] Abraham aufgeworfen hatte, gestand Freud, daß ihn die Frage zwar interessiere, daß er aber ›gar nichts‹ darüber wisse. Er gab, vielleicht etwas zu bereitwillig zu, ›daß die weibliche Seite des Problems mir außerordentlich dunkel ist.‹«[19]

Seine selbst eingestandene eklatante Unkenntnis hielt ihn nicht davon ab, 1925 einen Text zu veröffentlichen, der auf die anatomischen Unterschiede von

---

16 Freud, Drei Abhandlungen zur Sexualtheorie, in: Freud, Gesammelte Werke chronologisch geordnet, Band 5: Werke aus den Jahren 1904-1905, S. 122.
17 Foucault schrieb in einem anderen Zusammenhang, aber durchaus zutreffend für die Schuldzuweisungen an Freud: »Sie [die Kritiker Freuds] schrieben einzig dem bösen Genius Freud zu, was von langer Hand vorbereitet war; sie irten sich hinsichtlich der Installierung eines umfassenden Sexualitätsdispositivs in unserer Gesellschaft nur im Datum.« Foucault, Der Wille zum Wissen, S. 153.
18 »Vom Geschlechtsleben des kleinen Mädchens wissen wir weniger als von dem des Knaben. Wir brauchen uns dieser Differenz nicht zu schämen; ist doch auch das Geschlechtsleben des erwachsenen Weibes ein *dark continent* für die Psychologie.« Freud, Die Frage der Laienanalyse. In: Freud, Gesammelte Werke, Band 14: Werke aus den Jahren 1925-1931 mit drei Kunstbeilagen. S. 241.
19 Gay, Freud, S. 562. Das Freud-Zitat entstammt einem Briefwechsel mit Karl Abraham vom 8.12.1924.

11. Die »frigide« Neurotikerin und die Psychoanalyse (1787-1947)

Frauen und Männern einging und untersuchte, was diese für die Psychoanalyse bedeuten. »Einige psychische Folgen des anatomischen Geschlechtsunterschieds« ging zunächst ausführlich auf den Penisneid des Mädchens ein, schwenkte dann aber auf die »Wegschaffung der Klitorissexualität« ein, wohlgemerkt der »Wegschaffung« im Sinne einer teleologischen Entwicklung vom Mädchen zur Frau und nicht im Sinne der »Wegschaffung der Klitoris«.[20]

Im gleichen Jahr noch erschien »Über die weibliche Sexualität«:

»Das Geschlechtsleben des Weibes zerfällt regelmäßig in zwei Phasen, von denen die erste männlichen Charakter hat; erst die zweite ist die spezifisch weibliche. In der weiblichen Entwicklung gibt es so einen Prozeß [sic!] der Überführung der einen Phase in die andere, dem beim Manne nichts analog ist. Eine weitere Komplikation entsteht daraus, daß sich die Funktion der virilen Klitoris in das spätere weibliche Geschlechtsleben fortsetzt in einer sehr wechselnden und gewiß [sic!] nicht befriedigend verstandenen Weise. Natürlich wissen wir nicht, wie sich diese Besonderheiten des Weibes biologisch begründen; noch weniger können wir ihnen teleologische Absicht unterlegen.«[21]

Trotz seiner eingestandenen Unkenntnis konnte Freud offensichtlich die Klitoris mit dem »männlichen Charakter« gleichsetzen und die Vagina mit der »weiblichen Entwicklung«, woraus folgte, dass »Klitorissexualität« etwas »Männliches« zu sein hatte.

Der Schlüssel für die unterschiedlichen Entwicklungen der weiblichen Sexualität liege laut Freud in der Verarbeitung des Kastrationskomplexes:

»Das Weib anerkennt die Tatsache seiner Kastration und damit auch die Überlegenheit des Mannes und seine eigene Minderwertigkeit, aber es sträubt sich auch gegen diesen unliebsamen Sachverhalt. Aus dieser zwiespältigen Einstellung leiten sich drei Entwicklungsrichtungen ab. Die erste führt zur allgemeinen Abwendung von der Sexualität. [...] Die zweite Richtung hält in trotziger Selbstbehauptung an der bedrohten Männlichkeit fest; die Hoffnung, noch einmal einen Penis zu bekommen, bleibt bis in unglaublich späte Zeiten aufrecht, wird zum Lebenszweck erhoben, und

---

20 Freud, Einige psychische Folgen des anatomischen Geschlechtsunterschieds. In: Freud, Gesammelte Werke, Band 14: Werke aus den Jahren 1925-1931 mit drei Kunstbeilagen, S. 19-30, S. 27.
21 Freud, Über die weibliche Sexualität. In: Freud, Gesammelte Werke, Band 14: Werke aus den Jahren 1925-1931 mit drei Kunstbeilagen, S. 517-537, S. 520f.

die Phantasie, trotz alledem ein Mann zu sein, bleibt oft gestaltend für lange Lebensperioden. Auch dieser ›Männlichkeitskomplex‹ des Weibes kann in manifest homosexuelle Objektwahl ausgehen. Erst eine dritte, recht umwegige Entwicklung mündet in die normal weibliche Endgestaltung aus, die den Vater als Objekt nimmt und so die weibliche Form des Ödipuskomplexes findet.«[22]

Die Identifizierung mit der Klitorissexualität könne also eine »manifest homosexuelle Objektwahl« begründen. Es ergibt sich somit eine einfache Formel:

Klitoris → »Lesbe«|||Vagina → »normale«, heterosexuelle Frau

In den Worten der Freudschülerin Helene Deutsch (1884-1982), die Freuds Ansätze mit seiner ausdrücklichen Billigung weiterentwickelte, klang dies so:

»[D]as Interesse des Mädchens zentriert sich an der Klitoris, die für sie die Bedeutung des Penis besitzt. [...] Die masturbierende Tätigkeit im Dienste des Ödipuskomplexes im beim Mädchen, wie beim Knaben, genital zentriert. Die Klitoris wird bis zur Entdeckung des Gegenteils für ein absolut vollwertiges, mit großen Lustquantitäten besetztes Organ angesehen.«[23]

Wird die »Penislosigkeit« des Mädchens von diesem nicht akzeptiert, verharre also das Mädchen in der Vateridentifizierung, bliebe das

»[...] weibliche Genital [...] dauernd unentdeckt (Frigidität), die Klitoris behält ihre voll befriedigende Sexualrolle, der Penis wird nie gegen den Kinderwunsch umgetauscht. Dieser Typus neigt zur homosexuellen Objektwahl,

---

22 Freud, Über die weibliche Sexualität. In: Freud, Gesammelte Werke, Band 14: Werke aus den Jahren 1925-1931 mit drei Kunstbeilagen, S. 522. Man darf nicht übersehen, dass Freud seine Ausführungen an mehreren Stellen relativiert und kritisch eingeordnet. Er betonte die Diversität der geschlechtlichen Entwicklung von Mädchen, beruft sich auf seine Kolleg*nnen und Schüler*innen, allen voran auf Helene Deutsch, und betont, seine Ausführungen bauten auf denen Anderer auf: »Wenn man die analytische Literatur unseres Gegenstandes einsieht, überzeugt man sich, daß alles, was ich hier ausgeführt habe, dort bereits gegeben ist. Es wäre unnötig gewesen, diese Arbeit zu veröffentlichen, wenn nicht auf einem so schwer zugänglichen Gebiet jeder Bericht über eigene Erfahrungen und persönliche Auffassungen wertvoll sein könnte. Auch habe ich manches schärfer gefaßt und sorgfältiger isoliert.« Ibidem, S. 534.
23 Deutsch, Helene. Psychoanalyse der weiblichen Sexualfunktionen. Leipzig, Wien, Zürich: Internationaler Psychoanalytischer Verlag; 1925, S. 8.

erreicht nie die feminine Einstellung zum Manne, erweist sich stark männlich in den Sublimierungstendenzen.«[24]

Verläuft die Entwicklung der Objektsuche »normal«, wird eine neue erogene Zone geschaffen: »Es handelt sich jetzt um den endgültigen Verzicht auf die Klitoris als erogene Zone und um die Überführung der passiv-analen Strebungen [...] auf die Vagina.«[25] Die Überleitung der »Reizzone« von der Klitoris zur Vagina sei kompliziert und viele Frauen gäben – so Deutsch – die Klitoriserregbarkeit nie zugunsten der Vagina auf.[26] Dies hatte Konsequenzen für das Zusammenleben von Eheleuten und die Stabilität von Familien. Nur die vaginale Form des Orgasmus korreliere mit einem gesunden Ehe- und Familienleben:

»In short, women who loved their husbands, embraced motherhood, and accepted their position also enjoyed vaginal orgasms. This chain of association worked back- wards as well: women who learned to have vaginal orgasms would also learn to accept their position, come to embrace motherhood, and fall more in love with their husbands. Such conflation between orgasm and femininity, or sexuality and social role, was endemic to the psychoanalytic discourse on vaginal sexuality.«[27]

Deutsch unterbewertete die Rolle der klitoralen Reizfunktion, denn sie gingen davon aus, dass der »Klitoris als Zentrum [....] die Intensität des Penis« fehle: »Es gelingt [dem Mädchen/der Frau] doch nicht, auch in der intensivsten masturbatorischen Betätigung so viel Libidoqualitäten an sich zu reißen wie dem Penis.«[28] Dieser Satz stand in klarem Widerspruch zu den späteren Forschungsergebnissen von William H. Masters und Virginia E. Johnson[29]:

---

24 Deutsch, Psychoanalyse der weiblichen Sexualfunktionen, S. 21.
25 Deutsch, Psychoanalyse der weiblichen Sexualfunktionen, S. 37.
26 Deutsch, Psychoanalyse der weiblichen Sexualfunktionen, S. 49. Deutsch hat diese Position in iherer späteren Arbeit modifiziert. 1960 korrigierte sie ihre Auffassung und akzeptierte den »klitoralen Orgasmus« als gesund. Rodriguez, Female Circumcision, S. 102.
27 Gerhard, Jane. Revisiting »The Myth of the Vaginal Orgasm«: The Female Orgasm in American Sexual Thought and Second Wave Feminism. Feminist Studies. 2000; 26(2):449-476, S. 456.
28 Deutsch, Psychoanalyse der weiblichen Sexualfunktionen. S. 53.
29 Masters, William H. und Johnson, Virginia E. Human Sexual Response. Boston, MA: Little, Brown; 1966.

»By charting changes in blood pressure, heart rate, tone of muscles, and color of skin during sexual arousal, the researchers concluded that clitoral stimulation (like stimulation of the penis for men) was by far the most pleasurable sexual technique for women and the one that offered the most consistent level of orgasm. Through their physiological findings, Masters and Johnson could finally and decisively dismiss the psychoanalytic distinction between the clitoral and vaginal orgasm. Rather than separate entities, the researchers showed the clitoris and vagina as connected through a network of nerves and musculature that together constituted female sexual response.«[30]

Ohne Zweifel waren Aspekte des Werks von Freud misogyn und zielten auf eine generelle Abwertung von Frauen.[31] Freud ist aber in der feministischen *second wave* zum Vater der Theorie des vaginalen Orgasmus gemacht worden – dabei ist er eigentlich nur der Großvater des Begriffs. Der Angriff auf Freud wurde zuerst von Anne Koedt geführt, deren Artikel *The Myth of the Vaginal Orgasm* aus dem Jahre 1968 die Kritik an dieser Theorie ins Rollen gebracht hat.[32] Dies unterstreicht noch einmal, wie »vergesslich« Diskurse sind. Schon 1885 hatte Félix Spring den Mythos des vaginalen Orgasmus entzaubert:

»Nur die Empfindungen, die die erigierte Klitoris an das Gehirn überträgt, sind in der Lage, Spasmen im Endstadium [einen Orgasmus] zu verursachen. Da die Vagina unterhalb und hinter der Klitoris in relativ großem Abstand – etwa drei Zentimeter – mündet, hat dies zur Folge, dass trotz der Verbindung zwischen diesen Organen die Annäherung des Ehemannes diese Erektion nicht immer und zwangsläufig provoziert.«[33]

---

30   Gerhard, Revisiting the Myth of the Vaginal Orgasm, S. 462. Masters, William H. und Johnson, Virginia E. Human Sexual Response. Boston: Little, Brown; 1966.

31   Dies ist ausführlich diskutiert in Millett, Kate. Sexual Politics. New York: Columbia University Press; 2016, S. 178-206. Lerman, Hannah. A Mote in Freud's Eye: From Psychoanalysis to the Psychology of Women. New York: Springer Publishing Company; 1986.

32   Koedt, Anne. Der Mythos vom vaginalen Orgasmus. [London]: [Women's Liberation Workshop]; 1970 [erstes Erscheinungsdatum war 1968]. Die Bedeutung dieses Artikel ersieht man u.a. daraus, dass er 2010 als »article fondateur« in Frankreich neu aufgelegt wurde. Koedt, Anne. Le mythe de l'orgasme vaginal : Nouvelles questions féministes 2010; 29(3):14-22. Zugänglicher ist Koedt, Anne. The Myth of the Vaginal Orgasm. Crow, Barbara A., (Hg.). Radical Feminism: A Documentary Reader. New York, London: New York University Press; 2000; S. 371-377.

33   »Seules, les sensations que le clitoris, en érection, transmet au cerveau, ont le pouvoir de provoquer le spasme terminal. Or, le vagin s'ouvrant au-dessous et en arrière du

11. Die »frigide« Neurotikerin und die Psychoanalyse (1787-1947)

In seiner Wirkung kann Anne Koedts Beitrag dennoch nur als durchschlagend bezeichnet werden – um den Preis, einige Positionen Freuds stark vereinfacht wiedergegeben zu haben. Das ist im Sinne der radikalen feministischen Kritik in einem Artikel, der nicht historiographisch angelegt ist, nicht weiter problematisch. Der pointierte Ton Koedts verdeckte aber die wirklichen Schuldigen an der Ideologie des vaginalen Orgasmus: Nicht Freud war eigentlich der Übeltäter, sondern Edward E. Hitschmann, ein Wiener Psychoanalytiker, der uns schon im Kampf gegen die Masturbation begegnet ist, und sein Koautor, der von Wilhelm Reich und Helene Deutsch ausgebildete Analytiker Edmund Bergler (1899-1962).[34] In diesem Zusammenhang wiederholte Hitschmann die altbekannte These von der Ersetzung der Klitoris als Zentrum sexueller Lustempfindung durch die Vagina im Laufe der »Frauwerdung«:

> »Es handelt sich [bei der sexuellen Anästhesie der Frau] nicht um die vollkommene Anästhesie [...], sondern um jene Unbefriedigung, welche von *Freud* [Hervorhebung im Original gesperrt] darauf zurückgeführt wurde, dass die seinerzeit übertrieben betätigte Klitorissexualität (eine Art infantiler Männlichkeit) nicht überwandert auf die Scheide, welche ja allein beim Koitus der Friktion ausgesetzt ist.«[35]

In seinem ins Englische und Französische übersetzten Buch über die weibliche Frigidität schrieben Hitschmann und sein Koautor Bergler:

> »[...] gerade aus der Tatsache, daß viele Frauen *unbewußt* [sic!] *sich mit der weiblichen Sexualrolle nicht abgefunden* [Hervorhebung im Original gesperrt] haben, resultiert eine der Konstituenten der Frigidität.«[36]

---

clitoris, à une distance relativement considérable — trois centimètres environ — il en résulte que, malgré la connexion qui existe entre ces organes, les approches de l'époux n'ont pas toujours et fatalement pour effet de provoquer cette érection.« Spring, Félix. L'art d'eviter le divorce. Geneve : Chez les Principaux Libraires; 1885, S. 75f. [Übersetzung N. F.].

34 Gerhard, Revisiting The Myth of the Vaginal Orgasm, S. 454.
35 Hitschmann, in Dattner, Die Onanie, S. 3f.
36 Hitschmann, Eduard und Bergler, Edmund. Die Geschlechtskälte der Frau: Ihr Wesen und ihre Behandlung. Wien: Ars Medici; 1934, S. 18. Englisch erschienen als Hitschmann, Edward und Bergler, Edmund. Frigidity in Women: Its Characteristics and Treatment. Washington, DC: Nervous and Mental Disease; 1936. Auf Französisch Hitschmann, Eduard und Bergler, Edmund. La Frigidité de la Femme. Paris: Denoel et Steele; 1936.

Weiter unten hießt es:

>»Von entscheidender Bedeutung ist der *Wandel der Leitzone* beim Mädchen. Während in der Zeit der infantilen Frühblüte der Sexualität fast immer die Klitoris das Zentrum der Erregbarkeit darstellt und die Vagina psychologisch nicht entdeckt ist, muß die Klitoris ihre Empfindlichkeit und damit ihre Bedeutung später an die Vagina abtreten. Gelingt diese Überleitung nicht, dann kann die Frau beim Sexualakt nicht empfinden und muß sich bestenfalls mit Vorlustakten bescheiden. *Der normale Orgasmus hat die vaginale Empfindlichkeit zur ersten und zur entscheidenden Voraussetzung.*« [Hervorhebung im Original gesperrt][37]

Und in einem in den USA verlegten Text behauptete Hitschmann gar:

>»The chief erogenous zone in the female child is situated in the clitoris, the homologue of the glans of the male penis. This excitability of the clitoris, however, at puberty, which brings a great influx of libido to the boy, undergoes a new repression. Thus, it is a characteristic of male sexual life which the repression thereby destroys. The transference of the excitability of the clitoris to the vaginal entrance often takes a certain time for its accomplishment during which the young woman is often anesthetic for coitus. If the clitoris zone attempts to retain the great activity which it had in childhood and refuses to give up its excitability, then the anesthesia becomes permanent. In this vicissitude of the chief erogenous zone as well as in the new increase of repression at puberty lie the chief conditions for the predisposition of the woman for a neurosis, especially hysteria.«[38]

Während Helene Deutsch nur davon gesprochen hatte, dass die Klitoris »ihre voll befriedigende Sexualrolle« behalte, wird bei Hitschmann und Berger aus der fehlenden Überleitung von der Klitoris zur Vagina als »Leitzone« eine sexuell dysfunktionale Frau, deren Fixierung auf die Klitoris sie hysterisch werden ließ. Dementsprechend können Hitschmann/Bergler die Frigidität als »vaginale Orgasmusunfähigkeit der Frau« definieren.[39] Hier ist der »vaginale Orgasmus« erstmalig erwähnt, wenn auch in einem Kompositum. In der

---

37   Hitschmann, Eduard und Bergler, Edmund. Die Geschlechtskälte der Frau, S. 25.
38   Hitschmann, Eduard. Freud's Theories of the Neurosis. New York: Moffat, Yard and Co., 1917, S. 59.
39   Hitschmann und Bergler, Die Geschlechtskälte der Frau, S. 30.

11. Die »frigide« Neurotikerin und die Psychoanalyse (1787-1947)   359

englischen Übersetzung wird hieraus »the absence of the vaginal orgasm« – schon war der vaginale Orgasmus geboren.[40]

»Die häufigste Form der Frigidität – die hysterische – hängt mit nichterledigten Restanzen aus dem Oedipus- und Kastrationskomplex zusammen. [...] So kommt es, daß ausnahmslos alle hysterischen Frauen frigid sind [...]«[41]

Hitschmann, der 1940 von London nach Cambridge, MA bzw. Boston emigrierte, führte die Gruppe derjenigen an, die das Dogma von der Minderwertigkeit des »klitoralen« Orgasmus in den USA verkündeten. In dem mit hohen Auflagen erschienenen und mehrfach übersetzten Buch von Marie Nyswander Robinson, *The Power of Sexual Surrender* (1959), gab es ein ganzes Kapitel, das sich mit dem »normalen Orgasmus« beschäftigte.

»I have said that the vagina is the most important part of Woman's sexual equipment. This is so because it is within the vagina that the orgasm of the truly mature woman takes place. Upon it and within it she receives the greatest sensual pleasure that is possible for a woman to experience.«[42]

»The clitoral orgasm takes place on the clitoris only. It excludes the vagina from sensual from sensual participation and it is often independent from the male penis. This kind of orgasm is possible at an early stage of female development.«[43]

Vom klitoralen Orgasmus war es kein weiter Schritt mehr zur »clitoridal woman«, die einer Therapie bedarf:

»When a woman consciously abandons clitoral gratification in favor of her search for a deeper and more abiding joy, the switch from clitoris to vagina usually takes place gradually. [...] One further word on this type [sic!]: the clitoridal woman may discover that she cannot take the final step to vaginal primacy alone. She may need direct and expert counsel.«[44]

---

40   Buhle, Mary Jo. Feminism and Its Discontents: A Century of Struggle with Psychoanalysis. Cambridge, MA, New York: Harvard University Press; 1998, S. 214.
41   Hitschmann und Bergler, Die Geschlechtskälte der Frau, S. 33.
42   Robinson, Marie Nyswander. The Power of Sexual Surrender. Garden City, NY: Doubleday; 1959, S. 34.
43   Robinson, The Power of Sexual Surrender, S. 98.
44   Robinson, The Power of Sexual Surrender, S. 227.

Diese Ideen waren langfristig überaus wirkungsmächtig. 1940 schrieben zwei britische Ärzte der *Tavistock Clinic* in London, die keine Freudianer waren:

> »It is an axiom of psychological work that the nature and maturity of adult sexual interests supply evidence about individual development which is less open to error than many other criteria. The findings so far reported point to the occurrence among the sterile group of patients of delayed and inhibited maturation in all aspects of adult life, while the dysmenorrhoea group are particularly characterized by individuals showing strongly resentful attitudes towards what is felt to be the inferiority of being feminine. As might be expected, these group differences are thrown into strong relief by an analysis and comparison of the adult sexual adjustment of the patients as sh6wn by their behaviour in coitus. These reactions have been classified under five headings: normal orgasm, occasional orgasm, clitoris orgasm, complete absence of orgasm (with and without repugnance), and, lastly, fear of intercourse, dyspareunia, and vaginismus. [...] It will be seen from the table that patients who are sexually mature, as shown by apparently normal orgasm, are distributed between ›control‹ and ›sterile‹ and ›married dysmenorrhoea‹ groups in the proportion of 22:4:7. Conversely, gross abnormalities of sexual development, as shown by absence of orgasm, with or without repugnance to intercourse, are in the proportion of 3: 15: 16.«[45]

Der Psychologe Richard Robertiello, langjähriger Chef der Psychiatrie im Long Island Consultation Center in Queens, New York, kritisierte diese Sicht im Jahr 1970:

> »One of these conclusions is that a woman's level of mental health can be ascertained by her ability to have orgasms, especially vaginal orgasms. Though the lack of vaginal orgasm may reveal a deep-rooted neurotic problem, the presence of it certainly does not guarantee mental health. Some of the very sickest neurotic and psychotic female patients I have seen have been able to have vaginal orgasms without any problem. On the other hand, women I have seen who had never had any kind of orgasm have often been relatively stable not free of neurosis to be sure, but no more neurotic than many others with no overt lack of sexual response.«[46]

---

[45] Wittkower, E. und Wilson, A. T. M. Dysmenorrhoea and Sterility: Personality Studies. The British Medical Journal. 1940; 2(4165):586-590.

[46] Robertiello, Richard C. The »Clitoral versus Vaginal Orgasm« Controversy and Some of Its Ramifications. The Journal of Sex Research. 1970; 6(4):307-311, S. 308.

11. Die »frigide« Neurotikerin und die Psychoanalyse (1787-1947)

Die Einschätzung der gleichgeschlechtlichen Sexualitäten als »retardiert« erforderte nicht mehr die Intervention des Chirurgen, sondern Therapie durch eine/n Psychoanalytiker*in.[47] Wie kritisch man die hier angedeutete Differenzierung von klitoralem und vaginalem Orgasmus auch bewerten mag, die Bedeutung der psychoanalytischen Sexualtheorie lag vor allem darin, die weibliche Masturbation zu entpathologisieren: Sie komme regelmäßig bei Mädchen vor und verschwinde bei normaler Entwicklung in der Ehe bzw. heterosexuellen Partnerschaft. Abweichende Entwicklungen führten zu einer »homosexuellen« Orientierung (Deutsch vermeidet den Begriff »lesbisch«), aber selbst hier verbietet sich ein chirurgischer Eingriff, weil diese »perverse« Orientierung das Ergebnis eines nicht abgeschlossenen Entwicklungspfades darstelle. Entsprechend der Lehre von der kindlichen Sexualität nahm die Klitoris in den Texten der Psychoanalytiker*innen eine wichtige Stellung ein. Freud meinte auch unter Zitation des Textes von Helene Deutsch[48]:

> »Alles, was ich über Masturbation bei kleinen Mädchen in Erfahrung bringen konnte, betraf die Klitoris und nicht die für die späteren Geschlechtsfunktionen bedeutsamen Partien des äußeren Genitales. Ich zweifle selbst daran, daß das weibliche Kind unter dem Einflusse der Verführung zu etwas anderem als zur Klitorismasturbation gelangen kann, es sei denn ganz ausnahmsweise.«[49]

Aus dem Gesagten folgt aber auch, dass Freud und seine Schüler*innen die »Exzision der Klitoris und der kleinen Labien« für einen »grausamen« (und überflüssigen) Akt der »Primitiven« hielten.[50] In einer diskursanalytisch faszinierenden Volte gelang es einigen Praktiker*innen, die sich – möglicherweise unberechtigt – in die Tradition Freuds stellten, dennoch, FGM/C fortzuführen und zwar, um »frigiden« Frauen einen »vaginalen Orgasmus« zu

---

47 Robinson, The Power of Sexual Surrender, S. 166.
48 Freud, Sigmund. Einige Psychische Folgen des anatomischen Geschlechts-unterschieds. Gesammelte Werke chronologisch geordnet, Band 14: Werke aus den Jahren 1925-1931. London: Imago Publishing Co.; 1948, S. 30.
49 Freud, Sigmund. Drei Abhandlungen zur Sexualtheorie. Gesammelte Werke chronologisch geordnet, Band 5: Werke aus den Jahren 1904-1905. London: Imago Publishing Co.; 1942. S. 121.
50 Freud, Sigmund. Beiträge zur Psychologie des Liebeslebens: Das Tabu der Virginität. Gesammelte Werke chronologisch geordnet, Band 12: Werke aus den Jahren 1917-1920, S. 166.

ermöglichen. Frigidität war nicht etwa als primäre oder sekundäre Anorgasmie definiert, sondern ausschließlich als koitale Anorgasmie.[51]

»According to American physicians writing in the nation's medical journals during the 1950s, the vaginal orgasm was the essence of normal femininity and healthy female heterosexuality. It was also the basis for a happy marital relationship and a stable family life. Female sexual dysfunction, physicians surmised, could cause untold damage to individuals, children, and the community. As physician Robert [John] Lowrie explained, ›While it is not apparent— [frigidity] is frequently the real or basic cause of separation, divorce, the childless home, neglected children, crime itself, and so forth.‹ Furthermore, he continued, ›frigidity, real or assumed, can determine the fate of individuals, governments, thrones, social and business organizations, and so forth. How important, then, to understand this latent and defective trait, with its protean and bizarre manifestations which takes an inestimable toll of our social, economic and spiritual welfare.‹«[52]

Von der Existenz eines »normalen« (vaginalen) Orgasmus im Amerika des Kalten Kriegs hing also nicht nur das Wohl und Wehe der individuellen Frau, sondern das Schicksal der Ehe, die Zukunft der Kinder und letztlich der sozia-

---

51 Zur Geschichte der Frigidität ist einschlägig Cryle, Peter and Moore, Alison. Frigidity: An Intellectual History. Houndsmill, Basingstoke: Palgrave MacMillan; 2011. Das Buch hat den Vorteil auch die französischen Quellen zu berücksichtigen. Allerdings entgehen den Autor*innen wichtige Querverbindungengen innerhalb der Diskurse um die Psychoanalyse. So zitieren sie zwar Wilhelm Fließ in einem anderen Zusammenhang, sehen aber nicht seine zentrale Bedeutung für die nasale Reflextheorie im Frankreich der 1960er Jahre. »The notion that frigid women could be awakened to coital orgasm by nasal cauterization appears to have gained credence during the 1960s [sic!]. The main proponent was a French doctor of medicine [...] named M[aurice]. Landry who was a professor of medicine in Reims, and had been wrtiting about ear, nose and thorat matters since the 1920s. In 1962 he published a study on the use of nasal cauterization as a treatment for both male and female sexual deficiency.« Cryle und Moore, Frigidity S. 252. Bei dem erwähnten Buch handelte sich um Landry, Maurice. Les déficiences sexuelles masculines et la frigidité, leur traitement par le »stress« nasal : Traitements associés. Paris: Maloine; 1962.

52 Lewis, Carolyn Herbst. Prescriptions for Heterosexuality: Sexual Citizenship in the Cold War Era. University of North Carolina Press; 2010, S. 39. Lowrie veröffentlichte ein gynäkologisches Handbuch in zwei Bänden. Lowrie, Robert John. Gynecology. Springfield, IL: Thomas; 1952-1955.

le Friede der USA ab. Überspitzt könnte man sagen, dass weibliche Frigidität in die Hände der Kommunisten spielte.

»[...] American physicians concluded that an important step toward safeguarding the nation's future was ensuring that couples not only were having mutually pleasurable sexual encounters but also were engaging in the sexual activities that would reinforce their broader psychosexual health. Their marriages would then be successful, they would continue to be morally upstanding citizens, they would raise well-adjusted children, and the nation would thrive. In the shadow of the ideological battles of the Cold War, doctors insisted that the best weapon we had against the Communists was our ability to maintain a nationwide commitment to the building block of American society: the home. Healthy female sexuality was the first step in making that happen.«[53]

Diese Politisierung des Orgasmus integrierte auch die post-freudianische Theorie des klitoralen Orgasmus:

»In the mid-twentieth century, American physicians insisted that true vaginal orgasms—rather than those induced by clitoral or other stimulation—occurred only as a result of deep penile penetration during sexual intercourse. [...] Despite their insistence that the vagina was the site of true sexual pleasure for women, physicians and psychiatrists did not deny the possibility of clitoral orgasm. Instead, they insisted that the clitoris was the primary organ of sexual pleasure during childhood, but in puberty, a healthy, mature woman transferred her focus to the vagina. This transfer, they explained, was not so much physical as it was psychological; thus, the woman who failed to transfer suffered from a psychological neurosis that manifested itself in the inability to have a vaginal orgasm. Although a clitoral orgasm was still physically possible, the mature woman would willingly and consciously develop an awareness of her vagina, maintaining a role of passive reception of the penis and restricting her sexual pleasure to that induced by penetration.«[54]

Die Sorgen der amerikanischen Ärzteschaft gegenüber der »Maskulinisierung« US-amerikanischer Frauen waren aber älter als der Kalte Krieg.[55] Zum

---

53 Lewis, Prescriptions for Heterosexuality, S. 39.
54 Lewis, Prescriptions for Heterosexuality, S. 39f.
55 Diese Furcht war keineswegs auf die USA beschränkt. Auch die Psychoanalytikerin Marie Bonaparte drückte ihre Besorgnis über die Virilisierung von Frauen aus.

einen drückten Ärzte ab 1920 zunehmend ihre Besorgnis über die Auswirkungen der Menopause auf Frauen auf. Die Menopause »vermännliche« Frauen. Der Zugang von Frauen zu Universitäten und Colleges tat ein Übriges, um Männer, die sich um die biologische Reproduktionsrate und das »Aussterben der weißen Rasse« Sorgen machten, von der Vermännlichung der gebildeten Frauen schreiben zu lassen. Frauen, die ein Studium absolviert hatten, heirateten seltener als Frauen ohne Hochschulabschluss. Während zwischen 1880 und 1900 ungefähr zehn Prozent aller amerikanischen Frauen nicht heirateten, lag diese Quote für studierte Frauen bei 50 Prozent.[56]

> »All this is so well known, that it would be useless to refer to it, were it not that much of the discussion of the irrepressible woman-question, and many of the efforts for bettering her education and widening her sphere, seem to ignore any difference of the sexes: seem to treat her as if she were identical with man, and to be trained in precisely the same way: as if her organization, and consequently her function, were masculine, not feminine. There are those who write and act as if their object were to assimilate woman as much as possible to man, by dropping all that is distinctively feminine out of her, and putting into her as large an amount of masculineness as possible.«[57]

Frauen, die zu lange aufs *College* gingen, riskierten ihre Gesundheit, denn sie müssten damit rechnen »[...] neuralgia, uterine disease, hysteria, and other derangements of the nervous system [...]« zu erleiden.[58] Diesen Frauen drohe letztlich sogar, sich zu Hermaphroditen zu entwickeln.[59]

Dies passte sehr zur Beobachtung, dass die »neue Frau« der 1900er Jahre dabei war, einige rein männliche Domänen in Beruf und Politik zu erobern.[60] Schließlich hatten Frauen seit 1920 das volle Wahlrecht auf nationaler Ebene erreicht, in einigen Bundesstaaten und Territorien im Westen konnten sie lange vor 1920 wählen. In den Chor derjenigen, die eine Vermännlichung amerikanischer Frauen befürchteten stimmten auch die »Jünger« Freuds ein, jene Popularisierer, die die Sprache Freuds zur Erklärung weiblicher Sexua-

---

56　Faderman, Lillian. Odd Girls and Twilight Lovers: A History of Lesbian Life in the Twentieth History. New York: Columbia University Press; 2012, S. 14.
57　Clarke, Edward H. Sex in Education: Or, A Fair Chance for the Girls. Boston, MA: James R. Osgood and Company; 1873, S. 13f.
58　Clarke, Sex in Education, S. 18.
59　Clarke, Sex in Education, S. 15, 115.
60　Ledger, Sally. The New Woman: Fiction and Feminism at the Fin de Siècle. Manchester, New York: Manchester University Press; 1997.

lität benutzten, ohne ihn verstanden zu haben. Ich werde auf diesen Komplex noch eingehen. Zusätzlich unterstellten Ärzte und Kommentatoren, die USA befänden sich in einer »Ehekrise«, weil die »neuen Frauen« eine Karriere der Ehe und dem Kinderkriegen vorzögen. Die Scheidungsraten verdoppelten sich zwischen 1900 und 1920 – Ausdruck der gesteigerten Unabhängigkeit von Frauen, die im Ersten Weltkrieg noch gestiegen war, jedoch zweifelsohne auch das Ergebnis veränderter Scheidungsgesetzgebung. Um gesellschaftliche Konflikte zu unterbinden, setzte eine Diskussion um die Rolle der Ehe ein. Um die Berufstätigkeit und gestiegene Unabhängigkeit von Frauen zu akkommodieren, wurde das Modell der »Partnerehe« (*companionate marriage*) entwickelt, einer Ehe, die auf den beiden Säulen Freundschaft und Sexualität ruhte.[61] Sex musste nicht mehr ausschließlich auf die biologische Reproduktion zielen, Sex sollte auch der beidseitigen Lust dienen. Diese Partnerehe machte es Frauen schwerer, ihre Ehelosigkeit zu verteidigen. Die Heiratsrate von Frauen mit Hochschulstudium stieg demzufolge. Eine Suche nach sexueller Erfüllung außerhalb der Ehe blieb aber ausgeschlossen. »Abnormaler« Sex wurde nun erweitert um die Begriffe Frigidität, gleichgeschlechtliche Handlungen zwischen Frauen und alle Formen der Sexualität außerhalb der Ehe.

---

61   »If her race is decreasing, all patriotic duty should call for a higher birth rate; [...] Biologically, politically, economically and ethically, women should face their special work of regulating and improving the race. An active sense of social motherhood is desperately needed among the women of today [...] popular knowledge of preventive methods tends to encourage the selfishness of some married women and the incontinence of others, married or not. [...] There are men and women to whom marriage is merely legalized indulgence, who deliberately prefer not to have children to interfere with their pleasures. Wishing a new name for an old re lation they call it ›companionate marriage‹. The social effect of this is gradually to weed out that kind of people, thus reducing the population without serious loss, either in numbers or quality. Aside from these barren unions, we have that proportion of persons who seek sex indulgence without marriage, and whose activities have long been recognized as so deleterious as to be called ›the social evil‹. The usual number of these is vastly increased by that new contingent who are infected by Freudian and sub-Freudian theories as to the hygienic necessity of such conduct.« Gilman, Charlotte Perkins. Progress through Birth Control. The North American Review. 1927; 224(838):622-629, S. 628. Kritisch auch Whitridge, Arnold. Changing Fashions in Romance. The North American Review. 1928; 226(846):195-202, S. 197f.

Unverheiratete Frauen konnten in alle dieser Kategorien fallen und die Ärzte nahmen immer häufiger an, dass sie das auch täten.[62]

Verstärkt durch die Veränderungen der amerikanischen Familien in den Vierziger und Fünfziger Jahren des 20. Jahrhunderts (Weltwirtschaftskrise, Zweiter Weltkrieg, Suburbanisierung) und der Angst vor der Bedrohung des American Life auf dem Hintergrund des Kalten Kriegs, entfaltete sich der *Lavender Scare*, die paranoide Angst vor Homosexuellen und Lesben.[63]

> »In the 1950s, Americans who read newspapers, perused paperbacks, or flipped through magazines encountered a robust discussion of female homosexuality. Diverse forces inspired this discussion: anxiety about war time disruptions of gender and sexual norms, Cold War fears about hidden threats to American family life, the influence of Freudian psychology, women's growing social and economic mobility, and Kinsey's sex studies of 1948 and 1953. [...] Experts and average people alike believed that the gendered and sexual conflicts of postwar society were making lesbianism ›increasingly prominent.‹ Popular writers warned that adolescent girls were vulnerable to the temptations of lesbianism when flawed parenting inhibited their psychosexual development, when sexual taboos made them fearful of heterosexuality, or when negative early sexual experiences left them uninterested in boys or young men. Furthermore, they cautioned, ›latent‹ lesbian desires accounted for many of the divorced and unhappy marriages during the early 1950s.«[64]

Schon während des zweiten Weltkriegs hatte eine Hexenjagd auf Homosexuelle und Lesben eingesetzt, die im Falle Frauen liebender Frauen im *Women's Army Corps* zu einer Welle von Anhörungen und unehrenhaften Entlassungen geführt hatte.[65]

---

62 Houck, Judith A. Hot and Bothered: Women, Medicine, and Menopause in Modern America. Cambridge, MA, New York: Harvard University Press; 2009, S. 46f.
63 Johnson, David K. The Lavender Scare: The Cold War Persecution of Gays and Lesbians in the Federal Government. Chicago, IL: Chicago University Press; 2009.
64 Littauer, Amanda H. Bad Girls: Young Women, Sex, and Rebellion before the Sixties. Chapel Hill, NC: University of North Carolina Press; 2016, S. 144.
65 Hampf, M. Michaela. Release a Man for Combat: The Women's Army Corps during World War II. Köln, Wien: Böhlau; 2010, S. 257-279. Wilson-Buford, Kellie. Policing Sex and Marriage in the American Military. Lincoln, NE, London: University of Nebraska Press; 2018, S. 119-157.

11. Die »frigide« Neurotikerin und die Psychoanalyse (1787-1947)

Der größere soziale Kontext für die Diskriminierung von homosexuellen Männern und lesbischen Frauen war die »Rückkehr zur Vorkriegsnormalität«. Die traditionelle Rolle der Ehefrau und Mutter wurde glorifiziert, verstärkt und durchgesetzt. Von der *Companionship Marriage* war keine Rede mehr. Antikommunisten verbreiteten nationale Paranoia und Homosexuelle wurden als Sicherheitsrisiko eingestuft, weil sie als emotional instabil eingestuft wurden und erpressbar waren. Tausende von Amerikanerinnen und Amerikanern wurde eine Anstellung verwehrt oder sie wurden entlassen, weil sie im Verdacht standen, homosexuell oder lesbisch zu sein, Das Gesundheitssystem war kein Verbündeter. Das »Diagnostische und Statistische Handbuch der Geisteskrankheiten« (Diagnostic and Statistical Manual of Mental Disorders, DSM) der *American Psychiatric Association* aus dem Jahr 1952 bezeichnete Homosexualität als »sociopathic personality disturbance«, als eine pathologische Furcht vor dem anderen Geschlecht, die durch traumatische Beziehungen zu den Eltern ausgelöst würde.[66]

Trotz dieses kulturellen Sonderwegs der Vereinigten Staaten gab es auch in Europa Tendenzen, die Dichotomie von »vaginalem« und »klitoralem« Orgasmus zu verfestigen. Federführend war hier die Psychoanalytikerin und Freudschülerin Marie Bonaparte (1882-1962), die zur Erfinderin einer nutzlosen und teuren Operation wurde, bei der die Klitoris näher an die Vagina herangeführt werden sollte. Diese Operation wurde an ihr dreimal durchgeführt – ohne Erfolg. Bonaparte sah weiblichen Frigidität (Abwesenheit des vaginalen Orgasmus) als Ausdruck eines »männlichen Klitoridismus«. Sie nahm Vermessungen des Abstands von Klitoris und Vagina bei 268 Frauen vor und entschied, dass dieser bei einigen Frauen zu groß sei, um einen vaginalen Orgasmus zu erleben.[67] Auf der Basis dieser Überlegungen

---

66 Kranzberg, Mati B. Three Generations of Lesbians: Clinical Implications and Placement in Group. Group. 2009; 33(3):213-222, S. 215. Baughey-Gill, Sarah. When Gay Was Not Okay with the APA: A Historical Overview of Homosexuality and its Status as Mental Disorder. Occam's Razor. 2011; 1(2). Drescher, Jack. Queer Diagnoses Revisited: The Past and Future of Homosexuality and Gender Diagnoses in DSM and ICD. International Review of Psychiatry. 2015; 27(5):386-395.

67 Wallen, Kim and Lloyd, Elisabeth Anne. Female Sexual Arousal: Genital Anatomy and Orgasm in Intercourse. Hormones and Behavior. 2010; 59(5):780-792. Bonaparte veröffentlichte diese Untersuchungen 1924 unter dem Pseudonym A. Narjani. Narjani, A. Considérations sur les causes anatomiques de frigidité chez la femme. Revue Médical de Bruxelles. 1924; 27:768-778. Walton, Jean. Fair Sex, Savage Dreams : Race, Psychoanalysis, Sexual Difference. Durham: Duke University Press, 2001, S. 83. Donnen-

entwickelte sie die Idee der »Verlegung« der Klitoris durch eine Operation, die Josef von Halban (1870-1937) aus Wien durchführte, die sogenannte Halban-Narjani-Operation.[68] Diese Operation »[...] consists in transecting the suspensory ligament of the clitoris to reposition the clitoris closer to the external vaginal orifice.« Vier weitere Patientinnen neben Bonaparte unterzogen sich der Operation. Bonaparte kehrte 1933 zu der Auffassung zurück, Frigidität sei »ein psychoanalytisch zu lösendes Problem.«[69]

Die Untersuchungen des fiktiven Forschers A. Narjani aka Marie Bonaparte zogen ihre Kreise in der medizinischen Forschung. 1940 vermaßen drei Wissenschaftler*nnen der Columbia University die Distanz der Klitoris zum Meatus und kamen zu ähnlichen Schlussfolgerungen wie zuvor Bonaparte.[70]

Am Anfang stand Freuds Faszination mit der Hysterie. Der Begriff »Hysterie« erscheint in Freuds »Gesammelten Schriften« über 1200mal. Um die Diskussion der nachlassenden Verbreitung der FGM/C von der Diskussion der Hysterie abzutrennen, rede ich hier über die Neurotikerin. Der Neurosebegriff hat in der Psychiatrie eine lange Tradition. Freud verstand unter

---

feld, Samuel und Hammett, Jessica. The Elusive Orgasm: Princess Marie Bonaparte, the Halban-Narjani Procedure, and the 20th Century Modern Art. The Journal of Urology. 2020; 203(4S):e290.

68 Moore, Alison. Relocating Marie Bonaparte's Clitoris. Australian Feminist Studies. 2009; 24(60):149-165, S. 153. Der ganze Vorgang um Bonaparte ist gut untersucht und muß hier nicht in toto aufgerollt werden. Frederiksen, Bodil Folke. Jomo Kenyatta, Marie Bonaparte and Bronislaw Malinowski on Clitoridectomy and Female Sexuality. History Workshop Journal. 2008; 65:23-48. Lemel, Alix. Les 200 Clitoris de Marie Bonaparte. [Paris]: Mille es une nuit, 2010. Moore, Alison. Frigidity, Gender and Power in French Cultural History: From Jean Fauconney to Marie Bonaparte. French Cultural Studies. 2009; 20(4):331-349. Dies. Moore, Alison. Rethinking Gendered Perversion and Degeneration in Visions of Sadism and Masochism, 1886-1930. Journal of the History of Sexuality. 2009; 18(1):138-157. Thompson, Nellie L. Marie Bonaparte's Theory of Female Sexuality: Fantasy and Biology. American Imago. 2003; 60(3):343-378.

69 Di Marino, Vincent und Lepidi, Hubert. Anatomic Study of the Clitoris and the Bulbo-Clitoral Organ. Heidelberg, Dordrecht, London, New York: Springer; 2014, S. 119. Eine bildliche Darstellung der Klitorisvermessungen Bonapartes findet sich bei Wallen, Kim und Lloyd, Elisabeth Anne. Female Sexual Arousal: Genital Anatomy and Orgasm in Intercourse. Hormones and Behavior. 2010; 59(5):780-792, S. 784. Die Autorinnen haben die Darstellung ihrerseits entnommen aus Narjani, A. Considérations sur les causes anatomiques de frigidité chez la femme. Revue Médical de Bruxelles. 1924; 27:768-778.

70 Landis, Carney; Bolles, Marjorie und D'Esposo, D. A. Psychological and Physical Concomitants of Adjustment in Marriage. Human Biology. 1940; 12(4):559-565, S. 561.

der Neurose eine allgemeine psychische Störung, die durch einen innerseelischen oder einen zwischenmenschlichen Konflikt und nicht durch einen organischen Defekt ausgelöst wurde. Aus der Sicht der Psychoanalyse waren es vor allem verdrängte Kindheitskonflikte, die in der Neurose zum Ausdruck kamen. Hysterien wurden von Freud zu den Neurosen gerechnet. Der Begriff ist in der neueren Forschung in Verruf gekommen, weil er theoretisch relativ unscharf ist und weil er in den Schulstreitigkeiten zwischen Psychoanalyse und Verhaltenstherapie zu einem Stein des Anstoßes wurde. Er wurde deshalb aus dem Klassifikationsschema ICD 10 ausgeschlossen.[71] Das hat zwar den Vorteil klassifikationssystematische Probleme zu verhindern, sorgt aber andererseits für den Verzicht auf das psychoanalytische Instrumentarium.

Das Argument wird verständlich, wenn man sich vor Augen führt, dass Sigmund Freud ursprünglich ein Somatiker reinsten Wassers war, der Hysterie und Neurosen auf körperliche – im Gegensatz zu seelischen – Ursachen zurückführte. Freuds Nachruf auf Charcot, der dem Motto »De mortuis nil nisi bonum« folgte, lässt erkennen, wie sehr sich Charcots Einfluss im Werk Freuds niederschlug. Charcot hatte die Theorie von der Heridität der Hysterie entwickelt, ein Ansatz, den Freud in seinem Nachruf von 1893 nicht weiter kommentierte, aber ein Jahr später bereits modifizierte.[72]

In seinem Aufsatz »Die Abwehr-Neuropsychosen« von 1894 behauptete Freud, dass es ihm gelungen sei, »in den psychologischen Mechanismus einer Form von unzweifelhaft psychischer Erkrankung Einsicht zu nehmen« und nahm damit erste Änderungen an Charcots Lehrgebäude vor.[73] Seine Auffassung von der Existenz der »Retentionshysterien« beruhte auf der Annahme »traumatischer Reize«, die durch »Abreagieren erledigt und geheilt werden« konnten.[74] Kennzeichen dieser hysterischen Symptome sei die »Abwehr« sexueller Vorstellungen. »Bei der Hysterie erfolgt die Unschädlichmachung der

---

71 ICD 10 nennt in Kapitel 5 »Mental and Behavioural Disorders« auch »Neurotic, stress-related and somatoform disorders« (F40-F48), umgeht aber den Begriff der »Neurosis«. International Statistical Classification of Diseases and Related Health Problems 10th Revision (ICD-10)-WHO Online-Version for 2019. [Web-Page]. URL: https://icd.who.int/browse10/2019/en#/F40.1, gesehen 7.8.2020.

72 Freud, Sigmund. Charcot. Gesammelte Werke chronologisch geordnet: Band 1: Werke aus den Jahren 1892-1899. London: Imago Publishing Co.; 1952, S. 21-35.

73 Freud, Sigmund. Die Abwehr-Neuropsychosen: Versuch einer psychologischen Theorie der akquirierten Hysterie, vieler Phobien und Zwangsvorstellungen und gewisser halluzinatorischer Psychosen. In: Freud, Gesammelte Werke Band 1: S. 59-74, S. 59

74 Freud, Die Abwehr-Neuropsychosen, S. 61.

unverträglichen Vorstellung dadurch, daß deren Erregungssumme ins Körperliche umgesetzt wird, wofür ich den Namen der Konversion vorschlagen möchte.«[75]

So erläuterte Freud in seinen mit Josef Breuer geschriebenen »Studien zur Hysterie« von 1895 den Zusammenhang von Hysterie und »Sexualneurose«:

> »Ich will die hier mitgeteilten Krankengeschichten daraufhin prüfen, ob sie meiner Auffassung von der klinischen Unselbständigkeit der Hysterie das Wort reden. [...] Als ich die zweite Kranke [...] zu analysieren begann, lag mir die Erwartung einer Sexualneurose als Boden für die Hysterie ziemlich ferne; ich war frisch aus der Schule Charcots gekommen und betrachtete die Verknüpfung einer Hysterie mit dem Thema der Sexualität als eine Art von Schimpf — ähnlich wie die Patientinnen selbst es pflegen. Wenn ich heute meine Notizen über diesen Fall überblicke, ist es mir ganz unzweifelhaft, daß ich einen Fall einer schweren Angstneurose mit ängstlicher Erwartung und Phobien anerkennen muß, die aus der sexuellen Abstinenz stammte und sich mit Hysterie kombiniert hatte.«[76]

Hysterie waren Freud zufolge »klinisch unselbständig«, denn unterhalb der hysterischen Symptome konnte eine Sexualneurose lauern.

Die Lehrjahre bei Charcot an der Salpêtrière 1885/86 und die Diskussionen mit Wilhelm Fließ, der ein Anhänger der nasogenitalen Reflextheorie war, brachten Freud zusammen mit der Entdeckung des Unbewussten dazu, für Hysterie und Neurosen seelische Ursachen anzunehmen.

> »Fliess [sic!] hatte frühzeitig sein Interesse auf eine Anzahl von Symptomen gelenkt, die er durch Kokainisierung der Nasenschleimhaut zu beseitigen vermochte. Auf diesen Befund hatte er die Überzeugung gegründet, einer klinischen Einheit, einer von der Nase ausgehenden Reflexneurose gegenüberzustehen. Die Ätiologie der nasalen Reflexneurose ist eine zweifache: Sie kann durch organische Veränderungen, etwa ›durch Überbleibsel von Infektionskrankheiten, die die Nase mit betreffen‹ hervorgerufen werden, oder auch durch ›funktionelle, rein vasomotorische Störungen‹. Die letztere Verursachung erklärt es, ›daß die Beschwerden der Neurasthenie, also der

---

75 Freud, Die Abwehr-Neuropsychosen, S. 63.
76 Freud, Sigmund. Studien über Hysterie. Gesammelte Werke chronologisch geordnet, Band 1: Werke aus den Jahren 1892-1899. London: Imago Publishing Co.; 1952, S. 75-312, S. 257f.

11. Die »frigide« Neurotikerin und die Psychoanalyse (1787-1947)   371

Neurosen mit sexueller Ätiologie, so häufig die Form der nasalen Reflexneurose annehmen.««[77]

Fließ setzte dabei »hysterischer« Erscheinungen die Masturbation als Ursache voraus:

> »Fall 113. Frau P [...] Patientin ist mit 19 Jahren u. z. regelmässig menstruirt, hat aber schon frühzeitig masturbirt und litt wie alle Masturbantinnen an fluor albus, sehr hartnäckiger Stuhlverstopfung und Magenschmerzen, welche sich oft aus Hunger entwickelten und die endlich die Aufnahme ins städtische Krankenhaus am Urban (Juni 1895) nöthig machten. [...] Als Pat. in Juli 1895 das Krankenhaus verliess, kam es zu vielfachen Liebesscenen mit ihrem Bräutigam, den sie kurz vor dem Eintritt ins Krankenhaus kennen gelernt, und der sie sehr gern hatte. Niemals aber wurde der Coitus vollzogen. (»Frustrane Erregung«). Die Onanie hat sie zur Zeit ganz aufgegeben. Am 9. April Hochzeit. Gleich darauf Schwangerschaft, während deren sie wieder öftere Magenschmerzen bekam. (Onanismus conjugalis, weil die Frau anästhetisch beim Coitus war! Vielleicht ist die Manustupration von Seiten des Mannes auch die Ursache des gehäuften Nasenblutens während der Schwangerschaft. [...] Am 24. December: Vorzeitige Niederkunft. 1. Jänner: Angstanfall. Hier sind die sehr häufige frustrane Sexualerregung während der Brautzeit und die spätere eheliche Anaesthesie einer Masturbantin die concurrirenden Ursachen (nach Freud) für die Anhäufung von Angst, *die aber an einem physiologisch vorgezeichneten Termin [...] eruptiv entbunden wird.*« [Hervorhung im Original gesperrt, N. F.][78]

An die Stelle der Beschneidung der Klitoris oder der Verätzung der weiblichen Genitalien zum Zwecke der Bekämpfung der Masturbation trat bei Fließ also die Operation an der Nase, der Einsatz von Kokain in der Nase und die Kauterisierung der Nasenschleimhäute.[79] Das Ziel war das gleiche wie bei der »Behandlung« der Masturbatorinnen, lediglich die Methode unterschied sich, weil sie sich von der Klitoris auf die Nase verlagerte.

---

77   Freud, Aus den Anfängen der Psychoanalyse, S. 8f.
78   Fließ, Wilhelm. Die Beziehungen zwischen Nase und weiblichen Geschlechtsorganen: In ihrer biologischen Bedeutung dargestellt. Leipzig, Wien: Deuticke; 1897, S. 99.
79   Fließ, Die Beziehungen zwischen Nase und weiblichen Geschlechtsorganen, S. 26f., S. 102.

»Es ist nämlich mit aller Schärfe festgestellt, dass es eine Form von Nasenbluten gibt, an der Masturbanten leiden, und wo die Epistaxis in unmittelbarem Anschluss an den Excess auftritt [...] Ich muss zur Erklärung solcher Fälle die vielfache eigene Beobachtung heranziehen, nach der bei Masturbanten stets eine Veränderung der Nase eintritt. [...] *Die Onanie bringt also typische vasomotorische Schwellungen an den Genitalstellen der Nase hervor [...] und von diesen aus können alle jene Beschwerden I ausgelöst werden, die das Bild der nasalen Beflexneurose zusammensetzen.* [...] Diese Schmerzen reagiren sämmtlich positiv auf den Cocainversuch, werden durch Verödung der Genitalstellen (am besten durch bipolare Electrolyse) zeitweilig beseitigt, kehren wieder, wenn die onanistischen Excesse fortdauern und bleiben nach der nasalen Therapie dauernd geheilt, wenn die Patientin die schädliche Gewohnheit wirklich aufgibt.«[80] [Hervorhebung im Original gesperrt, N. F.]

Auch wenn Fließ' Ideen uns heute wie Quacksalberei vorkommen, mit der »Übertragung« von der Klitoris, den Ovarien oder der Gebärmutter zur Nase war ein wichtiger Schritt vollzogen: eine Genitalverstümmelung wurde damit überflüssig. Mit der späteren Abkehr Freuds von der nasigenitalen Reflextheorie und der Zuwendung zur sexuellen Grundlage der Hysterie bzw. Neurose und der »Entdeckung« des Unbewussten, das in einer *talking cure* bearbeitet werden konnte, war ein zweiter Schritt gemacht. Der Raum wurde frei für eine veränderte Bewertung der weiblichen Masturbation. Der weibliche Orgasmus wurde positiver besetzt, die Klitoris als Organ des Übergangs zur angeblich reifen vaginalen Sexualität als weniger bedrohlich definiert und damit enttabuisiert.

Die Auffassung der Psychoanalytiker*innen zur Kliteridektomie veränderten die medizinische Praxis allerdings nicht sofort. Auch wenn die psychoanalytische Bewegung von Anfang an international aufgestellt war, dauerte es doch drei Jahrzehnte, bis sie ihre Wirkung auch jenseits des Atlantiks voll entfalten konnte. Freuds Vorlesungen an der Clark University in Massachusetts im Jahre 1909 legten den Grundstein für seine Bekanntheit unter Psycholog*innen in den USA, doch erfolgte eine größere Verbreitung und Popularisierung seiner Gedanken erst nach dem Ersten Weltkrieg.[81] Die Verfolgung und Vertreibung der Psychoanalytiker*innen während des NS und nach

---

80 Fließ, Die Beziehungen zwischen Nase und weiblichen Geschlechtsorganen, S. 108f.
81 Skues, Richard. Clark Revisited: Reappraising Freud in America. In: Burnham, John C., (Hg.). After Freud Left: A Century of Psychoanalysis in America. Chicago, IL: Chicago University Press; 2012; S. 49-84.

dem »Anschluss« trugen das Übrige hierzu bei, weil ein erheblicher Teil der Wiener und Berliner Psychoanalytiker*nnen in die USA emigrierten.

»In 1909, hardly any American had heard of Freud's writings, not even his publications about his innovations in psychotherapist technique. By the mid-twentieth century, Freud's ideas had become a conspicuous – indeed, unavoidable – part of the American cultural landscape.«[82]

Dem kann man aus der Perspektive der Kulturgeschichte durchaus zustimmen, doch lehrt uns die Kulturgeschichte auch, dass *cultural exchange* nie gradlinig und nie im Verhältnis eins zu eins erfolgt. Transkultureller Austausch ist gekennzeichnet von Übersetzungen, unterschiedlichen Produktions- und Rezeptionsbedingungen und Anpassungsprozessen. Der Wiener Freud konnte nie identisch sein mit dem New Yorker Freud. Alleine die Übersetzungsprobleme aus dem österreichisch gefärbten Deutsch Freuds ins Englische und Amerikanische veränderten die Wirkung seiner Lehre in den USA. Aus dem »Unbewussten« wurde das »subconscious«, aus dem »Trieb« der »instinct«, aus dem »ich« das »Ego«, aus »Kultur« wurde »civilization«, aus »Verdrängung« »replacement« und aus »Unbehagen« »discontents«.[83] Ähnliches könnte man bei der Rezeption Freuds im französischen Sprachraum feststellen, wo Jean Laplanche (1924-2012) und sein Team viel dazu beigetragen haben, Freuds Texte bis zur Kenntlichkeit zu verstellen.[84] Trotz dieser oder vielleicht

---

82 Burnham, John C. After Freud Left: A Century of Psychoanalysis in America. Chicago, IL: University of Chicago Press; 2012, S. 3.

83 Grubrich-Simitis, Ilse. Back to Freud's Texts: Making Silent Documents Speak. New Haven, CT, London: Yale University Press; 1999, S. 18-21. Roazen, Paul. The Historiography of Psychoanalysis. New Brunswick, NJ, London: Transaction Publishers; 2001, S. 409f.

84 »Yes, with regard to the English-speaking world, this is the main issue, because the English-speaking world has been invaded by the mistranslation of *Trieb* as 'instinct'. The object-relations school, the ego psychology school, the Kleinian school – all these schools fail to make a basic distinction between drive and instinct. As a consequence, they still have the idea of a biological basis to infantile sexuality, a predetermined basis, expressed in the evolution of sexuality through certain stages. This is correlated with the concept of instinct – an instinct that develops through certain stages. Human sexuality is completely reduced to an old biological model. The whole of Freud's discovery is forgotten. Freud sometimes forgets it too, in fact.« Laplanche, Jean. The Other Within: Rethinking Psychoanalysis [Interview]. Radical Philosophy. 2000; 102:31-41, S. 34.

wegen dieser (unvermeidlichen) Anpassung an die amerikanische Kultur wurden Freuds Texte ab den 1920er Jahren in der Fachwelt und ab den 1940er Jahren in der Öffentlichkeit weit rezipiert und angewendet. Das British Medical Journal berichtet ab 1908 regelmäßig über Freuds Texte.[85] Gegen Ende des Ersten Weltkriegs waren entscheidende Texte Freuds ins Englische übersetzt, meistens von Abraham Arden Brill (1874-1948), einem in Österreich-Ungarn geborenen Psychoanalytiker, der 1889 als 15-jähriger nach New York ausgewandert war und 1911 die Psychoanalytische Vereinigung New York mitbegründete.[86] Der wahre Aufschwung der Psychoanalyse geschah aber erst nach dem Zweiten Weltkrieg, weil Freud, Sandor Ferenczi (1873-1933) und Ernest Jones (1879-1958) zu den Kriegsneurosen gearbeitet hatten, ihre Behandlungsmethoden derselben jedenfalls einem Teil des amerikanischen Publikums angemessen schienen, und weil spätestens seit 1938 ein großer Teil der aus Deutschland und Österreich emigrierten Analytiker in den USA lebten.[87] Freud war einer der wenigen Psychiater gewesen, die die Kriegsneu-

---

85 [Anonymus]. Professor Freud and Hysteria. British Medical Journal. 1908; 1(2454):103-104.

86 Freud, Sigmund. Lectures and Addresses Delivered Before the Departments of Psychology and Pedagogy in Celebration of the Twentieth Anniversary of the Opening of Clark University. Worcester, Mass: 1910. Ders. Reflections on War and Death. New York: Moffat, Yard and Company, 1918. Ders. The History of the Psychoanalytic Movement. New York: The Nervous and Mental Disease Publishing Company, 1917. Ders. Psychopathology of Everyday Life. New York: The Macmillan Company, 1914. Ders. Selected Papers on Hysteria and Other Psychoneuroses. New York: The Journal of Nervous and Mental Disease Publishing Company, 1909. Ders. Three Contributions to the Sexual Theory. New York: The Journal of Nervous and Mental Disease Publishing Company, 1910. Ders. Totem and Taboo: Resemblances between the Psychic Lives of Savages and Neurotics. New York: Moffat, Yard and Company, 1918. Ders. Wit and Its Relation to the Unconscious. New York: Moffat, Yard and Company, 1916. Ders. On Dreams. New York: Rebman Company, 1914. Ders. The Interpretation of Dreams. New York: The Macmillan Company, 1913. Ders. Modern Sexual Morality and Modern Nervousness. New York: Critic and Guide Company, 1915.

87 Eissler, Kurt Robert. Freud und Wagner-Jauregg vor der Kommission zur Erhebung militärischer Pflichtverletzungen. Wien: Löcker; 1979. Ferenczi, Sandor; Abraham, Karl; Simmel, Ernst und Jones, Ernest. Psycho-Analysis and the War Neuroses. London, Vienne, New York: The International Psycho-Analytical Press; 1921. Brunner, José. Freud and the Politics of Psychoanalysis. New Brunswick, NJ, London: Transaction Publishers; 1999, S. 109-121. Sokolowsky, Laura und Maleval, Jean-Claude. L'apport Freudien sur les névroses de guerre : Un nouage entre théorie, clinique et éthique. Cliniques Méditerranéennes. 2012; 86(2):209-218. Crocq, Marc-Antoine. Du shell shock et de la névrose

rosen ernst genommen und nicht als Simulation oder Betrugsversuch abgetan hatte. Hinzu kamen die Neo-Freudianerinnen in den USA, die Freud'sche Auffassungen teilweise oder vollständig revidierten, wie die in Düsseldorf geborene Edith Weigert (1894-1982), die in Karlsruhe geborene Frieda Fromm-Reichmann (1889-1957) oder die aus Blankenese stammende Karen Horney (1885-1952).[88]

Meine Bemerkungen zu den »Übersetzungsproblemen« der Freudschen Texte in Frankreich und der *Anglophere* sind insofern nicht nur anekdotenhaft, als sie erklären helfen, wieso trotz Freuds erklärter Ablehnung der Kliteridektomie in den USA unter expliziter Berufung auf Freud weiter FGM/C praktiziert wurde. Freud war insofern mit »schuld« an diesem Missverständnis, als er und seine Schüler*innen eine Hierarchie des weiblichen Orgasmus begründet hatten, der von einem klitoralen Orgasmus des Mädchens zum vaginalem Orgasmus der »reifen« Frau und Mutter aufstieg. Der problematische Übergang vom klitoralen zum vaginalen Orgasmus stellte laut Freud die »Hauptbedingungen für die Bevorzugung des Weibes zur Neurose, insbesondere zur Hysterie« dar.[89]

Im Zusammenhang mit dem Übergang zum vaginalen Orgasmus entwickelte Freud eine Theorie der sexuellen Anästhesie, vulgo Frigidität, die langfristige Folgen haben sollte. Die Theorie des notwendigen vaginalen Orgasmus unter explizitem Bezug auf Freud wurde in den USA in den 1920er Jahren populär, auch wenn ein Teil der Autoren Freuds Theorien teilweise oder ganz

---

de guerre à l'état de stress post-traumatique : Une histoire de la psychotraumatologie. Dialogues in Clinical Neuoscience. 2000; 2(1):47-55. Der Einfluss Freuds auf die Behandlung der Kriegsneurosen ist nachvollziehbar in Medical Department, United States Army. Neuropsychiatry in World War II, Band 1: Zone of Interior. Washington, DC: Office of the Surgeon General; 1966, S. 8, 392, 752, Der Behandlung der Kriegsneurosen jenseits der Psychoanalyse geht Tracy Loughran nach. Loughran, Tracey. Shell Shock, Trauma, and the First World War: The Making of a Diagnosis and Its Histories. Journal of the History of Medicine and Allied Sciences. 2012; 67(1):94-119.

88 Hornstein, Gail A. To Redeem One Person Is to Redeem the World: The Life of Frieda Fromm-Reichmann. New York: Free Press; 2000. Weigert, Edith. The Courage to Love: Selected Papers of Edith Weigert. New Haven, CT: Yale University Press; 1970. Horney, Karen. Feminine Psychology. New York : W. W. Norton; 1973.

89 Freud, Drei Abhandlungen zur Sexualtheorie. Gesammelte Werke chronologisch geordnet, Band 5, S. 123.

ablehnten.⁹⁰ 1927 erschien in London ein Buch des britischen Journalisten Walter M. Gallichan (1861-1946), der explizit auf Freuds These der Übertragung des Orgasmus von der Klitoris auf die Vagina abhob – wenn er sie auch grob simplifizierte.

>»Masturbatory practices, known as ›self-abuse,‹ so frequent among unmarried women, may, if long continued, produce sexual frigidity in natural intercourse. The habit, now generally referred to as an auto-erotic act, tends to blunt the finer sensibility for coitus in wedlock, and the practice is often preferred to the normal gratification. The majority of female masturbators excite the clitoris, a small organ situated above the vaginal orifice, and it is only after the experiences of marital life that the vagina adapts itself to intercourse, this adaptation involves a very considerable alteration or modification of the feminine attitude to the physical expression of sex desire. Freud is of the opinion that many marriages are unfortunate because the woman is unable to adapt herself physiologically to a hitherto unexperienced situation. The initiation by the husband may be clumsy or brutal, and as we shall see later on, this is a not infrequent cause of marked sexual frigidity in wives.«⁹¹

Das Buch des österreichischen Psychoanalytikers Wilhelm Stekel über Frigidität bei Frauen wurde in den zwanziger Jahren ins Englische übersetzt.⁹² Freuds Thesen zur Genese der Neurosen spielten hier eine große Rolle, wenn man sich auch nicht des Eindrucks erwehren kann, dass Freud hier im Interesse einer therapeutischen Anwendbarkeit *ad usum delphini* abgeflacht und vereinfacht wurde. Überhaupt hatten die Sexualtherapeuten des frühen 20. Jahrhunderts die Tendenz, Freuds Thesen zu popularisieren, was in der Regel eine Simplifizierung und Verzerrung zur Folge hatte.⁹³ Diese Form der Ver-

---

90 Rodriguez, Female Circumcision and Clitoridectomy, S. 96. Der von Rodriguez zitierte Robie lehnte Freuds Thesen zur kindlichen Sexualität zum Beispiel entschieden ab. Robie, Walter Franklin. The Art of Love. Boston: Richard C. Badger; 1921, S. 323.
91 Gallichan, Walter M. Sexual Apathy and Coldness in Women. London: T. Werner Laurie LTD; 1927, S. 29f.
92 Die Geschlechtskälte der Frau. Eine Psychopathologie des weiblichen Liebeslebens. 1920.
93 Ein besonders krasses Beispiel für die Popularisierung der Psychoanalyse stellt das Buch von Robert M. Lindner (1914-1956) dar. Lindner war ein Psychologe und Psychoanalytiker, ein Schüler von Theodor Reik (1888-1969), einem in den USA einflussreichen Neofreudianer, der zu Freuds frühen Studenten gehört hatte. Lindner argumentierte

11. Die »frigide« Neurotikerin und die Psychoanalyse (1787-1947) 377

flachung war ein Kennzeichen der Freudrezeption von Anfang an und zwar ziemlich unabhängig von der nationalen Kultur, die Freuds Schriften aufnahm. In den USA jedoch, mit seiner ausgeprägten Kultur der individualistischen Selbsthilfe, erreichte die populäre Beschäftigung mit Freud und der Psychoanalyse ungeahntes Ausmaß.[94]

Eli Zaretzky führte die Beschäftigung des amerikanischen Publikums mit der Psychoanalyse auf die historische Rolle zurück, die diese bei der Entwicklung des Kapitalismus im 20. Jahrhundert gespielt habe. Ein neues System der Massenproduktion und Massenkonsumption nach 1920 habe die traditionelle Moral der heterosexuell ausgerichteten Familien unterminiert und habe so mittels der Psychoanalyse den Übergang zu einer sexualisierten Traumwelt des Massenkonsums ermöglicht.

»As a charismatic sect with a special affinity for personal life, psychoanalysis theorized and embodied this reorientation. It thereby helped to authorize the profound changes in personality and character that accompanied the second industrial revolution. As in the cases of early capitalism and nineteenth-century industrialization, an extra- or posteconomic ideology helped supply the inner motivations for a socioeconomic transformation that could not have won committed followers on its own terms.«[95]

Während die Psychoanalyse in Europa auf einen kleinen Kreis von Intellektuellen und gegenkulturelle Eliten begrenzt blieb, wurde sie in den USA zu

---

      in *Rebel without a Cause*, dass Psychopathen sexuell unreif seien. »It is undeniable that the universal sexual aims regarded as normal have little place in their style of life. Where there is a sympathetic attachment toward another human it is frequently homoerotic or perverse in some other sense.« Lindner, Robert M. Rebel without a Cause: The Hypnoanalysis of a Criminal Psychopath. London: Research Book; 1945, S. 5.

94 Stellvertretend für viele andere Texte zur Selbsthilfe siehe Kirkham, Stanton Davis. The Philosophy of Self-Help: An Application of Practical Psychology to Daily Life. New York and London: G. P. Putnam's Sons; 1909.Buel, James W. Buel's Manual of Self-Help: A Book of Practical Counsel, Encouraging Advice and Invaluable Information. Philadelphia, PA, St. Louis, MO: Historical Pub. Co, 1894. Cowan, John. Self-Help in the Attainment of Perfection of Character and Success in Life. New York: Cowan & Company, 1870. Kirtley, James Samuel. The Beautiful Way or Success and a Happy Life: Inspiration, Culture, Self-Help. Chicago, IL: C. W. Stanton Co., 1902. Smiles, Samuel. Self-Help: With Illustrations of Character and Conduct. New York: Harper & Brothers, 1860. Smiles' Buch ging durch zahlreiche Auflagen.

95 Zaretsky, Eli. Charisma or Rationalization? Domesticity and Psychoanalysis in the United States in the 1950s. Critical Inquiry. 2000; 26(2):328-354, S. 330.

einem Massenphänomen, sowohl innerhalb der Psychiatrie als auch innerhalb der populären Kultur.[96] In Europa hatte sich die etablierte Psychiatrie gegen die Psychoanalyse gestellt, in den Vereinigten Staaten eignete sich die noch junge Psychiatrie psychoanalytische Theorien und Behandlungsmethoden an.[97] Am Ende des Ersten Weltkriegs wiesen die Vereinigten Staaten die größte Zahl von Psychoanalytiker*innen in der Welt auf. In den 1920ern wurden die Werbeindustrie, das Theater und der Film von einer psychoanalytischen Welle erfasst.[98] Zaretsky verweist zu Recht auf die kapitalen Unterschiede in der Rezeption der Ego-Psychologie in Amerika und Europa. In den USA entwickelte sich die Psychologie in Richtung einer Form der demokratischen sozialen Kontrolle, basierend auf den Ansätzen Edward Bernays' und Talcott Parsons'.[99] Besonders Bernays (1891-1995), der ein Neffe Freuds war, führte Elemente psychoanalytischen Denkens in die Propaganda und die Werbeindustrie ein.[100] Dabei kam es auch hier zu einer Einebnung des psychoanalytischen Komplexitätsniveaus.[101]

---

96 Es gab auch in Europa Tendenzen zu einer Popularisierung der Psychoanalyse. Urbantschitsch, Rudolf. Psycho-Analysis for All: A Lecture Delivered in Vienna. London: C. W. Daniel; 1928. Barbour, D. N. Psycho-Analysis and Everyman. London: George Allen & Unwin; 1923. Decker, Hannah S. The Reception of Psychoanalysis in Germany. Comparative Studies in Society and History. 1982; 24(4):589-602.
97 Tucker, E. Bruce. James Jackson Putnam: An American Perspective on the Social Uses of Psychoanalysis, 1895-1918. The New England Quarterly. 1978; 51(4):527-546.
98 Zaretsky, Charisma or Rationalization, S. 332.
99 Zu Parsons' Freudrezeption siehe Bocock, R. J. Freud and the Centrality of Instincts in Psychoanalytic Sociology. The British Journal of Sociology. 1977; 28(4):467-480. Trevino, A. Xavier. The Anthem Companion to Talcott Parsons. London, New York, Melbourne, Delhi: Anthem Press; 2016, S. 73-90. Gerhardt, Uta. The Social Thought of Talcott Parsons: Methodology and American Ethos. London, New York: Routledge; 2016, S. 163-169.
100 Bernays, Edward L. Manipulating Public Opinion: The Why and The How. American Journal of Sociology. 1928; 33(6):958-971. Ders. Crystallizing Public Opinion. New York: Boni and Liveright; 1923. Ders. Propaganda. New York: H. Liveright; 1928. Justman, Stewart. Freud and His Nephew. Social Research. 1994; 61(2):457-476. Tye, Larry. The Father of Spin: Edward L. Bernays & the Birth of Public Relations. New York: Crown Publishers; 1998.
101 »It is chiefly the psychologists of the school of Freud who have pointed out that many of man's thoughts and actions are compensatory substitutes for desires which he has been obliged to suppress. A thing may be desired not for its intrinsic worth or usefulness, but because has unconsciously come to see in it a symbol of something else, the desire for which he is ashamed to admit to himself.« Bernays, Propaganda, S. 51.

»Like social control generally, the implications of Parsons's approach were ambiguous, suggesting both democratization and enhanced autonomy, on the one hand, and psychological manipulation, on the other. This ambiguity was inherited by the new corps of experts – aptitude counselors, forensic specialists, school psychologists, guidance counselors, industrial psychologists, and, above all, doctors – who were charged with implementing social control during and after World War II. Analysis was at the center of this project. During the war, by order of Brigadier General William Menninger, head of the neuropsychiatry division of the surgeon general's office, every doctor in the military was taught the basic principles of psychoanalysis. As a result, 850,000 soldiers were hospitalized for psychiatric reasons. By the end of the war, they constituted 60 percent of all patients in VA hospitals. When doctors could not meet the demand for treatment, the newly founded professions of clinical psychology and psychiatric social work stepped into the breach.«[102]

Man muss sich also über eine gewisse Verflachung der Psychoanalyse nicht wundern.[103] Texte, die eine »praktische Anwendung« der Psychoanalyse verhießen, erschienen ab den 1920er Jahren auf Englisch auf beiden Seiten des Atlantiks. Zum Teil waren sie eher als moralphilosophische Traktate denn als angewandte Psychoanalyse verfasst. Warnungen über promisken heterosexuellen Sex, Verteufelungen der Masturbation (»another perversion of the sexual impulse«) und Homosexualität (»unhealthy perversions and a sign of degneracy«) finden sich in diesen populären Texten.[104] Auf der positiven Seite löste die Dominanz der Psychoanalyse in den USA auch ein gesellschaftliches Umdenken ein: Vor dem Zweiten Weltkrieg wurden Homosexuelle in der Armee wie Kriminelle behandelt und eingesperrt. Die *Articles of War* hatten 1917 Sodomie als »kriminellen Akt« definiert. Der damalige stellvertretende Marineminister Franklin D. Roosevelt führte 1919 einen Feldzug gegen schwule Männer in der Marine an, für den er heterosexuelle Männer als Lockvögel einsetzte.[105] Fellatio und Cunnilingus wurden in einigen Staaten mit Gefäng-

---

102 Zaretsky, Charisma or Rationalization, S. 335.
103 Matthews, F. H. The Americanization of Sigmund Freud: Adaptations of Psychoanalysis before 1917. Journal of American Studies. 1967; 1(1):39-62.
104 Hunt, Harry Ernest. Practical Psycho-Analysis. London, New York, Toronto, Cape Town, Sydney: W. Foulsham & Co; 1938, S. 74.
105 Zane, Sherry. »I did It for The Uplift of Humanity and The Navy«: Same-Sex Acts and the Origins of The National Security State, 1919-1921. The New England Quarterly. 2018;

nisstrafen von bis zu 15 Jahren geahndet.¹⁰⁶ Lange vor den sechziger Jahren half die Psychoanalyse so etwas wie eine sexuelle Revolution einzuleiten.¹⁰⁷ Psychoanalytiker*innen wie Beatrice Moses Hinkle (1874-1953) ersetzten überkommene Vorstellungen durch zeitgemäße Ideen – auch durch die Revision von Freuds Thesen.¹⁰⁸ 1962 entkriminalisierte Illinois als erster Staat der USA Homosexualität.

Nach dem Krieg wurde der Terminus *sodomist* durch *homosexual* ersetzt. Neben die Justiz und die Strafverfolgung Homosexueller trat die Behandlung durch Psychiater und Analytiker. Allerdings führte dies auch dazu, dass die Homosexualität 1952 als »soziopathische Persönlichkeitsstörung« (»sociopathic personality disturbance«) umdefiniert wurde – eine deutliche Abkehr von den Lehren der Psychoanalyse Freuds.¹⁰⁹ Es ist in diesem Zusammenhang auf die altbekannte Tatsache hinzuweisen, dass Freud selbst den Begriff »lesbisch« ein einziges Mal verwendete¹¹⁰ und es vorzog von der Homosexualität als *Inversion* zu sprechen und den Begriff der Degeneration emphatisch ablehnte.¹¹¹

91(2):279-306. Bérubé, Allan. Coming Out under Fire: The History of Gay Men and Women in World War Two. New York: Free Press; 1990, S. 134.
106   Grey, Thomas C. Eros, Civilization and the Burger Court. Law and Contemporary Problems. 1980; 43(2):83-100, S. 86f. Halley, Janet E. Reasoning about Sodomy: Act and Identity in and after Bowers v. Hardwick. Virginia Law Review. 1993; 79(7):1721-1780, S. 1755, 1762.
107   Martin, John Levi. Structuring the Sexual Revolution. Theory and Society. 1996; 25(1):105-151.
108   Hinkle, Beatrice Moses. The Re-Creating of the Individual: A Study of Psychological Types and Their Relation to Psychoanalysis. London: George Allen & Unwin, 1923.
109   Baughey-Gill, Sarah. When Gay Was Not Okay with the APA: A Historical Overview of Homosexuality and its Status as Mental Disorder. Occam's Razor. 2011; 1(2), 5-16, S. 7.
110   Freud, Sigmung. Gesammelte Werke chronologisch geordnet. Band 2 und 3 Die Traumdeutung. Über den Traum, S. 294. Der Gebrauch des Wortes erfolgt im Zusammenhang mit Sappho.
111   Freud, Sigmund. Drei Abhandlungen zur Sexualtheorie. In: Freud, Gesammelte Werke chronologisch geordnet. Band 5: Werke aus den Jahren 1904-1905, S. 34-38. Freud betonte im Hinblick auf die männliche Homosexualität: »Die psychoanalytische Forschung widersetzt sich mit aller Entschiedenheit dem Versuche, die Homosexuellen als eine besonders geartete Gruppe von den anderen Menschen abzutrennen. Indem sie auch andere als die manifest kundgegebenen Sexualerregungen studiert, erfährt sie, daß alle Menschen der gleichgeschlechtlichen Objektwahl fähig sind und dieselbe auch im Unbewußten vollzogen haben. Ja die Bindungen libidinöser Gefühle an Personen des gleichen Geschlechtes spielen als Faktoren im normalen Seelenleben keine

11. Die »frigide« Neurotikerin und die Psychoanalyse (1787-1947)

Freud hatte in einem Brief an eine US-amerikanische Mutter aus dem Jahre 1935 explizit festgehalten, Homosexualität sei »nothing to be ashamed of, no vice, no degradation, it cannot be classified as an illness, but we consider it to be a variation of the sexual function produced by a certain arrest of sexual development«.[112] Nach Freuds Tod verwarfen viele US-amerikanische Psychoanalytiker*innen Freuds Auffassung der Homosexualität.

»They viewed homosexuality as a symptom of an underlying disorder that required treatment. For example, a prominent psychoanalyst in the 1950s and 60s named Irving Bieber believed that homosexuality was caused by pathological relationships between parents and children. Ignoring lesbianism entirely, he claimed that gay men came from binding, seductive mothers and distant, hostile fathers. He also felt that »pre-homosexual« boys were easily identifiable and should be treated early on to eradicate any signs of homosexuality. Lastly, Bieber believed that there was an inherent psychological pain experienced because of homosexuality, and he considered this pain his impetus for treating and curing homosexuality.«[113]

Nach dem Zweiten Weltkrieg erschienen populäre Bücher wie *Modern Woman: The Lost Sex*, das in seinem Erscheinungsjahr 1947 sechsmal nachgedruckt werden musste und auf einer ins Unkenntliche entstellten psychoanalytischen Theorie basierte. Die beiden Autor*innen, die Ärztin Marynia F. Farnham (1900-1979) und der Journalist Ferdinand Lundberg (1902-1995), vertraten die

---

geringere, und als Motoren der Erkrankung eine größere Rolle als die, welche dem entgegengesetzten Geschlecht gelten. Der Psychoanalyse erscheint vielmehr die Unabhängigkeit der Objektwahl vom Geschlecht des Objektes, die gleich freie Verfügung über männliche und weibliche Objekte, wie sie im Kindesalter, in primitiven Zuständen und frühhistorischen Zeiten zu beobachten ist, als das Ursprüngliche, aus dem sich durch Einschränkung nach der einen oder der anderen Seite der normale wie der Inversionstypus entwickeln. Im Sinne der Psychoanalyse ist also auch das ausschließliche sexuelle Interesse des Mannes für das Weib ein der Aufklärung bedürftiges Problem und keine Selbstverständlichkeit, der eine im Grunde chemische Anziehung zu unterlegen ist.« Ibidem, S. 45.

112   Freud, Sigmund. A Letter from Freud [April 9th, 1935]. American Journal of Psychiatry. 1951; 107(10):786-787, S. 786.
113   Baughey-Gill, When Gay Was Not Okay, S. 9. Irving Bieber (1909-1991) war ein Kritiker des Kinsey Report und verfasste 1962 eine Studie, in der er Homosexualität als eine heilbare Krankheit bezeichnete. Bieber, Irving. Homosexuality: A Psychoanalytic Study. New York: Basic Books; 1962.

These, dass bestimmte soziale Missstände dadurch ausgelöst würden, dass Frauen eine ihnen entsprechende Rolle ablehnten und »vermännlichten«.

> »Women in general are a more complicated question than men [...] for they are more complicated organisms. [sic!] They are endowed with a complicated reproductive system [...], a more elaborate nervous system and an infinitely complex psychology revolving about the reproductive function. Women, therefore, cannot be regarded as any more similar to men than a spiral is to a straight line.«[114]

Eines der extensiv behandelten »Probleme« moderner Frauen sei die Frigidität. Lundberg/Farnham hatten auch hier eine Lösung:

> »The rule therefore is: The less a woman's desire to have children and the greater her desire to emulate the male in seeking a sense of personal value by objective exploit, the less will be her enjoyment of the sex act and the greater her general neuroticism.«[115]

Zu dem neurotischen Komplex vieler Frauen gehöre die Stimulation der Klitoris:

> »There is another aspect of the sexual situation which is very common. This is the frequent occurrence in women today of an ability to obtain sexual gratification only with the manipulation of the clitoris. [...] infantile sexual activity often centers around clitoral stimulation but it is an essential part of the sexual maturation for the woman to develop [the] ability to experience orgasm through vaginal stimulation.«[116]

Es folgte die klassische auf Freud und Helene Deutsch aufbauende Darstellung von der unreifen klitoralen Sexualität und der damit einhergehenden Verweigerung der Weiblichkeit. Beide Autor*innen konstruierten daraufhin eine kausale Verbindung von Frigidität und Bildungsstand. Je höher die Bildung der Frauen sei, desto weniger seien sie orgasmusfähig. »Dr. Kinsey and his colleagues reported that practically 100 per cent full orgastic [sic!] reaction had been found among uneducated [Black] women [...]«[117] Diese auf Kin-

---

114 Lundberg, Ferdinand und Farnham, Marynia F. Modern Women: The Lost Sex. New York, London: Harper and Brothers; 1947, S. 3.
115 Lundberg und Farnham, Modern Women, S. 265.
116 Lundberg und Farnham, Modern Women, S. 266.
117 Lundberg und Farnham, Modern Women, S. 269.

sey aufbauende Theorie sexueller Gratifikation in umgekehrter Abhängigkeit vom Bildungsgrad gilt inzwischen als lange widerlegt.[118] Mary Jo Buhle, die die Bedeutung von Farnhams und Lundbergs Buch deutlich sieht, bescheinigt den beiden Autor*innen, sie griffen nicht auf Freud Theorie des Penisneids zurück, um die »normale« Entwicklung zu einer heterosexuellen Frau zu erklären.[119] Das mag sein. Es gibt indessen genug Beispiele für das Weiterwirken des Penisneids auch bei Farnham und Lundberg.[120] Auch wenn ein Teil der Besprechungen der ersten Auflagen katastrophal ausfiel, konnte das Buch Bestsellerstatus erreichen und wurde 1974 noch einmal neu aufgelegt.[121]

Wenn man zugrunde legt, dass die meisten Leser*innen von Ratgeberliteratur wie der von Farnham und Lundberg keine ausgebildeten Psychoanalytiker*innen oder Ärzt*innen waren, sondern medizinische Laien, dann kann es nicht verwundern, dass als eine Therapie für die »Frigidität« von Frauen ab 1940 die Entfernung oder zumindest Beschneidung der Klitoris (Typ I) vorgeschlagen und akzeptiert wurde.

Mit der herausgehobenen Bedeutung der Klitoris für den weiblichen Orgasmus verband sich die Überzeugung, die Entfernung der Klitorisvorhaut helfe dabei, einen vaginalen Orgasmus zu ermöglichen. In dem Maße, wie der weibliche Orgasmus als Indikator für funktionierende heterosexuelle Ehen gesehen angesehen wurde, nahm die Zahl der Ärzte zu, die diese Form der FGM/C befürworteten und praktizierten, wie wir im nächsten Kapitel sehen werden.[122]

Der Chicagoer Gynäkologe und Psychoanalytiker William Saul Kroger (1906-1995) warnte schon 1956 vor diesen Operationen und bezeichnete sie als wirkungslos, doch auch in den sechziger und siebziger Jahren des 20. Jahrhunderts kam sie weiterhin zur Anwendung.[123] Sarah Rodriguez hat die Geschichte dieser Spätform der Kliteridektomie untersucht und ihren

---

118 Weinberg, Martin S. and Williams, Colin J. Black Sexuality: A Test of Two Theories. The Journal of Sex Research. 1988; 25(1):197-218, S.
119 Buhle, Feminism and Its Discontents, S. 176.
120 Lundberg und Farnham, Modern Women, S. 266.
121 Buhle, Feminism and Its Discontents, S. 178.
122 »Since the data presented show no relationship between clitoral foreskin adhesions and sexual functioning, it is not conclusive as to the role of clitoral foreskin adhesions in female sexual functioning.« Graber, Benjamin and Kline-Graber, Georgia. Clitoral Foreskin Adhesions and Female Sexual Function. The Journal of Sex Research. 1979; 15(3):205-212, S. 209.
123 Rodriguez, Female Circumcision and Clitoridectomy, S. 91.

Ergebnissen ist nicht viel hinzuzufügen. Grundlage der Behandlung war die neofreudianische Theorie des »vaginalen« versus dem »klitoralen Orgasmus« und die Gleichsetzung des »klitoralen Orgasmus« mit Frigidität.

»This dogma of transfer from clitoral to vaginal orgasm became a shibboleth of pop culture during the heady days of pervasive Freudianism. It shaped the expectations (and therefore the frustration and often misery) of millions of educated and ›enlightened‹ women by a brigade of psychoanalysts and by hundreds of articles in magazines and ›marriage manuals‹ that they must make this biologically impossible transition as a definition of maturity.«[124]

Dass Sigmund Freud an diesen Erscheinungen unschuldig war, enthebt die späteren Vertreter*innen der Psychoanalyse nicht der Verantwortung. Ihr Problem war, dass ihre Interpretation der Psychoanalyse sich zum Teil perfekt an den herrschenden Diskurs anschmiegte und so einerseits die Diskussion um die Aufgabe von Frauen in der Gesellschaft »wissenschaftlich« gestützt befeuerte, andererseits die Psychoanalyse durch ihre scheinbare Anwendbarkeit auch über den Bereich der persönlichen Behandlung von Patient*innen hinaus dieser Schule einen Legitimitätsschub verlieh, der Analytiker*innen zum Teil der Massenkultur des 20. Jahrhunderts machte.

---

124 Gould, Stephen Jay. Adam's Navel. London: Penguin; 1995, S. 53. Sinnwidrig entstellt wiedergegeben bei Rodriguez, Female Circumcision and Clitoridectomy, S. 92.

12. »Perfektionierte weibliche Körper«
James C. Burt (1954-1997)

In der Mitte der 1960er Jahre entwickelte der Gynäkologe James C. Burt (1921-2012) aus Dayton, Ohio seine *Love Surgery*, eine Operation, die er an ahnungslosen Frauen nach der Geburt ausführte. Er erzählte diesen Frauen, es handelte sich um eine Form des Dammschnitts. Dammschnitte gehörten damals zum Standardrepertoire von Ärzten in der Geburtshilfe. In den 1950ern wurden bei bis zu 85 Prozent aller Gebärenden Dammschnitte vorgenommen. Weil sie so häufig waren, dachten viele Ärzte, sie müssten ihre Patientinnen nicht informieren und nahmen die Episiotomie einfach vor. Einige gynäkologische Texte der 1950er und 1960er Jahre erwähnten, dass die Naht des Dammschnitts zu einer Verengung der Vagina führen könne, in anderen Worten, die Naht wurde zur Behebung von »Sexproblemen« eingesetzt. Joseph Bolivar DeLee (1869-1942), einer der vielen »Väter der modernen Geburtshilfe« und Gegner der Beteiligung von Hebammen am Geburtsvorgang, schrieb 1920/21, ein Dammschnitt könne einen jungfräulichen Zustand wiederherstellen.[1] Zwischen 1954 und 1966 experimentiert Burt mit Dammschnitten, indem er zusätzliche Nähte setzte und die Vagina so verengte. Dann entdeckte Burt Masters und Johnson und mit ihnen die Bedeutung der Klitoris.[2] Er lehnte die neofreudianische Behauptung der Normalität des vaginalen Orgasmus und die Pathologisierung des klitoralen Orgasmus ab und drehte damit die neofreudianische Lehre vom Kopf auf die Füße. Der Körper von Frauen

---

1 »Virginal conditions are often restored.« DeLee, Joseph Bolivar. The Prophylactic Forceps Operation. American Journal of Obstetrics and Gynecology. 1920/21; 1:34-44, S. 43.
2 Rodriguez, Sarah B. The Love Surgeon: A Story of Trust, Harm, and the Limits of Medical Regulation. New Brunswick, NJ: Rutgers University Press; 2020, S. 32.

sei – so Burt – für penetrativen heterosexuellen Sex einfach nicht geeignet.³ Die Grundlage für Burts Operation war seine feste Überzeugung, dass Frauen anatomisch nicht in der Lage seien, Sexualität erfüllend zu erfahren. »Women are structurally inadequate for intercourse. This is a pathological condition amenable by surgery.«⁴

Es gibt keinen Hinweis darauf, dass Burt mit den Arbeiten Marie Bonapartes und der von ihr vorgeschlagenen Halban-Narjani-Operation vertraut war. Burt war kein psychoanalytisch ausgebildeter Gynäkologe und es ist zweifelhaft, dass er sich die Mühe gemacht hat, die wissenschaftliche Literatur der späten 1920er und frühen 1930er bezüglich des Abstands von Meatus und Klitoris durchzuarbeiten.⁵ Dennoch könnte es sein, dass er vom Hörensagen von Bonaparte wusste, denn er betonte in einem Interview, die Klitoris komme nicht zur Vagina (wie bei Bonapartes Operationen), sondern die Vagina komme zur Klitoris.⁶

»Burt decided the clitoris lay too far from the opening of the vagina for women to receive adequate stimulation from the penis during missionary position sex. To correct for this, he began building up the skin tissue between the anal opening and the vaginal opening, thus moving the opening of the vagina closer to the clitoris. In addition to moving the vaginal opening closer to the clitoris, this added tissue changed the angle of the vagina's opening [....] The vagina's redirection, when the woman lay on her back, was no longer horizontal but almost vertical, with the labia majora drawn into the vaginal opening [...] During penetrative sex after surgery, though Burt had not moved the circumcised clitoris, the vagina now opened closer to the clitoris, ensuring that the penis and clitoris contacted each other; the surgery thus enabled clitorally sensitive women to orgasm more easily during penetrative sex [...]«⁷

---

3   Rodriguez, Sarah B. Female Sexuality and Consent in Public Discourse: James Burt's ›Love Surgery‹. The Archives of Sexual Behavior. 2013; 42:343-351, S. 344.
4   Zitiert in Adams, Alice E. Molding Women's Bodies: The Surgeon as Sculptor. In: Wilson, Deborah S. and Laennec, Christine Moneera, (Hg.). Bodily Discursions: Genders, Representations, Technologies. New York: State University of New York Press; 1997; S. 59-80, S. 61.
5   Sarah Rodriguez bezweifelt, dass Burt die Arbeiten Bonapartes gekannt hat. E-Mail von Sarah B. Rodriguez an Norbert Finzsch, 31.8.2020.
6   Rodriguez, The Love Surgeon, S. 12.
7   Rodriguez, Female Sexuality and Consent. S. 344.

Diese Operation diente aber in Burts Auffassung nicht nur der sexuellen Erfüllung von Frauen, sondern zielte auch auf die Ehemänner von postpartalen Frauen, die das Gefühl hatten, die Vagina ihrer Frauen sei zu »weit«. Die Sprache, in der Burt über seine Operation schrieb, ähnelte eher der eines pornographischen Hochglanzmagazins als der eines Arztes. Burt behauptete, nach der Geburt sei die Vagina einiger Frauen so geweitet, »[to] drive a truck through sideways«.[8] Seine Operationsmethode schaffe hier Abhilfe. ›[A]ny man at any age‹ könne ›love his woman to exhaustion‹, denn nach der erfolgten Operation sei jeder Mann ein »Hengst«.[9] Man muss keine Linguist*in sein, um zu sehen, dass es Burt weniger um die Frauen ging als um die Zufriedenheit der Männer mit ihren Sexpartnerinnen.

Etwa zehn Jahre später begann Burt, seine Operation als eine Verbesserung der sexuellen Erfahrung von Frauen anzupreisen und im großen Stil zu vermarkten – für 1500 Dollar pro Eingriff.[10] Immerhin sorgte Burt mit seinen Operationen für den Profit des Krankenhauses, denn er will nach eigenen Angaben in elf Jahren mehr als 4.000 dieser Operationen durchgeführt haben.[11] Wenn man die Angabe Burts ernst nimmt, er habe in elf Jahren 4500 Frauen operiert, so kann man sich ausrechnen, dass er auf diese Weise einen Umsatz von knapp sieben Millionen Dollar erzielt haben muss.[12] Seine Ex-Frau schätzte, dass er 1973 alleine 435.000 Dollar eingenommen hatte.[13] Frauen strömten in seine Praxis, weil sie (oder ihre Ehemänner) sich ein besseres Sexleben versprachen. Gleichzeitig behielt Burt die Praxis bei, Frauen ungefragt nach der Geburt zu operieren. Als ein in Ohio niedergelassener Gynäkologe und fühlte sich moralisch und fachlich berechtigt, derartige Modifikationen an den Körpern von Frauen auszuführen, obwohl er keine chirurgische Ausbildung hatte. Burt beschloss, die üblichen Behandlungen wegen

---

8   Burt, James C. und Burt, Joan. Surgery of Love. New York: Carleton Press; 1975, S. 41.
9   Burt und Burt, Surgery of Love, S. 183. Zitiert bei Rodriguez, Female Circumcision and Clitoridectomy, S. 155.
10 Rodriguez, Female Sexuality and Consent, S. 345. Rodriguez, Female Circumcision and Clitoridectomy, S. 167.
11 »[...] at one time in the early seventies, Burt was delivering so many babies and doing so many surgeries at the medical center, his practice accounted for 5 percent of patient revenues generated by some 500 physicians. That fact, as much as anything, explains why Burt, the cash cow, was a hard man to stop.« Belcher, Ellen. Malpractice Burt Settlements End Some Pain. In: Dayton Daily News. 11.9.1997.
12 Rodriguez, The Love Surgeon, S. 13.
13 Davis, Dave. Burt Asset List Omitted Property. In: Dayton Daily News, 16.12.1988.

Geburtshilfe, Ovarektomien, Hysterektomien auszudehnen, indem er bei jeder sich bietenden Gelegenheit die Vagina der Patientin operierte. Tausende von Frauen wurden auf diese Weise behandelt, die meisten von ihnen ohne ihr Wissen und ohne ihre Zustimmung. Burt war ein Mitglied des Ärzteteams am *Saint Elizabeth Hospital* (SEHC) und nutzte diese Position, um seine Theorien in die Praxis umzusetzen. Das Ergebnis war in vielen Fällen medizinisch und psychologisch verheerend. Behinderungen, chronische Krankheiten und sexuelle Dysfunktionen waren die Folge. Narben, Nierenentzündungen, sogar Herzprobleme konnten die Konsequenz dieser illegalen Operationen sein. Die Mitarbeiter*innen von Burt wussten, was vor sich ging, unternahmen aber nichts, um ihn zu stoppen. Die Verwaltung des Krankenhauses ließ die Patientinnen lediglich eine Erklärung unterschreiben, die das Einverständnis der Betroffen zur *Female Coital Area Reconstruction Surgery* einholte.[14] Burt unternahm keinerlei Versuche, seine Operation geheim zu halten, im Gegenteil, er war so stolz auf seine Entdeckung, dass er zusammen mit seiner Frau Joan Burt 1975 ein Buch veröffentlichte, das den Titel *Surgery of Love* trug.[15] Erst 1988, 20 Jahre nach den ersten Operationen, fand sich ein Fachkollege, der Burt bei der Ärztekammer anzeigte. Dr. Bradley Busacco aus Cincinnati, OH, führte an, bei der untersuchten Patientin Moore, die von Burt operiert worden war, sei die Vagina verlegt und verlängert und Organe, Muskeln und Gewebe seien modifiziert worden.

Eine andere Patientin Burts, Coney Mitchell, sah sich am 30. Oktober 1988 eine Fernsehsendung mit dem Titel »West 57th« auf CBS an.[16] Hier kamen Frauen zu Wort, die von Burt operiert worden waren. Mitchell

---

14 »Dear Patient: The Executive Committee of the Medical Staff of St. Elizabeth Medical Center wishes to inform you that the ›female coital area reconstruction‹ surgery you are about to undergo is: 1. Not documented by ordinary standards of scientific reporting and publication. 2. Not a generally accepted procedure. 3. As yet not duplicated by other investigators. 4. Detailed only in non-scientific literature. You should be informed that the Executive Committee of the Medical Staff considers the aforementioned procedure an unproven, non-standard practice of gynecology.« Supreme Court of Ohio. Browning v. Burt 66 Ohio St. 3d 544 (1993). Columbus, OH: Supreme Court of Ohio; 1993. Im Folgenden zitiert als Browning v. Burt, 66 Ohio St. 3d, 544, hier S. 569.
15 Burt, James C. und Joan Burt. Surgery of Love. New York: Carlton Press, 1975. McClellan, Frank M. Healthcare and Human Dignity: Law Matters. New Brunswick, NJ: Rutgers University Press; 2020.
16 Die Geschichte dieser Fernsehsendung ist ausführlich erzählt bei Rodriguez, The Love Surgeon, S. 131-162.

verstand schnell, dass sie nicht das einzige Opfer der Genitalverstümmelungen Burts gewesen war. Coney Mitchell machte eine im Januar 1985 eine *vaginal reconstruction surgery* durch, die Burt am *Saint Elizabeth Medical Center* durchführte.[17] Vor der Operation hatte Mitchell an Inkontinenz, Blasen- und Beckenschmerzen und Vaginalinfekten und Schmerzen beim Geschlechtsverkehr. Burt hatte seiner Patientin vor der Operation erklärt, ihre Blase habe während des Sex mit ihrem Mann Schaden genommen und dass eine Operation nötig sei, um ihre Blase »aus dem Weg zu nehmen« (»lift her bladder out of the way«). Burt behauptete auch, der Eingriff würde ihre Beckenschmerzen und ihre Blasenprobleme beseitigen. Mitchell unterzeichnete eine Einverständniserklärung für eine »Anterior Colporrhaphy [Scheidenplastik], Vaginal Reconstruction, Cystoscopy [Blasenspiegelung]«. Anscheinend unterschrieb sie auch das Formular für SEMC, mit dem sie ihr Einverständnis zur vaginalen »Rekonstruktionsoperation« gab. Mitchells Gesundheitszustand verschlechterte sich nach der Operation rapide. Nach Entnahme des Katheders hatte sie keine Kontrolle über ihre Blase mehr. Ihre Blasenschmerzen und ihre Vaginalinfektionen waren nicht beseitigt. Auf Dr. Burts Drängen versuchten Mitchell und ihr Mann nach vier Monaten wieder miteinander zu schlafen. Eine Penetration stellte sich als unmöglich heraus und die Patientin begann stark zu bluten. Mitchell führte eine Selbstdiagnose durch und stellte fest, dass ihre Vagina praktisch zugenäht worden war. Sie kontaktierte Burt, der ihr versicherte, alles sei normal und dass sie sich einfach mehr Zeit geben solle, zu heilen. Er wies sie außerdem an, keinen anderen Arzt zu kontaktieren, denn das könne zum Verbluten führen. Mitchell blieb also bei Burt in Behandlung. Während der weiteren Behandlung insistierte auf der Wiederaufnahme penetrativen Geschlechtsverkehrs zwischen den Eheleuten, obwohl Mitchell ihm mitteilte, dies sei nicht möglich. Burt teilte dem Ehemann mit, seiner Frau würde es besser gegen, sobald dieser seine Frau zum Sex zwinge. 1987 hatte Mitchell einen heftigen Streit

---

17   Die folgenden Fakten stammen aus dem Gerichtsprotokoll des Verfahrens vor dem Obersten Gerichtshof von Ohio im Jahr 1993. Spangenberg, Shibley Traci Lancione & Liber; Lancione, John G.; Liber, John D., und Weinberger, Peter H. Browning v. Burt 66 Ohio St. 3d 544 (1993). Im Folgenden zitiert als Browning v. Burt, 66 Ohio St. 3d, 544. Die Operation, die Burt durchführte, sollte nicht mit einer (Re)Konstruktion der Vagina in Fällen von Transsex- oder Intersex-Operationen verwechselt werden. Siehe Kaplan, Isaac. A Simple Technic for Shortening the Clitoris without Amputation. Obstetrics and Gynecology. 1967; 29(2):270-271.

mit Burt und beschloss, die Behandlung bei ihm abzubrechen. Mitchell hatte seitdem keine sexuelle Beziehung zu ihrem Mann mehr.[18]

Nachdem Mitchell aus dem CBS-Fernsehbericht von den fragwürdigen Verfahren Burts erfahren hatte, kontaktierte sie Dr. Busacco, der im Laufe der Berichterstattung interviewt worden war. Busacco untersuchte Mitchell im Dezember 1988 und führte mehrere korrigierende Operationen aus. Unter anderem rekonstruierte er das Rektum und die Vagina und entfernte Ausstülpungen der Blase, in denen sich Urin gesammelt hatte. Busacco ließ aber keinen Zweifel daran, dass Mitchell operativ »verstümmelt« (»mutilated«) worden sei.[19]

Busacco spielte eine entscheidende Rolle bei der Aufdeckung der massenhaften Körperverletzung durch Burt. Der Gynäkologe und Geburtshelfer Busacco praktizierte am *Family Practice Center* in Wyoming, einem Vorort von Cincinnati im Staate Ohio, als eine Patientin ihn am 23.3.1986 aufsuchte. Die die Behandlung vorbereitende Krankenschwester warnte den Arzt, denn der Fall schien ihr doch recht ungewöhnlich zu sein. Busacco untersuchte die Patientin, die von Burt einer Rekonstruktion ihrer Genitalien unterzogen worden war. Was er herausfand, war grotesk. Busacco entschloss sich, gegen seinen Kollegen vorzugehen, was einen eklatanten Bruch der Tradition darstellte. Er verfasste einen formellen Beschwerdebrief beim *Medical Board* des Staates Ohio, der Aufsichtsbehörde, die die Niederlassung von Ärzten überwacht. Damit brachte Busacco den Stein ins Rollen. Nach nur einem Jahr hatte der *Medical Board* 41 Klagepunkte gegen Burt gesammelt, die von Unmoral, mangelnder Professionalität, unehrlichem Verhalten bis zum Vorwurf des unwissenschaftlichen Verfahrens reichten. Im Dezember 1988 gab Burt daraufhin seine Approbation zurück und entging damit einer langwierigen Anhörung. Er unterzeichnete eine Erklärung, in der er versicherte, er würde auch außerhalb Ohios nicht mehr praktizieren.

Eine der Patientinnen, die 45-jährige Janet Phillips, war von Burt schon 1981 operiert worden. Ursprünglich sollte nur eine Hysterektomie durchgeführt werden. Sie unterzeichnete die vom Krankenhaus entworfene schriftliche Einwilligung, Burts *Female Coital Area Reconstruction Surgery* durchführen

---

18 Browning v. Burt, 66 Ohio St.3d 571.
19 Browning v. Burt, 66 Ohio St. 3d, S. 544f. Der Fall ist auch im Internet dokumentiert unter der Webpape [Web Page] URL: https://law.justia.com/cases/ohio/supreme-court-of-ohio/1993/1993-ohio-178.html, gesehen 1.9.2020.

zu lassen. Neben der Entfernung der Gebärmutter war ihre Vagina umgestaltet worden. Außerdem war ihre Klitoris beschnitten worden.[20] Die Operation hatte eine permanente Schädigung der Blase hervorgerufen. Burt hatte während der Operation die Nerven der Blase, wahrscheinlich den *Nervus Pudendus*, durchtrennt. Die Jury gewährte Phillips zwar eine Entschädigung, sprach aber das Hospital frei. Burt ging in Konkurs und Phillips sah nie etwas von ihrer Entschädigung.[21] Phillips war die dritte Patientin gewesen, die Busacco beraten hatte. Sie war von der Rechtsanwältin und ausgebildeten Krankenschwester Marylee Sambol an Busacco verwiesen worden, die sie auch später vor Gericht vertreten sollte.[22]

Bei Cheryl Dillon wurde von Burt eine Hysterektomie vorgenommen, die Vagina verlegt und die Klitorisvorhaut entfernt – sie war ursprünglich wegen eines Blasenleidens in Behandlung gekommen. Sie konnte nach der Operation nicht mehr sitzen, Geschlechtsverkehr mit ihrem Mann haben oder Hosen tragen, ohne heftige Schmerzen zu erleiden. Jimmie Browning war wegen einer Blasenentzündung zu Burt gekommen. Bei ihre wurde eine ähnliche Operation wie bei Cheryl Dillon vorgenommen – mit ähnlichen Konsequenzen. Sechzehn Folgeoperationen sollten die Probleme beseitigen, aber alle verliefen erfolglos.[23]

Die Behandlungsgeschichte Jimmie Dean Brownings klang ganz ähnlich. Hier war außer Burt noch ein weiterer Arzt, Dr. Max Blue, involviert.[24]

»The parties to this appeal agree that the surgery actually performed upon Browning consisted of an exploratory pelvic laparotomy, vaginal reconstruction, circumcision of the clitoris and insertion of a urinary catheter. The vaginal reconstruction consisted of, among other things, a redirection and elongation of her vagina.«[25]

---

20 Rodriguez, The Love Surgeon, S. 108.
21 Nolte, Catherine. Next up in Ohio Supreme Court. Dayton Business Journal. 7.10.1996.
22 Griggs, France. Breaking Tradition. Chicago Tribune. 25.8.1991.
23 »In case No. 91-2079, Browning informed Dr. Blue at the latest in August 1987 that he had committed malpractice on her. By that time, Browning had undergone approximately sixteen surgeries and her physical and emotional health was continuing to decline.« Browning v. Burt, 66 Ohio St.3d 571.
24 66 Ohio St.3d 544, 613 N.E.2d 993.
25 66 Ohio St.3d 544, 613 N.E.2d 993.

Die »Beschneidung der Klitoris« gehörte standardmäßig zum Programm der Operation Burts. Beide tauchten im Gerichtsprotokoll gleichermaßen als Verantwortliche auf:

> »Drs. Burt and Blue performed ›vaginal reconstruction surgery‹ upon Browning at SEMC in February 1982. Browning testified at the deposition that she underwent the surgery explained to her by Burt to correct her painful bladder condition. Browning was required to employ an indwelling urinary catheter for six months following the reconstruction surgery. When the catheter was removed by Dr. Burt, Browning could not void properly and became ›obstructed.‹ The obstruction caused extreme pain and vomiting and subsequent hospitalization at SEMC.«[26]

Browning gab zu Protokoll, dass sie nach ihrer »Liebesoperation« vom Februar 1982 weitere Blasenentzündungen und Phasen von Inkontinenz durchgemacht habe. Der Geschlechtsverkehr sei sehr schmerzhaft gewesen und sie habe Nierenprobleme entwickelt. Browning habe die Behandlung 1983 eingestellt und Dr. Blue setzte diese fort. Zwischen 1983 und 1986 habe Browning eine Reihe weiterer Eingriffe über sich ergehen lassen müssen. Nach jeder Operation sagte ihr Blue, dass sie nach der nächsten Operation in Ordnung sein würde (»just fine«). Am 22. August 1986 entfernte ihr Dr. Blue die rechte Niere.

> »However, none of these surgeries improved Browning's condition. Indeed, Browning stated that her condition worsened. She continued to suffer bladder infections, difficulties voiding, problems during sexual intercourse, and periods of urinary incontinence. She also developed bowel problems sometime during her treatment with Burt and/or Blue. After the August 22, 1986 surgery, Browning began experiencing right flank pain, and her mental health deteriorated.«[27]

Am 30. Oktober 1988 sah Browning – wie auch Coney Mitchell und andere Frauen – im Fernsehen die CBS-Sendung über Burt und seine Praktiken. Erst durch diese Sendung verstand sie, dass sie möglicherweise medizinischen Experimenten ausgesetzt worden war. Browning verklagte Burt, Blue und das Krankenhaus. Gegen ihn und das Krankenhaus wurde Anklage in vierzig Fällen von medizinischen Kunstfehlern erhoben. Die ersten Fälle wurden ausge-

---

26   66 Ohio St.3d 544, 613 N.E.2d 993.
27   66 Ohio St.3d 544, 613 N.E.2d 993.

setzt, weil sich kein Arzt fand, der gegen Burt aussagen wollte. Hinzu kam, dass die meisten Fälle verjährt waren.

Browning erzielte allerdings einen Durchbruch. Der Oberste Gerichtshof Ohios definierte in einem Revisionsverfahren den Fall als eine »nachlässige Vergabe von Berechtigungen von Privilegien an Dr. Burt« und beschloss, die Klage sei termingerecht erfolgt, also nicht verjährt.[28] Im Falle Browning v. Burt legte das Gericht fest, dass das Krankenhaus die Verpflichtung habe, Patient*innen vor illegalen, falschen oder wirkungslosen Behandlungsmethoden zu schützen. In seiner Zusammenfassung stellte das Gericht fest:

> »In reaching our conclusions, we do not pass judgment [...] on Dr. Blue or SEMC, although it is tempting to do so given what the record shows has happened to these two women. Perhaps now they, and others, will have their day in court, where the conspiracy of silence in the local medical community which permitted the atrocities to be committed, and the atrocities themselves, can be more fully explored.«[29]

In anderen Fällen wurde das Krankenhaus zur Zahlung von Entschädigungen in Millionenhöhe verurteilt – insgesamt etwa 21 Millionen Dollar.[30] Burt nahm die Niederlage vor Gericht allerdings nicht hin und verklagte CBS und Bradley Busacco erfolglos wegen Schädigung seines Rufs auf 250 Millionen Dollar Schadensersatz.[31]

Der Fall von Ruby Moore wurde vor dem Berufungsgericht und nicht vor dem *Supreme Court* des Staates Ohio verhandelt. Moores Verfahren war in der ersten Instanz beendet worden, weil sie Burt und SEMC erst nach der Verjährungsfrist verklagt hatte. Moore hatte Burt 1976 konsultiert, weil sie mit Inkontinenz zu tun hatte. Sie wurde im folgenden Jahr an der Blase operiert und es wurde die Vagina »rekonstruiert«. 1978 suchte sie wieder das Hospital auf, weil ihre Operationsnarben nicht richtig verheilt waren. In den folgenden Jahren stellten sich bei Moore vermehrt Niereninfektionen, Verdauungsprobleme, verstärkte Inkontinenz, Rückenprobleme und Depressionen

---

28   »[N]egligent credentialing causes of action against SEMC [Saint Elizabeth Medical Center] for granting and continuing staff privileges to Dr. Burt«. Browning v. Burt, 66 Ohio St. 3d 544 (1993).
29   66 Ohio St.3d 544, 613 N.E.2d 993.
30   Browning v. Burt, 66 Ohio St. 3d 544, 556 (1993).
31   Grant, Alison. Dr. Love Files $250 Million Suit against CBS. United Press International. 5. März 1990. [Web Page] URL: https://www.upi.com/Archives/1990/03/05/Dr-Love-files-250-million-suit-against-CBS/9944636613200/, gesehen 2.9.2020.

ein. Ruby Moore sprach Burt darauf an, der ihr mitteilte, sie habe schwaches Bindegewebe (»inferior tissue«) und dass ihre Probleme verschwinden würden. 1980 wandte sie sich an einen Anwalt und überlegte, Burt zu verklagen. Sie setzte sich auch in Verbindung mit der *Montgomery County Medical Society* und erfragte, ob es Beschwerden gegen Burt gebe. Man bedeutete ihr, es lägen keine Beschwerden vor. Wahrscheinlich aus diesem Grund entschied sie sich, von einer Klage abzusehen. 1988 sah Moore wie einige andere betroffene Frauen die Fernsehshow von CBS, in der die Praktiken Burts thematisiert wurden. Moore dämmerte, dass Burt sie ebenfalls seiner unorthodoxen Operation unterzogen hatte. Ein Zeitungsartikel einige Wochen später bestärkte sie in ihrem Verdacht. Auch sie wandte sich im Oktober 1988 an Bradley Busacco, der sie untersuchte und sie wissen ließ, seiner Meinung nach seien ihre Probleme durch Burts *love surgery* verursacht worden. Im April 1989 strengte sie ein Verfahren gegen Burt und SEMC an, weil SEMC Burt in unverantwortlicher Weise hatte gewähren lassen.[32] Das untere Gericht entschied in diesem und 18 anderen ähnlichen Fällen, Moores Klage sei nicht stattzugeben, da die Vorwürfe verjährt seien. Das Berufungsgericht gab Moore in drei von vier Klagepunkten recht, wobei es sich weitgehend auf das Präzedenzurteil des Obersten Gerichtshofs im Falle Browning v. Burt bezog.[33]

Bis zu einer außergerichtlichen Einigung der betroffenen Frauen mit dem *Saint Elizabeth Medical Center* kam, gingen noch Jahre ins Land. Nachdem die Gerichte dem Krankenhaus zumindest in einigen Punkten eine Mitverantwortung für die Vorfälle gegeben hatten, legten die Rechtsanwälte die Latte für Schadensersatzzahlungen sehr hoch an und verlangten 100 Millionen Dollar für alle betroffenen Frauen. Im November 1991 begann das Krankenhaus, mit einzelnen Frauen Verhandlungen zu führen. Es bot 2.4 Millionen Dollar für alle Betroffenen, was etwa 25.000 bis 100.000 Dollar für den Einzelfall ergeben hätte. Im März 1995 wurden alle gegen Burt und das Krankenhaus anhängigen Fälle konsolidiert, was bedeutete, dass es jetzt um 40 Fälle ging, die in einem Sammelverfahren behandelt wurden. 1997 meldete SEMC, es habe in 13 der inzwischen 46 Fälle eine außergerichtliche Einigung mit den Geschädigten erzielt. Im Herbst des gleichen Jahres standen nur noch zwei Fälle aus. Nach Informationen der *Dayton Daily News* soll die Gesamtsumme

---

32 Sambol, Marylee Gill. Moore v. Burt, 96 Ohio App. 3d 520 (1994). Moore v. Burt. Ohio Court of Appeals; 3. August 1994. Im Folgenden zitiert Moore v. Burt, 96 Ohio App. 3d 520 (1994).
33 Moore v. Burt, 96 Ohio App. 3d 520 (1994).

der Schadensersatzzahlungen ungefähr 20 Millionen Dollar betragen haben. Janet Phillips und Ruby Moore sollen je etwa eine Million Dollar erhalten haben.[34]

Angesichts der Schwere der Verstümmelungen, die Burt und sein Stab zu verantworten hatten, angesichts der langwirkenden und irreparablen Schädigungen, fällt es fast nicht ins Gewicht, dass im wahrscheinlich größten Teil dieser angeblich 4500 Operationen immer auch die Klitorisvorhaut entfernt worden ist.[35]

»Female circumcision, removing the clitoral hood, was ›widely employed‹ in the United States between the late 1880s and 1937 [...] As late as 1973, female circumcision was suggested in a medical journal as a treatment for frigidity.«[36]

Wie wir gesehen haben, hörte diese Praxis nicht 1973 auf, sondern wurde auch noch in den 1980er Jahren massenhaft angewandt – von James C. Burt und seinen Helfershelfern. Immerhin waren einige Frauen so widerspenstig gewesen, dass sie sich juristisch zur Wehr setzten – wenn auch mit erheblicher Verspätung.

---

34 Rodriguez, The Love Surgeon, S. 180f.
35 Rodriguez, The Love Surgeon, S. 128, 134f.
36 Goldman, Ronald. Circumcision: The Hidden Trauma. How an American Cultural Practice Affects Infants and Ultimately Us All. Boston, MA: Vanguard Publications; 1997, S. 73.

13. Ein Schluss ohne Ende

Ein Ende ist in der Literaturwissenschaft ein Schluss eines literarischen Werks, oder wie in diesem Fall, eines Buchs. Hier unterscheidet man den »offenen Schluss«, bei dem die Leserin nicht erfährt, wie der Text weitergeht. Die zweite Variante ist das *Happy End*, eine Lösung, die sich beim vorliegenden Text nicht anbietet. Auch ein tragisches Ende ist dem untersuchten Problem nicht angemessen, denn es handelt sich ja nicht um einen unausweichlichen Konflikt, der durch göttliche Intervention ausgelöst wurde. Gegen Ende dieses Buches möchte ich auf die Kontinuität der FGM/C im Westen verweisen. Im vorliegenden Fall ist ein offener Schluss wohl adäquat, weil wir nicht wissen, wie die Geschichte weitergeht. Die Einhegungen weiblicher biologisch nicht-reproduzierender Sexualität haben sich nach 1950 erweitert oder sind ganz verschwunden – so könnte man argumentieren. Heute gelten Masturbation, lesbische Liebe, »hysterisches Verhalten«, körperliche Abweichungen und psychische Besonderheiten nicht mehr als Begründung für medizinische Operationen am weiblichen Körper. Sexuelle Praktiken sind weitgehend straffrei, die Entscheidung über den eigenen Körper unsanktioniert und Reproduktionsmedizin ist an die Stelle der staatlichen oder kirchlichen Kontrolle weiblicher Sexualität getreten. Die Psychiatrie hat die Sexualität weiter entpathologisiert und demedikalisiert. Seit der Entdeckung der posttraumatischen Belastungsstörungen bei Soldat*Innen des Zweiten Weltkriegs, des Vietnam-, Afghanistan- und Irakkriegs wurde auch die »Hysterie« nicht mehr als »Frauenkrankheit« gesehen, sondern als eine (durchaus männliche) Neurose, die durch Psychotherapie und Medikamente behandelt werden kann. Durch die Zweite Frauenbewegung der 1970er Jahre wurde das sexuelle Begehren von Frauen für Frauen vom Stigma der Perversion befreit. Die Diskussion um die Rechte von Transmenschen ist durch die LGBTIQ-Bewegung fluider geworden. Niemand redet mehr von Hermaphroditen, wie das noch zu Zeiten der Herculine

Barbin der Fall gewesen war und die Existenz von mehr als einem Geschlecht ist durchaus diskutierbar. Das bedeutet aber nicht, dass die Einhegungen vollkommen verschwunden sind. Im Sinne einer »Technik des Selbst« unterwerfen sich Menschen der Moderne zunehmend selbstverordneten Praktiken und Diskursen, die vor allem auch ihren Körper und ihre Sexualität betreffen. Der »gesunde Körper«, der »leistungsfähige Körper«, der »schöne Körper« sind Auswüchse einer Beschäftigung mit dem Körper, die als »freiwillige Verbesserung« fetischisiert werden können, hinter denen aber »urgences« stehen, die ihrerseits Faltungen bzw. Zwischenräume generieren. Seit dem Beginn des 21. Jahrhunderts unterziehen sich mehr und mehr Frauen einer plastischen Genitaloperation (Female Genital Cosmetic Surgery), um ihren vulvogenitalen Schönheitsidealen zu entsprechen. Dabei gehört die labiaplastische »Schönheitsoperation« zu den häufigsten Operationen. Die entscheidende Frage, woher diese Schönheitsideale stammen und wie sie Frauen dazu bringen können, sich einer schmerzhaften und kostspieligen Operation zu unterziehen, kann im Rahmen des vorliegenden Buches nicht beantwortet werden. Es entbehrt jedoch nicht einer gewissen Ironie, dass nach 400 Jahrhunderten der Kliteridektomie und einer nicht nachlassenden Diskussion dieser Praxis in den Nationen des Trikont, Frauen im »Westen« kein Problem damit haben, ihre Körper erneut verstümmeln zu lassen.[1]

Von einem Verschwinden der FMG/C kann man deshalb eigentlich nicht reden, denn die Verstümmelung weiblicher Genitalien lebt bis heute fort – in anderer Gestalt.[2] »Schönheitsoperationen«, d.h. chirurgische Eingriffe, um Genitalien zu verändern und ästhetischen Konventionen anzupassen, die sich im Laufe der 1990er Jahre herausgebildet haben, sind an der Tagesordnung.[3] In den Worten einer Chirurgin, der sich auf die »Verschönerung« der Labien spezialisiert hat: »The demand for female aesthetic surgery continues to

---

[1] Beim Schreiben dieses Abschnittes ist mir klar, dass weder ausschließlich Frauen, noch alle Frauen eine Vulva haben. Mir geht es auch nicht um eine Verstärkung einer auf Genitalien beruhenden binären Aufteilung der Geschlechter. Die komplexe Frage, wie Trans-, genderfluide oder Intersex-Menschen mit der Problematik der Vulva-(Re)Konstruktion umgehen, wird respektvoll untersucht von Oeming, Madita: In Vulva Vanitas – The Rise of Labiaplasty in the West. Gender Forum: An Internet Journal for Gender Studies 67 (2018), S. 70-91.

[2] Meßmer, Anna-Katharina. Überschüssige Gewebe: Intimchirurgie zwischen Ästhetisierung und Medikalisierung. Berlin, New York: Springer VS; 2017.

[3] Veale, David and Daniels, Joe. Cosmetic Clitoridectomy in a 33-Year-Old Woman. Archives of Sexual Behavior. 2012; 41(3):725-730.

rise rapidly.«[4] Die heutigen Operationen sind im Gegensatz den hier behandelten Eingriffen »freiwillig« in dem Sinne, dass die Subjekte diesen Eingriff wählen.[5] Es handelt sich hier, wie Leonore Tiefer argumentiert hat, um ein »perfectionist body project«, das in diesem Fall die Vulva zum Zielpunkt hat.[6] Inwieweit der Begriff »Freiwilligkeit« hier uneingeschränkt angewendet werden kann, kann angesichts des massiven diskursiven Drucks, der durch Bilder, Werbung, öffentlich zugängliche Pornographie und Medien erzeugt wird,

---

4   Hamori, Christine A. Labial Reduction: Surgical Wedge Technique. In: Hamori, Christine A.; Banwell, Paul E. und Alinsod, Red, (Hg.). Genital Surgery: Concepts, Classification, and Techniques. New York, Stuttgart, Delhi: Thieme; 2017; S. 41-58, S. 58.
5   Sesar, Viola. Umkämpfte Vulva: Diskurse über Intimchirurgie. Masterarbeit im Studiengang Soziologie Fachbereich Gesellschaftswissenschaften. Frankfurt a.M.: Goethe-Universität Frankfurt a.M.; 2019.
6   Tiefer, Leonore. Female Genital Cosmetic Surgery: Freakish or Inevitable? Analysis from Medical Marketing, Bioethics, and Feminist Theory. Feminism & Psychology. 2008; 18(4):466-479, S. 475. Die einschlägige Literatur ist seit 2000 angewachsen. Baker, Dennis J. Should Unnecessary Harmful Nontherapeutic Cosmetic Surgery be Criminalized? New Criminal Law Review. 2014; 17(4):587-630. Berer, Marge. Editorial: Cosmetic Surgery, Body Image and Sexuality. Reproductive Health Matters. 2010; 18(35):4-10. Dies. Labia Reduction for Non-Therapeutic Reasons vs. Female Genital Mutilation: Contradictions in Law and Practice in Britain. Reproductive Health Matters. 2010; 18(35):106-110. Dobson, Juliet. About Female Genital Cosmetic Surgery. British Medical Journal. 2012; 345(7866):5. Johnsdotter, Sara und Essén, Birgitta. Genitals and Ethnicity: The Politics of Genital Modifications. Reproductive Health Matters. 2010; 18(35):29-37. Liao, Lih Mei und Creighton, Sarah M. Requests for Cosmetic Genitoplasty: How Should Healthcare Providers Respond? British Medical Journal. 2007; 334(7603):1090-1092. Schick, Vanessa R.; Rima, Brandi N. und Calabrese, Sarah K. Evulvalution: The Portrayal of Women's External Genitalia and Physique across Time and the Current Barbie Doll Ideals. The Journal of Sex Research. 2011; 48(1):74-81. Tiefer, Leonore. Activism on the Medicalization of Sex and Female Genital Cosmetic Surgery by the New View Campaign in the United States. Reproductive Health Matters. 2010; 18(35):56-63. Sharp, Gemma Victoria. Surgical and Nonsurgical Female Genital Rejuvenation: Patient Selection, Preoperative Considerations, Psychological Considerations, and Patient Satisfaction: Part 2 – Psychological Considerations and Patient Satisfaction. In: Nahai, Foad und Nahai, Farzad, (Hg.). The Art of Aesthetic Surgery: Principles & Techniques. New York: Thieme Publishing Group; 2020; 1518-1522. Wardrope, Alistair. Liberal Individualism, Relational Autonomy, and the Social Dimension of Respect. International Journal of Feminist Approaches to Bioethics. 2015; 8(1):37-66.

in Frage gestellt werden.[7] Naomi Wolf schrieb in diesem Zusammenhang von *Beauty Pornography*.[8]

Mit dem Zunehmen der genitalen Schönheitsoperationen entstand eine surreale Situation. In den meisten westlichen Ländern ist FGM/C illegal. In den Mitgliedsländern der EU haben die Mitgliedsstaaten mehrheitlich spezifische Gesetze erlassen, die FGM/C strafrechtlich verfolgen, so zum Beispiel Spanien, Portugal, Belgien (2000), Dänemark (2003) Schweden, Österreich und Italien (2005). Norwegen (1995), Großbritannien, Irland (2012), Luxemburg, die Niederlande und die Schweiz verabschiedeten ähnliche Gesetze. Polen, Frankreich, Griechenland, Ungarn haben zumindest eine Gesetzgebung verabschiedet, die FGM/C als Teil genereller gesetzlicher Regeln unter Strafe stellt. Kanada (1997), Neuseeland (1995) und Australien (2008) haben ähnlich eindeutige Bestimmungen erlassen wie die europäischen Kernländer. In den Vereinigten Staaten regulieren Gesetze der Einzelstaaten die Kriminalisierung der FGM/C. Hier hat die Mehrzahl der Staaten eine entsprechende Gesetzesvorlage erlassen.[9] Gleichzeitig sind es diese Staaten, in denen immer häufiger zu kosmetische Operationen an der Vulva kommt, die unter dem Stichwort »Genital Rejuvenation« und »Clitoral Hood Alterations« durch die Fachliteratur geistern – so zum Beispiel im Hausblatt der Schönheitschirurg*innen in den USA.[10] Deutsche Gynäkolog*innen warnten vor der Zu-

---

7 Empirische Studien zu diesem Thema sind eher selten oder weisen methodische Fehler auf, wie Sorice-Virk, Sarah; Li, Alexander Y.; Canales, Francisco L. und Furnas, Heather J. The Role of Pornography, Physical Symptoms, and Appearance in Labiaplasty Interest. Aesthetic Surgery Journal; 2020(40):876-883. In der Studie wurde nach dem Pornographiekonsum der Patientinnen gefragt, nicht nach dem der Partner*innen. Andere Studien weisen den Zusammenhang zwischen Labiaplastie und diskursivem Druck nach wie Sharp, Gemma; Mattiske, Julie, and Vale, Kirsten I. Motivations, Expectations, and Experiences of Labiaplasty: A Qualitative Study. Aesthetic Surgery Journal. 2016; 36(8):920-928. »Six overarching themes emerged from the thematic analysis and these were: ›media influence,‹ ›negative commentary and experiences,‹ ›physical vs appearance reasons,‹ ›satisfaction with surgery,‹ ›sexual well-being‹ and ›secrecy and acceptability.‹ Ibidem, S. 922. Die gleiche Studie unterstrich auch die Bedeutung von Pornographie für die Patientinnen.
8 Wolf, Naomi. The Beauty Myth: How Images of Beauty Are Used against Women. New York: Harper Perennial; 2009, S. 4-17.
9 Equality Now; End FGM European Network, und US End FGM/C Network. Female Genital Mutilation/Cutting: A Call for a Global Response. Brüssel: End FGM European Network; 2020.
10 Aesthetic Surgery Journal, veröffentlicht von Oxford University Press, New York.

nahme der Labioplastik. 2015 seien 95.000 »Korrekturen« der Schamlippen vorgenommen worden, 9.000 allein in den USA.[11] Es entsteht so ein Widerspruch zwischen der strafrechtlichen Verfolgung von weiblicher Genitalverstümmelung in vielen Ländern und der gleichzeitigen Praxis operativer »Perfektionierung« von Vulven als Ausdruck von positiver Einstellung zur Sexualität und nach außen gekehrter Individualität. Die Geschichte wiederholt sich, aber sie wiederholt sich in der Ironie. Karl Marx schreib im *Achtzehnten Brumaire*: »Die Menschen machen ihre eigene Geschichte, aber sie machen sie nicht aus freien Stücken, nicht unter selbstgewählten, sondern unter unmittelbar vorgefundenen, gegebenen und überlieferten Umständen.«[12] Das könnte man auch über die Geschichte der weiblichen Genitalverstümmelung/Beschneidung sagen. Das fordistische Programm der zweiten Industrialisierung brachte die diskursive Normierung weiblicher Sexualität »von Außen« durch Ärzte, Psychiater, Theologen und Gesellschaftswissenschaftler. Der Toyotismus und die Globalisierung sahen die Entstehung eines neuen Körpermodells, das weniger auf die Produktivkraft der Körper abhob, sondern die Konsumption in dem Mittelpunkt der Individualisierung stellte. Körperpraktiken wie Body Building, der Konsum von Internet-Pornographie, die Betonung von Schlankheit und das Fat-Shaming, die Aerobic- und Yogawelle, die ab den 1970ern über Europa und den USA schwappte, all diese Phänomene stellten den Versuch dar, den Körper von einem Schlachtfeld zu einem Markt der Möglichkeiten umzuformen. »Hegel bemerkte irgendwo, daß alle großen weltgeschichtlichen Tatsachen und Personen sich sozusagen zweimal ereignen. Er hat vergessen, hinzuzufügen: das eine Mal als Tragödie, das andere Mal als Farce.«[13] Ob die Kliteridektomie bzw. FMG/C als weltgeschichtliche Tatsache zu betrachten ist, weiß ich nicht. Dass sich ihre Geschichte als Farce wiederholt, ist allen, die die Kulturgeschichte des 21. Jahrhunderts studieren, offensichtlich.

---

11   Deutsches Ärzteblatt. Labioplastik: Gynäkologen warnen vor neuem Trend [Web Page]. 2017 Feb 6. Available at: https://www.aerzteblatt.de/nachrichten/72911/Labioplastik-Gynaekologen-warnen-vor-neuem-Trend. Borkenhagen, Ada. Designervagina oder das geschönte Geschlecht. Brähler, Elmar und Borkenhagen, Ada (Hg.). Intimmodifikationen: Spielarten und ihre psychosozialen Bedeutungen. Gießen: Psychosozial-Verlag; 2010; S. 97-113.
12   Marx, Karl. Der achtzehnte Brumaire des Louis Bonaparte. In: Marx, Karl und Engels, Friedrich. Karl Marx, Friedrich Engels Werke. Berlin: Dietz; 1956-1989. 38 Bände, Band 8, S. 115.
13   Marx, Karl. Der achtzehnte Brumaire, S. 115.

Literaturverzeichnis

Quellen

A Physician. The Ladies Physical Directory or a Treatise of All the Weaknesses, Indispositions, and Diseases Peculiar to the Female Sex, from Eleven Years of Age and Upwards. London: [Eigenverlag]; 1739.

Abbot, George. The Case of Impotency as Debated in England: In that Remarkable Tryal an. 1613. between Robert, Earl of Essex, and the Lady Frances Howard, who, after Eight Years Marriage, Commenc'd a Suit against Him for Impotency[...]. Written by George Abbot, [...] In two volumes. London: E. Curll; 1715.

Abraham, Hilda C. und Freud, Ernst L. A Psycho-Analytic Dialogue: The Letters of Sigmund Freud and Karl Abraham, 1907-1926. New York: Basic Books; 1966.

Ackermann, Jakob Fidelis. Infantis Androgyni Historia et Ichnographia Accedunt de Sexu et Generatione Disquisitiones Physiologicae et Tabulae V Aeri Incisae. Jena: Maukian; 1805.

Adelon, Nicolas-Philibert et al. Dictionnaire des sciences médicales, Band 5. Paris: Panckoucke; 1813.

Adelon, Nicolas-Philibert et al. Dictionnaire des sciences médicales, Band 14. Paris: Panckoucke; 1815.

Adelon, Nicolas-Philibert et al. Dictionnaire des sciences médicales, Band 36. Paris: Panckoucke; 1819.

Adler, Otto. Die mangelhafte Geschlechtsempfindung des Weibes. Berlin: Fischer; 1919.

Aeginata, Paulus. Medici Opera A Ioanne Guinterio Andernaco Medico exercitatissimo summique iudicii conversa et illustrata commentariis. Venetia: [Aldus]?; 1553.

___. Totius Rei Medicae Libri VII Profectionem Parati, et Brevi Summa Omnem Artem Completentes. Basel: Johannes Hervagios; 1572.

Aeginata, Paulus and Cornarius, Janus. Pauli Aeginetae totius rei medicae libri VII. ad profectionem parati, et brevi summa omnem artem complectens. Per Janum Cornarium medicum Physicum Latina lingua conscripti. Basel: Johannes Hervagios; 1556.

Aegineta, Paulus. Medicinae Totius Enchiridon, Lib. VII. Basel; 1556.

Akademie der Wissenschaften. Göttingische Anzeigen von gelehrten Sachen, unter der Aufsicht der Königl. Gesellschaft der Wissenschaften, Band 1. Göttingen; 1752.

Akademie der Wissenschaften. Göttingische Anzeigen von gelehrten Sachen, unter der Aufsicht der Königl. Gesellschaft der Wissenschaften. Göttingen; 1755.

Albertus Magnus. De Secretis Mulierum et Virorum. Augsburg; 1503.

Albini, Bernardi Siegfried. Historia Musculorum Hominis. Leiden: Theodor Haak & Henricus Mulhovium; 1734.

Albucasis. La chirurgie d'Albucasis traduite par Le Dr. Lucien Leclerc. Paris: Balličre; 1861.

Alibert. L'Amour et l'Accouplement. Paris: Librairie de la Nouvelle France; 1906.

Alibert. L'Hysterie. Paris: Jean Fort; [1900?].

Allen, Thomas. History and Description of an Hermaphrodite. Philosophical Transaction of the Royal Society. 1666; 2(2):223-224.

Althaus, Julius. A Lecture on the Pathology and Treatment of Hysteria. The British Medical Journal. 1866; 1(271):245-248.

___. A Treatise on Medical Electricity, Theoretical and Practical and Its Use in the Treatment of Paralysis, Neuralgia, and Other Diseases. London: Trübner & Co.; 1859.

Amann, Josef Albert. Ueber den Einfluss der weiblichen Geschlechtskrankheiten auf das Nervensystem: Mit besonderer Berücksichtigung des Wesens und der Erscheinungen der Hysterie. Erlangen: Ferdinand Enke; 1874.

American Association of Orificial Surgeons. The Journal of the American Association of Orificial Surgeons1913.

___. Transactions of the Annual Meeting, Band 1. Sterling, IL: [s.n.]; 1888.

Anderson, Garrett; Imlach, Francis; Bantock, George Granville; Playfair, S. S., und Hawkins-Ambler, G. A. Abdominal Operations: The Case of Dr. Imlach. The British Medical Journal. 1900; 2(2081):1469-1470.

Anderson, James W. On the Etiology of Hysteria. The British Medical Journal. 1875; 1(756):838-839.

Andral, Gabriel et al. Universal-Lexicon der practischen Medicin und Chirurgie, Band 9. Leipzig: Hinrich Francke; 1841.

Andral, Gabriel et al. Universal-Lexicon der practischen Medicin und Chirurgie, Band 7. Leipzig: Hinrich Francke; 1839.

Andree, John. Cases of the Epilepsy. London: Meadows and Clarke; 1746.

[Anonymus]. Antiseptic Surgery. British Medical Journal. 1879; 2(988):906-913.

___. Any Questions?: The British Medical Journal1961; 1(5239):1622-1621.

___. Books and Pamphlets Received. St. Louis Medical and Surgical Journal. 1878; 35:64.

___. Bréviaire des jolies femmes ou nouvelles et poésies galantes. Paris; 1793.

___. Case of Idiocy in a Female, Accompanied with Nymphomania, Cured by the Excision of the Clitoris. Lancet. 1825 26; 1:420-421.

___. Cases from the Early Note Books of the Late Sir Astley Cooper, Bart. No. XIV. Provincial Medical & Surgical Journal. 1841; 3(10):185-186.

___. Cliteridectomy. The Lancet. 1867 Jan 5:28.

___. Cliterodectomy. The Medical and Surgical Reporter: A Weekly Journal. 1882; 46: 105.

___. Clitoridectomy. British Medical Journal. 1867 Jan 5; 1(314):18.

___. Critical Digest of British and Foreign Medical Journals. London Journal of Medicine. 1852; 4(43):661-691.

___. Dublin Quarterly Journal of Medical Science. Dublin: Vol. 63, 1861.

___. Elephantiasis of the Clitoris. The Lancet. 1859; 74(1896):662-663.

___. Elephantiasis of the Clitoris. British Medical Journal. 1866; 2(300):366.

___. Encyclopedia Britannica or, A Dictionary of Arts and Sciences Compiled upon a New Plan, volume 3. Edinburgh: Bell and MacFarquhar; 1771.

___. Enlarged Clitoris. Provincial Medical and Surgical Journal. 1842 Jun 18; 1-4(11):206.

___. Essai Historique sur la Vie de Marie-Antoinette, Reine de France et de Navarre [...]. Versailles: La Montensier; 1790.

___. Expulsion of Mr. Baker Brown from the Obstetrical Society of London. The Boston Medical and Surgical Journal. 1867 Jun 20; 76:418-420.

___. An Extensive Operation For Vulvar Cancer. The British Medical Journal. 1910; 1(2576):1192.

___. First International Eugenics Congress. The British Medical Journal. 1912; 2(2692):253-255.

___. Illustrations of Hospital Practice: Metropolitan and Provincial. The British Medical Journal. 1859; 2(157):1055-1056.

___. Indecent Exhibitions: Association Medical Journal1853; 1(49):1076-1077.

___. The Index Expurgatorius of Martial. London: Private Printing; 1868.
___. L'Infibulation. L'Abeille Médicale. 1864; 4:25-31.
___. L'Iscariote de la France, ou le député autrichien. [Paris]; 1789.
___. La jolie Tribade or Confessions d'ne Jeune Fille. Paris; 1797.
___. Journal de médecine et de chirurgie pratiques: A l'usage des médecins praticiens, Band 6. Paris: Decourchant; 1835.
___. Journal of Orificial Surgery.1892; 9 v.
___. Literary Notes. The British Medical Journal. 1894; 2(1762):768.
___. Masturbation – Amputation du Clitoris. La France Médicale: Historique, Scientifique, Littéraire. 1862; 9:362-363.
___. Medical and Vital Statistics. The British Medical Journal. 1867; 2(364):573-574.
___. Medical Annotations: Clitoridectomy. The Lancet. 1866 Dec 8; 639.
___. Medical Brief: A Monthly Journal of Scientific Medicine and Surgery. 1904; 32(2):673.
___. Medico-Legal and Medico-Ethical. British Medical Journal. 1886; 2(1338):394-395.
___. Miscellanea Curiosa sive Ephemeridum Medico-Physicarum Germanicarum Acadeniae Decuriae II Annus Qvintus, anni M.DC.LXXXVI [...]. Nürnberg: Wolfgang Mauritius Endteri; 1686.
___. Mouvement des sociétés savantes. La France Médicale. 1864; 11(6):46.
___. Mr. I. B. Brown's Operation. The British Medical Journal. 1866; 1(280):509.
___. Mélanges: Excision du clitoris et des nymphes pratiquée sans succès dans un cas the nymphomanie. L'Abeille Médicale. 1854; 118.
___. A New System and School of »Nerve Training«. The British Medical Journal. 1899; 2(2027):1302-1303.
___. North of England Obstetrical and Gynaecological Society: Arrhenoblastoma of the Ovary. The Lancet. 1936 Dec 5:1335-1337.
___. Oophorectomy in Neurotic Women. The British Medical Journal. 1887; 1(1359):122.
___. The Operation of Excision of the Clitoris. The Lancet. 1866 Dec 22:697-698.
___. Orificial Surgery. The British Medical Journal. 1893; 2(1718):1235.
___. Orificial Surgery. The British Medical Journal. 1926; 1(3394):115.
___. The Philosophy of Kissing, Anatomically and Physiologically Explained, by an Amateur. London: Henry Smith; 1840.
___. La pornographie sacrée. La Libre-Pensee Integrale. 1930; 46:17-19.

___. Professor Freud and Hysteria. British Medical Journal. 1908; 1(2454):103-104.

___. A Proposed Testimonial. The British Medical Journal. 1866; 1(283):579-581.

___. Review of Sketches of the Medical Topography and Natural Diseases of the Gulph of Guinea, Western Africa by W. F. Daniell. Provincial Medical & Surgical Journal. 1850; 14(9):235-236.

___. Sketches of the Medical Topography and Native Diseases of the Gulf of Guinea, Western Africa. The British and Foreign Medico-Chirurgical Review. 1850; 5(9):85-108.

___. Société de Chirurgie: Séance du 8 février 1882 – Présidence de M. Labbé. Journal des Connaissances Médicales. 1882; 7:53-54.

___. Some Additional Advantages of the Ecraseur. Association Medical Journal. 1856; 4(194):801.

___. A System of Electrotherapeutics as Taught by the International Correspondence Schools. Scranton, PA: International Textbook Company; 1902.

___. Testament préalable à la juste exécution projetée du traitre et assassin le prince Lambesc. Paris; 1789.

___. The Use and Abuse of Scientific Medical Literature. The British Medical Journal. 1921; 1(3156):940-939.

___. La Vie en Culotte Rouge. 1904 Nov 6; 3(134):n.p.

___. The Works of Ben. Jonson, Volume the Sixth. London: Midwinter, Innys, and Richardson; 1756.

Antry, Theodore James. Thomae de Wratislavia Practica Medicinalis: A Critical Edition of the »Practica medicinalis« of Thomas of Wroclaw, Prémontré Bishop of Sarepta (1297-c. 1378). Wroclaw: Ossolineum: Polish Academy of Sciences Press; 1989.

Arkwright, J. Excision of the Clitoris and Nymphæ. British Medical Journal. 1871; 1(526).

Arnaud [de Ronsil], Georges. Anatomisch=Chirurgische Abhandlung über die Hermaphroditen. Straßburg: Amand König; 1777.

Arnaud de Ronsil, Georges. A Dissertation on Hermaphrodites. London: A. Millar; 1750.

Artus, Thomas. Les hermaphrodites. [Paris]; 1605.

Aschoff, L. Pathologische Anatomie: Ein Lehrbuch für Studierende und Ärzte. 1. Band. Allgemeine Ätiologie Allgemeine pathologische Anatomie. Jena: Gustav Fischer; 1919.

Ashton, John. Chap-Books of the Eighteenth Century with Facsimiles, Notes, and Introduction. London: Chatto and Windus; 1882.

Ashwell, Samuel. A Practical Treatise of the Diseases Peculiar to Women. Philadelphia, PA: Lea and Blanchard; 1845.

Astruc, Jean. Mémoires pour servir à l'histoire de la faculté de médicine de Montpellier. Paris: M. Lorry; 1767.

Astruc, Jean. Traité des maladies des femmes, Band 2. Avignon: Librairies Associés; 1763.

___. Traité des maladies des femmes, Band 3. Avignon: Librairies Associés; 1763.

___. A Treatise on the Diseases of Women; in Which It Is Attempted to Join a Just Theory to the Most Safe and Approved Practice. With a Chronological Catalogue of the Physicians, Who Have Written on These Diseases. Translated from the French original[...] London: J. Nourse; 1762.

Authenac, S. P. Atlas médico-chirurgical, dédié a Ph. Pinel. Paris: C. L. F. Panckoucke; 1815.

Avicenna. Canon medicinae cum aliis opusculis. Roma: Typographia Medicea; 1593.

___. The Canon of Medicine of Avicenna. New York: AMS Press; 1973.

___. Liber canonis Avicenne revisus et ab omni errore mendaque purgatus summaque cum diligentia impressus: cum privilegio: in fine: Regis aboali hassem filii hali abinsceni liber totus finitus est una cum tractatu de viribus cordis translato ab Arnaldo de villanoua: ac etiam cum cantica eiusdem translata ex arabico in latinum a magistro: Armegdo Clasii de Montpesulano: impressus et diligentissime correctus per Paganinum de paganinis Brixiensem. Brixen: Paganinum; 1507.

___. Liber Canonis Totius Medicinae. Lyon; 1522.

___. A Treatise on the Canon of Medicine of Avicenna. New York: AMS Press; 1973.

Bachem, Albert. Principles of X Ray and Radium Dosage. Chicago, IL: Albert Bachem; 1923.

Bacon, Leonard W. The Treatment of Phimosis. Yale Medical Journal. 1899.

Baer, Carolus Ernestus. De Ovi Mammalium et Hominis Genesi Epistolam. Leipzig: Leopold Vossium; 1827.

Bailey, Harold C. and Bagg, Halsey J. Vulval and vaginal cancer treated by filtered and unfiltered radium emanation. American Journal of Obstetrics and Gynecology. 1921; 2(6):649-651.

Baillie, Matthew. The Morbid Anatomy of Some of the Most Important Parts of the Human Body. London: J. Johnson; 1793.

___. The Morbid Anatomy of Some of the Most Important Parts of the Human Body. Albany, NY: Printed by Barber & Southwick, for Thomas Spencer, Bookseller, Market-Street.; 1795.

___. The Morbid Anatomy of Some of the Most Important Parts of the Human Body. Walpole, NH: G. W. Nichols; 1808.

Bantock, G. Granville. On Hysterectomy. British Medical Journal. 1882; 2(1130):367-364.

Bantock, George Granville. Clitoridectomy. The Lancet. 1866 Jul 14; 51.

Baraduc, Hippolyte André Ponthion. De l'ulcération des cicatrices récentes symptomatique de la nymphomanie ou de l'onanisme. Paris: Baillière et Fils; 1872.

Barbeyrac, Charles de. Traités nouveaux de médecine, contenans les maladies de la poitrine, les maladies des femmes, & quelques autres maladies particulières: selon les nouvelles opinions. Paris: Jean Certe; 1684.

Barbour, D N. Psycho-Analysis and Everyman. London: George Allen & Unwin; 1923.

Barclay, Andrew Whyte. A Manual of Medical Diagnosis: Being an Analysis of the Signs and Symptoms of Disease. Philadelphia, PA: Blanchard and Lea; 1858.

Barker, T. Herbert. On Intrauterine Fractures: With an Illustrative Case. The British Medical Journal. 1857; 2(39):806-809.

Barnes, Robert; Tanner, Thomas Hawkes; Baker Brown, Isaac; West, Charles und Paget, James. On Excision of the Clitoris as a Cure for Hysteria etc. British Medical Journal. 1866; 2(311):672-678.

Barozzi, J. Manuel de gynécologie pratique. Tours: Deslis Frères; 1907.

Barthez, Paul Joseph. Nova Doctrina de Functionibus Naturae Humanae. Montpellier: Augustinum Franciscus Rochard; 1774.

Bartholin, Thomas. Anatomia, ex Caspari Bartholini parentis Institutionibus, omniumque recentiorum & propriis observationibus tertiu¦Ēm ad sanguinis circulationem reformata. Cum iconibus novis accuratissimis. Accessit huic postremae editioni Th. Bartholini appendix De lacteis thoracicis & [De] vasis lymphaticis. Hagae-Comitis: Ex typographia Adriani Vlacq; 1660.

___. Institutions anatomiques de Gasp. Bartholin[...]: Augmentées & enrichies pour la seconde fois, tant des opinions & observations nouvelles des modernes, dont la plus grande partie n'a jamais este´ mise en lumière, que de plusieurs figures en taille douce. Paris: Mathurin Henault; 1647.

Battey, Robert. Antisepsis in Ovariotomy and Battey's Operation: Eighteen Consecutive Cases. All Successful. Richmond, VA: Ferguson & Son; 1883.

Bauhin, Caspar. Caspari Bauhini Basieleensis De Heramaphroditorum monstrosorumqe Partuum Natura [...] libri duo. Oppenheim: Hieronymus Gallerius; 1614.

___. Caspari Bauhini Basileensis Theatrum Anatomicum. Frankfurt a.M.: Matthias Becker; 1605.

___. Vivae Imagines Partium Corporis Humani. Basel: Johann Theodor de Bry; 1620.

Bayard, Henri-Louis. Essai médico-légal sur l'utéromanie (nymphomanie). Paris: Didot Jeune; 1836.

Beadnell, C. Marsh. Circumcision and Clitoridectomy as Practised by the Natives of British East Africa: The British Medical Journal 1905; 1(2313):965-964.

Bean, Lawrence Lytton and Benson, Ralph Criswell. Tumors of the Adrenal Cortex. American Journal of Surgery. 1948; 75(4):589-596.

Beaude. Dictionnaire de médicine usuelle a l'usage des gens du monde. Paris: Didier; 1849.

Beaumont, Blas. Exercitaciones anatómicas y essenciales operaciones de cirujia. Madrid: La Imprenta del Convento de Nuestra Senora de la Merced; 1728.

Beck, J. J. Kayser CARL des Fünften und des Heil. Röm. Reichs Peinliche Halsgerichts=Ordnung, wie solche auf den Reichts=Tägen zu Augspurg und Regenspurg 1530 und 1532 kund gemacht worden. Nürnberg: Johann Christoph Göpner; 1754.

Beck, Thomas Snow. On the Nerves of the Uterus. Philosophical Transactions of the Royal Society of London. 1846; 136:213-235.

Beebe, H. E. The Clitoris. The Journal of Orificial Surgery. 1897; 6(1):9-12.

Beigel, Hermann. Die Krankheiten des weiblichen Geschlechts, Band 2. Stuttgart: Ferdinand Enke; 1875.

Beigel, Hermann. Krankheiten der Eileiter und der breiten Mutterbänder, Krankheiten der Gebärmutter, der Vagina, der äußeren Geschlechtstheile und der Brustdrüsen, Vaginismus und Sterilität. Erlangen: Ferdinand Enke; 1875.

Belcher, Ellen. Malpractice Burt Settlements End Some Pain. Dayton Daily News. 1997 Sep 11.

Bell, W. Blair. So-called True Hermaphroditism, with the Report of a Case. Proceedings of the Royal Society of Medicine. 1915; 877-94.

Bennett, Charles T. A New System of Orificial Philosophy Embracing All the Latest Improvements in Orificial Surgery. Flint, MI: Werkheiser & Sons, Printers; 1891.
Berends, Carl August Wilhelm. Vorlesungen über praktische Arzneiwissenschaft, 6. Band: Weiberkrankheiten. Berlin: Theodor Christian Friedlich Enslin; 1829.
Berger, Alfred und Hierner, Robert. Plastische Chirurgie: Mamma. Stamm. Genitale. Berlin: Springer; 2006.
Berger, Emile and Loewy, Robert. Les troubles oculaires d'origine génitale chez la femme. Paris: Félix Alcan; 1905.
Berkeley, Comyns and Bonney, Victor. A Text-Book of Gynaecological Surgery. New York: Funk and Wagnalls Co.; 1911.
Bernard, Claude and Huette, Ch. Précis iconographique de médicine opératoire et d'anatomie chirurgicale. Paris: Mequignon-Marvis; 1854.
___. Précis iconographique de médicine opératoire et d'anatomie chirurgicale. Paris: Ballière et Fils; 1870.
Bernays, Edward. Manipulating Public Opinion: The Why and The How. American Journal of Sociology. 1928; 33(6):958-971.
Bernays, Edward L. Crystallizing Public Opinion. New York: Boni and Liveright; 1923.
___. Propaganda. New York: H. Liveright; 1928.
Bernhardi, Wolfgang. Der Uranismus: Lösung eines mehrtausendjährigen Räthsels. Berlin: Verlag der Volksbuchhandlung; 1882.
Bernheim, Hippolyte. L'hystérie: définition et conception, pathogénie, traitement. Paris: Ovtave Doin et Fils; 1913.
Bernutz, Gustave. Conférence cliniques sur les maladies des femmes. Paris: G. Masson; 1888.
Bernutz, Gustave und Goupil, Ernest. Clinical Memoirs of the Diseases of Women, 2 Bände. London: The New Sydenham Society; 1867.
Bernutz, Gustave Louis Richard and Goupil, Ernest. Clinique médicale sur les maladies des femmes. Paris: F. Chamerot; 1860.
Bertrandi, Ambroise. Traité des opérations de chirurgie. Paris: Théophile Barrois; 1795.
Bescherelle, Louis-Nicholas. Dictionnaire national: ou, dictionnaire universel de la langue française. Paris: Garnier; 1856.
Beverland, Adriaan. Hadriani Beverlandi de fornicatione cavenda admonitio. London: 1698.

Biddle, James G. Roentgen: Radiographic Table and Several Other New Things. Philadelphia, PA: James G. Biddle; 1906.

Bieber, Irving. Homosexuality: A Psychoanalytic Study. New York: Basic Books; 1962.

Bienville, M. D. T. Die Nymphomanie, oder die Abhandlung von der Mutterwuth. Wien: Sebastian Hartl; 1782.

Bienville, M. D. T. Nymphomania, or, A Dissertation Concerning the Furor Uterinus. London: Printed for J. Bew; 1775.

Bienville, M D T. La nymphomanie ou traité de la fureur utérine. Paris: Office de Librarie; 1886.

Bienville, M. D. T. La nymphomanie ou traité de la fureur utérine: Dans lequel on explique avec autant de clarté que de méthode, les commencements de cette cruelle maladie, dont on développe des différentes causes; ensuite on propose les moyens de conduite dans les diverses périodes, et les spécifiques les plus éprouvés pour la curation/par M.-D.-T. de Bienville,[...]; nouv. éd. conforme à celle d'Amsterdam de 1778, augm. d'une introd. et d'une not. sur l'auteur par le Dr X. André. Paris: Office de librairie; 1886.

___. La Nymphomanie ou traité de la fureur utérine dans lequel on explique avec autant de clarté que de méthode, les commencement & les progrès de cette cruelle maladie dont on développe les différentes causes, Ensuite on propose les moyens de conduite dans les divers périodes & les spécifiques les plus éprouvés pour la curation. Amsterdam: Marc-Michel Rey; 1771.

Bigelow, C. Sexual Pathology: A Practical and Popular Review of the Principal Diseases of the Reproductive Organs. Chicago, IL: Ottawa & Colbert; 1875.

Bird, Friedrich. Ueber die relativen Maaßverhältnisse des menschlichen Körpers. Zeitschrift Für Die Anthropologie. 1823; 1:330-369.

Blackwood, William R. D. Vanadium Salts in Therapeutics. Wisconsin Medical Recorder. 1912; 15(2):60-62.

Blanckaert, Stephen. Steph. Blancardi Lexicon medicum renovatum [...] Editione novissima. Louvain: Johann Francius von Overbeke; 1754.

Bland-Sutton, J. Essays on Hysterectomy. London: Adlard and Son; 1905.

Blasius, Ernst. Handwörterbuch der gesammten Chirurgie und Augenheilkunde: zum Gebrauch für angehende Aerzte und Wundärzte., Band 1: A-C. Berlin: Enslin; 1836.

Blatin, Henry und Nivet, Vincent. Traité des maladies des femmes. Paris: Germer-Bailière; 1842.

Blecher, Jens und Wiemers, Gerald. Die Matrikel der Universität Leipzig: Die Jahre 1809 bis 1832. Leipzig: Verlag und Datenbank für Geisteswissenschaften; 2006.

Blumenbach, Johann Friedrich. The Elements of Physiology. Philadelphia, PA: Thomas Dobson; 1795.

___. Handbuch der vergleichenden Anatomie. Göttingen: Heinrich Dieterich; 1805.

Blumer, Dietrich. Changes of Sexual Behavior Related to Temporal Lobe Disorders in Man. The Journal of Sex Research. 1970; 6(3):173-180.

Bodington, George Fowler. Aswood House, Kingswinford, Staffordshire: A Private Asylum for Ladies and Gentlemen. s. l.: s. p.; 1880?

Bodington, Goerge Fowler. The Morality of Certain Obstetric and Gynaecological Operations. British Medical Journal. 1883; 2:1132.

Bonaparte, Marie. Les deux frigidités de la femme. Bulletin de la Société de Sexologie. 1933; 5:161-170.

___. Notes sur l'Excision. Revue Française de Psychanalyse. 1948; 12(1):213-231.

___. Sexualité de la femme. Paris: Presse Universitaire de France; 1957.

Boneti, Theophili. Polyalthes sive Thesaurus medico-practicus: ex quibuslibet rei medicae scriptoribus Congestus, Pathologiam veterem et novam exhibens, una cum remediis usu et experientia compertis; In quo[...] Johannis Jonstoni Syntagma explicatur Tomus Tertius Tomus Tertius. Genevae: Chouet; 1691.

Borrmann, Robert. Statistik und Casuistik über 290 histologisch untersuchte Hautcarcinome. Langenbeck's Archives of Surgery. 1905; 76(4):404-539.

Boswel, James. Dissertatio Medica Inauguralis de malo hysterico. Edinburgh: Typis Academicis; 1766.

Bourdeille, Pierre de Brantome. Vies des dames galantes. Paris: Garnier Frčres; 1655.

Bourgeois, Louise. Hebammen Buch Darinn von Fruchtbarkeit vnd Vunfruchtbarkeit der Weiber [...] gehandelt wird. Frankfurt: Matthaeus Merian; 1626.

Bourgeois, Louyse. Observations, de Louyse Bourgeois ditte Boursier, sagefemme de la Royne. Paris: Abraham Saugrain; 1617.

Boush, Guilhelmus. Dissertatio Medica Inauguralis de Hysteria Quam, Annuente Summo Numine, Ex Auctoritate[...] Gulielmi Robertson,[...] Pro Gradu Doctoratus, Ex Auctoritate Reverendi Admodum Viri D. Guilielmi Robertson[...] Nec Non Amplissimi Senatus Academici Consensu Et Nobilissimae Facultatis Medicae Ecreto, Pro Gradu Doctoratus Summisque in Medicina Honoribus Ac Prilegiis Rite et Legitme Consequendis. Edinburgh: Balfour & Smellie; 1778.

Bouvier, J. B. Les Mystères du confessionnal: Manuel secret des confesseurs. Paris: Filipacchi; 1974.

Boyer, Abel. Nouveau dictionnaire français-anglais et anglais-français. Paris: Charles Hingray; 1834.

Braeunlich, Fridericus Gustavus. De Hysteria: Dissertatio Pathologico-Therapeutica. Leipzig: Litteris Staritii; 1825.

Brandt, Alexander. Eine Virago. Archiv für pathologische Anatomie Und Physiologie Und Für Klinische Medicin. 1896; 146(3):532-540.

Brandt, Alexander. Über den Bart des Mannweibes (Viragines). Biologisches Zentralblatt. 1897; 6(15.3.1897):s,p.

Braun, Gustav. Compendium der operativen Gynäkologie und Geburtshilfe. Wien; 1860.

___. Die Amputation der Clitoris und der Nymphen: Ein Beitrag zur Behandlung des Vaginismus. Wiener Medizinische Wochenschrift. 1865; 73/74:1325-1328.

___. Ein weiterer Beitrag zur Heilung der Masturbation durch Amputation der Clitoris und der kleinen Schamlippen. Wiener Klinische Wochenschrift. 1866; XVI:329-331, 345-347.

Braun, Gustav August. Compendium der Frauenkrankheiten. Wien: Wilhelm Braumüller; 1863.

Bremerus, Elias Georg. Dissertatio Inauguralis Medica de Nymphomania. Jena: Krebsianis; 1691.

Brill, Abraham Arden. Basic Principles of Psychoanalysis. Garden City, NY: Garden City Books; 1949.

Brinton, Daniel G. The Relation of Race and Culture to Degenerations of the Reproductive Organs and Functions in Woman. The Medical News. 1896 Jan 18:1-6.

British Medical Journal. Clitoridectomy. The British Medical Journal. 1866; 2(308):585.

Broca, Paul. Sur un cas de nymphomanie invétérée traitée par l'infibulation. Bulletin De La Société De Chirurgie. 1864; 5.

Brocq, Louis. Précis-atlas de pratique dermatologique. Paris: Gaston Doin; 1921.

Bronson, Enos. Select Reviews, and Spirit of the Foreign Magazines. Philadelphia, PA: Lorenzo Press; 1809.

Brooks, C. S. Some Perversions of the Sexual Instinct. Journal of the National Medical Association. 1919; 11(1):7-10.

Broster, L. R. A Form of Intersexuality: The British Medical Journal 1956; 1(4959):151-149.

Brown, Frederick W. Eugenic Sterilization in the United States: Its Present Status. The Annals of the American Academy of Political and Social Science. 1930; 149(2):22-35.

Brown, I. Baker; Ballard, Thomas; Locking, Jon.; Owen, Wm. B., und Pooley, Thos. R. Clitoridectomy. The Lancet. 1866 Dec 22; 88(2260):709-711.

Brown, Isaac Baker. Clinical Lectures on Some Diseases of Women Remediable by Operation. The Lancet. 1864 Aug 13:173-174.

Brown, Isaac Baker. Clitoridectomy. The Lancet. 1866 Jun 30; 87(2235):718-719.

Brown, Isaac Baker. Clitoridectomy. The Lancet. 1866 Nov 3; 495.

___. Clitoridectomy. The Lancet. 1866 Dec 1; 616-617.

___. Clitoridectomy. The Lancet. 1866 Dec 15; 678-679.

___. Clitoridectomy. The Lancet. 1867 Jan 5; 28.

___. On Some Diseases of Women: Admitting of Surgical Treatment. London: John Churchill; 1854.

___. On Surgical Diseases of Women. London: John Davies; 1866.

___. On the Curability of Certain Forms of Insanity, Epilepsy, Catalepsy, and Hysteria in Females. London: Robert Hardwicke; 1866.

___. On the Surgical Disease of Women Excerpt. 1861.

Brown, Isaac Baker und Greenhalgh, R. Clitoridectomy. The British Medical Journal. 1867; 1(314):19-18.

Brown, K. S. MacArthur. Paraphimosis of the Clitoris. The British Medical Journal 1929; 2(3577):146.

Brown-Sequard, Charles Edward. Course of Lectures on the Physiology and Pathology of the Central Nervous System: Delivered at the Royal College of Surgeons of England in May, 1858. Philadelphia, PA: Collins; 1860.

Brozyna, Martha A. Gender and Sexuality in the Middle Ages: A Medieval Source Documents Reader. Jefferson, NC, London: McFarland & Co.; 2005.

Bryk, Felix. Neger-Eros. Ethnologische Studien über das Sexualleben bei Negern. Berlin, Köln: A. Markus & E. Webers Verlag; 1928.

___. Voodoo-Eros: Ethnological Studies in the Sex-Life of the African Aborigines. New York: Priv. print. for subscribers; 1933.

Buchholz, Theodor Gottlieb. Dissertatio Inauguralis Medica Sistens Furorem Uterinum Pathologico-Therapeutice [sic!] Consideratum. Halle: Kittler; 1747.

Büchner, Andreas Elias. Miscellanea Physico-Medico-Mathematica oder angenehme, curieuse und nützliche Nachrichten von physical- u. medicinischen, auch dahin gehörigen Kunst- und Literatur-Geschichten, welche in Teutschland und andern Reichen sich zugetragen haben oder bekannt worden sind. Erfurt: Carl Friedrich Jungnicol; 1732.

Buel, James W. Buel's Manual of Self-Help: A Book of Practical Counsel, Encouraging Advice and Invaluable Information. Philadelphia, PA, St. Louis, MO: Historical Pub. Co; 1894.

Bulwer, Johannes. Anthropometamorphosis: Man Transform'd, or, The Artificial Changeling Historically Presented, in the Mad and Cruel Gallantry, Foolish Bravery, Ridiculous Beauty, Filthy Finenesse, and Loathsome Lovelinesse of Most Nations, Fashioning and Altering Their Bodies from the Mould Intended by Nature. London: William Hunt; 1653.

Bumm, Ernst and Küstner, Otto. Kurzes Lehrbuch der Gynäkologie. Jena: Gustav Fischer; 1904.

Burchfield, R. W. The Compact Edition of the Oxford English Dictionary, Band 2. Oxford, New York, Toronto: Oxford University Press; 1987.

Burckhardt, John Lewis. Travels in Nubia. London: John Murray; 1819.

Burdach, Carl Friedrich. Anatomische Untersuchungen bezogen auf Naturwissenschaft und Heilkunst. Leipzig: Hartmannsche Buchhandlung; 1814.

Burnett, Charles and Jacquart, Danielle. Constantine the African and 'Ali Ibn al-'Abbas al-Magdusi: The Pantegni and Related Texts. Leiden, New York, Köln: E. J. Brill; 1994.

Burns, John. Handbuch der Geburtshülfe mit Inbegriff der Weiber- und Kinderkrankheiten, Band 1. Heidelberg und Leipzig: Karl Groos; 1827.

Burt, James C. und Burt, Joan. Surgery of Love. New York: Carleton Press; 1975.

Burton-Brown, Jean. Traumatic Enlargement of Clitoris: The British Medical Journal. 1950; 1(4651):469-468.

Busch, D. W. H.; Dieffenbach, J. F.; Hecker, J. F. C., et al. Encyclopädisches Wörterbuch der medicinischen Wissenschaften, Band 35. Berlin: Veit et Comp.; 1846.

Busch, Dietrich Wilhelm Heinrich. Das Geschlechtsleben des Weibes in physiologischer, pathologischer und therapeutischer Hinsicht: Band 4. Von den Geschlechtskrankheiten des Weibes und deren Behandlung. Leipzig; 1843.

Byford, W. H. and Byford, Henry T. The Practice of Medicine and Surgery Applied to the Diseases and Accidents Incident to Women. Philadelphia, PA: P. Blakiston & Son, Co.; 1888.

Byrne, J. Clinical Notes on the Electric Cautery in Uterine Surgery. New York: William Wood & Company; 1873.

Bysshe, Edward. The Art of English Poetry: Containing I. Rules for Making Verses. II. A Dictionary of Rhymes. III. A Collection of the Most Natural, Agreeable, and Noble Thoughts [...] That Are to Be Found in the Best English Poets. London: R. Knaplock; 1702.

Büttner, Christoph Gottlieb. D. Christoph Gottlieb Büttners vollständige Anweisung wie durch anzustellende Besichtigungen ein verübter Kindermord auszumitteln sey, mit beigefügten eigenen Obductions=Zeugnissen. Königsberg: Gübbels und Unzer; 1804.

Cabot, Richard C. and Ziesché, Hermogen. Differentialdiagnose anhand von 385 genau besprochenen Krankheitsfällen lehrbuchmäßig dargestellt. Berlin, Heidelberg: Springer; 1914.

Cabot, Richard C. und Ziesché, Hermogen. Differentialdiagnose: Anhand von 385 genau besprochenen Krankheitsfällen lehrbuchmässig dargestellt. Berlin: Julius Springer; 1922.

Cagny, Paul. Dictionnaire Vétérinaire. Paris: Baillière et Fils; 1904.

Caldwell, John. Dissertatio medica inauguralis de hysteria. Edinburgh: Balfour and Smellie; 1780.

Calixt, Georg. Wiederlegung [sic!] der unchristlichen und unbilligen Verleumbdungen [...] Antwort auff D. Iohannis Hülsemanni Meisterliches Muster. Helmstedt: Henning Müller; 1651.

Canton. Excision of the External Organs of Generation in a Female, for Extensive Hypertrophy. The Lancet. 1863 Oct 17; 448-449.

Canton. Hermaphroditism: The British Medical Journal. 1911; 2(2647):695-694.

Canton. Hypertrophy of the Clitoris and Areolar Tissue Surrounding It, Constituting Elephantiasis of the Organ. The Lancet. 1856 Dec 13.

Canu, Etienne. Résultats thérapeutiques de la castration chez la femme: Conséquences sociales et abus de cette opération. Paris: Ollier-Henry; 1897.

Carey, Henry. Margery, or, A Worse Plague than the Dragon: A Burlesque Opera. London: Shuckburgh; 1738.

Carr, Richard. Epistolae Medicinales Variis Occasionibus Conscriptae, Authore Ricardo Carr. London: S. Anson; 1691.

Carroll, Robert und Prickett, Stephen (Hg.). The Bible: Authorized King James Version. Oxford, New York: Oxford University Press; 1997.

Carter, Robert Brudenell. On the Pathological Treatment of Hysteria. London: John Churchill; 1853.

Cassebohm, Johann Friedrich. [Methodus Secandi] Anweisung zur Anatomischen Betrachtung und Zergliederung des menschlichen Cörpers. Berlin, Stralsund: Gottlieb August Lange; 1769.

Castelli, Bartolomeo. Bartholomaei Castelli Lexicon Medicum Graeco-Latinum. Leipzig: Thomas E; 1713.

Castelli, Bartolomeo und Bruno, Jakob Pankraz. Amaltheum Castello-Brunonianum: siue Lexicon medicum, primum a Batholomaeo Castello[...] inchoatum, ab aliis etiam continuatum, tandem ad vera nouaque artis medicae principia accomodatum, a quam plurimis mendis & vitiosis allegationibus purgatum, & e veterum, recentiorum, quin & nouissimorum authorum monumentis innumerabilium pene vocabulorum physiopathologicorum, anatomicorum, chemicorum, aliorumque technicorum accessione amplificatum, cura & studio iterato Jacobi Pancratii Brunonis. Norimbergae: Sumtibus Johannis Danielis Tauberi, literis Henrici Meyeri. Nürnberg: Johannes Daniel Tauber; 1688.

Cattell, T. Request for Information on the Administration of Chloroform. Provincial Medical & Surgical Journal. 1848; 12(8):223.

Caufeynon. L'Hermaphrodisme: Hermaphrodismes congénital[s] et par arrêt de développement. Paris: Charles Offenstadt; 1904.

Caufeynon, Jean. Hygiène et régénération: Sécurité en amour, hygiène de la beauté, soins intimes, régénération des organes, recettes et procédés. Paris: Offenstadt; 1903.

___. La masturbation et la sodomie féminines: Clitorisme, saphisme, tribadisme, déformation des organes. Paris: Nouvelle Librairie Médicale; 1903.

___. Les Morphinomanie: Volupté et suppliées. Mangeurs d'opium. Paris: Charles Offenstadt; 1903.

___. Orgasme sens génital jadis et aujourd'hui. Physiologie comparée de l'amour sexuel dans l'homme et la bête. Paris: Offenstadt & Cie; 1903.

Cavalcanti, Francisco d'Albuquerque. Les passions tristes: Le libertinage et la syphilis considérés comme cause de phthisie. Paris: Parent; 1882.

Cellarius, Christopherus Hg. M. Tullii Ciceronis Epistolarum ad Diversos (Familiares Vulgo Vocant) Libri XVI. Leipzig: Johann Friedrich Gleditsch; 1708.

Celsus, Aulus Cornelius. De Re Medica Libri Octo. Paris: Christianus Vuechel; 1529.

___. De Re Medica Libri Octo. Paris: Baillière; 1823.

___. De Re Medica Libri Octo. Editio Nova. Paris: J. B. Baillière; 1823.

Chadwick, James R. Case of Vaginismus Traced to Spasmodic Turgescence of Clitoris. [Boston, MA]: [n.p.]; 1877.

Chamberlen, Peter. Dr. Chamberlain's Mid-Wife Practise or, a Guide for Women in that High Concern of Conception, Breeding, and Nursing Children: In a Plain Method, Containing the Anatomy of the Parts of Generation: Forming the Child in the Womb: what Hinders and Causes Conception: of Miscarriages: and Directions in Labour, Lying-inne, and Nursing Children. London: Thomas Rooks; 1665.

Chambon de Montaux, Nicolas. Maladies des filles, 2. Band. Paris: Rue et Hôtel Serpente; 1785.

___. Von den Krankheiten unverheiratheter Frauenzimmer. Nürnberg: Schneider und Weigel; 1834.

___. Maladies des femmes: Tome premier. Paris: Société Royale de Médicine; 1784f

___. Maladies des femmes: Cinquième partie. Maladies chroniques à la cessation des règles. Paris: Dugour et Durand; 1799.

___. Maladies des femmes en couches: Troisième partie, Band 1. Paris: Dugour et Durand; 1798.

Chan[d]ler, Isaac. Disputatio Medica Inauguralis de Hysteria. Edinburgh: Balfour, Auld, and Smellie; 1768.

Channing, William F. The Medical Application of Electricity. Boston, MA: Thomas Hall; 1865.

Charas, Mosis. Pharmacopoea Regia Galenica. Geneva: Johann Ludwig Dufour; 1684.

Charcot, Jean-Martin. Neue Vorlesungen über die Krankheiten des Nervensystems insbesondere über Hysterie. Leipzig, Wien: Toeplitz & Deuticke; 1886.

Chauliac, Guy de. Chirurgia Magna de Guidonis de Gauliaco. Lyon: Philip Thingi; 1584.

Chavigny de la Bretonnière, François de. La galante hermaphrodite: Nouvelle amoureuse. Amsterdam: Jean Chambord; 1683.

Chevalier, Julien. L'inversion sexuelle: Psycho-physiologie, sociologie, tératologie, aliénation mentale, psychologie morbide, anthropologie, médecine judiciaire. Lyon, Paris: Storck & Masson; 1893.

Chevillard, François. Le petit tout dans lequel l'homme aura la connoissance de soy-mesme par l'intelligence de ses propres causes [...] divisé en III parties et en IV tomes, par M. François Chevillard. Paris: Michel Vavgon; 1664.

Chorier, Nicholas. L'Académie des dames ou les sept entretiens galants d'Alosia. Köln: Ignace le Bas; 1691.

Churchill; Nunn; Smith, Tyler und Riedell. General Retrospect. Provincial Medical & Surgical Journal. 1850; 14(22):613-615.

Churchill, Fleetwood. Outlines of the Principal Diseases of Females: Chiefly for the Students. Dublin: Martin Keene and Son; 1835.

Chéron, Jules. Revue Médico-chirurgicale des maladies des femmes. Paris: Bureau du Journal; 1884.

Clark, LeMon. Adhesions between Clitoris and Prepuce. Advances in Sex Research. 1963; 1:233-235.

Clark University (Worcester, Mass.) und Sigmund Freud Collection (Library of Congress). Lectures and Addresses Delivered before the Departments of Psychology and Pedagogy in Celebration of the Twentieth Anniversary of the Opening of Clark University. Worcester, MA: 1910.

Clarke, Edward H. Sex in Education: Or, A Fair Chance for the Girls. Boston, MA: James R. Osgood and Company; 1873.

Clough, Henry Gore. A Syllabus of a Course of Lectures on the Theory and Practice of Midwifery; Including the Pathology, or General Doctrine of Diseases Incident to Women and Children, with their Treatment, Prevention, and cure [...] London: Printed for J. Callow [...] by J. and W. Smith[...]; 1808.

Collier, James. Discussion on the Nature and Treatment of Epilepsy. The British Medical Journal. 1924; 2(3336):1045-1054.

Collins, Samuel. A Systeme of Anatomy, Treating of the Body of MAN, Beasts, Birds, Fish, Insects, and Plants. Savoy: Thomas Newcomb; 1685.

Colombo, Realdo. De Re Anatomica. Frankfurt: Martinus Lechlerus; 1593.

___. Realdi Columbi [sic!] Cremonensis [...] De Re Anatomica Libri XV. Paris: Ioannis Foucherij Iunioris; 1562.

___. Realdi Columbi [sic!] Cremonensis in Alto Gymnasio Romano Anatomici Celeberrimi De Re Anatomica Libri XV. Venedig: Nicolai Beuilacqae; 1559.

Constantinus Africanus. Liber Pantegni, ca 1098/9. 1098.

Cooper, E. S. Removing the Clitoris in Cases of Masturbation, Accompanied with Threatening Insanity. San Francisco Medical Press. 1862; 3:17-21.

Cooper, M. Amputation du Clitoris dans les cas de masturbation, accompagnée de développement et de désordres intellectuels. Journal des Connaissances Médicales Pratiques. 1862; 29:342-343.
Coote, Holmes; Maudsley, Henry; Harling, R. D.; Winslow, Forbes; Brown, I. Baker; Ballard, Thomas; Locking, Thomas; Owen, William B., und Pooley, Thos. R. Clitoridectomy. The British Medical Journal. 1866; 2(312):708-705.
Costain, T. E. Circumcision. Journal of Orificial Surgery. 1900; 9(4):159-169.
Cotgrave, Randle. A Dictionarie of the French and English Tongues. London: Adam Islip; 1611.
Cotte, M. G. Rôle du système nerveux sympathique (Plexus hypogastrique supérieur) sur les fonctions génitales, en particulier chez la femme. Lyon Médical: Gazette Médicale Et Journal De Médecine Réunis. 1931; 147(8):245-249.
Cowan, John. Self-Help in the Attainment of Perfection of Character and Success in Life. New York: Cowan & Company; 1870.
Craddock, Ida C. und Royster, Paul. The Wedding Night. New York: Ida C. Craddock; 1902.
Crist, Takey. Circumcision in the Female. Journal of Sex Education and Theory. 1977; 3(1):19-20.
Crooke, Helkiah. Mikrokosmographia a Description of the Body of Man. Together vvith the Controuersies thereto Belonging. Collected and Translated out of All the Best Authors of Anatomy, Especially out of Gasper Bauhinus and Andreas Laurentius. By Helkiah Crooke Doctor of Physicke, Physitian [sic!] to His Maiestie, and his Highnesse Professor in Anatomy and Chyrurgerie. London: William Iaggard; 1615.
Cullen, William. Anfangsgründe der praktischen Arneywissenschaft: Dritter Theil, der die Nervenkrankheiten enthält. Leipzig: Caspar Fritsch; 1784.
___. Synopsis Nosologiae Methodicae Continens Genera Morborum Praecipua Definata, Additis Speciebus cum Harum ex Sauvagesio Synonymis Editio Quarta. Edinburgh: Balthassar Cominus; 1787.
Cumston, Charles Green. On Primary Malignant Tumors of the Clitoris [Reprinted from Annals of Gynaecology and Pediatry]. Boston : [Selbstverlag?]; 1896.
Curtis. L'onanisme. Reims: Louis Godin; 1847.
Curtis, Arthur Hale. A Textbook of Gynecology. Philadelphia, PA, London: W. B. Saunders; 1946.

Cutter, Calvin. The Female Guide: Containing Facts and Information upon the Effects of Masturbation, and the Causes [...]. West Brookfield, MA: Charles Mirrick; 1844.

Cörner, Johann Christoph. Des grundmäßigen chirurgischen Schlüssels achte Eröffnung vermittelst dessen alle äußerlichen Gebrechen des menschlichen Cörpers richtig zuerkennen, wie auch die Cur dererselben[...] sicher anzustellen[...] Von dem Autore des medicinischen Schlüssels, Band 2. Leipzig: Wolfgang Deern; 1730.

Damianus, Petrus. Liber Gomorrhianus, ad Leonem IX Rom. Pont. In: Caietanus, Domnus Constantinus. Sacrae Litterae, et Monumenta Sanctorum. Rom: [Scipio Cobellutius]; 1606: 63-77.

Daniell, William Freeman. On the Circumcision of Females in Western Africa. London Medical Gazette. 1847(5):374-378.

Daremberg, Charles. État de la médecine entre Homère & Hippocrate: Anatomie, physiologie, pathologie, médecine militaire, histoire des ecoles médicales. Paris: Didier et Ce; 1869.

Daremberg, Charles und Ruelle, Charles Emile. Œuvres de Rufus D'Éphèse. Paris: Baillière et Fils; 1879.

Dattner, Bernhard; Federn, Paul; Ferenczi, Sandor; Freud, Sigmund und Friedjung, Josef K. Die Onanie: Vierzehn Beiträge zu einer Diskussion der Wiener Psychoanalytischen Vereinigung. Wien: Bergmann; 1912.

Davenport, F. H. Diseases of Women: A Manual of Gynecology Designed Especially for the Use of Students and General Practitioners. Philadelphia, PA, New York: Lea Brothers & Co.; 1902.

Davis, Dave. Burt Asset List Omitted Property. Dayton Daily News. 1988 Dec 16.

Dawson, Benjamin Elisha. Circumcision in the Female: Its Necessity and How to Perform It. American Journal of Clinical Medicine. 1915; 22(6):520-523.

Dawson, Benjamin Elisha. Treatment of Vascular Naevi with Galvanic Cautery. American Journal of Obstetrics and Diseases of Women and Children. 1875; 7(1):137-140.

Dawson, Benjamin Elisha und Dawson, Minnie Elda. Orificial Surgery; Its Philosophy, Application and Technique with Aids, Auxiliary Helps and After Care, and Seventy-Three Illustrations. Kansas City, MO: The Western Baptist Publishing Company; 1925.

Dawson, Benjamin Elisha; Muncie, Elizabeth Hamilton; Grant, Albert B. und Beebe, H. E. Orificial Surgery, Its Philosophy, Application and Technique. Newark, NJ: Physicians Drug News Co; 1912.

De Arce Y Luque, José. Tradado Completo de las Enfermadas de las Mujeres. Madrid: Viuda de Calleja e Hijos; 1844.

De Baer, Carl Ernst. De Ovi Mammalium et Hominis Genesi. Leipzig: Leopold Voss; 1826.

De Castro Lusitani, Rodrigo. De Universa Mulierum Medicina Novo et Antehac a Nemine Tentato Ordine Opus Absolutissimum. Et Studiosus Omnibus Utile, Medicis Vero Perneccessarium. Hamburg: Frobenius; 1603.

___. De Universa Mulierum Medicina Novo et Antehac A Nemine Tentato Ordine Opus Absolutissimum Pars Secunda. Hamburg: Officina Frobeniana; 1603.

De Caux, G. Grimaud and Martin-Saint-Ange, Gaspar-Joseph. Physiologie de l'espèce, histoire de la génération de l'homme, comprenant l'étude comparative de cette fonction dans les divisions principales du règne animal [...]. Librairie Encyclographique: Paris; 1837.

De Fontaine, A. The Book of Prudential Revelations. Boston, MA: Pub. by the author; 1845.

De Gouey, Louis-Léger. La Véritable chirurgie établie sur l'expérience et la raison, avec des nouvelles découvertes sur l'ostéologie et sur la myologie, des remarques nécessaires sur les maladies et sur la pratique, et un nouveau système. Rouen: Pierre Cabut; 1716.

De Graaf, Regnier. De Mulierum Organis Generationi Inservientibus Tractatus Novus. Leiden: Hack; 1672.

___. Histoire anatomique des parties génitales de l'homme et de la femme qui servent à la génération avec un traité du suc pancréatique[...] composée en latin par monsieur Graaf,[...] et traduit en François par monsieur N. P. D. M. Basel: Emanuel Jean George König; 1649.

De la Mare, Nicolas. Collection formée par Nicolas Delamare sur l'administration et la Police de Paris et de la France. LXXXI Moeurs. 1691. Manuskript der Bibliothèque Nationale.

De la Roche, M. Encyclopédie méthodique: Chirurgie, Band 1. Paris: Panckoucke; 1790.

De Lignac, Louis François. De l'homme et de la femme considérés physiquement dans l'état du mariage, 2 Bände. Lille: J. B. Henry; 1778.

De Mondeville, Henri. Chirurgie. Paris: Felix Alcan; 1893.

___. La Chirurgie, 2 Bände. Paris: Firmin Didot; 1897.

De Mondeville, Henry. Die Chirurgie des Heinrich von Mondeville (Hermondaville): nach Berliner, Erfurter und Pariser Codices. Berlin: Hirschwald; 1892.

De Vallambert, Simon. Cinq livres de la manière de nourrir et gouverner les enfans des leur naissance. Poitiers: Marnef & Bouchet; 1565.

Debay, Auguste. Hygiène et physiologie du mariage: Histoire naturelle et médicale de l'homme et de la femme mariées, dans ses plus curieux détails; Hygiène spéciale de la femme enceinte et du nouveau-né (29e édition). E. Dentu (Paris); 1862.

Debierre, Charles. Les vices de conformation des organes génitaux et urinaires de la femme. Paris: Baillière et Fils; 1892.

Debreyne, Pierre Jean Corneille. Moechialogie; traité des péchés contre les sixième et neuvième commandements du décalogue[...] Paris: Poussielgue; 1868.

Dechambre, A.; Duval, Mathias, und Lereboullet, L. Dictionnaire usuel des sciences médicales. Paris: G. Masson; 1892.

Dechambre, Amédée und Lereboullet, L. Dictionnaire Encyclopédique des Sciences Médicales, Bd. 13. Paris: G. Masson, Asselin et Houzeau; 1888.

Dechambre, Amédée. Dictionnaire encyclopédique des sciences médicales, Band 15: Olf-Oph. Paris: Masson & Asselin; 1881.

Dedinger, Johannes. Feyrtägliche Predigten des gantzen Jahrs Denen eyffrigen Seelen=Sorgern/und Predigern zur handsamben Beyhülff. München: Johann Jäcklin; 1678.

DeLee, Joseph Bolivar. The Prophylactic Forceps Operation. American Journal of Obstetrics and Gynecology. 1920 21; 1:34-44.

Denman, Thomas. Introduction to the Practice of Midwifery. London: J. Johnson; 1788.

Dennis, Frederic S. und Billings, John S. System of Surgery. Philadelphia, PA: Lea Brothers & Co.; 1895.

Deslandes, Léopold. Von der Onanie und den übrigen Ausschweifungen der Geschlechtslust. Weimar: Voigt; 1841.

Deslandes, Léopold. De l'onanisme et des autres abus vénériens considérés dans leur rapports. Paris: A. Lelarge; 1835.

Deslandes, Léopold. Treatise on the Diseases Produced by Onanism, Masturbation, Self-Pollution and Other Excesses. Boston: Otis, Broaders, and Company; 1839.

Desormeaux, Raoul. L'Onanisme. Paris: L. Chaubard; 1905.

Deutsch, Helene. Psychoanalyse der weiblichen Sexualfunktionen. Leipzig, Wien, Zürich: Internationaler Psychoanalytischer Verlag; 1925.

Dewees, William Potts. A Treatise on the Diseases of Females. Philadelphia, PA: Blanchard & Lea; 1843.

Dickinson, Robert Latou. Human Sex Anatomy. Baltimore, MD: Williams & Wilkins; 1933.
Dieffenbach, Johann Freidrich. Der Aether gegen den Schmerz. Berlin: Hirschwald; 1847.
Diemerbroeck, Isbrandus. Anatome Corporis Humani Conscripta. Lyon: Johan Anton Huguetan & Soc.; 1679.
Dionis, Peter. Peter Dionis Chirurgie oder chirurgische Operationes. Augsburg: Mertz; 1734.
Dionis, Petrus. Cours d'opérations de chirurgie: Demonstrées au Jardin royal. Paris: Veuve de Charles-Maurice d'Houey; 1707.
___. Cours d'opérations de chirurgie demontrées au Jardin Royale. Bruxelles: T'Serstevens & Claudinot; 1708.
___. Cours d'opérations de chirurgie, démontrées au Jardin du Roi, [...] Première et Seconde Partie. Paris: Méquignon; 1782.
Dionis, Pierre. Cours d'opérations de chirurgie, démontrées au jardin royal. Paris: d'Houry; 1740.
Dolaeus, Johann. Encyclopaedia Chirurgica Rationalis. Frankfurt a.M.: Fridericus Knochius; 1689.
Disraeli, Isaac. Curiosities of literature: Consisting of anecdotes, characters, sketches, and observations, literary, critical, and historical. London: Murray; 1791.
Donnelly, Grace C. and Bauld, W. A. G. Aspects in the Treatment of Vulvar and Cervical Carcinoma. American Journal of Obstetrics and Gynecology. 1948; 56(3):494-501.
Doran, Alban H. G. The Development of the Pressure Forceps. British Medical Journal. 1915; 1(2830):555-556.
Douglas, James. The History of the Lateral Operation: Or, an Account of the Method of Extracting a Stone [...] First Attempted by Frere Jacques in France, and Afterwards Successfully Perform'd by Professor Rau in Holland. With a Postscript Concerning the Introduction and Improvement of This Method Here in London. London: G. Strahan; 1726.
Doyen, Eugène Louis und Hauser, Fernand. L'Affaire Jeanne Weber: L'ogresse et les Experts. Paris: Librairie Universelle; 1908.
Drummond, J. Northumberland and Durham Medicall Society. The British Medical Journal. 1896; 1(1827):20-21.
Dryden, John. Poetry. Oxford: Oxford University Press; 1987.
Drümel, Johann Heinrich. Lexicon Manuale Latino-Germanicum et Germanico-Latinum: Generis sui novissimum et copiosissimum hoc

est thesaurus vocum et phrasium Latinarum cum interpretationibus Germanicis, Band 1: A-J. Regensburg: Seiffart; 1753.

Du Laurens, André. L'Histoire anatomique en laquelle toutes les parties du corps humain sont amplement déclarées. Paris: Simon Rigaud; 1621.

___. L'Histoire anatomique en laquelle toutes les parties du corps humain sont amplement declarées enrichie de controverses et observations nouvelles [...] de la traduction de François Size. Paris: Jean Bertault; 1610.

Dubois, Frédéric. Histoire philosophique de l'hypochondrie et de l'hystérie. Paris: Deville Cavellin; 1833.

___. Über das Wesen und die gründliche Heilung der Hypochondrie und Hysterie. Berlin: August Hirschwald; 1840.

Dubois, Paul-Antoine. Traité Complet de l'Art des Accouchements, Band 1. Paris: Bèchet Jeune; 1849.

Dudley, A. The Trend of Gynecologic Work To-day. Journal of the American Medical Association. 1903 Dec 19; XLI(25):1527-1532.

Duhousset, Emile and Ilex, E. pseud. Les huis-clos de l'ethnographie: De la circoncision des filles, virginité, infibulation, génération, eunuques, Skoptzis, cadenas, ceinture. London: Imprimerie Particuiere de la Société; 1878.

Duncan, James Matthews. Klinische Vorträge über Frauenkrankheiten. Berlin: August Hirschwald; 1880.

Dunglison, Robley. A New Dictionary of Medical Science Containing a Concise Account of the Various Subjects and Terms. Philadelphia, PA: Lea and Blanchard; 1839.

Dupouy, Edmond. Médecine et mœurs de l'ancienne Rome, d'après les poètes latins. Paris: Baillière et fils; 1892.

Duval, Jacques. Des hermaphrodits, accovchemens des femmes, et traitement qui est requis pour les releuer en santé. Rouen: David Gevefroy; 1612.

Dwight, Timothy. Theology Explained and Defended in a Series of Sermons. Middletown, CT: Printed by Charles Lyman for Timothy Dwight; 1818.

Dyche, Thomas. Nouveau dictionnaire universel des arts et des sciences, françois, latin et anglois: contenant la signification des mots de ces trois langues et des termes propres de chaque état et profession: avec l'explication de tout ce que renferment les arts et les sciences, 2 Bände. Avignon: Veuve de Fr. Girard; 1756.

___. A New General English Dictionary; Peculiarly Calculated for the Use and Improvement of Such as are Unacquainted with the Learned Languages [...] To which is Prefixed, a Compendious English Grammar [...] Together with a Supplement, of the Proper Names of the Most Noted Kingdoms, Provinces [...]. London: Richard Ware; 1740.

___. The Spelling Dictionary: Or, a Collection of all the Common Words and Proper Names of Persons and Places. London: Richard Ware; 1737.

Edson, C. C. Transactions of the American Association of Orificial Surgeons: First Annual Meeting Held at Central Music Hall, Chicago, Ill. Sept., 1888. Sterling. IL: Gem Printing House; 1890.

Ehrhart, Johann Nepomuck. Medicinisch=chirurgische Zeitung, vierter Band. Innsbruck: Rauch; 1825.

Ellis, Havelock. Studies in the Psychology of Sex, Band 1: The Evolution of Modesty, The Phenomena of Sexual Periodicity, Auto-Erotism. Philadelphia, PA: F. A. Davis; 1931.

___. Studies in the Psychology of Sex. n.p.: 1910.

Engelmann, Georg Julius. Cliteridectomy. American Practitioner. 1882; 25:1-12.

___. The Dangers and Difficulties of Battey's Operation. Philadelphia, PA: Collins; 1878.

___. The Early History of Vaginal Hysterectomy (Sonderdruck aus dem American Gynaecological and Obstetrical Journal). New York: D. Appleton and Company; 1895.

___. Three Fatal Cases, with Some Remarks upon the Indications for the Operation. American Journal of Obstetrics and Diseases of Women and Children. 1878; 11:459-481.

Ercker, Lazarus. Aula Subterranea Domina Dominantium Subdita Subditorum: Das ist: Untererdische Hofhaltung Ohne welche weder die Herren regieren, noch die Unterthanen gehorchen können. Oder Gründliche Beschreibung dererjenigen Sachen, so in der Tieffe der Erden wachsen, als aller Ertzen der Königlichen und gemeinen Metallen, auch fürnehmster Mineralien, durch welche, nechst GOtt [sic!], alle Künste, Übungen und Stände der Welt gehandhabet und erhalten werden, da dann fürnehmlich hierin gelehret wird, wie sothanige Ertz- und Bergwercks-Arten, jede insonderheit ihrer Natur und Eigenschafft gemäß, auf alle Metalla probirt, und im kleinen Feuer versucht werden, nebst Erklärung einiger frürnehmer nützlichen Schmeltzwercke im grossen Feuer, Item, Ertz scheiden, puchen, waschen und rösten, auch Scheidung Goldes, Silbers, und anderer Metallen, ingleichem Kupffer saigern, Meßing brennen, Distillation der Scheidwasser und ihrem Brauch, auch zu Nutzmachung anderer mineralischen Berg- und Saltz-Arten. Frankfurt a.M.: Johann David Jung; 1736.

Estienne, Charles. La dissection des parties du corps humain divisée en trois livres, faictz par Charles Estienne, docteur en médecine: Avec les figures et déclaration des incisions, composées par Estienne de La Rivière chirurgien. Paris: Simon de Colines; 1546.

Estienne, Henri. Apologie pour Hérodote, ou traité de la conformité des merveilles anciennes avec les modernes. La Haye: Henri Scheurleer; 1735.

Estienne, Robert. Dictionarium, seu Latinae linguae Thesaurus: non singulas modo dictiones continens, sed integras quoque Latine & loquendi, & scribendi formulas ex optimis quibusque authoribus, [...] Q – Z, Band 3. Paris: Roberti Stephani; 1543.

Ettner von Eiteritz, Johann Christoph. Des Getreuen Eckharths Medicinischer Maul-Affe oder der Entlarvte Marckt-Schreyer. Frankfurt, Leipzig: Michael Rohrlachs seel. Wittib und Erben; 1719.

Eulenberg, Albert. Sexuale Neuropathie: Genitale Neurosen und Neuropsychosen der Männer und Frauen. Leipzig: F. C. W. Vogel; 1895.

Eysel, Johann Philipp. Dissertatio Inauguralis Medica, De Furore Uterino, oder Tobsucht der Weiber. Erfurt: Groschius; 1715.

Eyselius, Johannes Philippus. Dissertatio de furore uterino oder Tobsucht der Weiber. Erfurt: Groschius; 1694.

Fabricius, Hieronymus. Hieronymi Fabricii von Aquapendente, Edlen Ritters und Professoris zu Padua Wundt=Artznei in II. Theile abgetheilet. Nürnberg: Johann Daniel Taubers; 1673.

___. Opera Chirurgica quorum Pars Prior Pentateuchum Chiruigicum, posterior Operationes Chirurgicas Continet. Leiden: Boutesteniana; 1723.

Fabricius, Hieronymus. Wund=Artznei in II Theile abgetheilet. Nürnberg: Johann Daniel Tauber; 1673.

Falloppio, Gabriele. Gabrielis Falloppii Observationes Anatomicae: Ad Petrum Mannam Medicum Cremonensem. Köln: Arnold Birckmann; 1562.

Fauconney, Jean. La Folie Erotique: Nymphomanie – satyriasis – abus vénériens. Paris: Nouvelle Librairie Médicale; 1902.

___. L'Hermaphrodisme: Hermaphrodismes congénital [sic!] et par arrêt de développement. Paris: Nouvelle Librairie Médicale; 1902.

___. L'hystérie: causes, troubles intellectuels, exaltation mystique, folie hystérique. Paris: Nouvelle Librairie Médicale; 1902.

___. La menstruation et l'âge critique: la femme nubile, causes des règles, durée du deuxième âge, hygiène de la menstruation et de la ménopause. Paris: Offenstadt et Cie; 1902.

___. La pédérastie: historique, causes, la prostitution pédéraste, mœurs des pédérastes, observations médico-légales. Paris : Offenstadt et Cie; 1902.

___. L'Amour et le Commerce Sexuel. Paris: L. Noel; 1906.

___. La masturbation et la sodomie féminines: clitorisme, saphisme, tribadisme, déformation des organes. Paris: P. Brenet; 1925.

___. La masturbation et la sodomie féminines: clitorisme, saphisme, tribadisme, déformation des organes. Nouvelle librairie médicale (Paris); 1902.

Fenichel, Otto. The Psychoanalytic Theory of Neurosis. New York: W. W. Norton & Co.; n. y.

Ferenczi, Sandor; Abraham, Karl; Simmel, Ernst und Jones, Ernest. Psycho-Analysis and the War Neuroses. London, Vienne, New York: The International Psycho-Analytical Press; 1921.

Ferrand, Gustave. Considérations sur la nature de l'hystérie. Toulouse: Gimet-Pisseau; 1907.

Fischer-Dückelmann, Anna. Die Frau als Hausärztin: Ein ärztliches Nachschlagebuch der Gesundheitspflege und Heilkunde in der Familie, mit besonderer Berücksichtigung der Frauen- und Kinderkrankheiten, Geburtshilfe und Kinderpflege. Stuttgart: Süddeutsches Verlags-Institut; 1911.

Fischer, Eugen. Beiträge zur Anatomie der weiblichen Urogenitalorgane des Orang-Utan. Morphologische Arbeiten. 1898; 8(2):153-218.

Fischer, Johannes Andreas. Dissertatio inauguralis medica de furore uterino. Erfurt: Johannis Henricus Groschius; 1720.

Fitzerald, Gerald. Traité des maladies des femmes. Paris: Duchesne; 1758.

___. Tractatus Pathologicus de Affectibus Feminarum Praeternaturalibus. Paris: Durand; 1754.

Flammarion, Camille. Dictionnaire encyclopédique universel contenant tous les mots de la langue française, et résumant l'ensemble des connaissances humaines à la fin du XIXe siècle. Paris: Ernest Flammarion; 1894.

Fleming, James. A Treatise upon the Formation of the Human Species: The Disorders Incident to Procreation in Men and Women [...] London: Printed [sic!] M. Thrush; 1767.

Flexner, Abraham. Medical Education in the United States and Canada: A Report to the Carnegie Foundation for the Advancement of Teaching. New York: The Carnegie Foundation; 1910.

Fließ, Wilhelm. Die Beziehungen zwischen Nase und weiblichen Geschlechtsorganen: In ihrer biologischen Bedeutung dargestellt. Leipzig, Wien: Deuticke; 1897.

Flint, Austin. A Treatise on the Principles and Practice of Medicine. Philadelphia, PA: H. C. Lea; 1866.

Fochier, Alphonse. Hystérectomie abdominale totale et opération césarienne. Paris: Steinheil; 1903.

Foissac, Pierre. De l'influence des climats sur l'homme. Paris: J.-B. Baillière; 1837.

Foote, Edward Bliss. Dr. Foote's Home Cyclopedia of Popular Medical, Social and Sexual Science [...]. New York: Murray Hill Publishing Company; 1902.

___. Medical Common Sense Applied to the Causes, Prevention and Cure of Chronic Diseases and Unhappiness in Marriage. New York: [Selbstverlag]; 1864.

Forberg, Friedrich Karl. Antonii Panormitae Hermaphroditus: Lateinisch nach der Ausgabe von C. Fr. Forberg (Coburg 1824). Leipzig: Adolf Weigel; 1908.

___. De Figuris Veneris (Manual of Classical Erotology). Manchester: Julian Smithson; 1884.

Foucault, Michel. Herculine Barbin, Dite Alexina B. suivi de Un [sic!] Scandale au Couvent d'Oscar Panizza. Paris: Gallimard; 2014.

Franckenau, Georg Franck von. Satyrae Medicae XX. Quibus Accedunt Dissertationes VI. Leipzig: Georg Weidmann; 1772.

Franke, Richard. Beiträge zur Kenntniss maligner Tumoren an den äusseren Genitalien des Weibes. Archiv für pathologische Anatomie und Physiologie und für klinische Medicin. 1898; 154(2):363-380.

Freud, Sigmund. Aus den Anfängen der Psychoanalyse: Briefe an Wilhelm Fliess [sic!], Abhandlungen und Notizen aus den Jahren 1887-1902. London: Imago Publishing Co.; 1950.

Freud, Sigmund. Fragment of an Analysis of a Case of Hysteria. [n.l.]: [n.p.]; 1905.

Freud, Sigmund. Gesammelte Werke chronologisch geordnet, 17 Bände. London: Imago Pub. Co; 1940.

___. A Letter from Freud [April 9th 1935]. American Journal of Psychiatry. 1951; 107(10):786-787.

___. On the Sexual Theories of Children. Read Books Ltd.; 2014.

___. Three essays on the theory of sexuality. Mansfield Centre, CT: Martino Publishing; 2011.

Freud, Sigmund und Breuer, Joseph. Studien über Hysterie. Leipzig, Wien: Franz Deutike; 1895.
Freud, Sigmund; Brill, A. A; Kuttner, Alfred B. und Sigmund Freud Collection (Library of Congress). Reflections on War and Death. New York: Moffat, Yard and Company; 1918.
Freud, Sigmund; Brill, A. A. und Sigmund Freud Collection (Library of Congress). The History of the Psychoanalytic Movement. New York: The Nervous and Mental Disease Publishing Company; 1917.
___. Psychopathology of Everyday Life. New York: The Macmillan Company; 1914.
___. Selected Papers on Hysteria and Other Psychoneuroses. New York: The Journal of Nervous and Mental Disease Publishing Company; 1912.
___. Selected Papers on Hysteria and Other Psychoneuroses. New York: The Journal of Nervous and Mental Disease Publishing Company; 1909.
___. Wit and Its Relation to the Unconscious. New York: Moffat, Yard and Company; 1916.
Freud, Sigmund und Brill, Abraham Arden. Three Contributions to the Sexual Theory. New York: The Journal of Nervous and Mental Disease Publishing Company; 1910.
___. Totem and Taboo: Resemblances between the Psychic Lives of Savages and Neurotics. New York: Moffat, Yard and Company; 1918.
Freud, Sigmund; Eder, M. D. und Sigmund Freud Collection (Library of Congress). On Dreams. New York: Rebman Company; 1914.
Freud, Sigmund and Sigmund Freud Collection (Library of Congress). The Interpretation of Dreams. New York: The Macmillan Company; 1913.
___. Modern Sexual Morality and Modern Nervousness. New York: Critic and Guide Co; 1915.
Freund, Leopold. Grundriss der gesammten [sic!] Radiotherapie für praktische Ärzte. Berlin, Wien: Urban & Schwarzenberg; 1903.
Friedreich, Johann Baptist and Hesselbach, Adam Kaspar. Bibliothek der deutschen Medicin und Chirurgie. Würzburg: Carl Strecker; 1828.
Friedreich, Nikolaus. Zur Behandlung der Hysterie. Archiv für pathologische Anatomie und Physiologie und für klinische Medicin. 1882; 90(2):220-243.
Fritsch, Heinrich. Ein Beitrag zur Lehre vom Vaginismus. Archiv für Gynäkologie. 1876; 10(3):547-550.
Fromme, Allan. Understanding the Sexual Response in Humans: Containing a Critical Review of the Masters-Johnson Research. New York: Pocket books; 1966.

Froriep, Ludwig Friedrich von. Notizen aus dem Gebiete der Natur= und Heilkunde, gesammelt und mitgetheilt von Ludwig Friedrich von Froriep, Band 37. Weimar: Lossius; 1833.

Gage Moore, Harry. Clitoridectomy. The Lancet. 1866 Jun 9; 87(2232):639-640.

Gage Moore, Harry und Harris, Fred H. Clitoridectomy. The Lancet. 1866 Jun 23; 87(2234):699.

Galabin, Alfred Lewis. Diseases of Women. London: Churchill; 1903.

___. Guida dello Studente alla Diagnosi ed alla Cura delle Malattie delle Donne. Napoli: Leonardo Vallardi; 1885.

Galenus. CL Galeni Pergameni Medicorum Post Hippocratem Principis, Opera Omnium. Basel: Andreas Cratander; 1536.

Gallichan, Walter M. Modern Woman and How to Manage Her. London: T. Werner Laurie; 1903.

___. Sexual Apathy and Coldness in Women. London: T. Werner Laurie LTD; 1927.

Gallus. L'Amour chez les dégénérés: Etude anthropologique, philosophique et médicale. Paris: Emile Petit; 1905.

Garnier, Pierre. Fausses maladies vénériennes non contagieuses: Avec 160 observations et une planche. Paris: Garnier Frères; 1898.

___. Hygiène de la génération: Onanisme, seul et a deux, sous toutes ses formes et leurs conséquences. Paris: Garnier Frères; 1896.

___. Onanisme, seul et à deux, sous toutes ses formes et leurs conséquences. Paris: Garnier Frères; 1883.

___. Onanisme: seul et à deux sous toutes ses formes et leurs conséquences. Paris: Garnier; 1894.

Gauss, C. J. The Radio-Therapeutic Treatment of Gynaecological Cases at Freiburg. The British Medical Journal. 1913; 2(2754):922-924.

Gautier D'Agoty, Jacques und Mertrud, Jean Claude. Anatomie générale des viscères: en situation, de grandeur et couleur naturelles; avec l'angéologie et la neurologie de chaque partie du corps humain. Paris: Gautier; 1752.

Geddes, Patrick und Thomson, John Arthur. The Evolution of Sex. London: W. Scott; 1889.

Gerson, Jean de. Traité des dix commandements de la loi. Traité pour connaitre quel est le péché mortel ou véniel. Examen de conscience. Comment se doit faire confession. A B C des simples gens. Science de bien mourir. Paris: Trepperel; 1492.

Geyl, A. Dr. Theodor Tronchin. Archiv für Geschichte der Medizin. 1908; 1(2-4):81-101, 298-308.

Gibbons, R. A. A Lecture on Pruritus Vulvae: Its Etiology and Treatment. The British Medical Journal. 1912; 1(2670):469-475.

Gillard, Gabriel. Contribution à l'étude du vaginisme. Paris: Alexandre Coccoz; 1884.

Gilles de la Tourette, Georges. Traité clinique et thérapeutique de l'hystérie, d'après l'enseignement de la Salpêtrière. Paris: E. Plon, Nourrit et Cie; 1891.

Gilman, Charlotte Perkins. Progress through Birth Control. The North American Review. 1927; 224(838):622-629.

Goedeke, Karl and Tittmann, Julis. Deutsche Dichter des siebzehnten Jahrhunderts, 7. Band: Der abenteuerliche Simplicissimus von H. J. C. von Grimmelshausen, Erster Theil. Leipzig: Brockhaus; 1874.

Goeury-Duvivier, Jean-Louis. Guide des malades atteints d'affections des voies urinaires et des organes générateurs chez les deux sexes [...] Paris: Chez l'auteur; 1854.

Good, John Mason. The Study of Medicine in Four Volumes; Band 4. London: Baldwin, Cradock and Joy; 1822.

Goodell, William. A Case of Spaying for Fibroid Tumour of the Womb. The American Journal of the Medical Sciences. 1878; 76(151):36-50, 49.

Goodell, William. The Effect of Castration on Women and Other Problems in Gynecology. The Medical News. 1893; 63(24):652-656.

Goujon, E. Étude d'un cas d'hermaphrodisme bisexuel imparfait chez l'homme. Paris: Germer Baillière; 1870.

Graefe, Carl Ferdinand von. Heilung eines vieljährigen Blödsinns durch Ausrottung der Clitoris. Journal Der Chirurgie Und Augen-Heilkunde. 1825; 7:7-37.

Graham-Little, E. Naturopaths. The British Medical Journal. 1935; 2(3893):316.

Graham, Sylvester. A Lecture to Young Men, on Chastity: Intended also for the Serious Consideration of Parents and Guardians. Boston, MA: Charles H. Pierce; 1848.

Gram, Hans Burch. The Characteristic of Homöopathia: From Hahnemann's »Geist der homoöopathischen Heil-Lehre«. New York: J. & J. Harper; 1825.

Grant, Alison. Dr. Love Files $250 Million Suit against CBS. United Press International. 1990 Mar 5.

Granville Bantock, George. Clitoridectomy. The Lancet. 1866 Jun 16; 87(2233):663.

Granville Bantock, George; Pickop, John; Wadham Robinson, J. und Gage Moore, Harry. Clitoridectomy. The Lancet. 1866 Jul 14; 88(2237):51-52.

Grapaldi, Francesco Mario. De Partibus Aedium. Venedig: Alexander de Bindonis; 1517.
Gratianus de Clusio. Decretum. Strassburg: Johannes Grüninger; 1490.
Graves, Sidney and Mezer, Jacob. Malignancy of the Vulva. American Journal of Obstetrics and Gynecology. 1942; 43(6):1016-1021.
Green, Monica H. The Trotula: A Medieval Compendium of Women's Medicine. Philadelphia, PA: University of Pennsylvania Press; 2001.
Greenhalgh, R.; Baker Brown, I.; Routh, C. H. F.; Playfair, W. S.; Owen, Albert P. und Duke, Allen. Clitoridectomy. The Lancet. 1867 Jan 5; 89(2262):28-30.
Greenhalgh, Robert. Cliterodectomy. British Medical Journal. 1867 Jan 12; 1(315):41-42.
___. Clitoridectomy. British Medical Journal. 1866; 2(313):729-730.
___. Clitoridectomy. The Lancet. 1867 Jan 12; 89(2263):66-67.
Griggs, France. Breaking Tradition. Chicago Tribune. 1991 Aug 25.
Grimaud de Caux, Gabriel. Du principe de l'autorité et de son rétablissement en France (Troisième éd. revue et augmentée). Paris: Chez l'auteur; 1872.
Grimaud de Caux, Gabriel und Martin-Saint-Ange, Gaspard Joseph. Physiologie de l'espèce, histoire de la génération de l'homme. Paris: Librairie Encyclographique; 1837.
Grossheim, Ernst Leopold. Lehrbuch der operativen Chirurgie, Zweiter Theil. Berlin: Theodor Enslin; 1831.
Grossin-Duhaume, Étienne. Tableau de l'économie animale, ou nouvel abrégé de physiologie, concernant le mécanisme et l'organisation du corps. Paris: Louis Cellot; 1778.
Grumelli, Paulus. Nonnulla de Nymphomania Dissertatio Inauguralis quam annuentibus perillustri facultatis medicae directore[...] publicae disquisitioni submittit Grumelli Paulus Brixiensis. Pavia: Bizzoni; 1845.
Guerin, Alphonse. Maladies des organes génitaux externes de la femme. Paris: Adrien Delahaye; 1864.
Guérin, Paul. Dictionnaire des dictionnaires. Lettres, sciences, arts, encyclopédie universelle. Paris: Imprimeurs réunis; 1895.
Hakes, James. Singular Disease of the Female Genital Organs: Association Medical Journal1855; 3(153):1089.
Hall. Joseph. Utopiae Pars II: Mundus Alter & Idem. Die heutige newe alte Welt Darinnen außführlich und nach Notturfft erzehlet wird/was die nunmehr bald sechstausendjährige Welt für ein newe Welt geboren [...]. Leipzig: Henning; 1613.

Hall, Marshall. Commentaries on Some of the More Important of the Diseases of Females in Three Parts. London: Longman, Rees, Orme, Brown, and Green; 1827.

___. On the Reflex Function of the Medulla Oblongata and Medulla Spinalis. Philosophical Transactions of the Royal Society of London. 1833; 123:635-665.

[Hall, N. Royal Free Hospital: Hypertrophy of the Clitoris, with Condylomata. British Medical Journal. 1859 May 21; 125:399-400.

Hamilton, Alessandro und Piave, Angelo. Trattato delle Malattie delle Donne e dei Bambini. Venezia: Giustino Pasquali; 1802.

Hammond, Charles D. The Falacy of Cauterization Exposed: Or, Practical Observations for Young Men [...]. New York: By the Autor; 1859.

Hammond, William Alexander. L'Impuissance sexuelle chez l'homme et la femme. Paris: Vigot Frères; 1903.

Hanlo, J. G. M. De Behandeling der Hysterie door de Cauterisatie der Clitoris met Nitras Argenti. Nederlands Tidschrift Voor Geneeskunde. 1882; 26:907-908.

Hannah, George (Komponist). The Boy in the Boat. Piano Blues Vol. 3: 1924-1940. Withorn, DG8 8PE: Document Records.

Harling, Robert D. and Greenhalgh, Robert. Clitoridectomy. The British Medical Journal. 1867; 1(315):42-40.

Hart, D. Berry. A Preliminary Note on the Development of the Clitoris, Vagina, and Hymen. Tweeddale Court: Oliver & Boyd; 1896.

Hartmann, Henri. Gynécologie opératoire. Paris: G. Steinheil; 1914.

Harvey, Gideon. Ars Curandi Morbos Expectatione: Item de vanitatibus, dolis, & mendaciis medicorum. Accedunt his praecipue supposita, & phaenomena, quibus veterum recentiorumque dogmata de febribus, tussi, phthiae, asthmate, apoplexia, calculo renum & vesicae, ischuria & passione hysteria convelluntur. Amsterdam; 1695.

Hatin, Jules. Cours complet d'accouchemens et des maladies des femmes et des enfans, deuxieme partie. Paris: J.-B. Ballière; 1832.

Havelock Ellis, Henry. Studies in the Psychology of Sex, 2 Bände. London: William Heinemann; 1942.

Hazleton, E. B. »X« Rays in Gynaecology. The British Medical Journal. 1909; 2(2538):461.

Hegel, Georg Friedrich Wilhelm. Phänomenologie des Geistes. Hamburg: Felix Meiner; 1952.

Heister, Lorenz. Chirurgie, in welcher Alles/was zur Wund=Artney gehöret/nach der neuesten und besten Art/gründlich abgehandelt/[...]. Nürnberg: Johann Hoffmanns sel. Erben; 1724.

___. Chirurgie, In welcher Alles, was zur Wund-Artzney gehöret, Nach der neuesten und besten Art gründlich abgehandelt und In vielen Kupffer-Tafeln die neu-erfundene und dienlichste Instrumenten Nebst den bequemsten Handgriffen der Chirurgischen Operationen und Bandagen deutlich vorgestellet werden. Nürnberg: Lorenz Bieling; 1724.

___. D. Lavrentii Heisteri sereniss. Brunsiucens [...]. Institvtiones chirvrgicae in qvibvs qvicqvid ad rem chirvrgicam pertinet, optima et novissima ratione pertractatvr atque in tabulis multis aeneis praestantissima ac maxime necessaria instrumenta itemque artificia, sive encheirises praecipuae & vincturae chirurgicae repraesentantur: opvs triginta annorvm, nunc demum, post aliquot editiones germanica lingua evulgatas, in exterorum gratium latine publicatum. Amstelaedami: Apud Janssonio-Waesbergios; 1739.

___. Institutions de chirurgie, ou l'on traite dans un ordre clair et nouveau de tout ce qui a rapport à cet art, ouvrage de près de quarante ans. Band 4. Avignon: J. J. Niel; 1770.

Heisterbergk, Carolus Augustus and Kaltschmied, Carolus Friedericus. Sistens casum de virgine nymphomania laborante. Jena: Tennemann; 1748.

Helmuth, William Tod. A Dozen Cases: Surgery. Albany, NY: Weed, Parsons & Company; 1876.

Helmuth, William Tod; Grigsby, Edward S.; Godshall, S. G.; Franklin, E. C.; Foster, William Davis; Eldridge, C. S.; Doughty, F. E.; Christine, Gordon Maxwell.; Cate, S. M.; Cailhol, E. A. de.; Biggar, H. F.; Betts, B. F.; Beebe, Albert G.; Beebe, Gaylord D.; Avery, H. N. und Ashcraft, L. T. Pamphlets – Homoeopathic. Surgery. 1. [United States]: s.n.; 1868.

Herman, G. E. Midwifery and Gynaecology in 1800. The British Medical Journal. 1900; 2(2087):1854-1856.

Hermann, Johann Hieronymus. Sammlung allerhand auserlesener Responsorum [...]. Jena: Johann Rudolph Grösser; 1736.

Herpain, Jacques. Essai sur la nymphomanie ou fureur utérine. Paris: [Sorbonne?]; 1812.

Hewitt, Graily. Lectures on the Diagnosis and Treatment of Diseases of Women (Continued): The British Medical Journal 1862; 1(59):167-165.

Hickling, Daniel Percy. Case of hysterectomy for fibroids. Washington, D.C.: 1903?

Hicks, J. Barxton. On the Application of the Galvanic Cautery to Gynæcology. The British Medical Journal. 1874; 2(726):672-673.

Highmore, Nathaniel. Exercitationes Duae. Quarum Prior de Passione Hysterica: Altera de Affectione Hypochondriaca. Oxford: R. Davis; 1660.

Highmore, Nathaniel. Nathanaelis Highmori de hysterica & hypochondriaca passione: responsio epistolaris ad Doctorem Willis, medicum Londinensem celeberrimum. London: Roberti Clavel; 1670.

Hippocrate. Oeuvres complètes d'Hippocrate: Traduction nouvelle, Band 1. Paris: J. B. Ballière; 1839.

Hitschmann, Eduard. Freud's Theories of the Neurosis. New York: Moffat, Yard and Co, 1917.

Hitschmann, Eduard und Bergler, Edmund. Die Geschlechtskälte der Frau: Ihr Wesen und ihre Behandlung. Wien: Ars Medici; 1934.

___. La frigidité de la femme. Paris: Denoel et Steele; 1936.

___. Frigidity in Women: Its Characteristics and Treatment. Washington, DC: Nervous and Mental Disease; 1936.

Hobbs, A. T. Surgical Gynæcology in Insanity. British Medical Journal. 1917; 2(1897):769-770.

Hoche, Alfred Erich. Die Differentialdiagnose zwischen Hysterie und Epilepsie. Berlin: August Hirschwald; 1902.

Hoffmann, Friedrich. Vollständige Anweisung zu einer sichern, vernünfftigen und in Erfahrung stehenden Praxi Medica. Ulm: Daniel Bartholomäus; 1743.

Homberg, Andreas. De Tentigine Disputationem. Jena: Werther; 1671.

Home, Everard. An Account of the Dissection of an Hermaphrodite Dog. To Which Are Prefixed, Some Observations on Hermaphrodites in General. By Everard Home, Esq. F. R. S.: Philosophical Transactions of the Royal Society of London1799; 89178-157.

Horejsi, Jan. Aquired Clitoral Enlargement: Diagnosis and Treatment. Annals of the New York Academy of Sciences. 1997; 816:369-372.

Houssaye, Arsène. Poesies Complètes de Arsène Houssaye. Paris: Victor Lecou; 1852.

Howe, Joseph W. Excessive Venery Masturbation and Continence: The Etiology, Pathology and Treatment of the Diseases Resulting from Venereal Excesses, Masturbation and Continence. New York: E. B. Treat; 1889.

Howe, Samuel Gridley. Report Made to the Legislature of Massachusetts upon Idiocy. Boston, MA: Coolidge & Wiley; 1848.

Hulke, J. W.; Fayrer, Joseph; Walker, Joseph; Bodington, G. F.; Owen, D. C. Lloyd, and Moore, W. Reports of Societies. British Medical Journal. 1883; 2(1197):1129-1133.

Humphry, George M. Observations on Anæsthetic Agents in Surgical Operations. Provincial Medical & Surgical Journal. 1848; 12(16):425-428.

Hunt, Harry Ernest. Practical Psycho-Analysis. London, New York, Toronto, Cape Town, Sydney: W. Foulsham & Co; 1938.

Hühner, Max. A Practical Treatise on Disorders of the Sexual Function in the Male and Female. Philaelphia, PA: F.A. Davis Company; 1917.

___. A Practical Treatise on Disorders of the Sexual Function in the Male and Female. Philadelphia, PA: F. A. Davis; 1921.

Hülsemann, Johann. Calixtinischer Gewissens-Wurm aus seinen wider die Evangelische/von ihm selbst Eydlich beschworne aber Schändlich verlassene und Verlästerte Warheit/in Teut- und Lateinischer Sprach ausgelassenen Schrifften [...]. Leipzig: Timotheus Ritzschen; 1653.

Ilberg, Johannes. Die Überlieferung der Gynäkologie des Soranos von Ephesos. Leipzig: B. G, Teubner; 1919.

Ilkiewicz, Michael. Dissertatio Inauguralis Medica de Nymphomania quam pro summis in medicina, chirurgia et arte obsteticra honoribus rite obtinendis in regia universitate Erlangi sripsit. Paris: Cosson; 1828.

Institoris, Heinrich and Sprenger, Jacob. Malleus Maleficarum. k. A.: k. A.; 1519.

Jacob, Giles. Tractatus de Hermaphrodites, or, A Treatise of Hermaphrodites. London: E. Curll; 1718.

Jacobi, H. und Lindner, J. Indications, Results and Failures of Roentgen Ray Castration. Monatsschrift für Geburtshilfe und Gynäkologie. 1933; 94:178.

James, Robert. Dizionario Universale di Medicina, Tomo Quinto. Venedig: Giambatista Pasquali; 1753.

___. A Medicinal Dictionary: Including Physic, Surgery, Anatomy, Chymistry and Botany [...] Band 3. London: T. Osborne; 1745.

Jamet de la Guessiere, François. Journal des principales audiences du parlement, avec les arrêts qui y ont été rendus et plusieurs questions et [...], 2. Band. Paris: Compagnie des Libraires Associés; 1757.

Johnson, Athol A. Lectures on the Surgery of Childhood Delivered at the Hospital for Sick Children. British Medical Journal. 1860; 1(160):41-45.

Johnson, John Noble. The Life of Thomas Linacre, Doctor in Medicine, Physician to King Henry VIII. London: Edward Lumey; 1835.

Johnson, Joseph Taber. Battey's Operation (Read before the Washington Obstetrical and Gynaecological Society, October, 1895). Washington DC; 1896.

Jolly, Friedrich. Hysterie und Hypochondrie. In: Ziemssen, Hugo, (Hg.). Handbuch der speciellen Pathologie und Therapie: Handbuch der Krankheiten des Nervensystems II. Leipzig: V. C. W. Vogel; 1877: 491-709.

Joly, Henry. Discours d'une estrange et cruelle maladie hypochondriaque venteuse, qui a duré onze ans: Accompagnée de l'hysterique passion, avec leur noms, causes, signes, accidents terribles, & leur remèdes. Paris: Catherine Niverd; 1609.

Jones, Horace Leonard. The Geography of Strabo, Band 8. Cambridge, MA; London: Harvard University Press//William Heinemann; 1967.

Jones, Thomas et al. Paper in Chemistry. Transactions of the Society, Instituted at London, for the Encouragement of Arts, Manufactures, and Commerce. 1800; 18:159-194.

Jorden, Edward. A Briefe Discourse of a Disease Called the Suffocation of the Mother. London: John Windet; 1603.

Jörg, Johann Christian Gottfried. Ueber das physiologische und pathologische Leben des Weibes, 2. Theil. Leipzig: Carl Cnobloch; 1831.

Jourdan, Louis. Un hermaphrodite. Paris: E. Dentu; 1861.

Jozan, Emile. Traité pratique complet des maladies des femmes. Paris: Garnier Fréres; 1890.

Jung, Carl Gustav. Collected Works of C. G. Jung, Band 4: Freud and Psychoanalysis. Princeton, NJ: Princeton University Press; 2014.

Jörg, Johann Christian Gottfried. Handbuch der Krankheiten des Weibes: Nebst einer Einleitung in die Physiologie und Psychologie des weiblichen Organismus. Reutlingen: Mäcken'sche Buchhandlung; 1832.

Kaltio, Outi Hg. Theorica Pantegni: Facsimile and Transcription of the Helsinki Manuscript. Helsinki: The National Library of Finland; 2011.

Kaplan, Isaac. A Simple Technic for Shortening the Clitoris without Amputation. Obstetrics and Gynecology. 1967; 29(2):270-271.

Kassabian, Mihran Krikor. Röntgen Rays and Electro-Therapeutics with Chapters on Radium and Phototherapy. Philadelphia, PA, London: J. B. Lippincott; 1907.

Kauer, Ferdinand und Perinet, Joachim Der travestirte Telemach: Erster Theil: Eine Karrikatur in Knittelreimen mit Gesang in drey Aufzügen: für die k. auch k.k. priv. Schaubühne in der Leopoldstadt. Wien: Auf Kosten und im Verlag bey [Johan]n Ba[pt]ist Wallishausser; 1805.

Keens, William Williams and DaCosta, John Chalmers. Surgery: Its Principles and Practice. Philadelphia, PA: W. B. Saunders Co.; 1909.

Kehrer, Erwin. Die physiologischen und pathologischen Beziehungen der weiblichen Sexualorgane zum Tractus Intestinalis und besonders zum Magen. Berlin: S. Karger; 1905.

Kehrer, Erwin and Jaschke, Rudolf Theodor. Die Vulva und ihre Erkrankungen, Lage- und Bewegungsanomalien des weiblichen Genitalapparates. München: J. F. Bergmann; 1929.

Keith, Arthur. Three Demonstrations on Malformations of the Hind End of the Body. Given at The Royal College of Surgeons, England. The British Medical Journal. 1908; 2(2502):1736-1741.

Kellogg, John Harvey. The Art of Massage: A Practical Manual for the Nurse, the Student and the Practitioner. Battle Creek, MI: Modern Medicine Publishing; 1929.

___. Plain Facts for Old and Young: Embracing the Natural History and Hygiene of Organic Life. Burlington, IA: F. Segner & Co.; 1888.

Kelly, Howard A. Medical Gynecology. New York, London: D. Appleton and Company; 1908.

Kent, James Tyler. Sexual Neuroses. St. Louis, MO: Maynard & Tedford; 1879.

Kerr, Jacob S. Disputatio Inauguralis de Hysteria. Edinburgh: Balfour and Smellie; 1794.

Kielmeyer, Carl Friedrich von; Jäger, G. (Hg.). Amtlicher Bericht über die Versammlung deutscher Naturforscher zu Stuttgart im November 1834. Stuttgart: J. B. Metzler; 1835.

Kinsey, Alfred Charles; Pomeroy, Wardell B.; Martin, Clyde E., und Gebhard, Paul H. Sexual Behavior in the Human Female. Bloomington, IN, Indianapolis, IN: Indiana University Press; 1953.

Kirchner, Johann Christoph Rudolph. Compendium historiae litterariae novissimae, oder, Erlangische gelehrte Anmerkungen und Nachrichten auf das Jahr [1764], Band 20. [Erlangen]: Gotthart Pötschens; 1765.

Kirkham, Stanton Davis. The Philosophy of Self-Help: An Application of Practical Psychology to Daily Life. New York and London: G. P. Putnam's sons; 1909.

Kirstein, F. Die Röntgentherapie in der Gynäkologie. Berlin: Julius Springer; 1913.

Kirtley, James Samuel. The Beautiful Way or Success and a Happy Life: Inspiration, Culture, Self-Help. Chicago, IL: C. W. Stanton Co; 1902.

Kisch, Enoch Heinrich. Die Sterilität des Weibes, Ihre Ursachen und Ihre Behandlung. Wien, Leipzig: Urban & Schwarzenberg; 1896.

___. The Sexual Life of Woman in Its Physiological, Pathological and Hygienic Aspects. New York: Rebman & Co.; 1910.

Kobelt, Georg Ludwig. De l'appareil du sens génital des deux sexes. Strasbourg, Paris: Berger-Levrault & Labé; 1851.

Kobelt, Georg Ludwig. Die männlichen und weiblichen Wollust-Organe des Menschen und einiger Säugethiere in anatomisch-physiologischer Beziehung. Freiburg i.Br.: Adolph Emmerling; 1844.

Kossmann, R. Allgemeine Gynaecologie. Berlin: August Hirschwald; 1903.

Kötter, Monika und Schug, Ellen (Hg.). Verzeichnis der Erlanger Promotionen 1743-1885: Teil 2. Medizinische Fakultät. Erlangen: Universitätsbibliothek Erlangen Nürnberg; 2009.

Krafft-Ebing, Richard von. Psychopathia Sexualis mit besonderer Berücksichtigung der conträren Sexualempfindung: Eine klinisch-forensische Studie. Stuttgart: Ferdinand Enke; 1898.

Kramer, Heinrich und Sprenger, Jakob. Malleus Maleficarum. Lyon: Claudius Bourgeat; 1669.

Krantz, Michael. Diagnose und Therapie der nervösen Frauenkrankheiten infolge gestörter Mechanik der Sexual-Organe. Wiesbaden: J. F. Bergmann; 1899.

Kraus, Ludwig August. Kritisch-etymologisches medicinisches Lexikon. Wien: Anton von Haykul; 1831.

Krause, W. Ueber die Nervenendigung in der Clitoris. Nachrichten von der Königl. Gesellschaft der Wissenschaften und der Georg-Augusts-Universität zu Göttingen. 1866; 169-170.

Kroger, William S. und Freed, Charles. Psychosomatic Aspects of Frigidity. The Journal of the American Medical Association. 1950; 143(6):526-532.

Krünitz, Johann Georg. Abhandlung von den Zwittern; Aus den Mémoires de Chirurgie, avec quelques remarques histor[iques] sur l'état de la Medec[ine] et de la Chirurgie en France et en Angleterre; par M. GE. Arnaud ą Londr. et Amst. 1768 [...] in Neues Hamburgisches Magazin, oder Fortsetzung gesammleter Schriften, aus der Naturforschung, der allgemeinen Stadt- und Land=Oekonomie. und den angenehmen Wissenschaften überhaupt, Band 17, S. 387-424. Leipzig: Adam Heinrich Hollens Witwe; 1771.

Küstner, Otto Ernst. Lehrbuch der Gynäkologie. 1910.

Kölliker, Albert von und Royal College of Surgeons of England. Das anatomische und physiologische Verhalten der cavernösen Körper der Sexualorgane. [Würzburg]: [Verlag nicht identifiziert]; 1851.

Köne, J. R. Der altsächsische Beichtspiegel zur Zeit des H. Liudgerus und seiner nächsten Nachfolger. Münster: Friedrich Regensberg; 1860.

La Mothe Le Vayer, François. Hexaméron rustique, ou les six journées passées à la campagne entre des personnes studieuses. Paris: Isidore Lisieux; 1875.

Labarthe, Paul. Dictionnaire populaire de médicine usuelle d'hygiène publique et privée, 2 Bände. Paris: Marpon et Flammarion; 1887.

Laclos, Choderlos de. Les liaisons dangereuses, ou lettres recueillies dans une société; et publicées pour l' instruction de quelques autres. Paris: Garnier; 1782.

Lafage, Pierre. Essai sur la nymphomanie ou fureur utérine: Dissertation, Universität Montpellier; 1800.

Laker, Carl. Ueber eine besondere Form von verkehrter Richtung (»Perversion«) des weiblichen Geschlechtstriebes. Archiv Für Gynäkologie. 1889; 34(2):293-300.

Lallemand, M. A Practical Treatise on the Causes, Symptoms and Treatment of Spermatorrhoea. Philadelphia, PA: Blanchard and Lea; 1861.

Landis, Carney; Bolles, Marjorie und D'Esposo, D. A. Psychological and Physical Concomitants of Adjustment in Marriage. Human Biology. 1940; 12(4):559-565.

Landry, Maurice. Les déficiences sexuelles masculines et la frigidité, leur traitement par le »stress« nasal: Traitements associés. Paris: Maloine; 1962.

Larmont, Martin. Medical Adviser and Marriage Guide: Representing all the Diseases of the Genital Organs of the Male and Female. New York: Larmont & E. Banister; 1860.

Larousse, Pierre. Grand dictionnaire universel du XIXe siècle: français, historique, géographique, mythologique, bibliographique [...]. Band 17 Suppl. 2. Paris: Administration du Grand Dictionnaire Universel; 1866.

Larousse, Pierre. Grand dictionnaire universel du XIXe siècle. Band 4. Paris: Administration du Grand Dictionnaire Universel; 1869.

Laskowski, Sigismond und Balicki, Sigismond. Anatomie normale du corps humain: Atlas iconographique[...] destiné à l'usage des écoles supérieures, des étudiants en médecine, des peintres et des statuaires. Exécuté d'après les préparations et sous la direction de l'auteur par. Genève: Braun; 1894.

Laughlin, Harry H. The Legal, Legislative and Administrative Aspects of Sterilization. Cold Spring Habor, NY: Eugenics Record Office; 1914.

Laurentius, Andreas. Historia Anatomica Humani Corporis et Singularum Eius Partium Multis [...]. Frankfurt: Matthias Becker; 1599.

Le Bègue de Presle, Achille-Guillaume. Le conservateur de la santé, ou avis sur les dangers qu'il importe à chacun d'éviter pour se conserver en bonne santé & prolonger sa vie. Paris: Didot Le Jeune; 1763.

Le Roy, Alphonse. Maladies des femmes et des enfans, avec un traité des accouchemens. Band 2. Paris: D'Houry; 1769.

Lefort, Pierre. Excision du clitoris et des nymphes: Inefficacité de cette opération appliquée a un cas d'oestromanie. Revue thérapeutique du Midi: Journal de médicine, de chirurgie et de pharmacie pratiques. 1854; VI: 76-81.

Legeu, Félix and Labadie-Lagrave, Frédéric. Traité médico-chirurgical de gynécologie. Paris: Félix Alcan; 1904.

[Legros, F.]. Sociéte médicale du Temple: Du clitorisme – amputation du clitoris – guerison. Annales Médico-Psychologiques. 1847; 10:464-465.

Lelong, Jacques. De l'intervention chirurgicale dans l'hysterie. Montpellier: Firmin, Montane et Sicardi; 1902.

Leonard, C. H. Capuchon du clitoris adhérent comme cause de chorée. Archives de Pédiatrie de Philadelphia. 1890; 7:293-296.

Levret, André. L'Art des accouchemens. Démontré par des principes de physique et de méchanique. Paris: Didot le Jeune; 1766.

Lewandowsky, M. Die Hysterie. Berlin: Julius Springer; 1914.

Lewis, Denslow. The Gynecologic Consideration of the Sexual Act. Chicago, IL: Henry O. Shepard Company; 1900.

Liebmann. Dissertatio de furore uterino. Halle: Universität Halle; 1760.

Lindemann, H. W. Abhandlung über die Krankheiten der Frauenzimmer. Leipzig; 1793.

Lindner, Robert M. Rebel without a Cause: The Hypnoanalysis of a Criminal Psychopath. London: Research Book; 1945.

Lindwurm, Arnold. Über die Geschlechtsliebe in social-ethischer Beziehung: Ein Beitrag zur Bevölkerungslehre. Leipzig: Otto Wigand; 1879.

Liston, Robert. Elements of Surgery. London: Longman, Orme, Brown, Green, and Longmans; 1840.

Littré, Emile. Dictionnaire de médicine, de chirurgie, de pharmacie. Paris: Ballière et fils; 1905.

Liébault, Jean. Trois livres appartenant aux infirmitez et maladies des Femmes. Paris: Jacques du Puy; 1582.

Lloyd, Robert. St. James's Magazine. London: Flexney; 1762.

Lobethan, Friedrich Georg August. Erste Grundlinien des gemeinen in Teutschland geltenden Privatrechts, zum Gebrauche bey dem akademischen Unterrichte, und für das Bedürfnis unserer Zeit. Dresden und Leipzig: Richter; 1793.

Lochner, Michael Friedrich. De nymphomania historia medica. Altdorf: Universität Altdorf; 1684.

Lockyer, Cuthbert and Provis, F. L. Radiology in Gynaecological Practice [With Discussion]. The British Medical Journal. 1920; 2(3119):539-542.

Locré, Jean Guillaume. Esprit du Code Napoléon tiré de la discussion. Band 5. Paris: Imprimerie Impériale; 1807.

Lombroso, Cesare. The Determining of Genius. The Monist. 1901; 12(1):64-49.

___. The Female Offender. New York: Appleton; 1909.

___. Illustrative Studies in Criminal Anthropology. The Monist. 1891; 1(2):196-177.

___. Illustrative Studies in Criminal Anthropology III: The Physiognomy of the Anarchists. The Monist. 1891; 1(3):343-336.

___. Left-Handedness and Left-Sidedness: The North American Review 1903; 177(562):444-440.

___. Why Homicide Has Increased in the United States I. The North American Review. 1897; 165(493):648-641.

___. Why Homicide Has Increased in the United States II: Barbarism and Civilization. The North American Review. 1898; 166(494):11-1.

Lombroso, Cesare und Ferrero, Guglielmo. Das Weib als Verbrecherin und Prostituirte: Anthroplogische Studien gegründet auf eine Darstellung der Biologie und Psychologie des normalen Weibes. Hamburg: A. G. Richter; 1894.

___. La donna delinquente: La prostituta e la donna normale. Turin: Roux; 1894.

Lowrie, Robert John. Gynecology. Springfield, IL: Thomas; 1952.

Luc de Lignac, Louis François. De l'homme et de la femme considérés physiquement dans l'état du mariage, Band 2. C. F. J. Lehoucq; 1778.

Luc de Lignac, Louis François. A Physical View of Man and Woman in a State of Marriage with Anatomical Engravings. London, 2 Bände: Printed for Vernor and Hood; 1798.

Lundberg, Ferdinand and Farnham, Marynia F. Modern Women: The Lost Sex. New York, London: Harper and Brothers; 1947.

Lusitanus, Zacutus. Praxis Medica Admiranda in qva, exempla monstrosa, rara, noua, mirabilia, circa abditas morborum causas, signa, euentus, atque curationes exhibita, diligentissime proponuntur. Leiden: Johann Anton Huguetan; 1637.

Lutaud, A. Manuel des maladies des femmes clinique & Opératoire. Paris: L. Bataille; 1895.

Lydston, G. Frank. The Diseases of Society (The Vice and Crime Problem). Philadelphia, PA, London: Lippincott Co.; 1904.

Lüneburg, H. Übersetzer. Die Gynäkologie (περι γψναικειπν) des Soranus von Ephesus: Geburtshilfe, Frauen- und Kinder-Krankheiten, Dieätetik der Neugeborenen. München: J. F. Lehmann; 1894.

Macan, Arthur. Epitheliomatous Tumour of Clitoris. The British Medical Journal. 1889; 2(1505):985.

Maire, Isidore-Hyacinthe. Répertoire complet de thérapeutique, ou memento de cabinet, à l'usage des personnes qui exercent l'art de guérir. Paris: Binet; 1840.

Malcolm, John D. Two Cases of Vulvitis Caused by the Accumulated Secretion of Tyson's Glands: The British Medical Journal 1918; 2(3003):55.

Mandeville, Bernard. A Modest Defence of Publick Stews: or, An Essay upon Whoring. As It Is Now Practis'd in These Kingdoms. London: A. Moore; 1724.

___. A Treatise of the Hypochondriack and Hysterick Diseases in Three Dialogues. London: J. Tonson; 1730.

Manuscrits de la bibliothèque de l'Arsenal. Archives de la Bastille. Cinquante et un dossiers. 1731. [Archivquelle]

Marcuse, Max. Handwörterbuch der Sexualwissenschaft: Enzyklopädie der natur- und kulturwissenschaftlichen Sexualkunde des Menschen. Bonn: A. Marcus & E. Webers; 1923.

Marinelli, Giovanni. Thresor [sic!] des remèdes secrets pour les maladies des femmes: Pris du Latin & Faict du François. Paris: Jacques du Puys; 1585.

Marracci, Ippolito. Polyanthea Mariana, In Qua Libris Octodecim Deiparae Mariae Virginis Sanctissima nomina, celeberrima & innumera laudum encomia, altissimae gratiarum, virtutum, & sanctitatis excellentiae, & coelestes denique praerogativae & dignitates, Ex. S. Scripturae, SS. Apostolorum omnium, SS. Patrum, & Ecclesiae Doctorum, aliorumque sacrorum Scriptorum, veterum praesertim monumentis studiose collecta, iuxta alphabeti seriem, & temporis, quo vixerunt, ordinem, utiliter disposita, Lectorem oculis exhibentur. Köln: Franciscus Metternich; 1710.

Marsden, Alex. Elephantiasis of the Clitoris Attaining to the Small Adult's Head; Succesful Removal. The Lancet. 1857; 70(1773):196.

[Marten, John]. Onania, oder die erschreckliche Sünde der Selbst-Befleckung, mit allen ihren entsetzlichen Folgen, so diesselbe bey Beyderley Geschlecht nach sich zu ziehen pfleget. Frankfurt und Leipzig: Daniel Christian Hechtel; 1749.

Marten, John. Onania: or, the Heinous Sin of Self-Pollution. London: Thomas Crouch; 1713.

[Marten, John]. Onania, or, The Heinous Sin of Self-Pollution. Glasgow: McIntosh; 1760.

___. Onania, or, the Heinous Sin of Self-Pollution, and All Its Frightful Consequences (in Both Sexes Considered: With Spiritual and Physical Advice to Those Who Have Already Injured Themselves by This Abominable Practice. London: H. Cooke; 1756.

___. Onania, or, The Heinous Sin of Self-Pollution, and All Its Frightful Consequences (in Both Sexes) Considered, with Spiritual and Physical Advice to Those Who Have Already Injured Themselves by This Abominable Practice. The Twenty-First Edition, as also the Twelfth Edition of the SUPPLEMENT to it, Both of Them Revised and Enlarged, and Now Printed together in One Volume. London: Cooke; 1776.

___. A Supplement to the Onania, or, The Heinous Sin of Self-Pollution, and All Its Frightful Consequences, in the Two Sexes Consider'd. etc. London: T. Crouch; 1724.

Martialis, Marcus Valerius. M. Valerii Martialis Epigrammaton Liber I, 90. 100.

Martin, August. Traité clinique des maladies des femmes. Paris: G. Steinheil; 1889.

Martin, Augusto. Patologia e terapia delle malattie delle donne ad uso dei medici pratici. Milano: Francesco Vallardi; 1894.

Martindale, Louisa. Menorrhagia Treated by Intensive X-Ray Therapy. Report of Twenty Consecutive Cases. The British Medical Journal. 1923; 2(3271):411-413.

Martineau, L. Leçons sur les déformations vulvaires et anales produites par la masturbation, le saphisme, la défloration et la sodomie. Paris: Adrien Delahaye et Émile Lecrosnier; 1886.

Masters, William H. und Johnson, Virginia E. Human Sexual Response. Boston, MA: Little, Brown; 1966.

Mauriac, Charles. Nouvelles leçons sur les maladies vénériennes professées à l'Hôpital du Midi: Syphilis tertiaire et syphilis héréditaire. Paris: Ballière et Fils; 1890.

Medical Department, United States Army. Neuropsychiatry in World War II, Band 1: Zone of Interior. Washington, DC: Office of the Surgeon General; 1966.

Meigs, Charles D. Woman: Her Diseases and Remedies. Philadelphia, PA: Blanchard and Lea; 1859.

Meissner, Friedrich Ludwig. Forschungen des neunzehnten Jahrhunderts im Gebiete der Geburtshülfe, Frauenzimmer und Kinderkrankheiten: Was hat das neunzehnte Jahrhundert für die Erkenntniss und Heilung der Frauenzimmerkrankheiten gethan? Zeitraum 1826 bis 1832, Band 5. Leipzig: August Lehnhold; 1833.

___. Forschungen des Neunzehnten Jahrhunderts im Gebiete der Geburtshülfe, Frauenzimmer- und Kinderkrankheiten, Zweiter Theil. Leipzig: C. H. F. Hartmann; 1826.

Mende, Ludwig Julius Caspar and Balling, Franz Anton. Die Geschlechtskrankheiten des Weibes: Nosologisch und therapeutisch bearbeitet, 2 Bände. Göttingen: Dietersche Buchhandlung; 1836.

Menville, Charles-François. De l'âge critique chez les femmes, des maladies qui peuvent survenir à cette époque de la vie et des moyens de les combattre et de les prévenir. Paris: Germer Baillière; 1840.

___. Histoire médicale et philosophique de la femme considérée dans toutes les époques principales de sa vie [...] Paris: Amyot et Labbé; 1845.

Menville de Ponsan, Charles François. Histoire philosophique et médicale de la femme. Paris: J.B. Ballière et fils; 1858.

Merlo, Ernst. Ueber Vaginismus. Dissertation Universität Bonn; 1869.

Meryon, Edward. Pathological and Practical Researches on the Various Forms of Paralysis (Continued). The British Medical Journal. 1863; 2(138):204-205.

Meurisse, Bernard. Syndrome utérin et manifestations hystériques. Lille: Quarré; 1895.

Middeldorpf, Albrecht Theodor. Die Galvanocaustik: Ein Beitrag zur operativen Medicin. Breslau: Josef Max; 1854.

Millant, Richard. Les eunuques à travers les âges [...] Paris: Vigot Frères; 1908.

Millot, Jacques-André. L'Art de procréer les sexes à volonté ou système complet de génération. Paris: Migneret; 1800.

___. Die Kunst, sogleich beym Beyschlaf das Geschlecht des zu erzeugenden Kindes zu bestimmen: nebst einer kritischen Beleuchtung aller Zeugungstheorien und einem vollkommenen Systeme dieses so wichtigen Naturgeschäfts. Leipzig: August Lebrecht Reinicke; 1802.

Mirabeau, Honore-Gabriel de Riquetti. Erotika biblion. Bruxelles: Chez tous les libraires; 1867.

Möller. Notiz über eine ungewöhnliche Missbildung. Archiv für pathologische Anatomie und Physiologie und für klinische Medicin. 1864; 29(1):205-207.

Mondat, V. De la sterilité de l'homme et de la femme, et des moyens d'y remédier. Montpellier: Castel; 1840.

Money, John. The Sex Instinct and Human Eroticism. The Journal of Sex Research. 1965; 1(1):3-16.

Mongellaz, Pierre Joseph. De la nature et du siège de la plupart des affections convulsives, comateuses, mentales [...]. Paris: Delaunay; 1828.

Montague, F. A. P. Three Rare Drugs. The Eclectic Review. 1914; 17(2):61-63.

Montesqiueu, Charles Louis de Secondat. Lettres Persanes. Cologne [Amsterdam]: Pierre Marteau; 1721.

Moreau, Paul. Les aberrations du sens génésique. n.p.: n.p.; 1887.

Morel, C T. Véritable traité sur les habitudes et plaisirs secrets, ou de l'onanisme chez les deux sexes. Paris: Roy-Terry; 1830.

Morel de Rubempré, J. La Génésie, ou nouveau traité complet des causes et effets de l'impuissance et de la Stérilité chez l'homme et la femme [...]. Paris: Terry; 1838.

Morgan, Harold S. A Case of Unpigmented Sarcoma of the Vulva in a Girl Sixteen Years of Age. American Journal of Obstetrics and Gynecology. 1928; 15:861-865.

Morris, Robert Tuttle. Is Evolution Trying to Do Away with the Clitoris? New York: W. Wood & Co.; 1892.

Morris, Robert Tuttle. Is Evolution Trying to Do Away with the Clitoris? Morris, Robert Tuttle. Lectures on Appendicitis and Notes on Other Subjects. New York, London: G. P. Putnam and Sons; 1895: 126-131.

Moser, Adolph. Lehrbuch der Geschlechtskrankheiten des Weibes nebst einem Anhange. Berlin: August Hirschwald; 1843.

Mosher, Clelia Duel. The Mosher Survey: Sexual Attitudes of 45 Victorian Women. New York: Arno Press; 1980.

Moussaud, A. Précis pratique des maladies des femmes. Impuissance et stérilité (causes et traitement). Paris: Dentu; 1887.

Muncie, Elizabeth Hamilton. Four Epochs of Life: A Fascinating Story Teaching Sane Sexology. New York: A. L. Burt; 1916.

___. Orificial Surgery: What Is It – Fact, Fad or Fancy. In: Dawson, Benjamin Elish; Muncie, Elizabeth Hamilton; Grant, A. B. und Beebe, H. E., (Hg.).

Orificial Surgery: Its Philosophy, Application and Technique. Newark, NJ: Physicians Drug News Co.; 1912: 39-46.

___. Perpetual Adhesions in Little Girls. In: Dawson, Benjamin Elisha; Muncie, Elizabeth Hamilton; Grant, A. B. und Beebe, H. E., (Hg.). Orificial Surgery: Its Philosophy, Application and Technique. Newark, NJ: Physicians Drug News Co.; 1912: 491-495.

___. A Synopsis of Orificial Surgery and What It Has Achieved, with a Report of Cases. In: Dawson, Benjamin Elisha; Muncie, Elizabeth Hamilton; Grant, A. B., and Beebe, H. E., (Hg.). Orificial Surgery: Its Philosophy, Application and Technique. Newark, NJ: Physicians Drug News Co.; 1912: 72-82.

Musäus, Carl. Dissertatio Inauguralis Medica De Unguibus Monstrosis, Et Cornuum Productione In Puella Cornigera Lalandiæ. Kopenhagen: Sebastian Martini; 1716.

Musitanus, Carolus. R.D.C. Musitani[...] de Morbis Mulierum tractatus, cui quaestiones duae, altera de semine, cum masculeo, tum foemineo, altera de sanguine menstruo[...] sunt praefixae etc. Colonia Allobrogum (Genf): Chouet, de Tournes, Cramer, Perachon, Ritter; 1709.

Möbius, Paul Julius. Neurologische Beiträge: Über den Begriff der Hysterie und andere Vorwürfe vorwiegend psychologischer Art. Leipzig: Arthur Meiner; 1894.

Müller, Franz Carl. Handbuch der Neurasthenie. Leipzig: F. C. W. Vogel; 1893.

Nagrodzki, Eduardus von. De Nymphomania Eiusque Curatione Dissertatio Inauguralis Medica. Berlin: Nietackianis; 1834.

Narjani, A. Considerations sur les causes anatomiques de frigidité chez la femme. Revue Médical de Bruxelles. 1924; 27:768-778.

Nauche, Jacques-Louis. Des maladies propres aux femmes: Première partie. Paris: J. B. Ballière; 1843.

___. Les maladies propres aux femmes: Deuxième partie. Paris: J. B. Ballières; 1843.

Nemesius Emesenus. De Natura Hominis: Graece et Latine. Halle: Johannes Jacobus Gebauer; 1802.

Neville, Henry. The Parlament [sic!] of Ladies: Or Divers Remarkable Orders, of the Ladies, at Spring Garden, in Parlament Assembled. London: T. Cadell; 1647.

Newman, Robert. The Galvano-Cautery Sound, And Its Application Especially in Hypertrophied Prostate; With Report of Cases. The British Medical Journal. 1887; 2(1396):708-711.

Nisot, Marie Therese. La question eugenique dans les divers pays. Bruxelles: Librairie Falk fils; 1929.
Nolte, Catherine. Next up in Ohio Supreme Court. Dayton Business Journal. 1996 Oct 7.
Nonat, Auguste. Traité pratique des maladies de l'uterus de ses annexes et des organes génitaux externes. Paris: Adrien Delahaye; 1874.
Nysten, Pierre-Hubert. Dictionnaire de médecine, de chirurgie, de pharmacie, des sciences accessoires et de l'art vétérinaire. Paris: J.S. Chaude; 1833.
Marci Antonii Vlmi[...] Vtervs mvliebris, hoc est De indiciis cognoscendi temperamenta vteri vel partium genitalium ipsius mulieris liber vnvs: opus hoc nouum aphoristico scriptum est caracte¦ére, atque summum necessarium ad medicinam faciundam in corporibus muliebribus, earum scilicet morbos cognoscendos, praedicandos ac curandos[...] Bononiae//Bologna: apud Joannem Baptistam Bellagambam; 1601.
Omeis, Magnus Daniel. Gründliche Anleitung zur teutschen accuraten Rein- und Dicht-Kunst durch richtige Lehr-Art, deutliche Reguln und reine Exempel vorgestellet: worinnen erstlich von den Zeiten der Alten und Neuen Teutschen Poesie geredet. Nürnberg: Wolfgang Michahelles und Johann Adolph; 1704.
Ostertag, Georg Adolph. Dissertatio medica de metromania quam favente supremo numine ex consensu gratiosę facultatis medicę pro licentia gradum doctoris rite consequendi die Jovis 9. Junii a.r.s. 1763. Solenni eruditorum examini subjicit auctor Georgius Adolphus Ostertag, Dirmenachensis Alsata. Straßburg: Jonas Lorenzius; 1763.
Oudin, Cesar. Trésor des deux langues, françoise et espagnole, seconde partie. Altona: Michel Mayer; 1675.
Paget, James and Quain, Richard. Reports of Societies. British Medical Journal. 1870; 2(520):668-669.
Paquelin. Cautère-Paquelin (thermo-cautère) presenté à l'Academie des Sciences dans la séance du 1er mai 1876. Paris: Collins et Cie.; 1877.
Parent-Duchatelet, Alexandre-Jean-Baptiste. De la prostitution dans la ville de Paris: Considérée sous le rapport de l'hygiène publique, de la morale et de l'administration. 2 Bände, Band 1. Paris: Baillière et Fils; 1857.
___. De la prostitution dans la ville de Paris, considérée sous le rapport de l'hygiène publique, de la morale et de l'administration: ouvrage appuyé de documents statistiques puisés dans les archives de la Préfecture de police. Paris: Paul Renouard; 1836.

___. Essai sur les cloaques ou égouts de la ville de Paris. Paris: Crevot et al.; 1824.
Pargeter, William. Observations on Maniacal Disorders. Reading, London, Oxford: Smart and Cowslade; 1792.
Parker, M. G. [Report of a Case of Enlarged Clitoris Removed by Galvano-Cautery]. The Transactions of the American Medical Association V.0028 I.000 Pub. Date 1877. 1877; 28:290.
Parsons, James. A Letter to the President, Concerning the Hermaphrodite Shewn in London. Philosophical Transactions, Giving Some Account of the Many Considerable Parts of the World. 1753; 47:142-145.
___. A Letter to the President, Concerning the Hermaphrodite Shewn in London: By James Parsons M. D. F. R. S.: Philosophical Transactions (1683-1775)1751; 47142-145.
Paré, Ambroise. Les Oevvres de M. Ambroise Paré Conseiller, et Premier Chirvrgien Dv Roy: Auec les figures & portraicts tant de l'Anatomie que des instruments de Chirurgie, & de plusieurs Monstres; Le tout diuisé en vingt six liures [...] Paris: Buon; 1575.
Paterfamilias [Pseudonym]. Cure for Epilepsy. The British Medical Journal. 1866; 1(266):138.
Pearlstein, M. B. »The Blues« Due to Sexual Disturbances in the Female. The Eclectic Review. 1914; 17(6):167-169.
Peck, Willis S.; McGreer, John T.; Kretzschmar, Norman R., und Brown, Willis E. Castration of the Female by Irradiation: The Result of 334 Patients. Radiology. 1940; 34(2).
Pemberton, Oliver. Contributions to Clinical Surgery. Association Medical Journal. 1856; 4(186):623-626.
Phillips, John and Boulton, Percy. Transactions of the Obstetrical Society of London, vol. XLI, for the Year 1899. London: Longman, Green, and Co.; 1900.
Philo-Castitatis. Onania Examined and Detected, or, The Ignorance, Error, Impertinence, and Contradiction of a Book Call'd Onania, Discovered, and Exposed. London: Joseph Marshall; 1722.
Piave, Angelo. Trattato delle Malattier delle Donne e dei Bambini die Alessandro Hamilton. Venezia: Giustino Pasquali; 1802.
Pichevin, Roland. De l'extirpation totale de l'utérus par la voie vaginale: Historique et technique de l'hystérectomie vaginale. Paris; 1897.
___. Des abus de la castration chez la femme. Paris: Dissertation; 1889.

Pichler, A. Ein Fall von Pupillenstörung auf hysterischer Grundlage. Zeitschrift für Augenheilkunde. 1900; 3:113-121.

Pickop, John. Clitoridectomy. The Lancet. 1866 Jul 14; 51-52.

Pidansat de Mairobert, Mathieu-François. L'Espion Anglois, ou correspondance secrète entre Milord All'Eye et Milord All'Ear, Band 10. London: John Adamson; 1784.

Pitaval, Gaygott von. Erzählung sonderbarer Rechtshändel, sammt deren gerichtlichen Entscheidung: Vierter Theil. Leipzig: Gottfried Kiesewetter; 1748.

Placzek, Siegfried. Das Geschlechtsleben der Hysterischen: Eine medizinische, soziologische und forensische Studie. Bonn: A. Marcus & E. Webers Verlag; 1922.

Planchon, Antoine. Traité complet de l'opération césarienne. Paris: Drost; 1801.

Platter, Felix. De Corporis humani structura et usu Felicis Plateri libri III tabulis methodicè explicati, iconibus accuratè illustrati. Basel: Ambrosius Froben; 1583.

___. Felicis Plateri, [...] Observationum, in hominis affectibus plerisque, corpori et animo, functionum laesione, dolore, aliave molestia et vitio incommodantibus, libri tres, ad Praxeos illius tractatus tres [...] accommodati [...] Basel: Ludwig König; 1614.

Playfair, W. S. On Removal of the Uterine Appendages in Cases of Functional Neurosis. Transactions of the Obstetrical Society of London. 1891; 33:7-26, hier 16f.

Playfair, W. W.; Cutter, Ephraim; Tait, Lawson; Parsons, John Inglis; Bell, R.; Hewitt, Graily; Braithwaite, James; Routh, C. H. F.; Madden, T. More; Imlach, Francis, et al. A Discussion on an Estimate of the Value of Electricity in Gynaecology. The British Medical Journal. 1889; 2(1503):857-863.

Ploss, Hermann Heinrich and Bartels, Max. Das Weib in der Natur- und Völkerkunde: Anthropologische Studien. 2 Bde., Leipzig: Th. Grieben's Verlag; 1908.

Plumb, P. E. Un cas unique de menstruation précoce (The New-York Medical Journal, 5 juin 1870). La Semaine Gynécologique Paraissant Le Mardi Matin. 1897 Jan 5; 2:224.

Podolsky, Edward. The Modern Sex Manual. New York: Cadillac Publication; 1941.

Pomme, Pierre. Traité des affections vaporeuses des deux sexes. Lyon: B. Duplain; 1769.

Pope, Alexander. The Works of Alexander Pope, Esq.: A New Edition in Ten Volumes, Band 3. London: Strahan and Preston; 1806.

Portalis, Jean-Etienne-Marie. Discours et rapports sur le code civil: Précédés de l'éssai sur l'utilité de la codification. Caen: Presses Universitaires de Caen; 2010.

Pouillet, Thésée. Psychopathologie sexuelle de l'onanisme chez la femme. Paris: Vigot Frères; 1897.

___. Essai médico-philosophique sur les formes, les causes, les signes, les conséquences et le traitement de l'onanisme chez la femme. Paris: A. Delahaye et E. Lecrosnier; 1884.

___. Essai médico-philosophique sur les formes, les causes, les signes, les conséquences et le traitement de l'onanisme chez la femme [...]. Paris: Adrien Delahaye et Cie; 1877.

Poussin, Father Pseudonym Mandeville Bernard. Pretty Doings in a Protestant Nation: A View of the Present State of Fornication, Whorecraft, and Adultery, in Great-Britain, and the Territories and Dependencies thereunto Belonging. London: J. Roberts; 1734.

Pratt, Edwin Hartley. Circumcision of Girls. Journal of Orificial Surgery. 1898; 6(9):385-392.

___. Circumcision of Girls. In: Dawson, Benjamin Elisha; Muncie, Elizabeth Hamilton; Grant, A. B. und Beebe, H. E., (Hg.). Orificial Surgery: Its Philosophy, Application and Technique. Newark, NJ: Phycisians Drug News Co.; 1912: 482-490.

___. Continuation of Report on Hysterectomies: Nine More Cases Performed by the New Method. Chicago: Reprinted from the Journal of Orificial Surgery, August, 1893; 1893.

___. A Needed Reform in Abdominal Surgery (Sonderdruck aus dem Journal of Orificial Surgery). Chicago, IL: E. H. Pratt; 1894.

___. Orificial Surgery and Its Application to the Treatment of Chronic Diseases. Chicago, IL: W.T. Keener; 1887.

___. Orificial Surgery and Its Application to the Treatment of Chronic Diseases. Chicago, IL: Halsey Brothers; 1890.

___. Proceedings of the Fourth Free Clinic in Orificial Surgery and First Free Clinic in Suggestive Therapeutics. Chicago, IL: Nanetta L. McCall; 1908.

___. Report of Cases: Presented before the Class at the Seaside Sanatorium on Muncie Island in July, 1897. Journal of Orificial Surgery. 1898; 6(12):529-534.

___. A Synthetic Clinic Including a Three Days' Course in Orificial Surgery. Chicago, IL: N. L. McCall; 1910.

Pratt, Edwin Hartley and Weirick, C. A. Journal of Orificial Surgery, Band 7. Chicago, IL: E. H. Pratt; 1899.

___. Journal of Orificial Surgery, Band 8. Chicago, IL: E. H. Pratt; 1900.

___. Journal of Orificial Surgery, Band 6. Chicago, IL: E. H. Pratt; 1898.

Price, Joseph. Disputed Points in Hysterectomy (Sonderdruck aus County Medical Society). n. p.; 1893.

Prichard, Augustin. Ten Years of Operative Surgery in the Provinces. The British Medical Journal. 1860; 2(207):972-974.

Pschyrembel, Willibald und Hildebrandt, Helmut. Pschyrembel Klinisches Wörterbuch, 255. Auflage. Berlin, New York: de Gruyter; 1986.

[Pseudo-Aristotle]. Aristotle's Master Piece, Completed in Two Parts[,] the First Containing the Secrets of Generation in All the Parts thereof, [...] New-York: Printed for the United Company of Flying Stationers; 1788.

___. The Works of Aristotle in Four Parts. Containing His Complete Master-Piece [...] His Experienced Midwife [...] His Book of Problems [...] His Last Legacy [...]. London: H. Mozley; 1806.

Puoillet, Thesée. Etude édico-philosophique sur les formes, les causes, les signes, les conséquences et le traitement de l'onanisme chez la femme [...]. Paris: Adrien Delahaye & Emile Legrosnier; 1884.

Purcell, John. A Treaty on Vapours or Hysterick Fits. London: Edward Place; 1707.

Pütz, Maria. Über die Aussichten einer operativen Therapie in gewissen Fällen von Masturbation jugendlicher weiblicher Individuen. Bonn: Universität Bonn; 1923.

Pym, Wollaston F. Clitoridectomy. The British Medical Journal. 1867; 1(319):154.

Pym, Wollaston F. Clitoridectomy. British Medical Journal. 1867 Feb 9; 319(1):154.

___. The London Surgical Home and the Operation of Clitoridectomy. The Lancet. 1867 Feb 9; 89(2267):175.

Pyron, dit Prepucius. La nouvelle Messaline: Tragédie en un acte. Ancone: Clitoris, rue du Sperme; 1752.

Rabagliati, A. Massage Treatment of Symptoms Which Simulate Disease of the Pelvic Organs in Women. New York: William Wood and Co.; 1895.

Rafinesque, Constantine Samuel. Medical Flora; or, Manual of the Medical Botany of the United States. Philadelphia, PA: Atkinson & Alexander; 1828.

Rauland, Felix. Le livre des epoux: Guide pour la guérison de l'impuissance, de la stérilité et de toutes les maladies des organs génitaux. Paris: Les Principaux Libraires; 1859.

___. Le livre des epoux: Guide pour la guérison de l'impuissance, de la stérilité et de toutes les maladies des organs génitaux. Paris: Les Principaux Libraires; 1862.

Raulin, Joseph. Traité des affections vaporeuses du sexe. Paris: Jean-Thomas Herrisant; 1758.

Raven, Thomas. The Successful Use of Colchicum in Hysteria and Hypochondriasis. The London Medical and Physical Journal. 1817; 37(215):17-18.

Reed, Charles A. L. A Text-Book of Gynecology. New York: D. Appleton and Company; 1901.

Regius, Henricus. Fundamenta Physices. Amsterdam: Ludovicus Elzevirium; 1646.

___. Philosophia Naturalis Editio Secundae. Amsterdam: Ludovicus Elzevirium; 1654.

Reich, Annie. The Discussion of 1912 on Masturbation and Our Present-Day Views. The Psychoanalytic Study of the Child. 1951; 6(1):80-94.

Reifferscheid, Karl. Histological Studies on the Influence of Roentgen-Rays upon the Human and Animal Ovaries. The American Journal of the Medical Sciences. 1910; 139:462-463.

Renzi, Salvatore. Collectio Salernitana, Band 4: De Secretis Mulierum. Napoli: Filiartre-Sebezio; 1856.

Reynolds, John Russell. Epilepsie: Ihre Symptome, Behandlung und ihre Beziehungen zu andern [sic!] chronisch-convulsiven Krankheiten. Erlangen: Ferdinand Enke; 1865.

Riberi, Alessandro. Cas d"onanisme grave, guéri a l'aide de l'excision du clitoris et des petites lèvres, par M. Riberi, professeur de médicine opératoire ą Turin. Gazette Médicale De Paris: Journal de Médecine et des Sciences Accessoires. 1837; 2(5):744.

Richard, David. Histoire de la générations chez l'homme et chez la femme. Paris: Librairie de l'Americain, 18 Boulevard Beaumarchais; 1898.

___. Histoire de la génération chez l'homme et chez la femme. Paris: J. B. Ballière et Fils; 1875.

Richardson, Samuel. Pamela: or, Virtue Rewarded. In a Series of Familiar Letters from a Beautiful Young Damsel, to Her Parents. [...] London: Rivington and Osborn; 1741.

Riolan, Jean. Discours sur les hermaphrodits, oł il est démonstré contre l'opinion commune qu'il n'y a point de vrays hermaphrodits. Paris: P. Ramier; 1614.

Robie, Walter Franklin. The Art of Love. Boston: Richard C. Badger; 1921.

Robinson, Marie Nyswander. The Power of Sexual Surrender. Garden City, NY: Doubleday; 1959.

Robion, J. A. Essai sur la nymphomanie ou fureur utérine. Paris; 1808.

Rock, Richard. A Treatise of the Venereal Disease: Plainly Discovering and Directing Both Sexes, How They May Become Their Own Doctors. Teaching them plainly, and perfectly to know their own condition[...] And how to cure themselves. [London]: Richard Rock; 1745.

Rohleder, Hermann. Die Masturbation: Eine Monographie für Ärzte und Pädagogen. Berlin: Kornfeld; 1899.

Romberg, Moritz Heinrich. Lehrbuch der Nervenkrankheiten des Menschen. Berlin: Duncker; 1853.

___. A Manual of the Nervous Diseases of Man. London: Sydenham Society; 1853.

Rose, Valentino. Sorani Gynaeciorum Vetus Translatio Latina. Leipzig: Teubner; 1882.

Rosen, Harold. Hypnotherapy in Clinical Psychiatry. New York: Julian Press; 1960.

Ross, J. Maxwell. Border Counties Branch: Scottish Division. The British Medical Journal. 1904; 2(2290):1408.

Rosse, Irving C. Sexual Hypochondriasis and Perversion of the Genesic Instinct. Journal of Nervous & Mental Disease. 1892; 17(11):795-811.

Roubaud, Félix. Traité de l'impuissance et de la Sterilité chez l'homme et chez la femme. Paris: Baillière; 1855.

Rueff, Jacob. De Conceptu et Generationis Hominis: De Matrice et Eius Partibus [...]. Frankfurt a.M.: [Sigismund Feierabend?]; 1580.

Rueff, Jakob. Hebammen Buch: Daraus man alle Heimligkeit des Weiblichen Geschlechts erlehrnen, welcherley gestalt der Mensch in Mutter Leib empfangen, zunimpt vnd geboren wirdt; Auch wie man allerley Kranckheit, die sich leichtlich mit den Kindbetterin zutragen, mit köstlicher Artzeney vorkommen vnd helffen könne. Frankfurt, Main: Elias Willers; 1600.

Ruhmer, Ernst. Konstruktion, Bau und Betrieb von Funkeninduktoren und deren Anwendung mit besonderer Berücksichtigung der Röntgenstrahlen-Technik. Leipzig: Hachmeister & That; 1904.

Russell, James. The After-Effects of Surgical Procedure on the Generative Organs of Females for the Relief of Insanity. The British Medical Journal. 1897; 2(1917):770-774.

Russell, W. W. The Clinical Course of Forty-Seven Cases of Carcinoma of the Uterus Subsequent to Hysterectomy (Sonderdruck aus dem Johns Hopkins Hospital Bulletin 1895. Baltimore, MD: [Johns Hopkins Hospital]; 1895.

Rust, Johann Nepomuk. Theoretisch-praktisches Handbuch der Chirurgie mit Einschluss der syphilitischen und Augen-Krankheiten, 4. Band. Berlin, Wien: Enslin & Gerold; 1881.

Ryan, Michael. Prostitution in London with a Comparative View of that in Paris and New York. London: Baillière; 1839.

Saint-Hilaire, Etienne Geoffroy. Considérations générales sur les monstres comprenant une théorie des phénomènes de la monstruosité. Paris: Tastu; 1826.

___. Histoire générale et particulière des anomalies de l'organisation chez l'homme et les animaux [...] ou traité de tératologie, 2 Bände. Paris: Ballière; 1832.

___. Mémoire sur plusieurs déformations du crâne de l'homme: Suivi d'un essai de classification des monstres acéphales. Mémoires du Muséum National d'Histoire Naturel. 1821; 7:85-162.

Saliceto, Guglielmo. Summa conservationis & curationis Chirurgia. Venetia: [n.p.]: 1490.

___. Summa Conservationis et Curationis. Venedig: Ottaviano Scoto; 1502.

___. Summa Conservationis et Curationis: Liber Magistri Gulielmi Placentini de Saleceto[...] incipit, qui summa conservationis & curationis appellatur. Venedig: [s.n.]; 1464.

Salmon. Synopsis Medicinae: A Compendium of Physick, Chirurgery, and Anatomy. London: Th. Dawks; 1681.

Salomon, Samuel. A Guide to Health: or, Advice to Both Sexes, in Nervous and Consumptive Complaints: With an Essay on the Scurvy, Leprosy, and Scrofula, also on a Certain Disease, Seminal Weakness, and a Destructive Habit of a Private Nature: To Which Is Added, an Address to Parents, Tutors, and Guardians of Youth, with Observations on the Use and Abuse of Cold Bathing. New York: Robert Bach; 1803.

Salpêtrière. Le cas de Margueritte Le Loup: Manuscrits de la bibliothèque de l'arsenal. Archives de la Bastille MS 10330-11408: Prisonniers dossiers individuels et document biographiques. 1731. [Archivquelle]

Saltonstall, Florence N. Vaginal Hysterectomy: Report of Sixteen Successive Cases without a Death. n.p: 1894.

Sambol, Marylee Gill. Moore v. Burt, 96 Ohio App. 3d 520 (1994). Moore v. Burt. Ohio Court of Appeals; 1994 Aug 3.

Santlus, Johann Christoph. Wo hat der Staat Gründe, die Ehe zu verbieten, und welche? Gerichtlich-medizinisch erörtert von Dr. Santlus zu Westerburg. Zeitschrift Für Staatsarzneikunde. 1851; 43. Ergänzungsheft:243-275.

Santorini, Johannes Dominici. Observationes Anatomicae. Venetiis: Johannem Baptistam Recurti; 1724.

Sarganeck, Georg. Ueberzeugende und bewegliche Warnung vor allen Sünden der Unreinigkeit und heimlichen Unzucht, darinnen aus medicinischen und theologischen Gründen vernünftig vorgestellet wird. Züllichau: Johann Jakob Dendeier; 1746.

Sauve, L. Contribution à l'étude de l'hystérectomie dans le cancer de l'utérus. Paris: A. Parent; 1884.

Savage, Thomas. A Series of Abdominal Sections, Performed during 1882. British Medical Journal. 1883; 1(1163):712-710.

Sawyer, E. Warren. Hermaphrodism from a Medico-Legal Point of View [translated from the French of Basile Poppesco]. Chicago Medical Journal and Examiner. 1875; 32:695-706.

Scanzoni, Friedrich Wilhelm von. Ueber Vaginismus. Wien: Carl Finserbeck; 1867.

Schmidt, Carl Christian. Encyclopädie der gesammten Medicin, 5. Band: Nabelschnur bis Sprachfehler. Leipzig: Otto Wigand; 1849.

Schmidt, Hans Erwin. Röntgen-Therapie: Oberflächen- und Tiefenbestrahlung. Berlin, Heidelberg: Springer; 1915.

Schmidtlechner, C. Carcinoma clitoridis. Zeitschrift für Krebsforschung. 1905; 3(2):347.

Schoenfeld. Cas curieux de maladie du clitoris. L'Expérience: Journal de Médecine et de Chirurgie. 1838; (61):297-299.

Schreger, Bernhard Gottlob. Grundriß der chirurgischen Operationen, Band 2. Nürnberg: Campe; 1832.

Schroeder, Carl. Handbuch der Krankheiten der weiblichen Geschlechtsorgane. Leipzig: F.C.W. Vogel; 1886.

Schurig, Martin. Gynaecologia historico-media; hoc est, Congressus muliebris consideratio physico-medico-forensis, qua utriusque sexus salacitas et castitas deinde coitus ipse ejusque voluptas et varia circa hunc actum occurrentia nec non coitus ob atresiam seu vaginae uterinae imperforationem et al.ias causas impeditus et denegatus, item nefandus et sodomiticus raris observationibus et al.iquot casibus medico-forensibus exhibentur. Dresdae: In officina libraria Hekeliana; 1730.

___. Parthenologica Historico-Medica, Hoc Est, Virginitatis Consideratio. Dresden: Christopherus Hekelius; 1729.

Scott, Colin A. Sex and Art. The American Journal of Psychology. 1896; 7(2):153-226.

Scultetus, Joannis. Armamentarium Chirurgicum Bipartitum, Studioque & Opera. Frankfurt: Joannis Gerini; 1666.

Seaman, Valentine. The Midwives Monitor. New York: Isaac Collins; 1800.

Seckendorff, Veit Ludwig von. Teutscher Fürsten Stat/Oder: Gründliche vnd kurtze Beschreibung/Welcher gestalt Fürstenthümer/Graff- vnd Herrschafften im H. Römischen Reich Teutscher Nation [...] bestellt zu werden pflegen: Zu beliebigem Gebrauch und Nutz hoher Standspersonen [...] nach Anleytung der Reichssatzungen und Gewonheiten/auch würcklicher Observantz abgefasset/Durch Veit Ludwig von Seckendorff. Frankfurt a.M.: Götze; 1656.

Senn, N. The Early History of Vaginal Hysterectomy (Sonderdruck aus dem Journal of the American Medical Association). Chicago: American Medical Association Press; 1895.

Serenus, Quintus. Quinti Sereni Sammonici poetae & medici clarissimi De re medica sive morborum curationibus liber tum elegans tum humanae saluti perquam utilis, & diligenter emendatus: Item Gabrielis Humelbergii Ravenspurgensis, medici, in Q. Sereni librum medicinalem commentarii. Tiguri//Zürich; 1540.

Sharp, Jane. The Midwives Book: Or the Whole Art of Midwifry Discovered. Oxford, New York: Oxford University Press; 1999.

Shettle, R. C. Clitoridectomy. The Lancet. 1867 Jan 19; 89(2264):98.

Sibly, Ebenezer. Medizinischer Spiegel, oder über die Befruchtung des weiblichen Menschen, den Ursprung der Krankheiten und die Ursache des Lebens und Todes aus dem Englischen. Leipzig: Christian Gottlob Hilscher; 1796.

Siebold, Elias von. Handbuch zur Erkenntniß und Heilung der Frauenzimmerkrankheiten. Frankfurt a.M.: Varrentrapp und Sohn; 1811.

Sieveking, Edward Henry. On Epilepsy and Epileptiform Seizure: Their Causes, Pathology, and Treatment. London: John Churchill; 1858.

Simmons, Richard. Case of an Extraordinary Enlargement of the Clitoris. The Medical and Physical Journal. 1801; 5(13):2-4.

Sims, J. Marion. Battey's Operation. London: T. Richards; 1877.

Sinibaldi, Giovanni Benedetto. Geneanthropeiae sive de Hominis Generatione Decateuchon. Roma: Francisco Caballo; 1642.

Smellie, William. A Set of Anatomical Tables, with Explanations. Philadelphia, PA: Printed by T. Dobson, at the Stone-House, no 41, South Second-Street.; 1797.
Smiles, Samuel. Self-Help: With Illustrations of Character and Conduct. New York: Harper & Brothers; 1860.
Snow, John. On the Use of Chloroform in Surgical Operations and Midwifery. London Journal of Medicine. 1849; 1(1):50-55.
Solomon, Samuel. A Guide to Health: or, Advice to Both Sexes. Stockport [England]: Printed, for the author, by J. Clarke, at Underbank: and sold by Robert Bach, New-York. Price One Dollar.; 1800.
Sondinger, Heinrich. Die Mutterwuth – Nymphomania. Bamberg: Reindl; 1838.
Spangenberg, Shibley Traci Lancione & Liber; Lancione, John G.; Liber, John D., and Weinberger, Peter H. Browning v. Burt 66 Ohio St. 3d 544 (1993). Browning v. Burt. Columbus, OH: Supreme Court of Ohio; 1993.
Speiser, Max. Über den Druck- und Wärmesinn der äußeren weiblichen Genitalien. Archiv für Gynäkologie. 1931; 146(1):137-154.
Spring, Félix. L'art d'éviter le divorce. Genf: Chez les Principaux Libraires; 1885.
Stahl, Georg Ernst. Des Grundmäßigen Chirurgischen Schlüssels Achte Eröffnung, vermittels dessen Alle äusserlichen Gebrechen des menschlichen Cörpers richtig zu erkennen [...]. Leipzig: Wolfgang Deern; 1730.
Stahl, Georgius Ernestus. Des grundmässigen chirurgischen Schlüssels 1.-22. Eröffnung,[...] Leipzig: 1727.
Staniland, Samuel. Morphology – Superabundant Development of the Clitoris. The Lancet. 1849; 54(1352):89.
Stegmayer, Johann Georg. Dissertatio de furore hysterico vel uterino. Dissertation Universität Altdorf: Altdorf; 1713.
Stekel, Wilhelm. Frigidity in Woman in Relation to Her Love Life, Band 1. New York: Horace Liveright; 1929.
___. Frigidity in Woman in Relation to her Love Life, Band 2. New York: Liveright Publishing Corporation; 1943.
___. The Homosexual Neurosis: Revised Edition. New York: Physicians and Surgeons Book Co. 1933.
___. Onanie und Homosexualität (Die Homosexuelle Neurose). Berlin, Wien: Urban & Schwarzenberg; 1921.
Stevenson, Roger E. und Hall, Judith G. Human Malformations and Related Anomalies. Oxford, New York: Oxford University Press; 2006.

Stilling, Benedict. Die extra-peritonäal-Methode der Ovariotomie. Berlin: Georg Reimer; 1866.

Strabo. The Geography of Strabo VIII. Cambridge, MA, London: Harvard University Press//William Heinemann; 1968.

Stuart, James. Demonologie. London: James, Bishop of Winton and Deane of His Ma^{ty.} Chappell Royall; 1616.

Sydenham, Thomas. The Works of Thomas Sydenham, Translated from the Latin Edition of Dr. Greenhill, 2 Bände. London: Sydenham Society; 1801.

Syme, James. Syllabus of Lectures on the Principles and Practice of Surgery. Edinburgh: John Stark; 1831.

Tait, Robert Lawson. Abstract of an Address on One Thousand Abdominal Sections. Delivered before the Midland Medical Society. British Medical Journal. 1885; 1(1257):218-220.

___. An Account of Two Hundred and Eight Consecutive Cases of Abdominal Section Performed between Nov. 1st, 1881, and December 31st, 1882. British Medical Journal. 1883; 1(1155):304-300.

___. Diseases of Women. Birmingham: Cornish Brothers; 1886.

Tanner, Thomas Hawkes. On Excision of the Clitoris as a Cure for Hysteria, &c. Transactions of the Obstetrical Society of London. 1866; 8:360-384.

Tanner, Thomas Hawkes; Barnes, Robert; Baker Brown, Isaac; West, Charles und Paget, James. On Excision of the Clitoris as a Cure for Hysteria etc. The British Medical Journal. 1866; 2(311):672-678.

Tardieu, Ambroise. Etude médico-légale sur les attentats aux mœurs. Paris: J.-B. Ballière; 1862.

___. Étude médico-légale sur les attentats aux mœurs. Paris: Librairie J.-B. Ballière; 1873.

Tatum, T.; De Méric, V.; Hall, N.; Toynbee, J., und Mr. Lawrence. Illustrations of Hospital Practice: Metropolitan and Provincial: The British Medical Journal 1859; 1(125):400-399.

Tausk, Viktor. On Masturbation. The Psychoanalytic Study of the Child. 1951; 6(1):61-79.

Taussig, Fred J. Cancer of the Vulva: An Analysis of 155 Cases (1911-1940). American Journal of Obstetrics and Gynecology. 1940; 40(5):764-779.

Te Water, Jonas Wilhelm. Observationes Pathologico-Anatomicae. Lugduni Batavorum [Leiden]: Samuel und Johann Luchtmans; 1789.

Terentianus Maurus. De Litteris, Syllabis, Pedibus, et Metris: Item, Eiusden Argumenti, Marii Victorini, Grammatici et Rhetoris, de Orthographia, et Ratione Carminum Libri IIII. Genf: Officina Sanctandreana; 1584.

Tesserant, Claude de. Le Second Tome des Histoires Prodigieuses. Paris: Gabriel Buon; 1578.

The Obstetrical Society. Proposition of the Council for the Removal of Mr. I. B. Brown. The British Medical Journal. 1867; 1(327):395-410.

Thevenin, Evariste. Dictionnaire abrégé des sciences physiques et naturelles. Paris: Ancienne Librarie Germer Ballière et Cie.; 1889.

Thoinot, Léon H. Précis de médicine légale. Zwei Bände. Paris: Octave Doin et Fils; 1913.

Thoinot, Léon H. Attentats aus moeurs et perversions du sens génital. Paris: Octave Doin; 1898.

Thomas Aquinas. Summa Theologica. Mainz: Peter Schoeffer; 1467.

Thomas, Robert. The Modern Practice of Physic: Exhibiting the Characters, Causes, Symptoms, Prognostics, Morbid Appearances, and Improved Method of Treating the Diseases of All Climates. Philadelphia, PA: Thomas Dobson and Son; 1817.

___. The Modern Practice of Physic, which Point out the Characters, Causes, Symptoms, Prognostic, Morbid Appearances, and Improved Method of Treating the Diseases of All Climates, 2 Bände. London: Murray and Highley; 1802.

Thorburn, John. A Practical Treatise of the Diseases of Women. London: Charles Griffin and Company; 1885.

Thornton, J. Knowslby. On the Operative Treatment of Uterine Fibro-Myomata. British Medical Journal. 1883; 2(1189):712-714.

Tiemann, George. American Armamentarium Chirurgicum. New York: George Tiemann & Co. 1889.

Tillaux, Paul Jules. Traité d'anatomie topographique, avec applications à la chirurgie. Paris: Asselin & Houzeau; 1887.

___. Traité d'anatomie topographique, avec applications à la chirurgie. Paris: Asselin et Houzeau; 1903.

Tilt, Edward John. A Handbook of Uterine Therapeutics and the Diseases of Women. London: John Churchill & Sons; 1868.

___. A Handbook of Uterine Therapeutics and of Diseases of Women. New York: William Wood and Co. 1881.

___. On Hysteria and Its Interpreters. The British Medical Journal. 1871; 2(572):690-692.

Tissot, Samuel Auguste. L'Onanisme ou Dissertation Physique sur les Maladies Produites par la Masturbation. Lausanne: Antoine Chapuis; 1760.

___. Von der Onanie, oder Abhandlung über die Krankheiten, die von der Selbstbefleckung herrühren. Wien: Von Trattnern; 1791.

Todd, Robert. Certain Nervous Affections (Local Hysteria and Catalepsy). Medical Times and Gazette: A Journal of Medical Science. 1853 Jan 1; 27:1-4.

Todd, Robert Bentley. The Cyclopędia of Anatomy and Physiology. London: Sherwood, Gilbert, and Piper; 1836.

Touroude, Arsène. L'hystérie: Sa nature, sa fréquence, ses causes, ses symptômes et ses effets. La Chapelle-Montligeon: N D de Montligeon; 1896.

Travers, Benjamin. Observations on the Local Diseases Termed Malignant, Part III. Medico-Chirurgical Transactions. 1832; 17:300-422.

Tronchin, Theodorus. Dissertatio Medica Inauguralis de Nympha. Leyden: Johann Arnold Langerak; 1730.

___. Dissertationes Medicae de Nympha. Leiden: Johann und Hermann Verbeek; 1736.

Tronchin, Théodore. Dissertatio Medica Inauguralis de Allantoide Humana//De Nympha. Lugduni Batavorum//Leiden: Johann et Hermann Verbeeck; 1736.

Twain, Mark. A Majestic Literary Fossil. Harper's Magazine. 1890; February:439-444.

Ullersberger, Johann Baptist. The Use of Electricity in the Treatment of the Diseases of Children. American Journal of Obstetrics and Diseases of Women and Children. 1873; 5(May 1872-February 1873):257-284.

___. Cliteridectomie als Mittel gegen Hysterie, Epilepsie, Phrenopathien, in wieferne Folgen von Masturbation. Koblenz: H. Hildenbrandt; 1867.

Ulmus, Marcus Antonius. Uterus muliebris hoc est de indiciis cognoscendi temperamenta uteri, vel partium genitalium ipsius mulieris. Liber unus. Bologna: Bellagamba; 1601.

Une Societe de Medicins et de Chirurgiens. Dictionnaire des sciences medicales. Paris: Panckoucke; 1812.

[United States Army]. Index-Catalogue of the Library of the Surgeon-General's Office, United States Army: Authors and Subjects, Band 3: Cholecynin-Dzondi. Washington, DC: Government Printing Office; 1882.

Urbantschitsch, Rudolf. Psycho-Analysis for All: A Lecture Delivered in Vienna. London: C. W. Daniel; 1928.

Valenti, Ernst Joseph Gustav de. Sokrates und Christophorus oder Gespräche über das Heidenthum im Verhältnis zum Christenthum. Leipzig: Johann Friedrich Leich; 1830.

Valentini, Michael Bernhard. Amphitheatrum zootomicum, tabulis aeneis quamplurimis, exhibens historiam animalium anatomicam, e Miscellaneis S. R. I. Academiae, naturae curiosorum, Diariis Societatum scientiarum, aliisque scriptis rarioribus collectam: accedit Methodus secandi cadav. humana, […] ut et Ars de albandi ossa pro sceletopoeia, cum osteologia, tabulis myologicis, aliisque mss. Rauianus hactenus summopere expetitis. Frankfurt a.M.: Johann David Zunner; 1720.

Van de Warker, Edward Ely. The Fetich [sic!] of the Ovary. American Journal of Obstetrics and Diseases of Women and Children. 1906; 54:366-373.

Van de Warker, Ely. Impotency in Women. New York: William Wood & Co.; 1878.

Van Dyck Knight, Richard. Bowen's Disease of the Vulva. American Journal of Obstetrics and Gynecology. 1943; 46(4):514-524.

Van Forest, Peter. Observationem et Curationem Medicinalium ac Chirurgicarum Opera Omnia. Frankfurt: Palthenius; 1623.

Varanda, Jean de. De Morbis et Affectibus Mulierum. Lyon: Bartholomaeius Vincentius; 1619.

___. Traité des maladies des femmes/, par M. Jean Varandée, docteur doyen, & professeur royal de la tres-celebre faculté en medecine de Montpellier. Reveu, augmenté d'annotations & traduit en françois par J. B. docteur de la mesme faculté. Ouvrage necessaire, non seulement aux medecins, & aux chirurgiens, mais mesme à toutes sortes de personnes. Paris: Robert de Ninville; 1666.

Veit, J. Hg. Handbuch der Gynäkologie, Band 3. Wiesbaden: F. F. Bergmann; 1898.

Velpeau, Alfred Armand Louis Marie. Nouveaux éléments de médicine opératoire. Paris: Ballière; 1832.

Velpeau, Alfred-Armand-Louis-Marie. Nouveaux éléments de médecine opératoire: accompagnés d'un atlas de 20 planches in-4, gravées [par A. Chazal] représentant les principaux procédés opératoires et un grand nombre d'instruments de chirurgie, Band 4. Paris: J.-B. Ballière; 1839.

Venette, Nicolas. Von Erzeugung der Menschen. Leipzig: Thomas Fritsch; 1698.

Verning, P. Un cas de pseudo-hermaphroditisme fémin externe avec papillomatosis diffusa dans un urèthre rudimentaire. Archives Mensuelles D'Obstétrique Et De Gynécologie. 1919; 11:507.

Vesalius, Andreas. Andreae Vesalii Bruxellensis, scholae medicorum Patavinae professoris, de Humani corporis fabrica Libri septem. Basel: Ioannis Oporini; 1543.

Vesling, Johann. Künstliche Zerlegung menschlichen Leibes: Syntagma Anatomicum. Leiden: Adrian Weygarden; 1652; p. 61.

Vicary, Thomas. The Anatomie of the Bodie of Man by Thomas Vicary [...] The Edition of 1548, as Re-Issued by the Surgeons of St. Bartholomews in 1577. London: Early English Text Society; 1888.

Vicary, Thomas. The English Mans Treasure: With a True Anatomie of Mans Bodie. London: Thomas Creede; 1599.

Vigouroux, Hilarion-Denis. Traité Complet de Médicine Pratique a l'usage des Gens du Monde, Band 4. Paris: Letouzey et Ané; 1897.

Villemont, Michel. Histoire des maladies vénériennes causes et origines – historique – maladies chez tous les peuples – nomenclature: la syphilis, les chancres, la blennorragie, l'orchite, la cystite etc.; – traitements préventifs et curatifs. Paris: Librairie des publications nouvelles; 1882.

Virchow, Rudolph. Anatomische Untersuchung. Archiv für pathologische Anatomie und Physiologie und für klinische Medicin. 1879; 75(2):333-348.

Virchow, Rudolph. Zur Erinnerung an Nicolaus Friedreich. Archiv für pathologische Anatomie und Physiologie und für klinische Medicin. 1882; 90(2):213-220.

Voisin, Felix. Des causes morales et physiques des maladies mentales et de quelques autres affections nerveuses, telles que l'hystérie, la nymphomanie et le satyriasis. Paris: Ballière; 1826.

Von Haller, Albrecht. Onomatologia Medica Completa oder Medizinisches Lexicon, das alle Benennungen und Kunstwörter welche der Arneywissenschaft und Apoteckerkunst eigen sind. Ulm, Frankfurt, Leipzig: Gaumische Buchhandlung; 1755.

Von Hofmann, Eduard. Nouveaux éléments de médicine légale. Paris: Ballière et Fils; 1881.

Von Neugebauer, Franz Ludwig. Hermaphroditismus beim Menschen. Leipzig: Werner Klinkhardt; 1908.

Wakely, Robert T. Woman and Her Secret Passions: Containing an Exact Description of the Female Organs of Generation, Their Uses and Abuses, together with a Detailed Account of the Causes and the Cure of the Solitary Vice. New York: [John Douglas]; 1846.

Walker, Thomas James. The Galvano-Caustic Apparatus: Its Applications in Surgery (Concluded). The British Medical Journal. 1861; 1(17):437-440.

Wallian, Samuel S. Rhythmotherapy: A Discussion of the Physiological Basis and Therapeutic Potency of Mechano-Vital Vibration to Which Is Added a Dictionary of Diseases with Suggestions as to the Technic of Vibratory Therapeutics. Chicago, IL: The Ouelette Press; 1906.

Walls, C. B. Circumcision – It Is a Fad! Journal of Orificial Surgery. 1897; 5(11):504-512.

Watson, Patrick Heron. On the Extraction of Foreign Bodies from the Female Bladder. The British Medical Journal. 1868; 2(406):382-383.

Webster, John H. Case of Hermaphrodism: The British Medical Journal1866; 1(267):146-145.

Wegscheider, Max. Geburtshilfe und Gynäkologie bei Aetios von Amida. Berlin, Heidelberg: Springer Berlin Heidelberg; 1901.

Wells, T. Spencer et al. History Of Ovariotomy. The British Medical Journal. 1880; 2(1031):567-568.

Wells, Thomas Spencer. Modern Abdominal Surgery: The Bradshaw Lecture Delivered at the Royal College of Surgeons of England, December 18th, 1890 with an Appendix on the Castration of Women. London: J. & A. Churchill; 1891.

West, Carlo. Lezioni sulle Malattie delle Donne. Milano: Francesco Vallardi; 1864.

West, Charles. Clitoridectomy. The British Medical Journal. 1866; 2(313):728-729.

___. Clitoridectomy. The Lancet. 1866; 88(2261):736-737.

___. Clitoridectomy. The Lancet. 1866; 88(2255):560-561.

___. Clitoridectomy. The Lancet. 1866 Nov 17; 88(2255):560-561.

___. Leçons sur les Maladies des Femmes. Paris: F. Savy; 1870.

___. Lectures on the Diseases of Women. London: John Churchill & Sons; 1864.

___. Lectures on the Diseases of Women. Philadelphia, PA: Henry C. Lea; 1867.

West, Charles und Greenhalgh, Robert. Clitoridectomy. The Lancet. 1866 Dec 29; 88(2261):736-737.

West, Charles und Paget, James. Clitoridectomy. The Lancet. 1866 Dec 15; 88(2259):678-679.

Whitridge, Arnold. Changing Fashions in Romance. The North American Review. 1928; 226(846):195-202.

Whytt, Robert. Observations on the Nature, Causes, and Cure of Those Disorders which Have Been Commonly Called Nervous Hypochondriac, or Hysteric, to Which are Prefixed Some Remarks on the Sympathy of the Nerves. Edinburgh: T. Beckett, P. Du Hondt and J. Balfour; 1765.

___. Traité des maladies nerveuses, hypocondriaques et hystériques. Nouvelle édition, à laquelle on a joint un extrait d'un ouvrage anglois du même auteur, sur les mouvements vitaux & involontaires des animaux, servant d'introduction ą celui-ci. Paris: P. Théóphile Barrois le jeune; 1777.

___. Underråttelse om de Sjukdomar, som Gemenligen få Namn af Nerwe-Hypochondriske- och Hysteriske Tilfålligheter [...]. Stockholm: A. J. Nordstrom; 1786.

Willan, R. J. Paraphimosis of the Clitoris: The British Medical Journal 1928; 2(3546):1131-1130.

Williams, Francis H. The Roentgen Rays in Medicine and Surgery and as Aid in Diagnosis and as Therapeutic Agent. London: Macmillan; 1902.

Williams, W. Roger. Chimney-Sweeps' Cancer. The British Medical Journal. 1892; 2(1645):103.

Williamson, A. P. Report of a Case of Acute Mania, in a Sexual Pervert, Relieved by Circumcision. Journal of Orificial Surgery. 1898; 7(4):155-166.

Willis, Robert. Urinary Diseases and Their Treatment. Philadelphia, PA: Haswell, Barrington, and Haswell; 1839.

Willis, Thomas. Affectionum Quę Dicuntur Hystericae Et Hypochondriacae Pathologia Spasmodica Vindicata Contra Responsionem Epistolarem Nathanael Highmori, M.D. Cui Accesserunt Exercitationes Medico-Physicae Du ae. London: Jacob Allestry; 1670.

___. The Remaining Medical Works of That Famous and Renowned Physician D[r] Thomas Willis. London: T. Dring, C. Harper, J. Leigh, and S. Martyn; 1683.

Wilson, Andrew. Medical Researches: Being an Enquiry into the Nature and Origin of Hysterics in the Female Constitution, and into the Distinction Between That Disease and Hypochondriac or Nervous Disorders. London: S. Hooper; 1776.

Winckel, Franz von. Die Pathologie der weiblichen Sexual-Organe in Lichtdruck-Abbildungen. Leipzig: S. Hirzel; 1881.

___. Zur operativen Gynäkologie. Archiv Für Gynäkologie. 1884; 23(2):159-182.

Wintz, H. and Wittenbeck, F. Klinik der gynäkologischen Röntgentherapie, Band 1. München: J. F. Bergmann; 1933.

Wittkower, E. and Wilson, A. T. M. Dysmenorrhoea and Sterility: Personality Studies. The British Medical Journal. 1940; 2(4165):586-590.

Witzleben, Henry Detlev von. Röntgenkastration bei degenerativem Irresein. Der Nervenarzt. 1928; 1(5):297-300.

Wolf, Josephus Leo. De Nexu Foetus cum Matre: Dissertatio Inauguralis quam Consensu et Auctoritate Gratiosi Medicorum Ordinis in Universitate Literaria Berolinensi [.] publice defendit Auctor. Berlin: August Petschius; 1826.

Woods, Marianne; Pirie, Jane und Gordon, Helen Cumming. Authorities with Regard to the Practice of Tribadism [In Causa Misses Woods & Pirie against Lady Cumming Gordon]. Edinburgh: Court, Second Division; 1811.

Woollcombe, Henricus. Tentamen Medicum Inaugurale de Hysteria. Edinburgh: Balfour and Smellie; 1777.

Wylie, W. Gill. The Etiology and Prevention of Uterine Disease before and during Puberty. The Medical News. 1900; 76:161-169.

Yandell, David W. and McClellan, Ely. Battey's Operation. Louisville, KY: John P. Morton; 1875.

Zaborowski, M. De la circoncision des garçons et l'excision des filles comme pratiqués d'initiation. Bulletins De La Société D'Anthropologie De Paris. 1894; 5:81-104.

Zacchia, Paulus. Quaestiones medico-legales. Rom: Johannes Piot; 1655.

Zambaco, Demetrius. Onanism and Nervous Disorder in Two Little Girls: Case History. Peraldi, Francois, (Hg.). Polysexuality [Semiotext(e) # 10]. New York: Columbia University; 1883: 22-37.

___. Onanisme avec troubles nerveux chez deux petites filles. L'Encephale: Journal des Maladies Mentales et Nerveuses. 1882; 2:88-96; 260-274.

Ziegenspeck, Robert. Anleitung zur Massagebehandlung (Thure Brandt) bei Frauenleiden: Für praktische Ärzte. Berlin: Karger; 1895.

Zsigmondi, Adolph. Die galvanokaustische Operationsmethode nach eigenen Erfahrungen und mit besonderer Rücksicht auf »Middeldorpf's Galvanocaustik«. Wien: A. Pichlers Witwe & Sohn; 1860.

Zu Westerburg, Santlus. Wo hat der Staat Gründe, die Ehe zu verbieten, und welche? Gerichtlich-medizinische erörtert von Dr. Santlus zu Westerburg. Zeitschrift Für Staatsarzneikunde. 1851; 127:243-276.

Zweifel, Paul. Die Krankheiten der Äussern [sic!] Weiblichen Genitalien und die Dammrisse. Stuttgart: Ferdinand Enke; 1885.

Sekundärliteratur

Abdel-Azim, S. Psychosocial and Sexual Aspects of Female Circumcision. African Journal of Urology. 2013; 19:141-142.

Abdul-Mageed, Muhammad; Diab, Mona T. und Korayem, Mohammed. Subjectivity and Sentiment: Analysis of Modern Standard Arabic. Proceedings of the 49th Meeting of the Association for Computational Linguistics: Short Papers. 2011:587-591.

Acimi, Smail. Cliteroplasty: A Variant of the Technique. Urology. 2008; 72(3):669-671.

Acimi, Smail; Acimi, Mohammed Ali; Debbous, Lamia; Bessahraoui, Mimouna und Bouanani, Ibtisseme. Clitoroplasty: A Variant of the Technique by Acimi. Arab Journal of Urology. 2018; 16:232.237.

Adams, Alice E. Molding Women's Bodies: The Surgeon as Sculptor. In: Wilson, Deborah S. and Laennec, Christine Moneera, (Hg.). Bodily Discursions: Genders, Representations, Technologies. New York: State University of New York Press; 1997: 59-80.

Adams, Carol S. and Donovan, Josephine. Animals and Women: Feminist Theoretical Explorations. Durham, NC, London: Duke University Press; 1999.

Aerts, Leen; Rubin, Rachel S.; Randazzo, Michael und Goldstein, Sue W. Retrospective Study of the Prevalence and Risk Factors of Clitoral Adhesions: Women's Health Providers Should Routinely Examine the Glans Clitoris. Sexual Medicine. 2018; 6(2):115-122.

Agarwal, Apoorv; Biadsy, Fadi und Mckeown, Kathleen R. Contextural Phrase-Level Polarity Analysis Using Lexical Affect Scoring and Syntactic N-Grams. Proceedings of the 12th Conference of the European Chapter of the ACL. 2009:24-32.

Al-Shebaily, M. Mashael and Qureshi, Viquar Fatima. Malignancies in Clitoris: A Review of Literature on Etiology, Diagnosis, Pathology and Treatment Strategies. International Journal of Cancer Research. 2008; 4(4):110-126.

Aladjem, Terry K. The Philosopher's Prism: Foucault, Feminism, and Critique: Political Theory1991; 19(2):277-291.

Alford, John A. Medicine in the Middle Ages: The Theory of a Profession. The Centennial Review. 1979; 23(4):377-396.

Allen, Andra J. All American Sexual Myths. The American Journal of Nursing. 1975; 75(10):1770-1771.

Allolio-Näcke, Lars. Diskursanalyse – Bestandsaufnahme und interessierte Anfragen aus einer dichten Foucault-Lektüre. Forum: Qualitative Sozialforschung. 2010 Sep; 11(3).

American Pediatric Academy. Policy Statement—Ritual Genital Cutting of Female Minors. Pedriatics. 2010; 125(5):1088-1093.

Amussen, Susan Dwyer and Underdown, David. Gender, Culture and Politics in England, 1560-1640: Turning the World Upside Down. London, Oxford, New York: Bloomsbury; 2017.

Anderson, Warwick. The Case of the Archive. Critical Inquiry. 2013; 39(3):532-547.

Andreadis, Harriette. Sappho in Early Modern England: Female Same-Sex Literary Erotics, 1550-1714. Chicago, IL: University of Chicago Press; 2001.

Ankele, Monika. Alltag und Aneignung in Psychiatrien um 1900: Selbstzeugnisse von Frauen aus der Sammlung Prinzhorn. Wien, Köln, Weimar: Böhlau; 2009.

___. Any Questions?: The British Medical Journal. 1961; 1(5239):1622-1621.

___. Separate and Distinct Penalties for Women. Harvard Law Review. 1920; 33(3):449-451.

Arnaud, Sabine. On Hysteria: The Invention of a Medical Category between 1670 and 1820. Chicago, IL: University of Chicago Press; 2015.

Ashok, K B. »Sex« is a Gift of Nature. What If She Betrays? International Journal of Collaborate Research on Internal Medicine & Public Health. 2011; 3(8):645-648.

Azevedo, Z. Abortion in Early America. Women Health. 1979; 4(2):159-167.

Baader, Gerhard. Auf dem Weg zum Menschenversuch im Nationalsozialismus: Historische Vorbedingungen und der Beitrag der Kaiser-Wilhelm-Institute. Sachse, Carola. Die Verbindung nach Auschwitz: Biowissenschaften und Menschenversuche an Kaiser-Wilhelm-Instituten. Dokumentation eines Symposiums. Göttingen: Wallstein; 2003: 105-157.

Bachmann-Medick, Doris. Menschenrechte als Übersetzungsproblem. Geschichte und Gesellschaft. 2012; 38(2):331-359.

Bader, Dina. Nationalisme sexuel: Le cas de l'excision et de la chirurgie esthétique génitale dans les discours d'experts en Suisse. Swiss Journal of Sociology. 2016; 42(3):573-591.

Bähr, Jürgen; Jentsch, Christoph und Kuls, Wolfgang. Bevölkerungsgeographie. Berlin, New York: De Gruyter; 1992.

Baker, Dennis J. Should Unnecessary Harmful Nontherapeutic Cosmetic Surgery Be Criminalized? New Criminal Law Review. 2014; 17(4):587-630.

Baldwin, John W. The Language of Sex: Five Voices from Northern France around 1200. Chicago, IL: University of Chicago Press; 1994.

Barker-Benfield, Ben. Sexual Surgery in Late-Nineteenth-Century America. International Journal of Health Services. 1975; 5(2):279-298.

___. The Spermatic Economy: A Nineteenth Century View of Sexuality. Feminist Studies. 1972; 1(1):45-74.

Barstow, Anne Llewellyn. On Studying Witchcraft as Women's History: A Historiography of the European Witch Persecutions. Journal of Feminist Studies in Religion. 1988; 4(2):7-19.

Bassiri, Nima. Freud and the Matter of the Brain: On the Rearrangements of Neuropsychoanalysis. Critical Inquiry. 2013; 40(1):83-108.

Bastian, Till. Furchtbare Ärzte: Medizinische Verbrechen im Dritten Reich. München: C. H. Beck; 2001.

Baughey-Gill, Sarah. When Gay Was Not Okay with the APA: A Historical Overview of Homosexuality and its Status as Mental Disorder. Occam's Razor. 2011; 1(2):5-16.

Bauman, Zygmunt. Intimations of Post-Modernity. New York, London: Routledge; 1992.

Beattie, John Maurice. Crime and the Courts in England, 1660-1800. Oxford: Clarendon Press; 1986.

Beauvalet, Scarlett. Les structure démographiques. In: Antoine, Annie und Michon, Cédric, (Hg.). Les sociétés au 17e siècle; Angleterre, Espagne, France. Rennes: Presses Universitaires de Rennes; 2006: 221-224.

Beccalossi, Chiara. Female Same-Sex Desires: Conceptualizing a Disease in Competing Medical Fields in Nineteenth-Century Europe. Journal of the History of Medicine and Allied Sciences. 2012; 67(1):7-35.

Beccalossi, Chiara und Cryle, Peter. Recent Developments in the Intellectual History of Medicine: A Special Issue of the »Journal of the History of Medicine«. Journal of the History of Medicine and Allied Sciences. 2012; 67(1):1-6.

Beck. Lutwin. Zur Geschichte der Gynäkologie und Geburtshilfe: Aus Anlaß des 100jährigen Bestehens der Deutschen Gesellschaft für Gynäkologie und Geburtshilfe. Berlin, Heidelberg, New York: Springer; 1986.

Beecher, Donald. Concerning Sex Changes: The Cultural Significance of a Renaissance Medical Polemic. The Sixteenth Century Journal. 2005; 36(4):991-1016.

Bellegarda, Jerome R. A Latent Semantic Analysis Framework for Large-Span Language Modelling. ISCA Archive. 1997.

Belsey, Catherine. Shakespeare and the Loss of Eden. London: Macmillan; 1999.

Benedek, Thomas G. The Changing Relationship between Midwives and Physicians during the Renaissance. Bulletin of History of Medicine. 1977; 51(4):550-564.

Bennett, Paula. Critical Clitoridectomy: Female Sexual Imagery and Feminist Psychoanalytic Theory: Signs1993; 18(2):259-235.

Benton, John F. Trotula, Women's Problems, and the Professionalization of Medicine in the Middle Ages. Bulletin of the History of Medicine. 1985; 59(1):30-53.

Berer, Marge. Editorial: Cosmetic Surgery, Body Image and Sexuality. Reproductive Health Matters. 2010; 18(35):4-10.

___. Labia Reduction for Non-Therapeutic Reasons vs. Female Genital Mutilation: Contradictions in Law and Practice in Britain. Reproductive Health Matters. 2010; 18(35):106-110.

Berg, Rigmor C.; Denison, Eva; Fretheim, Atle und Norwegian Knowledge Centre for the Health Services. Psychological, social and sexual consequences of female genital mutilation/cutting (FGM/C): a systematic review of quantitative studies. Oslo: Nasjonalt kunnskapssenter for helsetjenesten; 2010.

Bergmann, Martin S. Rethinking Dissidence and Change in the History of Psychoanalysis. In: Bergmann, Martin S. (Hg.). Understanding Dissidence and Controversy in the History of Psychoanalysis. Chevy Chase, MD: International Psychotherapy Institute; 2004: 14-197.

Berkey, Jonathan P. Circumcision Circumscribed: Female Excision and Cultural Accommodation in the Medieval near East (Excerpt): International Journal of Middle East Studies. 2008; 40(4):540-535.

Bernard, Claudie. Penser la famille au XIXe siècle (1789-1870). Saint-Etienne: Publications de l'Université de Saint-Etienne; 2007.

Bérubé, Allan. Coming Out under Fire: The History of Gay Men and Women in World War Two. New York: Free Press; 1990.

Betker, Frank. »Einsicht in die Notwendigkeit«: Kommunale Stadtplanung in der DDR und nach der Wende (1945-1990). Stuttgart: Franz Steiner; 2005.

Bever, Edward. Witchcraft, Female Aggression, and Power in the Early Modern Community. Journal of Social History. 2002; 35(4):955-988.

Bieber, Irving. Homosexuality: A Psychoanalytic Study. New York: Basic Books; 1962.

Biggers, Jeff. The Trials of a Scold: The Incredible True Story of Writer Anne Royall. New York: Thomas Dunne Books; 2017.
Binhammer, Katherine. The Sex Panic of the 1790s. Journal of the History of Sexuality. 1996; 6(3):409-434.
Black, John. Female Genital Mutilation: A Contemporary Issue, and a Victorian Obsession. Journal of the Royal Society of Medicine. 1997; 90:402-405.
Bland, Lucy. The Case of the »Cult of the Clitoris«: Treachery, Patriotism and English Womanhood. In: Bland, Lucy. Modern Women on Trial. Manchester University Press; 2013: 15-54.
Blank, Paula. Shakespeare and the Mismeasure of Renaissance Man. Ithaka, NY, London: Cornell University Press; 2006.
Blasszauer, B. und Keszthelyi, S. Challenging Non-Compliance. Journal of Medical Ethics. 2003; 29(4):257-259.
Blechner, Mark J. The Clitoris: Anatomical and Psychological Issues. Studies in Gender and Sexuality. 2017; 18(3):190-200.
Bliquez, Lawrence J. und Kazhdan, Alexander. Four Testimonia to Human Dissection in Byzantine Times. Bulletin of the History of Medicine. 1984; 58(4):554-557.
Bloch, R. Howard. Medieval Misogyny. Representations. 1987; (20):1-24.
Bock, Gisela. Zwangssterilisation im Nationalsozialismus: Studien zur Rassenpolitik und Geschlechterpolitik. Münster: MV Wissenschaft; 2010.
Bocock, R. J. Freud and the Centrality of Instincts in Psychoanalytic Sociology. The British Journal of Sociology. 1977; 28(4):467-480.
Bolin, Thomas. Ecclesiastes and the Riddle of Authorship. London, New York: Routledge; 2017.
Bonneuil, Noël. Transformation of the French Demographic Landscape, 1806-1906. Oxford, Oxford, New York: Clarendon Press. Oxford University Press; 1997.
Bonomi, Carlo. Freud and Castration: A New Look into the Origins of Psychoanalysis. The Journal of the American Academy of Psychoanalysis. 1998; 26(1):29-49.
___. The Relevance of Castration and Circumcision to the Origins of Psychoanalysis: 1. The Medical Context. International Journal of Psychoanalysis. 2009; 90(3):551-580.
Borkenhagen, Ada. Designervagina oder das geschönte Geschlecht. Brähler, Elmar and Borkenhagen, Ada, (Hg.). Intimmodifikationen: Spielarten und ihre psychosozialen Bedeutungen. Gießen: Psychosozial-Verlag; 2010: 97-113.

Borris, Kenneth. Same-Sex desire in the English Renaissance: A Sourcebook of Texts, 1470-1650. New York: Routledge; 2004.

Böth, Mareike. Erzählweisen des Selbst: Körperpraktiken in den Briefen Liselottes von der Pfalz (1652-1722). Köln, Weimar: Böhlau; 2015.

Bötte, Gerd-J. Das deutsche Schrifttum des achtzehnten Jahrhunderts und seine bibliographische Verzeichnung: Perspektiven für ein VD18. [Web Page]. URL: www.opus-bayern.de/bib-info/volltexte/2006/141/pdf/Boette-VD18_B-Tag2005-opusMS_pdf.pdf, gesehen 26.9.2020.

Bowra, Jean. Making a Man, a Great Man: Ephraim McDowell, Ovariotomy and History. Paper Presented to the Social Change in the 21st Century Conference. Queensland University of Technology; 2005.

Braun, Virginia und Kitzinger, Celia. »Snatch,« »Hole,« or »Honey-Pot«? Semantic Categories and the Problem of Nonspecificity in Female Genital Slang: The Journal of Sex Research2001; 38(2):158-146.

Braun, Virginia und Wilkinson, Sue. Socio-Cultural Representations of the Vagina. Journal of Reproductive and Infant Psychology. 2001; 19(1):17-32.

Brauner, Sigrid. Fearless Wives and Frightened Shrews: The Construction of the Witch in Early Modern Germany. Amherst, MA: University of Massachusetts Press; 2001.

Briggs, Laura. The Race of Hysteria: »Overcivilization« and the »Savage« Woman in Late-Nineteenth-Century Obstetrics and Gynecology. American Quarterly. 2000; 52(2):246-273.

Brooten, Bernadette J. Love between Women: Early Christian Responses to Female Homoeroticism. Chicago, IL: University of Chicago Press; 1996.

Brotto, Lori A. Vaginal versus Clitoral? Or, Vaginal and Clitoral? A Reply to Brody and Costa. The Canadian Journal of Human Sexuality. 2017; 26(1):5-6.

Brown, Elaine. Gender, Occupation, Illiteracy and the Urban Economic Environment: Leicester, 1760-1890. Urban History. 2004; 31(2):191-209.

Brown, Judith C. Immodest Acts: The Life of a Lesbian Nun in Renaissance Italy. New York: Oxford University Press; 1986.

Brown, Kathleen M. Good Wives, Nasty Wenches, and Anxious Patriarchs: Gender, Race, and Power in Colonial Virginia. Chapel Hill, NC, London: University of North Carolina Press; 1996.

Browning, Robert. A Further Testimony to Human Dissection in the Byzantine World. Bulletin of the History of Medicine. 1985; 59(4):518-520.

Brozyna, Martha A. Gender and Sexuality in the Middle Ages: A Medieval Source Documents Reader. Jefferson, NC, London: McFarland & Co.; 2005.

Brundage, James A. Sex and Canon Law. In: Bullough, Vern L. und Brundage, James A. (Hg.). Handbook of Medieval Sexuality. New York, London: Garland; 2000: 33-50.

Brunner, José. Freud and the Politics of Psychoanalysis. New Brunswick, NJ, London: Transaction Publishers; 1999.

Bubenhofer, Noah; Konopka, Marek und Schneider, Roman. Korpuslinguistik und interdisziplinäre Perspektive auf Sprache. Tübingen: Narr; 2014.

Buhle, Mary Jo. Feminism and Its Discontents: A Century of Struggle with Psychoanalysis. Cambridge, MA, New York: Harvard University Press; 1998.

Bullough, Vern L. Technology for the Prevention of »Les Maladies Produites par la Masturbation«. Technology and Culture. 1987; 28(4):828-832.

Bührmann, Andrea D. und Schneider, Werner. Mehr als nur diskursive Praxis? Konzeptionelle Grundlagen und methodische Aspekte der Dispositivanalyse. Historical Social Research. 2008; 33(1):108-141.

Burdach, Carl Friedrich. Anatomische Untersuchungen bezogen auf Naturwissenschaft und Heilkunst. Leipzig: Hartmannsche Buchhandlung; 1814.

Burnett, Charles und Jacquart, Danielle. Constantine the African and 'Ali Ibn al-'Abbas al-Magdusi: The Pantegni and Related Texts. Leiden, New York, Köln: E. J. Brill; 1994.

Burnham, John C. After Freud Left: A Century of Psychoanalysis in America. Chicago, IL: University of Chicago Press; 2012.

Busch, Dietrich Wilhelm Heinrich. Das Geschlechtsleben des Weibes in physiologischer, pathologischer und therapeutischer Hinsicht: 4. Band. Von den Geschlechtskrankheiten des Weibes und deren Behandlung. Leipzig; 1843.

Busch-Geertsema, Bettina. »Elender als auf dem elendsten Dorfe«? Elementarbildung and Alphabetisierung in Bremen am Beginn des 19. Jahrhunderts. Bödeker, Hans Erich and Hinrichs, Ernst, (Hg.). Alphabetisierung und Literalisierung in Deutschland in der Frühen Neuzeit. Tübingen: Niemeyer; 1999: 181-202.

Busse, Dietrich. Historische Semantik. Stuttgart: Klett-Cotta; 1987.

Butler, Judith. Das Unbehagen der Geschlechter. Frankfurt a.M.: Suhrkamp; 1991.

Bylebyl, Jerome. The School of Padua: Humanistic Medicine in the Sixteenth Century. In: Webster, Charles, (Hg.). Health, Medicine and Mortality in the Sicxteenth Century. Cambridge, London, New York, Melbourne: Cambridge University Press; 1979: 335-370.

Büchner, Andreas Elias. Miscellanea physico-medico-mathematica oder angenehme, curieuse und nützliche Nachrichten von Physical- u. Medicinischen, auch dahin gehörigen Kunst- und Literatur-Geschichten, welche in Teutschland und andern Reichen sich zugetragen haben oder bekannt worden sind. Erfurt: Carl Friedrich Jungnicol; 1732.

Bühl, Achim. Die Habermas-Foucault-Debatte neu gelesen: Missverständnis, Diffamierung oder Abgrenzung gegen Rechts? Prokla. Zeitschrift Für Kritische Sozialwissenschaft. 2003; 33(130):159-182.

Bührmann, Andrea D. und Schneider, Werner. Mehr als nur diskursive Praxis? – Konzeptionelle Grundlagen und methodische Aspekte der Dispositivanalyse. Forum Qualitative Sozialforschung. 2007; 8(2):n.p.

Cadden, Joan. Meanings of Sex Difference in the Middle Ages: Medicine, Science, and Culture. Cambridge, New York: Cambridge University Press; 1995.

Caffier, Philipp P. und David, Matthias. Wer heilt, hat recht! – Ein vergessenes Genie? Zum 150. Geburtstag und 80. Todestag von Wilhelm Fließ. Laryngorhinootologie. 2009; 88(1):39-44.

Cahen, Fabrice. Gouverner les moeurs: La lutte contre l'avortement en France, 1890-1950. Paris: Edition de l'Ined; 2016.

Campbell, Beatrix. A Feminist Sexual Politics: Now You See It, Now You Don't: Feminist Review1980; (5):18-1.

Campbell, Donald. Arabian Medicine and Its Influence on the Middle Ages. London: Routledge; 2000.

Campbell Hurd-Mead, Kate. Trotula. Isis. 1930; 14(1):349-367.

Carbonne, Natacha. Les mutilations sexuelles féminines. Paris: Berg International; 2011.

Carri, Christiane. Berliner Entmündigungsverfahren gegen Frauen von 1900-1933: »Geisteskrank, lügenhaft und sexuell verwahrlost«. Wiesbaden: Springer VS; 2018.

Cavnar, William B. und Trenkle, John M. N-Gram-Based Text Categorization. Unpublished Manuscript.

Cegarra, José Benito Seoane. El dispositivo de sexualidad y feminización en la educación de la »mujer«. España (1850-1920). Unpublished Manuscript. 2006.

Chaperon, Sylvie. »Le trône des plaisirs et des voluptés«: Anatomie politique du clitoris, de l'Antiquité à la fin du XIXe siècle. Cahiers d'Histoire. 2012; 118:41-60.

Chapman, Richard Allen. Leviathan Writ Small: Thomas Hobbes on the Family. The American Political Science Review. 1975; 69(1):76-90.

Charbit, Yves. The Classical Foundations of Population Thought: From Plato to Quesnay. Dordrecht, Heidelberg, London, New York: Springer; 2010.

Charlier, Philippe and Deo, Saudamini. Paul Broca's Clitoridectomy as a Cure for »Nymphomania«: A Pseudo-Medical Mutilation. Torture Journal. 2019; 29(2):110-112.

Cherici, Céline. La définition d'une entité clinique entre développements techniques et spécialisation médicale: Épilepsie et épileptologie au XXe siècle. Revue d'Histoire des Sciences. 2010; 63(2):409-437.

Chmel, Roman; Nováckova, Marta; Fait, Tomás; Zámecnik, Libor; Krejcová und Pastor, Zlato. Clitoral Phimosis: Effects on Female Sexual Function and Surgical Treatment Outcomes. Journal of Sexual Medicine. 2019; 16(2):257-266.

Chowdhury, Sreemoyee Roy. Hysteria, Neurosis, Neurasthenia and Hardy's ›Bachelor Girl‹. The Hardy Society Journal. 2018; 14(2):77-95.

Chuang, Wen-Yu; Yeh, Chi-Ju; Jung; Shi-Ming und Hsueh, Swei. Plexiform schwannoma of the clitoris: Case Report. APMIS. 2007; 115:889-890.

Chumtong, Jason und Kaldewey, David. Beyond the Google Ngram Viewer: Bibliographic Databases and Journal Archives as Tools for the Quantitative Analysis of Scientific and Meta-Scientific Concepts. Bonn: Rheinische Friedrich-Wilhelms-Universität Bonn; 2017.

Cicero, Marcus Tullius und Shackleton Bailey, D. R. Epistulae ad familiares. Cambridge, New York: Cambridge University Press; 1977.

Clapp, Elizabeth J. »A Virago-Errant in Enchanted Armor?«: Anne Royall's 1829 Trial as a Common Scold. Journal of the Early Republic. 2003; 23(2):207-232.

Clark, Donald A. Joshua Taylor Bradford and the Transatlantic Revival of Ovariotomy in the Mid-Nineteenth Century. The Register of the Kentucky Historical Society. 2015; 113(1):59-85.

Clark, LeMon. Is There a Difference between a Clitoral and a Vaginal Orgasm? The Journal of Sex Research. 1970; 6(1):25-28.

Clark, Stuart. The ›Gendering‹ of Witchcraft in French Demonology: Misogyny or Polarity? French History. 1990; 5(4):426-437.

Classen, Albrecht. Sexuality in the Middle Ages and the Early Modern Times: New Approaches to a Fundamental Cultural-Historical and Literary-Anthropological Theme. Berlin, New York: Walter de Gruyter; 2008.

Clement, Michelle. De l'anachronisme et du clitoris. Le Français Préclassique. 2011; 13:27-45.

Clouse, Michele L. Medicine, Government and Public Health in Philip II's Spain: Shared Interests, Competing Authorities. London, New York: Routledge; 2016.

Colwill, Elizabeth. Pass as a Woman, Act as a Man: Marie-Antoinette as Tribade in the Pornography of the French Revolution. Goodman, Dena, (Hg.). Marie-Antoinette: Writings on the Boy of a Queen. New York, London: Routledge; 2003: 139-170.

___. Pass as a Woman, Act Like a Man: Marie-Antoinette as Tribade in the Pornography of the French Revolution. In: Merrick, Jeffrey and Ragan, Bryant T., (Hg.). Homosexuality in Modern France. Oxford, New York: Oxford University Press; 1996: 54-79.

Connell, Sophia M. Aristotle on Female Animals: A Study of the Generation of Animals. Cambridge, New York: Cambridge University Press; 2016.

Cook, Daniel and Naudé. Alain. The Ascendance and Decline of Homoeopathy in America: How Great was its Fall? Journal of the American Institute of Homoeopathy. 1996; 89:1-41.

Cook, Harold J. The History of Medicine and the Scientific Revolution. Isis. 2011; 102(1):102-108.

Costa, Palmira Fontes da. The Singular and the Making of Knowledge at the Royal Society of London in the Eighteenth Century. Newcastle upon Tyne: Cambridge Scholars Pub; 2009.

Coudert, Allison P. From the Clitoris to the Breast: The Eclipse of the Female Libido in Early Modern Art, Literature, and Philosophy. In: Classen, Albrecht, (Hg.). Sexuality in the Middle Ages and the Early Modern Times: New Approaches to a Fundamental Cultural-Historical and Literary-Anthropological Theme. Berlin, New York: Walter de Gruyter; 2008: 837-878.

Counter, Andrew J. Bad Examples: Children, Servants, and Masturbation in Nineteenth-Century France. Journal of the History of Sexuality. 2013; 22(3):403-425.

Crawford, Katherine. European Sexualities, 1400-1800. Cambridge, New York: Cambridge University Press; 2007.

Crawford, Patricia. Sexual Knowledge in England, 1500-1750. In: Porter, Roy und Teich, Mikulas, (Hg.). Sexual Knowledge, Sexual Science. Cambridge, New York: Cambridge University Press; 1994: 82-106.

Creed, Barbara. Lesbian Bodies: Tribades, Tomboys and Tarts. In: Price, Janet and Shildrick, Margrit, (Hg.). Feminist Theory and the Body: A Reader. New York: Routledge; 1999: 111-124.

Crist, Takey. Circumcision in the Female. Journal of Sex Education and Therapy. 1977 Apr 1; 3(1):19-20.

Crocq, Marc-Antoine. Du shell shock et de la névrose de guerre à l'état de stress post-traumatique: Une histoire de la psychotraumatologie. Dialogues in Clinical Neuroscience. 2000; 2(1):47-55.

Crombie, A. C. Science, Art, and Nature in Medieval and Modern Thought. London, Rio Grande, OH: Hambledon Press; 1996.

Cryle, Peter. Vaginismus: A Franco-American Story. Journal of the History of Medicine and Allied Sciences. 2012; 67(1):71-93.

Cryle, Peter und Moore, Alison. Frigidity: An Intellectual History. Houndsmill, Basingstoke: Palgrave MacMillan; 2011.

Cuttica, Cesare. The English Regicide and Patriarchalism: Representing Commonwealth Ideology and Practice in the Early 1650s. Renaissance and Reformation. 2013; 36(2):131-164.

D'Cruze, Shani und Jackson, Louise. Women, Crime and Justice in England since 1660. Houdmills, Basingstoke, New York: Palgrave; 2009.

Darby, Robert. A Surgical Temptation: The Demonization of the Foreskin and the Rise of Circumcision in Britain. Chicago, IL: University of Chicago Press; 2013.

David, Matthias und Ebert, Andreas D. Die nasogenitale Reflextheorie. Deutsches Ärzteblatt. 2007; 104(9):553-556.

Davies, Brian. Thomas Aquina's Summa Theologiae: A Guide and Commentary. Oxford, New York: Oxford University Press; 2014.

Davies, Stevie. Unbridled Spirits: Women of the English Revolution, 1640-1660. London: Women's Press; 1998.

De Beauvoir, Simone. Das andere Geschlecht: Sitte und Sexus der Frau. Hamburg: Rowohlt; 1951.

Decker, Hannah S. The Reception of Psychoanalysis in Germany. Comparative Studies in Society and History. 1982; 24(4):589-602.

Deutsches Ärzteblatt. Labioplastik: Gynäkologen warnen vor neuem Trend [Web Page]. URL: https://www.aerzteblatt.de/nachrichten/72911/Labiopl astik-Gynaekologen-warnen-vor-neuem-Trend. Gesehen 6.2.2017.

Devereux, Cecily. Hysteria, Feminism, and Gender Revisited: The Case of the Second Wave. English Studies in Canada. 2014; 40(1):19-45.

Di Marino, Vincent und Lepidi, Hubert. Anatomic Study of the Clitoris and the Bulbo-Clitoral Organ. Heidelberg, Dordrecht, London, New York: Springer; 2014.

Diaz-Bone, Rainer. Zur Methodologisierung der Foucaultschen Diskursanalyse. Forum Qualitative Sozialforschung. 2006; 7(1).

Dick, Leslie. The Skull of Charlotte Corday. In: Massumi, Brian, (Hg.). The Politics of Everyday Fear. Minneapolis, MN: University of Minnesota Press; 1993: 187-209.

Diepgen, Paul. Die Frauenheilkunde der Alten Welt. Berlin, Heidelberg: Springer; 1937.

Dilcher, Gerhard. Die Ordnung der Ungleichheit: Haus, Stand und Geschlecht. In: Gerhard, Ute, (Hg.). Frauen in der Geschichte des Rechts: Von der Frühen Neuzeit bis zur Gegenwart. München: H. C. Beck; 1997: 55-71.

Dixon, Laurinda S. Perilous Chastity: Women and Illness in Pre-Enlightenment Art and Medicine. Ithaca, NY, London: Cornell University Press; 1995.

Dobson, Juliet. About Female Genital Cosmetic Surgery. British Medical Journal. 2012; 345(7866):5.

Dodge, M. A. The Search for Resistance: A Layperson's Reflections on the Historiography of Slavery in the African Atlantic. The History Teacher. 2013; 47(1):77-90.

Donnenfeld, Samuel und Hammett, Jessica. The Elusive Orgasm: Princess Marie Bonaparte, the Halban-Narjani Procedure, and the 20th Century Modern Art. The Journal of Urology. 2020; 203(4S (Supplement)):e290.

Donoghue, E. Passions between Women: British Lesbian Culture 1688-1801. London; 1993.

Dorlin, Elsa. La matrice de la race: Généalogie sexuelle et coloniale de la nation française. Paris: La Découverte; 2006.

Dorlin, Elsa und Chamayou, Grégoire. L'objet = X Nymphomanes et masturbateurs XVIIIe -XIXe siècles. Nouvelles Questions Féministes. 2005; 24(1):53-66.

Dremel, Anita und Matic, Renato. Discourse and/as Social Practice – the Analysis of the Problem of Resistance and Hegemony. Mediterranean Journal of Social Science. 2014 Sep; 5(22):155-165.

Drescher, Jack. Queer Diagnoses Revisited: The Past and Future of Homosexuality and Gender Diagnoses in DSM and ICD. International Review of Psychiatry. 2015; 27(5):386-395.

Ducaté, Claudine. Terre de femmes: L'homosexualité féminine. Paris: Morisset; 1997.
Ducatel, Jerry; Thompson, Simon G., und Thint, Marcus (Erfinder). Semantic Textual Analysis: United States Patent Application Publication. 2012 Nov 29.
Duffy, John. Masturbation and Cliteridectomy. The Journal of the American Medical Association. 1963; 186:246-248.
Dunnage, Jonathan. The Work of Cesare Lombroso and Its Reception: Further Contexts and Perspectives. Crime, Histoire & Sociétés//Crime, History & Societies. 2018; 22(2):5-8.
Durrant, Jonathan B. The Witches. Durrant, Jonathan B. Witchcraft, Gender and Society in Early Modern Germany. Leiden, Boston, MA: Brill; 2007: 45-86.
Dölemeyer, Anne und Rodatz, Mathias. Diskurse und die Welt der Ameisen: Foucault mit Latour lesen (und umgekehrt). Feustel, Robert and Schochow, Maximilian, (Hg.). Zwischen Sprachspiel und Methode: Perspektiven der Diskursanalyse. Bielefeld: transcript; 2014: 197-220.
Earp, Brian D. und Johnsdotter, Sara. Current Critiques of the WHO Policy on Female Genital Mutilation. International Journal of Impotence Research (in Press). 2020.
Eder, Franz X. Kultur der Begierde: Eine Geschichte der Sexualität. München: H. C. Beck; 2009.
Eder, Sandra. The Volatility of Sex: Intersexuality, Gender and Clinical Practice in the 1950s. Gender & History. 2010; 22(3):692-707.
Eichhorn, Jaana. Geschichtswissenschaft zwischen Tradition und Innovation: Diskurse, Institutionen und Machtstrukturen der bundesdeutschen Frühneuzeitforschung. Göttingen: V&R unipress; 2006.
Einstein, Gillian. From Body to Brain: Considering the Neurobiological Effects of Female Genital Cutting. Perspectives in Biology and Medicine. 2008; 51(1):84-97.
Eissler, Kurt Robert. Freud und Wagner-Jauregg vor der Kommission zur Erhebung militärischer Pflichtverletzungen. Wien: Löcker; 1979.
Elias, Norbert. Figuration. In: Kopp, Johannes and Steinbach, Anja, (Hg.). Grundbegriffe der Soziologie. Wiesbaden: Springer; 2018: 115-117.
___. Über die Begriffe der Figuration und der sozialen Prozesse: Einführende Bemerkungen zu einem Colloquium über den historischen Charakter der Gesellschaft und die soziologische Theorie am 12. Mai 1987 in der Techni-

schen Universität Berlin, veranstaltet vom Institut für Soziologie. Berlin: Technische Universität. Institut für Soziologie; 1987.

Endres, Sonja. Zwangssterilisation in Köln 1934-1945. Köln: Emons; 2010.

Engelen, Beate. Soldatenfrauen: Eine Strukturanalyse der Garnisonsgesellschaft im späten 17. und im 18. Jahrhundert. Münster: LIT; 2005.

Equality Now; End FGM European Network, and US End FGM/C Network. Female Genital Mutilation/Cutting: A Call for a Global Response. Brüssel: End FGM European Network; 2020.

Erlich, M. La chirurgie sexuelle en France: Aspects historiques. Sexologies. 2007; 16(3):180-188.

Faber, Diana. Hysteria in the Eighteenth Century. In: Whitacker, Harry and Smith, C. U. M. Finger Stanley, (Hg.). Brain, Mind and Medicine: Essays in Eighteenth-Century Neuroscience. New York: Springer; 2007: 321-332.

Fach, Wolfgang. Not der Tugend, Tugend der Not: Frauenalltag und feministische Theorie. Opladen: Leske + Budrich; 1994.

Faderman, Lillian. Odd Girls and Twilight Lovers: A History of Lesbian Life in the Twentieth History. New York: Columbia University Press; 2012.

Farley, Tom. The Psychobiology of Sex Differences and Sex Roles. New York: Hemisphere Publishing Corporation; 1980.

Fay, Edwin W. Greek and Latin Word Studies. The Classical Quarterly. 1907; 1(1):13-30.

Fernie, Ewan. Reconceiving the Renaissance: A Critical Reader. New York: Oxford University Press; 2005.

Ferreira, Ana Isabel Martin and Cubo, Cristina de la Rosa. De Castratione Mulierum (1673): Una Satyra Medica de G.F. de Franckenaus. In: Berdonès. Maria Teresa Callejas; Ferriz, Patricia Canizares et al., (Hg.). Manipulus Studiorum: En Recuerdo de la Profesora Ana Maria Aldama Roy. Madrid: Escolar y Mayo Editores; 2014; pp. 621-633.

Finzsch, Norbert. Aunts, Pederasts, Sodomists, Criminals, Inverts: Homosexuality, Masculinity and the French Nation in the Third Republic. In: Finzsch, Norbert and Velke, Marcus, (Hg.). Queer | Gender | Historiographie: Aktuelle Tendenzen und Projekte. Münster, Berlin: LIT; 2016: 93-117.

___. Elias, Foucault, Oestreich: On a Historical Theory of Confinement. In: Finzsch, Norbert und Jütte, Robert, (Hg.). Institutions of Confinement: Hospitals, Asylums, and Prisons in Western Europe and North America, 1500-1950. Cambridge, New York: Cambridge University Press; 1996: 3-16.

___. Henry Adams, Nikola Tesla and the »Body Electric«: Intersections between Bodies and Electrical Machines. In: Hampf, Michaela and Snyder-

Körber, MaryAnn, (Hg.). Body. Gender. Technology. Heidelberg: Winter; 2012: 253-278.

___. Räuber und Gendarme im Rheinland: Das Bandenwesen in den vier rheinischen Départements vor und während der Zeit der französischen Verwaltung (1794-1814). Francia: Forschungen Zur Westeuropäischen Geschichte. 1987; 15:453-471.

___. »[...] der kupferfarbige Mensch [verträgt] die Verbreitung europäischer Civilisation nicht in seiner Nähe«: Der Topos der Dying Race in den USA, Australien und Deutschland. In: Bruns, Claudia und Hampf, M. Michaela, (Hg.). Wissen – Transfer – Differenz: Transnationale und interdiskursive Verflechtungen von Rassismen ab 1700. Göttingen: Wallstein; 2018: 67-90.

___. »We know the lesbian habits of kleitoriaxein [...] which justify the resection of the clitoris«: Cliteridectomy in the West, 1600 to 1988. Gender Forum. 2018; 67:9-28.

Finzsch, Norbert; Horton, James Oliver und Horton, Lois E. Von Benin nach Baltimore: Die Geschichte der African Americans. Hamburg: Hamburger Edition; 1999.

Finzsch, Norbert und Hulverscheidt, Marion. Editorial. Gender Forum. 2018; 67:1-8.

___. (Hg.) Special Issue: On Cliteridectomy. Gender Forum: An Internet Journal for Gender Studies. 2018; 67.

Fishman, Sterling. The History of Childhood Sexuality. Journal of Contemporary History. 1982; 17(2):283-269.

Fissel, Mary E. Introduction: Women, Health, and Healing in Early Modern Europe. Bulletin of the History of Medicine. 2008; 82(1):1-17.

Fleming, J. B. Clitoridectomy: The Disastrous Downfall of Isaac Baker Brown FRCS (1867). Journal of Obstetrics and Gynaecology of the British Empire. 1960; 67(6):1017-1034.

Flügge, Sybilla. Die gute Ordnung der Geburtshilfe: Recht und Realität am Beispiel des Hebammenrechts der Frühneuzeit. In: Gerhard, Ute, (Hg.). Frauen in der Geschichte des Rechts: Von der Frühen Neuzeit bis zur Gegenwart. München: H. C. Beck; 1997: 140-150.

Forsberg, Emma. Misogyny and Witchcraft: An Essay on Early Modern Witch Trials in Scotland. Introduction and Historical Background. 2009.

Forth, Christopher E. Intellectual Anarchy and Imaginary Otherness: Gender, Class, and Pathology in French Intellectual Discourse, 1890-1900. The Sociological Quarterly. 1996 October 1; 37(4):645-671.

Foucault, Michel. Andere Räume. In: Barck, Karlheinz; Gente, Peter; Paris, Heidi und Richter, Stefan, (Hg.). Aisthesis: Wahrnehmung heute oder Perspektiven einer anderen Ästhetik. Essais. Leipzig; 1992: 34-46.
___. Les anormaux: Cours au Collège de France, 1974-1975. Paris: Gallimard, Le Seuil; 1999.
___. Archäologie des Wissens. Frankfurt a.M.: Suhrkamp; 1973.
___. The Birth of the Clinic: An Archeology of Medical Perception. Abingdon-on-Thames: Routledge; 2003.
___. Der Wille zum Wissen: Sexualität und Wahrheit 1. Frankfurt a.M.: Suhrkamp; 1983.
___. Die Heterotopien/Les hétérotopies – Der utopische Körper/Le corps utopique: Zwei Radiovorträge. Zweisprachige Ausgabe. Frankfurt a.M.: Suhrkamp; 2005.
___. Die Macht der Psychiatrie: Vorlesung am Collège de France 1973-1974. Frankfurt a.M.: Suhrkamp; 2003.
___. Die Ordnung der Dinge: Eine Archäologie der Humanwissenschaften. Frankfurt a.M.: Suhrkamp; 1974.
___. Dispositive der Macht: Über Sexualität, Wissen und Wahrheit. Berlin: Merve; 1978.
___. Dispositive der Macht: Über Sexualität, Wissen und Wahrheit. Berlin: Merve Verlag; 2008.
___. Les mailles du pouvoir. In: Michel Foucault. Dits et écrits: 1954-1988, Band 4: 1980-1988. Paris: Gallimard; 1994: 182-201.
___. Überwachen und Strafen: Die Geburt des Gefängnisses. Frankfurt a.M.: STB; 1977.
Frampton, Sally. Belly-Rippers, Surgical Innovation and the Ovariotomy Controversy. Cham: Palgrave Macmillan; 2018.
Fraser, Nancy. Unruly Practices: Power, Discourse, and Gender in Contemporary Social Theory. Minneapolis, MN: University of Minnesota Press; 1989.
Frederiksen, Bodil Folke. Jomo Kenyatta, Marie Bonaparte and Bronislaw Malinowski on Clitoridectomy and Female Sexuality. History Workshop Journal. 2008; 65:23-48.
Freedman, Alfred M. und Kaplan, Harold I. Treating Mental Illness: Aspects of Modern Therapy. New York: Atheneum; 1972.
French, Marilyn. From Eve to Dawn: A History of Women, 4 Bände. New York: Feminist Press at the City University of New York; 2008.

Fromme, Allan. Understanding the Sexual Response in Humans: Containing a Critical Review of the Masters-Johnson Research. New York: Pocket books; 1966.

Fuechtner, Veronika; Haynes, Douglas E. und Jones, Ryan M. A Global History of Sexual Science, 1880-1960. Oakland, CA: University of California Press; 2018.

Fuhrmann, Martin. Volksvermehrung als Staatsaufgabe? Bevölkerungs- und Ehepolitik in der deutschen politischen und ökonomischen Theorie des 18. und 19. Jahrhunderts. Paderborn, München, Wien, Zürich: Schöningh; 2002.

Fussel, Marian. Die Rückkehr des ›Subjekts‹ in der Kulturgeschichte: Beobachtungen aus praxeologischer Perspektive. In: Deines, Stefan; Jaeger, Stephan und Nünning, Ansgar, (Hg.). Historisierte Subjekte – Subjektivierte Historie: Zur Verfügbarkeit und Unverfügbarkeit von Geschichte. Berlin, New York: Walter de Gruyter; 2003: 141-160.

Gardella, Peter. Innocent Ecstasy: How Christianity Gave America an Ethic of Sexual Pleasure. New York: Oxford University Press; 1985.

Gardiner, Judith Kegan. Female Masculinity and Phallic Women: Unruly Concepts: Feminist Studies. 2012; 38(3):624-597.

Gardt, Andreas. Diskursanalyse: Aktueller theoretischer Ort und methodische Möglichkeiten. Warnke, Ingo H., (Hg.). Diskurslinguistik nach Foucault: Theorie und Gegenstände. Berlin: De Gruyter; 2012: 27-52.

Garrett, Julia M. Witchcraft and Sexual Knowledge in Early Modern England. Journal for Early Modern Cultural Studies. 2013; 13(1):32-72.

Gaskill, Malcolm. The Pursuit of Reality: Recent Research into the History of Witchcraft. The Historical Journal. 2008; 51(4):1069-1088.

Gay, Peter. Freud: Eine Biographie für unsere Zeit. Frankfurt a.M.: S. Fischer; 1989.

Geertz, Clifford. The Interpretation of Cultures: Selected Essays. New York: Basic Books; 1973.

Genz, Stéphanie und Brabon, Benjamin A. Postfeminism: Cultural Texts and Theories. Edinburgh: Edinburgh University Press; 2009.

Gerhard, Jane. Revisiting »The Myth of the Vaginal Orgasm«: The Female Orgasm in American Sexual Thought and Second Wave Feminism. Feminist Studies. 2000; 26(2):449-476.

Gerhard, Jane und Mansuy, Cecilia Olivares. De vuelta a »El mito del orgasmo vaginal«: el orgasmo femenino en el pensamiento sexual estadounidense y el feminismo de la segunda ola. Debate Feminista. 2001; 23:220-253.

Gerhardt, Uta. The Social Thought of Talcott Parsons: Methodology and American Ethos. London, New York: Routledge; 2016.

Ghiassi, M.; Skinner, J. und Zimbra, D. Twitter brand sentiment analysis: A hybrid system using n-gram analysis and dynamic artificial neural network. Expert Systems with Applications. 2013; 40(16):6266-6282.

Gibson, Margaret. Clitoral Corruption: Body Metaphors and American Doctors' Constructions of Innate Homosexuality. In: Rosario, Vernon A., (Hg.). Science and Homosexualities. New York, London: Routledge; 1997: 108-132.

Gibson, William und Begiato, Joanne. Sex and the Church in the Long Eighteenth Century: Religion, Enlightenment and the Sexual Revolution. London: Bloomsbury; 2019.

Gilbert, Ruth. Early Modern Hermaphrodites: Sex and Other Stories. Houndsmills, Basinstoke, New York: Palgrave; 2002.

___. Seeing and Knowing: Science, Pornography and Early Modern Hermaphrodites. In: Fudge, Erica; Gilbert, Ruth und Wiseman, Susan, (Hg.). At the Borders of the Human: Beasts, Bodies and Natural Philosophy in the Early Modern Period. Houndsmill, London: MacMillan Press; 1999: 150-170.

Gilles-Chikhaoui, Audrey. Henri Estienne, Ambroise Paré et Montaigne face à la confusion des genres: Faits divers sur l'hermaphrodisme et le travestissement féminin a la Renaissance. Littératures Classiques. 2012; 78(2):115-126.

Gilman, Sander. Freud, Race and Gender. American Imago. 1992; 49(2):155-183.

Godart, Elisabeth und Benard, Jean-Pierre. Freud, Lacan [...] Quel avenir? Aggiornamento pour la psychanalyse. Paris: L'Harmattan; 2007.

Godbeer, Richard. »The Cry of Sodom«: Discourse, Intercourse, and Desire in Colonial New England. Foster, Thomas A. Long before Stonewall: Histories of Same-Sex Sexuality in Early America. New York: New York University Press; 2007: 81-113.

Goldman, Ronald. Circumcision: The Hidden Trauma: How an American Cultural Practice Affects Infants and Ultimately Us All. Boston, MA: Vanguard Publications; 1997.

Goldstein, Jan. The Uses of Male Hysteria: Medical and Literary Discourse in Nineteenth-Century France. Representations. 1991; 34:134-165.

Gould, Stephen Jay. Adam's Navel. London: Penguin; 1995.

___. Male Nipples and Clitoral Ripples. Columbia: A Journal of Literature and Art. 1993(20):80-96.

Gowing, Laura. Common Bodies: Women, Touch and Power in Seventeenth-Century England. New Haven, London: Yale University Press; 2003.

Graber, Benjamin und Kline-Graber, Georgia. Clitoral Foreskin Adhesions and Female Sexual Function. The Journal of Sex Research. 1979; 15(3):205-212.

Graf, Janna. Weibliche Genitalverstümmelung aus Sicht der Medizinethik: Hintergründe – ärztliche Erfahrungen – Praxis in Deutschland. Göttingen: V & R Unipress; 2013.

Grampp, Sven. Triple Trinity oder das Prinzip der dreifachen Dreifaltigkeit: Eine methodologische Handreichung zur Analyse von Dispositiven am Beispiel des Quality Teen TV. In: Ritzer, Ivo and Schulze, Peter W., (Hg.). Mediale Dispositive. Wiesbaden: Springer VS; 2018: 89-118.

Gratien, Chris und Pontillo, Daniel. Google Ngram: An Intro for Historians [Web Page]. 2014 Jan 11.

Green, Monica H. The *De Genecia* Attributed to Constantine the African. Speculum. 1987; 62(2):299-323.

___. Gendering the History of Women's Healthcare. Gender & History. 2008; 20(3):487-518.

___. Gloriosissimus Galienus: Galen and Galenic Writings in the 11th- and 12th-Century Latin West. In: Bouras-Vallianatos, Petros und Zipser, Barbara, (Hg.). Brill's Companion to the Reception of Galen. Leiden: Brill; 2019: 319-342.

___. Women's Medical Practice and Health Care in Medieval Europe. Signs. 1989; 14(2):434-473.

___. Making Women's Medicine Masculine: The Rise of Male Authority in Pre-Modern Gynaecology. Oxford, New York: Oxford University Press; 2008.

___. The Trotula: An English Translation of the Medieval Compendium of Women's Medicine. Philadelphia, PA: University of Pennsylvania Press; 2001.

___. Women's Healthcare in the Medieval West: Texts and Contexts. Burlington, VT: Ashgate/Variorum; 2000.

Grey, Thomas C. Eros, Civilization and the Burger Court. Law and Contemporary Problems. 1980; 43(2):83-100.

Groenendijk, Leendert F. Masturbation and Neurasthenia: Freud and Stekel in Debate on the Harmful Effects of Autoerotism. Journal of Psychology & Human Sexuality. 1997; 9(1):71-94.

Groneman, Carol. Nymphomania: A History. New York: W.W. Norton; 2000.

___. Nymphomania: The Historical Construction of Female Sexuality. Signs. 1994; 19(2):337-367.

___. Nymphomania: The Historical Construction of Female Sexuality. In: Terry, Jennifer und Urla, Jacqueline L., (Hg.). Deviant Bodies: Critical Perspectives on Difference in Science and Popular Culture. Indiana University Press; 1995: 219-250.

Grossheim, Ernst Leopold. Lehrbuch der operativen Chirurgie, Zweiter Theil. Berlin: Theodor Enslin; 1831.

Grubrich-Simitis, Ilse. Back to Freud's Texts: Making Silent Documents Speak. New Haven, London: Yale University Press; 1999.

Grunert, Eberhard und Berchtold, Max. Ferilitätsstörungen beim weiblichen Rind. Berlin, Wien: Parey Buchverlag; 1999.

Guiliani, Regula. Körpergeschichten zwischen Modellbildung und haptischer Hexis: Thomas Laqueur und Barbara Duden. In: Stoller, Sylvia and Vetter, Helmuth, (Hg.). Phänomenologie und Geschlechterdifferenz. Wien: Universitätsverlag; 1997: 148-165.

Gündüz, Nermin; Turan, Hatice und Polat, Aslihan. Hypersexuality Manifesting as Excessive Masturbation in a Female Patient after Temporal Lobe Epileptic Surgery: A Rare Case Report. Noro Psikiyatr Arsivi. 2019; 56(4):316-318.

Gwozdz, Patricia A. Monströse Mutterschaft. Theoretische Überlegungen zur Figuration eines Konzepts. Zeitschrift für Kulturwissenschaften: Monster und Kapitalismus. 2017; 2:37-57.

Haag, Christine. Das Ideal der männlichen Frau in der Literatur des Mittelalters und seine theoretischen Grundlagen. In: Bennewitz, Ingrid und Tervooren, Helmut, (Hg.). Manlîchiu wîp, wîplîch man: Zur Konstruktion der Kategorien »Körper« und »Geschlecht« in der deutschen Literatur des Mittelalters. Berlin: Erich Schmidt Verlag; 1999; 228-246.

Haas, Peter. Medizinische Informationssysteme und Elektronische Krankenakten. Berlin, Heidelberg, New York: Springer Verlag; 2005.

Häcker, Phöbe Annabel. Geistliche Gestalten – gestaltete Geistliche: Zur literarischen Funktionalisierung einer religiösen Sprecherposition im Kontext der Neologie. Würzburg: Königshausen und Neumann; 2009.

Halberstam, Jack. Female Masculinity. London, Durham: Duke University Press; 2019.

Hale, Nathan G. The Rise and Crisis of Psychoanalysis in the United States: Freud and the Americans 1917-1985. Oxford, New York: Oxford University Press; 1995.

Hall, Stuart. The West and the Rest: Discourse and Power. In: Hall, Stuart und Gieben, Bram, (Hg.). Formations of Modernity. Cambridge: Polity Press; 1992: 275-320.

Haller, John S. Jr. The History of American Homeopathy: The Academic Years, 1820-1935. New York, London, Oxford: Pharmaceutical Products Press; 2005.

Halley, Janet E. Reasoning about Sodomy: Act and Identity in and after Bowers v. Hardwick. Virginia Law Review. 1993; 79(7):1721-1780.

Halperin, David M; Winkler, John J. und Zeitlin, Froma I. Before Sexuality: The Construction of Erotic Experience in the Ancient Greek World. Princeton, NJ: Princeton University Press; 1990.

Hamori, Christine A. Labial Reduction: Surgical Wedge Technique. Hamori, Christine A.; Banwell, Paul E. und Alinsod, Red, (Hg.). Genital Surgery: Concepts, Classification, and Techniques. New York, Stuttgart, Delhi: Thieme; 2017: 41-58.

Hampf, M. Michaela. Release a Man for Combat: The Women's Army Corps during World War II. Köln, Wien: Böhlau; 2010.

Hanson, Ann Ellis. Hippocrates: ›Diseases of Women 1‹. Signs. 1975; 1(2):567-584.

___. The Medical Writers' Woman. In: Halperin, David M; Winkler, John J und Zeitlin, Froma I. Before Sexuality: The Construction of Erotic Experience in the Ancient Greek World. Princeton, NJ: Princeton University Press; 1990: 309-338.

Haraway, Donna Jeane. Ecce Homo, Ain't (Ar'n't) I a Woman, and Inappropriate/d Others: The Human in a Post- Humanist Landscape. In: Haraway, Donna Jeane. The Haraway Reader. New York, London: Routledge; 2004: 42-62.

Haraway, Donna Jeanne. Simians, Cyborgs, and Women: The Reinvention of Nature. New York: Routledge; 1991.

Harnik, Dalia. L'isle des hermaphrodites de Thomas Artus: Les mignons à la cour d'Henri III de Valois – Œuvre Baroque. Essen: Die Blaue Eule; 2015.

Harris, Joseph. Hidden Agendas: Cross-Dressing in 17th-Century France. Tübingen: Gunter Narr Verlag; 2005.

Hart, Lynda. Fatal women: Lesbian Sexuality and the Mark of Aggression. Princeton, NJ: Princeton University Press; 1994.

Harvey, Elizabeth D. Anatomies of Rapture: Clitoral Politics/Medical Blazons: Signs. 2002; 27(2):346-315.

Hauser, Walter. Die Wurzeln der Wahrscheinlichkeitsrechnung: Die Verbindung von Glücksspieltheorie und statistischer Praxis vor Laplace. Stuttgart: Franz Steiner; 1997.

Heller-Roazan, Daniel. Tradition's Destruction: On the Library of Alexandria. October. 2002; 100:133-153.

Hellsten, S. K. Rationalising Circumcision: From Tradition to Fashion, from Public Health to Individual Freedom: Critical Notes on Cultural Persistence of the Practice of Genital Mutilation. Journal of Medical Ethics. 2004; 30(3):253-248.

Hess, Volker. Formalisierte Beobachtung. Die Genese der modernen Krankenakte am Beispiel der Berliner und Pariser Medizin (1725-1830). Medizinhistorisches Journal. 2010; 45 (293-340).

Hickling, Daniel Percy. Case of Hysterectomy for Fibroids. Washington, DC: 1903?

Hillman, David und Mazzio, Carla. The Body in Parts: Fantasies of Corporeality in Early Modern Europe. New York: Routledge; 1997.

Hird, Myra J. Vacant Wombs: Feminist Challenges to Psychoanalytic Theories of Childless Women. Feminist Review. 2003; (75):5-19.

Hirschinger, Frank. »Zur Ausmerzung freigegeben«: Halle und die Landesheilanstalt Altscherbitz 1933-1945. Köln, Weimar: Böhlau; 2001.

Hitchcock, Tim. The Reformulation of Sexual Knowledge in Eighteenth-Century England. Signs. 2012; 37(4):832-823.

Hitchcott, Nicki. African Oedipus? Paragraph. 1993; 16(1):59-66.

Hoberman, John. Testosterone Dreams: Rejuvenation, Aphrodisia, Doping. Berkeley, CA, Los Angeles, CA: University of California Press; 2005.

Holbrook, David. The Delusions of Sexology. The Cambridge Quarterly. 1968; 3(3):234-252.

Hoorens, Vera und Renders, Hans. Heinrich Cornelius Agrippa and Witchcraft: A Reappraisal. The Sixteenth Century Journal. 2012; 43(1):3-18.

Horney, Karen. Feminine Psychology. New York: W. W. Norton; 1973.

Hornstein, Gail A. To Redeem One Person Is to Redeem the World: The Life of Frieda Fromm-Reichmann. New York: Free Press; 2000.

Hosken, Fran P. The Hosken Report: Genital and Sexual Mutilation of Females. Lexington, MA: Women's International Network News; 1979.

Houck, Judith A. Hot and Bothered: Women, Medicine, and Menopause in Modern America. Cambridge, MA, New York: Harvard University Press; 2009.

Hoyler, Michael. Small Town Development and Urban Illiteracy: Comparative Evidence from Leicestershire Marriage Registers 1754-1890. Historical Social Research/Historische Sozialforschung. 1998; 23(1/2):202-230.

Hults, Linda C. Baldung and the Witches of Freiburg: The Evidence of Images. The Journal of Interdisciplinary History. 1987; 18(2):249-276.

Hulverscheidt, Marion. »Eine merkwürdige Methode zur Verhinderung der Onanie«: Zur Geschichte der Genitalverstümmelung von Frauen im deutschsprachigen Raum. Zeitschrift für Sexualforschung. 2005; 18(3):215-242.

___. Homeopathy, Orificial Surgery, and the Clitoris in the United States, 1880-1920 – an Eclectic Approach? Gender Forum. 2018; 67:29-46.

___. Weibliche Genitalverstümmelung: Diskussion und Praxis in der Medizin während des 19. Jahrhunderts im deutschsprachigen Raum. Frankfurt a.M.: Mabuse; 2002.

Hund, Wulf D. Racist King Kong Fantasies: From Shakespeare's Monster to Stalin's Ape-Man. In: Hund, Wulf D.; Mills, Charles W., und Sebastiani, Silvia (Hg.). Simianization: Apes, Gender, Class, and Race. Wien, Zürich: LIT; 2016; 43-73.

Hunt, Alan. The Great Masturbation Panic and the Discourses of Moral Regulation in Nineteenth- and Early Twentieth-Century Britain. Journal of the History of Sexuality. 1998; 8(4):575-615.

Hunt, Lynn. The Many Bodies of Marie-Antoinette: Political Pornography and the Problem of the Feminine in the French Revolution. In: Kates, Gary, (Hg.). The French Revolution and New Controversies. New York, London: Routledge; 2006: 201-218.

___. The Many Bodies of Marie-Antoinette: Political Pornography and the Problem of the Feminine in the French Revolution. Goodman, Dena, (Hg.). Marie-Antoinette: Writings on the Body of a Queen. New York: Routledge; 2003: 117-138.

Hyrtl, Joseph. Das Arabische und Hebräische in der Anatomie. Wien: Wilhelm Braumüller; 1879.

Iacobbo, Karen und Iacobbo, Michael. Vegetarian America: A History. Westport, CT, London: Praeger; 2004.

Ingendahl, Gesa. Witwen in der Frühen Neuzeit: Eine kulturhistorische Studie. Frankfurt a.M.: Campus; 2006.

Inness, Sherrie A. Who's Afraid of Stephen Gordon? The Lesbian in the United States Popular Imagination of the 1920s. NWSA Journal. 1992; 4(3):303-320.

Jacquart, Danielle and Micheau, Françoise. La médecine arabe et l'occident médiéval. Paris: Maisonneuve et Larose; 1996.

Jäger, Siegfried. Dispositiv. In: Kleiner, Marcus S., (Hg.). Michel Foucault: Eine Einführung in sein Denken. Frankfurt a.M., New York: Campus; 2001: 72-89.

Jandali, Farhan. Zur Anatomie und Physiologie der weiblichen Genitalien nach den einschlägigen Kapiteln des Canon von Avicenna. Berlin: Dissertation Berlin; 1935.

Jaspert, Nikolaus. Karolingische Tradition und Karlsverehrung in Katalonien. In: Herbers, Klaus, (Hg.). Jakobus und Karl der Große: Von Einhards Karlsvita zum Pseudo-Turpin. Tübingen: Narr; 2003: 121-160.

Jay, Martin. Songs of Experience: Modern American and European Versions of a Universal Theme. Berkeley, CA: University of California Press; 2005.

Jiampojamarn, Sittichai. Automatic Biological Term Annotation Using N-Gram and Classification Models. Saarbrücken: VDM Verlag Dr. Müller; 2009.

Johnsdotter, Sara und Essén, Birgitta. Genitals and Ethnicity: The Politics of Genital Modifications. Reproductive Health Matters. 2010; 18(35):29-37.

Johnsdottor, Sara. Projected Cultural Histories of the Cutting of Female Genitalia: A Poor Reflection as in a Mirror. History and Anthropology. 2012; 23(1):91-114.

Johnson, David K. The Lavender Scare: The Cold War Persecution of Gays and Lesbians in the Federal Government. Chicago, IL: Chicago University Press; 2009.

Jones, James H. Alfred C. Kinsey: A Life. New York: W. W. Norton & Company; 2004.

Jones, Karen und Zell, Michael. ›The Divels Speciall Instruments‹: Women and Witchcraft before the ›Great Witch-Hunt‹. Social History. 2005; 30(1):45-63.

Jorgensen, Timothy J. Strange Glow: The Story of Radiation. Princeton, NJ: Princeton University Press; 2016.

Junge, Matthias und Kron, Thomas. Zygmunt Bauman: Soziologie zwischen Postmoderne, Ethik und Gegenwartsdiagnose. Wiesbaden: Springer; 2018.

Jurafsky, Daniel und Martin, James H. Speech and Language Processing: An Introduction to Natural Language Processing, Computational Linguistics, and Speech Recognition. Upper Saddle River, NJ: Pearson Prentice Hall; 2019.

Justman, Stewart. Freud and His Nephew. Social Research. 1994; 61(2):457-476.
Jütte, Robert. Contraception: A History. Cambridge: Polity; 2008.
Kallmeyer, Laura. Machine Learning for Natural Language Processing: N-Grams and Language Models. Unveröffentlichtes Manuskript. Heinrich-Heine-Universität Düsseldorf. 2016.
Kamensky, Jane. Salem Obsessed; Or, »Plus Ça Change«: An Introduction. The William and Mary Quarterly. 2008; 65(3):391-400.
Kaplan y Laura Nuno Gomez, Adriana; Thilly y Nora Salas Seoane, Magaly, et al. Multisectoral Academic Training Guide on Female Genital Mutilation/Cutting. Madrid: Dykinson S. L.; 2020.
Kayser, Emanuel. Lehrbuch der geologischen Formationskunde. Paderborn: Salzwasser; 2013.
Kelemen, Arpad; Abraham, Ajith und Liang, Yulan. Computational Intelligence in Medical Informatics. Berlin, Heidelberg: Springer; 2008.
King, Helen. Galen and the Widow: Toward a History of Therapeutic Masturbation in Ancient Gynaecology, in: EuGeSta 2011, 1. [Web Page]. 2011.
___. Hippocrates' Woman: Reading the Female Body in Ancient Greece. London, New York: Routledge; 1998.
___. The Mathematics of Sex: One to Two, or Two to One? In: Soergel, P. M. (Hg.). Sexuality and Culture in Medieval and Renaissance Europe. New York: AMS Press; 2005: 47-58.
___. Midwifery, Obstetrics and the Rise of Gynaecology: The Uses of a Sixteenth-Century Compendium. Aldershot: Ashgate; 2007.
___. The One-Sex Body on Trial: The Classical and Early Modern Evidence. London: Routledge; 2016.
Kirsch, Eberhard. Avicennas Lehren von der Sexualmedizin. München: Edition Avicenna; 2005.
Klestinec, Cynthia. Civility, Comportment, and the Anatomy Theater: Girolamo Fabrici and His Medical Students in Renaissance Padua. Renaissance Quarterly. 2007; 60(2):434-463.
Klöppel, Ulrike. XX0XY ungelöst: Hermaphroditismus, Sex und Gender in der deutschen Medizin. Eine historische Studie zur Intersexualität. Bielefeld: transcript; 2010.
Knight, Mary. Curing Cut or Ritual Mutilation?: Some Remarks on the Practice of Female and Male Circumcision in Graeco-Roman Egypt. Isis. 2001; 92(2):317-338.

Knoles, Jon. How Sex Got Screwed Up: The Ghosts that Haunt Our Sexual Pleasure, Band 2: From Victoria to Our Own Times. Wilmington, DE: Vernon Press; 2019.

Koch, Elisabeth. Die Frau im Recht der Frühen Neuzeit: Juristische Lehren und Begründungen. In: Gerhard, Ute, (Hg.). Frauen in der Geschichte des Rechts: Von der Frühen Neuzeit bis zur Gegenwart. München: H. C. Beck; 1997: 73-93.

Koedt, Anne. Der Mythos vom vaginalen Orgasmus. [London]: [Women's Liberation Workshop]; 1970.

___. The Myth of the Vaginal Orgasm. Crow, Barbara A., (Hg.). Radical Feminism: A Documentary Reader. New York, London: New York University Press; 2000: 371-377.

___. Le mythe de l'orgasme vaginal. Nouvelles Questions Féministes. 2010; 29(3):14-22.

Koehler, Lyle. Urbana, IL: University of Illinois Press; 1980.

Koganzon, Rita. The Hostile Family and the Purpose of the »Natural Kingdom« in Hobbes's Political Thought. The Review of Politics. 2015; 77(3):377-398.

Kölling, Anna. Weibliche Genitalverstümmelung im Diskurs: Exemplarische Analysen zu Erscheinungsformen, Begründungsmustern und Bekämpfungsstrategien. Münster: LIT; 2008.

König, Daniel. Latin and Arabic: Entangled Histories. Heidelberg: Heidelberg University Publishing; 2019.

König, Daniel G. The Unkempt Heritage: On the Role of Latin in the Arabic-Islamic Sphere. Arabica. 2016; 63(5):419-493.

Koos, Cheryl A. Gender, Anti-Individualism, and Nationalism: The Alliance Nationale and the Pronatalist Backlash against the Femme Moderne, 1933-1940. French Historical Studies. 1996 Apr 1; 19(3):699-723.

Koso-Thomas, Olayinka. Circumcision of women: A Strategy for Eradication. London, Atlantic Highlands, NJ: Zed Books; 1987.

Kranzberg, Mati B. Three Generations of Lesbians: Clinical Implications and Placement in Group. Group. 2009; 33(3):213-222.

Krenkel, Werner, Bernard, Wolfgang und Reitz, Christiane. Naturalia Non Turpia: Sex and Gender in Ancient Greece and Rome. Hildesheim; New York: G. Olms; 2006.

Kruse, Britta-Juliane. »Die Arznei ist Goldes wert«: Mittelalterliche Frauenrezepte. Berlin, New York: Walter de Gruyter; 1999.

___. Verborgene Heilkünste: Geschichte der Frauenmedizin im Spätmittelalter. Berlin: Walter de Gruyter; 1996.

Kumar, Prachi. An Introduction to N-Grams: What Are They and Why Do We Need Them? Crossroads: The ACM Magazine for Students. 2017.

La Barbera, MariaCaterina. Multicentered Feminism: Revisiting the »Female Genital Mutilation« Discourse. Palermo: Savasta; 2009.

Laforest, Guy. Gouverne et liberté: Foucault et la question su Pouvoir. Canadian Journal of Political Science/Revue Canadienne de Science Politique. 1989; 22(3):547-562.

Laplanche, Jean. The Other Within: Rethinking Psychoanalysis [Interview]. Radical Philosophy. 2000; 102:31-41.

Laqueur, Thomas W. ›Amor Veneris, vel Dulcedo Appeletur‹. In: Schiebinger, Londa, (Hg.). Feminism and the Body. Oxford, New York: Oxford University Press; 2000: 58-86.

___. Auf den Leib geschrieben: Die Inszenierung der Geschlechter von der Antike bis Freud. Frankfurt a.M., New York: DTV; 1992.

___. The Cultural Origins of Popular Literacy in England 1500-1850. Oxford Review of Education. 1976; 2(3):255-275.

___. Making Sex: Body and Gender from the Greeks to Freud. Cambridge, MA: Harvard University Press; 1990.

___. Orgasm, Generation, and the Politics of Reproductive Biology. Representations: The Making of the Modern Body. Sexuality and Society in the Nineteenth Century. 1986; 14(1):1-41.

___. Solitary Sex: A Cultural History of Masturbation. New York: Zone Books; 2003.

Laufenberg, Mike. Sexualität und Biomacht: Vom Sicherheitsdispositiv zur Politik der Sorge. Bielefeld: transcript; 2014.

Lauret, Maria. Alice Walker. Houndsmill, Basingstoke: Palgrave; 2011.

Le Mens, Magali. »Des clitoris parents de nos verges«: Hemaphrodite/androgyne au XIXe siecle. Le Magasin Du XIXe Siecle: Sexorama. 2014; 4:55-61.

Ledger, Sally. The New Woman: Fiction and Feminism at the Fin de Siècle. Manchester, New York: Manchester University Press; 1997.

Legault, Marianne. Female Intimacies in Seventeenth-Century French Literature. London, New York: Routledge; 2016.

Lemel, Alix. Les 200 clitoris de Marie Bonaparte. [Paris]: Mille es une nuit; 2010.

Lerman, Hannah. A Mote in Freud's Eye: From Psychoanalysis to the Psychology of Women. New York: Springer Publishing Company; 1986.

Levin, Kenneth. Freud's Paper »On Male Hysteria« and the Conflict between Anatomical and Physiological Models. Bulletin of the History of Medicine. 1974; 48(3):377-397.

Levin, Tobe. ›Unspeakable Atrocities‹: The Psycho-Sexual Etiology of Female Genital Mutilation. The Journal of Mind and Behavior. 1980; 1(2):197-210.

Lewis, Carolyn Herbst. Prescriptions for Heterosexuality: Sexual Citizenship in the Cold War Era. University of North Carolina Press; 2010.

Ley, Astrid. Zwangssterilisation und Ärzteschaft: Hintergründe und Ziele ärztlichen Handelns 1934-1945. Frankfurt a.M.: Campus; 2004.

Liao, Lih Mei und Creighton, Sarah M. Requests for Cosmetic Genitoplasty: How Should Healthcare Providers Respond? British Medical Journal. 2007; 334(7603):1090-1092.

Lieberman, Hallie and Schatzberg, Eric. A Failure of Academic Quality Control: *The Technology of Orgasm*. Journal of Positive Sexuality. 2018; 4(2):24-47.

Lindner, Bettina. Medizinische Gutachten des 17. und des 18. Jahrhunderts: Sprachhistorische Untersuchungen zu einer Textsortenklasse. Berlin, Boston, MA: De Gruyter; 2018.

Ling, Therea Man. Feminism, Postmodernism, and the Politics of Representation. Women & Politics. 2001; 22(2):35-57.

Linhares, Andréa. Sexualité et défiguration: Des théories médicales du XIXe aux théories sexuelles infantiles de la psychanalyse. Recherches en Psychanalyse. 2010; 2(10):296-304.

Lippert, Herbert, Herbold, Desiré und Lippert-Burmester, Wunna. Anatomie: Text und Atlas; deutsche und lateinische Bezeichnungen. München [u.a.]: Urban & Fischer; 2002.

Litoff, Judy Barrett. The Journal of Southern History. 2003; 69(1):175-173.

Littauer, Amanda H. Bad Girls: Young Women, Sex, and Rebellion before the Sixties. Chapel Hill, NC: University of North Carolina Press; 2016.

Long, Kathleen P. Hermaphrodites in Renaissance Europe. London, New York: Routledge; 2016.

Longo, Lawrence D. The Rise and Fall of Battey's Operation: A Fashion in Surgery. Bulletin of the History of Medicine. 1979; 53(2):244-267.

López, Martina Lizarazo. Frankreichs politische Antwort auf die demographische Entwicklung: Tradition und Neuausrichtung in den 1970er und 1980er Jahren. Wiesbaden: Springer; 2018.

Lorenz, Maren. Begehren als Krankheit – oder die wahnsinnige Lust des Weibes. Kuckuck: Notizen zu Alltagskultur und Volkskunde. 1996; 1:29-34.

___. Kriminelle Körper, Gestörte Gemüter: Die Normierung des Individuums in Gerichtsmedizin und Psychiatrie der Aufklärung. Hamburg: Hamburger Edition; 1999.

Loughlin, Marie. Same-Sex Desire in Early Modern England, 1550-1735: An Anthology of Literary Texts and Contexts. Manchester: Manchester University Press; 2014.

Loughran, Tracey. Shell Shock, Trauma, and the First World War: The Making of a Diagnosis and Its Histories. Journal of the History of Medicine and Allied Sciences. 2012; 67(1):94-119.

MacKinnon, Catharine A. Women's Lives, Men's Laws. Cambridge, MA, London: The Belknap Press of Harvard University Press; 2005.

Magnin, Pierre und Dargent, Daniel. L'évolution de la chirurgie gynécologique. Place des opérations vaginales et des opérations endoscopiques. Considerations techniques et économiques. Bulletin de l'Académie Nationale de Médicine. 1988. 172(1):17-23.

Mahood, James; Wenburg, Kristine (Hg.). The Mosher Survey: Sexual Attitudes of 45 Victorian Women. New York: Arno Press; 1980.

Maines, Rachel P. The Technology of Orgasm: »Hysteria,« the Vibrator, and Women's Sexual Satisfaction. Baltimore, MD: The Johns Hopkins University Press; 1998.

Malatino, Hilary. Queer Embodiment: Monstrosity, Medical Violence, and Intersex Experience. Lincoln, NE: University of Nebraska Press; 2019.

Manal, Ibrahim and Hanafi, Mahmoud. Effect of Female Genital Mutilation on Female Sexual Function, Alexandria, Egypt. Alexandria Journal of Medicine. 2016; 52:55-59.

Manini, Elisabetta. Anoressia e Lesbianism. In: Barbetta, Pietro, (Hg.). Le radici culturali della diagnosi. Roma: Meltemi; 2005: 104-133.

Mardorossian, Carine M. Framing the Rape Victim: Gender and Agency Reconsidered. New Brunswick, NJ: Rutgers University Press; 2014.

Margócsy, Dániel, Somos, Mark und Joffe, Stephen N. The *Fabrica* of Andreas Vesalius: A Worldwide Descriptive Census, Ownership, and Annotations of the 1543 and 1555 Editions. Leiden, Boston: Brill; 2018.

Marland, Hilary. The Art of Midwifery: Early Modern Midwives of Europe. London, New York: Routledge; 2005.

Martin, John Levi. Structuring the Sexual Revolution. Theory and Society. 1996; 25(1):105-151.

Martin, Karin A. Gender and Sexuality: Medical Opinion on Homosexuality, 1900-1950. Gender and Society. 1993; 7(2):246-260.

Marx, Karl und Engels, Friedrich. Karl Marx, Friedrich Engels Werke. Berlin: Dietz; 1956.

Mason, Michael. The Making of Victorian Sexuality. Oxford, New York: Oxford University Press; 1994.

Masters, William H. und Johnson, Virginia E. Human Sexual Response. Boston, MA: Little, Brown; 1966.

___. The Sexual Response Cycle of the Human Female III. The Clitoris: Anatomic and Clinical Consideration. Western Journal of Surgery, Obstetrics, and Gynecology. 1962; 70(Sept-Oct):248-257.

Masters, William H.; Johnson, Virginia E. und Kolodny, Robert C. Masters and Johnson: On Sex and Human Loving. Boston, MA: Little, Brown and Company; 1982.

Mathes, Bettina. Under Cover: Das Geschlecht in den Medien. Bielefeld: transcript; 2006.

Matthews, F. H. The Americanization of Sigmund Freud: Adaptations of Psychoanalysis before 1917. Journal of American Studies. 1967; 1(1):39-62.

Mayr, Thomas. Hysterische Körpersymptomatik: Eine Studie aus historischer und (inter)kultureller Sicht. Frankfurt a.M.: Verlag für Akademische Schriften; 1989.

Mazabraud, Bertrand. Foucault, le droit et les dispositifs de pouvoir. Cités. 2010; 42:127-189.

McAlpin, Mary. Female Sexuality and Cultural Degradation in Enlightenment France Medicine and Literature. Farnham, Surrey, Burlington, VT: Ashgate; 2012.

McCann, Christine. Transgressing the Boundaries of Holiness: Sexual Deviance in the Early Medieval Penitential Handbooks of Ireland, England and France. New York: Seton Hall; 2010.

McClellan, Frank M. Healthcare and Human Dignity: Law Matters. New Brunswick, NJ: Rutgers University Press; 2020.

McGregor, Deborah Kuhn. Sexual Surgery and the Origins of Gynecology: J. Marion Sims, His Hospital, and His Patients. New York: Garland Pub; 1989.

McLachlan, Hugh V. und Swales, J. K. Lord Hale, Witches and Rape. British Journal of Law and Society. 1978; 5(2):251-261.

McLaren, Angus. Sexuality and Social Order: The Debate over the Fertility of Women and Workers in France, 1770-1920. New York: Holmes & Meier; 1983.

McWhorter, Ladelle. Bodies and Pleasures: Foucault and the Politics of Sexual Normalization. Bloomington, IN: Indiana University Press; 1999.

Medd, Jodie. The Cambridge Companion to Lesbian Literature. Cambridge, New York: Cambridge University Press; 2015.

___. »The Cult of the Clitoris«: Anatomy of a National Scandal. Modernism/Modernity. 2002; 9(1):21-49.

Meßmer, Anna-Katharina. Überschüssige Gewebe: Intimchirurgie zwischen Ästhetisierung und Medikalisierung. Berlin, New York: Springer VS; 2017.

Micale, Mark S. Approaching Hysteria: Disease and Its Interpretation. Princeton, NJ: Princeton University Press; 1995.

Micale, Mark S. Hysterical Men: The Hidden History of Male Nervous Illness. Cambridge, MA, London: Harvard University Press; 2008.

Michel, Jean-Baptiste; Shen, Yuan Kui; Aiden, Aviva Presser et al. Quantitative Analysis of Culture Using Millions of Digitized Books. Science. 2011; 331(6014):176-182.

Millett, Kate. Sexual Politics. New York: Columbia University Press; 2016.

Mitchell, Piers D.; Boston, Ceridwen; Chamberlain, Andrew T.; Chaplin, Simon; Chauhan, Vin; Evans, Jonathan; Fowler, Louise; Powers, Natasha; Walker, Don; Webb, Helen und Witkin, Annsofie. The Study of Anatomy in England from 1700 to the Early 20th Century2011 Aug 18; 219(2):91-99.

Modrow, Irina. Religiöse Erweckung und Selbstreflexion: Überlegungen zu den Lebensläufen Herrnhuter Schwestern als einem Beispiel pietistischer Selbstdarstellungen. In: Schulze, Winfried, (Hg.). Ego-Dokumente: Annäherung an den Menschen in der Geschichte. Berlin: Akademie Verlag; 1996: 121-130.

Montague, Droggo K; Jarow, Jonathan; Broderick, Gregory A.; Dmochowski, Roger R. et al. American Urological Association Guideline on the Management of Priapism. Journal of Urology. 2003; 170:1318-1324.

Moore, Alison. Frigidity, Gender and Power in French Cultural History: From Jean Fauconney to Marie Bonaparte. French Cultural Studies. 2009; 20(4):331-349.

___. Relocating Marie Bonaparte's Clitoris. Australian Feminist Studies. 2009; 24(60):149-165.

___. Rethinking Gendered Perversion and Degeneration in Visions of Sadism and Masochism, 1886-1930. Journal of the History of Sexuality. 2009; 18(1):138-157.

___. Victorian Medicine Was Not Responsible for Repressing the Clitoris: Rethinking Homology in the Long History of Women's Genital Anatomy. Signs: Journal of Women in Culture and Society. 2018; 44(1):53-80.

Moore, Alison und Cryle, Peter. Frigidity at the Fin de Siècle in France: A Slippery and Capacious Concept. Journal of the History of Sexuality. 2010; 19(2):243-261.

Moore, Lisa Jean. Dangerous Intimacies: Toward a Sapphic History of the British Novel. Durham, London: Duke University Press; 1997.

___. Polishing the Pearl: Discoveries of the Clitoris. In: Fischer, Nancy L. und Seidman, Steven, (Hg.). Introducing the New Sexuality Studies. London, New York: Routledge; 2016: 69-73.

___. When Is a Clitoris Like a Lesbian? A »Sociologist« Considers *Thinking Sex*. Women's Studies Quarterly. 2016; 44(3&4):328-331.

Moore, Lisa Jean und Clarke, Adele F. Clitoral Conventions and Transgressions: Graphic Representations in Anatomy Texts, c1900-1991. Feminist Studies. 1995; 21(2):255-301.

Morrow, Ross. Sex Research and Sex Therapy: A Sociological Analysis of Masters and Johnson. New York: Routledge; 2008.

Moscucci, Ornella. Cliteridectomy, Circumcision, and the Politics of Sexual Pleasure in Mid-Victorian Britain. In: Miller, Andrew H. und Adams, James Eli, (Hg.). Sexualities in Victorian Britain. Bloomington, IN: Indiana University Press; 1996: 60-78.

Moscucci, Ornella. The Science of Woman: Gynaecology and Gender in England, 1800-1929. Cambridge, New York: Cambridge University Press; 1990.

Moser, A. Lehrbuch der Geschlechtskrankheiten des Weibes nebst einem Anhange. Berlin: August Hirschwald; 1843.

Mota Gomes, Marleide da und Engelhardt, Lieasz. A Neurological Bias in the History of Hysteria: From the Womb to the Nervous System and Charcot. Arquivos De Neuro-Psiquiatria. 2014; 72(12):972-975.

Mufaka, Kenneth. Scottish Missionaries and the Circumcision Controversy in Kenya, 1900-1960. International Review of Scottish Studies. 2003; 28:47-58.

Mulongo, P.; Hollins Martin, C. und McAndrews, S. Psychological Impact of Female Genital Mutilation/Cutting (FGM/C) on Girls/Women's Mental Health: A Narrative Literature Review. Journal of Reproductive and Infant Psychology. 2014; 32(5):469-485.

Murray, Alexander. Politics and Language in Early Renaissance Italy. Revue de l'histoire des religions. 2014; 231(2):253-274.

Murrell, Mary. The Datafied Book and the Entanglements of Digitization. Anthropology Today. 2014; 30(5):3-6.
Musser, Amber Jamilla. On the Orgasm of the Species: Female Sexuality, Science and Sexual Difference. Feminist Review. 2012; (102):1-20.
Möller, Caren. Medizinalpolizei. Frankfurt a.M.: Vittorio Klostermann; 2005.
Mückler-Liendl, Rafaela. Weibliche Genitalverstümmelung in Europa. Mitteilungen der Anthropologischen Gesellschaft in Wien. 2013; 143:307-320.
Müller, Wolfgang P. Die Abtreibung: Anfänge der Kriminalisierung, 1140-1650. Köln, Weimar, Wien: Böhlau; 2000.
Nasio, Juan-David. Hysteria: The Splendid Child of Psychoanalysis. Northvale, NJ: J. Aronson; 1997.
Natrass, F. J. Clinical and Social Problems of Epilepsy. The British Medical Journal. 1949; 1(4592):43-48.
Nederman, Cary J. und True, Jacqui. The Third Sex: The Idea of the Hermaphrodite in Twelfth-Century Europe. Journal of the History of Sexuality. 1996; 6(4):497-517.
Netzwerk Körper in den Kulturwissenschaften. What Can a Body Do? Praktiken und Figurationen des Körpers in den Kulturwissenschaften. Frankfurt: Campus; 2012.
Neuburger, Max. Geschichte der Medizin, 2 Bände. Stuttgart: Ferdinand Enke; 1911.
Neuhaus, Jessamyn. The Importance of Being Orgasmic: Sexuality, Gender, and Marital Sex Manuals in the United States, 1920-1963. Journal of the History of Sexuality. 2000; 9(4):447-473.
Nicoud, Marylin. Les régimes de santé au Moyen Âge: Naissance et diffusion d'une écriture médicale, XIIIe-XVe siècle. Rom: Ecole Française de Rome; 2007.
Niebala, Daniel Müller, Schumacher, Yves und Steier, Christoph. Figura/a/tion: Möglichkeiten einer Figurologie im Zeichen E.T.A. Hoffmanns. In: Niebala, Daniel Müller; Schumacher, Yves und Steier, Christoph, (Hg.). Figur, Figura, Figuration: E.T.A. Hoffmann. Würzburg: Königshausen & Neumann; 2011: 7-14.
Nipperdey, Justus. Die Erfindung der Bevölkerungspolitik: Staat, politische Theorie und Population in der Frühen Neuzeit. Göttingen: Vandenhoeck & Ruprecht; 2012.
Nolte, Karen. Gelebte Hysterie: Erfahrung, Eigensinn und psychiatrische Diskurse im Anstaltsalltag um 1900. Frankfurt a.M., New York: Campus; 2003.

Nordhoff, Sofie A. Kinetic Therapeutics in Gynecology or Thure Brandt's System. The Journal of the American Medical Association. 1895; 24(11):389-393.

Norri, Juhani. Dictionary of Medical Vocabulary in English, 1375-1550: Body Parts, Sicknesses, Instruments, and Medicinal Preparations. London, New York: Routledge; 2016.

Nurka, Camille. Female Genital Cosmetic Surgery: Deviance, Desire and the Pursuit of Perfection. Berlin: Springer; 2019.

Nyamwaya, David. A Case Study of the Interaction between Indigenous and Western Medicine among the Pokot of Kenya. Social Science Medicine. 1987; 25(12):1277-1287.

Nyangweso, Mary. Female Genital Cutting in Industrialized Countries: Mutilation or Cultural Tradition? Santa Barbara, CA: ABC Clio; 2014.

Nye, Robert A. Honor, Impotence, and Male Sexuality in Nineteenth-Century French Medicine. French Historical Studies. 1989 Apr 1; 16(1):48-71.

Nyquist, Mary. Hobbes, Slavery, and Despotical Rule. Representations. 2009; 106(1):1-33.

O' Driscoll, Sally. The Lesbian and the Passionless Woman: Femininity and Sexuality in Eighteenth-Century England. The Eighteenth Century. 2003; 22(2/3):103-131.

Ober, K. Patrick. Mark Twain and Medicine: Any Mummery Will Cure. Columbia, MO: University of Missouri Press; 2003.

Oeming, Madita. In Vulva Vanitas – The Rise of Labiaplasty in the West. Gender Forum: An Internet Journal for Gender Studies. 2018; 67:70-91.

Offen, Karen. Depopulation, Nationalism, and Feminism in Fin-de-Siècle France. American Historical Review. 1984; 89(3):648-676.

Ogletree, Shirley Matile and Ginsburg, Harvey J. Kept under the Hood: Neglect of the Clitoris in Common Vernacular. Sex Roles. 2000; 43(11):917-926.

Ojanuga, Durrenda. The Medical Ethics of the ›Father of Gynaecology‹, Dr. J. Marion Sims. Journal of Medical Ethics. 1993; 19(1):31-28.

Oksala, Johanna. Anarchic Bodies: Foucault and the Feminist Question of Experience. Hypatia. 2004; 19(4):99-121.

Oppelt, Patricia G. and Dörr, Helmuth-Günther. Kinder- und Jugendgynäkologie. Stuttgart: Georg Thieme Verlag; 2015.

Ordover, Nancy. American Eugenics: Race, Queer Anatomy, and the Science of Nationalism. Minneapolis. MN, London: University of Minnesota Press; 2003.

Ornston, Darius Gray. Translating Freud. New Haven, CT: Yale University Press; 1992.

Osten, Philipp. Patientendokumente: Krankheit in Selbstzeugnissen. Stuttgart: Steiner; 2010.

Oster, Emily. Witchcraft, Weather and Economic Growth in Renaissance Europe. The Journal of Economic Perspectives. 2004; 18(1):215-228.

Ozmen, Mine; Erdogan, Ayten; Duvenci, Siri; Ozyurt, E. und Ozkara, Cigdem O. Excessive Masturbation after Epilepsy Surgery. Epilepsy Behavior. 2004; 5(1):133-136.

Pal-Lapinsky, Piya. The Exotic Woman in Nineteenth-Century British Fiction and Culture: A Reconsideration. Durham, NH: University of New Hampshire Press; 2005.

Park, Katharine. The Criminal and the Saintly Body: Autopsy and Dissection in Renaissance Italy. Renaissance Quarterly. 1994; 47(1):1-33.

___. The Life of the Corpse: Division and Dissection in Late Medieval Europe. Journal of the History of Medicine and Allied Science. 1995; 50(1):111-132.

Park, Katharine und Daston, Lorraine J. Unnatural Conceptions: The Study of Monsters in Sixteenth- and Seventeenth-Century France and England. Past & Present. 1981; 92(1):20-54.

Park, Katherine. Medicine and Society in Medieval Europe, 500-1500. In: Wear, Andrew, (Hg.). Medicine in Society: Historical Essays. Cambridge: Cambridge University Press; 2010: 59-90.

___. The Rediscovery of the Clitoris: French Medicine and the Tribade, 1570-1620. In: Hillman, David and Mazzio, Carla, (Hg.). The Body in Parts: Fantasies of Corporeality in Early Modern Europe. New York: Routledge; 1997: 171-193.

Parker, Holt N. Sappho's Daughter/Clitoris/Lover. Rheinisches Museum für Philologie. 2006; 149:109-112.

Parker, Melissa. Rethinking Female Circumcision. Africa: Journal of the International African Institute. 1995; 65(4):506-523.

Parker, Patricia. Gender Ideology, Gender Change: The Case of Marie Germain. Critical Inquiry. 1993; 19(2):337-364.

Parker, Sarah E. Reading and Viewing Sex in Early Modern French Vernacular Medicine. Renaissance and Reformation. 2015; 38(4):65-88.

Pateman, Carole. ›God Hath Ordained to Man a Helper‹: Hobbes, Patriarchy and Conjugal Right. British Journal of Political Science. 1989; 19(4):445-463.

Pauls, Adam und Klein, Dan. Faster and Smaller N-Gram Language Models. Unpublished Manuscript. [2011].

Pavsek, Christopher. History and Obstinacy: Negt and Kluge's Redemption of Labor. New German Critique. 1996; 68:137-163.

Pearman, Tory Vandeventer. Women and Disability in Medieval Literature. New York: Palgrave Macmillan; 2010.
Pelling, Margaret und Webster, Charles. Medical Practitioners. In: Webster, Charles, (Hg.). Health, Medicine and Mortality in the Sixteenth Century. Cambridge, London, New York, Melbourne: Cambridge University Press; 1979: 165-236.
Peltonen, Matti. From Discourse to ›Dispositif‹: Michel Foucault's Two Histories. Historical Reflections/Réflexions Historiques. 2004; 30(2):205-219.
Pepin, Ronald E. The Dire Diction of Medieval Misogyny. Latomus. 1993; 52(3):659-663.
Pereira, Mário Eduardo Costa. Cullen e a introduçao do termo »neurose« na medicina. Revista Latinoamericana de Psicopatologia Fundemental. 2010; 13(1):128-134.
Pfaus, James G; Quintana, Gonzalo R; Mac Cionnaith, Conall und Parada, Mayte. The Whole Versus the Sum of Some of the Parts: Toward Resolving the Apparent Controversy of Clitoral versus Vaginal Orgasms. In: Orgasm: Neurophysiological, Psychological, and Evolutionary Perspectives. Sondernummer in: Socioaffective Neuroscience & Psychology 2016; 1-16.
Pfister, Ulrich und Fertig, Georg. The Population History of Germany: Research Strategy and Preliminary Results: MPIDR Working Paper 2010-035. Rostock: Max-Planck-Institut für demografische Forschung; 2010.
Phelan, Shane. Foucault and Feminism. American Journal of Political Science. 1990; 34(2):421-440.
Pinero, José M. Lopez. Historical Origins of the Concept of Neurosis. Cambridge, London, New York: Cambridge University Press; 1983.
Piquard, Jean-Claude. La fabuleuse histoire du clitoris: Essai. 2012.
Pomata, Giana. Fälle mitteilen: Die *Observationes* in der Medizin der Frühen Neuzeit. In: Wübben, Yvonne and Zelle, Carsten, (Hg.). Krankheit schreiben: Aufzeichnungsverfahren in Medizin und Literatur. Göttingen: Wallstein; 2013: 20-63.
Porter, Roy. The Patient's View: Doing Medical History from below. Theory and Society. 1985; 14(2):175-198.
Purtschert, Patricia; Meyer, Katrin und Winter, Yves. Gouvernementalität und Sicherheit: Zeitgenössische Beiträge im Anschluss an Foucault. transcript; Bielefeld.
Putz, Christa. Verordnete Lust: Sexualmedizin, Psychoanalyse und die »Krise der Ehe«, 1870-1930. Bielefeld: transcript; 2012.

Rafter, Nicole. The Criminal Brain: Understanding Biological Theories of Crime. New York: NYU Press; 2008.
Ragab, Ahmed. One, Two, or Many Sexes: Sex Differentiation in Medieval Islamicate Medical Thought. Journal of the History of Sexuality. 2015; 24(3):428-454.
Ramas, Maria. Freud's Dora, Dora's Hysteria: The Negation of a Woman's Rebellion. Feminist Studies. 1980; 6(3):472-510.
Randolph, Judson G. und Hung, Wellington. Reduction Cliteroplasty in Females with Hypertrophied Clitoris. Journal of Pedriatic Surgery. 1970; 5(2):224-231.
Ravenscroft, Janet. Invisible Friends: Questioning the Representation of the Court Dwarf in Hapsburg Spain. Ernst, Waltraud, (Hg.). Histories of the Normal and the Abnormal: Social and Cultural Histories of Norms and Normativity. London, New York: Routledge; 2006: 26-52.
Reiche, Claudia. Digitale Körper, geschlechtlicher Raum: Das medizinisch Imaginäre des »Visible Human Project«. Bielefeld: transcript; 2009.
Renz, Tilo. Um Leib und Leben: Das Wissen von Geschlecht, Körper und Recht im Nibelungenlied. Berlin, Boston, MA: De Gruyter; 2012.
Reungoat, Sabine. William Petty: Observateur des Iles Britanniques. Paris: Institut National d'Etudes Démographiques; 2004.
Ricci, James Vincent. The Development of Gynaecological Surgery and Instruments. San Francisco: Norman Publishing; 1990.
Rieder, Paula M. The Uses and Misuses of Misogyny: A Critical Historiography of the Language of Medieval Women's Oppression. Historical Reflections. 2012; 38(1):1-18.
Riha, Ortrun. Pole, Stufen, Übergänge: Geschlechterdifferenz im Mittelalter. In: Stahnisch, Frank and Steger, Florian, (Hg.). Medizin, Geschichte und Geschlecht: Körperhistorische Rekonstruktionen von Identitäten und Differenzen. Stuttgart: Franz Steiner; 2005: 159-181.
Roazen, Paul. The Historiography of Psychoanalysis. New Brunswick, London: Transaction Publishers; 2001.
Robcis, Camille. The Law of Kinship: Anthropology, Psychoanalysis, and the Family in France. Ithaca, NY, London: Cornell University Press; 2013.
Robertiello, Richard C. The »Clitoral versus Vaginal Orgasm« Controversy and Some of Its Ramifications. The Journal of Sex Research. 1970; 6(4):307-311.
Robson, Ruthann. Lesbian (Out)Law: Survival under the Rule of Law. Ithaca, NY: Firebrand Books; 1992.

Rodrigues, Sara. From Vaginal Exception to Exceptional Vagina: The Biopolitics of Female Genital Cosmetic Surgery. Sexualities. 2012; 15(7):778-794.

Rodriguez, Ana Dominguez. Imagenes de la mujer en las Cantigas de Santa Maria. In: Universidad Autónoma de Madrid, (Hg.). La Imagen de la mujer en el arte español: actas de las tercera jornadas de investigacion interdisciplinaria, Coleccion del seminario de estudios de la mujer 6. Madrid: Ediciones de la Universidad Autónoma de Madrid; 1990: 29-42.

Rodriguez, Sarah B. Female Circumcision and Clitoridectomy in the United States: A History of a Medical Treatment. Rochester, NY: University of Rochester Press; 2014.

___. Female Sexuality and Consent in Public Discourse: James Burt's ›Love Surgery‹. The Archives of Sexual Behavior. 2013; 42:343-351.

___. The Love Surgeon: A Story of Trust, Harm, and the Limits of Medical Regulation. New Brunswick, NJ: Rutgers University Press; 2020.

Rodriguez, Sarah B. und Schonfeld, Toby L. The Organ-That-Must-Not-Be-Named: Female Genitals and Generalized References. The Hastings Center Report. 2012; 42(3):19-21.

Rodriguez, Sarah W. Rethinking the History of Female Circumcision and Clitoridectomy: American Medicine and Female Sexuality in the Late Nineteenth Century. Journal of the History of Medicine and Allied Sciences. 2008; 63(3):323-347.

Romberg, Moritz Heinrich. Lehrbuch der Nervenkrankheiten des Menschen. Berlin: Alexander Duncker; 1840.

Rosario, Vernon A. Phantastical Pollutions: The Public Threat of Private Vice in France. Bennett, Paula und Rosario, Vernon A., (Hg.). Solitary Pleasures: Historical, Literary, and Artistic Discourses of Autoeroticism. New York, London: Routledge; 1995: 101-132.

___. Science and Homosexuality. New York, London: Routledge; 1997.

Ross, Eric B. Syphilis, Misogyny, and Witchcraft in 16th-Century Europe. Current Anthropology. 1995; 36(2):333-337.

Rousseau, George Sebastian. »A Strange Pathology«: Hysteria in the Early Modern World, 1500-1800. In: Gilman, Sander L.; King, Helen; Porter, Roy; Rousseau, George Sebastian und Showalter, Elaine, (Hg.). Hysteria beyond Freud. Berkeley, CA, Los Angeles, CA, Oxford: University of California Press; 1993: 91-186.

Rowlands, Alison. Witchcraft and Old Women in Early Modern Germany. Past & Present. 2001; 173:50-89.

Rupp, Leila J. Sexual Fluidity »Before Sex«. Signs. 2012; 37(4):849-856.

Russell-Robinson, Joyce. African Female Circumcision and the Missionary Mentality. Issue: A Journal of Opinion. 1997; 25(1):54-57.

Rutkow, Ira M. Edwin Hartley Pratt and Orificial Surgery: Unorthodox Surgical Practice in Nineteenth Century United States. Surgery. 1993; 114(3):558-563.

___. Orificial Surgery. Archives of Surgery. 2001 Sep 1-; 136(9):1088.

___. Seeking the Cure: A History of Medicine in America. New York: Scribner; 2010.

Said, Edward W. Orientalism. New York: Pantheon Books; 1978.

Sanday, Peggy Reeves. A Woman Scorned: Acquaintance Rape on Trial. Berkeley, CA: University of California Press; 1997.

Sane, Kumud und Pescovitz, Ora Hirsch. The Clitoral Index: A Determination of Clitoral Size in Normal Girls and in Girls with Abnormal Development. The Journal of Pediatrics. 1992 Feb; 264-266.

Schedel, Klaus. Das bovine Ovarialzystensyndrom: Versuch einer in vivo Klassifizierung, in Verbindung mit einer Langzeitstudie zur Überprüfung verschiedener Diagnostik- und Therapieverfahren. Gießen: Justus-Liebig-Universität Gießen; 2002.

Scheper-Hughes, Nancy. Virgin Territory: The Male Discovery of the Clitoris. Medical Anthropology Quarterly. 1991; 5(1):25-28.

Schick, Vanessa R.; Rima, Brandi N. und Calabrese, Sarah K. Evulvalution: The Portrayal of Women's External Genitalia and Physique across Time and the Current Barbie Doll Ideals. The Journal of Sex Research. 2011; 48(1):74-81.

Schiebinger, Londa. Mammals, Primatology and Sexology. In: Porter, Roy and Teich, Mikulas, (Hg.). Sexual Knowledge, Sexual Science. Cambridge, New York: Cambridge University Press; 1994: 184-209.

Schiller, Francis. Paul Broca: Founder of French Anthropology, Explorer of the Brain. New York, Oxford: Oxford University Press; 1992.

Schipperges, Heinrich. Arabische Medizin im lateinischen Mittelalter. Berlin: Springer; 1975.

Schipperges, Heinrich. Krankheit und Kranksein im Spiegel der Geschichte. Berlin, Heidelberg, New York: Springer; 1999.

Schleiner, Winfried. Early Modern Controversies about the One-Sex Model. Renaissance Quarterly. 2000; 53(1):180-191.

Schmersahl, Katrin. Medizin und Geschlecht: Zur Konstruktion der Kategorie Geschlecht im medizinischen Diskurs des 19. Jahrhunderts. Opladen: Leske und Budrich; 1998.

Schmidt, Dieter und Shorvon, Simon. The End of Epilepsy? A History of the Modern Era of Epilepsy Research 1860-2010. Oxford, New York: Oxford University Press; 2016.

Schmitt, Wolfram. Medizinische Lebenskunst: Gesundheitslehre und Gesundheitsregimen im Mittelalter. Münster: LIT; 2013.

Schmutz, Matthias. Dissoziative Anfälle: Studie über ein hysterisches Symptom. Zürich: Universität Zürich; 2011.

Schneider, Joseph W. und Conrad, Peter. Having Epilepsy: The Experience and Control of Illness. Philadelphia, PA: Temple University Press; 1983.

Schober, Sarah-Maria. Penis Muliebris? Die Sammlung und Systematisierung des frühneuzeitlichen Klitoriswissens im Werk des Basler Anatomen Caspar Bauhin. L'HOMME. Europäische Zeitschrift Für Feministische Geschichtswissenschaft. 2018; 29(1):69-86.

Schochet, Gordon J. Thomas Hobbes on the Family and the State of Nature. Political Science Quarterly. 1967; 82(3):427-445.

Schochow, Maximilian. Die Erfindung des Geschlechts. Donat, Esther; Froböse, Ulrike und Pates, Rebecca, (Hg.). ›Nie wieder Sex‹: Geschlechterforschung am Ende des Geschlechts. Wiesbaden: VS Verlag; 2009: 201-230.

___. Die Ordnung der Hermaphroditen-Geschlechter: Eine Genealogie des Geschlechtsbegriffs. Berlin: Akademie Verlag; 2009.

Schor, Naomi. Female Paranoia: The Case for Psychoanalytic Feminist Criticism. Yale French Studies. 1981; (62):219-204.

Schorn-Schütte, Luise. Wirkungen der Reformation auf die Rechtsstellung der Frau im Protestantismus. In: Gerhard, Ute, (Hg.). Frauen in der Geschichte des Rechts: Von der Frühen Neuzeit bis zur Gegenwart. München: H. C. Beck; 1997: 94-104.

Schroeder, Lars. Slave to the Body: Black Bodies, White No-Bodies, and the Regulative Dualism of Body-Politics in the Old South. Frankfurt a.M., New York: Peter Lang; 2003.

Schärlig, Alain. Un portrait de Gerbert d'Aurillac: Inventeur d'un abaque, utilisateur précoce des chiffres Arabes, et pape de l'an mil. Paris: Press Polytechniques; 2012.

Scott, Joan Wallach. The Evidence of Experience. Critical Inquiry. 1991; 17(4):773-797.

Scull, Andrew. Hysteria: The Disturbing History. Oxford, New York: Oxford University Press; 2011.

Scull, Andrew and Favreau, Diane. The Clitoridectomy Craze: Social Research. 1986; 53(2):243-260.

Sellberg, Karin. Queer (Mis)Representations of Early Modern Sexual Monsters. In: Fisher, Kate und Langlands, Rebecca, (Hg.). Sex, Knowledge, and the Reception of the Past. Oxford, New York: Oxford University Press; 2015: 243-264.

Selove, Emily and Batten, Rosalind. Making Men and Women: Arabic Commentaries on the Gynaecological Hippocratic Aphorisms in Context. Annales Islamologiques. 2014; 48(1):239-262.

Sesar, Viola. Umkämpfte Vulva: Diskurse über Intimchirurgie. Masterarbeit im Studiengang Soziologie Fachbereich Gesellschaftswissenschaften. Frankfurt a.M.: Goethe-Universität Frankfurt a.M.; 2019.

Sharp, Gemma; Mattiske, Julie und Vale, Kirsten I. Motivations, Expectations, and Experiences of Labiaplasty: A Qualitative Study. Aesthetic Surgery Journal. 2016; 36(8):920-928.

Sharp, Gemma Victoria. Surgical and Nonsurgical Female Genital Rejuvenation: Patient Selection, Preoperative Considerations, Psychological Considerations, and Patient Satisfaction: Part 2 – Psychological Considerations and Patient Satisfaction. In: Nahai, Foad and Nahai, Farzad, (Hg.). The Art of Aesthetic Surgery: Principles & Techniques. New York: Thieme Publishing Group; 2020: 1518-1522.

Sheehan, Elizabeth. Victorian Clitoridectomy: Isaac Baker Brown and His Harmless Operative Procedure. Medical Anthropolgy Newsletter. 1981; 12(4):9-15.

Sheehan, Elizabeth A. Victorian Cliteridectomy: Isaac Baker Brown and His Harmless Operative Procedure. In: Lancaster, Roger N. and Di Leonardo, Micaela, (Hg.). The Gender/Sexuality Reader: Culture, History, Political Economy. New York: Routledge; 1997: 325-334.

Showalter, Elaine. The Female Malady: Women, Madness, and English Culture, 1830-1980. New York: Pantheon Books; 1985.

___. Hysteria, Feminism, and Gender. In: Gilman, Sander L.; King, Helen; Porter, Roy; Rousseau, G. S. und Showalter, Elaine, (Hg.). Hysteria beyond Freud. Berkeley, CA: University of California Press; 1993: 286-344.

___. Victorian Women and Insanity. In: Scull, Andrew, (Hg.). Madhouses, Mad-Doctors, and Madmen: The Social History of Psychiatry in the Victorian Era. Philadelphia, PA: University of Pennsylvania Press; 1981: 313-338.

___. Hystorien: Hysterische Epidemien im Zeitalter der Medien. Berlin: Berlin Verlag; 1997

Siegler, E. L. The Evolving Medical Record. Annals of Internal Medicine. 2010; 153(10):671-677.

Simmons, Christina. Companionate Marriage and the Lesbian Threat. Frontiers: A Journal of Women Studies. 1979; 4(3):54-59.

Simons, Patricia. Lesbian (In)Visibility in Italian Renaissance Culture. Journal of Homosexuality. 1994; 24(1):81-122.

Simpson, Jane; Robinson, Kerry; Creighton, Sarah M. und Hodes, Deborah. Female Genital Mutilation: The Role of Health Professionals in Prevention, Assessment, and Management. British Medical Journal. 2012; 344(7848):37-41.

Sinfield, Alan. Faultlines: Cultural Materialism and the Politics of Dissident Reading. Oxford: Clarendon; 1992.

Singh, Mish. What's the Matter with Representation? Feminism, Materialism, and Online Spaces. Outskirts. 2017; 36:1-18.

Singy, Patrick. Friction of the Genitals and Secularization of Morality. Journal of the History of Sexuality. 2003; 12(3):345-364.

Sirasi, Nancy G. Early Anatomy in Comparative Perspective: Introduction. Journal of the History of Medicine and Allied Sciences. 1995; 50(1):3-10.

Skues, Richard. Clark Revisited: Reappraising Freud in America. Burnham, John C, (Hg.). After Freud Left: A Century of Psychoanalysis in America. Chicago, IL: Chicago University Press; 2012: 49-84.

Slack, Alison T. Female Circumcision: A Critical Appraisal: Human Rights Quarterly. 1988; 10(4):486-437.

Smith, Courtney, Who Defines ›Mutilation‹? Challenging Imperialism in the Discourse of Female Genital Cutting. Feminist Formations. 2011; 23(1):25-46.

Smith, Dennis. The *Civilizing Process* and *The History of Sexuality*: Comparing Norbert Elias and Michel Foucault. Theory and Society. 1999; 28(79-100).

Smith, Philip. A Quantitative Evaluation of Demographic, Gender and Social Transformation Theories of the Rise of European Witch Hunting 1300-1500. Historical Social Research. 1992; 17(4):99-127.

Smith-Rosenberg, Carroll. The Hysterical Women: Sex Roles and Role Conflict in 19th-Century America. Social Research. 1972; 39(4):652-678.

Snyder, Terri L. Suicide, Slavery, and Memory in North America. The Journal of American History. 2010; 97(1):39-62.

Soble, Alan G. The History of Sexual Anatomy and Self-Referential Philosophy of Science. Metaphilosophy. 2003; 34(3):229-249.

Sokolowsky, Laura und Maleval, Jean-Claude. L'apport freudien sur les névroses de guerre: un nouage entre théorie, clinique et éthique. Cliniques Méditerranéennes. 2012; 86(2):209-218.

Sontag, Susan. Illness as Metaphor and AIDS and Its Metaphors. London: Penguin UK; 2013.

Sorice-Virk, Sarah; Li, Alexander Y.; Canales, Francisco L. und Furnas, Heather J. The Role of Pornography, Physical Symptoms, and Appearance in Labiaplasty Interest. Aesthetic Surgery Journal; 2020(40):876-883.

Soyer, François. Ambiguous Gender in Early Modern Spain and Portugal: Inquisitors, Doctors and the Transgression of Gender Norms. Leiden: Brill; 2012.

Speer, Andreas und Wegener, Lydia. Wissen über Grenzen: Arabisches Wissen und lateinisches Mittelalter. Berlin: Walter de Gruyter; 2008.

Splett, T. und Steinberg, H. Die Therapie der Hysterie im 19. Jahrhundert – Wie stand die deutsche Psychiatrie zur Kastration? Fortschritte der Neurologie -Psychiatrie. 2003; 71(1):45-52.

Stakemeier, Kerstin. Entgrenzter Formalismus: Verfahren einer antimodernen Ästhetik. Berlin: b_books; 2017.

Starr, Paul. The Social Transformation of American Medicine. New York: Basic Books; 1982.

Stearns, Carol Zisowitz und Stearns, Peter N. Victorian Sexuality: Can Historians Do It Better? Journal of Social History. 1985; 18(4):625-634.

Stefan, Verena. Häutungen: Autobiographische Aufzeichnungen: Gedichte, Träume, Analysen. München: Frauenoffensive; 1975.

Stehling, David. Semantic Change in the Early Modern English Period: Latin Influences on the English Language. Hamburg: Anchor Academic Publishing; 2014.

Steintrager, James A. The Autonomy of Pleasure: Libertines, License, and Sexual Revolution. New York: Columbia University Press; 2016.

Steuart, A. Francis. The Scottish ›Nation‹ at the University of Padua. The Scottish Historical Review. 1905; 3(9):53-62.

Still, Judith. Derrida and Other Animals: The Boundaries of the Human. Edinburgh: Edinburgh University Press; 2015.

Stingelin, Martin. Einleitung: Biopolitik und Rassismus. Was leben soll und was sterben muß. In: Stingelin, Martin, (Hg.). Biopolitik und Rassismus. Frankfurt a.M.: Suhrkamp; 2003: 7-26.

Stoff, Heiko. Ewige Jugend: Konzepte der Verjüngung vom späten 19. Jahrhundert bis ins Dritte Reich. Köln: Böhlau; 2004.

Stolberg, Michael. Bedside Teaching and the Acquisition of Practical Skills in Mid-Sixteenth-Century Padua. Journal of the History of Medicine and Allied Sciences. 2014; 69(4):633-661.

___. Homo Patiens: Krankheits- und Körpererfahrung in der Frühen Neuzeit. Köln: Böhlau; 2003.

___. Learning Anatomy in Late Sixteenth-Century Padua. History of Science. 2018; 56(4):381-402.

___. A Woman Down to Her Bones: The Anatomy of Sexual Difference in the Sixteenth and Early Seventeenth Centuries. Isis. 2003; 94(2):274-299.

Storkey, Elaine. Scars Across Humanity: Understanding and Overcoming Violence against Women. Downers Grove, IL: InterVarsity Press; 2018.

Stosius, Peter. Diagnose und Therapie erworbener Vaginalstenosen: Eine systematische Übersichtsarbeit. München: Dissertation Ludwig-Maximilians-Universität; 2002.

Streit, Wolfgang. Einführung in die Postkolonialismus-Forschung: Theorien, Methoden und Praxis in den Geisteswissenschaften. Norderstedt: Books on Demand; 2014.

Stringer, M. D. und Becker, I. Colombo and the Clitoris. European Journal of Obstetrics & Gynecology and Reproductive Biology. 2010; 151(2):130-133.

Stringer, Rebecca. Vulnerability after Wounding: Feminism, Rape Law, and the Differend. SubStance. 2013; 42(3):148-168.

Strohmaier, Gotthard. Avicenna. München: C. H. Beck; 2006.

Surkis, Judith. Sexing the Citizen Morality and Masculinity in France, 1870-1920. Ithaca, NY: Cornell University Press; 2006.

Taylor, R. W. Normal Sexual Response: The British Medical Journal1975; 2(5970):545-543.

Terry, Jennifer. Lesbians under the Medical Gaze: Scientists Search for Remarkable Differences. The Journal of Sex Research. 1990; 27(3):317-339.

Terry, Jennifer and Urla, Jacqueline. Deviant Bodies: Critical Perspectives on Difference in Science and Popular Culture. Bloomington, IN: Indiana University Press; 1995.

Thomas, Chantal. La reine scélérate Marie-Antoinette dans les pamphlets. Paris: Seuil; 1989.

Thompson, Nellie L. Marie Bonaparte's Theory of Female Sexuality: Fantasy and Biology. American Imago. 2003; 60(3):343-378.

Tiefer, Leonore. Activism on the medicalization of sex and female genital cosmetic surgery by the New View Campaign in the United States. Reproductive Health Matters. 2010; 18(35):56-63.

___. Female Genital Cosmetic Surgery: Freakish or Inevitable? Analysis from Medical Marketing, Bioethics, and Feminist Theory. Feminism & Psychology. 2008; 18(4):466-479.

Toldo, Pietro. L'Apologie pour Hérodote von Henri Estienne. Zeitschrift für Französische Sprache und Literatur. 1907; 31:167-238.

Torelli, Isabella Manuela. Zur Psychodynamik lesbischer Sexualität. München: Ludwig-Maximilians-Universität, PhD; 2006.

Tracy, Larissa. Castration and Culture in the Middle Ages. Woodbridge: 2013.

Traub, Valerie. The Psychomorphology of the Clitoris. GLQ: A Journal of Lesbian and Gay Studies. 1995; 2(1-2):81-113.

___. The Renaissance of Lesbianism in Early Modern England. Cambridge, New York: Cambridge University Press; 2002.

Traub, Valerie. Thinking Sex with the Early Moderns. Philadelphia, PA: University of Pennsylvania Press; 2016.

Trevino, A. Xavier. The Anthem Companion to Talcott Parsons. London, New York, Melbourne, Delhi: Anthem Press; 2016.

Trouillot, Michel-Rolph. Silencing the past: Power and the production of history. Boston, MA: Beacon Press; 1995.

Trumbull, Robert. Freud Beyond Foucault: Thinking Pleasure as a Site of Resistance. The Journal of Speculative Philosophy. 2018; 32(3):522-532.

Tuana, Nancy. Coming to Understand: Orgasm and the Epistemology of Ignorance. Hypatia. 2004; 19(1):194-232.

Tucker, E. Bruce. James Jackson Putnam: An American Perspective on the Social Uses of Psychoanalysis, 1895-1918. The New England Quarterly. 1978; 51(4):527-546.

Tye, Larry. The Father of Spin: Edward L. Bernays & the Birth of Public Relations. New York: Crown Publishers; 1998.

Tyler, Varro E. Pharmaceutical Botany in the U. S.—1900-1962: Its Heyday, Decline, and Renascence. Pharmacy in History. 1996; 38(1):20-23.

Uhlig, Torsten. »Gräuel« in: Das Wissenschaftliche Bibellexikon im Internet (WiBiLex). [Web Page]. 2016.

Ullmann, Dana. The Homeopathic Revolution: Why Famous People and Cultural Heroes Choose Homeopathy. Berkeley, CA: North Atalantic Books; 2007.

Unterthurner, Gerhard. Foucaults Archäologie und Kritik der Erfahrung: Wahnsinn – Literatur – Phänomenologie. Wien: Turia & Kant; 2007.

Valentine, David und Wilchins, Riki Anne. One Percent on the Burn Chart: Gender, Genitals, and Hermaphrodites with Attitude: Social Text1997; (52/53):215-222.

Van Eickels, Klaus. Unerlaubter Handgebrauch: Masturbation und ihr Platz in der Wahrnehmung des sexuellen Verhaltens im Mittelalter. In: Jütte,

Robert and Schmitz-Esser, Romedio, (Hg.). Handgebrauch: Geschichten von der Hand aus dem Mittelalter und der Frühen Neuzeit. München: Wilhelm Fink; 2019: 253-283.

Vaughan, Alden T. The Sad Case of Thomas(ine) Hall. The Virginia Magazine of History and Biography. 1978; 86(2):146-148.

Veale, David and Daniels, Joe. Cosmetic Clitoridectomy in a 33-Year-Old Woman. Archives of Sexual Behavior. 2012; 41(3):725-730.

Verskin, Sara. Introduction to Medieval Arabo-Galenic Gynecology. Unpublished Manuscript. 2018.

Villani, M. From the ›Maturity‹ of a Woman to Surgery: Conditions for Clitoris Repair. Sexologies. 2009; 18:259-261.

Vollendorf, Lisa. Good Sex, Bad Sex: Women and Intimacy in Early Modern Spain. Hispania. 2004; 87(1):1-12.

Vones, Ludwig. Schriftlichkeit in Katalonien: Karolingische Traditionen, fränkisch-kapetingische Modelle, päpstliche Einflüsse. In: Herbers, Klaus and Fleisch, Ingo, (Hg.). Erinnerung – Niederschrift – Nutzung: Das Papsttum und die Schriftlichkeit im mittelalterlichen Westeuropa. Berlin, New York: De Gruyter; 2011: 233-252.

Voß, Heinz-Jürgen. Making Sex Revisited: Dekonstruktion des Geschlechts aus biologisch-medizinischer Perspektive. Bielefeld: transcript; 2010.

Walker, Matthew. Architecture, Anatomy, and the New Science in Early Modern London: Robert Hooke's College of Physicians. Journal of the Society of Architectural Historians. 2013; 72(4):475-502.

Wall, L. L. The Medical Ethics of Dr. J. Marion Sims: A Fresh Look at the Historical Record. Journal of Medical Ethics. 2006; 32(6):350-346.

Wallen, Kim and Lloyd, Elisabeth Anne. Female Sexual Arousal: Genital Anatomy and Orgasm in Intercourse. Hormones and Behavior. 2010; 59(5):780-792.

Wallerstein, Edward. Circumcision: An American Health Fallacy. New York: Springer; 1980.

Wallerstein, Immanuel. Braudel on the Longue Durée: Problems of Conceptual Translation. Review (Fernand Braudel Center). 2009; 32(2):155-170.

Walton, Jean. Fair Sex, Savage Dreams: Race, Psychoanalysis, Sexual Difference. Durham, NC: Duke University Press; 2001.

Walusinski, Olivier. Georges Gilles de la Tourette: Beyond the Eponym. Oxford, New York: Oxford University Press; 2019.

Wardrope, Alistair. Liberal Individualism, Relational Autonomy, and the Social Dimension of Respect. International Journal of Feminist Approaches to Bioethics. 2015; 8(1):37-66.

Warren, Leonard. Constantine Samuel Rafinesque: A Voice in the American Wilderness. Lexington, KY: University Press of Kentucky; 2005.

Waskul, Dennis D.; Vannini, Phillip und Wiesen, Desiree. Women and Their Clitoris: Personal Discovery, Signification, and Use: Symbolic Interaction2007; 30(2):174-151.

Webber, Sarah Rodriguez. [Rodriguez, Sarah B.] The ›Unnecessary‹ Organ: Female Circumcision and Clitoridectomy in the United States, 1865-1995. Omaha, NE: Diss. University of Nebraska; 2005.

Weber, Matthias M. Das Hysterie-Konzept der deutschen Psychiatrie um 1900 im Lehrbuch von Emil Kraepelin. Psychotherapie. 2015; 20(1):50-64.

Webster, Charles. Health, Medicine, and Mortality in the Sixteenth Century. Cambridge, New York: Cambridge University Press; 1979.

Weickmann, Dorion. Rebellion der Sinne: Hysterie – ein Krankheitsbild als Spiegel der Geschlechterordnung (1880 – 1920). Frankfurt a.M.: Campus; 1997.

Weigert, Edith. The Courage to Love: Selected Papers of Edith Weigert. New Haven, CT: Yale University Press; 1970.

Weinberg, Martin S. und Williams, Colin J. Black Sexuality: A Test of Two Theories. The Journal of Sex Research. 1988; 25(1):197-218.

Wernz, Corinna. Sexualität als Krankheit. Der medizinische Diskurs zur Sexualität um 1800. Stuttgart: F. Enke; 1993.

Westermann, Stefanie. Verschwiegenes Leid: Der Umgang mit den NS-Zwangssterilisationen in der Bundesrepublik Deutschland. Köln, Weimar: Böhlau Verlag; 2010.

White, Roland A. Milo Reno, Farmers Union Pioneer. New York: Arno Press; 1975.

Wilcox, Dana and Hager, Ruth. Toward Realistic Expectations for Orgasmic Response in Women: The Journal of Sex Research. 1980; 16(2):179-162.

Williams, D. L.; Bell, B. A. und Ragab, A. H. Clitorism at Presentation of Acute Nonlymphocytic Leukemia. Journal of Pediatry. 1985; 107(5):754-755.

Williams, Elizabeth A. A Cultural History of Medical Vitalism in Enlightenment Montpellier. London, New York: Routledge; 2017.

Williams, Gordon. A Dictionary of Sexual Language and Imagery in Shakespearean and Stuart Literature. London, Atlantic Highlands, NJ: Athlone Press; 1994.

Willis, Deborah. Malevolent Nurture: Witch-Hunting and Maternal Power in Early Modern England. Ithaca, NY: Cornell University Press; 2018.

Wilson-Buford, Kellie. Policing Sex and Marriage in the American Military. Lincoln, NE, London: University of Nebraska Press; 2018.

Winter, Bronwyn. Women, the Law, and Cultural Relativism in France: The Case of Excision. Signs. 1994; 19(4):939-974.

Wolf, Naomi. The Beauty Myth: How Images of Beauty Are Used against Women. New York: Harper Perennial; 2009.

Wood, Betty. Some Aspects of Female Resistance to Chattel Slavery in Low Country Georgia, 1763-1815. The Historical Journal. 1987; 30(3):603-622.

Worell, Judith. Encyclopedia of Women and Gender: Sex Similarities and Differences and the Impact of Society on Gender, 2 Bände. San Diego, CA: Academic Press; 2001.

World Health Organization. Female Genital Mutilation: Report of a WHO Technical Working Group. Genf: WHO; 1996.

Wübben, Yvonne; Zelle, Carsten (Hg.). Krankheit schreiben: Aufzeichnungsverfahren in Medizin und Literatur. Göttingen: Wallstein Verlag; 2013.

Wunder, Heide. Herrschaft und öffentliches Handeln von Frauen in der Gesellschaft der Frühen Neuzeit. In: Gerhard, Ute, (Hg.). Frauen in der Geschichte des Rechts: Von der Frühen Neuzeit bis zur Gegenwart. München: H. C. Beck; 1997: 27-54.

Yandell, Brian S. Smoothing Splines-A Tutorial. Journal of the Royal Statistical Society. Series D (The Statistician). 1992; 42(3):317-319.

Yasgur, Jay. Homeopathic Journals of the United States. Pharmacy in History. 1998; 40(1):39-54.

Younger, John G. Sex in the Ancient World from A to Z. New York, London: Routledge; 2005.

Zachary, Anne. The Anatomy of the Clitoris: Reflections on the Theory of Female Sexuality. London, New York: Routledge; 2018.

Zane, Sherry. »I did It for The Uplift of Humanity and The Navy«: Same-Sex Acts and The Origins of the National Security State, 1919-1921. The New England Quarterly. 2018; 91(2):279-306.

Zaretsky, Eli. Charisma or Rationalization? Domesticity and Psychoanalysis in the United States in the 1950s. Critical Inquiry. 2000; 26(2):328-354.

Zarka, Yves Charles. Hobbes and Filmer: Regnum Patrimoniale and Regnum Institutivum. Zarka, Yves Charles. Hobbes and Modern Political Thought. Edinburgh University Press; 2016: 233-219.

Zbroschzyk, Markus. Die preußische Peuplierungspolitik in den rheinischen Territorien Kleve, Geldern und Moers im Spannungsfeld von Theorie und räumlicher Umsetzung im 17. – 18. Jahrhundert. Bonn: Rheinische Friedrich-Wilhelms-Universität zu Bonn; 2014.

Ziegelmeyer, Dominique. Character N-Gram-Based Sentiment Analysis. München: Dr. Hut; 2015.

Zimmerman, Bonnie und Haggerty, George. Encyclopedia of Lesbian Histories and Cultures. New York: Garland Publishing; 2000.

Zuccato, Marco. Gerbert of Aurillac and a Tenth-Century Jewish Channel for the Transmission of Arabic Science to the West. Speculum. 2005; 80(3):742-763

Index

A

Adelon, Nicolas-Philibert, 44, 181–183, 246, 275, 331, 333
Adler, Otto, 302
Aetios von Amida, 74, 165
Albucasis, 81, 83, 86
Alcott, Louisa Alcott, 250
Alfonso X von Kastilien, 64
Allen, Thomas, 106
Althaus, Julius, 301
Anderson, James W., 298, 341
Andral, Gabriel, 190, 191
Andree, John, 324
Aristoteles, 51, 130, 134, 270
Artus, Thomas, 99
Ashwell, Samuel, 58, 156, 157, 198, 332, 334
Astruc, Jean, 132, 174, 175, 325–327
Augustinus, 311
Avicenna, 76, 81, 82, 85

B

Bacon, Francis, 65
Baillie, Matthew, 150
Baker Brown, Isaac, 53, 158, 164, 195–205, 207, 208, 230, 234, 238, 246, 258, 264, 298, 334–340, 342

Baraduc, Hippolyte, 208, 209, 285
Barbeyrac, Charles de, 321, 322
Barker-Benfield, Ben, 176, 295, 297
Bartholin, Thomas, 290
Battey, Robert, 291, 294, 295, 298
Baudelaire, Charles, 135
Bauhin, Caspar, 87, 88, 97, 104, 127, 147
Baumann, Zygmunt, 40
Bayard, Henri-Louis, 183, 184, 271
Beatty, Alice Jane, 299
Beauvoir, Simone de, 7
Beccalossi, Chiara, 10, 125
Beebe, H. E., 230, 243, 252, 253, 257, 258, 260, 261
Beigel, Hermann, 158, 159
Berends, Carl August Wilhelm, 131–133, 136, 279, 280
Bergler, Edmund, 357–359
Bernays, Edward, 378
Bernhardi, Wolfgang, 45, 136
Bienville, M. D. T., 150, 272, 274
Bigelow, C., 209–211, 246
Binhammer, Katherine, 226
Bird, Friedrich, 121, 152
Blanckaert, Steven, 84
Blue, Max, 391–393
Blumenbach, Johann Friedrich, 270

Bodin, Jean, 64, 65
Bonaparte, Marie, 363, 367, 368, 386
Bonomi, Carlo, 289
Boswel, James, 327, 330
Bourdeille, Pierre de, 126, 127
Bourgeois, Louise, 319
Boush, Guilhelmus, 328, 330
Boyer, Philoxène, 52, 121, 135, 201
Bradford, Thomas Lindsley, 252
Braeunlich, Friedrich Gustav, 183, 333
Braidotti, Rosi, 40
Braun, Christina von, 309, 311, 318
Braun, Gustav, 15, 26, 157, 158, 206, 219, 287
Bräunlich, Friedrich Gustav, 183, 333
Bremerus, Elias Georg, 273
Brill, Abraham Arden, 77, 97, 374
Brinton, Daniel Garrison, 241
Broca, Paul, 285
Bronson, Enos, 52, 120
Browning, Jimmie, 388–394
Browning, Robert, 78
Brown-Séquard, Edward, 200, 335, 337
Buchholz, Theodor Gottlieb, 324
Büchner, Andreas Elias, 176, 275, 324
Burchard von Worms, 168
Burckhardt, Johann Ludwig, 338, 339
Burdach, Carl Friedrich, 91, 151
Burns, John, 91, 114, 151
Burt, James C., 258, 385–395
Burt, Joan, 388

Busacco, Bradley, 388, 390, 391, 393, 394
Busch, Dietrich Wilhelm Heinrich, 20, 91, 133–135, 192, 282
Büttner, Christoph Gottlieb, 50, 114, 150, 151
Bysshe. Edward, 44, 118

C

Caldwell, John, 328, 330
Calixt, Georg, 168, 169
Canguilhem, Georges, 93
Carr, Richard, 127, 128
Carter, Robert Brudenell, 332
Casey, Mary, 298
Castelli, Bartolomeo, 90, 127, 169
Caufeynon, Jean, 141, 221
Cavalcanti, Francisco d'Albuquerque, 213
Céard, Jean, 94
Celsus, Aulus Cornelius, 82, 314
Chamberlen III, Peter, 146
Chambon de Montaux, Nicolas, 132, 180, 334
Charas, Moyse, 322
Charcot, Jean-Martin, 58, 313, 318, 343, 344, 369, 370
Charles II von England, 118, 148
Charles IX von Frankreich, 96
Charrière, Joseph-Frédéric-Benoît, 285
Chavigny de la Bretonnière, François de la, 107
Chevalier, Julien, 140
Chevillard, François, 127
Chorier, Nicholas, 128, 129
Cicero, Marcus Tullius, 82

Coelius Aurelianus, 105
Colbert, Jean-Baptiste, 64
Colli, Hippolyt von, 68
Collier, James Stansfield, 139, 238
Collins, Samuel, 88, 148, 200, 295
Colombo, Matteo Realdo, 82–84, 86, 90, 105
Conring, Hermann, 68
Constantinus Africanus, 77, 85
Cordes, Christiane, 10
Craddock, Ida, 227
Crooke, Helkiah, 87
Cryle, Peter, 10, 152, 221, 223, 362
Cullen, William, 328–330, 348
Cullingworth, Charles James, 299
Cumming Gordon, Lady Hellen, 127, 131

D

Daniell, William Freeman, 198, 339
Darby, Robert, 197, 198
Darwin, Charles, 339
Dawson, B. F., 215
Dawson, Benjamin Elisha, 200, 215, 232, 243, 253, 257, 258, 261–263, 265, 267
De Arce y Luque, José, 115, 156
De Castro Lusitanus, Rodrigo, 89, 271
de Polastron, Yolande Martine Gabrielle, 129
Dechambre, Amédée, 209, 211, 246
Dedinger, Johannes, 44, 117
DeJean, Joan, 135, 136
DeLee, Joseph Bolivar, 385
Denman, Thomas, 113

Deslandes, Léopold, 8, 183, 187–190
Deutsch, Helene, 111, 168, 354, 355, 357, 358, 361, 373, 382
Dewees, William, 156
Dewees, William Potts, 114
Dieffenbach, Johann Friedrich, 91, 134, 192
Diemerbroeck, Isbrand van, 106, 107, 117, 148
Dillon, Cheryl, 391
Dionis, Peter, 109, 110
Dorval, Marie, 135
Dubois, Antoine, 8, 164, 183, 184, 189, 277, 278, 280–282, 284, 287, 331, 333, 339, 341
Dubois, Frédéric, 183, 331, 333
Dupouy, Edmond, 140
Duval, Jacques, 86, 102–105, 107
Dyche, Thomas, 274, 275

E

Eaton, Cora Smith, 263
Edwards, Frank H., 261
Elias, Norbert, 40
Elisabeth von Österreich-Ungarn, 215
Emerson, Ralph Waldo, 250
Engelmann, Georg Julius, 205, 246, 267, 294, 295
Estienne, Charles, 80
Estienne, Henri, 98, 101, 110, 127
Estienne, Robert, 44, 80, 117
Ettner von Eiteritz, Johann Christian, 270

F

Fabricius, Hieronymus, 78, 108
Falloppius, Gabriele, 81–84, 86, 105
Farnham, Marynia F., 381–383
Fauconney. Jean, 115, 221
Fauconney, Jean, 141, 221
Ferenczi, Sandor, 233, 374
Ficino, Marsilio, 77
Fischer, Eugen, 271
Fischer, Johannes Andreas, 323
Fischer-Dückelmann, Anna, 225
Fitzgerald Gerald, 325, 326
Fleming, James, 53, 112, 179, 198, 201
Flexner, Abraham, 266
Fließ, Wilhelm, 233, 251, 252, 254, 362, 370–372
Foote, Edward Bliss, 193–195
Forberg, Karl Friedrich, 140
Foucault, Michel, 7, 8, 22, 25, 28–35, 37, 40–42, 61–63, 67, 93–95, 317, 318, 344
Fraenkel, M., 305
Franckenau, Georg Franck von Franckenau, 290
François II von Frankreich, 96
Freud, Sigmund, 82, 85, 97, 143, 153, 232, 242, 244, 245, 251, 254, 265, 273, 289, 312, 313, 343, 344, 347, 349–354, 356–358, 361, 368–383
Friedreich, Nikolaus, 114, 341, 342
Fromm-Reichmann, Frieda, 375
Froriep, Ludwig Friedrich, 91, 152
Fuhrmann, Martin, 70

G

Galabin, Alfred Lewis, 221–224, 246
Galenos, 75, 97, 310, 313, 319, 322
Gallichan, Walter M., 376
Garnier, Pierre, 14, 115, 126, 136–139, 212–214, 218, 219, 246
Geertz, Clifford, 13, 38
Gerbert von Aurillac, 75
Gerson, Jean le Charlier de, 168
Good, John Mason, 333
Goodell, William, 292, 295–298
Graaf, Regnier de, 147, 148
Graefe, Carl Ferdinand von, 185, 186, 190, 278, 281–284
Graham, Sylvester, 184
Grant, A. B., 261
Grapaldi, Francesco Mario, 43, 126
Gratianus de Clusio, 168
Graunt, John, 64
Green, Monica H., 11
Greenhalgh, Robert, 197, 201, 202, 208
Grimaud de Caux, Gabriel, 154, 155, 160, 161
Grimmelshausen, Hans Jakob Christoffel von, 49
Güler, Ayla, 11

H

Halban, Joseph von, 368, 386
Haller, Albrecht von, 111
Hambach, Angelika, 10
Hampf, M. Michaela, 10, 366
Haraway, Donna, 40
Hartmann, Henri, 232, 234, 246, 283

Harvey, Gideon, 184, 185, 226, 322
Hegel, Georg Friedrich Wilhelm, 26
Heisterbergk, Carl August, 273
Henri II von Frankreich, 96
Henri III von Frankreich, 96
Henri V von Frankreich, 161
Highmore, Nathaniel, 320
Hinkle, Beatrice Moses, 380
Hippokrates, 75, 108, 197, 225, 273, 312, 319, 340
Hitschmann, Eduard E., 233, 357–359
Hobbes, Thomas, 65
Hoberman, John, 143, 307
Hoffmann, Friedrich, 324
Hofmann, Eduard Ritter von, 115, 205, 206, 211
Hogarth, William, 149
Homberg. Andreas, 90
Horney, Karen, 375
Houssaye, Arsène, 135
Howe, Samuel Gridley, 193, 246
Hühner, Max, 304
Hülsemann, Johann, 169
Hulverscheidt, Marion, 10, 16, 21, 185, 197, 201, 203, 230, 249, 253, 283
Hume, David, 329
Hunt, Harry Ernest, 379
Hunt, Lynn, 129, 130

I
Ideler, Karl Wilhelm, 281, 282
Ilkiewicz, Michael, 279
Imlach, Francis Brodie, 298

J
Jacob, Giles, 45, 108
James, William, 250
Johnson, Virginia E., 355
Joly, Henry, 315
Jones, Ernest, 374
Jones, James H., 239
Jones, Karen, 145
Jones, Thomas, 331, 333
Jorden, Edward, 315, 318
Jörg, Johann Gottfried, 333
Juan II von Kastilien, 64
Jung, Carl Gustav, 50, 123, 349, 350
Jütte, Robert, 11

K
Kaltschmied, Carolus Fridericus, 273
Kellogg, John Harvey, 184, 185, 226
Kelly, Howard Atwood, 231, 232
Kent, James Tyler, 225, 285, 286
Kerr, Jacob, 330
Kinsey, Alfred C., 55, 239, 244, 366, 381–383
Kinsey, Clara, 239
Klöppel, Ulrike, 125, 130
Kobelt, Georg Ludwig, 284
Koedt, Anne, 356
Krafft-Ebing, Richard von, 136, 140, 141
Kroger, William Saul, 383
Krünitz, Johann Georg, 112
Kuhl, Mara, 11

L

Laplanche, Jean, 373
Laqueur, Thomas, 20, 52, 53, 82, 95, 97, 101, 167, 175, 223, 226
Le Febvre, Jeanne, 103
Le Pois, Charles, 316, 318
Le Prestre de Vauban, Sébastien, 64
Lee, Robert, 290
Legros, F., 192
Leibniz, Gottfried Wilhelm von, 69
Lelong, Jacques, 296, 297
Lewandowsky, Max Heinrich, 345
Lewis, Carolyn, 362, 363
Lewis, Denslow, 141–143, 222
Lignac, Louis François Luc de, 179
Linacre, Thomas, 79
Lindemann, H. W., 274, 275
Liston, Sir Robert, 290
Locré, Jean Guillaume, 153
Loeber, Katharina, 11
Lombroso, Cesare, 227–229
Lucius Annaeus Seneca, 74
Lüdtke, Alf, 26
Lundberg, Ferdinand, 381–383
Lusitanus, Zacutus, 271

M

Maines, Rachel, 224
Malaure, Marguerite, 99
Mandeville, Bernard, 128, 323
Marcis, Marin de, 103
Marie-Antoinette von Frankreich, 129, 130
Marten, John, 169–173
Martialis, Marcus Valerius, 74
Martindale, Louisa, 306, 307
Martin-Saint-Ange, Gaspard Joseph, 154, 155, 161
Marx, Karl, 401
Masters, William H., 355
McDowell, Ephraim, 276, 292
Meckel, Johann Friedrich, 121, 152
Meigs, Charles, 271
Meissner, Friedrich Ludwig, 282, 283, 334
Mesmer, Franz Anton, 194
Meyer-Lenz, Johanna, 11
Middeldorpf, Albrecht Theodor, 214
Mitchell, Coney, 388–390, 392
Möbius, Paul Julius, 342, 343
Möhring, Maren, 10
Montague, F. A. P., 235
Montaigne, Michel de, 98
Montchréstien, Antoine de, 64
Moore, Alison, 85, 128, 197, 221, 223, 362, 368, 388, 394
Moore, Ruby, 393–395
Morris, Robert Tuttle, 240–242
Moser, Adolph, 283
Mosher, Clelia Duel, 223
Muncie, Elizabeth Hamilton, 243, 253, 255–261, 264
Musäus, Carl, 108
Musitanus, Carolus, 323

N

Nagrodzki, Eduard von, 56, 91, 280
Narjani, A., 368, s. Bonaparte, M.
Nauche, Jacques-Louis, 282, 283
Neck, Anne van, 53
Neugebauer, Franz von, 122

Neumeister, A. E., 256
Nipperdey, Justus, 67

O

Oehming, Madita, 10
Ostertag, Adolph, 274

P

Pallas Athene, 44
Paracelsus, 322
Paré, Ambroise, 96–98, 101, 115, 320
Parent-Duchatelet, Alexandre-Jean-Baptiste, 153, 154, 159
Parson, James, 111
Parsons, James, 111
Parsons, Talcott, 111, 378, 379
Paulus Aeginatus, 132
Pearlstein, M. B., 235, 236, 246
Peter von Poitiers, 168
Petty, William, 64
Phillips, Janet, 170, 203, 390, 395
Philo-Castitatis, 170, 172, 173
Pichevin, Roland, 298
Pindansat de Mairobert, Mathieu-François, 275
Pirie, Jane, 127, 131
Placzek, Siegfried, 315
Platter, Felix, 314, 315, 318, 320
Pomme, Pierre, 327
Portalis, Jean-Etienne-Marie, 153
Porter, Roy, 19
Pouillet, Thesée, 286–288
Poussin, Father, 128
Pratt, Edwin Hartley, 202, 243, 249, 251, 252, 254–256, 260, 261
Pratt, Edwin Hartleyl, 250–257, 261, 263, 267, 268
Purcell, John, 322, 323, 327

R

Rafinesque, Constantine Samuel, 234
Reich, Annie, 232, 244, 245
Reich, Wilhelm, 245, 357
Reifferscheid, Karl, 305, 306
Replogle, P. S., 263
Reynolds, John Russell, 237, 238
Riberi, Alessandro, 15, 186, 187
Richardson, Samuel, 110
Riolan, Jean, 104, 105
Robinson, Marie Nyswander, 129, 359, 361
Rock, Richard, 149, 228
Rodriguez, Sarah, 383, 386
Rohleder, Hermann Oscar, 219–221, 237, 246, 302, 304
Romberg, Moritz Heinrich, 349
Ronsil, Georges Arnaud de, 110–112
Roosevelt, Franklin Delano, 379
Rousseau, George Sebastian, 273, 312, 313
Royster, Paul, 227
Rueff, Jacob, 104
Ruhmer, Ernst, 302–304
Ryan, Michael, 280

S

Sadger, Isidor, 233
Said, Edward W., 17
Saint-Hilaire, Étienne Geoffroy, 95

Sambol, Marylee, 391, 394
Sand, Georges, 135
Sappho, 84, 113, 135, 136, 380
Sarganeck, Georg, 169
Sarganek, Georg, 175
Sawyer, Warren E., 121
Schmersahl, Katrin, 45, 345
Schmidt, Hans Erwin, 306
Schmutz, Matthias, 312
Schober, Sarah-Maria, 86
Schurig, Martin, 109, 324
Scott, Joan Wallach, 8
Seckendorff, Veit Ludwig von, 69
Shakespeare, William, 34, 52, 118, 121
Siebold, Adam Elias von, 91, 151, 180, 181, 276, 277
Sieveking, Edward Henry, 236, 237, 246
Simmons, Richard, 151, 152, 156
Sinibaldi, Giovanni Benedetto, 77
Soranus von Ephesus, 310–312
Stahl, Georg Ernst, 91, 148, 149
Stakemeier, Kerstin, 10, 17
Stefan, Verena, 8
Stegmayer, Georg, 273
Stegmayer, Johann Georg, 271, 273, 323
Stekel, Wilhelm, 245, 350, 376
Stengers, Jean, 53
Stowe, Harriet Beecher, 250
Syme, James, 198
Szoelloesi-Janze, Margit, 10

T
Tait, Robert Lawson, 215, 217, 218, 291, 292, 294
Tanner, Thomas, 201, 334, 336, 337, 339
Tardieu, Ambroise, 25
Tausk, Viktor, 232, 245
Terentianus Maurus, 14
Thoinot, Léon Henri, 25
Thomas von Aquin, 167, 168, 173
Thomas, Robert, 277
Thomas, Theodore Gaillard, 259
Thorburn, John, 238, 292
Tiefer, Leonore, 399
Tillaux, Paul Jules, 204
Tissot, Samuel, 113, 114, 130, 174–178, 180, 183, 187
Titus Petronius Arbiter, 129
Tourette, Georges Gilles de la, 298, 344
Traub, Valerie, 84, 146
Tronchin, Theodor, 113, 127, 128
Trota von Salerno, 73
Twain, Mark, 250

U
Ullersperger, Johann Baptist, 158, 196, 204, 215, 339
Ullersperger, Johann Baptistl, 53, 158, 196, 205, 206, 340

V
Valentini, Michael Bernhard, 270
Varanda, Jean de, 319, 327
Venette, Nicolas, 107
Vesalius, Andreas, 78
Vesling, Johann, 89

Vigouroux, Hilarion-Denis, 164, 342
Voisin, Félix, 190, 278, 279, 333, 334

W
Walker, Alice, 15
Weickmann, Dorion, 309, 310
Weigert, Edith, 375
Wells, Thomas Spencer, 290, 291, 293, 299, 300, 304
West, Charles, 11, 15, 37, 39, 53, 98, 195–197, 201, 203, 208, 223, 246, 334, 337, 339, 340
Whytt, Robert, 328, 330
Wiese, Doro, 11
Wilde, Anna, 106
Wilhelm von Saliceto, 125
William III von England, 322
Willis, Thomas, 145, 320, 321
Winckel, Carl Ludwig von, 302
Witzleben, Henry Detlev von, 305
Wolf, Naomi, 83, 400
Woods, Marianne, 127, 131
Woollcombe, Henry, 328, 330

Z
Zacchia, Paulus, 102, 106
Zambaco, Demetrius Alexandre, 162, 163
Zaretsky, Eli, 378
Zaretzky, Eli, 377
Ziegenspeck, Robert, 226
Zsigmondy, Adolph, 215

Geschichtswissenschaft

Sebastian Haumann, Martin Knoll, Detlev Mares (eds.)
Concepts of Urban-Environmental History

2020, 294 p., pb., ill.
29,99 € (DE), 978-3-8376-4375-6
E-Book:
PDF: 26,99 € (DE), ISBN 978-3-8394-4375-0

Gertrude Cepl-Kaufmann
1919 – Zeit der Utopien
Zur Topographie eines deutschen Jahrhundertjahres

2018, 382 S., Hardcover,
39 SW-Abbildungen, 35 Farbabbildungen
39,99 € (DE), 978-3-8376-4654-2
E-Book:
PDF: 39,99 € (DE), ISBN 978-3-8394-4654-6

Sebastian Barsch, Jörg van Norden (Hg.)
Historisches Lernen und Materielle Kultur
Von Dingen und Objekten in der Geschichtsdidaktik

2020, 284 S., kart., 22 SW-Abbildungen, 13 Farbabbildungen
35,00 € (DE), 978-3-8376-5066-2
E-Book: kostenlos erhältlich als Open-Access-Publikation
PDF: ISBN 978-3-8394-5066-6

**Leseproben, weitere Informationen und Bestellmöglichkeiten
finden Sie unter www.transcript-verlag.de**

Geschichtswissenschaft

Wiebke Reinert
Applaus der Robbe
Arbeit und Vergnügen im Zoo, 1850-1970

2020, 414 S., kart., 10 Farbabbildungen, 55 SW-Abbildungen
45,00 € (DE), 978-3-8376-5106-5
E-Book:
PDF: 44,99 € (DE), ISBN 978-3-8394-5106-9

Frank Becker, Darius Harwardt, Michael Wala (Hg.)
Die Verortung der Bundesrepublik
Ideen und Symbole politischer Geographie nach 1945

2020, 278 S., kart., 17 Farbabbildungen, 18 SW-Abbildungen
35,00 € (DE), 978-3-8376-5003-7
E-Book:
PDF: 34,99 € (DE), ISBN 978-3-8394-5003-1

Verein für kritische Geschichtsschreibung e.V. (Hg.)
WerkstattGeschichte
Differenzen einschreiben

2020, 178 S., kart., 26 SW-Abbildungen
21,99 € (DE), 978-3-8376-5299-4

**Leseproben, weitere Informationen und Bestellmöglichkeiten
finden Sie unter www.transcript-verlag.de**